中国海关疫情防控法规汇编

《中国海关疫情防控法规汇编》编委会◎编

ZHONGGUO HAIGUAN YIQING FANGKONG FAGUI HUIBIAN

中国海关出版社有限公司

中国·北京

图书在版编目（CIP）数据

中国海关疫情防控法规汇编/《中国海关疫情防控法规汇编》编委会编．—北京：中国海关出版社有限公司，2020. 8

ISBN 978-7-5175-0452-8

Ⅰ. ①中…　Ⅱ. ①中…　Ⅲ. ①海关—疫情管理—法规—汇编—中国　Ⅳ. ①D922. 169

中国版本图书馆 CIP 数据核字（2020）第 149244 号

中国海关疫情防控法规汇编

ZHONGGUO HAIGUAN YIQING FANGKONG FAGUI HUIBIAN

作　　者：《中国海关疫情防控法规汇编》编委会
策划编辑：刘　冬
责任编辑：沈楚铃
助理编辑：刘更新
出版发行：中国海关出版社有限公司
社　　址：北京市朝阳区东四环南路甲 1 号　　邮政编码：100023
网　　址：www. hgcbs. com. cn
编 辑 部：01065194242-7561（电话）　　01065194231（传真）
发 行 部：01065194221/27/38/46（电话）　　01065194233（传真）
社办书店：01065195616（电话）　　01065195127（传真）
http://www. customskb. com/book（网址）
印　　刷：北京铭成印刷有限公司　　经　　销：新华书店
开　　本：880mm×1230mm　1/16
印　　张：33. 75　　字　　数：950 千字
版　　次：2020 年 8 月第 1 版
印　　次：2020 年 8 月第 1 次印刷
书　　号：ISBN　978-7-5175-0452-8
定　　价：220. 00 元

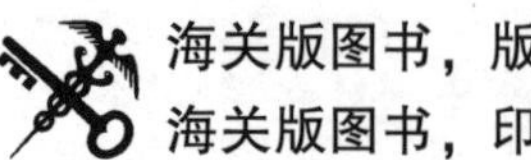

前言

QIANYAN

新冠肺炎疫情发生以来，在以习近平同志为核心的党中央的坚强领导下，全国海关认真贯彻落实党中央统筹推进疫情防控和促进经济社会发展的工作部署，毫不放松做好防范境外疫情输入工作，全力以赴促进外贸稳增长。为方便海关关员和社会公众全面准确了解掌握海关疫情防控相关法律法规，《中国海关疫情防控法规汇编》编委会结合海关疫情防控工作的重点，梳理了疫情防控工作中必用、常用的法规文件，编写了《中国海关疫情防控法规汇编》（以下简称《汇编》）一书。

《汇编》收录了现行有效的作为海关疫情防控执法依据及与海关执法相关的法律、行政法规、规章和规范性文件，其中重点收录了新冠肺炎疫情发生以来海关总署等机构发布的与疫情防控相关的规范性文件。《汇编》合计收录法规文件 77 件，截止时间为 2020 年 6 月。我们以题注形式注明了有关法律、行政法规、规章的修订沿革。

本书内容如有与法律、法规、规章和规范性文件的正式文本不一致之处，以正式文本为准。

编委会

2020 年 7 月

目 录

MULU

法 律

行政法规

规　章

规范性文件

中国海关疫情防控法规汇编

法 律

FALÜ

中华人民共和国海关法

（1987 年 1 月 22 日第六届全国人民代表大会常务委员会第十九次会议通过，1987 年 7 月 1 日起施行，根据 2000 年 7 月 8 日第九届全国人民代表大会常务委员会第十六次会议《关于修改〈中华人民共和国海关法〉的决定》第一次修正，根据 2013 年 6 月 29 日第十二届全国人民代表大会常务委员会第三次会议《关于修改〈中华人民共和国文物保护法〉等十二部法律的决定》第二次修正，根据 2013 年 12 月 28 日第十二届全国人民代表大会常务委员会第六次会议《关于修改〈中华人民共和国海洋环境保护法〉等七部法律的决定》第三次修正，根据 2016 年 11 月 7 日第十二届全国人民代表大会常务委员会第二十四次会议《关于修改〈中华人民共和国对外贸易法〉等十二部法律的决定》第四次修正，根据 2017 年 11 月 4 日第十二届全国人民代表大会常务委员会第三十次会议《关于修改〈中华人民共和国会计法〉等十一部法律的决定》第五次修正）

目　录

第一章　总　则

第一条　为了维护国家的主权和利益，加强海关监督管理，促进对外经济贸易和科技文化交往，保障社会主义现代化建设，特制定本法。

第二条　中华人民共和国海关是国家的进出关境（以下简称进出境）监督管理机关。海关依照本法和其他有关法律、行政法规，监管进出境的运输工具、货物、行李物品、邮递物品和其他物品（以下简称进出境运输工具、货物、物品），征收关税和其他税、费，查缉走私，并编制海关统计和办理其他海关业务。

第三条　国务院设立海关总署，统一管理全国海关。

国家在对外开放的口岸和海关监管业务集中的地点设立海关。海关的隶属关系，不受行政区划的限制。

海关依法独立行使职权，向海关总署负责。

第四条　国家在海关总署设立专门侦查走私犯罪的公安机构，配备专职缉私警察，负责对其管辖的走私犯罪案件的侦查、拘留、执行逮捕、预审。

海关侦查走私犯罪公安机构履行侦查、拘留、执行逮捕、预审职责，应当按照《中华人民共和国刑事诉讼法》的规定办理。

海关侦查走私犯罪公安机构根据国家有关规定，可以设立分支机构。各分支机构办理其管辖的走私犯罪案件，应当依法向有管辖权的人民检察院移送起诉。

地方各级公安机关应当配合海关侦查走私犯罪公安机构依法履行职责。

第五条 国家实行联合缉私、统一处理、综合治理的缉私体制。海关负责组织、协调、管理查缉走私工作。有关规定由国务院另行制定。

各有关行政执法部门查获的走私案件，应当给予行政处罚的，移送海关依法处理；涉嫌犯罪的，应当移送海关侦查走私犯罪公安机构、地方公安机关依据案件管辖分工和法定程序办理。

第六条 海关可以行使下列权力：

（一）检查进出境运输工具，查验进出境货物、物品；对违反本法或者其他有关法律、行政法规的，可以扣留。

（二）查阅进出境人员的证件；查问违反本法或者其他有关法律、行政法规的嫌疑人，调查其违法行为。

（三）查阅、复制与进出境运输工具、货物、物品有关的合同、发票、账册、单据、记录、文件、业务函电、录音录像制品和其他资料；对其中与违反本法或者其他有关法律、行政法规的进出境运输工具、货物、物品有牵连的，可以扣留。

（四）在海关监管区和海关附近沿海沿边规定地区，检查有走私嫌疑的运输工具和有藏匿走私货物、物品嫌疑的场所，检查走私嫌疑人的身体；对有走私嫌疑的运输工具、货物、物品和走私犯罪嫌疑人，经直属海关关长或者其授权的隶属海关关长批准，可以扣留；对走私犯罪嫌疑人，扣留时间不超过二十四小时，在特殊情况下可以延长至四十八小时。

在海关监管区和海关附近沿海沿边规定地区以外，海关在调查走私案件时，对有走私嫌疑的运输工具和除公民住处以外的有藏匿走私货物、物品嫌疑的场所，经直属海关关长或者其授权的隶属海关关长批准，可以进行检查，有关当事人应当到场；当事人未到场的，在有见证人在场的情况下，可以径行检查；对其中有证据证明有走私嫌疑的运输工具、货物、物品，可以扣留。

海关附近沿海沿边规定地区的范围，由海关总署和国务院公安部门会同有关省级人民政府确定。

（五）在调查走私案件时，经直属海关关长或者其授权的隶属海关关长批准，可以查询案件涉嫌单位和涉嫌人员在金融机构、邮政企业的存款、汇款。

（六）进出境运输工具或者个人违抗海关监管逃逸的，海关可以连续追至海关监管区和海关附近沿海沿边规定地区以外，将其带回处理。

（七）海关为履行职责，可以配备武器。海关工作人员佩带和使用武器的规则，由海关总署会同国务院公安部门制定，报国务院批准。

（八）法律、行政法规规定由海关行使的其他权力。

第七条 各地方、各部门应当支持海关依法行使职权，不得非法干预海关的执法活动。

第八条 进出境运输工具、货物、物品，必须通过设立海关的地点进境或者出境。在特殊情况下，需要经过未设立海关的地点临时进境或者出境的，必须经国务院或者国务院授权的机关批准，并依照本法规定办理海关手续。

第九条 进出口货物，除另有规定的外，可以由进出口货物收发货人自行办理报关纳税手续，也可以由进出口货物收发货人委托海关准予注册登记的报关企业办理报关纳税手续。

进出境物品的所有人可以自行办理报关纳税手续，也可以委托他人办理报关纳税手续。

第十条 报关企业接受进出口货物收发货人的委托，以委托人的名义办理报关手续的，应当向海关提交由委托人签署的授权委托书，遵守本法对委托人的各项规定。

报关企业接受进出口货物收发货人的委托，以自己的名义办理报关手续的，应当承担与收发货人相同的法律责任。

委托人委托报关企业办理报关手续的，应当向报关企业提供所委托报关事项的真实情况；报关企业接受委托人的委托办理报关手续的，应当对委托人所提供情况的真实性进行合理审查。

第十一条 进出口货物收发货人、报关企业办理报关手续，必须依法经海关注册登记。未依法经海关注册登记，不得从事报关业务。

报关企业和报关人员不得非法代理他人报关，或者超出其业务范围进行报关活动。

第十二条 海关依法执行职务，有关单位和个人应当如实回答询问，并予以配合，任何单位和个人不得阻挠。

海关执行职务受到暴力抗拒时，执行有关任务的公安机关和人民武装警察部队应当予以协助。

第十三条 海关建立对违反本法规定逃避海关监管行为的举报制度。

任何单位和个人均有权对违反本法规定逃避海关监管的行为进行举报。

海关对举报或者协助查获违反本法案件的有功单位和个人，应当给予精神的或者物质的奖励。

海关应当为举报人保密。

第二章 进出境运输工具

第十四条 进出境运输工具到达或者驶离设立海关的地点时，运输工具负责人应当向海关如实申报，交验单证，并接受海关监管和检查。

停留在设立海关的地点的进出境运输工具，未经海关同意，不得擅自驶离。

进出境运输工具从一个设立海关的地点驶往另一个设立海关的地点的，应当符合海关监管要求，办理海关手续，未办结海关手续的，不得改驶境外。

第十五条 进境运输工具在进境以后向海关申报以前，出境运输工具在办结海关手续以后出境以前，应当按照交通主管机关规定的路线行进；交通主管机关没有规定的，由海关指定。

第十六条 进出境船舶、火车、航空器到达和驶离时间，停留地点，停留期间更换地点以及装卸货物、物品时间，运输工具负责人或者有关交通运输部门应当事先通知海关。

第十七条 运输工具装卸进出境货物、物品或者上下进出境旅客，应当接受海关监管。

货物、物品装卸完毕，运输工具负责人应当向海关递交反映实际装卸情况的交接单据和记录。

上下进出境运输工具的人员携带物品的，应当向海关如实申报，并接受海关检查。

第十八条 海关检查进出境运输工具时，运输工具负责人应当到场，并根据海关的要求开启舱室、房间、车门；有走私嫌疑的，并应当开拆可能藏匿走私货物、物品的部位，搬移货物、物料。

海关根据工作需要，可以派员随运输工具执行职务，运输工具负责人应当提供方便。

第十九条 进境的境外运输工具和出境的境内运输工具，未向海关办理手续并缴纳关税，不得转让或者移作他用。

第二十条 进出境船舶和航空器兼营境内客、货运输，应当符合海关监管要求。

进出境运输工具改营境内运输，需向海关办理手续。

第二十一条 沿海运输船舶、渔船和从事海上作业的特种船舶，未经海关同意，不得载运或者换取、买卖、转让进出境货物、物品。

第二十二条 进出境船舶和航空器，由于不可抗力的原因，被迫在未设立海关的地点停泊、降落或者抛掷、起卸货物、物品，运输工具负责人应当立即报告附近海关。

第三章 进出境货物

第二十三条 进口货物自进境起到办结海关手续止，出口货物自向海关申报起到出境止，过境、转运和通运货物自进境起到出境止，应当接受海关监管。

第二十四条 进口货物的收货人、出口货物的发货人应当向海关如实申报，交验进出口许可证件和有关单证。国家限制进出口的货物，没有进出口许可证件的，不予放行，具体处理办法由国务院规定。

进口货物的收货人应当自运输工具申报进境之日起十四日内，出口货物的发货人除海关特准的外应当在货物运抵海关监管区后、装货的二十四小时以前，向海关申报。

进口货物的收货人超过前款规定期限向海关申报的，由海关征收滞报金。

第二十五条 办理进出口货物的海关申报手续，应当采用纸质报关单和电子数据报关单的形式。

第二十六条 海关接受申报后，报关单证及其内容不得修改或者撤销，但符合海关规定情形的除外。

第二十七条 进口货物的收货人经海关同意，可以在申报前查看货物或者提取货样。需要依法检疫的货物，应当在检疫合格后提取货样。

第二十八条 进出口货物应当接受海关查验。海关查验货物时，进口货物的收货人、出口货物的发货人应当到场，并负责搬移货物，开拆和重封货物的包装。海关认为必要时，可以径行开验、复验或者提取货样。

海关在特殊情况下对进出口货物予以免验，具体办法由海关总署制定。

第二十九条 除海关特准的外，进出口货物在收发货人缴清税款或者提供担保后，由海关签印放行。

第三十条 进口货物的收货人自运输工具申报进境之日起超过三个月未向海关申报的，其进口货物由海关提取依法变卖处理，所得价款在扣除运输、装卸、储存等费用和税款后，尚有余款的，自货物依法变卖之日起一年内，经收货人申请，予以发还；其中属于国家对进口有限制性规定，应当提交许可证件而不能提供的，不予发还。逾期无人申请或者不予发还的，上缴国库。

确属误卸或者溢卸的进境货物，经海关审定，由原运输工具负责人或者货物的收发货人自该运输工具卸货之日起三个月内，办理退运或者进口手续；必要时，经海关批准，可以延期三个月。逾期未办手续的，由海关按前款规定处理。

前两款所列货物不宜长期保存的，海关可以根据实际情况提前处理。

收货人或者货物所有人声明放弃的进口货物，由海关提取依法变卖处理；所得价款在扣除运输、装卸、储存等费用后，上缴国库。

第三十一条 按照法律、行政法规、国务院或者海关总署规定暂时进口或者暂时出口的货物，应当在六个月内复运出境或者复运进境；需要延长复运出境或者复运进境期限的，应当根据海关总署的规定办理延期手续。

第三十二条 经营保税货物的储存、加工、装配、展示、运输、寄售业务和经营免税商店，应当符合海关监管要求，经海关批准，并办理注册手续。

保税货物的转让、转移以及进出保税场所，应当向海关办理有关手续，接受海关监管和查验。

第三十三条 企业从事加工贸易，应当按照海关总署的规定向海关备案。加工贸易制成品单位耗料量由海关按照有关规定核定。

加工贸易制成品应当在规定的期限内复出口。其中使用的进口料件，属于国家规定准予保税的，应当向海关办理核销手续；属于先征收税款的，依法向海关办理退税手续。

加工贸易保税进口料件或者制成品内销的，海关对保税的进口料件依法征税；属于国家对进口有限制性规定的，还应当向海关提交进口许可证件。

第三十四条 经国务院批准在中华人民共和国境内设立的保税区等海关特殊监管区域，由海关按照国家有关规定实施监管。

第三十五条 进口货物应当由收货人在货物的进境地海关办理海关手续，出口货物应当由发货人在货物的出境地海关办理海关手续。

经收发货人申请，海关同意，进口货物的收货人可以在设有海关的指运地、出口货物的发货人可以在设有海关的启运地办理海关手续。上述货物的转关运输，应当符合海关监管要求；必要时，海关可以派员押运。

经电缆、管道或者其他特殊方式输送进出境的货物，经营单位应当定期向指定的海关申报和办理海关手续。

第三十六条 过境、转运和通运货物，运输工具负责人应当向进境地海关如实申报，并应当在规定期限内运输出境。

海关认为必要时，可以查验过境、转运和通运货物。

第三十七条 海关监管货物，未经海关许可，不得开拆、提取、交付、发运、调换、改装、抵押、质押、留置、转让、更换标记、移作他用或者进行其他处置。

海关加施的封志，任何人不得擅自开启或者损毁。

人民法院判决、裁定或者有关行政执法部门决定处理海关监管货物的，应当责令当事人办结海关手续。

第三十八条 经营海关监管货物仓储业务的企业，应当经海关注册，并按照海关规定，办理收存、交付手续。

在海关监管区外存放海关监管货物，应当经海关同意，并接受海关监管。

违反前两款规定或者在保管海关监管货物期间造成海关监管货物损毁或者灭失的，除不可抗力外，对海关监管货物负有保管义务的人应当承担相应的纳税义务和法律责任。

第三十九条 进出境集装箱的监管办法、打捞进出境货物和沉船的监管办法、边境小额贸易进出口货物的监管办法，以及本法未具体列明的其他进出境货物的监管办法，由海关总署或者由海关总署会同国务院有关部门另行制定。

第四十条 国家对进出境货物、物品有禁止性或者限制性规定的，海关依据法律，行政法规，国务院的规定或者国务院有关部门依据法律、行政法规的授权作出的规定实施监管。具体监管办法由海关总署制定。

第四十一条 进出口货物的原产地按照国家有关原产地规则的规定确定。

第四十二条 进出口货物的商品归类按照国家有关商品归类的规定确定。

海关可以要求进出口货物的收发货人提供确定商品归类所需的有关资料；必要时，海关可以组织化验、检验，并将海关认定的化验、检验结果作为商品归类的依据。

第四十三条 海关可以根据对外贸易经营者提出的书面申请，对拟作进口或者出口的货物预先作出商品归类等行政裁定。

进口或者出口相同货物，应当适用相同的商品归类行政裁定。

海关对所作出的商品归类等行政裁定，应当予以公布。

第四十四条 海关依照法律、行政法规的规定，对与进出境货物有关的知识产权实施保护。

需要向海关申报知识产权状况的，进出口货物收发货人及其代理人应当按照国家规定向海关如实申报有关知识产权状况，并提交合法使用有关知识产权的证明文件。

第四十五条 自进出口货物放行之日起三年内或者在保税货物、减免税进口货物的海关监管期限内及其后的三年内，海关可以对与进出口货物直接有关的企业、单位的会计账簿、会计凭证、报关单证以及其他有关资料和有关进出口货物实施稽查。具体办法由国务院规定。

第四章 进出境物品

第四十六条 个人携带进出境的行李物品、邮寄进出境的物品，应当以自用、合理数量为限，并接受海关监管。

第四十七条 进出境物品的所有人应当向海关如实申报，并接受海关查验。

海关加施的封志，任何人不得擅自开启或者损毁。

第四十八条 进出境邮袋的装卸、转运和过境，应当接受海关监管。邮政企业应当向海关递交邮件路单。

邮政企业应当将开拆及封发国际邮袋的时间事先通知海关，海关应当按时派员到场监管查验。

第四十九条 邮运进出境的物品，经海关查验放行后，有关经营单位方可投递或者交付。

第五十条 经海关登记准予暂时免税进境或者暂时免税出境的物品，应当由本人复带出境或者复带进境。

过境人员未经海关批准，不得将其所带物品留在境内。

第五十一条 进出境物品所有人声明放弃的物品、在海关规定期限内未办理海关手续或者无人认领的物品，以及无法投递又无法退回的进境邮递物品，由海关依照本法第三十条的规定处理。

第五十二条 享有外交特权和豁免的外国机构或者人员的公务用品或者自用物品进出境，依照有关法律、行政法规的规定办理。

第五章 关 税

第五十三条 准许进出口的货物、进出境物品，由海关依法征收关税。

第五十四条 进口货物的收货人、出口货物的发货人、进出境物品的所有人，是关税的纳税义务人。

第五十五条 进出口货物的完税价格，由海关以该货物的成交价格为基础审查确定。成交价格不能确定时，完税价格由海关依法估定。

进口货物的完税价格包括货物的货价、货物运抵中华人民共和国境内输入地点起卸前的运输及其相关费用、保险费；出口货物的完税价格包括货物的货价、货物运至中华人民共和国境内输出地点装载前的运输及其相关费用、保险费，但是其中包含的出口关税税额，应当予以扣除。

进出境物品的完税价格，由海关依法确定。

第五十六条 下列进出口货物、进出境物品，减征或者免征关税：

（一）无商业价值的广告品和货样；

（二）外国政府、国际组织无偿赠送的物资；

（三）在海关放行前遭受损坏或者损失的货物；

（四）规定数额以内的物品；

（五）法律规定减征、免征关税的其他货物、物品；

（六）中华人民共和国缔结或者参加的国际条约规定减征、免征关税的货物、物品。

第五十七条 特定地区、特定企业或者有特定用途的进出口货物，可以减征或者免征关税。特定减税或者免税的范围和办法由国务院规定。

依照前款规定减征或者免征关税进口的货物，只能用于特定地区、特定企业或者特定用途，未经海关核准并补缴关税，不得移作他用。

第五十八条 本法第五十六条、第五十七条第一款规定范围以外的临时减征或者免征关税，由国务院决定。

第五十九条 暂时进口或者暂时出口的货物，以及特准进口的保税货物，在货物收发货人向海关缴纳相当于税款的保证金或者提供担保后，准予暂时免纳关税。

第六十条 进出口货物的纳税义务人，应当自海关填发税款缴款书之日起十五日内缴纳税款；逾期缴纳的，由海关征收滞纳金。纳税义务人、担保人超过三个月仍未缴纳的，经直属海关关长或者其授权的隶属海关关长批准，海关可以采取下列强制措施：

（一）书面通知其开户银行或者其他金融机构从其存款中扣缴税款；

（二）将应税货物依法变卖，以变卖所得抵缴税款；

（三）扣留并依法变卖其价值相当于应纳税款的货物或者其他财产，以变卖所得抵缴税款。

海关采取强制措施时，对前款所列纳税义务人、担保人未缴纳的滞纳金同时强制执行。

进出境物品的纳税义务人，应当在物品放行前缴纳税款。

第六十一条 进出口货物的纳税义务人在规定的纳税期限内有明显的转移、藏匿其应税货物以及其他财产迹象的，海关可以责令纳税义务人提供担保；纳税义务人不能提供纳税担保的，经直属海关关长或者其授权的隶属海关关长批准，海关可以采取下列税收保全措施：

（一）书面通知纳税义务人开户银行或者其他金融机构暂停支付纳税义务人相当于应纳税款的存款；

（二）扣留纳税义务人价值相当于应纳税款的货物或者其他财产。

纳税义务人在规定的纳税期限内缴纳税款的，海关必须立即解除税收保全措施；期限届满仍未缴纳税款的，经直属海关关长或者其授权的隶属海关关长批准，海关可以书面通知纳税义务人开户银行或者其他金融机构从其暂停支付的存款中扣缴税款，或者依法变卖所扣留的货物或者其他财产，以变卖所得抵缴税款。

采取税收保全措施不当，或者纳税义务人在规定期限内已缴纳税款，海关未立即解除税收保全措施，致使纳税义务人的合法权益受到损失的，海关应当依法承担赔偿责任。

第六十二条 进出口货物、进出境物品放行后，海关发现少征或者漏征税款，应当自缴纳税款或者货物、物品放行之日起一年内，向纳税义务人补征。因纳税义务人违反规定而造成的少征或者漏征，海关在三年以内可以追征。

第六十三条 海关多征的税款，海关发现后应当立即退还；纳税义务人自缴纳税款之日起一年内，可以要求海关退还。

第六十四条 纳税义务人同海关发生纳税争议时，应当缴纳税款，并可以依法申请行政复议；对复议决定仍不服的，可以依法向人民法院提起诉讼。

第六十五条 进口环节海关代征税的征收管理，适用关税征收管理的规定。

第六章　海关事务担保

第六十六条　在确定货物的商品归类、估价和提供有效报关单证或者办结其他海关手续前，收发货人要求放行货物的，海关应当在其提供与其依法应当履行的法律义务相适应的担保后放行。法律、行政法规规定可以免除担保的除外。

法律、行政法规对履行海关义务的担保另有规定的，从其规定。

国家对进出境货物、物品有限制性规定，应当提供许可证件而不能提供的，以及法律、行政法规规定不得担保的其他情形，海关不得办理担保放行。

第六十七条　具有履行海关事务担保能力的法人、其他组织或者公民，可以成为担保人。法律规定不得为担保人的除外。

第六十八条　担保人可以以下列财产、权利提供担保：

（一）人民币、可自由兑换货币；

（二）汇票、本票、支票、债券、存单；

（三）银行或者非银行金融机构的保函；

（四）海关依法认可的其他财产、权利。

第六十九条　担保人应当在担保期限内承担担保责任。担保人履行担保责任的，不免除被担保人应当办理有关海关手续的义务。

第七十条　海关事务担保管理办法，由国务院规定。

第七章　执法监督

第七十一条　海关履行职责，必须遵守法律，维护国家利益，依照法定职权和法定程序严格执法，接受监督。

第七十二条　海关工作人员必须秉公执法，廉洁自律，忠于职守，文明服务，不得有下列行为：

（一）包庇、纵容走私或者与他人串通进行走私；

（二）非法限制他人人身自由，非法检查他人身体、住所或者场所，非法检查、扣留进出境运输工具、货物、物品；

（三）利用职权为自己或者他人谋取私利；

（四）索取、收受贿赂；

（五）泄露国家秘密、商业秘密和海关工作秘密；

（六）滥用职权，故意刁难，拖延监管、查验；

（七）购买、私分、占用没收的走私货物、物品；

（八）参与或者变相参与营利性经营活动；

（九）违反法定程序或者超越权限执行职务；

（十）其他违法行为。

第七十三条　海关应当根据依法履行职责的需要，加强队伍建设，使海关工作人员具有良好的政治、业务素质。

海关专业人员应当具有法律和相关专业知识，符合海关规定的专业岗位任职要求。

海关招收工作人员应当按照国家规定，公开考试，严格考核，择优录用。

海关应当有计划地对其工作人员进行政治思想、法制、海关业务培训和考核。海关工作人员必须定期接受培训和考核，经考核不合格的，不得继续上岗执行职务。

第七十四条 海关总署应当实行海关关长定期交流制度。

海关关长定期向上一级海关述职，如实陈述其执行职务情况。海关总署应当定期对直属海关关长进行考核，直属海关应当定期对隶属海关关长进行考核。

第七十五条 海关及其工作人员的行政执法活动，依法接受监察机关的监督；缉私警察进行侦查活动，依法接受人民检察院的监督。

第七十六条 审计机关依法对海关的财政收支进行审计监督，对海关办理的与国家财政收支有关的事项，有权进行专项审计调查。

第七十七条 上级海关应当对下级海关的执法活动依法进行监督。上级海关认为下级海关作出的处理或者决定不适当的，可以依法予以变更或者撤销。

第七十八条 海关应当依照本法和其他有关法律、行政法规的规定，建立健全内部监督制度，对其工作人员执行法律、行政法规和遵守纪律的情况，进行监督检查。

第七十九条 海关内部负责审单、查验、放行、稽查和调查等主要岗位的职责权限应当明确，并相互分离、相互制约。

第八十条 任何单位和个人均有权对海关及其工作人员的违法、违纪行为进行控告、检举。收到控告、检举的机关有权处理的，应当依法按照职责分工及时查处。收到控告、检举的机关和负责查处的机关应当为控告人、检举人保密。

第八十一条 海关工作人员在调查处理违法案件时，遇有下列情形之一的，应当回避：

（一）是本案的当事人或者是当事人的近亲属；

（二）本人或者其近亲属与本案有利害关系；

（三）与本案当事人有其他关系，可能影响案件公正处理的。

第八章 法律责任

第八十二条 违反本法及有关法律、行政法规，逃避海关监管，偷逃应纳税款、逃避国家有关进出境的禁止性或者限制性管理，有下列情形之一的，是走私行为：

（一）运输、携带、邮寄国家禁止或者限制进出境货物、物品或者依法应当缴纳税款的货物、物品进出境的；

（二）未经海关许可并且未缴纳应纳税款、交验有关许可证件，擅自将保税货物、特定减免税货物以及其他海关监管货物、物品、进境的境外运输工具，在境内销售的；

（三）有逃避海关监管，构成走私的其他行为的。

有前款所列行为之一，尚不构成犯罪的，由海关没收走私货物、物品及违法所得，可以并处罚款；专门或者多次用于掩护走私的货物、物品，专门或者多次用于走私的运输工具，予以没收，藏匿走私货物、物品的特制设备，责令拆毁或者没收。

有第一款所列行为之一，构成犯罪的，依法追究刑事责任。

第八十三条 有下列行为之一的，按走私行为论处，依照本法第八十二条的规定处罚：

（一）直接向走私人非法收购走私进口的货物、物品的；

（二）在内海、领海、界河、界湖，船舶及所载人员运输、收购、贩卖国家禁止或者限制进出境的货物、物品，或者运输、收购、贩卖依法应当缴纳税款的货物，没有合法证明的。

第八十四条 伪造、变造、买卖海关单证，与走私人通谋为走私人提供贷款、资金、账号、发票、证明、海关单证，与走私人通谋为走私人提供运输、保管、邮寄或者其他方便，构成犯罪的，依法追究刑事责任；尚不构成犯罪的，由海关没收违法所得，并处罚款。

第八十五条 个人携带、邮寄超过合理数量的自用物品进出境，未依法向海关申报的，责令补缴关税，可以处以罚款。

第八十六条 违反本法规定有下列行为之一的，可以处以罚款，有违法所得的，没收违法所得：

（一）运输工具不经设立海关的地点进出境的；

（二）不将进出境运输工具到达的时间、停留的地点或者更换的地点通知海关的；

（三）进出口货物、物品或者过境、转运、通运货物向海关申报不实的；

（四）不按照规定接受海关对进出境运输工具、货物、物品进行检查、查验的；

（五）进出境运输工具未经海关同意，擅自装卸进出境货物、物品或者上下进出境旅客的；

（六）在设立海关的地点停留的进出境运输工具未经海关同意，擅自驶离的；

（七）进出境运输工具从一个设立海关的地点驶往另一个设立海关的地点，尚未办结海关手续又未经海关批准，中途擅自改驶境外或者境内未设立海关的地点的；

（八）进出境运输工具，不符合海关监管要求或者未向海关办理手续，擅自兼营或者改营境内运输的；

（九）由于不可抗力的原因，进出境船舶和航空器被迫在未设立海关的地点停泊、降落或者在境内抛掷、起卸货物、物品，无正当理由，不向附近海关报告的；

（十）未经海关许可，擅自将海关监管货物开拆、提取、交付、发运、调换、改装、抵押、质押、留置、转让、更换标记、移作他用或者进行其他处置的；

（十一）擅自开启或者损毁海关封志的；

（十二）经营海关监管货物的运输、储存、加工等业务，有关货物灭失或者有关记录不真实，不能提供正当理由的；

（十三）有违反海关监管规定的其他行为的。

第八十七条 海关准予从事有关业务的企业，违反本法有关规定的，由海关责令改正，可以给予警告，暂停其从事有关业务，直至撤销注册。

第八十八条 未经海关注册登记从事报关业务的，由海关予以取缔，没收违法所得，可以并处罚款。

第八十九条 报关企业非法代理他人报关或者超出其业务范围进行报关活动的，由海关责令改正，处以罚款；情节严重的，撤销其报关注册登记。

报关人员非法代理他人报关或者超出其业务范围进行报关活动的，由海关责令改正，处以罚款。

第九十条 进出口货物收发货人、报关企业向海关工作人员行贿的，由海关撤销其报关注册登记，并处以罚款；构成犯罪的，依法追究刑事责任，并不得重新注册登记为报关企业。

报关人员向海关工作人员行贿的，处以罚款；构成犯罪的，依法追究刑事责任。

第九十一条 违反本法规定进出口侵犯中华人民共和国法律、行政法规保护的知识产权的货物的，由海关依法没收侵权货物，并处以罚款；构成犯罪的，依法追究刑事责任。

第九十二条 海关依法扣留的货物、物品、运输工具，在人民法院判决或者海关处罚决定作出之前，不得处理。但是，危险品或者鲜活、易腐、易失效等不宜长期保存的货物、物品以及所有人申请先行变卖的货物、物品、运输工具，经直属海关关长或者其授权的隶属海关关长批准，可以先行依法变卖，变卖所得价款由海关保存，并通知其所有人。

人民法院判决没收或者海关决定没收的走私货物、物品、违法所得、走私运输工具、特制设备，由海关依法统一处理，所得价款和海关决定处以的罚款，全部上缴中央国库。

第九十三条 当事人逾期不履行海关的处罚决定又不申请复议或者向人民法院提起诉讼的，作出处罚决定的海关可以将其保证金抵缴或者将其被扣留的货物、物品、运输工具依法变价抵缴，也可以申请人民法院强制执行。

第九十四条 海关在查验进出境货物、物品时，损坏被查验的货物、物品的，应当赔偿实际损失。

第九十五条 海关违法扣留货物、物品、运输工具，致使当事人的合法权益受到损失的，应当依法承担赔偿责任。

第九十六条 海关工作人员有本法第七十二条所列行为之一的，依法给予行政处分；有违法所得的，依法没收违法所得；构成犯罪的，依法追究刑事责任。

第九十七条 海关的财政收支违反法律、行政法规规定的，由审计机关以及有关部门依照法律、行政法规的规定作出处理；对直接负责的主管人员和其他直接责任人员，依法给予行政处分；构成犯罪的，依法追究刑事责任。

第九十八条 未按照本法规定为控告人、检举人、举报人保密的，对直接负责的主管人员和其他直接责任人员，由所在单位或者有关单位依法给予行政处分。

第九十九条 海关工作人员在调查处理违法案件时，未按照本法规定进行回避的，对直接负责的主管人员和其他直接责任人员，依法给予行政处分。

第九章　附　则

第一百条 本法下列用语的含义：

直属海关，是指直接由海关总署领导，负责管理一定区域范围内的海关业务的海关；隶属海关，是指由直属海关领导，负责办理具体海关业务的海关。

进出境运输工具，是指用以载运人员、货物、物品进出境的各种船舶、车辆、航空器和驮畜。

过境、转运和通运货物，是指由境外启运、通过中国境内继续运往境外的货物。其中，通过境内陆路运输的，称过境货物；在境内设立海关的地点换装运输工具，而不通过境内陆路运输的，称转运货物；由船舶、航空器载运进境并由原装运输工具载运出境的，称通运货物。

海关监管货物，是指本法第二十三条所列的进出口货物，过境、转运、通运货物，特定减免税货物，以及暂时进出口货物、保税货物和其他尚未办结海关手续的进出境货物。

保税货物，是指经海关批准未办理纳税手续进境，在境内储存、加工、装配后复运出境的货物。

海关监管区，是指设立海关的港口、车站、机场、国界孔道、国际邮件互换局（交换站）和其他有海关监管业务的场所，以及虽未设立海关，但是经国务院批准的进出境地点。

第一百零一条 经济特区等特定地区同境内其他地区之间往来的运输工具、货物、物品的监管办法，由国务院另行规定。

第一百零二条 本法自 1987 年 7 月 1 日起施行。1951 年 4 月 18 日中央人民政府公布的《中华人民共和国暂行海关法》同时废止。

中华人民共和国国境卫生检疫法

（1986 年 12 月 2 日第六届全国人民代表大会常务委员会第十八次会议通过，根据 2007 年 12 月 29 日第十届全国人民代表大会常务委员会第三十一次会议《关于修改〈中华人民共和国国境卫生检疫法〉的决定》第一次修正，根据 2009 年 8 月 27 日第十一届全国人民代表大会常务委员会第十次会议《关于修改部分法律的决定》第二次修正，根据 2018 年 4 月 27 日第十三届全国人民代表大会常务委员会第二次会议《关于修改〈中华人民共和国国境卫生检疫法〉等六部法律的决定》第三次修正）

目　录

第一章　总　则

第一条　为了防止传染病由国外传入或者由国内传出，实施国境卫生检疫，保护人体健康，制定本法。

第二条　在中华人民共和国国际通航的港口、机场以及陆地边境和国界江河的口岸（以下简称国境口岸），设立国境卫生检疫机关，依照本法规定实施传染病检疫、监测和卫生监督。

第三条　本法规定的传染病是指检疫传染病和监测传染病。

检疫传染病，是指鼠疫、霍乱、黄热病以及国务院确定和公布的其他传染病。

监测传染病，由国务院卫生行政部门确定和公布。

第四条　入境、出境的人员、交通工具、运输设备以及可能传播检疫传染病的行李、货物、邮包等物品，都应当接受检疫，经国境卫生检疫机关许可，方准入境或者出境。具体办法由本法实施细则规定。

第五条　国境卫生检疫机关发现检疫传染病或者疑似检疫传染病时，除采取必要措施外，必须立即通知当地卫生行政部门，同时用最快的方法报告国务院卫生行政部门，最迟不得超过二十四小时。邮电部门对疫情报告应当优先传送。

中华人民共和国与外国之间的传染病疫情通报，由国务院卫生行政部门会同有关部门办理。

第六条　在国外或者国内有检疫传染病大流行的时候，国务院可以下令封锁有关的国境或者采取其他紧急措施。

第二章　检　疫

第七条　入境的交通工具和人员，必须在最先到达的国境口岸的指定地点接受检疫。除引航员外，未经国境卫生检疫机关许可，任何人不准上下交通工具，不准装卸行李、货物、邮包等物品。具体办法由本法实施细则规定。

第八条　出境的交通工具和人员，必须在最后离开的国境口岸接受检疫。

第九条　来自国外的船舶、航空器因故停泊、降落在中国境内非口岸地点的时候，船舶、航空器的负责人应当立即向就近的国境卫生检疫机关或者当地卫生行政部门报告。除紧急情况外，未经国境卫生检疫机关或者当地卫生行政部门许可，任何人不准上下船舶、航空器，不准装卸行李、货物、邮包等物品。

第十条　在国境口岸发现检疫传染病、疑似检疫传染病，或者有人非因意外伤害而死亡并死因不明的，国境口岸有关单位和交通工具的负责人，应当立即向国境卫生检疫机关报告，并申请临时检疫。

第十一条　国境卫生检疫机关依据检疫医师提供的检疫结果，对未染有检疫传染病或者已实施卫生处理的交通工具，签发入境检疫证或者出境检疫证。

第十二条　国境卫生检疫机关对检疫传染病染疫人必须立即将其隔离，隔离期限根据医学检查结果确定；对检疫传染病染疫嫌疑人应当将其留验，留验期限根据该传染病的潜伏期确定。

因患检疫传染病而死亡的尸体，必须就近火化。

第十三条　接受入境检疫的交通工具有下列情形之一的，应当实施消毒、除鼠、除虫或者其他卫生处理：

（一）来自检疫传染病疫区的；

（二）被检疫传染病污染的；

（三）发现有与人类健康有关的啮齿动物或者病媒昆虫的。

如果外国交通工具的负责人拒绝接受卫生处理，除有特殊情况外，准许该交通工具在国境卫生检疫机关的监督下，立即离开中华人民共和国国境。

第十四条　国境卫生检疫机关对来自疫区的、被检疫传染病污染的或者可能成为检疫传染病传播媒介的行李、货物、邮包等物品，应当进行卫生检查，实施消毒、除鼠、除虫或者其他卫生处理。

入境、出境的尸体、骸骨的托运人或者其代理人，必须向国境卫生检疫机关申报，经卫生检查合格后，方准运进或者运出。

第三章　传染病监测

第十五条　国境卫生检疫机关对入境、出境的人员实施传染病监测，并且采取必要的预防、控制措施。

第十六条　国境卫生检疫机关有权要求入境、出境的人员填写健康申明卡，出示某种传染病的预防接种证书、健康证明或者其他有关证件。

第十七条　对患有监测传染病的人、来自国外监测传染病流行区的人或者与监测传染病人密切接触的人，国境卫生检疫机关应当区别情况，发给就诊方便卡，实施留验或者采取其他预防、控制措施，并及时通知当地卫生行政部门。各地医疗单位对持有就诊方便卡的人员，应当优先诊治。

第四章　卫生监督

第十八条　国境卫生检疫机关根据国家规定的卫生标准，对国境口岸的卫生状况和停留在国境口岸的入境、出境的交通工具的卫生状况实施卫生监督：

（一）监督和指导有关人员对啮齿动物、病媒昆虫的防除；

（二）检查和检验食品、饮用水及其储存、供应、运输设施；

（三）监督从事食品、饮用水供应的从业人员的健康状况，检查其健康证明书；

（四）监督和检查垃圾、废物、污水、粪便、压舱水的处理。

第十九条　国境卫生检疫机关设立国境口岸卫生监督员，执行国境卫生检疫机关交给的任务。

国境口岸卫生监督员在执行任务时，有权对国境口岸和入境、出境的交通工具进行卫生监督和技术指导，对卫生状况不良和可能引起传染病传播的因素提出改进意见，协同有关部门采取必要的措施，进行卫生处理。

第五章　法律责任

第二十条　对违反本法规定，有下列行为之一的单位或者个人，国境卫生检疫机关可以根据情节轻重，给予警告或者罚款：

（一）逃避检疫，向国境卫生检疫机关隐瞒真实情况的；

（二）入境的人员未经国境卫生检疫机关许可，擅自上下交通工具，或者装卸行李、货物、邮包等物品，不听劝阻的。

罚款全部上缴国库。

第二十一条　当事人对国境卫生检疫机关给予的罚款决定不服的，可以在接到通知之日起十五日内，向当地人民法院起诉。逾期不起诉又不履行的，国境卫生检疫机关可以申请人民法院强制执行。

第二十二条　违反本法规定，引起检疫传染病传播或者有引起检疫传染病传播严重危险的，依照刑法有关规定追究刑事责任。

第二十三条　国境卫生检疫机关工作人员，应当秉公执法，忠于职守，对入境、出境的交通工具和人员，及时进行检疫；违法失职的，给予行政处分，情节严重构成犯罪的，依法追究刑事责任。

第六章　附　则

第二十四条　中华人民共和国缔结或者参加的有关卫生检疫的国际条约同本法有不同规定的，适用该国际条约的规定。但是，中华人民共和国声明保留的条款除外。

第二十五条　中华人民共和国边防机关与邻国边防机关之间在边境地区的往来，居住在两国边境接壤地区的居民在边境指定地区的临时往来，双方的交通工具和人员的入境、出境检疫，依照双方协议办理，没有协议的，依照中国政府的有关规定办理。

第二十六条　国境卫生检疫机关实施卫生检疫，按照国家规定收取费用。

第二十七条　本法自 1987 年 5 月 1 日起施行。1957 年 12 月 23 日公布的《中华人民共和国国境卫生检疫条例》同时废止。

中华人民共和国进出境动植物检疫法

（1991 年 10 月 30 日第七届全国人民代表大会常务委员会第二十二次会议通过，1991 年 10 月 30 日中华人民共和国主席令第五十三号公布，根据 2009 年 8 月 27 日第十一届全国人民代表大会常务委员会第十次会议《关于修改部分法律的决定》修正）

目　录

第一章　总　则

第一条　为防止动物传染病、寄生虫病和植物危险性病、虫、杂草以及其他有害生物（以下简称病虫害）传入、传出国境，保护农、林、牧、渔业生产和人体健康，促进对外经济贸易的发展，制定本法。

第二条　进出境的动植物、动植物产品和其他检疫物，装载动植物、动植物产品和其他检疫物的装载容器、包装物，以及来自动植物疫区的运输工具，依照本法规定实施检疫。

第三条　国务院设立动植物检疫机关（以下简称国家动植物检疫机关），统一管理全国进出境动植物检疫工作。国家动植物检疫机关在对外开放的口岸和进出境动植物检疫业务集中的地点设立的口岸动植物检疫机关，依照本法规定实施进出境动植物检疫。

贸易性动物产品出境的检疫机关，由国务院根据情况规定。

国务院农业行政主管部门主管全国进出境动植物检疫工作。

第四条　口岸动植物检疫机关在实施检疫时可以行使下列职权：

（一）依照本法规定登船、登车、登机实施检疫；

（二）进入港口、机场、车站、邮局以及检疫物的存放、加工、养殖、种植场所实施检疫，并依照规定采样；

（三）根据检疫需要，进入有关生产、仓库等场所，进行疫情监测、调查和检疫监督管理；

（四）查阅、复制、摘录与检疫物有关的运行日志、货运单、合同、发票及其他单证。

第五条　国家禁止下列各物进境：

（一）动植物病原体（包括菌种、毒种等）、害虫及其他有害生物；

（二）动植物疫情流行的国家和地区的有关动植物、动植物产品和其他检疫物；

（三）动物尸体；

（四）土壤。

口岸动植物检疫机关发现有前款规定的禁止进境物的，作退回或者销毁处理。

因科学研究等特殊需要引进本条第一款规定的禁止进境物的，必须事先提出申请，经国家动植物检疫机关批准。

本条第一款第二项规定的禁止进境物的名录，由国务院农业行政主管部门制定并公布。

第六条 国外发生重大动植物疫情并可能传入中国时，国务院应当采取紧急预防措施，必要时可以下令禁止来自动植物疫区的运输工具进境或者封锁有关口岸；受动植物疫情威胁地区的地方人民政府和有关口岸动植物检疫机关，应当立即采取紧急措施，同时向上级人民政府和国家动植物检疫机关报告。

邮电、运输部门对重大动植物疫情报告和送检材料应当优先传送。

第七条 国家动植物检疫机关和口岸动植物检疫机关对进出境动植物、动植物产品的生产、加工、存放过程，实行检疫监督制度。

第八条 口岸动植物检疫机关在港口、机场、车站、邮局执行检疫任务时，海关、交通、民航、铁路、邮电等有关部门应当配合。

第九条 动植物检疫机关检疫人员必须忠于职守，秉公执法。动植物检疫机关检疫人员依法执行公务，任何单位和个人不得阻挠。

第二章 进境检疫

第十条 输入动物、动物产品、植物种子、种苗及其他繁殖材料的，必须事先提出申请，办理检疫审批手续。

第十一条 通过贸易、科技合作、交换、赠送、援助等方式输入动植物、动植物产品和其他检疫物的，应当在合同或者协议中订明中国法定的检疫要求，并订明必须附有输出国家或者地区政府动植物检疫机关出具的检疫证书。

第十二条 货主或者其代理人应当在动植物、动植物产品和其他检疫物进境前或者进境时持输出国家或者地区的检疫证书、贸易合同等单证，向进境口岸动植物检疫机关报检。

第十三条 装载动物的运输工具抵达口岸时，口岸动植物检疫机关应当采取现场预防措施，对上下运输工具或者接近动物的人员、装载动物的运输工具和被污染的场地作防疫消毒处理。

第十四条 输入动植物、动植物产品和其他检疫物，应当在进境口岸实施检疫。未经口岸动植物检疫机关同意，不得卸离运输工具。

输入动植物，需隔离检疫的，在口岸动植物检疫机关指定的隔离场所检疫。

因口岸条件限制等原因，可以由国家动植物检疫机关决定将动植物、动植物产品和其他检疫物运往指定地点检疫。在运输、装卸过程中，货主或者其代理人应当采取防疫措施。指定的存放、加工和隔离饲养或者隔离种植的场所，应当符合动植物检疫和防疫的规定。

第十五条 输入动植物、动植物产品和其他检疫物，经检疫合格的，准予进境；海关凭口岸动植物检疫机关签发的检疫单证或者在报关单上加盖的印章验放。

输入动植物、动植物产品和其他检疫物，需调离海关监管区检疫的，海关凭口岸动植物检疫机关签发的《检疫调离通知单》验放。

第十六条 输入动物，经检疫不合格的，由口岸动植物检疫机关签发《检疫处理通知单》，通知货主或者其代理人作如下处理：

（一）检出一类传染病、寄生虫病的动物，连同其同群动物全群退回或者全群扑杀并销毁尸体；

（二）检出二类传染病、寄生虫病的动物，退回或者扑杀，同群其他动物在隔离场或者其他指定地点隔离观察。

输入动物产品和其他检疫物经检疫不合格的，由口岸动植物检疫机关签发《检疫处理通知单》，通知货主或者其代理人作除害、退回或者销毁处理。经除害处理合格的，准予进境。

第十七条 输入植物、植物产品和其他检疫物，经检疫发现有植物危险性病、虫、杂草的，由口岸动植物检疫机关签发《检疫处理通知单》，通知货主或者其代理人作除害、退回或者销毁处理。经除害处理合格的，准予进境。

第十八条 本法第十六条第一款第一项、第二项所称一类、二类动物传染病、寄生虫病的名录和本法第十七条所称植物危险性病、虫、杂草的名录，由国务院农业行政主管部门制定并公布。

第十九条 输入动植物、动植物产品和其他检疫物，经检疫发现有本法第十八条规定的名录之外，对农、林、牧、渔业有严重危害的其他病虫害的，由口岸动植物检疫机关依照国务院农业行政主管部门的规定，通知货主或者其代理人作除害、退回或者销毁处理。经除害处理合格的，准予进境。

第三章 出境检疫

第二十条 货主或者其代理人在动植物、动植物产品和其他检疫物出境前，向口岸动植物检疫机关报检。

出境前需经隔离检疫的动物，在口岸动植物检疫机关指定的隔离场所检疫。

第二十一条 输出动植物、动植物产品和其他检疫物，由口岸动植物检疫机关实施检疫，经检疫合格或者经除害处理合格的，准予出境；海关凭口岸动植物检疫机关签发的检疫证书或者在报关单上加盖的印章验放。检疫不合格又无有效方法作除害处理的，不准出境。

第二十二条 经检疫合格的动植物、动植物产品和其他检疫物，有下列情形之一的，货主或者其代理人应当重新报检：

（一）更改输入国家或者地区，更改后的输入国家或者地区又有不同检疫要求的；

（二）改换包装或者原未拼装后来拼装的；

（三）超过检疫规定有效期限的。

第四章 过境检疫

第二十三条 要求运输动物过境的，必须事先商得中国国家动植物检疫机关同意，并按照指定的口岸和路线过境。装载过境动物的运输工具、装载容器、饲料和铺垫材料，必须符合中国动植物检疫的规定。

第二十四条 运输动植物、动植物产品和其他检疫物过境的，由承运人或者押运人持货运单和输出国家或者地区政府动植物检疫机关出具的检疫证书，在进境时向口岸动植物检疫机关报检，出境口岸不再检疫。

第二十五条 过境的动物经检疫合格的，准予过境；发现有本法第十八条规定的名录所列的动物传染病、寄生虫病的，全群动物不准过境。

过境动物的饲料受病虫害污染的，作除害、不准过境或者销毁处理。

过境的动物的尸体、排泄物、铺垫材料及其他废弃物，必须按照动植物检疫机关的规定处理，不得擅自抛弃。

第二十六条 对过境植物、动植物产品和其他检疫物，口岸动植物检疫机关检查运输工具或者包装，经检疫合格的，准予过境；发现有本法第十八条规定的名录所列的病虫害的，作除害处理或者不准过境。

第二十七条 动植物、动植物产品和其他检疫物过境期间，未经动植物检疫机关批准，不得开拆包装或者卸离运输工具。

第五章 携带、邮寄物检疫

第二十八条 携带、邮寄植物种子、种苗及其他繁殖材料进境的，必须事先提出申请，办理检疫审批手续。

第二十九条 禁止携带、邮寄进境的动植物、动植物产品和其他检疫物的名录，由国务院农业行政主管部门制定并公布。

携带、邮寄前款规定的名录所列的动植物、动植物产品和其他检疫物进境的，作退回或者销毁处理。

第三十条 携带本法第二十九条规定的名录以外的动植物、动植物产品和其他检疫物进境的，在进境时向海关申报并接受口岸动植物检疫机关检疫。

携带动物进境的，必须持有输出国家或者地区的检疫证书等证件。

第三十一条 邮寄本法第二十九条规定的名录以外的动植物、动植物产品和其他检疫物进境的，由口岸动植物检疫机关在国际邮件互换局实施检疫，必要时可以取回口岸动植物检疫机关检疫；未经检疫不得运递。

第三十二条 邮寄进境的动植物、动植物产品和其他检疫物，经检疫或者除害处理合格后放行；经检疫不合格又无有效方法作除害处理的，作退回或者销毁处理，并签发《检疫处理通知单》。

第三十三条 携带、邮寄出境的动植物、动植物产品和其他检疫物，物主有检疫要求的，由口岸动植物检疫机关实施检疫。

第六章 运输工具检疫

第三十四条 来自动植物疫区的船舶、飞机、火车抵达口岸时，由口岸动植物检疫机关实施检疫。发现有本法第十八条规定的名录所列的病虫害的，作不准带离运输工具、除害、封存或者销毁处理。

第三十五条 进境的车辆，由口岸动植物检疫机关作防疫消毒处理。

第三十六条 进出境运输工具上的泔水、动植物性废弃物，依照口岸动植物检疫机关的规定处理，不得擅自抛弃。

第三十七条 装载出境的动植物、动植物产品和其他检疫物的运输工具，应当符合动植物检疫和防疫的规定。

第三十八条 进境供拆船用的废旧船舶，由口岸动植物检疫机关实施检疫，发现有本法第十八条规定的名录所列的病虫害的，作除害处理。

第七章　法律责任

第三十九条　违反本法规定，有下列行为之一的，由口岸动植物检疫机关处以罚款：

（一）未报检或者未依法办理检疫审批手续的；

（二）未经口岸动植物检疫机关许可擅自将进境动植物、动植物产品或者其他检疫物卸离运输工具或者运递的；

（三）擅自调离或者处理在口岸动植物检疫机关指定的隔离场所中隔离检疫的动植物的。

第四十条　报检的动植物、动植物产品或者其他检疫物与实际不符的，由口岸动植物检疫机关处以罚款；已取得检疫单证的，予以吊销。

第四十一条　违反本法规定，擅自开拆过境动植物、动植物产品或者其他检疫物的包装的，擅自将过境动植物、动植物产品或者其他检疫物卸离运输工具的，擅自抛弃过境动物的尸体、排泄物、铺垫材料或者其他废弃物的，由动植物检疫机关处以罚款。

第四十二条　违反本法规定，引起重大动植物疫情的，依照刑法有关规定追究刑事责任。

第四十三条　伪造、变造检疫单证、印章、标志、封识，依照刑法有关规定追究刑事责任。

第四十四条　当事人对动植物检疫机关的处罚决定不服的，可以在接到处罚通知之日起十五日内向作出处罚决定的机关的上一级机关申请复议；当事人也可以在接到处罚通知之日起十五日内直接向人民法院起诉。

复议机关应当在接到复议申请之日起六十日内作出复议决定。当事人对复议决定不服的，可以在接到复议决定之日起十五日内向人民法院起诉。复议机关逾期不作出复议决定的，当事人可以在复议期满之日起十五日内向人民法院起诉。

当事人逾期不申请复议也不向人民法院起诉、又不履行处罚决定的，作出处罚决定的机关可以申请人民法院强制执行。

第四十五条　动植物检疫机关检疫人员滥用职权，徇私舞弊，伪造检疫结果，或者玩忽职守，延误检疫出证，构成犯罪的，依法追究刑事责任；不构成犯罪的，给予行政处分。

第八章　附　则

第四十六条　本法下列用语的含义是：

（一）“动物”是指饲养、野生的活动物，如畜、禽、兽、蛇、龟、鱼、虾、蟹、贝、蚕、蜂等；

（二）“动物产品”是指来源于动物未经加工或者虽经加工但仍有可能传播疫病的产品，如生皮张、毛类、肉类、脏器、油脂、动物水产品、奶制品、蛋类、血液、精液、胚胎、骨、蹄、角等；

（三）“植物”是指栽培植物、野生植物及其种子、种苗及其他繁殖材料等；

（四）“植物产品”是指来源于植物未经加工或者虽经加工但仍有可能传播病虫害的产品，如粮食、豆、棉花、油、麻、烟草、籽仁、干果、鲜果、蔬菜、生药材、木材、饲料等；

（五）“其他检疫物”是指动物疫苗、血清、诊断液、动植物性废弃物等。

第四十七条　中华人民共和国缔结或者参加的有关动植物检疫的国际条约与本法有不同规定的，适用该国际条约的规定。但是，中华人民共和国声明保留的条款除外。

第四十八条　口岸动植物检疫机关实施检疫依照规定收费。收费办法由国务院农业行政主管部门会同国务院物价等有关主管部门制定。

第四十九条 国务院根据本法制定实施条例。

第五十条 本法自 1992 年 4 月 1 日起施行。1982 年 6 月 4 日国务院发布的《中华人民共和国进出口动植物检疫条例》同时废止。

中华人民共和国进出口商品检验法

（1989年2月21日第七届全国人民代表大会常务委员会第六次会议通过，根据2002年4月28日第九届全国人民代表大会常务委员会第二十七次会议《关于修改〈中华人民共和国进出口商品检验法〉的决定》第一次修正，根据2013年6月29日第十二届全国人民代表大会常务委员会第三次会议《关于修改〈中华人民共和国文物保护法〉等十二部法律的决定》第二次修正，根据2018年4月27日第十三届全国人民代表大会常务委员会第二次会议《关于修改〈中华人民共和国国境卫生检疫法〉等六部法律的决定》第三次修正，根据2018年12月29日第十三届全国人民代表大会常务委员会第七次会议《关于修改〈中华人民共和国产品质量法〉等五部法律的决定》第四次修正）

目　录

第一章　总　则

第一条　为了加强进出口商品检验工作，规范进出口商品检验行为，维护社会公共利益和进出口贸易有关各方的合法权益，促进对外经济贸易关系的顺利发展，制定本法。

第二条　国务院设立进出口商品检验部门（以下简称国家商检部门），主管全国进出口商品检验工作。国家商检部门设在各地的进出口商品检验机构（以下简称商检机构）管理所辖地区的进出口商品检验工作。

第三条　商检机构和经国家商检部门许可的检验机构，依法对进出口商品实施检验。

第四条　进出口商品检验应当根据保护人类健康和安全、保护动物或者植物的生命和健康、保护环境、防止欺诈行为、维护国家安全的原则，由国家商检部门制定、调整必须实施检验的进出口商品目录（以下简称目录）并公布实施。

第五条　列入目录的进出口商品，由商检机构实施检验。

前款规定的进口商品未经检验的，不准销售、使用；前款规定的出口商品未经检验合格的，不准出口。

本条第一款规定的进出口商品，其中符合国家规定的免予检验条件的，由收货人或者发货人申请，经国家商检部门审查批准，可以免予检验。

第六条　必须实施的进出口商品检验，是指确定列入目录的进出口商品是否符合国家技术规范的强制性要求的合格评定活动。

合格评定程序包括：抽样、检验和检查；评估、验证和合格保证；注册、认可和批准以及各项的组合。

第七条 列入目录的进出口商品，按照国家技术规范的强制性要求进行检验；尚未制定国家技术规范的强制性要求的，应当依法及时制定，未制定之前，可以参照国家商检部门指定的国外有关标准进行检验。

第八条 经国家商检部门许可的检验机构，可以接受对外贸易关系人或者外国检验机构的委托，办理进出口商品检验鉴定业务。

第九条 法律、行政法规规定由其他检验机构实施检验的进出口商品或者检验项目，依照有关法律、行政法规的规定办理。

第十条 国家商检部门和商检机构应当及时收集和向有关方面提供进出口商品检验方面的信息。

国家商检部门和商检机构的工作人员在履行进出口商品检验的职责中，对所知悉的商业秘密负有保密义务。

第二章 进口商品的检验

第十一条 本法规定必须经商检机构检验的进口商品的收货人或者其代理人，应当向报关地的商检机构报检。

第十二条 本法规定必须经商检机构检验的进口商品的收货人或者其代理人，应当在商检机构规定的地点和期限内，接受商检机构对进口商品的检验。商检机构应当在国家商检部门统一规定的期限内检验完毕，并出具检验证单。

第十三条 本法规定必须经商检机构检验的进口商品以外的进口商品的收货人，发现进口商品质量不合格或者残损短缺，需要由商检机构出证索赔的，应当向商检机构申请检验出证。

第十四条 对重要的进口商品和大型的成套设备，收货人应当依据对外贸易合同约定在出口国装运前进行预检验、监造或者监装，主管部门应当加强监督；商检机构根据需要可以派出检验人员参加。

第三章 出口商品的检验

第十五条 本法规定必须经商检机构检验的出口商品的发货人或者其代理人，应当在商检机构规定的地点和期限内，向商检机构报检。商检机构应当在国家商检部门统一规定的期限内检验完毕，并出具检验证单。

第十六条 经商检机构检验合格发给检验证单的出口商品，应当在商检机构规定的期限内报关出口；超过期限的，应当重新报检。

第十七条 为出口危险货物生产包装容器的企业，必须申请商检机构进行包装容器的性能鉴定。生产出口危险货物的企业，必须申请商检机构进行包装容器的使用鉴定。使用未经鉴定合格的包装容器的危险货物，不准出口。

第十八条 对装运出口易腐烂变质食品的船舱和集装箱，承运人或者装箱单位必须在装货前申请检验。未经检验合格的，不准装运。

第四章　监督管理

第十九条　商检机构对本法规定必须经商检机构检验的进出口商品以外的进出口商品，根据国家规定实施抽查检验。

国家商检部门可以公布抽查检验结果或者向有关部门通报抽查检验情况。

第二十条　商检机构根据便利对外贸易的需要，可以按照国家规定对列入目录的出口商品进行出厂前的质量监督管理和检验。

第二十一条　为进出口货物的收发货人办理报检手续的代理人办理报检手续时应当向商检机构提交授权委托书。

第二十二条　国家商检部门可以按照国家有关规定，通过考核，许可符合条件的国内外检验机构承担委托的进出口商品检验鉴定业务。

第二十三条　国家商检部门和商检机构依法对经国家商检部门许可的检验机构的进出口商品检验鉴定业务活动进行监督，可以对其检验的商品抽查检验。

第二十四条　国务院认证认可监督管理部门根据国家统一的认证制度，对有关的进出口商品实施认证管理。

第二十五条　认证机构可以根据国务院认证认可监督管理部门同外国有关机构签订的协议或者接受外国有关机构的委托进行进出口商品质量认证工作，准许在认证合格的进出口商品上使用质量认证标志。

第二十六条　商检机构依照本法对实施许可制度的进出口商品实行验证管理，查验单证，核对证货是否相符。

第二十七条　商检机构根据需要，对检验合格的进出口商品，可以加施商检标志或者封识。

第二十八条　进出口商品的报检人对商检机构作出的检验结果有异议的，可以向原商检机构或者其上级商检机构以至国家商检部门申请复验，由受理复验的商检机构或者国家商检部门及时作出复验结论。

第二十九条　当事人对商检机构、国家商检部门作出的复验结论不服或者对商检机构作出的处罚决定不服的，可以依法申请行政复议，也可以依法向人民法院提起诉讼。

第三十条　国家商检部门和商检机构履行职责，必须遵守法律，维护国家利益，依照法定职权和法定程序严格执法，接受监督。

国家商检部门和商检机构应当根据依法履行职责的需要，加强队伍建设，使商检工作人员具有良好的政治、业务素质。商检工作人员应当定期接受业务培训和考核，经考核合格，方可上岗执行职务。

商检工作人员必须忠于职守，文明服务，遵守职业道德，不得滥用职权，谋取私利。

第三十一条　国家商检部门和商检机构应当建立健全内部监督制度，对其工作人员的执法活动进行监督检查。

商检机构内部负责受理报检、检验、出证放行等主要岗位的职责权限应当明确，并相互分离、相互制约。

第三十二条　任何单位和个人均有权对国家商检部门、商检机构及其工作人员的违法、违纪行为进行控告、检举。收到控告、检举的机关应当依法按照职责分工及时查处，并为控告人、检举人保密。

第五章　法律责任

第三十三条　违反本法规定，将必须经商检机构检验的进口商品未报经检验而擅自销售或者使用的，或者将必须经商检机构检验的出口商品未报经检验合格而擅自出口的，由商检机构没收违法所得，并处货值金额百分之五以上百分之二十以下的罚款；构成犯罪的，依法追究刑事责任。

第三十四条　违反本法规定，未经国家商检部门许可，擅自从事进出口商品检验鉴定业务的，由商检机构责令停止非法经营，没收违法所得，并处违法所得一倍以上三倍以下的罚款。

第三十五条　进口或者出口属于掺杂掺假、以假充真、以次充好的商品或者以不合格进出口商品冒充合格进出口商品的，由商检机构责令停止进口或者出口，没收违法所得，并处货值金额百分之五十以上三倍以下的罚款；构成犯罪的，依法追究刑事责任。

第三十六条　伪造、变造、买卖或者盗窃商检单证、印章、标志、封识、质量认证标志的，依法追究刑事责任；尚不够刑事处罚的，由商检机构、认证认可监督管理部门依据各自职责责令改正，没收违法所得，并处货值金额等值以下的罚款。

第三十七条　国家商检部门、商检机构的工作人员违反本法规定，泄露所知悉的商业秘密的，依法给予行政处分，有违法所得的，没收违法所得；构成犯罪的，依法追究刑事责任。

第三十八条　国家商检部门、商检机构的工作人员滥用职权，故意刁难的，徇私舞弊，伪造检验结果的，或者玩忽职守，延误检验出证的，依法给予行政处分；构成犯罪的，依法追究刑事责任。

第六章　附　则

第三十九条　商检机构和其他检验机构依照本法的规定实施检验和办理检验鉴定业务，依照国家有关规定收取费用。

第四十条　国务院根据本法制定实施条例。

第四十一条　本法自 1989 年 8 月 1 日起施行。

中华人民共和国食品安全法

（2009年2月28日第十一届全国人民代表大会常务委员会第七次会议通过，自2009年6月1日起施行，2015年4月24日第十二届全国人民代表大会常务委员会第十四次会议修订，2018年12月29日第十三届全国人民代表大会常务委员会第七次会议修正）

目　录

第一章　总　则

第一条　为了保证食品安全，保障公众身体健康和生命安全，制定本法。

第二条　在中华人民共和国境内从事下列活动，应当遵守本法：

（一）食品生产和加工（以下称食品生产），食品销售和餐饮服务（以下称食品经营）；

（二）食品添加剂的生产经营；

（三）用于食品的包装材料、容器、洗涤剂、消毒剂和用于食品生产经营的工具、设备（以下称食品相关产品）的生产经营；

（四）食品生产经营者使用食品添加剂、食品相关产品；

（五）食品的贮存和运输；

（六）对食品、食品添加剂、食品相关产品的安全管理。

供食用的源于农业的初级产品（以下称食用农产品）的质量安全管理，遵守《中华人民共和国农产品质量安全法》的规定。但是，食用农产品的市场销售、有关质量安全标准的制定、有关安全信息的公布和本法对农业投入品作出规定的，应当遵守本法的规定。

第三条 食品安全工作实行预防为主、风险管理、全程控制、社会共治，建立科学、严格的监督管理制度。

第四条 食品生产经营者对其生产经营食品的安全负责。

食品生产经营者应当依照法律、法规和食品安全标准从事生产经营活动，保证食品安全，诚信自律，对社会和公众负责，接受社会监督，承担社会责任。

第五条 国务院设立食品安全委员会，其职责由国务院规定。

国务院食品安全监督管理部门依照本法和国务院规定的职责，对食品生产经营活动实施监督管理。

国务院卫生行政部门依照本法和国务院规定的职责，组织开展食品安全风险监测和风险评估，会同国务院食品安全监督管理部门制定并公布食品安全国家标准。

国务院其他有关部门依照本法和国务院规定的职责，承担有关食品安全工作。

第六条 县级以上地方人民政府对本行政区域的食品安全监督管理工作负责，统一领导、组织、协调本行政区域的食品安全监督管理工作以及食品安全突发事件应对工作，建立健全食品安全全程监督管理工作机制和信息共享机制。

县级以上地方人民政府依照本法和国务院的规定，确定本级食品安全监督管理、卫生行政部门和其他有关部门的职责。有关部门在各自职责范围内负责本行政区域的食品安全监督管理工作。

县级人民政府食品安全监督管理部门可以在乡镇或者特定区域设立派出机构。

第七条 县级以上地方人民政府实行食品安全监督管理责任制。上级人民政府负责对下一级人民政府的食品安全监督管理工作进行评议、考核。县级以上地方人民政府负责对本级食品安全监督管理部门和其他有关部门的食品安全监督管理工作进行评议、考核。

第八条 县级以上人民政府应当将食品安全工作纳入本级国民经济和社会发展规划，将食品安全工作经费列入本级政府财政预算，加强食品安全监督管理能力建设，为食品安全工作提供保障。

县级以上人民政府食品安全监督管理部门和其他有关部门应当加强沟通、密切配合，按照各自职责分工，依法行使职权，承担责任。

第九条 食品行业协会应当加强行业自律，按照章程建立健全行业规范和奖惩机制，提供食品安全信息、技术等服务，引导和督促食品生产经营者依法生产经营，推动行业诚信建设，宣传、普及食品安全知识。

消费者协会和其他消费者组织对违反本法规定，损害消费者合法权益的行为，依法进行社会监督。

第十条 各级人民政府应当加强食品安全的宣传教育，普及食品安全知识，鼓励社会组织、基层群众性自治组织、食品生产经营者开展食品安全法律、法规以及食品安全标准和知识的普及工作，倡导健康的饮食方式，增强消费者食品安全意识和自我保护能力。

新闻媒体应当开展食品安全法律、法规以及食品安全标准和知识的公益宣传，并对食品安全违法行为进行舆论监督。有关食品安全的宣传报道应当真实、公正。

第十一条 国家鼓励和支持开展与食品安全有关的基础研究、应用研究，鼓励和支持食品生产经营者为提高食品安全水平采用先进技术和先进管理规范。

国家对农药的使用实行严格的管理制度，加快淘汰剧毒、高毒、高残留农药，推动替代产品的研发和应用，鼓励使用高效低毒低残留农药。

第十二条 任何组织或者个人有权举报食品安全违法行为，依法向有关部门了解食品安全信息，对食品安全监督管理工作提出意见和建议。

第十三条 对在食品安全工作中做出突出贡献的单位和个人，按照国家有关规定给予表彰、奖励。

第二章　食品安全风险监测和评估

第十四条　国家建立食品安全风险监测制度，对食源性疾病、食品污染以及食品中的有害因素进行监测。

国务院卫生行政部门会同国务院食品安全监督管理等部门，制定、实施国家食品安全风险监测计划。

国务院食品安全监督管理部门和其他有关部门获知有关食品安全风险信息后，应当立即核实并向国务院卫生行政部门通报。对有关部门通报的食品安全风险信息以及医疗机构报告的食源性疾病等有关疾病信息，国务院卫生行政部门应当会同国务院有关部门分析研究，认为必要的，及时调整国家食品安全风险监测计划。

省、自治区、直辖市人民政府卫生行政部门会同同级食品安全监督管理等部门，根据国家食品安全风险监测计划，结合本行政区域的具体情况，制定、调整本行政区域的食品安全风险监测方案，报国务院卫生行政部门备案并实施。

第十五条　承担食品安全风险监测工作的技术机构应当根据食品安全风险监测计划和监测方案开展监测工作，保证监测数据真实、准确，并按照食品安全风险监测计划和监测方案的要求报送监测数据和分析结果。

食品安全风险监测工作人员有权进入相关食用农产品种植养殖、食品生产经营场所采集样品、收集相关数据。采集样品应当按照市场价格支付费用。

第十六条　食品安全风险监测结果表明可能存在食品安全隐患的，县级以上人民政府卫生行政部门应当及时将相关信息通报同级食品安全监督管理等部门，并报告本级人民政府和上级人民政府卫生行政部门。食品安全监督管理等部门应当组织开展进一步调查。

第十七条　国家建立食品安全风险评估制度，运用科学方法，根据食品安全风险监测信息、科学数据以及有关信息，对食品、食品添加剂、食品相关产品中生物性、化学性和物理性危害因素进行风险评估。

国务院卫生行政部门负责组织食品安全风险评估工作，成立由医学、农业、食品、营养、生物、环境等方面的专家组成的食品安全风险评估专家委员会进行食品安全风险评估。食品安全风险评估结果由国务院卫生行政部门公布。

对农药、肥料、兽药、饲料和饲料添加剂等的安全性评估，应当有食品安全风险评估专家委员会的专家参加。

食品安全风险评估不得向生产经营者收取费用，采集样品应当按照市场价格支付费用。

第十八条　有下列情形之一的，应当进行食品安全风险评估：

（一）通过食品安全风险监测或者接到举报发现食品、食品添加剂、食品相关产品可能存在安全隐患的；

（二）为制定或者修订食品安全国家标准提供科学依据需要进行风险评估的；

（三）为确定监督管理的重点领域、重点品种需要进行风险评估的；

（四）发现新的可能危害食品安全因素的；

（五）需要判断某一因素是否构成食品安全隐患的；

（六）国务院卫生行政部门认为需要进行风险评估的其他情形。

第十九条　国务院食品安全监督管理、农业行政等部门在监督管理工作中发现需要进行食品安全风险评估的，应当向国务院卫生行政部门提出食品安全风险评估的建议，并提供风险来源、相关检验数据和结论等信息、资料。属于本法第十八条规定情形的，国务院卫生行政部门应当及时进行食品安全风险评估，并向国务院有关部门通报评估结果。

第二十条 省级以上人民政府卫生行政、农业行政部门应当及时相互通报食品、食用农产品安全风险监测信息。

国务院卫生行政、农业行政部门应当及时相互通报食品、食用农产品安全风险评估结果等信息。

第二十一条 食品安全风险评估结果是制定、修订食品安全标准和实施食品安全监督管理的科学依据。

经食品安全风险评估，得出食品、食品添加剂、食品相关产品不安全结论的，国务院食品安全监督管理等部门应当依据各自职责立即向社会公告，告知消费者停止食用或者使用，并采取相应措施，确保该食品、食品添加剂、食品相关产品停止生产经营；需要制定、修订相关食品安全国家标准的，国务院卫生行政部门应当会同国务院食品安全监督管理部门立即制定、修订。

第二十二条 国务院食品安全监督管理部门应当会同国务院有关部门，根据食品安全风险评估结果、食品安全监督管理信息，对食品安全状况进行综合分析。对经综合分析表明可能具有较高程度安全风险的食品，国务院食品安全监督管理部门应当及时提出食品安全风险警示，并向社会公布。

第二十三条 县级以上人民政府食品安全监督管理部门和其他有关部门、食品安全风险评估专家委员会及其技术机构，应当按照科学、客观、及时、公开的原则，组织食品生产经营者、食品检验机构、认证机构、食品行业协会、消费者协会以及新闻媒体等，就食品安全风险评估信息和食品安全监督管理信息进行交流沟通。

第三章 食品安全标准

第二十四条 制定食品安全标准，应当以保障公众身体健康为宗旨，做到科学合理、安全可靠。

第二十五条 食品安全标准是强制执行的标准。除食品安全标准外，不得制定其他食品强制性标准。

第二十六条 食品安全标准应当包括下列内容：

（一）食品、食品添加剂、食品相关产品中的致病性微生物，农药残留、兽药残留、生物毒素、重金属等污染物质以及其他危害人体健康物质的限量规定；

（二）食品添加剂的品种、使用范围、用量；

（三）专供婴幼儿和其他特定人群的主辅食品的营养成分要求；

（四）对与卫生、营养等食品安全要求有关的标签、标志、说明书的要求；

（五）食品生产经营过程的卫生要求；

（六）与食品安全有关的质量要求；

（七）与食品安全有关的食品检验方法与规程；

（八）其他需要制定为食品安全标准的内容。

第二十七条 食品安全国家标准由国务院卫生行政部门会同国务院食品安全监督管理部门制定、公布，国务院标准化行政部门提供国家标准编号。

食品中农药残留、兽药残留的限量规定及其检验方法与规程由国务院卫生行政部门、国务院农业行政部门会同国务院食品安全监督管理部门制定。

屠宰畜、禽的检验规程由国务院农业行政部门会同国务院卫生行政部门制定。

第二十八条 制定食品安全国家标准，应当依据食品安全风险评估结果并充分考虑食用农产品安全风险评估结果，参照相关的国际标准和国际食品安全风险评估结果，并将食品安全国家标准草案向社会公布，广泛听取食品生产经营者、消费者、有关部门等方面的意见。

食品安全国家标准应当经国务院卫生行政部门组织的食品安全国家标准审评委员会审查通过。食品安全国家标准审评委员会由医学、农业、食品、营养、生物、环境等方面的专家以及国务院有关部门、食品行业协会、消费者协会的代表组成，对食品安全国家标准草案的科学性和实用性等进行审查。

第二十九条 对地方特色食品，没有食品安全国家标准的，省、自治区、直辖市人民政府卫生行政部门可以制定并公布食品安全地方标准，报国务院卫生行政部门备案。食品安全国家标准制定后，该地方标准即行废止。

第三十条 国家鼓励食品生产企业制定严于食品安全国家标准或者地方标准的企业标准，在本企业适用，并报省、自治区、直辖市人民政府卫生行政部门备案。

第三十一条 省级以上人民政府卫生行政部门应当在其网站上公布制定和备案的食品安全国家标准、地方标准和企业标准，供公众免费查阅、下载。

对食品安全标准执行过程中的问题，县级以上人民政府卫生行政部门应当会同有关部门及时给予指导、解答。

第三十二条 省级以上人民政府卫生行政部门应当会同同级食品安全监督管理、农业行政等部门，分别对食品安全国家标准和地方标准的执行情况进行跟踪评价，并根据评价结果及时修订食品安全标准。

省级以上人民政府食品安全监督管理、农业行政等部门应当对食品安全标准执行中存在的问题进行收集、汇总，并及时向同级卫生行政部门通报。

食品生产经营者、食品行业协会发现食品安全标准在执行中存在问题的，应当立即向卫生行政部门报告。

第四章 食品生产经营

第一节 一般规定

第三十三条 食品生产经营应当符合食品安全标准，并符合下列要求：

（一）具有与生产经营的食品品种、数量相适应的食品原料处理和食品加工、包装、贮存等场所，保持该场所环境整洁，并与有毒、有害场所以及其他污染源保持规定的距离；

（二）具有与生产经营的食品品种、数量相适应的生产经营设备或者设施，有相应的消毒、更衣、盥洗、采光、照明、通风、防腐、防尘、防蝇、防鼠、防虫、洗涤以及处理废水、存放垃圾和废弃物的设备或者设施；

（三）有专职或者兼职的食品安全专业技术人员、食品安全管理人员和保证食品安全的规章制度；

（四）具有合理的设备布局和工艺流程，防止待加工食品与直接入口食品、原料与成品交叉污染，避免食品接触有毒物、不洁物；

（五）餐具、饮具和盛放直接入口食品的容器，使用前应当洗净、消毒，炊具、用具用后应当洗净，保持清洁；

（六）贮存、运输和装卸食品的容器、工具和设备应当安全、无害，保持清洁，防止食品污染，并符合保证食品安全所需的温度、湿度等特殊要求，不得将食品与有毒、有害物品一同贮存、运输；

（七）直接入口的食品应当使用无毒、清洁的包装材料、餐具、饮具和容器；

（八）食品生产经营人员应当保持个人卫生，生产经营食品时，应当将手洗净，穿戴清洁的工作衣、帽等；销售无包装的直接入口食品时，应当使用无毒、清洁的容器、售货工具和设备；

（九）用水应当符合国家规定的生活饮用水卫生标准；

（十）使用的洗涤剂、消毒剂应当对人体安全、无害；

（十一）法律、法规规定的其他要求。

非食品生产经营者从事食品贮存、运输和装卸的，应当符合前款第六项的规定。

第三十四条 禁止生产经营下列食品、食品添加剂、食品相关产品：

（一）用非食品原料生产的食品或者添加食品添加剂以外的化学物质和其他可能危害人体健康物质的食品，或者用回收食品作为原料生产的食品；

（二）致病性微生物，农药残留、兽药残留、生物毒素、重金属等污染物质以及其他危害人体健康的物质含量超过食品安全标准限量的食品、食品添加剂、食品相关产品；

（三）用超过保质期的食品原料、食品添加剂生产的食品、食品添加剂；

（四）超范围、超限量使用食品添加剂的食品；

（五）营养成分不符合食品安全标准的专供婴幼儿和其他特定人群的主辅食品；

（六）腐败变质、油脂酸败、霉变生虫、污秽不洁、混有异物、掺假掺杂或者感官性状异常的食品、食品添加剂；

（七）病死、毒死或者死因不明的禽、畜、兽、水产动物肉类及其制品；

（八）未按规定进行检疫或者检疫不合格的肉类，或者未经检验或者检验不合格的肉类制品；

（九）被包装材料、容器、运输工具等污染的食品、食品添加剂；

（十）标注虚假生产日期、保质期或者超过保质期的食品、食品添加剂；

（十一）无标签的预包装食品、食品添加剂；

（十二）国家为防病等特殊需要明令禁止生产经营的食品；

（十三）其他不符合法律、法规或者食品安全标准的食品、食品添加剂、食品相关产品。

第三十五条 国家对食品生产经营实行许可制度。从事食品生产、食品销售、餐饮服务，应当依法取得许可。但是，销售食用农产品，不需要取得许可。

县级以上地方人民政府食品安全监督管理部门应当依照《中华人民共和国行政许可法》的规定，审核申请人提交的本法第三十三条第一款第一项至第四项规定要求的相关资料，必要时对申请人的生产经营场所进行现场核查；对符合规定条件的，准予许可；对不符合规定条件的，不予许可并书面说明理由。

第三十六条 食品生产加工小作坊和食品摊贩等从事食品生产经营活动，应当符合本法规定的与其生产经营规模、条件相适应的食品安全要求，保证所生产经营的食品卫生、无毒、无害，食品安全监督管理部门应当对其加强监督管理。

县级以上地方人民政府应当对食品生产加工小作坊、食品摊贩等进行综合治理，加强服务和统一规划，改善其生产经营环境，鼓励和支持其改进生产经营条件，进入集中交易市场、店铺等固定场所经营，或者在指定的临时经营区域、时段经营。

食品生产加工小作坊和食品摊贩等的具体管理办法由省、自治区、直辖市制定。

第三十七条 利用新的食品原料生产食品，或者生产食品添加剂新品种、食品相关产品新品种，应当向国务院卫生行政部门提交相关产品的安全性评估材料。国务院卫生行政部门应当自收到申请之日起六十日内组织审查；对符合食品安全要求的，准予许可并公布；对不符合食品安全要求的，不予许可并书面说明理由。

第三十八条 生产经营的食品中不得添加药品，但是可以添加按照传统既是食品又是中药材的物质。按照传统既是食品又是中药材的物质目录由国务院卫生行政部门会同国务院食品安全监督管理部门制定、公布。

第三十九条 国家对食品添加剂生产实行许可制度。从事食品添加剂生产，应当具有与所生产食品添加剂品种相适应的场所、生产设备或者设施、专业技术人员和管理制度，并依照本法第三十五条第二款规定的程序，取得食品添加剂生产许可。

生产食品添加剂应当符合法律、法规和食品安全国家标准。

第四十条 食品添加剂应当在技术上确有必要且经过风险评估证明安全可靠，方可列入允许使用的范围；有关食品安全国家标准应当根据技术必要性和食品安全风险评估结果及时修订。

食品生产经营者应当按照食品安全国家标准使用食品添加剂。

第四十一条 生产食品相关产品应当符合法律、法规和食品安全国家标准。对直接接触食品的包装材料等具有较高风险的食品相关产品，按照国家有关工业产品生产许可证管理的规定实施生产许可。食品安全监督管理部门应当加强对食品相关产品生产活动的监督管理。

第四十二条 国家建立食品安全全程追溯制度。

食品生产经营者应当依照本法的规定，建立食品安全追溯体系，保证食品可追溯。国家鼓励食品生产经营者采用信息化手段采集、留存生产经营信息，建立食品安全追溯体系。

国务院食品安全监督管理部门会同国务院农业行政等有关部门建立食品安全全程追溯协作机制。

第四十三条 地方各级人民政府应当采取措施鼓励食品规模化生产和连锁经营、配送。

国家鼓励食品生产经营企业参加食品安全责任保险。

第二节 生产经营过程控制

第四十四条 食品生产经营企业应当建立健全食品安全管理制度，对职工进行食品安全知识培训，加强食品检验工作，依法从事生产经营活动。

食品生产经营企业的主要负责人应当落实企业食品安全管理制度，对本企业的食品安全工作全面负责。

食品生产经营企业应当配备食品安全管理人员，加强对其培训和考核。经考核不具备食品安全管理能力的，不得上岗。食品安全监督管理部门应当对企业食品安全管理人员随机进行监督抽查考核并公布考核情况。监督抽查考核不得收取费用。

第四十五条 食品生产经营者应当建立并执行从业人员健康管理制度。患有国务院卫生行政部门规定的有碍食品安全疾病的人员，不得从事接触直接入口食品的工作。

从事接触直接入口食品工作的食品生产经营人员应当每年进行健康检查，取得健康证明后方可上岗工作。

第四十六条 食品生产企业应当就下列事项制定并实施控制要求，保证所生产的食品符合食品安全标准：

（一）原料采购、原料验收、投料等原料控制；

（二）生产工序、设备、贮存、包装等生产关键环节控制；

（三）原料检验、半成品检验、成品出厂检验等检验控制；

（四）运输和交付控制。

第四十七条 食品生产经营者应当建立食品安全自查制度，定期对食品安全状况进行检查评价。生产经营条件发生变化，不再符合食品安全要求的，食品生产经营者应当立即采取整改措施；有发生食品安全事故潜在风险的，应当立即停止食品生产经营活动，并向所在地县级人民政府食品安全监督管理部门报告。

第四十八条 国家鼓励食品生产经营企业符合良好生产规范要求，实施危害分析与关键控制点体系，提高食品安全管理水平。

对通过良好生产规范、危害分析与关键控制点体系认证的食品生产经营企业，认证机构应当依法实施跟踪调查；对不再符合认证要求的企业，应当依法撤销认证，及时向县级以上人民政府食品安全监督管理部门通报，并向社会公布。认证机构实施跟踪调查不得收取费用。

第四十九条 食用农产品生产者应当按照食品安全标准和国家有关规定使用农药、肥料、兽药、饲料和饲料添加剂等农业投入品，严格执行农业投入品使用安全间隔期或者休药期的规定，不得使用国家明令禁止的农业投入品。禁止将剧毒、高毒农药用于蔬菜、瓜果、茶叶和中草药材等国家规定的农作物。

食用农产品的生产企业和农民专业合作经济组织应当建立农业投入品使用记录制度。

县级以上人民政府农业行政部门应当加强对农业投入品使用的监督管理和指导，建立健全农业投入品安全使用制度。

第五十条 食品生产者采购食品原料、食品添加剂、食品相关产品，应当查验供货者的许可证和产品合格证明；对无法提供合格证明的食品原料，应当按照食品安全标准进行检验；不得采购或者使用不符合食品安全标准的食品原料、食品添加剂、食品相关产品。

食品生产企业应当建立食品原料、食品添加剂、食品相关产品进货查验记录制度，如实记录食品原料、食品添加剂、食品相关产品的名称、规格、数量、生产日期或者生产批号、保质期、进货日期以及供货者名称、地址、联系方式等内容，并保存相关凭证。记录和凭证保存期限不得少于产品保质期满后六个月；没有明确保质期的，保存期限不得少于二年。

第五十一条 食品生产企业应当建立食品出厂检验记录制度，查验出厂食品的检验合格证和安全状况，如实记录食品的名称、规格、数量、生产日期或者生产批号、保质期、检验合格证号、销售日期以及购货者名称、地址、联系方式等内容，并保存相关凭证。记录和凭证保存期限应当符合本法第五十条第二款的规定。

第五十二条 食品、食品添加剂、食品相关产品的生产者，应当按照食品安全标准对所生产的食品、食品添加剂、食品相关产品进行检验，检验合格后方可出厂或者销售。

第五十三条 食品经营者采购食品，应当查验供货者的许可证和食品出厂检验合格证或者其他合格证明（以下称合格证明文件）。

食品经营企业应当建立食品进货查验记录制度，如实记录食品的名称、规格、数量、生产日期或者生产批号、保质期、进货日期以及供货者名称、地址、联系方式等内容，并保存相关凭证。记录和凭证保存期限应当符合本法第五十条第二款的规定。

实行统一配送经营方式的食品经营企业，可以由企业总部统一查验供货者的许可证和食品合格证明文件，进行食品进货查验记录。

从事食品批发业务的经营企业应当建立食品销售记录制度，如实记录批发食品的名称、规格、数量、生产日期或者生产批号、保质期、销售日期以及购货者名称、地址、联系方式等内容，并保存相关凭证。记录和凭证保存期限应当符合本法第五十条第二款的规定。

第五十四条 食品经营者应当按照保证食品安全的要求贮存食品，定期检查库存食品，及时清理变质或者超过保质期的食品。

食品经营者贮存散装食品，应当在贮存位置标明食品的名称、生产日期或者生产批号、保质期、生产者名称及联系方式等内容。

第五十五条 餐饮服务提供者应当制定并实施原料控制要求，不得采购不符合食品安全标准的食品原料。倡导餐饮服务提供者公开加工过程，公示食品原料及其来源等信息。

餐饮服务提供者在加工过程中应当检查待加工的食品及原料，发现有本法第三十四条第六项规定情形的，不得加工或者使用。

第五十六条 餐饮服务提供者应当定期维护食品加工、贮存、陈列等设施、设备；定期清洗、校验保温设施及冷藏、冷冻设施。

餐饮服务提供者应当按照要求对餐具、饮具进行清洗消毒，不得使用未经清洗消毒的餐具、饮具；餐饮服务提供者委托清洗消毒餐具、饮具的，应当委托符合本法规定条件的餐具、饮具集中消毒服务单位。

第五十七条 学校、托幼机构、养老机构、建筑工地等集中用餐单位的食堂应当严格遵守法律、法规和食品安全标准；从供餐单位订餐的，应当从取得食品生产经营许可的企业订购，并按照要求对订购的食品进行查验。供餐单位应当严格遵守法律、法规和食品安全标准，当餐加工，确保食品安全。

学校、托幼机构、养老机构、建筑工地等集中用餐单位的主管部门应当加强对集中用餐单位的食品安全教育和日常管理，降低食品安全风险，及时消除食品安全隐患。

第五十八条 餐具、饮具集中消毒服务单位应当具备相应的作业场所、清洗消毒设备或者设施，用水和使用的洗涤剂、消毒剂应当符合相关食品安全国家标准和其他国家标准、卫生规范。

餐具、饮具集中消毒服务单位应当对消毒餐具、饮具进行逐批检验，检验合格后方可出厂，并应当随附消毒合格证明。消毒后的餐具、饮具应当在独立包装上标注单位名称、地址、联系方式、消毒日期以及使用期限等内容。

第五十九条 食品添加剂生产者应当建立食品添加剂出厂检验记录制度，查验出厂产品的检验合格证和安全状况，如实记录食品添加剂的名称、规格、数量、生产日期或者生产批号、保质期、检验合格证号、销售日期以及购货者名称、地址、联系方式等相关内容，并保存相关凭证。记录和凭证保存期限应当符合本法第五十条第二款的规定。

第六十条 食品添加剂经营者采购食品添加剂，应当依法查验供货者的许可证和产品合格证明文件，如实记录食品添加剂的名称、规格、数量、生产日期或者生产批号、保质期、进货日期以及供货者名称、地址、联系方式等内容，并保存相关凭证。记录和凭证保存期限应当符合本法第五十条第二款的规定。

第六十一条 集中交易市场的开办者、柜台出租者和展销会举办者，应当依法审查入场食品经营者的许可证，明确其食品安全管理责任，定期对其经营环境和条件进行检查，发现其有违反本法规定行为的，应当及时制止并立即报告所在地县级人民政府食品安全监督管理部门。

第六十二条 网络食品交易第三方平台提供者应当对入网食品经营者进行实名登记，明确其食品安全管理责任；依法应当取得许可证的，还应当审查其许可证。

网络食品交易第三方平台提供者发现入网食品经营者有违反本法规定行为的，应当及时制止并立即报告所在地县级人民政府食品安全监督管理部门；发现严重违法行为的，应当立即停止提供网络交易平台服务。

第六十三条 国家建立食品召回制度。食品生产者发现其生产的食品不符合食品安全标准或者有证据证明可能危害人体健康的，应当立即停止生产，召回已经上市销售的食品，通知相关生产经营者和消费者，并记录召回和通知情况。

食品经营者发现其经营的食品有前款规定情形的，应当立即停止经营，通知相关生产经营者和消费者，并记录停止经营和通知情况。食品生产者认为应当召回的，应当立即召回。由于食品经营者的原因造成其经营的食品有前款规定情形的，食品经营者应当召回。

食品生产经营者应当对召回的食品采取无害化处理、销毁等措施，防止其再次流入市场。但是，对因标签、标志或者说明书不符合食品安全标准而被召回的食品，食品生产者在采取补救措施且能保证食品安全的情况下可以继续销售；销售时应当向消费者明示补救措施。

食品生产经营者应当将食品召回和处理情况向所在地县级人民政府食品安全监督管理部门报告；需要对召回的食品进行无害化处理、销毁的，应当提前报告时间、地点。食品安全监督管理部门认为必要的，可以实施现场监督。

食品生产经营者未依照本条规定召回或者停止经营的，县级以上人民政府食品安全监督管理部门可以责令其召回或者停止经营。

第六十四条 食用农产品批发市场应当配备检验设备和检验人员或者委托符合本法规定的食品检验机构，对进入该批发市场销售的食用农产品进行抽样检验；发现不符合食品安全标准的，应当要求销售者立即停止销售，并向食品安全监督管理部门报告。

第六十五条 食用农产品销售者应当建立食用农产品进货查验记录制度，如实记录食用农产品的名称、数量、进货日期以及供货者名称、地址、联系方式等内容，并保存相关凭证。记录和凭证保存期限不得少于六个月。

第六十六条 进入市场销售的食用农产品在包装、保鲜、贮存、运输中使用保鲜剂、防腐剂等食品添加剂和包装材料等食品相关产品，应当符合食品安全国家标准。

第三节 标签、说明书和广告

第六十七条 预包装食品的包装上应当有标签。标签应当标明下列事项：

（一）名称、规格、净含量、生产日期；

（二）成分或者配料表；

（三）生产者的名称、地址、联系方式；

（四）保质期；

（五）产品标准代号；

（六）贮存条件；

（七）所使用的食品添加剂在国家标准中的通用名称；

（八）生产许可证编号；

（九）法律、法规或者食品安全标准规定应当标明的其他事项。

专供婴幼儿和其他特定人群的主辅食品，其标签还应当标明主要营养成分及其含量。

食品安全国家标准对标签标注事项另有规定的，从其规定。

第六十八条 食品经营者销售散装食品，应当在散装食品的容器、外包装上标明食品的名称、生产日期或者生产批号、保质期以及生产经营者名称、地址、联系方式等内容。

第六十九条 生产经营转基因食品应当按照规定显著标示。

第七十条 食品添加剂应当有标签、说明书和包装。标签、说明书应当载明本法第六十七条第一款第一项至第六项、第八项、第九项规定的事项，以及食品添加剂的使用范围、用量、使用方法，并在标签上载明“食品添加剂”字样。

第七十一条 食品和食品添加剂的标签、说明书，不得含有虚假内容，不得涉及疾病预防、治疗功能。生产经营者对其提供的标签、说明书的内容负责。

食品和食品添加剂的标签、说明书应当清楚、明显，生产日期、保质期等事项应当显著标注，容易辨识。

食品和食品添加剂与其标签、说明书的内容不符的，不得上市销售。

第七十二条 食品经营者应当按照食品标签标示的警示标志、警示说明或者注意事项的要求销售食品。

第七十三条 食品广告的内容应当真实合法，不得含有虚假内容，不得涉及疾病预防、治疗功能。食品生产经营者对食品广告内容的真实性、合法性负责。

县级以上人民政府食品安全监督管理部门和其他有关部门以及食品检验机构、食品行业协会不得以广告或者其他形式向消费者推荐食品。消费者组织不得以收取费用或者其他牟取利益的方式向消费者推荐食品。

第四节 特殊食品

第七十四条 国家对保健食品、特殊医学用途配方食品和婴幼儿配方食品等特殊食品实行严格监督管理。

第七十五条 保健食品声称保健功能，应当具有科学依据，不得对人体产生急性、亚急性或者慢性危害。

保健食品原料目录和允许保健食品声称的保健功能目录，由国务院食品安全监督管理部门会同国务院卫生行政部门、国家中医药管理部门制定、调整并公布。

保健食品原料目录应当包括原料名称、用量及其对应的功效；列入保健食品原料目录的原料只能用于保健食品生产，不得用于其他食品生产。

第七十六条 使用保健食品原料目录以外原料的保健食品和首次进口的保健食品应当经国务院食品安全监督管理部门注册。但是，首次进口的保健食品中属于补充维生素、矿物质等营养物质的，应当报国务院食品安全监督管理部门备案。其他保健食品应当报省、自治区、直辖市人民政府食品安全监督管理部门备案。

进口的保健食品应当是出口国（地区）主管部门准许上市销售的产品。

第七十七条 依法应当注册的保健食品，注册时应当提交保健食品的研发报告、产品配方、生产工艺、安全性和保健功能评价、标签、说明书等材料及样品，并提供相关证明文件。国务院食品安全监督管理部门经组织技术审评，对符合安全和功能声称要求的，准予注册；对不符合要求的，不予注册并书面说明理由。对使用保健食品原料目录以外原料的保健食品作出准予注册决定的，应当及时将该原料纳入保健食品原料目录。

依法应当备案的保健食品，备案时应当提交产品配方、生产工艺、标签、说明书以及表明产品安全性和保健功能的材料。

第七十八条 保健食品的标签、说明书不得涉及疾病预防、治疗功能，内容应当真实，与注册或者备案的内容相一致，载明适宜人群、不适宜人群、功效成分或者标志性成分及其含量等，并声明“本品不能代替药物”。保健食品的功能和成分应当与标签、说明书相一致。

第七十九条 保健食品广告除应当符合本法第七十三条第一款的规定外，还应当声明“本品不能代替药物”；其内容应当经生产企业所在地省、自治区、直辖市人民政府食品安全监督管理部门审查批准，取得保健食品广告批准文件。省、自治区、直辖市人民政府食品安全监督管理部门应当公布并及时更新已经批准的保健食品广告目录以及批准的广告内容。

第八十条 特殊医学用途配方食品应当经国务院食品安全监督管理部门注册。注册时，应当提交产品配方、生产工艺、标签、说明书以及表明产品安全性、营养充足性和特殊医学用途临床效果的材料。

特殊医学用途配方食品广告适用《中华人民共和国广告法》和其他法律、行政法规关于药品广告管理的规定。

第八十一条 婴幼儿配方食品生产企业应当实施从原料进厂到成品出厂的全过程质量控制，对出厂的婴幼儿配方食品实施逐批检验，保证食品安全。

生产婴幼儿配方食品使用的生鲜乳、辅料等食品原料、食品添加剂等，应当符合法律、行政法规的规定和食品安全国家标准，保证婴幼儿生长发育所需的营养成分。

婴幼儿配方食品生产企业应当将食品原料、食品添加剂、产品配方及标签等事项向省、自治区、直辖市人民政府食品安全监督管理部门备案。

婴幼儿配方乳粉的产品配方应当经国务院食品安全监督管理部门注册。注册时，应当提交配方研发报告和其他表明配方科学性、安全性的材料。

不得以分装方式生产婴幼儿配方乳粉，同一企业不得用同一配方生产不同品牌的婴幼儿配方乳粉。

第八十二条 保健食品、特殊医学用途配方食品、婴幼儿配方乳粉的注册人或者备案人应当对其提交材料的真实性负责。

省级以上人民政府食品安全监督管理部门应当及时公布注册或者备案的保健食品、特殊医学用途配方食品、婴幼儿配方乳粉目录，并对注册或者备案中获知的企业商业秘密予以保密。

保健食品、特殊医学用途配方食品、婴幼儿配方乳粉生产企业应当按照注册或者备案的产品配方、生产工艺等技术要求组织生产。

第八十三条 生产保健食品，特殊医学用途配方食品、婴幼儿配方食品和其他专供特定人群的主辅食品的企业，应当按照良好生产规范的要求建立与所生产食品相适应的生产质量管理体系，定期对该体系的运行情况进行自查，保证其有效运行，并向所在地县级人民政府食品安全监督管理部门提交自查报告。

第五章 食品检验

第八十四条 食品检验机构按照国家有关认证认可的规定取得资质认定后，方可从事食品检验活动。但是，法律另有规定的除外。

食品检验机构的资质认定条件和检验规范，由国务院食品安全监督管理部门规定。

符合本法规定的食品检验机构出具的检验报告具有同等效力。

县级以上人民政府应当整合食品检验资源，实现资源共享。

第八十五条 食品检验由食品检验机构指定的检验人独立进行。

检验人应当依照有关法律、法规的规定，并按照食品安全标准和检验规范对食品进行检验，尊重科学，恪守职业道德，保证出具的检验数据和结论客观、公正，不得出具虚假检验报告。

第八十六条 食品检验实行食品检验机构与检验人负责制。食品检验报告应当加盖食品检验机构公章，并有检验人的签名或者盖章。食品检验机构和检验人对出具的食品检验报告负责。

第八十七条 县级以上人民政府食品安全监督管理部门应当对食品进行定期或者不定期的抽样检验，并依据有关规定公布检验结果，不得免检。进行抽样检验，应当购买抽取的样品，委托符合本法规定的食品检验机构进行检验，并支付相关费用；不得向食品生产经营者收取检验费和其他费用。

第八十八条 对依照本法规定实施的检验结论有异议的，食品生产经营者可以自收到检验结论之日起七个工作日内向实施抽样检验的食品安全监督管理部门或者其上一级食品安全监督管理部门提出复检申请，由受理复检申请的食品安全监督管理部门在公布的复检机构名录中随机确定复检机构进行复检。复检机构出具的复检结论为最终检验结论。复检机构与初检机构不得为同一机构。复检机构名录由国务院认证认可监督管理、食品安全监督管理、卫生行政、农业行政等部门共同公布。

采用国家规定的快速检测方法对食用农产品进行抽查检测，被抽查人对检测结果有异议的，可以自收到检测结果时起四小时内申请复检。复检不得采用快速检测方法。

第八十九条 食品生产企业可以自行对所生产的食品进行检验，也可以委托符合本法规定的食品检验机构进行检验。

食品行业协会和消费者协会等组织、消费者需要委托食品检验机构对食品进行检验的，应当委托符合本法规定的食品检验机构进行。

第九十条 食品添加剂的检验，适用本法有关食品检验的规定。

第六章 食品进出口

第九十一条 国家出入境检验检疫部门对进出口食品安全实施监督管理。

第九十二条 进口的食品、食品添加剂、食品相关产品应当符合我国食品安全国家标准。

进口的食品、食品添加剂应当经出入境检验检疫机构依照进出口商品检验相关法律、行政法规的规定检验合格。

进口的食品、食品添加剂应当按照国家出入境检验检疫部门的要求随附合格证明材料。

第九十三条 进口尚无食品安全国家标准的食品，由境外出口商、境外生产企业或者其委托的进口商向国务院卫生行政部门提交所执行的相关国家（地区）标准或者国际标准。国务院卫生行政部门对相关标准进行审查，认为符合食品安全要求的，决定暂予适用，并及时制定相应的食品安全国家标准。进口利用新的食品原料生产的食品或者进口食品添加剂新品种、食品相关产品新品种，依照本法第三十七条的规定办理。

出入境检验检疫机构按照国务院卫生行政部门的要求，对前款规定的食品、食品添加剂、食品相关产品进行检验。检验结果应当公开。

第九十四条 境外出口商、境外生产企业应当保证向我国出口的食品、食品添加剂、食品相关产品符合本法以及我国其他有关法律、行政法规的规定和食品安全国家标准的要求，并对标签、说明书的内容负责。

进口商应当建立境外出口商、境外生产企业审核制度，重点审核前款规定的内容；审核不合格的，不得进口。

发现进口食品不符合我国食品安全国家标准或者有证据证明可能危害人体健康的，进口商应当立即停止进口，并依照本法第六十三条的规定召回。

第九十五条 境外发生的食品安全事件可能对我国境内造成影响，或者在进口食品、食品添加剂、食品相关产品中发现严重食品安全问题的，国家出入境检验检疫部门应当及时采取风险预警或者控制措施，并向国务院食品安全监督管理、卫生行政、农业行政部门通报。接到通报的部门应当及时采取相应措施。

县级以上人民政府食品安全监督管理部门对国内市场上销售的进口食品、食品添加剂实施监督管理。发现存在严重食品安全问题的，国务院食品安全监督管理部门应当及时向国家出入境检验检疫部门通报。国家出入境检验检疫部门应当及时采取相应措施。

第九十六条 向我国境内出口食品的境外出口商或者代理商、进口食品的进口商应当向国家出入境检验检疫部门备案。向我国境内出口食品的境外食品生产企业应当经国家出入境检验检疫部门注册。已经注册的境外食品生产企业提供虚假材料，或者因其自身的原因致使进口食品发生重大食品安全事故的，国家出入境检验检疫部门应当撤销注册并公告。

国家出入境检验检疫部门应当定期公布已经备案的境外出口商、代理商、进口商和已经注册的境外食品生产企业名单。

第九十七条 进口的预包装食品、食品添加剂应当有中文标签；依法应当有说明书的，还应当有中文说明书。标签、说明书应当符合本法以及我国其他有关法律、行政法规的规定和食品安全国家标准的要求，并载明食品的原产地以及境内代理商的名称、地址、联系方式。预包装食品没有中文标签、中文说明书或者标签、说明书不符合本条规定的，不得进口。

第九十八条 进口商应当建立食品、食品添加剂进口和销售记录制度，如实记录食品、食品添加剂的名称、规格、数量、生产日期、生产或者进口批号、保质期、境外出口商和购货者名称、地址及联系方式、交货日期等内容，并保存相关凭证。记录和凭证保存期限应当符合本法第五十条第二款的规定。

第九十九条 出口食品生产企业应当保证其出口食品符合进口国（地区）的标准或者合同要求。

出口食品生产企业和出口食品原料种植、养殖场应当向国家出入境检验检疫部门备案。

第一百条 国家出入境检验检疫部门应当收集、汇总下列进出口食品安全信息，并及时通报相关部门、机构和企业：

（一）出入境检验检疫机构对进出口食品实施检验检疫发现的食品安全信息；

（二）食品行业协会和消费者协会等组织、消费者反映的进口食品安全信息；

（三）国际组织、境外政府机构发布的风险预警信息及其他食品安全信息，以及境外食品行业协会等组织、消费者反映的食品安全信息；

（四）其他食品安全信息。

国家出入境检验检疫部门应当对进出口食品的进口商、出口商和出口食品生产企业实施信用管理，建立信用记录，并依法向社会公布。对有不良记录的进口商、出口商和出口食品生产企业，应当加强对其进出口食品的检验检疫。

第一百零一条 国家出入境检验检疫部门可以对向我国境内出口食品的国家（地区）的食品安全管理体系和食品安全状况进行评估和审查，并根据评估和审查结果，确定相应检验检疫要求。

第七章 食品安全事故处置

第一百零二条 国务院组织制定国家食品安全事故应急预案。

县级以上地方人民政府应当根据有关法律、法规的规定和上级人民政府的食品安全事故应急预案以及本行政区域的实际情况，制定本行政区域的食品安全事故应急预案，并报上一级人民政府备案。

食品安全事故应急预案应当对食品安全事故分级、事故处置组织指挥体系与职责、预防预警机制、处置程序、应急保障措施等作出规定。

食品生产经营企业应当制定食品安全事故处置方案，定期检查本企业各项食品安全防范措施的落实情况，及时消除事故隐患。

第一百零三条 发生食品安全事故的单位应当立即采取措施，防止事故扩大。事故单位和接收病人进行治疗的单位应当及时向事故发生地县级人民政府食品安全监督管理、卫生行政部门报告。

县级以上人民政府农业行政等部门在日常监督管理中发现食品安全事故或者接到事故举报，应当立即向同级食品安全监督管理部门通报。

发生食品安全事故，接到报告的县级人民政府食品安全监督管理部门应当按照应急预案的规定向本级人民政府和上级人民政府食品安全监督管理部门报告。县级人民政府和上级人民政府食品安全监督管理部门应当按照应急预案的规定上报。

任何单位和个人不得对食品安全事故隐瞒、谎报、缓报，不得隐匿、伪造、毁灭有关证据。

第一百零四条 医疗机构发现其接收的病人属于食源性疾病病人或者疑似病人的，应当按照规定及时将相关信息向所在地县级人民政府卫生行政部门报告。县级人民政府卫生行政部门认为与食品安全有关的，应当及时通报同级食品安全监督管理部门。

县级以上人民政府卫生行政部门在调查处理传染病或者其他突发公共卫生事件中发现与食品安全相关的信息，应当及时通报同级食品安全监督管理部门。

第一百零五条 县级以上人民政府食品安全监督管理部门接到食品安全事故的报告后，应当立即会同同级卫生行政、农业行政等部门进行调查处理，并采取下列措施，防止或者减轻社会危害：

（一）开展应急救援工作，组织救治因食品安全事故导致人身伤害的人员；

（二）封存可能导致食品安全事故的食品及其原料，并立即进行检验；对确认属于被污染的食品及其原料，责令食品生产经营者依照本法第六十三条的规定召回或者停止经营；

（三）封存被污染的食品相关产品，并责令进行清洗消毒；

（四）做好信息发布工作，依法对食品安全事故及其处理情况进行发布，并对可能产生的危害加以解释、说明。

发生食品安全事故需要启动应急预案的，县级以上人民政府应当立即成立事故处置指挥机构，启动应急预案，依照前款和应急预案的规定进行处置。

发生食品安全事故，县级以上疾病预防控制机构应当对事故现场进行卫生处理，并对与事故有关的因素开展流行病学调查，有关部门应当予以协助。县级以上疾病预防控制机构应当向同级食品安全监督管理、卫生行政部门提交流行病学调查报告。

第一百零六条 发生食品安全事故，设区的市级以上人民政府食品安全监督管理部门应当立即会同有关部门进行事故责任调查，督促有关部门履行职责，向本级人民政府和上一级人民政府食品安全监督管理部门提出事故责任调查处理报告。

涉及两个以上省、自治区、直辖市的重大食品安全事故由国务院食品安全监督管理部门依照前款规定组织事故责任调查。

第一百零七条 调查食品安全事故，应当坚持实事求是、尊重科学的原则，及时、准确查清事故性质和原因，认定事故责任，提出整改措施。

调查食品安全事故，除了查明事故单位的责任，还应当查明有关监督管理部门、食品检验机构、认证机构及其工作人员的责任。

第一百零八条 食品安全事故调查部门有权向有关单位和个人了解与事故有关的情况，并要求提供相关资料和样品。有关单位和个人应当予以配合，按照要求提供相关资料和样品，不得拒绝。

任何单位和个人不得阻挠、干涉食品安全事故的调查处理。

第八章　监督管理

第一百零九条　县级以上人民政府食品安全监督管理部门根据食品安全风险监测、风险评估结果和食品安全状况等，确定监督管理的重点、方式和频次，实施风险分级管理。

县级以上地方人民政府组织本级食品安全监督管理、农业行政等部门制定本行政区域的食品安全年度监督管理计划，向社会公布并组织实施。

食品安全年度监督管理计划应当将下列事项作为监督管理的重点：

（一）专供婴幼儿和其他特定人群的主辅食品；

（二）保健食品生产过程中的添加行为和按照注册或者备案的技术要求组织生产的情况，保健食品标签、说明书以及宣传材料中有关功能宣传的情况；

（三）发生食品安全事故风险较高的食品生产经营者；

（四）食品安全风险监测结果表明可能存在食品安全隐患的事项。

第一百一十条　县级以上人民政府食品安全监督管理部门履行食品安全监督管理职责，有权采取下列措施，对生产经营者遵守本法的情况进行监督检查：

（一）进入生产经营场所实施现场检查；

（二）对生产经营的食品、食品添加剂、食品相关产品进行抽样检验；

（三）查阅、复制有关合同、票据、账簿以及其他有关资料；

（四）查封、扣押有证据证明不符合食品安全标准或者有证据证明存在安全隐患以及用于违法生产经营的食品、食品添加剂、食品相关产品；

（五）查封违法从事生产经营活动的场所。

第一百一十一条　对食品安全风险评估结果证明食品存在安全隐患，需要制定、修订食品安全标准的，在制定、修订食品安全标准前，国务院卫生行政部门应当及时会同国务院有关部门规定食品中有害物质的临时限量值和临时检验方法，作为生产经营和监督管理的依据。

第一百一十二条　县级以上人民政府食品安全监督管理部门在食品安全监督管理工作中可以采用国家规定的快速检测方法对食品进行抽查检测。

对抽查检测结果表明可能不符合食品安全标准的食品，应当依照本法第八十七条的规定进行检验。抽查检测结果确定有关食品不符合食品安全标准的，可以作为行政处罚的依据。

第一百一十三条　县级以上人民政府食品安全监督管理部门应当建立食品生产经营者食品安全信用档案，记录许可颁发、日常监督检查结果、违法行为查处等情况，依法向社会公布并实时更新；对有不良信用记录的食品生产经营者增加监督检查频次，对违法行为情节严重的食品生产经营者，可以通报投资主管部门、证券监督管理机构和有关的金融机构。

第一百一十四条　食品生产经营过程中存在食品安全隐患，未及时采取措施消除的，县级以上人民政府食品安全监督管理部门可以对食品生产经营者的法定代表人或者主要负责人进行责任约谈。食品生产经营者应当立即采取措施，进行整改，消除隐患。责任约谈情况和整改情况应当纳入食品生产经营者食品安全信用档案。

第一百一十五条　县级以上人民政府食品安全监督管理等部门应当公布本部门的电子邮件地址或者电话，接受咨询、投诉、举报。接到咨询、投诉、举报，对属于本部门职责的，应当受理并在法定期限内及时答复、核实、处理；对不属于本部门职责的，应当移交有权处理的部门并书面通知咨询、投诉、举报人。有权处理的部门应当在法定期限内及时处理，不得推诿。对查证属实的举报，给予举报人奖励。

有关部门应当对举报人的信息予以保密，保护举报人的合法权益。举报人举报所在企业的，该企业不得以解除、变更劳动合同或者其他方式对举报人进行打击报复。

第一百一十六条 县级以上人民政府食品安全监督管理等部门应当加强对执法人员食品安全法律、法规、标准和专业知识与执法能力等的培训，并组织考核。不具备相应知识和能力的，不得从事食品安全执法工作。

食品生产经营者、食品行业协会、消费者协会等发现食品安全执法人员在执法过程中有违反法律、法规规定的行为以及不规范执法行为的，可以向本级或者上级人民政府食品安全监督管理等部门或者监察机关投诉、举报。接到投诉、举报的部门或者机关应当进行核实，并将经核实的情况向食品安全执法人员所在部门通报；涉嫌违法违纪的，按照本法和有关规定处理。

第一百一十七条 县级以上人民政府食品安全监督管理等部门未及时发现食品安全系统性风险，未及时消除监督管理区域内的食品安全隐患的，本级人民政府可以对其主要负责人进行责任约谈。

地方人民政府未履行食品安全职责，未及时消除区域性重大食品安全隐患的，上级人民政府可以对其主要负责人进行责任约谈。

被约谈的食品安全监督管理等部门、地方人民政府应当立即采取措施，对食品安全监督管理工作进行整改。

责任约谈情况和整改情况应当纳入地方人民政府和有关部门食品安全监督管理工作评议、考核记录。

第一百一十八条 国家建立统一的食品安全信息平台，实行食品安全信息统一公布制度。国家食品安全总体情况、食品安全风险警示信息、重大食品安全事故及其调查处理信息和国务院确定需要统一公布的其他信息由国务院食品安全监督管理部门统一公布。食品安全风险警示信息和重大食品安全事故及其调查处理信息的影响限于特定区域的，也可以由有关省、自治区、直辖市人民政府食品安全监督管理部门公布。未经授权不得发布上述信息。

县级以上人民政府食品安全监督管理、农业行政部门依据各自职责公布食品安全日常监督管理信息。

公布食品安全信息，应当做到准确、及时，并进行必要的解释说明，避免误导消费者和社会舆论。

第一百一十九条 县级以上地方人民政府食品安全监督管理、卫生行政、农业行政部门获知本法规定需要统一公布的信息，应当向上级主管部门报告，由上级主管部门立即报告国务院食品安全监督管理部门；必要时，可以直接向国务院食品安全监督管理部门报告。

县级以上人民政府食品安全监督管理、卫生行政、农业行政部门应当相互通报获知的食品安全信息。

第一百二十条 任何单位和个人不得编造、散布虚假食品安全信息。

县级以上人民政府食品安全监督管理部门发现可能误导消费者和社会舆论的食品安全信息，应当立即组织有关部门、专业机构、相关食品生产经营者等进行核实、分析，并及时公布结果。

第一百二十一条 县级以上人民政府食品安全监督管理等部门发现涉嫌食品安全犯罪的，应当按照有关规定及时将案件移送公安机关。对移送的案件，公安机关应当及时审查；认为有犯罪事实需要追究刑事责任的，应当立案侦查。

公安机关在食品安全犯罪案件侦查过程中认为没有犯罪事实，或者犯罪事实显著轻微，不需要追究刑事责任，但依法应当追究行政责任的，应当及时将案件移送食品安全监督管理等部门和监察机关，有关部门应当依法处理。

公安机关商请食品安全监督管理、生态环境等部门提供检验结论、认定意见以及对涉案物品进行无害化处理等协助的，有关部门应当及时提供，予以协助。

第九章 法律责任

第一百二十二条 违反本法规定，未取得食品生产经营许可从事食品生产经营活动，或者未取得食品添加剂生产许可从事食品添加剂生产活动的，由县级以上人民政府食品安全监督管理部门没收违法所得和违法生产经营的食品、食品添加剂以及用于违法生产经营的工具、设备、原料等物品；违法生产经营的食品、食品添加剂货值金额不足一万元的，并处五万元以上十万元以下罚款；货值金额一万元以上的，并处货值金额十倍以上二十倍以下罚款。

明知从事前款规定的违法行为，仍为其提供生产经营场所或者其他条件的，由县级以上人民政府食品安全监督管理部门责令停止违法行为，没收违法所得，并处五万元以上十万元以下罚款；使消费者的合法权益受到损害的，应当与食品、食品添加剂生产经营者承担连带责任。

第一百二十三条 违反本法规定，有下列情形之一，尚不构成犯罪的，由县级以上人民政府食品安全监督管理部门没收违法所得和违法生产经营的食品，并可以没收用于违法生产经营的工具、设备、原料等物品；违法生产经营的食品货值金额不足一万元的，并处十万元以上十五万元以下罚款；货值金额一万元以上的，并处货值金额十五倍以上三十倍以下罚款；情节严重的，吊销许可证，并可以由公安机关对其直接负责的主管人员和其他直接责任人员处五日以上十五日以下拘留：

（一）用非食品原料生产食品、在食品中添加食品添加剂以外的化学物质和其他可能危害人体健康的物质，或者用回收食品作为原料生产食品，或者经营上述食品；

（二）生产经营营养成分不符合食品安全标准的专供婴幼儿和其他特定人群的主辅食品；

（三）经营病死、毒死或者死因不明的禽、畜、兽、水产动物肉类，或者生产经营其制品；

（四）经营未按规定进行检疫或者检疫不合格的肉类，或者生产经营未经检验或者检验不合格的肉类制品；

（五）生产经营国家为防病等特殊需要明令禁止生产经营的食品；

（六）生产经营添加药品的食品。

明知从事前款规定的违法行为，仍为其提供生产经营场所或者其他条件的，由县级以上人民政府食品安全监督管理部门责令停止违法行为，没收违法所得，并处十万元以上二十万元以下罚款；使消费者的合法权益受到损害的，应当与食品生产经营者承担连带责任。

违法使用剧毒、高毒农药的，除依照有关法律、法规规定给予处罚外，可以由公安机关依照第一款规定给予拘留。

第一百二十四条 违反本法规定，有下列情形之一，尚不构成犯罪的，由县级以上人民政府食品安全监督管理部门没收违法所得和违法生产经营的食品、食品添加剂，并可以没收用于违法生产经营的工具、设备、原料等物品；违法生产经营的食品、食品添加剂货值金额不足一万元的，并处五万元以上十万元以下罚款；货值金额一万元以上的，并处货值金额十倍以上二十倍以下罚款；情节严重的，吊销许可证：

（一）生产经营致病性微生物，农药残留、兽药残留、生物毒素、重金属等污染物质以及其他危害人体健康的物质含量超过食品安全标准限量的食品、食品添加剂；

（二）用超过保质期的食品原料、食品添加剂生产食品、食品添加剂，或者经营上述食品、食品添加剂；

（三）生产经营超范围、超限量使用食品添加剂的食品；

（四）生产经营腐败变质、油脂酸败、霉变生虫、污秽不洁、混有异物、掺假掺杂或者感官性状异常的食品、食品添加剂；

（五）生产经营标注虚假生产日期、保质期或者超过保质期的食品、食品添加剂；

（六）生产经营未按规定注册的保健食品、特殊医学用途配方食品、婴幼儿配方乳粉，或者未按注册的产品配方、生产工艺等技术要求组织生产；

（七）以分装方式生产婴幼儿配方乳粉，或者同一企业以同一配方生产不同品牌的婴幼儿配方乳粉；

（八）利用新的食品原料生产食品，或者生产食品添加剂新品种，未通过安全性评估；

（九）食品生产经营者在食品安全监督管理部门责令其召回或者停止经营后，仍拒不召回或者停止经营。

除前款和本法第一百二十三条、第一百二十五条规定的情形外，生产经营不符合法律、法规或者食品安全标准的食品、食品添加剂的，依照前款规定给予处罚。

生产食品相关产品新品种，未通过安全性评估，或者生产不符合食品安全标准的食品相关产品的，由县级以上人民政府食品安全监督管理部门依照第一款规定给予处罚。

第一百二十五条 违反本法规定，有下列情形之一的，由县级以上人民政府食品安全监督管理部门没收违法所得和违法生产经营的食品、食品添加剂，并可以没收用于违法生产经营的工具、设备、原料等物品；违法生产经营的食品、食品添加剂货值金额不足一万元的，并处五千元以上五万元以下罚款；货值金额一万元以上的，并处货值金额五倍以上十倍以下罚款；情节严重的，责令停产停业，直至吊销许可证：

（一）生产经营被包装材料、容器、运输工具等污染的食品、食品添加剂；

（二）生产经营无标签的预包装食品、食品添加剂或者标签、说明书不符合本法规定的食品、食品添加剂；

（三）生产经营转基因食品未按规定进行标示；

（四）食品生产经营者采购或者使用不符合食品安全标准的食品原料、食品添加剂、食品相关产品。

生产经营的食品、食品添加剂的标签、说明书存在瑕疵但不影响食品安全且不会对消费者造成误导的，由县级以上人民政府食品安全监督管理部门责令改正；拒不改正的，处二千元以下罚款。

第一百二十六条 违反本法规定，有下列情形之一的，由县级以上人民政府食品安全监督管理部门责令改正，给予警告；拒不改正的，处五千元以上五万元以下罚款；情节严重的，责令停产停业，直至吊销许可证：

（一）食品、食品添加剂生产者未按规定对采购的食品原料和生产的食品、食品添加剂进行检验；

（二）食品生产经营企业未按规定建立食品安全管理制度，或者未按规定配备或者培训、考核食品安全管理人员；

（三）食品、食品添加剂生产经营者进货时未查验许可证和相关证明文件，或者未按规定建立并遵守进货查验记录、出厂检验记录和销售记录制度；

（四）食品生产经营企业未制定食品安全事故处置方案；

（五）餐具、饮具和盛放直接入口食品的容器，使用前未经洗净、消毒或者清洗消毒不合格，或者餐饮服务设施、设备未按规定定期维护、清洗、校验；

（六）食品生产经营者安排未取得健康证明或者患有国务院卫生行政部门规定的有碍食品安全疾病的人员从事接触直接入口食品的工作；

（七）食品经营者未按规定要求销售食品；

（八）保健食品生产企业未按规定向食品安全监督管理部门备案，或者未按备案的产品配方、生产工艺等技术要求组织生产；

（九）婴幼儿配方食品生产企业未将食品原料、食品添加剂、产品配方、标签等向食品安全监督管理部门备案；

（十）特殊食品生产企业未按规定建立生产质量管理体系并有效运行，或者未定期提交自查报告；

（十一）食品生产经营者未定期对食品安全状况进行检查评价，或者生产经营条件发生变化，未按规定处理；

（十二）学校、托幼机构、养老机构、建筑工地等集中用餐单位未按规定履行食品安全管理责任；

（十三）食品生产企业、餐饮服务提供者未按规定制定、实施生产经营过程控制要求。

餐具、饮具集中消毒服务单位违反本法规定用水，使用洗涤剂、消毒剂，或者出厂的餐具、饮具未按规定检验合格并随附消毒合格证明，或者未按规定在独立包装上标注相关内容的，由县级以上人民政府卫生行政部门依照前款规定给予处罚。

食品相关产品生产者未按规定对生产的食品相关产品进行检验的，由县级以上人民政府食品安全监督管理部门依照第一款规定给予处罚。

食用农产品销售者违反本法第六十五条规定的，由县级以上人民政府食品安全监督管理部门依照第一款规定给予处罚。

第一百二十七条 对食品生产加工小作坊、食品摊贩等的违法行为的处罚，依照省、自治区、直辖市制定的具体管理办法执行。

第一百二十八条 违反本法规定，事故单位在发生食品安全事故后未进行处置、报告的，由有关主管部门按照各自职责分工责令改正，给予警告；隐匿、伪造、毁灭有关证据的，责令停产停业，没收违法所得，并处十万元以上五十万元以下罚款；造成严重后果的，吊销许可证。

第一百二十九条 违反本法规定，有下列情形之一的，由出入境检验检疫机构依照本法第一百二十四条的规定给予处罚：

（一）提供虚假材料，进口不符合我国食品安全国家标准的食品、食品添加剂、食品相关产品；

（二）进口尚无食品安全国家标准的食品，未提交所执行的标准并经国务院卫生行政部门审查，或者进口利用新的食品原料生产的食品或者进口食品添加剂新品种、食品相关产品新品种，未通过安全性评估；

（三）未遵守本法的规定出口食品；

（四）进口商在有关主管部门责令其依照本法规定召回进口的食品后，仍拒不召回。

违反本法规定，进口商未建立并遵守食品、食品添加剂进口和销售记录制度、境外出口商或者生产企业审核制度的，由出入境检验检疫机构依照本法第一百二十六条的规定给予处罚。

第一百三十条 违反本法规定，集中交易市场的开办者、柜台出租者、展销会的举办者允许未依法取得许可的食品经营者进入市场销售食品，或者未履行检查、报告等义务的，由县级以上人民政府食品安全监督管理部门责令改正，没收违法所得，并处五万元以上二十万元以下罚款；造成严重后果的，责令停业，直至由原发证部门吊销许可证；使消费者的合法权益受到损害的，应当与食品经营者承担连带责任。

食用农产品批发市场违反本法第六十四条规定的，依照前款规定承担责任。

第一百三十一条 违反本法规定，网络食品交易第三方平台提供者未对入网食品经营者进行实名登记、审查许可证，或者未履行报告、停止提供网络交易平台服务等义务的，由县级以上人民政府食品安全监督管理部门责令改正，没收违法所得，并处五万元以上二十万元以下罚款；造成严重后果的，责令停业，直至由原发证部门吊销许可证；使消费者的合法权益受到损害的，应当与食品经营者承担连带责任。

消费者通过网络食品交易第三方平台购买食品，其合法权益受到损害的，可以向入网食品经营者或者食品生产者要求赔偿。网络食品交易第三方平台提供者不能提供入网食品经营者的真实名称、地址和有效联系方式的，由网络食品交易第三方平台提供者赔偿。网络食品交易第三方平台提供者赔偿后，有权向入网食品经营者或者食品生产者追偿。网络食品交易第三方平台提供者作出更有利于消费者承诺的，应当履行其承诺。

第一百三十二条　违反本法规定，未按要求进行食品贮存、运输和装卸的，由县级以上人民政府食品安全监督管理等部门按照各自职责分工责令改正，给予警告；拒不改正的，责令停产停业，并处一万元以上五万元以下罚款；情节严重的，吊销许可证。

第一百三十三条　违反本法规定，拒绝、阻挠、干涉有关部门、机构及其工作人员依法开展食品安全监督检查、事故调查处理、风险监测和风险评估的，由有关主管部门按照各自职责分工责令停产停业，并处二千元以上五万元以下罚款；情节严重的，吊销许可证；构成违反治安管理行为的，由公安机关依法给予治安管理处罚。

违反本法规定，对举报人以解除、变更劳动合同或者其他方式打击报复的，应当依照有关法律的规定承担责任。

第一百三十四条　食品生产经营者在一年内累计三次因违反本法规定受到责令停产停业、吊销许可证以外处罚的，由食品安全监督管理部门责令停产停业，直至吊销许可证。

第一百三十五条　被吊销许可证的食品生产经营者及其法定代表人、直接负责的主管人员和其他直接责任人员自处罚决定作出之日起五年内不得申请食品生产经营许可，或者从事食品生产经营管理工作、担任食品生产经营企业食品安全管理人员。

因食品安全犯罪被判处有期徒刑以上刑罚的，终身不得从事食品生产经营管理工作，也不得担任食品生产经营企业食品安全管理人员。

食品生产经营者聘用人员违反前两款规定的，由县级以上人民政府食品安全监督管理部门吊销许可证。

第一百三十六条　食品经营者履行了本法规定的进货查验等义务，有充分证据证明其不知道所采购的食品不符合食品安全标准，并能如实说明其进货来源的，可以免予处罚，但应当依法没收其不符合食品安全标准的食品；造成人身、财产或者其他损害的，依法承担赔偿责任。

第一百三十七条　违反本法规定，承担食品安全风险监测、风险评估工作的技术机构、技术人员提供虚假监测、评估信息的，依法对技术机构直接负责的主管人员和技术人员给予撤职、开除处分；有执业资格的，由授予其资格的主管部门吊销执业证书。

第一百三十八条　违反本法规定，食品检验机构、食品检验人员出具虚假检验报告的，由授予其资质的主管部门或者机构撤销该食品检验机构的检验资质，没收所收取的检验费用，并处检验费用五倍以上十倍以下罚款，检验费用不足一万元的，并处五万元以上十万元以下罚款；依法对食品检验机构直接负责的主管人员和食品检验人员给予撤职或者开除处分；导致发生重大食品安全事故的，对直接负责的主管人员和食品检验人员给予开除处分。

违反本法规定，受到开除处分的食品检验机构人员，自处分决定作出之日起十年内不得从事食品检验工作；因食品安全违法行为受到刑事处罚或者因出具虚假检验报告导致发生重大食品安全事故受到开除处分的食品检验机构人员，终身不得从事食品检验工作。食品检验机构聘用不得从事食品检验工作的人员的，由授予其资质的主管部门或者机构撤销该食品检验机构的检验资质。

食品检验机构出具虚假检验报告，使消费者的合法权益受到损害的，应当与食品生产经营者承担连带责任。

第一百三十九条 违反本法规定，认证机构出具虚假认证结论，由认证认可监督管理部门没收所收取的认证费用，并处认证费用五倍以上十倍以下罚款，认证费用不足一万元的，并处五万元以上十万元以下罚款；情节严重的，责令停业，直至撤销认证机构批准文件，并向社会公布；对直接负责的主管人员和负有直接责任的认证人员，撤销其执业资格。

认证机构出具虚假认证结论，使消费者的合法权益受到损害的，应当与食品生产经营者承担连带责任。

第一百四十条 违反本法规定，在广告中对食品作虚假宣传，欺骗消费者，或者发布未取得批准文件、广告内容与批准文件不一致的保健食品广告的，依照《中华人民共和国广告法》的规定给予处罚。

广告经营者、发布者设计、制作、发布虚假食品广告，使消费者的合法权益受到损害的，应当与食品生产经营者承担连带责任。

社会团体或者其他组织、个人在虚假广告或者其他虚假宣传中向消费者推荐食品，使消费者的合法权益受到损害的，应当与食品生产经营者承担连带责任。

违反本法规定，食品安全监督管理等部门、食品检验机构、食品行业协会以广告或者其他形式向消费者推荐食品，消费者组织以收取费用或者其他牟取利益的方式向消费者推荐食品的，由有关主管部门没收违法所得，依法对直接负责的主管人员和其他直接责任人员给予记大过、降级或者撤职处分；情节严重的，给予开除处分。

对食品作虚假宣传且情节严重的，由省级以上人民政府食品安全监督管理部门决定暂停销售该食品，并向社会公布；仍然销售该食品的，由县级以上人民政府食品安全监督管理部门没收违法所得和违法销售的食品，并处二万元以上五万元以下罚款。

第一百四十一条 违反本法规定，编造、散布虚假食品安全信息，构成违反治安管理行为的，由公安机关依法给予治安管理处罚。

媒体编造、散布虚假食品安全信息的，由有关主管部门依法给予处罚，并对直接负责的主管人员和其他直接责任人员给予处分；使公民、法人或者其他组织的合法权益受到损害的，依法承担消除影响、恢复名誉、赔偿损失、赔礼道歉等民事责任。

第一百四十二条 违反本法规定，县级以上地方人民政府有下列行为之一的，对直接负责的主管人员和其他直接责任人员给予记大过处分；情节较重的，给予降级或者撤职处分；情节严重的，给予开除处分；造成严重后果的，其主要负责人还应当引咎辞职：

（一）对发生在本行政区域内的食品安全事故，未及时组织协调有关部门开展有效处置，造成不良影响或者损失；

（二）对本行政区域内涉及多环节的区域性食品安全问题，未及时组织整治，造成不良影响或者损失；

（三）隐瞒、谎报、缓报食品安全事故；

（四）本行政区域内发生特别重大食品安全事故，或者连续发生重大食品安全事故。

第一百四十三条 违反本法规定，县级以上地方人民政府有下列行为之一的，对直接负责的主管人员和其他直接责任人员给予警告、记过或者记大过处分；造成严重后果的，给予降级或者撤职处分：

（一）未确定有关部门的食品安全监督管理职责，未建立健全食品安全全程监督管理工作机制和信息共享机制，未落实食品安全监督管理责任制；

（二）未制定本行政区域的食品安全事故应急预案，或者发生食品安全事故后未按规定立即成立事故处置指挥机构、启动应急预案。

第一百四十四条 违反本法规定，县级以上人民政府食品安全监督管理、卫生行政、农业行政等部门有下列行为之一的，对直接负责的主管人员和其他直接责任人员给予记大过处分；情节较重的，给予降级或者撤职处分；情节严重的，给予开除处分；造成严重后果的，其主要负责人还应当引咎辞职：

（一）隐瞒、谎报、缓报食品安全事故；

（二）未按规定查处食品安全事故，或者接到食品安全事故报告未及时处理，造成事故扩大或者蔓延；

（三）经食品安全风险评估得出食品、食品添加剂、食品相关产品不安全结论后，未及时采取相应措施，造成食品安全事故或者不良社会影响；

（四）对不符合条件的申请人准予许可，或者超越法定职权准予许可；

（五）不履行食品安全监督管理职责，导致发生食品安全事故。

第一百四十五条 违反本法规定，县级以上人民政府食品安全监督管理、卫生行政、农业行政等部门有下列行为之一，造成不良后果的，对直接负责的主管人员和其他直接责任人员给予警告、记过或者记大过处分；情节较重的，给予降级或者撤职处分；情节严重的，给予开除处分：

（一）在获知有关食品安全信息后，未按规定向上级主管部门和本级人民政府报告，或者未按规定相互通报；

（二）未按规定公布食品安全信息；

（三）不履行法定职责，对查处食品安全违法行为不配合，或者滥用职权、玩忽职守、徇私舞弊。

第一百四十六条 食品安全监督管理等部门在履行食品安全监督管理职责过程中，违法实施检查、强制等执法措施，给生产经营者造成损失的，应当依法予以赔偿，对直接负责的主管人员和其他直接责任人员依法给予处分。

第一百四十七条 违反本法规定，造成人身、财产或者其他损害的，依法承担赔偿责任。生产经营者财产不足以同时承担民事赔偿责任和缴纳罚款、罚金时，先承担民事赔偿责任。

第一百四十八条 消费者因不符合食品安全标准的食品受到损害的，可以向经营者要求赔偿损失，也可以向生产者要求赔偿损失。接到消费者赔偿要求的生产经营者，应当实行首负责任制，先行赔付，不得推诿；属于生产者责任的，经营者赔偿后有权向生产者追偿；属于经营者责任的，生产者赔偿后有权向经营者追偿。

生产不符合食品安全标准的食品或者经营明知是不符合食品安全标准的食品，消费者除要求赔偿损失外，还可以向生产者或者经营者要求支付价款十倍或者损失三倍的赔偿金；增加赔偿的金额不足一千元的，为一千元。但是，食品的标签、说明书存在不影响食品安全且不会对消费者造成误导的瑕疵的除外。

第一百四十九条 违反本法规定，构成犯罪的，依法追究刑事责任。

第十章　附　则

第一百五十条 本法下列用语的含义：

食品，指各种供人食用或者饮用的成品和原料以及按照传统既是食品又是中药材的物品，但是不包括以治疗为目的的物品。

食品安全，指食品无毒、无害，符合应当有的营养要求，对人体健康不造成任何急性、亚急性或者慢性危害。

预包装食品，指预先定量包装或者制作在包装材料、容器中的食品。

食品添加剂，指为改善食品品质和色、香、味以及为防腐、保鲜和加工工艺的需要而加入食品中的人工合成或者天然物质，包括营养强化剂。

用于食品的包装材料和容器，指包装、盛放食品或者食品添加剂用的纸、竹、木、金属、搪瓷、陶瓷、塑料、橡胶、天然纤维、化学纤维、玻璃等制品和直接接触食品或者食品添加剂的涂料。

用于食品生产经营的工具、设备，指在食品或者食品添加剂生产、销售、使用过程中直接接触食品或者食品添加剂的机械、管道、传送带、容器、用具、餐具等。

用于食品的洗涤剂、消毒剂，指直接用于洗涤或者消毒食品、餐具、饮具以及直接接触食品的工具、设备或者食品包装材料和容器的物质。

食品保质期，指食品在标明的贮存条件下保持品质的期限。

食源性疾病，指食品中致病因素进入人体引起的感染性、中毒性等疾病，包括食物中毒。

食品安全事故，指食源性疾病、食品污染等源于食品，对人体健康有危害或者可能有危害的事故。

第一百五十一条 转基因食品和食盐的食品安全管理，本法未作规定的，适用其他法律、行政法规的规定。

第一百五十二条 铁路、民航运营中食品安全的管理办法由国务院食品安全监督管理部门会同国务院有关部门依照本法制定。

保健食品的具体管理办法由国务院食品安全监督管理部门依照本法制定。

食品相关产品生产活动的具体管理办法由国务院食品安全监督管理部门依照本法制定。

国境口岸食品的监督管理由出入境检验检疫机构依照本法以及有关法律、行政法规的规定实施。

军队专用食品和自供食品的食品安全管理办法由中央军事委员会依照本法制定。

第一百五十三条 国务院根据实际需要，可以对食品安全监督管理体制作出调整。

第一百五十四条 本法自 2015 年 10 月 1 日起施行。

中华人民共和国传染病防治法

（1989年2月21日第七届全国人民代表大会常务委员会第六次会议通过，2004年8月28日第十届全国人民代表大会常务委员会第十一次会议修订，根据2013年6月29日第十二届全国人民代表大会常务委员会第三次会议《关于修改〈中华人民共和国文物保护法〉等十二部法律的决定》修正）

目　录

第一章　总　则

第一条　为了预防、控制和消除传染病的发生与流行，保障人体健康和公共卫生，制定本法。

第二条　国家对传染病防治实行预防为主的方针，防治结合、分类管理、依靠科学、依靠群众。

第三条　本法规定的传染病分为甲类、乙类和丙类。

甲类传染病是指：鼠疫、霍乱。

乙类传染病是指：传染性非典型肺炎、艾滋病、病毒性肝炎、脊髓灰质炎、人感染高致病性禽流感、麻疹、流行性出血热、狂犬病、流行性乙型脑炎、登革热、炭疽、细菌性和阿米巴性痢疾、肺结核、伤寒和副伤寒、流行性脑脊髓膜炎、百日咳、白喉、新生儿破伤风、猩红热、布鲁氏菌病、淋病、梅毒、钩端螺旋体病、血吸虫病、疟疾。

丙类传染病是指：流行性感冒、流行性腮腺炎、风疹、急性出血性结膜炎、麻风病、流行性和地方性斑疹伤寒、黑热病、包虫病、丝虫病，除霍乱、细菌性和阿米巴性痢疾、伤寒和副伤寒以外的感染性腹泻病。

国务院卫生行政部门根据传染病暴发、流行情况和危害程度，可以决定增加、减少或者调整乙类、丙类传染病病种并予以公布。

第四条　对乙类传染病中传染性非典型肺炎、炭疽中的肺炭疽和人感染高致病性禽流感，采取本法所称甲类传染病的预防、控制措施。其他乙类传染病和突发原因不明的传染病需要采取本法所称甲类传染病的预防、控制措施的，由国务院卫生行政部门及时报经国务院批准后予以公布、实施。

需要解除依照前款规定采取的甲类传染病预防、控制措施的，由国务院卫生行政部门报经国务院批准后予以公布。

省、自治区、直辖市人民政府对本行政区域内常见、多发的其他地方性传染病，可以根据情况决定按照乙类或者丙类传染病管理并予以公布，报国务院卫生行政部门备案。

第五条 各级人民政府领导传染病防治工作。

县级以上人民政府制定传染病防治规划并组织实施，建立健全传染病防治的疾病预防控制、医疗救治和监督管理体系。

第六条 国务院卫生行政部门主管全国传染病防治及其监督管理工作。县级以上地方人民政府卫生行政部门负责本行政区域内的传染病防治及其监督管理工作。

县级以上人民政府其他部门在各自的职责范围内负责传染病防治工作。

军队的传染病防治工作，依照本法和国家有关规定办理，由中国人民解放军卫生主管部门实施监督管理。

第七条 各级疾病预防控制机构承担传染病监测、预测、流行病学调查、疫情报告以及其他预防、控制工作。

医疗机构承担与医疗救治有关的传染病防治工作和责任区域内的传染病预防工作。城市社区和农村基层医疗机构在疾病预防控制机构的指导下，承担城市社区、农村基层相应的传染病防治工作。

第八条 国家发展现代医学和中医药等传统医学，支持和鼓励开展传染病防治的科学研究，提高传染病防治的科学技术水平。

国家支持和鼓励开展传染病防治的国际合作。

第九条 国家支持和鼓励单位和个人参与传染病防治工作。各级人民政府应当完善有关制度，方便单位和个人参与防治传染病的宣传教育、疫情报告、志愿服务和捐赠活动。

居民委员会、村民委员会应当组织居民、村民参与社区、农村的传染病预防与控制活动。

第十条 国家开展预防传染病的健康教育。新闻媒体应当无偿开展传染病防治和公共卫生教育的公益宣传。

各级各类学校应当对学生进行健康知识和传染病预防知识的教育。

医学院校应当加强预防医学教育和科学研究，对在校学生以及其他与传染病防治相关人员进行预防医学教育和培训，为传染病防治工作提供技术支持。

疾病预防控制机构、医疗机构应当定期对其工作人员进行传染病防治知识、技能的培训。

第十一条 对在传染病防治工作中做出显著成绩和贡献的单位和个人，给予表彰和奖励。

对因参与传染病防治工作致病、致残、死亡的人员，按照有关规定给予补助、抚恤。

第十二条 在中华人民共和国领域内的一切单位和个人，必须接受疾病预防控制机构、医疗机构有关传染病的调查、检验、采集样本、隔离治疗等预防、控制措施，如实提供有关情况。疾病预防控制机构、医疗机构不得泄露涉及个人隐私的有关信息、资料。

卫生行政部门以及其他有关部门、疾病预防控制机构和医疗机构因违法实施行政管理或者预防、控制措施，侵犯单位和个人合法权益的，有关单位和个人可以依法申请行政复议或者提起诉讼。

第二章　传染病预防

第十三条　各级人民政府组织开展群众性卫生活动，进行预防传染病的健康教育，倡导文明健康的生活方式，提高公众对传染病的防治意识和应对能力，加强环境卫生建设，消除鼠害和蚊、蝇等病媒生物的危害。

各级人民政府农业、水利、林业行政部门按照职责分工负责指导和组织消除农田、湖区、河流、牧场、林区的鼠害与血吸虫危害，以及其他传播传染病的动物和病媒生物的危害。

铁路、交通、民用航空行政部门负责组织消除交通工具以及相关场所的鼠害和蚊、蝇等病媒生物的危害。

第十四条　地方各级人民政府应当有计划地建设和改造公共卫生设施，改善饮用水卫生条件，对污水、污物、粪便进行无害化处置。

第十五条　国家实行有计划的预防接种制度。国务院卫生行政部门和省、自治区、直辖市人民政府卫生行政部门，根据传染病预防、控制的需要，制定传染病预防接种规划并组织实施。用于预防接种的疫苗必须符合国家质量标准。国家对儿童实行预防接种证制度。国家免疫规划项目的预防接种实行免费。医疗机构、疾病预防控制机构与儿童的监护人应当相互配合，保证儿童及时接受预防接种。具体办法由国务院制定。

第十六条　国家和社会应当关心、帮助传染病病人、病原携带者和疑似传染病病人，使其得到及时救治。任何单位和个人不得歧视传染病病人、病原携带者和疑似传染病病人。

传染病病人、病原携带者和疑似传染病病人，在治愈前或者在排除传染病嫌疑前，不得从事法律、行政法规和国务院卫生行政部门规定禁止从事的易使该传染病扩散的工作。

第十七条　国家建立传染病监测制度。

国务院卫生行政部门制定国家传染病监测规划和方案。省、自治区、直辖市人民政府卫生行政部门根据国家传染病监测规划和方案，制定本行政区域的传染病监测计划和工作方案。

各级疾病预防控制机构对传染病的发生、流行以及影响其发生、流行的因素，进行监测；对国外发生、国内尚未发生的传染病或者国内新发生的传染病，进行监测。

第十八条　各级疾病预防控制机构在传染病预防控制中履行下列职责：

（一）实施传染病预防控制规划、计划和方案；

（二）收集、分析和报告传染病监测信息，预测传染病的发生、流行趋势；

（三）开展对传染病疫情和突发公共卫生事件的流行病学调查、现场处理及其效果评价；

（四）开展传染病实验室检测、诊断、病原学鉴定；

（五）实施免疫规划，负责预防性生物制品的使用管理；

（六）开展健康教育、咨询，普及传染病防治知识；

（七）指导、培训下级疾病预防控制机构及其工作人员开展传染病监测工作；

（八）开展传染病防治应用性研究和卫生评价，提供技术咨询。

国家、省级疾病预防控制机构负责对传染病发生、流行以及分布进行监测，对重大传染病流行趋势进行预测，提出预防控制对策，参与并指导对暴发的疫情进行调查处理，开展传染病病原学鉴定，建立检测质量控制体系，开展应用性研究和卫生评价。

设区的市和县级疾病预防控制机构负责传染病预防控制规划、方案的落实，组织实施免疫、消毒、控制病媒生物的危害，普及传染病防治知识，负责本地区疫情和突发公共卫生事件监测、报告，开展流行病学调查和常见病原微生物检测。

第十九条 国家建立传染病预警制度。

国务院卫生行政部门和省、自治区、直辖市人民政府根据传染病发生、流行趋势的预测，及时发出传染病预警，根据情况予以公布。

第二十条 县级以上地方人民政府应当制定传染病预防、控制预案，报上一级人民政府备案。

传染病预防、控制预案应当包括以下主要内容：

（一）传染病预防控制指挥部的组成和相关部门的职责；

（二）传染病的监测、信息收集、分析、报告、通报制度；

（三）疾病预防控制机构、医疗机构在发生传染病疫情时的任务与职责；

（四）传染病暴发、流行情况的分级以及相应的应急工作方案；

（五）传染病预防、疫点疫区现场控制，应急设施、设备、救治药品和医疗器械以及其他物资和技术的储备与调用。

地方人民政府和疾病预防控制机构接到国务院卫生行政部门或者省、自治区、直辖市人民政府发出的传染病预警后，应当按照传染病预防、控制预案，采取相应的预防、控制措施。

第二十一条 医疗机构必须严格执行国务院卫生行政部门规定的管理制度、操作规范，防止传染病的医源性感染和医院感染。

医疗机构应当确定专门的部门或者人员，承担传染病疫情报告、本单位的传染病预防、控制以及责任区域内的传染病预防工作；承担医疗活动中与医院感染有关的危险因素监测、安全防护、消毒、隔离和医疗废物处置工作。

疾病预防控制机构应当指定专门人员负责对医疗机构内传染病预防工作进行指导、考核，开展流行病学调查。

第二十二条 疾病预防控制机构、医疗机构的实验室和从事病原微生物实验的单位，应当符合国家规定的条件和技术标准，建立严格的监督管理制度，对传染病病原体样本按照规定的措施实行严格监督管理，严防传染病病原体的实验室感染和病原微生物的扩散。

第二十三条 采供血机构、生物制品生产单位必须严格执行国家有关规定，保证血液、血液制品的质量。禁止非法采集血液或者组织他人出卖血液。

疾病预防控制机构、医疗机构使用血液和血液制品，必须遵守国家有关规定，防止因输入血液、使用血液制品引起经血液传播疾病的发生。

第二十四条 各级人民政府应当加强艾滋病的防治工作，采取预防、控制措施，防止艾滋病的传播。具体办法由国务院制定。

第二十五条 县级以上人民政府农业、林业行政部门以及其他有关部门，依据各自的职责负责与人畜共患传染病有关的动物传染病的防治管理工作。

与人畜共患传染病有关的野生动物、家畜家禽，经检疫合格后，方可出售、运输。

第二十六条 国家建立传染病菌种、毒种库。

对传染病菌种、毒种和传染病检测样本的采集、保藏、携带、运输和使用实行分类管理，建立健全严格的管理制度。

对可能导致甲类传染病传播的以及国务院卫生行政部门规定的菌种、毒种和传染病检测样本，确需采集、保藏、携带、运输和使用的，须经省级以上人民政府卫生行政部门批准。具体办法由国务院制定。

第二十七条 对被传染病病原体污染的污水、污物、场所和物品，有关单位和个人必须在疾病预防控制机构的指导下或者按照其提出的卫生要求，进行严格消毒处理；拒绝消毒处理的，由当地卫生行政部门或者疾病预防控制机构进行强制消毒处理。

第二十八条　在国家确认的自然疫源地计划兴建水利、交通、旅游、能源等大型建设项目的，应当事先由省级以上疾病预防控制机构对施工环境进行卫生调查。建设单位应当根据疾病预防控制机构的意见，采取必要的传染病预防、控制措施。施工期间，建设单位应当设专人负责工地上的卫生防疫工作。工程竣工后，疾病预防控制机构应当对可能发生的传染病进行监测。

第二十九条　用于传染病防治的消毒产品、饮用水供水单位供应的饮用水和涉及饮用水卫生安全的产品，应当符合国家卫生标准和卫生规范。

饮用水供水单位从事生产或者供应活动，应当依法取得卫生许可证。

生产用于传染病防治的消毒产品的单位和生产用于传染病防治的消毒产品，应当经省级以上人民政府卫生行政部门审批。具体办法由国务院制定。

第三章　疫情报告、通报和公布

第三十条　疾病预防控制机构、医疗机构和采供血机构及其执行职务的人员发现本法规定的传染病疫情或者发现其他传染病暴发、流行以及突发原因不明的传染病时，应当遵循疫情报告属地管理原则，按照国务院规定的或者国务院卫生行政部门规定的内容、程序、方式和时限报告。

军队医疗机构向社会公众提供医疗服务，发现前款规定的传染病疫情时，应当按照国务院卫生行政部门的规定报告。

第三十一条　任何单位和个人发现传染病病人或者疑似传染病病人时，应当及时向附近的疾病预防控制机构或者医疗机构报告。

第三十二条　港口、机场、铁路疾病预防控制机构以及国境卫生检疫机关发现甲类传染病病人、病原携带者、疑似传染病病人时，应当按照国家有关规定立即向国境口岸所在地的疾病预防控制机构或者所在地县级以上地方人民政府卫生行政部门报告并互相通报。

第三十三条　疾病预防控制机构应当主动收集、分析、调查、核实传染病疫情信息。接到甲类、乙类传染病疫情报告或者发现传染病暴发、流行时，应当立即报告当地卫生行政部门，由当地卫生行政部门立即报告当地人民政府，同时报告上级卫生行政部门和国务院卫生行政部门。

疾病预防控制机构应当设立或者指定专门的部门、人员负责传染病疫情信息管理工作，及时对疫情报告进行核实、分析。

第三十四条　县级以上地方人民政府卫生行政部门应当及时向本行政区域内的疾病预防控制机构和医疗机构通报传染病疫情以及监测、预警的相关信息。接到通报的疾病预防控制机构和医疗机构应当及时告知本单位的有关人员。

第三十五条　国务院卫生行政部门应当及时向国务院其他有关部门和各省、自治区、直辖市人民政府卫生行政部门通报全国传染病疫情以及监测、预警的相关信息。

毗邻的以及相关的地方人民政府卫生行政部门，应当及时互相通报本行政区域的传染病疫情以及监测、预警的相关信息。

县级以上人民政府有关部门发现传染病疫情时，应当及时向同级人民政府卫生行政部门通报。

中国人民解放军卫生主管部门发现传染病疫情时，应当向国务院卫生行政部门通报。

第三十六条　动物防疫机构和疾病预防控制机构，应当及时互相通报动物间和人间发生的人畜共患传染病疫情以及相关信息。

第三十七条　依照本法的规定负有传染病疫情报告职责的人民政府有关部门、疾病预防控制机构、医疗机构、采供血机构及其工作人员，不得隐瞒、谎报、缓报传染病疫情。

第三十八条　国家建立传染病疫情信息公布制度。

国务院卫生行政部门定期公布全国传染病疫情信息。省、自治区、直辖市人民政府卫生行政部门定期公布本行政区域的传染病疫情信息。

传染病暴发、流行时，国务院卫生行政部门负责向社会公布传染病疫情信息，并可以授权省、自治区、直辖市人民政府卫生行政部门向社会公布本行政区域的传染病疫情信息。

公布传染病疫情信息应当及时、准确。

第四章　疫情控制

第三十九条　医疗机构发现甲类传染病时，应当及时采取下列措施：

（一）对病人、病原携带者，予以隔离治疗，隔离期限根据医学检查结果确定；

（二）对疑似病人，确诊前在指定场所单独隔离治疗；

（三）对医疗机构内的病人、病原携带者、疑似病人的密切接触者，在指定场所进行医学观察和采取其他必要的预防措施。

拒绝隔离治疗或者隔离期未满擅自脱离隔离治疗的，可以由公安机关协助医疗机构采取强制隔离治疗措施。

医疗机构发现乙类或者丙类传染病病人，应当根据病情采取必要的治疗和控制传播措施。

医疗机构对本单位内被传染病病原体污染的场所、物品以及医疗废物，必须依照法律、法规的规定实施消毒和无害化处置。

第四十条　疾病预防控制机构发现传染病疫情或者接到传染病疫情报告时，应当及时采取下列措施：

（一）对传染病疫情进行流行病学调查，根据调查情况提出划定疫点、疫区的建议，对被污染的场所进行卫生处理，对密切接触者，在指定场所进行医学观察和采取其他必要的预防措施，并向卫生行政部门提出疫情控制方案；

（二）传染病暴发、流行时，对疫点、疫区进行卫生处理，向卫生行政部门提出疫情控制方案，并按照卫生行政部门的要求采取措施；

（三）指导下级疾病预防控制机构实施传染病预防、控制措施，组织、指导有关单位对传染病疫情的处理。

第四十一条　对已经发生甲类传染病病例的场所或者该场所内的特定区域的人员，所在地的县级以上地方人民政府可以实施隔离措施，并同时向上一级人民政府报告；接到报告的上级人民政府应当即时作出是否批准的决定。上级人民政府作出不予批准决定的，实施隔离措施的人民政府应当立即解除隔离措施。

在隔离期间，实施隔离措施的人民政府应当对被隔离人员提供生活保障；被隔离人员有工作单位的，所在单位不得停止支付其隔离期间的工作报酬。

隔离措施的解除，由原决定机关决定并宣布。

第四十二条　传染病暴发、流行时，县级以上地方人民政府应当立即组织力量，按照预防、控制预案进行防治，切断传染病的传播途径，必要时，报经上一级人民政府决定，可以采取下列紧急措施并予以公告：

（一）限制或者停止集市、影剧院演出或者其他人群聚集的活动；

（二）停工、停业、停课；

（三）封闭或者封存被传染病病原体污染的公共饮用水源、食品以及相关物品；

（四）控制或者扑杀染疫野生动物、家畜家禽；

（五）封闭可能造成传染病扩散的场所。

上级人民政府接到下级人民政府关于采取前款所列紧急措施的报告时，应当即时作出决定。

紧急措施的解除，由原决定机关决定并宣布。

第四十三条 甲类、乙类传染病暴发、流行时，县级以上地方人民政府报经上一级人民政府决定，可以宣布本行政区域部分或者全部为疫区；国务院可以决定并宣布跨省、自治区、直辖市的疫区。县级以上地方人民政府可以在疫区内采取本法第四十二条规定的紧急措施，并可以对出入疫区的人员、物资和交通工具实施卫生检疫。

省、自治区、直辖市人民政府可以决定对本行政区域内的甲类传染病疫区实施封锁；但是，封锁大、中城市的疫区或者封锁跨省、自治区、直辖市的疫区，以及封锁疫区导致中断干线交通或者封锁国境的，由国务院决定。

疫区封锁的解除，由原决定机关决定并宣布。

第四十四条 发生甲类传染病时，为了防止该传染病通过交通工具及其乘运的人员、物资传播，可以实施交通卫生检疫。具体办法由国务院制定。

第四十五条 传染病暴发、流行时，根据传染病疫情控制的需要，国务院有权在全国范围或者跨省、自治区、直辖市范围内，县级以上地方人民政府有权在本行政区域内紧急调集人员或者调用储备物资，临时征用房屋、交通工具以及相关设施、设备。

紧急调集人员的，应当按照规定给予合理报酬。临时征用房屋、交通工具以及相关设施、设备的，应当依法给予补偿；能返还的，应当及时返还。

第四十六条 患甲类传染病、炭疽死亡的，应当将尸体立即进行卫生处理，就近火化。患其他传染病死亡的，必要时，应当将尸体进行卫生处理后火化或者按照规定深埋。

为了查找传染病病因，医疗机构在必要时可以按照国务院卫生行政部门的规定，对传染病病人尸体或者疑似传染病病人尸体进行解剖查验，并应当告知死者家属。

第四十七条 疫区中被传染病病原体污染或者可能被传染病病原体污染的物品，经消毒可以使用的，应当在当地疾病预防控制机构的指导下，进行消毒处理后，方可使用、出售和运输。

第四十八条 发生传染病疫情时，疾病预防控制机构和省级以上人民政府卫生行政部门指派的其他与传染病有关的专业技术机构，可以进入传染病疫点、疫区进行调查、采集样本、技术分析和检验。

第四十九条 传染病暴发、流行时，药品和医疗器械生产、供应单位应当及时生产、供应防治传染病的药品和医疗器械。铁路、交通、民用航空经营单位必须优先运送处理传染病疫情的人员以及防治传染病的药品和医疗器械。县级以上人民政府有关部门应当做好组织协调工作。

第五章　医疗救治

第五十条 县级以上人民政府应当加强和完善传染病医疗救治服务网络的建设，指定具备传染病救治条件和能力的医疗机构承担传染病救治任务，或者根据传染病救治需要设置传染病医院。

第五十一条 医疗机构的基本标准、建筑设计和服务流程，应当符合预防传染病医院感染的要求。

医疗机构应当按照规定对使用的医疗器械进行消毒；对按照规定一次使用的医疗器具，应当在使用后予以销毁。

医疗机构应当按照国务院卫生行政部门规定的传染病诊断标准和治疗要求，采取相应措施，提高传染病医疗救治能力。

第五十二条 医疗机构应当对传染病病人或者疑似传染病病人提供医疗救护、现场救援和接诊治疗，书写病历记录以及其他有关资料，并妥善保管。

医疗机构应当实行传染病预检、分诊制度；对传染病病人、疑似传染病病人，应当引导至相对隔离的分诊点进行初诊。医疗机构不具备相应救治能力的，应当将患者及其病历记录复印件一并转至具备相应救治能力的医疗机构。具体办法由国务院卫生行政部门规定。

第六章 监督管理

第五十三条 县级以上人民政府卫生行政部门对传染病防治工作履行下列监督检查职责：

（一）对下级人民政府卫生行政部门履行本法规定的传染病防治职责进行监督检查；

（二）对疾病预防控制机构、医疗机构的传染病防治工作进行监督检查；

（三）对采供血机构的采供血活动进行监督检查；

（四）对用于传染病防治的消毒产品及其生产单位进行监督检查，并对饮用水供水单位从事生产或者供应活动以及涉及饮用水卫生安全的产品进行监督检查；

（五）对传染病菌种、毒种和传染病检测样本的采集、保藏、携带、运输、使用进行监督检查；

（六）对公共场所和有关单位的卫生条件和传染病预防、控制措施进行监督检查。

省级以上人民政府卫生行政部门负责组织对传染病防治重大事项的处理。

第五十四条 县级以上人民政府卫生行政部门在履行监督检查职责时，有权进入被检查单位和传染病疫情发生现场调查取证，查阅或者复制有关的资料和采集样本。被检查单位应当予以配合，不得拒绝、阻挠。

第五十五条 县级以上地方人民政府卫生行政部门在履行监督检查职责时，发现被传染病病原体污染的公共饮用水源、食品以及相关物品，如不及时采取控制措施可能导致传染病传播、流行的，可以采取封闭公共饮用水源、封存食品以及相关物品或者暂停销售的临时控制措施，并予以检验或者进行消毒。经检验，属于被污染的食品，应当予以销毁；对未被污染的食品或者经消毒后可以使用的物品，应当解除控制措施。

第五十六条 卫生行政部门工作人员依法执行职务时，应当不少于两人，并出示执法证件，填写卫生执法文书。

卫生执法文书经核对无误后，应当由卫生执法人员和当事人签名。当事人拒绝签名的，卫生执法人员应当注明情况。

第五十七条 卫生行政部门应当依法建立健全内部监督制度，对其工作人员依据法定职权和程序履行职责的情况进行监督。

上级卫生行政部门发现下级卫生行政部门不及时处理职责范围内的事项或者不履行职责的，应当责令纠正或者直接予以处理。

第五十八条 卫生行政部门及其工作人员履行职责，应当自觉接受社会和公民的监督。单位和个人有权向上级人民政府及其卫生行政部门举报违反本法的行为。接到举报的有关人民政府或者其卫生行政部门，应当及时调查处理。

第七章 保障措施

第五十九条 国家将传染病防治工作纳入国民经济和社会发展计划，县级以上地方人民政府将传染病防治工作纳入本行政区域的国民经济和社会发展计划。

第六十条 县级以上地方人民政府按照本级政府职责负责本行政区域内传染病预防、控制、监督工作的日常经费。

国务院卫生行政部门会同国务院有关部门，根据传染病流行趋势，确定全国传染病预防、控制、救治、监测、预测、预警、监督检查等项目。中央财政对困难地区实施重大传染病防治项目给予补助。

省、自治区、直辖市人民政府根据本行政区域内传染病流行趋势，在国务院卫生行政部门确定的项目范围内，确定传染病预防、控制、监督等项目，并保障项目的实施经费。

第六十一条 国家加强基层传染病防治体系建设，扶持贫困地区和少数民族地区的传染病防治工作。

地方各级人民政府应当保障城市社区、农村基层传染病预防工作的经费。

第六十二条 国家对患有特定传染病的困难人群实行医疗救助，减免医疗费用。具体办法由国务院卫生行政部门会同国务院财政部门等部门制定。

第六十三条 县级以上人民政府负责储备防治传染病的药品、医疗器械和其他物资，以备调用。

第六十四条 对从事传染病预防、医疗、科研、教学、现场处理疫情的人员，以及在生产、工作中接触传染病病原体的其他人员，有关单位应当按照国家规定，采取有效的卫生防护措施和医疗保健措施，并给予适当的津贴。

第八章　法律责任

第六十五条 地方各级人民政府未依照本法的规定履行报告职责，或者隐瞒、谎报、缓报传染病疫情，或者在传染病暴发、流行时，未及时组织救治、采取控制措施的，由上级人民政府责令改正，通报批评；造成传染病传播、流行或者其他严重后果的，对负有责任的主管人员，依法给予行政处分；构成犯罪的，依法追究刑事责任。

第六十六条 县级以上人民政府卫生行政部门违反本法规定，有下列情形之一的，由本级人民政府、上级人民政府卫生行政部门责令改正，通报批评；造成传染病传播、流行或者其他严重后果的，对负有责任的主管人员和其他直接责任人员，依法给予行政处分；构成犯罪的，依法追究刑事责任：

（一）未依法履行传染病疫情通报、报告或者公布职责，或者隐瞒、谎报、缓报传染病疫情的；

（二）发生或者可能发生传染病传播时未及时采取预防、控制措施的；

（三）未依法履行监督检查职责，或者发现违法行为不及时查处的；

（四）未及时调查、处理单位和个人对下级卫生行政部门不履行传染病防治职责的举报的；

（五）违反本法的其他失职、渎职行为。

第六十七条 县级以上人民政府有关部门未依照本法的规定履行传染病防治和保障职责的，由本级人民政府或者上级人民政府有关部门责令改正，通报批评；造成传染病传播、流行或者其他严重后果的，对负有责任的主管人员和其他直接责任人员，依法给予行政处分；构成犯罪的，依法追究刑事责任。

第六十八条 疾病预防控制机构违反本法规定，有下列情形之一的，由县级以上人民政府卫生行政部门责令限期改正，通报批评，给予警告；对负有责任的主管人员和其他直接责任人员，依法给予降级、撤职、开除的处分，并可以依法吊销有关责任人员的执业证书；构成犯罪的，依法追究刑事责任：

（一）未依法履行传染病监测职责的；

（二）未依法履行传染病疫情报告、通报职责，或者隐瞒、谎报、缓报传染病疫情的；

（三）未主动收集传染病疫情信息，或者对传染病疫情信息和疫情报告未及时进行分析、调查、核实的；

（四）发现传染病疫情时，未依据职责及时采取本法规定的措施的；

（五）故意泄露传染病病人、病原携带者、疑似传染病病人、密切接触者涉及个人隐私的有关信息、资料的。

第六十九条 医疗机构违反本法规定，有下列情形之一的，由县级以上人民政府卫生行政部门责令改正，通报批评，给予警告；造成传染病传播、流行或者其他严重后果的，对负有责任的主管人员和其他直接责任人员，依法给予降级、撤职、开除的处分，并可以依法吊销有关责任人员的执业证书；构成犯罪的，依法追究刑事责任：

（一）未按照规定承担本单位的传染病预防、控制工作、医院感染控制任务和责任区域内的传染病预防工作的；

（二）未按照规定报告传染病疫情，或者隐瞒、谎报、缓报传染病疫情的；

（三）发现传染病疫情时，未按照规定对传染病病人、疑似传染病病人提供医疗救护、现场救援、接诊、转诊的，或者拒绝接受转诊的；

（四）未按照规定对本单位内被传染病病原体污染的场所、物品以及医疗废物实施消毒或者无害化处置的；

（五）未按照规定对医疗器械进行消毒，或者对按照规定一次使用的医疗器具未予销毁，再次使用的；

（六）在医疗救治过程中未按照规定保管医学记录资料的；

（七）故意泄露传染病病人、病原携带者、疑似传染病病人、密切接触者涉及个人隐私的有关信息、资料的。

第七十条 采供血机构未按照规定报告传染病疫情，或者隐瞒、谎报、缓报传染病疫情，或者未执行国家有关规定，导致因输入血液引起经血液传播疾病发生的，由县级以上人民政府卫生行政部门责令改正，通报批评，给予警告；造成传染病传播、流行或者其他严重后果的，对负有责任的主管人员和其他直接责任人员，依法给予降级、撤职、开除的处分，并可以依法吊销采供血机构的执业许可证；构成犯罪的，依法追究刑事责任。

非法采集血液或者组织他人出卖血液的，由县级以上人民政府卫生行政部门予以取缔，没收违法所得，可以并处十万元以下的罚款；构成犯罪的，依法追究刑事责任。

第七十一条 国境卫生检疫机关、动物防疫机构未依法履行传染病疫情通报职责的，由有关部门在各自职责范围内责令改正，通报批评；造成传染病传播、流行或者其他严重后果的，对负有责任的主管人员和其他直接责任人员，依法给予降级、撤职、开除的处分；构成犯罪的，依法追究刑事责任。

第七十二条 铁路、交通、民用航空经营单位未依照本法的规定优先运送处理传染病疫情的人员以及防治传染病的药品和医疗器械的，由有关部门责令限期改正，给予警告；造成严重后果的，对负有责任的主管人员和其他直接责任人员，依法给予降级、撤职、开除的处分。

第七十三条 违反本法规定，有下列情形之一，导致或者可能导致传染病传播、流行的，由县级以上人民政府卫生行政部门责令限期改正，没收违法所得，可以并处五万元以下的罚款；已取得许可证的，原发证部门可以依法暂扣或者吊销许可证；构成犯罪的，依法追究刑事责任：

（一）饮用水供水单位供应的饮用水不符合国家卫生标准和卫生规范的；

（二）涉及饮用水卫生安全的产品不符合国家卫生标准和卫生规范的；

（三）用于传染病防治的消毒产品不符合国家卫生标准和卫生规范的；

（四）出售、运输疫区中被传染病病原体污染或者可能被传染病病原体污染的物品，未进行消毒处理的；

（五）生物制品生产单位生产的血液制品不符合国家质量标准的。

第七十四条 违反本法规定，有下列情形之一的，由县级以上地方人民政府卫生行政部门责令改正，通报批评，给予警告，已取得许可证的，可以依法暂扣或者吊销许可证；造成传染病传播、流行以及其他严重后果的，对负有责任的主管人员和其他直接责任人员，依法给予降级、撤职、开除的处分，并可以依法吊销有关责任人员的执业证书；构成犯罪的，依法追究刑事责任：

（一）疾病预防控制机构、医疗机构和从事病原微生物实验的单位，不符合国家规定的条件和技术标准，对传染病病原体样本未按照规定进行严格管理，造成实验室感染和病原微生物扩散的；

（二）违反国家有关规定，采集、保藏、携带、运输和使用传染病菌种、毒种和传染病检测样本的；

（三）疾病预防控制机构、医疗机构未执行国家有关规定，导致因输入血液、使用血液制品引起经血液传播疾病发生的。

第七十五条 未经检疫出售、运输与人畜共患传染病有关的野生动物、家畜家禽的，由县级以上地方人民政府畜牧兽医行政部门责令停止违法行为，并依法给予行政处罚。

第七十六条 在国家确认的自然疫源地兴建水利、交通、旅游、能源等大型建设项目，未经卫生调查进行施工的，或者未按照疾病预防控制机构的意见采取必要的传染病预防、控制措施的，由县级以上人民政府卫生行政部门责令限期改正，给予警告，处五千元以上三万元以下的罚款；逾期不改正的，处三万元以上十万元以下的罚款，并可以提请有关人民政府依据职责权限，责令停建、关闭。

第七十七条 单位和个人违反本法规定，导致传染病传播、流行，给他人人身、财产造成损害的，应当依法承担民事责任。

第九章　附　则

第七十八条 本法中下列用语的含义：

（一）传染病病人、疑似传染病病人：指根据国务院卫生行政部门发布的《中华人民共和国传染病防治法规定管理的传染病诊断标准》，符合传染病病人和疑似传染病病人诊断标准的人。

（二）病原携带者：指感染病原体无临床症状但能排出病原体的人。

（三）流行病学调查：指对人群中疾病或者健康状况的分布及其决定因素进行调查研究，提出疾病预防控制措施及保健对策。

（四）疫点：指病原体从传染源向周围播散的范围较小或者单个疫源地。

（五）疫区：指传染病在人群中暴发、流行，其病原体向周围播散时所能波及的地区。

（六）人畜共患传染病：指人与脊椎动物共同罹患的传染病，如鼠疫、狂犬病、血吸虫病等。

（七）自然疫源地：指某些可引起人类传染病的病原体在自然界的野生动物中长期存在和循环的地区。

（八）病媒生物：指能够将病原体从人或者其他动物传播给人的生物，如蚊、蝇、蚤类等。

（九）医源性感染：指在医学服务中，因病原体传播引起的感染。

（十）医院感染：指住院病人在医院内获得的感染，包括在住院期间发生的感染和在医院内获得出院后发生的感染，但不包括入院前已开始或者入院时已处于潜伏期的感染。医院工作人员在医院内获得的感染也属医院感染。

（十一）实验室感染：指从事实验室工作时，因接触病原体所致的感染。

（十二）菌种、毒种：指可能引起本法规定的传染病发生的细菌菌种、病毒毒种。

（十三）消毒：指用化学、物理、生物的方法杀灭或者消除环境中的病原微生物。

（十四）疾病预防控制机构：指从事疾病预防控制活动的疾病预防控制中心以及与上述机构业务活动相同的单位。

（十五）医疗机构：指按照《医疗机构管理条例》取得医疗机构执业许可证，从事疾病诊断、治疗活动的机构。

第七十九条 传染病防治中有关食品、药品、血液、水、医疗废物和病原微生物的管理以及动物防疫和国境卫生检疫，本法未规定的，分别适用其他有关法律、行政法规的规定。

第八十条 本法自 2004 年 12 月 1 日起施行。

中华人民共和国产品质量法

（1993年2月22日第七届全国人民代表大会常务委员会第三十次会议通过，根据2000年7月8日第九届全国人民代表大会常务委员会第十六次会议《关于修改〈中华人民共和国产品质量法〉的决定》第一次修正，根据2009年8月27日第十一届全国人民代表大会常务委员会第十次会议《关于修改部分法律的决定》第二次修正，根据2018年12月29日第十三届全国人民代表大会常务委员会第七次会议《关于修改〈中华人民共和国产品质量法〉等五部法律的决定》第三次修正）

第一章　总　则

第一条　为了加强对产品质量的监督管理，提高产品质量水平，明确产品质量责任，保护消费者的合法权益，维护社会经济秩序，制定本法。

第二条　在中华人民共和国境内从事产品生产、销售活动，必须遵守本法。本法所称产品是指经过加工、制作，用于销售的产品。建设工程不适用本法规定；但是，建设工程使用的建筑材料、建筑构配件和设备，属于前款规定的产品范围的，适用本法规定。

第三条　生产者、销售者应当建立健全内部产品质量管理制度，严格实施岗位质量规范、质量责任以及相应的考核办法。

第四条　生产者、销售者依照本法规定承担产品质量责任。

第五条　禁止伪造或者冒用认证标志等质量标志；禁止伪造产品的产地，伪造或者冒用他人的厂名、厂址；禁止在生产、销售的产品中掺杂、掺假，以假充真，以次充好。

第六条　国家鼓励推行科学的质量管理方法，采用先进的科学技术，鼓励企业产品质量达到并且超过行业标准、国家标准和国际标准。对产品质量管理先进和产品质量达到国际先进水平、成绩显著的单位和个人，给予奖励。

第七条　各级人民政府应当把提高产品质量纳入国民经济和社会发展规划，加强对产品质量工作的统筹规划和组织领导，引导、督促生产者、销售者加强产品质量管理，提高产品质量，组织各有关部门依法采取措施，制止产品生产、销售中违反本法规定的行为，保障本法的施行。

第八条　国务院市场监督管理部门主管全国产品质量监督工作。国务院有关部门在各自的职责范围内负责产品质量监督工作。县级以上地方市场监督管理部门主管本行政区域内的产品质量监督工作。县级以上地方人民政府有关部门在各自的职责范围内负责产品质量监督工作。法律对产品质量的监督部门另有规定的，依照有关法律的规定执行。

第九条　各级人民政府工作人员和其他国家机关工作人员不得滥用职权、玩忽职守或者徇私舞弊，包庇、放纵本地区、本系统发生的产品生产、销售中违反本法规定的行为，或者阻挠、干预依法对产品生产、销售中违反本法规定的行为进行查处。各级地方人民政府和其他国家机关有包庇、放纵产品生产、销售中违反本法规定的行为的，依法追究其主要负责人的法律责任。

第十条　任何单位和个人有权对违反本法规定的行为，向市场监督管理部门或者其他有关部门检举。市场监督管理部门和有关部门应当为检举人保密，并按照省、自治区、直辖市人民政府的规定给予奖励。

第十一条 任何单位和个人不得排斥非本地区或者非本系统企业生产的质量合格产品进入本地区、本系统。

第二章 产品质量的监督

第十二条 产品质量应当检验合格，不得以不合格产品冒充合格产品。

第十三条 可能危及人体健康和人身、财产安全的工业产品，必须符合保障人体健康和人身、财产安全的国家标准、行业标准；未制定国家标准、行业标准的，必须符合保障人体健康和人身、财产安全的要求。禁止生产、销售不符合保障人体健康和人身、财产安全的标准和要求的工业产品。具体管理办法由国务院规定。

第十四条 国家根据国际通用的质量管理标准，推行企业质量体系认证制度。企业根据自愿原则可以向国务院市场监督管理部门认可的或者国务院市场监督管理部门授权的部门认可的认证机构申请企业质量体系认证。经认证合格的，由认证机构颁发企业质量体系认证证书。国家参照国际先进的产品标准和技术要求，推行产品质量认证制度。企业根据自愿原则可以向国务院市场监督管理部门认可的或者国务院市场监督管理部门授权的部门认可的认证机构申请产品质量认证。经认证合格的，由认证机构颁发产品质量认证证书，准许企业在产品或者其包装上使用产品质量认证标志。

第十五条 国家对产品质量实行以抽查为主要方式的监督检查制度，对可能危及人体健康和人身、财产安全的产品，影响国计民生的重要工业产品以及消费者、有关组织反映有质量问题的产品进行抽查。抽查的样品应当在市场上或者企业成品仓库内的待销产品中随机抽取。监督抽查工作由国务院市场监督管理部门规划和组织。县级以上地方市场监督管理部门在本行政区域内也可以组织监督抽查。法律对产品质量的监督检查另有规定的，依照有关法律的规定执行。国家监督抽查的产品，地方不得另行重复抽查；上级监督抽查的产品，下级不得另行重复抽查。根据监督抽查的需要，可以对产品进行检验。检验抽取样品的数量不得超过检验的合理需要，并不得向被检查人收取检验费用。监督抽查所需检验费用按照国务院规定列支。生产者、销售者对抽查检验的结果有异议的，可以自收到检验结果之日起十五日内向实施监督抽查的市场监督管理部门或者其上级市场监督管理部门申请复检，由受理复检的市场监督管理部门作出复检结论。

第十六条 对依法进行的产品质量监督检查，生产者、销售者不得拒绝。

第十七条 依照本法规定进行监督抽查的产品质量不合格的，由实施监督抽查的市场监督管理部门责令其生产者、销售者限期改正。逾期不改正的，由省级以上人民政府市场监督管理部门予以公告；公告后经复查仍不合格的，责令停业，限期整顿；整顿期满后经复查产品质量仍不合格的，吊销营业执照。监督抽查的产品有严重质量问题的，依照本法第五章的有关规定处罚。

第十八条 县级以上市场监督管理部门根据已经取得的违法嫌疑证据或者举报，对涉嫌违反本法规定的行为进行查处时，可以行使下列职权：（一）对当事人涉嫌从事违反本法的生产、销售活动的场所实施现场检查；（二）向当事人的法定代表人、主要负责人和其他有关人员调查、了解与涉嫌从事违反本法的生产、销售活动有关的情况；（三）查阅、复制当事人有关的合同、发票、帐簿以及其他有关资料；（四）对有根据认为不符合保障人体健康和人身、财产安全的国家标准、行业标准的产品或者有其他严重质量问题的产品，以及直接用于生产、销售该项产品的原辅材料、包装物、生产工具，予以查封或者扣押。

第十九条 产品质量检验机构必须具备相应的检测条件和能力，经省级以上人民政府市场监督管理部门或者其授权的部门考核合格后，方可承担产品质量检验工作。法律、行政法规对产品质量检验机构另有规定的，依照有关法律、行政法规的规定执行。

第二十条 从事产品质量检验、认证的社会中介机构必须依法设立，不得与行政机关和其他国家机关存在隶属关系或者其他利益关系。

第二十一条 产品质量检验机构、认证机构必须依法按照有关标准，客观、公正地出具检验结果或者认证证明。产品质量认证机构应当依照国家规定对准许使用认证标志的产品进行认证后的跟踪检查；对不符合认证标准而使用认证标志的，要求其改正；情节严重的，取消其使用认证标志的资格。

第二十二条 消费者有权就产品质量问题，向产品的生产者、销售者查询；向市场监督管理部门及有关部门申诉，接受申诉的部门应当负责处理。

第二十三条 保护消费者权益的社会组织可以就消费者反映的产品质量问题建议有关部门负责处理，支持消费者对因产品质量造成的损害向人民法院起诉。

第二十四条 国务院和省、自治区、直辖市人民政府的市场监督管理部门应当定期发布其监督抽查的产品的质量状况公告。

第二十五条 市场监督管理部门或者其他国家机关以及产品质量检验机构不得向社会推荐生产者的产品；不得以对产品进行监制、监销等方式参与产品经营活动。

第三章　生产者、销售者的产品质量责任和义务

第二十六条 生产者应当对其生产的产品质量负责。产品质量应当符合下列要求：（一）不存在危及人身、财产安全的不合理的危险，有保障人体健康和人身、财产安全的国家标准、行业标准的，应当符合该标准；（二）具备产品应当具备的使用性能，但是，对产品存在使用性能的瑕疵作出说明的除外；（三）符合在产品或者其包装上注明采用的产品标准，符合以产品说明、实物样品等方式表明的质量状况。

第二十七条 产品或者其包装上的标识必须真实，并符合下列要求：（一）有产品质量检验合格证明；（二）有中文标明的产品名称、生产厂厂名和厂址；（三）根据产品的特点和使用要求，需要标明产品规格、等级、所含主要成份的名称和含量的，用中文相应予以标明；需要事先让消费者知晓的，应当在外包装上标明，或者预先向消费者提供有关资料；（四）限期使用的产品，应当在显著位置清晰地标明生产日期和安全使用期或者失效日期；（五）使用不当，容易造成产品本身损坏或者可能危及人身、财产安全的产品，应当有警示标志或者中文警示说明。裸装的食品和其他根据产品的特点难以附加标识的裸装产品，可以不附加产品标识。

第二十八条 易碎、易燃、易爆、有毒、有腐蚀性、有放射性等危险物品以及储运中不能倒置和其他有特殊要求的产品，其包装质量必须符合相应要求，依照国家有关规定作出警示标志或者中文警示说明，标明储运注意事项。

第二十九条 生产者不得生产国家明令淘汰的产品。

第三十条 生产者不得伪造产地，不得伪造或者冒用他人的厂名、厂址。

第三十一条 生产者不得伪造或者冒用认证标志等质量标志。

第三十二条 生产者生产产品，不得掺杂、掺假，不得以假充真、以次充好，不得以不合格产品冒充合格产品。

第三十三条 销售者应当建立并执行进货检查验收制度，验明产品合格证明和其他标识。

第三十四条 销售者应当采取措施，保持销售产品的质量。

第三十五条 销售者不得销售国家明令淘汰并停止销售的产品和失效、变质的产品。

第三十六条 销售者销售的产品的标识应当符合本法第二十七条的规定。

第三十七条 销售者不得伪造产地，不得伪造或者冒用他人的厂名、厂址。

第三十八条 销售者不得伪造或者冒用认证标志等质量标志。

第三十九条 销售者销售产品，不得掺杂、掺假，不得以假充真、以次充好，不得以不合格产品冒充合格产品。

第四章 损害赔偿

第四十条 售出的产品有下列情形之一的，销售者应当负责修理、更换、退货；给购买产品的消费者造成损失的，销售者应当赔偿损失：(一) 不具备产品应当具备的使用性能而事先未作说明的；(二) 不符合在产品或者其包装上注明采用的产品标准的；(三) 不符合以产品说明、实物样品等方式表明的质量状况的。销售者依照前款规定负责修理、更换、退货、赔偿损失后，属于生产者的责任或者属于向销售者提供产品的其他销售者（以下简称供货者）的责任的，销售者有权向生产者、供货者追偿。销售者未按照第一款规定给予修理、更换、退货或者赔偿损失的，由市场监督管理部门责令改正。生产者之间，销售者之间，生产者与销售者之间订立的买卖合同、承揽合同有不同约定的，合同当事人按照合同约定执行。

第四十一条 因产品存在缺陷造成人身、缺陷产品以外的其他财产（以下简称他人财产）损害的，生产者应当承担赔偿责任。生产者能够证明有下列情形之一的，不承担赔偿责任：(一) 未将产品投入流通的；(二) 产品投入流通时，引起损害的缺陷尚不存在的；(三) 将产品投入流通时的科学技术水平尚不能发现缺陷的存在的。

第四十二条 由于销售者的过错使产品存在缺陷，造成人身、他人财产损害的，销售者应当承担赔偿责任。销售者不能指明缺陷产品的生产者也不能指明缺陷产品的供货者的，销售者应当承担赔偿责任。

第四十三条 因产品存在缺陷造成人身、他人财产损害的，受害人可以向产品的生产者要求赔偿，也可以向产品的销售者要求赔偿。属于产品的生产者的责任，产品的销售者赔偿的，产品的销售者有权向产品的生产者追偿。属于产品的销售者的责任，产品的生产者赔偿的，产品的生产者有权向产品的销售者追偿。

第四十四条 因产品存在缺陷造成受害人人身伤害的，侵害人应当赔偿医疗费、治疗期间的护理费、因误工减少的收入等费用；造成残疾的，还应当支付残疾者生活自助具费、生活补助费、残疾赔偿金以及由其扶养的人所必需的生活费等费用；造成受害人死亡的，并应当支付丧葬费、死亡赔偿金以及由死者生前扶养的人所必需的生活费等费用。因产品存在缺陷造成受害人财产损失的，侵害人应当恢复原状或者折价赔偿。受害人因此遭受其他重大损失的，侵害人应当赔偿损失。

第四十五条 因产品存在缺陷造成损害要求赔偿的诉讼时效期间为二年，自当事人知道或者应当知道其权益受到损害时起计算。因产品存在缺陷造成损害要求赔偿的请求权，在造成损害的缺陷产品交付最初消费者满十年丧失；但是，尚未超过明示的安全使用期的除外。

第四十六条 本法所称缺陷，是指产品存在危及人身、他人财产安全的不合理的危险；产品有保障人体健康和人身、财产安全的国家标准、行业标准的，是指不符合该标准。

第四十七条 因产品质量发生民事纠纷时，当事人可以通过协商或者调解解决。当事人不愿通过协商、调解解决或者协商、调解不成的，可以根据当事人各方的协议向仲裁机构申请仲裁；当事人各方没有达成仲裁协议或者仲裁协议无效的，可以直接向人民法院起诉。

第四十八条 仲裁机构或者人民法院可以委托本法第十九条规定的产品质量检验机构，对有关产品质量进行检验。

第五章 罚 则

第四十九条 生产、销售不符合保障人体健康和人身、财产安全的国家标准、行业标准的产品的，责令停止生产、销售，没收违法生产、销售的产品，并处违法生产、销售产品（包括已售出和未售出的产品，下同）货值金额等值以上三倍以下的罚款；有违法所得的，并处没收违法所得；情节严重的，吊销营业执照；构成犯罪的，依法追究刑事责任。

第五十条 在产品中掺杂、掺假，以假充真，以次充好，或者以不合格产品冒充合格产品的，责令停止生产、销售，没收违法生产、销售的产品，并处违法生产、销售产品货值金额百分之五十以上三倍以下的罚款；有违法所得的，并处没收违法所得；情节严重的，吊销营业执照；构成犯罪的，依法追究刑事责任。

第五十一条 生产国家明令淘汰的产品的，销售国家明令淘汰并停止销售的产品的，责令停止生产、销售，没收违法生产、销售的产品，并处违法生产、销售产品货值金额等值以下的罚款；有违法所得的，并处没收违法所得；情节严重的，吊销营业执照。

第五十二条 销售失效、变质的产品的，责令停止销售，没收违法销售的产品，并处违法销售产品货值金额二倍以下的罚款；有违法所得的，并处没收违法所得；情节严重的，吊销营业执照；构成犯罪的，依法追究刑事责任。

第五十三条 伪造产品产地的，伪造或者冒用他人厂名、厂址的，伪造或者冒用认证标志等质量标志的，责令改正，没收违法生产、销售的产品，并处违法生产、销售产品货值金额等值以下的罚款；有违法所得的，并处没收违法所得；情节严重的，吊销营业执照。

第五十四条 产品标识不符合本法第二十七条规定的，责令改正；有包装的产品标识不符合本法第二十七条第（四）项、第（五）项规定，情节严重的，责令停止生产、销售，并处违法生产、销售产品货值金额百分之三十以下的罚款；有违法所得的，并处没收违法所得。

第五十五条 销售者销售本法第四十九条至第五十三条规定禁止销售的产品，有充分证据证明其不知道该产品为禁止销售的产品并如实说明其进货来源的，可以从轻或者减轻处罚。

第五十六条 拒绝接受依法进行的产品质量监督检查的，给予警告，责令改正；拒不改正的，责令停业整顿；情节特别严重的，吊销营业执照。

第五十七条 产品质量检验机构、认证机构伪造检验结果或者出具虚假证明的，责令改正，对单位处五万元以上十万元以下的罚款，对直接负责的主管人员和其他直接责任人员处一万元以上五万元以下的罚款；有违法所得的，并处没收违法所得；情节严重的，取消其检验资格、认证资格；构成犯罪的，依法追究刑事责任。产品质量检验机构、认证机构出具的检验结果或者证明不实，造成损失的，应当承担相应的赔偿责任；造成重大损失的，撤销其检验资格、认证资格。产品质量认证机构违反本法第二十一条第二款的规定，对不符合认证标准而使用认证标志的产品，未依法要求其改正或者取消其使用认证标志资格的，对因产品不符合认证标准给消费者造成的损失，与产品的生产者、销售者承担连带责任；情节严重的，撤销其认证资格。

第五十八条 社会团体、社会中介机构对产品质量作出承诺、保证，而该产品又不符合其承诺、保证的质量要求，给消费者造成损失的，与产品的生产者、销售者承担连带责任。

第五十九条 在广告中对产品质量作虚假宣传，欺骗和误导消费者的，依照《中华人民共和国广告法》的规定追究法律责任。

第六十条 对生产者专门用于生产本法第四十九条、第五十一条所列的产品或者以假充真的产品的原辅材料、包装物、生产工具，应当予以没收。

第六十一条 知道或者应当知道属于本法规定禁止生产、销售的产品而为其提供运输、保管、仓储等便利条件的，或者为以假充真的产品提供制假生产技术的，没收全部运输、保管、仓储或者提供制假生产技术的收入，并处违法收入百分之五十以上三倍以下的罚款；构成犯罪的，依法追究刑事责任。

第六十二条 服务业的经营者将本法第四十九条至第五十二条规定禁止销售的产品用于经营性服务的，责令停止使用；对知道或者应当知道所使用的产品属于本法规定禁止销售的产品的，按照违法使用的产品（包括已使用和尚未使用的产品）的货值金额，依照本法对销售者的处罚规定处罚。

第六十三条 隐匿、转移、变卖、损毁被市场监督管理部门查封、扣押的物品的，处被隐匿、转移、变卖、损毁物品货值金额等值以上三倍以下的罚款；有违法所得的，并处没收违法所得。

第六十四条 违反本法规定，应当承担民事赔偿责任和缴纳罚款、罚金，其财产不足以同时支付时，先承担民事赔偿责任。

第六十五条 各级人民政府工作人员和其他国家机关工作人员有下列情形之一的，依法给予行政处分；构成犯罪的，依法追究刑事责任：（一）包庇、放纵产品生产、销售中违反本法规定行为的；（二）向从事违反本法规定的生产、销售活动的当事人通风报信，帮助其逃避查处的；（三）阻挠、干预市场监督管理部门依法对产品生产、销售中违反本法规定的行为进行查处，造成严重后果的。

第六十六条 市场监督管理部门在产品质量监督抽查中超过规定的数量索取样品或者向被检查人收取检验费用的，由上级市场监督管理部门或者监察机关责令退还；情节严重的，对直接负责的主管人员和其他直接责任人员依法给予行政处分。

第六十七条 市场监督管理部门或者其他国家机关违反本法第二十五条的规定，向社会推荐生产者的产品或者以监制、监销等方式参与产品经营活动的，由其上级机关或者监察机关责令改正，消除影响，有违法收入的予以没收；情节严重的，对直接负责的主管人员和其他直接责任人员依法给予行政处分。产品质量检验机构有前款所列违法行为的，由市场监督管理部门责令改正，消除影响，有违法收入的予以没收，可以并处违法收入一倍以下的罚款；情节严重的，撤销其质量检验资格。

第六十八条 市场监督管理部门的工作人员滥用职权、玩忽职守、徇私舞弊，构成犯罪的，依法追究刑事责任；尚不构成犯罪的，依法给予行政处分。

第六十九条 以暴力、威胁方法阻碍市场监督管理部门的工作人员依法执行职务的，依法追究刑事责任；拒绝、阻碍未使用暴力、威胁方法的，由公安机关依照治安管理处罚法的规定处罚。

第七十条 本法第四十九条至第五十七条、第六十条至第六十三条规定的行政处罚由市场监督管理部门决定。法律、行政法规对行使行政处罚权的机关另有规定的，依照有关法律、行政法规的规定执行。

第七十一条 对依照本法规定没收的产品，依照国家有关规定进行销毁或者采取其他方式处理。

第七十二条 本法第四十九条至第五十四条、第六十二条、第六十三条所规定的货值金额以违法生产、销售产品的标价计算；没有标价的，按照同类产品的市场价格计算。

第六章 附 则

第七十三条 军工产品质量监督管理办法，由国务院、中央军事委员会另行制定。因核设施、核产品造成损害的赔偿责任，法律、行政法规另有规定的，依照其规定。

第七十四条 本法自 1993 年 9 月 1 日起施行。

中华人民共和国药品管理法

（1984 年 9 月 20 日第六届全国人民代表大会常务委员会第七次会议通过，2001 年 2 月 28 日第九届全国人民代表大会常务委员会第二十次会议第一次修订，根据 2013 年 12 月 28 日第十二届全国人民代表大会常务委员会第六次会议《关于修改〈中华人民共和国海洋环境保护法〉等七部法律的决定》第一次修正，根据 2015 年 4 月 24 日第十二届全国人民代表大会常务委员会第十四次会议《关于修改〈中华人民共和国药品管理法〉的决定》第二次修正，2019 年 8 月 26 日第十三届全国人民代表大会常务委员会第十二次会议第二次修订）

目　录

第一章　总　则

第一条　为了加强药品管理，保证药品质量，保障公众用药安全和合法权益，保护和促进公众健康，制定本法。

第二条　在中华人民共和国境内从事药品研制、生产、经营、使用和监督管理活动，适用本法。

本法所称药品，是指用于预防、治疗、诊断人的疾病，有目的地调节人的生理机能并规定有适应症或者功能主治、用法和用量的物质，包括中药、化学药和生物制品等。

第三条　药品管理应当以人民健康为中心，坚持风险管理、全程管控、社会共治的原则，建立科学、严格的监督管理制度，全面提升药品质量，保障药品的安全、有效、可及。

第四条　国家发展现代药和传统药，充分发挥其在预防、医疗和保健中的作用。

国家保护野生药材资源和中药品种，鼓励培育道地中药材。

第五条　国家鼓励研究和创制新药，保护公民、法人和其他组织研究、开发新药的合法权益。

第六条 国家对药品管理实行药品上市许可持有人制度。药品上市许可持有人依法对药品研制、生产、经营、使用全过程中药品的安全性、有效性和质量可控性负责。

第七条 从事药品研制、生产、经营、使用活动，应当遵守法律、法规、规章、标准和规范，保证全过程信息真实、准确、完整和可追溯。

第八条 国务院药品监督管理部门主管全国药品监督管理工作。国务院有关部门在各自职责范围内负责与药品有关的监督管理工作。国务院药品监督管理部门配合国务院有关部门，执行国家药品行业发展规划和产业政策。

省、自治区、直辖市人民政府药品监督管理部门负责本行政区域内的药品监督管理工作。设区的市级、县级人民政府承担药品监督管理职责的部门（以下称药品监督管理部门）负责本行政区域内的药品监督管理工作。县级以上地方人民政府有关部门在各自职责范围内负责与药品有关的监督管理工作。

第九条 县级以上地方人民政府对本行政区域内的药品监督管理工作负责，统一领导、组织、协调本行政区域内的药品监督管理工作以及药品安全突发事件应对工作，建立健全药品监督管理工作机制和信息共享机制。

第十条 县级以上人民政府应当将药品安全工作纳入本级国民经济和社会发展规划，将药品安全工作经费列入本级政府预算，加强药品监督管理能力建设，为药品安全工作提供保障。

第十一条 药品监督管理部门设置或者指定的药品专业技术机构，承担依法实施药品监督管理所需的审评、检验、核查、监测与评价等工作。

第十二条 国家建立健全药品追溯制度。国务院药品监督管理部门应当制定统一的药品追溯标准和规范，推进药品追溯信息互通互享，实现药品可追溯。

国家建立药物警戒制度，对药品不良反应及其他与用药有关的有害反应进行监测、识别、评估和控制。

第十三条 各级人民政府及其有关部门、药品行业协会等应当加强药品安全宣传教育，开展药品安全法律法规等知识的普及工作。

新闻媒体应当开展药品安全法律法规等知识的公益宣传，并对药品违法行为进行舆论监督。有关药品的宣传报道应当全面、科学、客观、公正。

第十四条 药品行业协会应当加强行业自律，建立健全行业规范，推动行业诚信体系建设，引导和督促会员依法开展药品生产经营等活动。

第十五条 县级以上人民政府及其有关部门对在药品研制、生产、经营、使用和监督管理工作中做出突出贡献的单位和个人，按照国家有关规定给予表彰、奖励。

第二章　药品研制和注册

第十六条 国家支持以临床价值为导向、对人的疾病具有明确或者特殊疗效的药物创新，鼓励具有新的治疗机理、治疗严重危及生命的疾病或者罕见病、对人体具有多靶向系统性调节干预功能等的新药研制，推动药品技术进步。

国家鼓励运用现代科学技术和传统中药研究方法开展中药科学技术研究和药物开发，建立和完善符合中药特点的技术评价体系，促进中药传承创新。

国家采取有效措施，鼓励儿童用药品的研制和创新，支持开发符合儿童生理特征的儿童用药品新品种、剂型和规格，对儿童用药品予以优先审评审批。

第十七条 从事药品研制活动，应当遵守药物非临床研究质量管理规范、药物临床试验质量管理规范，保证药品研制全过程持续符合法定要求。

药物非临床研究质量管理规范、药物临床试验质量管理规范由国务院药品监督管理部门会同国务院有关部门制定。

第十八条 开展药物非临床研究，应当符合国家有关规定，有与研究项目相适应的人员、场地、设备、仪器和管理制度，保证有关数据、资料和样品的真实性。

第十九条 开展药物临床试验，应当按照国务院药品监督管理部门的规定如实报送研制方法、质量指标、药理及毒理试验结果等有关数据、资料和样品，经国务院药品监督管理部门批准。国务院药品监督管理部门应当自受理临床试验申请之日起六十个工作日内决定是否同意并通知临床试验申办者，逾期未通知的，视为同意。其中，开展生物等效性试验的，报国务院药品监督管理部门备案。

开展药物临床试验，应当在具备相应条件的临床试验机构进行。药物临床试验机构实行备案管理，具体办法由国务院药品监督管理部门、国务院卫生健康主管部门共同制定。

第二十条 开展药物临床试验，应当符合伦理原则，制定临床试验方案，经伦理委员会审查同意。

伦理委员会应当建立伦理审查工作制度，保证伦理审查过程独立、客观、公正，监督规范开展药物临床试验，保障受试者合法权益，维护社会公共利益。

第二十一条 实施药物临床试验，应当向受试者或者其监护人如实说明和解释临床试验的目的和风险等详细情况，取得受试者或者其监护人自愿签署的知情同意书，并采取有效措施保护受试者合法权益。

第二十二条 药物临床试验期间，发现存在安全性问题或者其他风险的，临床试验申办者应当及时调整临床试验方案、暂停或者终止临床试验，并向国务院药品监督管理部门报告。必要时，国务院药品监督管理部门可以责令调整临床试验方案、暂停或者终止临床试验。

第二十三条 对正在开展临床试验的用于治疗严重危及生命且尚无有效治疗手段的疾病的药物，经医学观察可能获益，并且符合伦理原则的，经审查、知情同意后可以在开展临床试验的机构内用于其他病情相同的患者。

第二十四条 在中国境内上市的药品，应当经国务院药品监督管理部门批准，取得药品注册证书；但是，未实施审批管理的中药材和中药饮片除外。实施审批管理的中药材、中药饮片品种目录由国务院药品监督管理部门会同国务院中医药主管部门制定。

申请药品注册，应当提供真实、充分、可靠的数据、资料和样品，证明药品的安全性、有效性和质量可控性。

第二十五条 对申请注册的药品，国务院药品监督管理部门应当组织药学、医学和其他技术人员进行审评，对药品的安全性、有效性和质量可控性以及申请人的质量管理、风险防控和责任赔偿等能力进行审查；符合条件的，颁发药品注册证书。

国务院药品监督管理部门在审批药品时，对化学原料药一并审评审批，对相关辅料、直接接触药品的包装材料和容器一并审评，对药品的质量标准、生产工艺、标签和说明书一并核准。

本法所称辅料，是指生产药品和调配处方时所用的赋形剂和附加剂。

第二十六条 对治疗严重危及生命且尚无有效治疗手段的疾病以及公共卫生方面急需的药品，药物临床试验已有数据显示疗效并能预测其临床价值的，可以附条件批准，并在药品注册证书中载明相关事项。

第二十七条 国务院药品监督管理部门应当完善药品审评审批工作制度，加强能力建设，建立健全沟通交流、专家咨询等机制，优化审评审批流程，提高审评审批效率。

批准上市药品的审评结论和依据应当依法公开，接受社会监督。对审评审批中知悉的商业秘密应当保密。

第二十八条　药品应当符合国家药品标准。经国务院药品监督管理部门核准的药品质量标准高于国家药品标准的，按照经核准的药品质量标准执行；没有国家药品标准的，应当符合经核准的药品质量标准。

国务院药品监督管理部门颁布的《中华人民共和国药典》和药品标准为国家药品标准。

国务院药品监督管理部门会同国务院卫生健康主管部门组织药典委员会，负责国家药品标准的制定和修订。

国务院药品监督管理部门设置或者指定的药品检验机构负责标定国家药品标准品、对照品。

第二十九条　列入国家药品标准的药品名称为药品通用名称。已经作为药品通用名称的，该名称不得作为药品商标使用。

第三章　药品上市许可持有人

第三十条　药品上市许可持有人是指取得药品注册证书的企业或者药品研制机构等。

药品上市许可持有人应当依照本法规定，对药品的非临床研究、临床试验、生产经营、上市后研究、不良反应监测及报告与处理等承担责任。其他从事药品研制、生产、经营、储存、运输、使用等活动的单位和个人依法承担相应责任。

药品上市许可持有人的法定代表人、主要负责人对药品质量全面负责。

第三十一条　药品上市许可持有人应当建立药品质量保证体系，配备专门人员独立负责药品质量管理。

药品上市许可持有人应当对受托药品生产企业、药品经营企业的质量管理体系进行定期审核，监督其持续具备质量保证和控制能力。

第三十二条　药品上市许可持有人可以自行生产药品，也可以委托药品生产企业生产。

药品上市许可持有人自行生产药品的，应当依照本法规定取得药品生产许可证；委托生产的，应当委托符合条件的药品生产企业。药品上市许可持有人和受托生产企业应当签订委托协议和质量协议，并严格履行协议约定的义务。

国务院药品监督管理部门制定药品委托生产质量协议指南，指导、监督药品上市许可持有人和受托生产企业履行药品质量保证义务。

血液制品、麻醉药品、精神药品、医疗用毒性药品、药品类易制毒化学品不得委托生产；但是，国务院药品监督管理部门另有规定的除外。

第三十三条　药品上市许可持有人应当建立药品上市放行规程，对药品生产企业出厂放行的药品进行审核，经质量受权人签字后方可放行。不符合国家药品标准的，不得放行。

第三十四条　药品上市许可持有人可以自行销售其取得药品注册证书的药品，也可以委托药品经营企业销售。药品上市许可持有人从事药品零售活动的，应当取得药品经营许可证。

药品上市许可持有人自行销售药品的，应当具备本法第五十二条规定的条件；委托销售的，应当委托符合条件的药品经营企业。药品上市许可持有人和受托经营企业应当签订委托协议，并严格履行协议约定的义务。

第三十五条　药品上市许可持有人、药品生产企业、药品经营企业委托储存、运输药品的，应当对受托方的质量保证能力和风险管理能力进行评估，与其签订委托协议，约定药品质量责任、操作规程等内容，并对受托方进行监督。

第三十六条 药品上市许可持有人、药品生产企业、药品经营企业和医疗机构应当建立并实施药品追溯制度，按照规定提供追溯信息，保证药品可追溯。

第三十七条 药品上市许可持有人应当建立年度报告制度，每年将药品生产销售、上市后研究、风险管理等情况按照规定向省、自治区、直辖市人民政府药品监督管理部门报告。

第三十八条 药品上市许可持有人为境外企业的，应当由其指定的在中国境内的企业法人履行药品上市许可持有人义务，与药品上市许可持有人承担连带责任。

第三十九条 中药饮片生产企业履行药品上市许可持有人的相关义务，对中药饮片生产、销售实行全过程管理，建立中药饮片追溯体系，保证中药饮片安全、有效、可追溯。

第四十条 经国务院药品监督管理部门批准，药品上市许可持有人可以转让药品上市许可。受让方应当具备保障药品安全性、有效性和质量可控性的质量管理、风险防控和责任赔偿等能力，履行药品上市许可持有人义务。

第四章　药品生产

第四十一条 从事药品生产活动，应当经所在地省、自治区、直辖市人民政府药品监督管理部门批准，取得药品生产许可证。无药品生产许可证的，不得生产药品。

药品生产许可证应当标明有效期和生产范围，到期重新审查发证。

第四十二条 从事药品生产活动，应当具备以下条件：

（一）有依法经过资格认定的药学技术人员、工程技术人员及相应的技术工人；

（二）有与药品生产相适应的厂房、设施和卫生环境；

（三）有能对所生产药品进行质量管理和质量检验的机构、人员及必要的仪器设备；

（四）有保证药品质量的规章制度，并符合国务院药品监督管理部门依据本法制定的药品生产质量管理规范要求。

第四十三条 从事药品生产活动，应当遵守药品生产质量管理规范，建立健全药品生产质量管理体系，保证药品生产全过程持续符合法定要求。

药品生产企业的法定代表人、主要负责人对本企业的药品生产活动全面负责。

第四十四条 药品应当按照国家药品标准和经药品监督管理部门核准的生产工艺进行生产。生产、检验记录应当完整准确，不得编造。

中药饮片应当按照国家药品标准炮制；国家药品标准没有规定的，应当按照省、自治区、直辖市人民政府药品监督管理部门制定的炮制规范炮制。省、自治区、直辖市人民政府药品监督管理部门制定的炮制规范应当报国务院药品监督管理部门备案。不符合国家药品标准或者不按照省、自治区、直辖市人民政府药品监督管理部门制定的炮制规范炮制的，不得出厂、销售。

第四十五条 生产药品所需的原料、辅料，应当符合药用要求、药品生产质量管理规范的有关要求。

生产药品，应当按照规定对供应原料、辅料等的供应商进行审核，保证购进、使用的原料、辅料等符合前款规定要求。

第四十六条 直接接触药品的包装材料和容器，应当符合药用要求，符合保障人体健康、安全的标准。

对不合格的直接接触药品的包装材料和容器，由药品监督管理部门责令停止使用。

第四十七条 药品生产企业应当对药品进行质量检验。不符合国家药品标准的，不得出厂。

药品生产企业应当建立药品出厂放行规程，明确出厂放行的标准、条件。符合标准、条件的，经质量受权人签字后方可放行。

第四十八条　药品包装应当适合药品质量的要求，方便储存、运输和医疗使用。

发运中药材应当有包装。在每件包装上，应当注明品名、产地、日期、供货单位，并附有质量合格的标志。

第四十九条　药品包装应当按照规定印有或者贴有标签并附有说明书。

标签或者说明书应当注明药品的通用名称、成份、规格、上市许可持有人及其地址、生产企业及其地址、批准文号、产品批号、生产日期、有效期、适应症或者功能主治、用法、用量、禁忌、不良反应和注意事项。标签、说明书中的文字应当清晰，生产日期、有效期等事项应当显著标注，容易辨识。

麻醉药品、精神药品、医疗用毒性药品、放射性药品、外用药品和非处方药的标签、说明书，应当印有规定的标志。

第五十条　药品上市许可持有人、药品生产企业、药品经营企业和医疗机构中直接接触药品的工作人员，应当每年进行健康检查。患有传染病或者其他可能污染药品的疾病的，不得从事直接接触药品的工作。

第五章　药品经营

第五十一条　从事药品批发活动，应当经所在地省、自治区、直辖市人民政府药品监督管理部门批准，取得药品经营许可证。从事药品零售活动，应当经所在地县级以上地方人民政府药品监督管理部门批准，取得药品经营许可证。无药品经营许可证的，不得经营药品。

药品经营许可证应当标明有效期和经营范围，到期重新审查发证。

药品监督管理部门实施药品经营许可，除依据本法第五十二条规定的条件外，还应当遵循方便群众购药的原则。

第五十二条　从事药品经营活动应当具备以下条件：

（一）有依法经过资格认定的药师或者其他药学技术人员；

（二）有与所经营药品相适应的营业场所、设备、仓储设施和卫生环境；

（三）有与所经营药品相适应的质量管理机构或者人员；

（四）有保证药品质量的规章制度，并符合国务院药品监督管理部门依据本法制定的药品经营质量管理规范要求。

第五十三条　从事药品经营活动，应当遵守药品经营质量管理规范，建立健全药品经营质量管理体系，保证药品经营全过程持续符合法定要求。

国家鼓励、引导药品零售连锁经营。从事药品零售连锁经营活动的企业总部，应当建立统一的质量管理制度，对所属零售企业的经营活动履行管理责任。

药品经营企业的法定代表人、主要负责人对本企业的药品经营活动全面负责。

第五十四条　国家对药品实行处方药与非处方药分类管理制度。具体办法由国务院药品监督管理部门会同国务院卫生健康主管部门制定。

第五十五条　药品上市许可持有人、药品生产企业、药品经营企业和医疗机构应当从药品上市许可持有人或者具有药品生产、经营资格的企业购进药品；但是，购进未实施审批管理的中药材除外。

第五十六条　药品经营企业购进药品，应当建立并执行进货检查验收制度，验明药品合格证明和其他标识；不符合规定要求的，不得购进和销售。

第五十七条 药品经营企业购销药品，应当有真实、完整的购销记录。购销记录应当注明药品的通用名称、剂型、规格、产品批号、有效期、上市许可持有人、生产企业、购销单位、购销数量、购销价格、购销日期及国务院药品监督管理部门规定的其他内容。

第五十八条 药品经营企业零售药品应当准确无误，并正确说明用法、用量和注意事项；调配处方应当经过核对，对处方所列药品不得擅自更改或者代用。对有配伍禁忌或者超剂量的处方，应当拒绝调配；必要时，经处方医师更正或者重新签字，方可调配。

药品经营企业销售中药材，应当标明产地。

依法经过资格认定的药师或者其他药学技术人员负责本企业的药品管理、处方审核和调配、合理用药指导等工作。

第五十九条 药品经营企业应当制定和执行药品保管制度，采取必要的冷藏、防冻、防潮、防虫、防鼠等措施，保证药品质量。

药品入库和出库应当执行检查制度。

第六十条 城乡集市贸易市场可以出售中药材，国务院另有规定的除外。

第六十一条 药品上市许可持有人、药品经营企业通过网络销售药品，应当遵守本法药品经营的有关规定。具体管理办法由国务院药品监督管理部门会同国务院卫生健康主管部门等部门制定。

疫苗、血液制品、麻醉药品、精神药品、医疗用毒性药品、放射性药品、药品类易制毒化学品等国家实行特殊管理的药品不得在网络上销售。

第六十二条 药品网络交易第三方平台提供者应当按照国务院药品监督管理部门的规定，向所在地省、自治区、直辖市人民政府药品监督管理部门备案。

第三方平台提供者应当依法对申请进入平台经营的药品上市许可持有人、药品经营企业的资质等进行审核，保证其符合法定要求，并对发生在平台的药品经营行为进行管理。

第三方平台提供者发现进入平台经营的药品上市许可持有人、药品经营企业有违反本法规定行为的，应当及时制止并立即报告所在地县级人民政府药品监督管理部门；发现严重违法行为的，应当立即停止提供网络交易平台服务。

第六十三条 新发现和从境外引种的药材，经国务院药品监督管理部门批准后，方可销售。

第六十四条 药品应当从允许药品进口的口岸进口，并由进口药品的企业向口岸所在地药品监督管理部门备案。海关凭药品监督管理部门出具的进口药品通关单办理通关手续。无进口药品通关单的，海关不得放行。

口岸所在地药品监督管理部门应当通知药品检验机构按照国务院药品监督管理部门的规定对进口药品进行抽查检验。

允许药品进口的口岸由国务院药品监督管理部门会同海关总署提出，报国务院批准。

第六十五条 医疗机构因临床急需进口少量药品的，经国务院药品监督管理部门或者国务院授权的省、自治区、直辖市人民政府批准，可以进口。进口的药品应当在指定医疗机构内用于特定医疗目的。

个人自用携带入境少量药品，按照国家有关规定办理。

第六十六条 进口、出口麻醉药品和国家规定范围内的精神药品，应当持有国务院药品监督管理部门颁发的进口准许证、出口准许证。

第六十七条 禁止进口疗效不确切、不良反应大或者因其他原因危害人体健康的药品。

第六十八条 国务院药品监督管理部门对下列药品在销售前或者进口时，应当指定药品检验机构进行检验；未经检验或者检验不合格的，不得销售或者进口：

（一）首次在中国境内销售的药品；

（二）国务院药品监督管理部门规定的生物制品；

（三）国务院规定的其他药品。

第六章　医疗机构药事管理

第六十九条　医疗机构应当配备依法经过资格认定的药师或者其他药学技术人员，负责本单位的药品管理、处方审核和调配、合理用药指导等工作。非药学技术人员不得直接从事药剂技术工作。

第七十条　医疗机构购进药品，应当建立并执行进货检查验收制度，验明药品合格证明和其他标识；不符合规定要求的，不得购进和使用。

第七十一条　医疗机构应当有与所使用药品相适应的场所、设备、仓储设施和卫生环境，制定和执行药品保管制度，采取必要的冷藏、防冻、防潮、防虫、防鼠等措施，保证药品质量。

第七十二条　医疗机构应当坚持安全有效、经济合理的用药原则，遵循药品临床应用指导原则、临床诊疗指南和药品说明书等合理用药，对医师处方、用药医嘱的适宜性进行审核。

医疗机构以外的其他药品使用单位，应当遵守本法有关医疗机构使用药品的规定。

第七十三条　依法经过资格认定的药师或者其他药学技术人员调配处方，应当进行核对，对处方所列药品不得擅自更改或者代用。对有配伍禁忌或者超剂量的处方，应当拒绝调配；必要时，经处方医师更正或者重新签字，方可调配。

第七十四条　医疗机构配制制剂，应当经所在地省、自治区、直辖市人民政府药品监督管理部门批准，取得医疗机构制剂许可证。无医疗机构制剂许可证的，不得配制制剂。

医疗机构制剂许可证应当标明有效期，到期重新审查发证。

第七十五条　医疗机构配制制剂，应当有能够保证制剂质量的设施、管理制度、检验仪器和卫生环境。

医疗机构配制制剂，应当按照经核准的工艺进行，所需的原料、辅料和包装材料等应当符合药用要求。

第七十六条　医疗机构配制的制剂，应当是本单位临床需要而市场上没有供应的品种，并应当经所在地省、自治区、直辖市人民政府药品监督管理部门批准；但是，法律对配制中药制剂另有规定的除外。

医疗机构配制的制剂应当按照规定进行质量检验；合格的，凭医师处方在本单位使用。经国务院药品监督管理部门或者省、自治区、直辖市人民政府药品监督管理部门批准，医疗机构配制的制剂可以在指定的医疗机构之间调剂使用。

医疗机构配制的制剂不得在市场上销售。

第七章　药品上市后管理

第七十七条　药品上市许可持有人应当制定药品上市后风险管理计划，主动开展药品上市后研究，对药品的安全性、有效性和质量可控性进行进一步确证，加强对已上市药品的持续管理。

第七十八条　对附条件批准的药品，药品上市许可持有人应当采取相应风险管理措施，并在规定期限内按照要求完成相关研究；逾期未按照要求完成研究或者不能证明其获益大于风险的，国务院药品监督管理部门应当依法处理，直至注销药品注册证书。

第七十九条　对药品生产过程中的变更，按照其对药品安全性、有效性和质量可控性的风险和产生影响的程度，实行分类管理。属于重大变更的，应当经国务院药品监督管理部门批准，其他变更应当按照国务院药品监督管理部门的规定备案或者报告。

药品上市许可持有人应当按照国务院药品监督管理部门的规定，全面评估、验证变更事项对药品安全性、有效性和质量可控性的影响。

第八十条 药品上市许可持有人应当开展药品上市后不良反应监测，主动收集、跟踪分析疑似药品不良反应信息，对已识别风险的药品及时采取风险控制措施。

第八十一条 药品上市许可持有人、药品生产企业、药品经营企业和医疗机构应当经常考察本单位所生产、经营、使用的药品质量、疗效和不良反应。发现疑似不良反应的，应当及时向药品监督管理部门和卫生健康主管部门报告。具体办法由国务院药品监督管理部门会同国务院卫生健康主管部门制定。

对已确认发生严重不良反应的药品，由国务院药品监督管理部门或者省、自治区、直辖市人民政府药品监督管理部门根据实际情况采取停止生产、销售、使用等紧急控制措施，并应当在五日内组织鉴定，自鉴定结论作出之日起十五日内依法作出行政处理决定。

第八十二条 药品存在质量问题或者其他安全隐患的，药品上市许可持有人应当立即停止销售，告知相关药品经营企业和医疗机构停止销售和使用，召回已销售的药品，及时公开召回信息，必要时应当立即停止生产，并将药品召回和处理情况向省、自治区、直辖市人民政府药品监督管理部门和卫生健康主管部门报告。药品生产企业、药品经营企业和医疗机构应当配合。

药品上市许可持有人依法应当召回药品而未召回的，省、自治区、直辖市人民政府药品监督管理部门应当责令其召回。

第八十三条 药品上市许可持有人应当对已上市药品的安全性、有效性和质量可控性定期开展上市后评价。必要时，国务院药品监督管理部门可以责令药品上市许可持有人开展上市后评价或者直接组织开展上市后评价。

经评价，对疗效不确切、不良反应大或者因其他原因危害人体健康的药品，应当注销药品注册证书。

已被注销药品注册证书的药品，不得生产或者进口、销售和使用。

已被注销药品注册证书、超过有效期等的药品，应当由药品监督管理部门监督销毁或者依法采取其他无害化处理等措施。

第八章　药品价格和广告

第八十四条 国家完善药品采购管理制度，对药品价格进行监测，开展成本价格调查，加强药品价格监督检查，依法查处价格垄断、哄抬价格等药品价格违法行为，维护药品价格秩序。

第八十五条 依法实行市场调节价的药品，药品上市许可持有人、药品生产企业、药品经营企业和医疗机构应当按照公平、合理和诚实信用、质价相符的原则制定价格，为用药者提供价格合理的药品。

药品上市许可持有人、药品生产企业、药品经营企业和医疗机构应当遵守国务院药品价格主管部门关于药品价格管理的规定，制定和标明药品零售价格，禁止暴利、价格垄断和价格欺诈等行为。

第八十六条 药品上市许可持有人、药品生产企业、药品经营企业和医疗机构应当依法向药品价格主管部门提供其药品的实际购销价格和购销数量等资料。

第八十七条 医疗机构应当向患者提供所用药品的价格清单，按照规定如实公布其常用药品的价格，加强合理用药管理。具体办法由国务院卫生健康主管部门制定。

第八十八条 禁止药品上市许可持有人、药品生产企业、药品经营企业和医疗机构在药品购销中给予、收受回扣或者其他不正当利益。

禁止药品上市许可持有人、药品生产企业、药品经营企业或者代理人以任何名义给予使用其药品的医疗机构的负责人、药品采购人员、医师、药师等有关人员财物或者其他不正当利益。禁止医疗机构的负责人、药品采购人员、医师、药师等有关人员以任何名义收受药品上市许可持有人、药品生产企业、药品经营企业或者代理人给予的财物或者其他不正当利益。

第八十九条 药品广告应当经广告主所在地省、自治区、直辖市人民政府确定的广告审查机关批准；未经批准的，不得发布。

第九十条 药品广告的内容应当真实、合法，以国务院药品监督管理部门核准的药品说明书为准，不得含有虚假的内容。

药品广告不得含有表示功效、安全性的断言或者保证；不得利用国家机关、科研单位、学术机构、行业协会或者专家、学者、医师、药师、患者等的名义或者形象作推荐、证明。

非药品广告不得有涉及药品的宣传。

第九十一条 药品价格和广告，本法未作规定的，适用《中华人民共和国价格法》、《中华人民共和国反垄断法》、《中华人民共和国反不正当竞争法》、《中华人民共和国广告法》等的规定。

第九章 药品储备和供应

第九十二条 国家实行药品储备制度，建立中央和地方两级药品储备。

发生重大灾情、疫情或者其他突发事件时，依照《中华人民共和国突发事件应对法》的规定，可以紧急调用药品。

第九十三条 国家实行基本药物制度，遴选适当数量的基本药物品种，加强组织生产和储备，提高基本药物的供给能力，满足疾病防治基本用药需求。

第九十四条 国家建立药品供求监测体系，及时收集和汇总分析短缺药品供求信息，对短缺药品实行预警，采取应对措施。

第九十五条 国家实行短缺药品清单管理制度。具体办法由国务院卫生健康主管部门会同国务院药品监督管理部门等部门制定。

药品上市许可持有人停止生产短缺药品的，应当按照规定向国务院药品监督管理部门或者省、自治区、直辖市人民政府药品监督管理部门报告。

第九十六条 国家鼓励短缺药品的研制和生产，对临床急需的短缺药品、防治重大传染病和罕见病等疾病的新药予以优先审评审批。

第九十七条 对短缺药品，国务院可以限制或者禁止出口。必要时，国务院有关部门可以采取组织生产、价格干预和扩大进口等措施，保障药品供应。

药品上市许可持有人、药品生产企业、药品经营企业应当按照规定保障药品的生产和供应。

第十章 监督管理

第九十八条 禁止生产（包括配制，下同）、销售、使用假药、劣药。

有下列情形之一的，为假药：

（一）药品所含成份与国家药品标准规定的成份不符；

（二）以非药品冒充药品或者以他种药品冒充此种药品；

（三）变质的药品；

（四）药品所标明的适应症或者功能主治超出规定范围。

有下列情形之一的，为劣药：

（一）药品成份的含量不符合国家药品标准；

（二）被污染的药品；

（三）未标明或者更改有效期的药品；

（四）未注明或者更改产品批号的药品；

（五）超过有效期的药品；

（六）擅自添加防腐剂、辅料的药品；

（七）其他不符合药品标准的药品。

禁止未取得药品批准证明文件生产、进口药品；禁止使用未按照规定审评、审批的原料药、包装材料和容器生产药品。

第九十九条 药品监督管理部门应当依照法律、法规的规定对药品研制、生产、经营和药品使用单位使用药品等活动进行监督检查，必要时可以对为药品研制、生产、经营、使用提供产品或者服务的单位和个人进行延伸检查，有关单位和个人应当予以配合，不得拒绝和隐瞒。

药品监督管理部门应当对高风险的药品实施重点监督检查。

对有证据证明可能存在安全隐患的，药品监督管理部门根据监督检查情况，应当采取告诫、约谈、限期整改以及暂停生产、销售、使用、进口等措施，并及时公布检查处理结果。

药品监督管理部门进行监督检查时，应当出示证明文件，对监督检查中知悉的商业秘密应当保密。

第一百条 药品监督管理部门根据监督管理的需要，可以对药品质量进行抽查检验。抽查检验应当按照规定抽样，并不得收取任何费用；抽样应当购买样品。所需费用按照国务院规定列支。

对有证据证明可能危害人体健康的药品及其有关材料，药品监督管理部门可以查封、扣押，并在七日内作出行政处理决定；药品需要检验的，应当自检验报告书发出之日起十五日内作出行政处理决定。

第一百零一条 国务院和省、自治区、直辖市人民政府的药品监督管理部门应当定期公告药品质量抽查检验结果；公告不当的，应当在原公告范围内予以更正。

第一百零二条 当事人对药品检验结果有异议的，可以自收到药品检验结果之日起七日内向原药品检验机构或者上一级药品监督管理部门设置或者指定的药品检验机构申请复验，也可以直接向国务院药品监督管理部门设置或者指定的药品检验机构申请复验。受理复验的药品检验机构应当在国务院药品监督管理部门规定的时间内作出复验结论。

第一百零三条 药品监督管理部门应当对药品上市许可持有人、药品生产企业、药品经营企业和药物非临床安全性评价研究机构、药物临床试验机构等遵守药品生产质量管理规范、药品经营质量管理规范、药物非临床研究质量管理规范、药物临床试验质量管理规范等情况进行检查，监督其持续符合法定要求。

第一百零四条 国家建立职业化、专业化药品检查员队伍。检查员应当熟悉药品法律法规，具备药品专业知识。

第一百零五条 药品监督管理部门建立药品上市许可持有人、药品生产企业、药品经营企业、药物非临床安全性评价研究机构、药物临床试验机构和医疗机构药品安全信用档案，记录许可颁发、日常监督检查结果、违法行为查处等情况，依法向社会公布并及时更新；对有不良信用记录的，增加监督检查频次，并可以按照国家规定实施联合惩戒。

第一百零六条 药品监督管理部门应当公布本部门的电子邮件地址、电话，接受咨询、投诉、举报，并依法及时答复、核实、处理。对查证属实的举报，按照有关规定给予举报人奖励。

药品监督管理部门应当对举报人的信息予以保密，保护举报人的合法权益。举报人举报所在单位的，该单位不得以解除、变更劳动合同或者其他方式对举报人进行打击报复。

第一百零七条 国家实行药品安全信息统一公布制度。国家药品安全总体情况、药品安全风险警示信息、重大药品安全事件及其调查处理信息和国务院确定需要统一公布的其他信息由国务院药品监督管理部门统一公布。药品安全风险警示信息和重大药品安全事件及其调查处理信息的影响限于特定区域的，也可以由有关省、自治区、直辖市人民政府药品监督管理部门公布。未经授权不得发布上述信息。

公布药品安全信息，应当及时、准确、全面，并进行必要的说明，避免误导。

任何单位和个人不得编造、散布虚假药品安全信息。

第一百零八条 县级以上人民政府应当制定药品安全事件应急预案。药品上市许可持有人、药品生产企业、药品经营企业和医疗机构等应当制定本单位的药品安全事件处置方案，并组织开展培训和应急演练。

发生药品安全事件，县级以上人民政府应当按照应急预案立即组织开展应对工作；有关单位应当立即采取有效措施进行处置，防止危害扩大。

第一百零九条 药品监督管理部门未及时发现药品安全系统性风险，未及时消除监督管理区域内药品安全隐患的，本级人民政府或者上级人民政府药品监督管理部门应当对其主要负责人进行约谈。

地方人民政府未履行药品安全职责，未及时消除区域性重大药品安全隐患的，上级人民政府或者上级人民政府药品监督管理部门应当对其主要负责人进行约谈。

被约谈的部门和地方人民政府应当立即采取措施，对药品监督管理工作进行整改。

约谈情况和整改情况应当纳入有关部门和地方人民政府药品监督管理工作评议、考核记录。

第一百一十条 地方人民政府及其药品监督管理部门不得以要求实施药品检验、审批等手段限制或者排斥非本地区药品上市许可持有人、药品生产企业生产的药品进入本地区。

第一百一十一条 药品监督管理部门及其设置或者指定的药品专业技术机构不得参与药品生产经营活动，不得以其名义推荐或者监制、监销药品。

药品监督管理部门及其设置或者指定的药品专业技术机构的工作人员不得参与药品生产经营活动。

第一百一十二条 国务院对麻醉药品、精神药品、医疗用毒性药品、放射性药品、药品类易制毒化学品等有其他特殊管理规定的，依照其规定。

第一百一十三条 药品监督管理部门发现药品违法行为涉嫌犯罪的，应当及时将案件移送公安机关。

对依法不需要追究刑事责任或者免予刑事处罚，但应当追究行政责任的，公安机关、人民检察院、人民法院应当及时将案件移送药品监督管理部门。

公安机关、人民检察院、人民法院商请药品监督管理部门、生态环境主管部门等部门提供检验结论、认定意见以及对涉案药品进行无害化处理等协助的，有关部门应当及时提供，予以协助。

第十一章 法律责任

第一百一十四条 违反本法规定，构成犯罪的，依法追究刑事责任。

第一百一十五条 未取得药品生产许可证、药品经营许可证或者医疗机构制剂许可证生产、销售药品的，责令关闭，没收违法生产、销售的药品和违法所得，并处违法生产、销售的药品（包括已售出和未售出的药品，下同）货值金额十五倍以上三十倍以下的罚款；货值金额不足十万元的，按十万元计算。

第一百一十六条 生产、销售假药的，没收违法生产、销售的药品和违法所得，责令停产停业整顿，吊销药品批准证明文件，并处违法生产、销售的药品货值金额十五倍以上三十倍以下的罚款；货值金额不足十万元的，按十万元计算；情节严重的，吊销药品生产许可证、药品经营许可证或者医疗机构制剂许可证，十年内不受理其相应申请；药品上市许可持有人为境外企业的，十年内禁止其药品进口。

第一百一十七条 生产、销售劣药的，没收违法生产、销售的药品和违法所得，并处违法生产、销售的药品货值金额十倍以上二十倍以下的罚款；违法生产、批发的药品货值金额不足十万元的，按十万元计算，违法零售的药品货值金额不足一万元的，按一万元计算；情节严重的，责令停产停业整顿直至吊销药品批准证明文件、药品生产许可证、药品经营许可证或者医疗机构制剂许可证。

生产、销售的中药饮片不符合药品标准，尚不影响安全性、有效性的，责令限期改正，给予警告；可以处十万元以上五十万元以下的罚款。

第一百一十八条 生产、销售假药，或者生产、销售劣药且情节严重的，对法定代表人、主要负责人、直接负责的主管人员和其他责任人员，没收违法行为发生期间自本单位所获收入，并处所获收入百分之三十以上三倍以下的罚款，终身禁止从事药品生产经营活动，并可以由公安机关处五日以上十五日以下的拘留。

对生产者专门用于生产假药、劣药的原料、辅料、包装材料、生产设备予以没收。

第一百一十九条 药品使用单位使用假药、劣药的，按照销售假药、零售劣药的规定处罚；情节严重的，法定代表人、主要负责人、直接负责的主管人员和其他责任人员有医疗卫生人员执业证书的，还应当吊销执业证书。

第一百二十条 知道或者应当知道属于假药、劣药或者本法第一百二十四条第一款第一项至第五项规定的药品，而为其提供储存、运输等便利条件的，没收全部储存、运输收入，并处违法收入一倍以上五倍以下的罚款；情节严重的，并处违法收入五倍以上十五倍以下的罚款；违法收入不足五万元的，按五万元计算。

第一百二十一条 对假药、劣药的处罚决定，应当依法载明药品检验机构的质量检验结论。

第一百二十二条 伪造、变造、出租、出借、非法买卖许可证或者药品批准证明文件的，没收违法所得，并处违法所得一倍以上五倍以下的罚款；情节严重的，并处违法所得五倍以上十五倍以下的罚款，吊销药品生产许可证、药品经营许可证、医疗机构制剂许可证或者药品批准证明文件，对法定代表人、主要负责人、直接负责的主管人员和其他责任人员，处二万元以上二十万元以下的罚款，十年内禁止从事药品生产经营活动，并可以由公安机关处五日以上十五日以下的拘留；违法所得不足十万元的，按十万元计算。

第一百二十三条 提供虚假的证明、数据、资料、样品或者采取其他手段骗取临床试验许可、药品生产许可、药品经营许可、医疗机构制剂许可或者药品注册等许可的，撤销相关许可，十年内不受理其相应申请，并处五十万元以上五百万元以下的罚款；情节严重的，对法定代表人、主要负责人、直接负责的主管人员和其他责任人员，处二万元以上二十万元以下的罚款，十年内禁止从事药品生产经营活动，并可以由公安机关处五日以上十五日以下的拘留。

第一百二十四条 违反本法规定，有下列行为之一的，没收违法生产、进口、销售的药品和违法所得以及专门用于违法生产的原料、辅料、包装材料和生产设备，责令停产停业整顿，并处违法生产、进口、销售的药品货值金额十五倍以上三十倍以下的罚款；货值金额不足十万元的，按十万元计算；情节严重的，吊销药品批准证明文件直至吊销药品生产许可证、药品经营许可证或者医疗机构制剂许可证，对法定代表人、主要负责人、直接负责的主管人员和其他责任人员，没收违法行为发生期间自本单位所获收入，并处所获收入百分之三十以上三倍以下的罚款，十年直至终身禁止从事药品生产经营活动，并可以由公安机关处五日以上十五日以下的拘留：

（一）未取得药品批准证明文件生产、进口药品；

（二）使用采取欺骗手段取得的药品批准证明文件生产、进口药品；

（三）使用未经审评审批的原料药生产药品；

（四）应当检验而未经检验即销售药品；

（五）生产、销售国务院药品监督管理部门禁止使用的药品；

（六）编造生产、检验记录；

（七）未经批准在药品生产过程中进行重大变更。

销售前款第一项至第三项规定的药品，或者药品使用单位使用前款第一项至第五项规定的药品的，依照前款规定处罚；情节严重的，药品使用单位的法定代表人、主要负责人、直接负责的主管人员和其他责任人员有医疗卫生人员执业证书的，还应当吊销执业证书。

未经批准进口少量境外已合法上市的药品，情节较轻的，可以依法减轻或者免予处罚。

第一百二十五条 违反本法规定，有下列行为之一的，没收违法生产、销售的药品和违法所得以及包装材料、容器，责令停产停业整顿，并处五十万元以上五百万元以下的罚款；情节严重的，吊销药品批准证明文件、药品生产许可证、药品经营许可证，对法定代表人、主要负责人、直接负责的主管人员和其他责任人员处二万元以上二十万元以下的罚款，十年直至终身禁止从事药品生产经营活动：

（一）未经批准开展药物临床试验；

（二）使用未经审评的直接接触药品的包装材料或者容器生产药品，或者销售该类药品；

（三）使用未经核准的标签、说明书。

第一百二十六条 除本法另有规定的情形外，药品上市许可持有人、药品生产企业、药品经营企业、药物非临床安全性评价研究机构、药物临床试验机构等未遵守药品生产质量管理规范、药品经营质量管理规范、药物非临床研究质量管理规范、药物临床试验质量管理规范等的，责令限期改正，给予警告；逾期不改正的，处十万元以上五十万元以下的罚款；情节严重的，处五十万元以上二百万元以下的罚款，责令停产停业整顿直至吊销药品批准证明文件、药品生产许可证、药品经营许可证等，药物非临床安全性评价研究机构、药物临床试验机构等五年内不得开展药物非临床安全性评价研究、药物临床试验，对法定代表人、主要负责人、直接负责的主管人员和其他责任人员，没收违法行为发生期间自本单位所获收入，并处所获收入百分之十以上百分之五十以下的罚款，十年直至终身禁止从事药品生产经营等活动。

第一百二十七条 违反本法规定，有下列行为之一的，责令限期改正，给予警告；逾期不改正的，处十万元以上五十万元以下的罚款：

（一）开展生物等效性试验未备案；

（二）药物临床试验期间，发现存在安全性问题或者其他风险，临床试验申办者未及时调整临床试验方案、暂停或者终止临床试验，或者未向国务院药品监督管理部门报告；

（三）未按照规定建立并实施药品追溯制度；

（四）未按照规定提交年度报告；

（五）未按照规定对药品生产过程中的变更进行备案或者报告；

（六）未制定药品上市后风险管理计划；

（七）未按照规定开展药品上市后研究或者上市后评价。

第一百二十八条 除依法应当按照假药、劣药处罚的外，药品包装未按照规定印有、贴有标签或者附有说明书，标签、说明书未按照规定注明相关信息或者印有规定标志的，责令改正，给予警告；情节严重的，吊销药品注册证书。

第一百二十九条 违反本法规定，药品上市许可持有人、药品生产企业、药品经营企业或者医疗机构未从药品上市许可持有人或者具有药品生产、经营资格的企业购进药品的，责令改正，没收违法购进的药品和违法所得，并处违法购进药品货值金额二倍以上十倍以下的罚款；情节严重的，并处货值金额十倍以上三十倍以下的罚款，吊销药品批准证明文件、药品生产许可证、药品经营许可证或者医疗机构执业许可证；货值金额不足五万元的，按五万元计算。

第一百三十条 违反本法规定，药品经营企业购销药品未按照规定进行记录，零售药品未正确说明用法、用量等事项，或者未按照规定调配处方的，责令改正，给予警告；情节严重的，吊销药品经营许可证。

第一百三十一条 违反本法规定，药品网络交易第三方平台提供者未履行资质审核、报告、停止提供网络交易平台服务等义务的，责令改正，没收违法所得，并处二十万元以上二百万元以下的罚款；情节严重的，责令停业整顿，并处二百万元以上五百万元以下的罚款。

第一百三十二条 进口已获得药品注册证书的药品，未按照规定向允许药品进口的口岸所在地药品监督管理部门备案的，责令限期改正，给予警告；逾期不改正的，吊销药品注册证书。

第一百三十三条 违反本法规定，医疗机构将其配制的制剂在市场上销售的，责令改正，没收违法销售的制剂和违法所得，并处违法销售制剂货值金额二倍以上五倍以下的罚款；情节严重的，并处货值金额五倍以上十五倍以下的罚款；货值金额不足五万元的，按五万元计算。

第一百三十四条 药品上市许可持有人未按照规定开展药品不良反应监测或者报告疑似药品不良反应的，责令限期改正，给予警告；逾期不改正的，责令停产停业整顿，并处十万元以上一百万元以下的罚款。

药品经营企业未按照规定报告疑似药品不良反应的，责令限期改正，给予警告；逾期不改正的，责令停产停业整顿，并处五万元以上五十万元以下的罚款。

医疗机构未按照规定报告疑似药品不良反应的，责令限期改正，给予警告；逾期不改正的，处五万元以上五十万元以下的罚款。

第一百三十五条 药品上市许可持有人在省、自治区、直辖市人民政府药品监督管理部门责令其召回后，拒不召回的，处应召回药品货值金额五倍以上十倍以下的罚款；货值金额不足十万元的，按十万元计算；情节严重的，吊销药品批准证明文件、药品生产许可证、药品经营许可证，对法定代表人、主要负责人、直接负责的主管人员和其他责任人员，处二万元以上二十万元以下的罚款。药品生产企业、药品经营企业、医疗机构拒不配合召回的，处十万元以上五十万元以下的罚款。

第一百三十六条 药品上市许可持有人为境外企业的，其指定的在中国境内的企业法人未依照本法规定履行相关义务的，适用本法有关药品上市许可持有人法律责任的规定。

第一百三十七条 有下列行为之一的，在本法规定的处罚幅度内从重处罚：

（一）以麻醉药品、精神药品、医疗用毒性药品、放射性药品、药品类易制毒化学品冒充其他药品，或者以其他药品冒充上述药品；

（二）生产、销售以孕产妇、儿童为主要使用对象的假药、劣药；

（三）生产、销售的生物制品属于假药、劣药；

（四）生产、销售假药、劣药，造成人身伤害后果；

（五）生产、销售假药、劣药，经处理后再犯；

（六）拒绝、逃避监督检查，伪造、销毁、隐匿有关证据材料，或者擅自动用查封、扣押物品。

第一百三十八条 药品检验机构出具虚假检验报告的，责令改正，给予警告，对单位并处二十万元以上一百万元以下的罚款；对直接负责的主管人员和其他直接责任人员依法给予降级、撤职、开除处分，没收违法所得，并处五万元以下的罚款；情节严重的，撤销其检验资格。药品检验机构出具的检验结果不实，造成损失的，应当承担相应的赔偿责任。

第一百三十九条 本法第一百一十五条至第一百三十八条规定的行政处罚，由县级以上人民政府药品监督管理部门按照职责分工决定；撤销许可、吊销许可证件的，由原批准、发证的部门决定。

第一百四十条 药品上市许可持有人、药品生产企业、药品经营企业或者医疗机构违反本法规定聘用人员的，由药品监督管理部门或者卫生健康主管部门责令解聘，处五万元以上二十万元以下的罚款。

第一百四十一条 药品上市许可持有人、药品生产企业、药品经营企业或者医疗机构在药品购销中给予、收受回扣或者其他不正当利益的，药品上市许可持有人、药品生产企业、药品经营企业或者代理人给予使用其药品的医疗机构的负责人、药品采购人员、医师、药师等有关人员财物或者其他不正当利益的，由市场监督管理部门没收违法所得，并处三十万元以上三百万元以下的罚款；情节严重的，吊销药品上市许可持有人、药品生产企业、药品经营企业营业执照，并由药品监督管理部门吊销药品批准证明文件、药品生产许可证、药品经营许可证。

药品上市许可持有人、药品生产企业、药品经营企业在药品研制、生产、经营中向国家工作人员行贿的，对法定代表人、主要负责人、直接负责的主管人员和其他责任人员终身禁止从事药品生产经营活动。

第一百四十二条 药品上市许可持有人、药品生产企业、药品经营企业的负责人、采购人员等有关人员在药品购销中收受其他药品上市许可持有人、药品生产企业、药品经营企业或者代理人给予的财物或者其他不正当利益的，没收违法所得，依法给予处罚；情节严重的，五年内禁止从事药品生产经营活动。

医疗机构的负责人、药品采购人员、医师、药师等有关人员收受药品上市许可持有人、药品生产企业、药品经营企业或者代理人给予的财物或者其他不正当利益的，由卫生健康主管部门或者本单位给予处分，没收违法所得；情节严重的，还应当吊销其执业证书。

第一百四十三条 违反本法规定，编造、散布虚假药品安全信息，构成违反治安管理行为的，由公安机关依法给予治安管理处罚。

第一百四十四条 药品上市许可持有人、药品生产企业、药品经营企业或者医疗机构违反本法规定，给用药者造成损害的，依法承担赔偿责任。

因药品质量问题受到损害的，受害人可以向药品上市许可持有人、药品生产企业请求赔偿损失，也可以向药品经营企业、医疗机构请求赔偿损失。接到受害人赔偿请求的，应当实行首负责任制，先行赔付；先行赔付后，可以依法追偿。

生产假药、劣药或者明知是假药、劣药仍然销售、使用的，受害人或者其近亲属除请求赔偿损失外，还可以请求支付价款十倍或者损失三倍的赔偿金；增加赔偿的金额不足一千元的，为一千元。

第一百四十五条 药品监督管理部门或者其设置、指定的药品专业技术机构参与药品生产经营活动的，由其上级主管机关责令改正，没收违法收入；情节严重的，对直接负责的主管人员和其他直接责任人员依法给予处分。

药品监督管理部门或者其设置、指定的药品专业技术机构的工作人员参与药品生产经营活动的，依法给予处分。

第一百四十六条 药品监督管理部门或者其设置、指定的药品检验机构在药品监督检验中违法收取检验费用的，由政府有关部门责令退还，对直接负责的主管人员和其他直接责任人员依法给予处分；情节严重的，撤销其检验资格。

第一百四十七条 违反本法规定，药品监督管理部门有下列行为之一的，应当撤销相关许可，对直接负责的主管人员和其他直接责任人员依法给予处分：

（一）不符合条件而批准进行药物临床试验；

（二）对不符合条件的药品颁发药品注册证书；

（三）对不符合条件的单位颁发药品生产许可证、药品经营许可证或者医疗机构制剂许可证。

第一百四十八条 违反本法规定，县级以上地方人民政府有下列行为之一的，对直接负责的主管人员和其他直接责任人员给予记过或者记大过处分；情节严重的，给予降级、撤职或者开除处分：

（一）瞒报、谎报、缓报、漏报药品安全事件；

（二）未及时消除区域性重大药品安全隐患，造成本行政区域内发生特别重大药品安全事件，或者连续发生重大药品安全事件；

（三）履行职责不力，造成严重不良影响或者重大损失。

第一百四十九条 违反本法规定，药品监督管理等部门有下列行为之一的，对直接负责的主管人员和其他直接责任人员给予记过或者记大过处分；情节较重的，给予降级或者撤职处分；情节严重的，给予开除处分：

（一）瞒报、谎报、缓报、漏报药品安全事件；

（二）对发现的药品安全违法行为未及时查处；

（三）未及时发现药品安全系统性风险，或者未及时消除监督管理区域内药品安全隐患，造成严重影响；

（四）其他不履行药品监督管理职责，造成严重不良影响或者重大损失。

第一百五十条 药品监督管理人员滥用职权、徇私舞弊、玩忽职守的，依法给予处分。

查处假药、劣药违法行为有失职、渎职行为的，对药品监督管理部门直接负责的主管人员和其他直接责任人员依法从重给予处分。

第一百五十一条 本章规定的货值金额以违法生产、销售药品的标价计算；没有标价的，按照同类药品的市场价格计算。

第十二章　附　则

第一百五十二条 中药材种植、采集和饲养的管理，依照有关法律、法规的规定执行。

第一百五十三条 地区性民间习用药材的管理办法，由国务院药品监督管理部门会同国务院中医药主管部门制定。

第一百五十四条 中国人民解放军和中国人民武装警察部队执行本法的具体办法，由国务院、中央军事委员会依据本法制定。

第一百五十五条 本法自 2019 年 12 月 1 日起施行。

中华人民共和国野生动物保护法

（1988 年 11 月 8 日第七届全国人民代表大会常务委员会第四次会议通过，根据 2004 年 8 月 28 日第十届全国人民代表大会常务委员会第十一次会议《关于修改〈中华人民共和国野生动物保护法〉的决定》第一次修正，根据 2009 年 8 月 27 日第十一届全国人民代表大会常务委员会第十次会议《关于修改部分法律的决定》第二次修正，2016 年 7 月 2 日第十二届全国人民代表大会常务委员会第二十一次会议修订，根据 2018 年 10 月 26 日第十三届全国人民代表大会常务委员会第六次会议《关于修改〈中华人民共和国野生动物保护法〉等十五部法律的决定》第三次修正）

目　录

第一章　总　则

第一条　为了保护野生动物，拯救珍贵、濒危野生动物，维护生物多样性和生态平衡，推进生态文明建设，制定本法。

第二条　在中华人民共和国领域及管辖的其他海域，从事野生动物保护及相关活动，适用本法。

本法规定保护的野生动物，是指珍贵、濒危的陆生、水生野生动物和有重要生态、科学、社会价值的陆生野生动物。

本法规定的野生动物及其制品，是指野生动物的整体（含卵、蛋）、部分及其衍生物。

珍贵、濒危的水生野生动物以外的其他水生野生动物的保护，适用《中华人民共和国渔业法》等有关法律的规定。

第三条　野生动物资源属于国家所有。

国家保障依法从事野生动物科学研究、人工繁育等保护及相关活动的组织和个人的合法权益。

第四条　国家对野生动物实行保护优先、规范利用、严格监管的原则，鼓励开展野生动物科学研究，培育公民保护野生动物的意识，促进人与自然和谐发展。

第五条　国家保护野生动物及其栖息地。县级以上人民政府应当制定野生动物及其栖息地相关保护规划和措施，并将野生动物保护经费纳入预算。

国家鼓励公民、法人和其他组织依法通过捐赠、资助、志愿服务等方式参与野生动物保护活动，支持野生动物保护公益事业。

本法规定的野生动物栖息地，是指野生动物野外种群生息繁衍的重要区域。

第六条 任何组织和个人都有保护野生动物及其栖息地的义务。禁止违法猎捕野生动物、破坏野生动物栖息地。

任何组织和个人都有权向有关部门和机关举报或者控告违反本法的行为。野生动物保护主管部门和其他有关部门、机关对举报或者控告，应当及时依法处理。

第七条 国务院林业草原、渔业主管部门分别主管全国陆生、水生野生动物保护工作。

县级以上地方人民政府林业草原、渔业主管部门分别主管本行政区域内陆生、水生野生动物保护工作。

第八条 各级人民政府应当加强野生动物保护的宣传教育和科学知识普及工作，鼓励和支持基层群众性自治组织、社会组织、企业事业单位、志愿者开展野生动物保护法律法规和保护知识的宣传活动。

教育行政部门、学校应当对学生进行野生动物保护知识教育。

新闻媒体应当开展野生动物保护法律法规和保护知识的宣传，对违法行为进行舆论监督。

第九条 在野生动物保护和科学研究方面成绩显著的组织和个人，由县级以上人民政府给予奖励。

第二章 野生动物及其栖息地保护

第十条 国家对野生动物实行分类分级保护。

国家对珍贵、濒危的野生动物实行重点保护。国家重点保护的野生动物分为一级保护野生动物和二级保护野生动物。国家重点保护野生动物名录，由国务院野生动物保护主管部门组织科学评估后制定，并每五年根据评估情况确定对名录进行调整。国家重点保护野生动物名录报国务院批准公布。

地方重点保护野生动物，是指国家重点保护野生动物以外，由省、自治区、直辖市重点保护的野生动物。地方重点保护野生动物名录，由省、自治区、直辖市人民政府组织科学评估后制定、调整并公布。

有重要生态、科学、社会价值的陆生野生动物名录，由国务院野生动物保护主管部门组织科学评估后制定、调整并公布。

第十一条 县级以上人民政府野生动物保护主管部门，应当定期组织或者委托有关科学研究机构对野生动物及其栖息地状况进行调查、监测和评估，建立健全野生动物及其栖息地档案。

对野生动物及其栖息地状况的调查、监测和评估应当包括下列内容：

（一）野生动物野外分布区域、种群数量及结构；

（二）野生动物栖息地的面积、生态状况；

（三）野生动物及其栖息地的主要威胁因素；

（四）野生动物人工繁育情况等其他需要调查、监测和评估的内容。

第十二条 国务院野生动物保护主管部门应当会同国务院有关部门，根据野生动物及其栖息地状况的调查、监测和评估结果，确定并发布野生动物重要栖息地名录。

省级以上人民政府依法划定相关自然保护区域，保护野生动物及其重要栖息地，保护、恢复和改善野生动物生存环境。对不具备划定相关自然保护区域条件的，县级以上人民政府可以采取划定禁猎（渔）区、规定禁猎（渔）期等其他形式予以保护。

禁止或者限制在相关自然保护区域内引入外来物种、营造单一纯林、过量施洒农药等人为干扰、威胁野生动物生息繁衍的行为。

相关自然保护区域，依照有关法律法规的规定划定和管理。

第十三条 县级以上人民政府及其有关部门在编制有关开发利用规划时，应当充分考虑野生动物及其栖息地保护的需要，分析、预测和评估规划实施可能对野生动物及其栖息地保护产生的整体影响，避免或者减少规划实施可能造成的不利后果。

禁止在相关自然保护区域建设法律法规规定不得建设的项目。机场、铁路、公路、水利水电、围堰、围填海等建设项目的选址选线，应当避让相关自然保护区域、野生动物迁徙洄游通道；无法避让的，应当采取修建野生动物通道、过鱼设施等措施，消除或者减少对野生动物的不利影响。

建设项目可能对相关自然保护区域、野生动物迁徙洄游通道产生影响的，环境影响评价文件的审批部门在审批环境影响评价文件时，涉及国家重点保护野生动物的，应当征求国务院野生动物保护主管部门意见；涉及地方重点保护野生动物的，应当征求省、自治区、直辖市人民政府野生动物保护主管部门意见。

第十四条 各级野生动物保护主管部门应当监视、监测环境对野生动物的影响。由于环境影响对野生动物造成危害时，野生动物保护主管部门应当会同有关部门进行调查处理。

第十五条 国家或者地方重点保护野生动物受到自然灾害、重大环境污染事故等突发事件威胁时，当地人民政府应当及时采取应急救助措施。

县级以上人民政府野生动物保护主管部门应当按照国家有关规定组织开展野生动物收容救护工作。

禁止以野生动物收容救护为名买卖野生动物及其制品。

第十六条 县级以上人民政府野生动物保护主管部门、兽医主管部门，应当按照职责分工对野生动物疫源疫病进行监测，组织开展预测、预报等工作，并按照规定制定野生动物疫情应急预案，报同级人民政府批准或者备案。

县级以上人民政府野生动物保护主管部门、兽医主管部门、卫生主管部门，应当按照职责分工负责与人畜共患传染病有关的动物传染病的防治管理工作。

第十七条 国家加强对野生动物遗传资源的保护，对濒危野生动物实施抢救性保护。

国务院野生动物保护主管部门应当会同国务院有关部门制定有关野生动物遗传资源保护和利用规划，建立国家野生动物遗传资源基因库，对原产我国的珍贵、濒危野生动物遗传资源实行重点保护。

第十八条 有关地方人民政府应当采取措施，预防、控制野生动物可能造成的危害，保障人畜安全和农业、林业生产。

第十九条 因保护本法规定保护的野生动物，造成人员伤亡、农作物或者其他财产损失的，由当地人民政府给予补偿。具体办法由省、自治区、直辖市人民政府制定。有关地方人民政府可以推动保险机构开展野生动物致害赔偿保险业务。

有关地方人民政府采取预防、控制国家重点保护野生动物造成危害的措施以及实行补偿所需经费，由中央财政按照国家有关规定予以补助。

第三章　野生动物管理

第二十条 在相关自然保护区域和禁猎（渔）区、禁猎（渔）期内，禁止猎捕以及其他妨碍野生动物生息繁衍的活动，但法律法规另有规定的除外。

野生动物迁徙洄游期间，在前款规定区域外的迁徙洄游通道内，禁止猎捕并严格限制其他妨碍野生动物生息繁衍的活动。迁徙洄游通道的范围以及妨碍野生动物生息繁衍活动的内容，由县级以上人民政府或者其野生动物保护主管部门规定并公布。

第二十一条 禁止猎捕、杀害国家重点保护野生动物。

因科学研究、种群调控、疫源疫病监测或者其他特殊情况，需要猎捕国家一级保护野生动物的，应当向国务院野生动物保护主管部门申请特许猎捕证；需要猎捕国家二级保护野生动物的，应当向省、自治区、直辖市人民政府野生动物保护主管部门申请特许猎捕证。

第二十二条 猎捕非国家重点保护野生动物的，应当依法取得县级以上地方人民政府野生动物保护主管部门核发的狩猎证，并且服从猎捕量限额管理。

第二十三条 猎捕者应当按照特许猎捕证、狩猎证规定的种类、数量、地点、工具、方法和期限进行猎捕。

持枪猎捕的，应当依法取得公安机关核发的持枪证。

第二十四条 禁止使用毒药、爆炸物、电击或者电子诱捕装置以及猎套、猎夹、地枪、排铳等工具进行猎捕，禁止使用夜间照明行猎、歼灭性围猎、捣毁巢穴、火攻、烟熏、网捕等方法进行猎捕，但因科学研究确需网捕、电子诱捕的除外。

前款规定以外的禁止使用的猎捕工具和方法，由县级以上地方人民政府规定并公布。

第二十五条 国家支持有关科学研究机构因物种保护目的人工繁育国家重点保护野生动物。

前款规定以外的人工繁育国家重点保护野生动物实行许可制度。人工繁育国家重点保护野生动物的，应当经省、自治区、直辖市人民政府野生动物保护主管部门批准，取得人工繁育许可证，但国务院对批准机关另有规定的除外。

人工繁育国家重点保护野生动物应当使用人工繁育子代种源，建立物种系谱、繁育档案和个体数据。因物种保护目的确需采用野外种源的，适用本法第二十一条和第二十三条的规定。

本法所称人工繁育子代，是指人工控制条件下繁殖出生的子代个体且其亲本也在人工控制条件下出生。

第二十六条 人工繁育国家重点保护野生动物应当有利于物种保护及其科学研究，不得破坏野外种群资源，并根据野生动物习性确保其具有必要的活动空间和生息繁衍、卫生健康条件，具备与其繁育目的、种类、发展规模相适应的场所、设施、技术，符合有关技术标准和防疫要求，不得虐待野生动物。

省级以上人民政府野生动物保护主管部门可以根据保护国家重点保护野生动物的需要，组织开展国家重点保护野生动物放归野外环境工作。

第二十七条 禁止出售、购买、利用国家重点保护野生动物及其制品。

因科学研究、人工繁育、公众展示展演、文物保护或者其他特殊情况，需要出售、购买、利用国家重点保护野生动物及其制品的，应当经省、自治区、直辖市人民政府野生动物保护主管部门批准，并按照规定取得和使用专用标识，保证可追溯，但国务院对批准机关另有规定的除外。

实行国家重点保护野生动物及其制品专用标识的范围和管理办法，由国务院野生动物保护主管部门规定。

出售、利用非国家重点保护野生动物的，应当提供狩猎、进出口等合法来源证明。

出售本条第二款、第四款规定的野生动物的，还应当依法附有检疫证明。

第二十八条 对人工繁育技术成熟稳定的国家重点保护野生动物，经科学论证，纳入国务院野生动物保护主管部门制定的人工繁育国家重点保护野生动物名录。对列入名录的野生动物及其制品，可以凭人工繁育许可证，按照省、自治区、直辖市人民政府野生动物保护主管部门核验的年度生产数量直接取得专用标识，凭专用标识出售和利用，保证可追溯。

对本法第十条规定的国家重点保护野生动物名录进行调整时，根据有关野外种群保护情况，可以对前款规定的有关人工繁育技术成熟稳定野生动物的人工种群，不再列入国家重点保护野生动物名录，实行与野外种群不同的管理措施，但应当依照本法第二十五条第二款和本条第一款的规定取得人工繁育许可证和专用标识。

第二十九条 利用野生动物及其制品的，应当以人工繁育种群为主，有利于野外种群养护，符合生态文明建设的要求，尊重社会公德，遵守法律法规和国家有关规定。

野生动物及其制品作为药品经营和利用的，还应当遵守有关药品管理的法律法规。

第三十条 禁止生产、经营使用国家重点保护野生动物及其制品制作的食品，或者使用没有合法来源证明的非国家重点保护野生动物及其制品制作的食品。

禁止为食用非法购买国家重点保护的野生动物及其制品。

第三十一条 禁止为出售、购买、利用野生动物或者禁止使用的猎捕工具发布广告。禁止为违法出售、购买、利用野生动物制品发布广告。

第三十二条 禁止网络交易平台、商品交易市场等交易场所，为违法出售、购买、利用野生动物及其制品或者禁止使用的猎捕工具提供交易服务。

第三十三条 运输、携带、寄递国家重点保护野生动物及其制品、本法第二十八条第二款规定的野生动物及其制品出县境的，应当持有或者附有本法第二十一条、第二十五条、第二十七条或者第二十八条规定的许可证、批准文件的副本或者专用标识，以及检疫证明。

运输非国家重点保护野生动物出县境的，应当持有狩猎、进出口等合法来源证明，以及检疫证明。

第三十四条 县级以上人民政府野生动物保护主管部门应当对科学研究、人工繁育、公众展示展演等利用野生动物及其制品的活动进行监督管理。

县级以上人民政府其他有关部门，应当按照职责分工对野生动物及其制品出售、购买、利用、运输、寄递等活动进行监督检查。

第三十五条 中华人民共和国缔结或者参加的国际公约禁止或者限制贸易的野生动物或者其制品名录，由国家濒危物种进出口管理机构制定、调整并公布。

进出口列入前款名录的野生动物或者其制品的，出口国家重点保护野生动物或者其制品的，应当经国务院野生动物保护主管部门或者国务院批准，并取得国家濒危物种进出口管理机构核发的允许进出口证明书。海关依法实施进出境检疫，凭允许进出口证明书、检疫证明按照规定办理通关手续。

涉及科学技术保密的野生动物物种的出口，按照国务院有关规定办理。

列入本条第一款名录的野生动物，经国务院野生动物保护主管部门核准，在本法适用范围内可以按照国家重点保护的野生动物管理。

第三十六条 国家组织开展野生动物保护及相关执法活动的国际合作与交流；建立防范、打击野生动物及其制品的走私和非法贸易的部门协调机制，开展防范、打击走私和非法贸易行动。

第三十七条 从境外引进野生动物物种的，应当经国务院野生动物保护主管部门批准。从境外引进列入本法第三十五条第一款名录的野生动物，还应当依法取得允许进出口证明书。海关依法实施进境检疫，凭进口批准文件或者允许进出口证明书以及检疫证明按照规定办理通关手续。

从境外引进野生动物物种的，应当采取安全可靠的防范措施，防止其进入野外环境，避免对生态系统造成危害。确需将其放归野外的，按照国家有关规定执行。

第三十八条 任何组织和个人将野生动物放生至野外环境，应当选择适合放生地野外生存的当地物种，不得干扰当地居民的正常生活、生产，避免对生态系统造成危害。随意放生野生动物，造成他人人身、财产损害或者危害生态系统的，依法承担法律责任。

第三十九条 禁止伪造、变造、买卖、转让、租借特许猎捕证、狩猎证、人工繁育许可证及专用标识，出售、购买、利用国家重点保护野生动物及其制品的批准文件，或者允许进出口证明书、进出口等批准文件。

前款规定的有关许可证书、专用标识、批准文件的发放情况，应当依法公开。

第四十条 外国人在我国对国家重点保护野生动物进行野外考察或者在野外拍摄电影、录像，应当经省、自治区、直辖市人民政府野生动物保护主管部门或者其授权的单位批准，并遵守有关法律法规规定。

第四十一条 地方重点保护野生动物和其他非国家重点保护野生动物的管理办法，由省、自治区、直辖市人民代表大会或者其常务委员会制定。

第四章　法律责任

第四十二条 野生动物保护主管部门或者其他有关部门、机关不依法作出行政许可决定，发现违法行为或者接到对违法行为的举报不予查处或者不依法查处，或者有滥用职权等其他不依法履行职责的行为的，由本级人民政府或者上级人民政府有关部门、机关责令改正，对负有责任的主管人员和其他直接责任人员依法给予记过、记大过或者降级处分；造成严重后果的，给予撤职或者开除处分，其主要负责人应当引咎辞职；构成犯罪的，依法追究刑事责任。

第四十三条 违反本法第十二条第三款、第十三条第二款规定的，依照有关法律法规的规定处罚。

第四十四条 违反本法第十五条第三款规定，以收容救护为名买卖野生动物及其制品的，由县级以上人民政府野生动物保护主管部门没收野生动物及其制品、违法所得，并处野生动物及其制品价值二倍以上十倍以下的罚款，将有关违法信息记入社会诚信档案，向社会公布；构成犯罪的，依法追究刑事责任。

第四十五条 违反本法第二十条、第二十一条、第二十三条第一款、第二十四条第一款规定，在相关自然保护区域、禁猎（渔）区、禁猎（渔）期猎捕国家重点保护野生动物，未取得特许猎捕证、未按照特许猎捕证规定猎捕、杀害国家重点保护野生动物，或者使用禁用的工具、方法猎捕国家重点保护野生动物的，由县级以上人民政府野生动物保护主管部门、海洋执法部门或者有关保护区域管理机构按照职责分工没收猎获物、猎捕工具和违法所得，吊销特许猎捕证，并处猎获物价值二倍以上十倍以下的罚款；没有猎获物的，并处一万元以上五万元以下的罚款；构成犯罪的，依法追究刑事责任。

第四十六条 违反本法第二十条、第二十二条、第二十三条第一款、第二十四条第一款规定，在相关自然保护区域、禁猎（渔）区、禁猎（渔）期猎捕非国家重点保护野生动物，未取得狩猎证、未按照狩猎证规定猎捕非国家重点保护野生动物，或者使用禁用的工具、方法猎捕非国家重点保护野生动物的，由县级以上地方人民政府野生动物保护主管部门或者有关保护区域管理机构按照职责分工没收猎获物、猎捕工具和违法所得，吊销狩猎证，并处猎获物价值一倍以上五倍以下的罚款；没有猎获物的，并处二千元以上一万元以下的罚款；构成犯罪的，依法追究刑事责任。

违反本法第二十三条第二款规定，未取得持枪证持枪猎捕野生动物，构成违反治安管理行为的，由公安机关依法给予治安管理处罚；构成犯罪的，依法追究刑事责任。

第四十七条 违反本法第二十五条第二款规定，未取得人工繁育许可证繁育国家重点保护野生动物或者本法第二十八条第二款规定的野生动物的，由县级以上人民政府野生动物保护主管部门没收野生动物及其制品，并处野生动物及其制品价值一倍以上五倍以下的罚款。

第四十八条 违反本法第二十七条第一款和第二款、第二十八条第一款、第三十三条第一款规定，未经批准、未取得或者未按照规定使用专用标识，或者未持有、未附有人工繁育许可证、批准文件的副本或者专用标识出售、购买、利用、运输、携带、寄递国家重点保护野生动物及其制品或者本法第二十八条第二款规定的野生动物及其制品的，由县级以上人民政府野生动物保护主管部门或者市场监督管理部门按照职责分工没收野生动物及其制品和违法所得，并处野生动物及其制品价值二倍以上十倍以下的罚款；情节严重的，吊销人工繁育许可证、撤销批准文件、收回专用标识；构成犯罪的，依法追究刑事责任。

违反本法第二十七条第四款、第三十三条第二款规定，未持有合法来源证明出售、利用、运输非国家重点保护野生动物的，由县级以上地方人民政府野生动物保护主管部门或者市场监督管理部门按照职责分工没收野生动物，并处野生动物价值一倍以上五倍以下的罚款。

违反本法第二十七条第五款、第三十三条规定，出售、运输、携带、寄递有关野生动物及其制品未持有或者未附有检疫证明的，依照《中华人民共和国动物防疫法》的规定处罚。

第四十九条 违反本法第三十条规定，生产、经营使用国家重点保护野生动物及其制品或者没有合法来源证明的非国家重点保护野生动物及其制品制作食品，或者为食用非法购买国家重点保护的野生动物及其制品的，由县级以上人民政府野生动物保护主管部门或者市场监督管理部门按照职责分工责令停止违法行为，没收野生动物及其制品和违法所得，并处野生动物及其制品价值二倍以上十倍以下的罚款；构成犯罪的，依法追究刑事责任。

第五十条 违反本法第三十一条规定，为出售、购买、利用野生动物及其制品或者禁止使用的猎捕工具发布广告的，依照《中华人民共和国广告法》的规定处罚。

第五十一条 违反本法第三十二条规定，为违法出售、购买、利用野生动物及其制品或者禁止使用的猎捕工具提供交易服务的，由县级以上人民政府市场监督管理部门责令停止违法行为，限期改正，没收违法所得，并处违法所得二倍以上五倍以下的罚款；没有违法所得的，处一万元以上五万元以下的罚款；构成犯罪的，依法追究刑事责任。

第五十二条 违反本法第三十五条规定，进出口野生动物或者其制品的，由海关、公安机关、海洋执法部门依照法律、行政法规和国家有关规定处罚；构成犯罪的，依法追究刑事责任。

第五十三条 违反本法第三十七条第一款规定，从境外引进野生动物物种的，由县级以上人民政府野生动物保护主管部门没收所引进的野生动物，并处五万元以上二十五万元以下的罚款；未依法实施进境检疫的，依照《中华人民共和国进出境动植物检疫法》的规定处罚；构成犯罪的，依法追究刑事责任。

第五十四条 违反本法第三十七条第二款规定，将从境外引进的野生动物放归野外环境的，由县级以上人民政府野生动物保护主管部门责令限期捕回，处一万元以上五万元以下的罚款；逾期不捕回的，由有关野生动物保护主管部门代为捕回或者采取降低影响的措施，所需费用由被责令限期捕回者承担。

第五十五条 违反本法第三十九条第一款规定，伪造、变造、买卖、转让、租借有关证件、专用标识或者有关批准文件的，由县级以上人民政府野生动物保护主管部门没收违法证件、专用标识、有关批准文件和违法所得，并处五万元以上二十五万元以下的罚款；构成违反治安管理行为的，由公安机关依法给予治安管理处罚；构成犯罪的，依法追究刑事责任。

第五十六条 依照本法规定没收的实物，由县级以上人民政府野生动物保护主管部门或者其授权的单位按照规定处理。

第五十七条 本法规定的猎获物价值、野生动物及其制品价值的评估标准和方法，由国务院野生动物保护主管部门制定。

第五章　附　则

第五十八条　本法自 2017 年 1 月 1 日起施行。

中华人民共和国动物防疫法

（1997年7月3日第八届全国人民代表大会常务委员会第二十六次会议通过，2007年8月30日第十届全国人民代表大会常务委员会第二十九次会议修订，根据2013年6月29日第十二届全国人民代表大会常务委员会第三次会议《关于修改〈中华人民共和国文物保护法〉等十二部法律的决定》第一次修正，根据2015年4月24日第十二届全国人民代表大会常务委员会第十四次会议《关于修改〈中华人民共和国电力法〉等六部法律的决定》第二次修正）

目　录

第一章　总　则

第一条　为了加强对动物防疫活动的管理，预防、控制和扑灭动物疫病，促进养殖业发展，保护人体健康，维护公共卫生安全，制定本法。

第二条　本法适用于在中华人民共和国领域内的动物防疫及其监督管理活动。

进出境动物、动物产品的检疫，适用《中华人民共和国进出境动植物检疫法》。

第三条　本法所称动物，是指家畜家禽和人工饲养、合法捕获的其他动物。

本法所称动物产品，是指动物的肉、生皮、原毛、绒、脏器、脂、血液、精液、卵、胚胎、骨、蹄、头、角、筋以及可能传播动物疫病的奶、蛋等。

本法所称动物疫病，是指动物传染病、寄生虫病。

本法所称动物防疫，是指动物疫病的预防、控制、扑灭和动物、动物产品的检疫。

第四条　根据动物疫病对养殖业生产和人体健康的危害程度，本法规定管理的动物疫病分为下列三类：

（一）一类疫病，是指对人与动物危害严重，需要采取紧急、严厉的强制预防、控制、扑灭等措施的；

（二）二类疫病，是指可能造成重大经济损失，需要采取严格控制、扑灭等措施，防止扩散的；

（三）三类疫病，是指常见多发、可能造成重大经济损失，需要控制和净化的。

前款一、二、三类动物疫病具体病种名录由国务院兽医主管部门制定并公布。

第五条 国家对动物疫病实行预防为主的方针。

第六条 县级以上人民政府应当加强对动物防疫工作的统一领导，加强基层动物防疫队伍建设，建立健全动物防疫体系，制定并组织实施动物疫病防治规划。

乡级人民政府、城市街道办事处应当组织群众协助做好本管辖区域内的动物疫病预防与控制工作。

第七条 国务院兽医主管部门主管全国的动物防疫工作。

县级以上地方人民政府兽医主管部门主管本行政区域内的动物防疫工作。

县级以上人民政府其他部门在各自的职责范围内做好动物防疫工作。

军队和武装警察部队动物卫生监督职能部门分别负责军队和武装警察部队现役动物及饲养自用动物的防疫工作。

第八条 县级以上地方人民政府设立的动物卫生监督机构依照本法规定，负责动物、动物产品的检疫工作和其他有关动物防疫的监督管理执法工作。

第九条 县级以上人民政府按照国务院的规定，根据统筹规划、合理布局、综合设置的原则建立动物疫病预防控制机构，承担动物疫病的监测、检测、诊断、流行病学调查、疫情报告以及其他预防、控制等技术工作。

第十条 国家支持和鼓励开展动物疫病的科学研究以及国际合作与交流，推广先进适用的科学研究成果，普及动物防疫科学知识，提高动物疫病防治的科学技术水平。

第十一条 对在动物防疫工作、动物防疫科学研究中做出成绩和贡献的单位和个人，各级人民政府及有关部门给予奖励。

第二章 动物疫病的预防

第十二条 国务院兽医主管部门对动物疫病状况进行风险评估，根据评估结果制定相应的动物疫病预防、控制措施。

国务院兽医主管部门根据国内外动物疫情和保护养殖业生产及人体健康的需要，及时制定并公布动物疫病预防、控制技术规范。

第十三条 国家对严重危害养殖业生产和人体健康的动物疫病实施强制免疫。国务院兽医主管部门确定强制免疫的动物疫病病种和区域，并会同国务院有关部门制定国家动物疫病强制免疫计划。

省、自治区、直辖市人民政府兽医主管部门根据国家动物疫病强制免疫计划，制订本行政区域的强制免疫计划；并可以根据本行政区域内动物疫病流行情况增加实施强制免疫的动物疫病病种和区域，报本级人民政府批准后执行，并报国务院兽医主管部门备案。

第十四条 县级以上地方人民政府兽医主管部门组织实施动物疫病强制免疫计划。乡级人民政府、城市街道办事处应当组织本管辖区域内饲养动物的单位和个人做好强制免疫工作。

饲养动物的单位和个人应当依法履行动物疫病强制免疫义务，按照兽医主管部门的要求做好强制免疫工作。

经强制免疫的动物，应当按照国务院兽医主管部门的规定建立免疫档案，加施畜禽标识，实施可追溯管理。

第十五条 县级以上人民政府应当建立健全动物疫情监测网络，加强动物疫情监测。

国务院兽医主管部门应当制定国家动物疫病监测计划。省、自治区、直辖市人民政府兽医主管部门应当根据国家动物疫病监测计划，制定本行政区域的动物疫病监测计划。

动物疫病预防控制机构应当按照国务院兽医主管部门的规定，对动物疫病的发生、流行等情况进行监测；从事动物饲养、屠宰、经营、隔离、运输以及动物产品生产、经营、加工、贮藏等活动的单位和个人不得拒绝或者阻碍。

第十六条 国务院兽医主管部门和省、自治区、直辖市人民政府兽医主管部门应当根据对动物疫病发生、流行趋势的预测，及时发出动物疫情预警。地方各级人民政府接到动物疫情预警后，应当采取相应的预防、控制措施。

第十七条 从事动物饲养、屠宰、经营、隔离、运输以及动物产品生产、经营、加工、贮藏等活动的单位和个人，应当依照本法和国务院兽医主管部门的规定，做好免疫、消毒等动物疫病预防工作。

第十八条 种用、乳用动物和宠物应当符合国务院兽医主管部门规定的健康标准。

种用、乳用动物应当接受动物疫病预防控制机构的定期检测；检测不合格的，应当按照国务院兽医主管部门的规定予以处理。

第十九条 动物饲养场（养殖小区）和隔离场所，动物屠宰加工场所，以及动物和动物产品无害化处理场所，应当符合下列动物防疫条件：

（一）场所的位置与居民生活区、生活饮用水源地、学校、医院等公共场所的距离符合国务院兽医主管部门规定的标准；

（二）生产区封闭隔离，工程设计和工艺流程符合动物防疫要求；

（三）有相应的污水、污物、病死动物、染疫动物产品的无害化处理设施设备和清洗消毒设施设备；

（四）有为其服务的动物防疫技术人员；

（五）有完善的动物防疫制度；

（六）具备国务院兽医主管部门规定的其他动物防疫条件。

第二十条 兴办动物饲养场（养殖小区）和隔离场所，动物屠宰加工场所，以及动物和动物产品无害化处理场所，应当向县级以上地方人民政府兽医主管部门提出申请，并附具相关材料。受理申请的兽医主管部门应当依照本法和《中华人民共和国行政许可法》的规定进行审查。经审查合格的，发给动物防疫条件合格证；不合格的，应当通知申请人并说明理由。

动物防疫条件合格证应当载明申请人的名称、场（厂）址等事项。

经营动物、动物产品的集贸市场应当具备国务院兽医主管部门规定的动物防疫条件，并接受动物卫生监督机构的监督检查。

第二十一条 动物、动物产品的运载工具、垫料、包装物、容器等应当符合国务院兽医主管部门规定的动物防疫要求。

染疫动物及其排泄物、染疫动物产品，病死或者死因不明的动物尸体，运载工具中的动物排泄物以及垫料、包装物、容器等污染物，应当按照国务院兽医主管部门的规定处理，不得随意处置。

第二十二条 采集、保存、运输动物病料或者病原微生物以及从事病原微生物研究、教学、检测、诊断等活动，应当遵守国家有关病原微生物实验室管理的规定。

第二十三条 患有人畜共患传染病的人员不得直接从事动物诊疗以及易感染动物的饲养、屠宰、经营、隔离、运输等活动。

人畜共患传染病名录由国务院兽医主管部门会同国务院卫生主管部门制定并公布。

第二十四条 国家对动物疫病实行区域化管理，逐步建立无规定动物疫病区。无规定动物疫病区应当符合国务院兽医主管部门规定的标准，经国务院兽医主管部门验收合格予以公布。

本法所称无规定动物疫病区，是指具有天然屏障或者采取人工措施，在一定期限内没有发生规定的一种或者几种动物疫病，并经验收合格的区域。

第二十五条　禁止屠宰、经营、运输下列动物和生产、经营、加工、贮藏、运输下列动物产品：

（一）封锁疫区内与所发生动物疫病有关的；

（二）疫区内易感染的；

（三）依法应当检疫而未经检疫或者检疫不合格的；

（四）染疫或者疑似染疫的；

（五）病死或者死因不明的；

（六）其他不符合国务院兽医主管部门有关动物防疫规定的。

第三章　动物疫情的报告、通报和公布

第二十六条　从事动物疫情监测、检验检疫、疫病研究与诊疗以及动物饲养、屠宰、经营、隔离、运输等活动的单位和个人，发现动物染疫或者疑似染疫的，应当立即向当地兽医主管部门、动物卫生监督机构或者动物疫病预防控制机构报告，并采取隔离等控制措施，防止动物疫情扩散。其他单位和个人发现动物染疫或者疑似染疫的，应当及时报告。

接到动物疫情报告的单位，应当及时采取必要的控制处理措施，并按照国家规定的程序上报。

第二十七条　动物疫情由县级以上人民政府兽医主管部门认定；其中重大动物疫情由省、自治区、直辖市人民政府兽医主管部门认定，必要时报国务院兽医主管部门认定。

第二十八条　国务院兽医主管部门应当及时向国务院有关部门和军队有关部门以及省、自治区、直辖市人民政府兽医主管部门通报重大动物疫情的发生和处理情况；发生人畜共患传染病的，县级以上人民政府兽医主管部门与同级卫生主管部门应当及时相互通报。

国务院兽医主管部门应当依照我国缔结或者参加的条约、协定，及时向有关国际组织或者贸易方通报重大动物疫情的发生和处理情况。

第二十九条　国务院兽医主管部门负责向社会及时公布全国动物疫情，也可以根据需要授权省、自治区、直辖市人民政府兽医主管部门公布本行政区域内的动物疫情。其他单位和个人不得发布动物疫情。

第三十条　任何单位和个人不得瞒报、谎报、迟报、漏报动物疫情，不得授意他人瞒报、谎报、迟报动物疫情，不得阻碍他人报告动物疫情。

第四章　动物疫病的控制和扑灭

第三十一条　发生一类动物疫病时，应当采取下列控制和扑灭措施：

（一）当地县级以上地方人民政府兽医主管部门应当立即派人到现场，划定疫点、疫区、受威胁区，调查疫源，及时报请本级人民政府对疫区实行封锁。疫区范围涉及两个以上行政区域的，由有关行政区域共同的上一级人民政府对疫区实行封锁，或者由各有关行政区域的上一级人民政府共同对疫区实行封锁。必要时，上级人民政府可以责成下级人民政府对疫区实行封锁。

（二）县级以上地方人民政府应当立即组织有关部门和单位采取封锁、隔离、扑杀、销毁、消毒、无害化处理、紧急免疫接种等强制性措施，迅速扑灭疫病。

（三）在封锁期间，禁止染疫、疑似染疫和易感染的动物、动物产品流出疫区，禁止非疫区的易感染动物进入疫区，并根据扑灭动物疫病的需要对出入疫区的人员、运输工具及有关物品采取消毒和其他限制性措施。

第三十二条 发生二类动物疫病时，应当采取下列控制和扑灭措施：

（一）当地县级以上地方人民政府兽医主管部门应当划定疫点、疫区、受威胁区。

（二）县级以上地方人民政府根据需要组织有关部门和单位采取隔离、扑杀、销毁、消毒、无害化处理、紧急免疫接种、限制易感染的动物和动物产品及有关物品出入等控制、扑灭措施。

第三十三条 疫点、疫区、受威胁区的撤销和疫区封锁的解除，按照国务院兽医主管部门规定的标准和程序评估后，由原决定机关决定并宣布。

第三十四条 发生三类动物疫病时，当地县级、乡级人民政府应当按照国务院兽医主管部门的规定组织防治和净化。

第三十五条 二、三类动物疫病呈暴发性流行时，按照一类动物疫病处理。

第三十六条 为控制、扑灭动物疫病，动物卫生监督机构应当派人在当地依法设立的现有检查站执行监督检查任务；必要时，经省、自治区、直辖市人民政府批准，可以设立临时性的动物卫生监督检查站，执行监督检查任务。

第三十七条 发生人畜共患传染病时，卫生主管部门应当组织对疫区易感染的人群进行监测，并采取相应的预防、控制措施。

第三十八条 疫区内有关单位和个人，应当遵守县级以上人民政府及其兽医主管部门依法作出的有关控制、扑灭动物疫病的规定。

任何单位和个人不得藏匿、转移、盗掘已被依法隔离、封存、处理的动物和动物产品。

第三十九条 发生动物疫情时，航空、铁路、公路、水路等运输部门应当优先组织运送控制、扑灭疫病的人员和有关物资。

第四十条 一、二、三类动物疫病突然发生，迅速传播，给养殖业生产安全造成严重威胁、危害，以及可能对公众身体健康与生命安全造成危害，构成重大动物疫情的，依照法律和国务院的规定采取应急处理措施。

第五章 动物和动物产品的检疫

第四十一条 动物卫生监督机构依照本法和国务院兽医主管部门的规定对动物、动物产品实施检疫。

动物卫生监督机构的官方兽医具体实施动物、动物产品检疫。官方兽医应当具备规定的资格条件，取得国务院兽医主管部门颁发的资格证书，具体办法由国务院兽医主管部门会同国务院人事行政部门制定。

本法所称官方兽医，是指具备规定的资格条件并经兽医主管部门任命的，负责出具检疫等证明的国家兽医工作人员。

第四十二条 屠宰、出售或者运输动物以及出售或者运输动物产品前，货主应当按照国务院兽医主管部门的规定向当地动物卫生监督机构申报检疫。

动物卫生监督机构接到检疫申报后，应当及时指派官方兽医对动物、动物产品实施现场检疫；检疫合格的，出具检疫证明、加施检疫标志。实施现场检疫的官方兽医应当在检疫证明、检疫标志上签字或者盖章，并对检疫结论负责。

第四十三条 屠宰、经营、运输以及参加展览、演出和比赛的动物，应当附有检疫证明；经营和运输的动物产品，应当附有检疫证明、检疫标志。

对前款规定的动物、动物产品，动物卫生监督机构可以查验检疫证明、检疫标志，进行监督抽查，但不得重复检疫收费。

第四十四条 经铁路、公路、水路、航空运输动物和动物产品的，托运人托运时应当提供检疫证明；没有检疫证明的，承运人不得承运。

运载工具在装载前和卸载后应当及时清洗、消毒。

第四十五条 输入到无规定动物疫病区的动物、动物产品，货主应当按照国务院兽医主管部门的规定向无规定动物疫病区所在地动物卫生监督机构申报检疫，经检疫合格的，方可进入；检疫所需费用纳入无规定动物疫病区所在地地方人民政府财政预算。

第四十六条 跨省、自治区、直辖市引进乳用动物、种用动物及其精液、胚胎、种蛋的，应当向输入地省、自治区、直辖市动物卫生监督机构申请办理审批手续，并依照本法第四十二条的规定取得检疫证明。

跨省、自治区、直辖市引进的乳用动物、种用动物到达输入地后，货主应当按照国务院兽医主管部门的规定对引进的乳用动物、种用动物进行隔离观察。

第四十七条 人工捕获的可能传播动物疫病的野生动物，应当报经捕获地动物卫生监督机构检疫，经检疫合格的，方可饲养、经营和运输。

第四十八条 经检疫不合格的动物、动物产品，货主应当在动物卫生监督机构监督下按照国务院兽医主管部门的规定处理，处理费用由货主承担。

第四十九条 依法进行检疫需要收取费用的，其项目和标准由国务院财政部门、物价主管部门规定。

第六章　动物诊疗

第五十条 从事动物诊疗活动的机构，应当具备下列条件：

（一）有与动物诊疗活动相适应并符合动物防疫条件的场所；

（二）有与动物诊疗活动相适应的执业兽医；

（三）有与动物诊疗活动相适应的兽医器械和设备；

（四）有完善的管理制度。

第五十一条 设立从事动物诊疗活动的机构，应当向县级以上地方人民政府兽医主管部门申请动物诊疗许可证。受理申请的兽医主管部门应当依照本法和《中华人民共和国行政许可法》的规定进行审查。经审查合格的，发给动物诊疗许可证；不合格的，应当通知申请人并说明理由。

第五十二条 动物诊疗许可证应当载明诊疗机构名称、诊疗活动范围、从业地点和法定代表人（负责人）等事项。

动物诊疗许可证载明事项变更的，应当申请变更或者换发动物诊疗许可证。

第五十三条 动物诊疗机构应当按照国务院兽医主管部门的规定，做好诊疗活动中的卫生安全防护、消毒、隔离和诊疗废弃物处置等工作。

第五十四条 国家实行执业兽医资格考试制度。具有兽医相关专业大学专科以上学历的，可以申请参加执业兽医资格考试；考试合格的，由省、自治区、直辖市人民政府兽医主管部门颁发执业兽医资格证书；从事动物诊疗的，还应当向当地县级人民政府兽医主管部门申请注册。执业兽医资格考试和注册办法由国务院兽医主管部门商国务院人事行政部门制定。

本法所称执业兽医，是指从事动物诊疗和动物保健等经营活动的兽医。

第五十五条 经注册的执业兽医，方可从事动物诊疗、开具兽药处方等活动。但是，本法第五十七条对乡村兽医服务人员另有规定的，从其规定。

执业兽医、乡村兽医服务人员应当按照当地人民政府或者兽医主管部门的要求，参加预防、控制和扑灭动物疫病的活动。

第五十六条 从事动物诊疗活动，应当遵守有关动物诊疗的操作技术规范，使用符合国家规定的兽药和兽医器械。

第五十七条 乡村兽医服务人员可以在乡村从事动物诊疗服务活动，具体管理办法由国务院兽医主管部门制定。

第七章　监督管理

第五十八条 动物卫生监督机构依照本法规定，对动物饲养、屠宰、经营、隔离、运输以及动物产品生产、经营、加工、贮藏、运输等活动中的动物防疫实施监督管理。

第五十九条 动物卫生监督机构执行监督检查任务，可以采取下列措施，有关单位和个人不得拒绝或者阻碍：

（一）对动物、动物产品按照规定采样、留验、抽检；

（二）对染疫或者疑似染疫的动物、动物产品及相关物品进行隔离、查封、扣押和处理；

（三）对依法应当检疫而未经检疫的动物实施补检；

（四）对依法应当检疫而未经检疫的动物产品，具备补检条件的实施补检，不具备补检条件的予以没收销毁；

（五）查验检疫证明、检疫标志和畜禽标识；

（六）进入有关场所调查取证，查阅、复制与动物防疫有关的资料。

动物卫生监督机构根据动物疫病预防、控制需要，经当地县级以上地方人民政府批准，可以在车站、港口、机场等相关场所派驻官方兽医。

第六十条 官方兽医执行动物防疫监督检查任务，应当出示行政执法证件，佩带统一标志。

动物卫生监督机构及其工作人员不得从事与动物防疫有关的经营性活动，进行监督检查不得收取任何费用。

第六十一条 禁止转让、伪造或者变造检疫证明、检疫标志或者畜禽标识。

检疫证明、检疫标志的管理办法，由国务院兽医主管部门制定。

第八章　保障措施

第六十二条 县级以上人民政府应当将动物防疫纳入本级国民经济和社会发展规划及年度计划。

第六十三条 县级人民政府和乡级人民政府应当采取有效措施，加强村级防疫员队伍建设。

县级人民政府兽医主管部门可以根据动物防疫工作需要，向乡、镇或者特定区域派驻兽医机构。

第六十四条 县级以上人民政府按照本级政府职责，将动物疫病预防、控制、扑灭、检疫和监督管理所需经费纳入本级财政预算。

第六十五条 县级以上人民政府应当储备动物疫情应急处理工作所需的防疫物资。

第六十六条 对在动物疫病预防和控制、扑灭过程中强制扑杀的动物、销毁的动物产品和相关物品，县级以上人民政府应当给予补偿。具体补偿标准和办法由国务院财政部门会同有关部门制定。

因依法实施强制免疫造成动物应激死亡的，给予补偿。具体补偿标准和办法由国务院财政部门会同有关部门制定。

第六十七条 对从事动物疫病预防、检疫、监督检查、现场处理疫情以及在工作中接触动物疫病病原体的人员，有关单位应当按照国家规定采取有效的卫生防护措施和医疗保健措施。

第九章 法律责任

第六十八条 地方各级人民政府及其工作人员未依照本法规定履行职责的，对直接负责的主管人员和其他直接责任人员依法给予处分。

第六十九条 县级以上人民政府兽医主管部门及其工作人员违反本法规定，有下列行为之一的，由本级人民政府责令改正，通报批评；对直接负责的主管人员和其他直接责任人员依法给予处分：

（一）未及时采取预防、控制、扑灭等措施的；

（二）对不符合条件的颁发动物防疫条件合格证、动物诊疗许可证，或者对符合条件的拒不颁发动物防疫条件合格证、动物诊疗许可证的；

（三）其他未依照本法规定履行职责的行为。

第七十条 动物卫生监督机构及其工作人员违反本法规定，有下列行为之一的，由本级人民政府或者兽医主管部门责令改正，通报批评；对直接负责的主管人员和其他直接责任人员依法给予处分：

（一）对未经现场检疫或者检疫不合格的动物、动物产品出具检疫证明、加施检疫标志，或者对检疫合格的动物、动物产品拒不出具检疫证明、加施检疫标志的；

（二）对附有检疫证明、检疫标志的动物、动物产品重复检疫的；

（三）从事与动物防疫有关的经营性活动，或者在国务院财政部门、物价主管部门规定外加收费用、重复收费的；

（四）其他未依照本法规定履行职责的行为。

第七十一条 动物疫病预防控制机构及其工作人员违反本法规定，有下列行为之一的，由本级人民政府或者兽医主管部门责令改正，通报批评；对直接负责的主管人员和其他直接责任人员依法给予处分：

（一）未履行动物疫病监测、检测职责或者伪造监测、检测结果的；

（二）发生动物疫情时未及时进行诊断、调查的；

（三）其他未依照本法规定履行职责的行为。

第七十二条 地方各级人民政府、有关部门及其工作人员瞒报、谎报、迟报、漏报或者授意他人瞒报、谎报、迟报动物疫情，或者阻碍他人报告动物疫情的，由上级人民政府或者有关部门责令改正，通报批评；对直接负责的主管人员和其他直接责任人员依法给予处分。

第七十三条 违反本法规定，有下列行为之一的，由动物卫生监督机构责令改正，给予警告；拒不改正的，由动物卫生监督机构代作处理，所需处理费用由违法行为人承担，可以处一千元以下罚款：

（一）对饲养的动物不按照动物疫病强制免疫计划进行免疫接种的；

（二）种用、乳用动物未经检测或者经检测不合格而不按照规定处理的；

（三）动物、动物产品的运载工具在装载前和卸载后没有及时清洗、消毒的。

第七十四条 违反本法规定，对经强制免疫的动物未按照国务院兽医主管部门规定建立免疫档案、加施畜禽标识的，依照《中华人民共和国畜牧法》的有关规定处罚。

第七十五条 违反本法规定，不按照国务院兽医主管部门规定处置染疫动物及其排泄物，染疫动物产品，病死或者死因不明的动物尸体，运载工具中的动物排泄物以及垫料、包装物、容器等污染物以及其他经检疫不合格的动物、动物产品的，由动物卫生监督机构责令无害化处理，所需处理费用由违法行为人承担，可以处三千元以下罚款。

第七十六条 违反本法第二十五条规定，屠宰、经营、运输动物或者生产、经营、加工、贮藏、运输动物产品的，由动物卫生监督机构责令改正、采取补救措施，没收违法所得和动物、动物产品，并处同类检疫合格动物、动物产品货值金额一倍以上五倍以下罚款；其中依法应当检疫而未检疫的，依照本法第七十八条的规定处罚。

第七十七条 违反本法规定，有下列行为之一的，由动物卫生监督机构责令改正，处一千元以上一万元以下罚款；情节严重的，处一万元以上十万元以下罚款：

（一）兴办动物饲养场（养殖小区）和隔离场所，动物屠宰加工场所，以及动物和动物产品无害化处理场所，未取得动物防疫条件合格证的；

（二）未办理审批手续，跨省、自治区、直辖市引进乳用动物、种用动物及其精液、胚胎、种蛋的；

（三）未经检疫，向无规定动物疫病区输入动物、动物产品的。

第七十八条 违反本法规定，屠宰、经营、运输的动物未附有检疫证明，经营和运输的动物产品未附有检疫证明、检疫标志的，由动物卫生监督机构责令改正，处同类检疫合格动物、动物产品货值金额百分之十以上百分之五十以下罚款；对货主以外的承运人处运输费用一倍以上三倍以下罚款。

违反本法规定，参加展览、演出和比赛的动物未附有检疫证明的，由动物卫生监督机构责令改正，处一千元以上三千元以下罚款。

第七十九条 违反本法规定，转让、伪造或者变造检疫证明、检疫标志或者畜禽标识的，由动物卫生监督机构没收违法所得，收缴检疫证明、检疫标志或者畜禽标识，并处三千元以上三万元以下罚款。

第八十条 违反本法规定，有下列行为之一的，由动物卫生监督机构责令改正，处一千元以上一万元以下罚款：

（一）不遵守县级以上人民政府及其兽医主管部门依法作出的有关控制、扑灭动物疫病规定的；

（二）藏匿、转移、盗掘已被依法隔离、封存、处理的动物和动物产品的；

（三）发布动物疫情的。

第八十一条 违反本法规定，未取得动物诊疗许可证从事动物诊疗活动的，由动物卫生监督机构责令停止诊疗活动，没收违法所得；违法所得在三万元以上的，并处违法所得一倍以上三倍以下罚款；没有违法所得或者违法所得不足三万元的，并处三千元以上三万元以下罚款。

动物诊疗机构违反本法规定，造成动物疫病扩散的，由动物卫生监督机构责令改正，处一万元以上五万元以下罚款；情节严重的，由发证机关吊销动物诊疗许可证。

第八十二条 违反本法规定，未经兽医执业注册从事动物诊疗活动的，由动物卫生监督机构责令停止动物诊疗活动，没收违法所得，并处一千元以上一万元以下罚款。

执业兽医有下列行为之一的，由动物卫生监督机构给予警告，责令暂停六个月以上一年以下动物诊疗活动；情节严重的，由发证机关吊销注册证书：

（一）违反有关动物诊疗的操作技术规范，造成或者可能造成动物疫病传播、流行的；

（二）使用不符合国家规定的兽药和兽医器械的；

（三）不按照当地人民政府或者兽医主管部门要求参加动物疫病预防、控制和扑灭活动的。

第八十三条 违反本法规定，从事动物疫病研究与诊疗和动物饲养、屠宰、经营、隔离、运输，以及动物产品生产、经营、加工、贮藏等活动的单位和个人，有下列行为之一的，由动物卫生监督机构责令改正；拒不改正的，对违法行为单位处一千元以上一万元以下罚款，对违法行为个人可以处五百元以下罚款：

（一）不履行动物疫情报告义务的；

（二）不如实提供与动物防疫活动有关资料的；

（三）拒绝动物卫生监督机构进行监督检查的；

（四）拒绝动物疫病预防控制机构进行动物疫病监测、检测的。

第八十四条 违反本法规定，构成犯罪的，依法追究刑事责任。

违反本法规定，导致动物疫病传播、流行等，给他人人身、财产造成损害的，依法承担民事责任。

第十章 附 则

第八十五条 本法自 2008 年 1 月 1 日起施行。

中华人民共和国出境入境管理法

（2012年6月30日第十一届全国人民代表大会常务委员会第二十七次会议通过，2012年6月30日中华人民共和国主席令第五十七号公布，自2013年7月1日起施行）

目　录

第一章　总　则

第一条　为了规范出境入境管理，维护中华人民共和国的主权、安全和社会秩序，促进对外交往和对外开放，制定本法。

第二条　中国公民出境入境、外国人入境出境、外国人在中国境内停留居留的管理，以及交通运输工具出境入境的边防检查，适用本法。

第三条　国家保护中国公民出境入境合法权益。

在中国境内的外国人的合法权益受法律保护。在中国境内的外国人应当遵守中国法律，不得危害中国国家安全、损害社会公共利益、破坏社会公共秩序。

第四条　公安部、外交部按照各自职责负责有关出境入境事务的管理。

中华人民共和国驻外使馆、领馆或者外交部委托的其他驻外机构（以下称驻外签证机关）负责在境外签发外国人入境签证。出入境边防检查机关负责实施出境入境边防检查。县级以上地方人民政府公安机关及其出入境管理机构负责外国人停留居留管理。

公安部、外交部可以在各自职责范围内委托县级以上地方人民政府公安机关出入境管理机构、县级以上地方人民政府外事部门受理外国人入境、停留居留申请。

公安部、外交部在出境入境事务管理中，应当加强沟通配合，并与国务院有关部门密切合作，按照各自职责分工，依法行使职权，承担责任。

第五条 国家建立统一的出境入境管理信息平台，实现有关管理部门信息共享。

第六条 国家在对外开放的口岸设立出入境边防检查机关。

中国公民、外国人以及交通运输工具应当从对外开放的口岸出境入境，特殊情况下，可以从国务院或者国务院授权的部门批准的地点出境入境。出境入境人员和交通运输工具应当接受出境入境边防检查。

出入境边防检查机关负责对口岸限定区域实施管理。根据维护国家安全和出境入境管理秩序的需要，出入境边防检查机关可以对出境入境人员携带的物品实施边防检查。必要时，出入境边防检查机关可以对出境入境交通运输工具载运的货物实施边防检查，但是应当通知海关。

第七条 经国务院批准，公安部、外交部根据出境入境管理的需要，可以对留存出境入境人员的指纹等人体生物识别信息作出规定。

外国政府对中国公民签发签证、出境入境管理有特别规定的，中国政府可以根据情况采取相应的对等措施。

第八条 履行出境入境管理职责的部门和机构应当切实采取措施，不断提升服务和管理水平，公正执法，便民高效，维护安全、便捷的出境入境秩序。

第二章 中国公民出境入境

第九条 中国公民出境入境，应当依法申请办理护照或者其他旅行证件。

中国公民前往其他国家或者地区，还需要取得前往国签证或者其他入境许可证明。但是，中国政府与其他国家政府签订互免签证协议或者公安部、外交部另有规定的除外。

中国公民以海员身份出境入境和在国外船舶上从事工作的，应当依法申请办理海员证。

第十条 中国公民往来内地与香港特别行政区、澳门特别行政区，中国公民往来大陆与台湾地区，应当依法申请办理通行证件，并遵守本法有关规定。具体管理办法由国务院规定。

第十一条 中国公民出境入境，应当向出入境边防检查机关交验本人的护照或者其他旅行证件等出境入境证件，履行规定的手续，经查验准许，方可出境入境。

具备条件的口岸，出入境边防检查机关应当为中国公民出境入境提供专用通道等便利措施。

第十二条 中国公民有下列情形之一的，不准出境：

（一）未持有效出境入境证件或者拒绝、逃避接受边防检查的；

（二）被判处刑罚尚未执行完毕或者属于刑事案件被告人、犯罪嫌疑人的；

（三）有未了结的民事案件，人民法院决定不准出境的；

（四）因妨害国（边）境管理受到刑事处罚或者因非法出境、非法居留、非法就业被其他国家或者地区遣返，未满不准出境规定年限的；

（五）可能危害国家安全和利益，国务院有关主管部门决定不准出境的；

（六）法律、行政法规规定不准出境的其他情形。

第十三条 定居国外的中国公民要求回国定居的，应当在入境前向中华人民共和国驻外使馆、领馆或者外交部委托的其他驻外机构提出申请，也可以由本人或者经由国内亲属向拟定居地的县级以上地方人民政府侨务部门提出申请。

第十四条 定居国外的中国公民在中国境内办理金融、教育、医疗、交通、电信、社会保险、财产登记等事务需要提供身份证明的，可以凭本人的护照证明其身份。

第三章　外国人入境出境

第一节　签　证

第十五条　外国人入境，应当向驻外签证机关申请办理签证，但是本法另有规定的除外。

第十六条　签证分为外交签证、礼遇签证、公务签证、普通签证。

对因外交、公务事由入境的外国人，签发外交、公务签证；对因身份特殊需要给予礼遇的外国人，签发礼遇签证。外交签证、礼遇签证、公务签证的签发范围和签发办法由外交部规定。

对因工作、学习、探亲、旅游、商务活动、人才引进等非外交、公务事由入境的外国人，签发相应类别的普通签证。普通签证的类别和签发办法由国务院规定。

第十七条　签证的登记项目包括：签证种类，持有人姓名、性别、出生日期、入境次数、入境有效期、停留期限，签发日期、地点，护照或者其他国际旅行证件号码等。

第十八条　外国人申请办理签证，应当向驻外签证机关提交本人的护照或者其他国际旅行证件，以及申请事由的相关材料，按照驻外签证机关的要求办理相关手续、接受面谈。

第十九条　外国人申请办理签证需要提供中国境内的单位或者个人出具的邀请函件的，申请人应当按照驻外签证机关的要求提供。出具邀请函件的单位或者个人应当对邀请内容的真实性负责。

第二十条　出于人道原因需要紧急入境，应邀入境从事紧急商务、工程抢修或者具有其他紧急入境需要并持有有关主管部门同意在口岸申办签证的证明材料的外国人，可以在国务院批准办理口岸签证业务的口岸，向公安部委托的口岸签证机关（以下简称口岸签证机关）申请办理口岸签证。

旅行社按照国家有关规定组织入境旅游的，可以向口岸签证机关申请办理团体旅游签证。

外国人向口岸签证机关申请办理签证，应当提交本人的护照或者其他国际旅行证件，以及申请事由的相关材料，按照口岸签证机关的要求办理相关手续，并从申请签证的口岸入境。

口岸签证机关签发的签证一次入境有效，签证注明的停留期限不得超过三十日。

第二十一条　外国人有下列情形之一的，不予签发签证：

（一）被处驱逐出境或者被决定遣送出境，未满不准入境规定年限的；

（二）患有严重精神障碍、传染性肺结核病或者有可能对公共卫生造成重大危害的其他传染病的；

（三）可能危害中国国家安全和利益、破坏社会公共秩序或者从事其他违法犯罪活动的；

（四）在申请签证过程中弄虚作假或者不能保障在中国境内期间所需费用的；

（五）不能提交签证机关要求提交的相关材料的；

（六）签证机关认为不宜签发签证的其他情形。

对不予签发签证的，签证机关可以不说明理由。

第二十二条　外国人有下列情形之一的，可以免办签证：

（一）根据中国政府与其他国家政府签订的互免签证协议，属于免办签证人员的；

（二）持有效的外国人居留证件的；

（三）持联程客票搭乘国际航行的航空器、船舶、列车从中国过境前往第三国或者地区，在中国境内停留不超过二十四小时且不离开口岸，或者在国务院批准的特定区域内停留不超过规定时限的；

（四）国务院规定的可以免办签证的其他情形。

第二十三条　有下列情形之一的外国人需要临时入境的，应当向出入境边防检查机关申请办理临时入境手续：

（一）外国船员及其随行家属登陆港口所在城市的；

（二）本法第二十二条第三项规定的人员需要离开口岸的；

（三）因不可抗力或者其他紧急原因需要临时入境的。

临时入境的期限不得超过十五日。

对申请办理临时入境手续的外国人，出入境边防检查机关可以要求外国人本人、载运其入境的交通运输工具的负责人或者交通运输工具出境入境业务代理单位提供必要的保证措施。

第二节　入境出境

第二十四条　外国人入境，应当向出入境边防检查机关交验本人的护照或者其他国际旅行证件、签证或者其他入境许可证明，履行规定的手续，经查验准许，方可入境。

第二十五条　外国人有下列情形之一的，不准入境：

（一）未持有效出境入境证件或者拒绝、逃避接受边防检查的；

（二）具有本法第二十一条第一款第一项至第四项规定情形的；

（三）入境后可能从事与签证种类不符的活动的；

（四）法律、行政法规规定不准入境的其他情形。

对不准入境的，出入境边防检查机关可以不说明理由。

第二十六条　对未被准许入境的外国人，出入境边防检查机关应当责令其返回；对拒不返回的，强制其返回。外国人等待返回期间，不得离开限定的区域。

第二十七条　外国人出境，应当向出入境边防检查机关交验本人的护照或者其他国际旅行证件等出境入境证件，履行规定的手续，经查验准许，方可出境。

第二十八条　外国人有下列情形之一的，不准出境：

（一）被判处刑罚尚未执行完毕或者属于刑事案件被告人、犯罪嫌疑人的，但是按照中国与外国签订的有关协议，移管被判刑人的除外；

（二）有未了结的民事案件，人民法院决定不准出境的；

（三）拖欠劳动者的劳动报酬，经国务院有关部门或者省、自治区、直辖市人民政府决定不准出境的；

（四）法律、行政法规规定不准出境的其他情形。

第四章　外国人停留居留

第一节　停留居留

第二十九条　外国人所持签证注明的停留期限不超过一百八十日的，持证人凭签证并按照签证注明的停留期限在中国境内停留。

需要延长签证停留期限的，应当在签证注明的停留期限届满七日前向停留地县级以上地方人民政府公安机关出入境管理机构申请，按照要求提交申请事由的相关材料。经审查，延期理由合理、充分的，准予延长停留期限；不予延长停留期限的，应当按期离境。

延长签证停留期限，累计不得超过签证原注明的停留期限。

第三十条　外国人所持签证注明入境后需要办理居留证件的，应当自入境之日起三十日内，向拟居留地县级以上地方人民政府公安机关出入境管理机构申请办理外国人居留证件。

申请办理外国人居留证件，应当提交本人的护照或者其他国际旅行证件，以及申请事由的相关材料，并留存指纹等人体生物识别信息。公安机关出入境管理机构应当自收到申请材料之日起十五日内进行审查并作出审查决定，根据居留事由签发相应类别和期限的外国人居留证件。

外国人工作类居留证件的有效期最短为九十日，最长为五年；非工作类居留证件的有效期最短为一百八十日，最长为五年。

第三十一条 外国人有下列情形之一的，不予签发外国人居留证件：

（一）所持签证类别属于不应办理外国人居留证件的；

（二）在申请过程中弄虚作假的；

（三）不能按照规定提供相关证明材料的；

（四）违反中国有关法律、行政法规，不适合在中国境内居留的；

（五）签发机关认为不宜签发外国人居留证件的其他情形。

符合国家规定的专门人才、投资者或者出于人道等原因确需由停留变更为居留的外国人，经设区的市级以上地方人民政府公安机关出入境管理机构批准可以办理外国人居留证件。

第三十二条 在中国境内居留的外国人申请延长居留期限的，应当在居留证件有效期限届满三十日前向居留地县级以上地方人民政府公安机关出入境管理机构提出申请，按照要求提交申请事由的相关材料。经审查，延期理由合理、充分的，准予延长居留期限；不予延长居留期限的，应当按期离境。

第三十三条 外国人居留证件的登记项目包括：持有人姓名、性别、出生日期、居留事由、居留期限，签发日期、地点，护照或者其他国际旅行证件号码等。

外国人居留证件登记事项发生变更的，持证件人应当自登记事项发生变更之日起十日内向居留地县级以上地方人民政府公安机关出入境管理机构申请办理变更。

第三十四条 免办签证入境的外国人需要超过免签期限在中国境内停留的，外国船员及其随行家属在中国境内停留需要离开港口所在城市，或者具有需要办理外国人停留证件其他情形的，应当按照规定办理外国人停留证件。

外国人停留证件的有效期最长为一百八十日。

第三十五条 外国人入境后，所持的普通签证、停留居留证件损毁、遗失、被盗抢或者有符合国家规定的事由需要换发、补发的，应当按照规定向停留居留地县级以上地方人民政府公安机关出入境管理机构提出申请。

第三十六条 公安机关出入境管理机构作出的不予办理普通签证延期、换发、补发，不予办理外国人停留居留证件、不予延长居留期限的决定为最终决定。

第三十七条 外国人在中国境内停留居留，不得从事与停留居留事由不相符的活动，并应当在规定的停留居留期限届满前离境。

第三十八条 年满十六周岁的外国人在中国境内停留居留，应当随身携带本人的护照或者其他国际旅行证件，或者外国人停留居留证件，接受公安机关的查验。

在中国境内居留的外国人，应当在规定的时间内到居留地县级以上地方人民政府公安机关交验外国人居留证件。

第三十九条 外国人在中国境内旅馆住宿的，旅馆应当按照旅馆业治安管理的有关规定为其办理住宿登记，并向所在地公安机关报送外国人住宿登记信息。

外国人在旅馆以外的其他住所居住或者住宿的，应当在入住后二十四小时内由本人或者留宿人，向居住地的公安机关办理登记。

第四十条 在中国境内出生的外国婴儿，其父母或者代理人应当在婴儿出生六十日内，持该婴儿的出生证明到父母停留居留地县级以上地方人民政府公安机关出入境管理机构为其办理停留或者居留登记。

外国人在中国境内死亡的，其家属、监护人或者代理人，应当按照规定，持该外国人的死亡证明向县级以上地方人民政府公安机关出入境管理机构申报，注销外国人停留居留证件。

第四十一条　外国人在中国境内工作，应当按照规定取得工作许可和工作类居留证件。任何单位和个人不得聘用未取得工作许可和工作类居留证件的外国人。

外国人在中国境内工作管理办法由国务院规定。

第四十二条　国务院人力资源社会保障主管部门、外国专家主管部门会同国务院有关部门根据经济社会发展需要和人力资源供求状况制定并定期调整外国人在中国境内工作指导目录。

国务院教育主管部门会同国务院有关部门建立外国留学生勤工助学管理制度，对外国留学生勤工助学的岗位范围和时限作出规定。

第四十三条　外国人有下列行为之一的，属于非法就业：

（一）未按照规定取得工作许可和工作类居留证件在中国境内工作的；

（二）超出工作许可限定范围在中国境内工作的；

（三）外国留学生违反勤工助学管理规定，超出规定的岗位范围或者时限在中国境内工作的。

第四十四条　根据维护国家安全、公共安全的需要，公安机关、国家安全机关可以限制外国人、外国机构在某些地区设立居住或者办公场所；对已经设立的，可以限期迁离。未经批准，外国人不得进入限制外国人进入的区域。

第四十五条　聘用外国人工作或者招收外国留学生的单位，应当按照规定向所在地公安机关报告有关信息。

公民、法人或者其他组织发现外国人有非法入境、非法居留、非法就业情形的，应当及时向所在地公安机关报告。

第四十六条　申请难民地位的外国人，在难民地位甄别期间，可以凭公安机关签发的临时身份证明在中国境内停留；被认定为难民的外国人，可以凭公安机关签发的难民身份证件在中国境内停留居留。

第二节　永久居留

第四十七条　对中国经济社会发展作出突出贡献或者符合其他在中国境内永久居留条件的外国人，经本人申请和公安部批准，取得永久居留资格。

外国人在中国境内永久居留的审批管理办法由公安部、外交部会同国务院有关部门规定。

第四十八条　取得永久居留资格的外国人，凭永久居留证件在中国境内居留和工作，凭本人的护照和永久居留证件出境入境。

第四十九条　外国人有下列情形之一的，由公安部决定取消其在中国境内永久居留资格：

（一）对中国国家安全和利益造成危害的；

（二）被处驱逐出境的；

（三）弄虚作假骗取在中国境内永久居留资格的；

（四）在中国境内居留未达到规定时限的；

（五）不适宜在中国境内永久居留的其他情形。

第五章　交通运输工具出境入境边防检查

第五十条　出境入境交通运输工具离开、抵达口岸时，应当接受边防检查。对交通运输工具的入境边防检查，在其最先抵达的口岸进行；对交通运输工具的出境边防检查，在其最后离开的口岸进行。特殊情况下，可以在有关主管机关指定的地点进行。

出境的交通运输工具自出境检查后至出境前，入境的交通运输工具自入境后至入境检查前，未经出入境边防检查机关按照规定程序许可，不得上下人员、装卸货物或者物品。

第五十一条 交通运输工具负责人或者交通运输工具出境入境业务代理单位应当按照规定提前向出入境边防检查机关报告入境、出境的交通运输工具抵达、离开口岸的时间和停留地点，如实申报员工、旅客、货物或者物品等信息。

第五十二条 交通运输工具负责人、交通运输工具出境入境业务代理单位应当配合出境入境边防检查，发现违反本法规定行为的，应当立即报告并协助调查处理。

入境交通运输工具载运不准入境人员的，交通运输工具负责人应当负责载离。

第五十三条 出入境边防检查机关按照规定对处于下列情形之一的出境入境交通运输工具进行监护：

（一）出境的交通运输工具在出境边防检查开始后至出境前、入境的交通运输工具在入境后至入境边防检查完成前；

（二）外国船舶在中国内河航行期间；

（三）有必要进行监护的其他情形。

第五十四条 因装卸物品、维修作业、参观访问等事由需要上下外国船舶的人员，应当向出入境边防检查机关申请办理登轮证件。

中国船舶与外国船舶或者外国船舶之间需要搭靠作业的，应当由船长或者交通运输工具出境入境业务代理单位向出入境边防检查机关申请办理船舶搭靠手续。

第五十五条 外国船舶、航空器在中国境内应当按照规定的路线、航线行驶。

出境入境的船舶、航空器不得驶入对外开放口岸以外地区。因不可预见的紧急情况或者不可抗力驶入的，应当立即向就近的出入境边防检查机关或者当地公安机关报告，并接受监护和管理。

第五十六条 交通运输工具有下列情形之一的，不准出境入境；已经驶离口岸的，可以责令返回：

（一）离开、抵达口岸时，未经查验准许擅自出境入境的；

（二）未经批准擅自改变出境入境口岸的；

（三）涉嫌载有不准出境入境人员，需要查验核实的；

（四）涉嫌载有危害国家安全、利益和社会公共秩序的物品，需要查验核实的；

（五）拒绝接受出入境边防检查机关管理的其他情形。

前款所列情形消失后，出入境边防检查机关对有关交通运输工具应当立即放行。

第五十七条 从事交通运输工具出境入境业务代理的单位，应当向出入境边防检查机关备案。从事业务代理的人员，由所在单位向出入境边防检查机关办理备案手续。

第六章　调查和遣返

第五十八条 本章规定的当场盘问、继续盘问、拘留审查、限制活动范围、遣送出境措施，由县级以上地方人民政府公安机关或者出入境边防检查机关实施。

第五十九条 对涉嫌违反出境入境管理的人员，可以当场盘问；经当场盘问，有下列情形之一的，可以依法继续盘问：

（一）有非法出境入境嫌疑的；

（二）有协助他人非法出境入境嫌疑的；

（三）外国人有非法居留、非法就业嫌疑的；

（四）有危害国家安全和利益，破坏社会公共秩序或者从事其他违法犯罪活动嫌疑的。

当场盘问和继续盘问应当依据《中华人民共和国人民警察法》规定的程序进行。

县级以上地方人民政府公安机关或者出入境边防检查机关需要传唤涉嫌违反出境入境管理的人员的，依照《中华人民共和国治安管理处罚法》的有关规定执行。

第六十条 外国人有本法第五十九条第一款规定情形之一的，经当场盘问或者继续盘问后仍不能排除嫌疑，需要作进一步调查的，可以拘留审查。

实施拘留审查，应当出示拘留审查决定书，并在二十四小时内进行询问。发现不应当拘留审查的，应当立即解除拘留审查。

拘留审查的期限不得超过三十日；案情复杂的，经上一级地方人民政府公安机关或者出入境边防检查机关批准可以延长至六十日。对国籍、身份不明的外国人，拘留审查期限自查清其国籍、身份之日起计算。

第六十一条 外国人有下列情形之一的，不适用拘留审查，可以限制其活动范围：

（一）患有严重疾病的；

（二）怀孕或者哺乳自己不满一周岁婴儿的；

（三）未满十六周岁或者已满七十周岁的；

（四）不宜适用拘留审查的其他情形。

被限制活动范围的外国人，应当按照要求接受审查，未经公安机关批准，不得离开限定的区域。限制活动范围的期限不得超过六十日。对国籍、身份不明的外国人，限制活动范围期限自查清其国籍、身份之日起计算。

第六十二条 外国人有下列情形之一的，可以遣送出境：

（一）被处限期出境，未在规定期限内离境的；

（二）有不准入境情形的；

（三）非法居留、非法就业的；

（四）违反本法或者其他法律、行政法规需要遣送出境的。

其他境外人员有前款所列情形之一的，可以依法遣送出境。

被遣送出境的人员，自被遣送出境之日起一至五年内不准入境。

第六十三条 被拘留审查或者被决定遣送出境但不能立即执行的人员，应当羁押在拘留所或者遣返场所。

第六十四条 外国人对依照本法规定对其实施的继续盘问、拘留审查、限制活动范围、遣送出境措施不服的，可以依法申请行政复议，该行政复议决定为最终决定。

其他境外人员对依照本法规定对其实施的遣送出境措施不服，申请行政复议的，适用前款规定。

第六十五条 对依法决定不准出境或者不准入境的人员，决定机关应当按照规定及时通知出入境边防检查机关；不准出境、入境情形消失的，决定机关应当及时撤销不准出境、入境决定，并通知出入境边防检查机关。

第六十六条 根据维护国家安全和出境入境管理秩序的需要，必要时，出入境边防检查机关可以对出境入境的人员进行人身检查。人身检查应当由两名与受检查人同性别的边防检查人员进行。

第六十七条 签证、外国人停留居留证件等出境入境证件发生损毁、遗失、被盗抢或者签发后发现持证人不符合签发条件等情形的，由签发机关宣布该出境入境证件作废。

伪造、变造、骗取或者被证件签发机关宣布作废的出境入境证件无效。

公安机关可以对前款规定的或被他人冒用的出境入境证件予以注销或者收缴。

第六十八条 对用于组织、运送、协助他人非法出境入境的交通运输工具，以及需要作为办案证据的物品，公安机关可以扣押。

对查获的违禁物品，涉及国家秘密的文件、资料以及用于实施违反出境入境管理活动的工具等，公安机关应当予以扣押，并依照相关法律、行政法规规定处理。

第六十九条 出境入境证件的真伪由签发机关、出入境边防检查机关或者公安机关出入境管理机构认定。

第七章 法律责任

第七十条 本章规定的行政处罚，除本章另有规定外，由县级以上地方人民政府公安机关或者出入境边防检查机关决定；其中警告或者五千元以下罚款，可以由县级以上地方人民政府公安机关出入境管理机构决定。

第七十一条 有下列行为之一的，处一千元以上五千元以下罚款；情节严重的，处五日以上十日以下拘留，可以并处二千元以上一万元以下罚款：

（一）持用伪造、变造、骗取的出境入境证件出境入境的；

（二）冒用他人出境入境证件出境入境的；

（三）逃避出境入境边防检查的；

（四）以其他方式非法出境入境的。

第七十二条 协助他人非法出境入境的，处二千元以上一万元以下罚款；情节严重的，处十日以上十五日以下拘留，并处五千元以上二万元以下罚款，有违法所得的，没收违法所得。

单位有前款行为的，处一万元以上五万元以下罚款，有违法所得的，没收违法所得，并对其直接负责的主管人员和其他直接责任人员依照前款规定予以处罚。

第七十三条 弄虚作假骗取签证、停留居留证件等出境入境证件的，处二千元以上五千元以下罚款；情节严重的，处十日以上十五日以下拘留，并处五千元以上二万元以下罚款。

单位有前款行为的，处一万元以上五万元以下罚款，并对其直接负责的主管人员和其他直接责任人员依照前款规定予以处罚。

第七十四条 违反本法规定，为外国人出具邀请函件或者其他申请材料的，处五千元以上一万元以下罚款，有违法所得的，没收违法所得，并责令其承担所邀请外国人的出境费用。

单位有前款行为的，处一万元以上五万元以下罚款，有违法所得的，没收违法所得，并责令其承担所邀请外国人的出境费用，对其直接负责的主管人员和其他直接责任人员依照前款规定予以处罚。

第七十五条 中国公民出境后非法前往其他国家或者地区被遣返的，出入境边防检查机关应当收缴其出境入境证件，出境入境证件签发机关自其被遣返之日起六个月至三年以内不予签发出境入境证件。

第七十六条 有下列情形之一的，给予警告，可以并处二千元以下罚款：

（一）外国人拒不接受公安机关查验其出境入境证件的；

（二）外国人拒不交验居留证件的；

（三）未按照规定办理外国人出生登记、死亡申报的；

（四）外国人居留证件登记事项发生变更，未按照规定办理变更的；

（五）在中国境内的外国人冒用他人出境入境证件的；

（六）未按照本法第三十九条第二款规定办理登记的。

旅馆未按照规定办理外国人住宿登记的，依照《中华人民共和国治安管理处罚法》的有关规定予以处罚；未按照规定向公安机关报送外国人住宿登记信息的，给予警告；情节严重的，处一千元以上五千元以下罚款。

第七十七条 外国人未经批准，擅自进入限制外国人进入的区域，责令立即离开；情节严重的，处五日以上十日以下拘留。对外国人非法获取的文字记录、音像资料、电子数据和其他物品，予以收缴或者销毁，所用工具予以收缴。

外国人、外国机构违反本法规定，拒不执行公安机关、国家安全机关限期迁离决定的，给予警告并强制迁离；情节严重的，对有关责任人员处五日以上十五日以下拘留。

第七十八条 外国人非法居留的，给予警告；情节严重的，处每非法居留一日五百元，总额不超过一万元的罚款或者五日以上十五日以下拘留。

因监护人或者其他负有监护责任的人未尽到监护义务，致使未满十六周岁的外国人非法居留的，对监护人或者其他负有监护责任的人给予警告，可以并处一千元以下罚款。

第七十九条 容留、藏匿非法入境、非法居留的外国人，协助非法入境、非法居留的外国人逃避检查，或者为非法居留的外国人违法提供出境入境证件的，处二千元以上一万元以下罚款；情节严重的，处五日以上十五日以下拘留，并处五千元以上二万元以下罚款，有违法所得的，没收违法所得。

单位有前款行为的，处一万元以上五万元以下罚款，有违法所得的，没收违法所得，并对其直接负责的主管人员和其他直接责任人员依照前款规定予以处罚。

第八十条 外国人非法就业的，处五千元以上二万元以下罚款；情节严重的，处五日以上十五日以下拘留，并处五千元以上二万元以下罚款。

介绍外国人非法就业的，对个人处每非法介绍一人五千元，总额不超过五万元的罚款；对单位处每非法介绍一人五千元，总额不超过十万元的罚款；有违法所得的，没收违法所得。

非法聘用外国人的，处每非法聘用一人一万元，总额不超过十万元的罚款；有违法所得的，没收违法所得。

第八十一条 外国人从事与停留居留事由不相符的活动，或者有其他违反中国法律、法规规定，不适宜在中国境内继续停留居留情形的，可以处限期出境。

外国人违反本法规定，情节严重，尚不构成犯罪的，公安部可以处驱逐出境。公安部的处罚决定为最终决定。

被驱逐出境的外国人，自被驱逐出境之日起十年内不准入境。

第八十二条 有下列情形之一的，给予警告，可以并处二千元以下罚款：

（一）扰乱口岸限定区域管理秩序的；

（二）外国船员及其随行家属未办理临时入境手续登陆的；

（三）未办理登轮证件上下外国船舶的。

违反前款第一项规定，情节严重的，可以并处五日以上十日以下拘留。

第八十三条 交通运输工具有下列情形之一的，对其负责人处五千元以上五万元以下罚款：

（一）未经查验准许擅自出境入境或者未经批准擅自改变出境入境口岸的；

（二）未按照规定如实申报员工、旅客、货物或者物品等信息，或者拒绝协助出境入境边防检查的；

（三）违反出境入境边防检查规定上下人员、装卸货物或者物品的。

出境入境交通运输工具载运不准出境入境人员出境入境的，处每载运一人五千元以上一万元以下罚款。交通运输工具负责人证明其已经采取合理预防措施的，可以减轻或者免予处罚。

第八十四条 交通运输工具有下列情形之一的，对其负责人处二千元以上二万元以下罚款：

（一）中国或者外国船舶未经批准擅自搭靠外国船舶的；

（二）外国船舶、航空器在中国境内未按照规定的路线、航线行驶的；

（三）出境入境的船舶、航空器违反规定驶入对外开放口岸以外地区的。

第八十五条 履行出境入境管理职责的工作人员，有下列行为之一的，依法给予处分：

（一）违反法律、行政法规，为不符合规定条件的外国人签发签证、外国人停留居留证件等出境入境证件的；

（二）违反法律、行政法规，审核验放不符合规定条件的人员或者交通运输工具出境入境的；

（三）泄露在出境入境管理工作中知悉的个人信息，侵害当事人合法权益的；

（四）不按照规定将依法收取的费用、收缴的罚款及没收的违法所得、非法财物上缴国库的；

（五）私分、侵占、挪用罚没、扣押的款物或者收取的费用的；

（六）滥用职权、玩忽职守、徇私舞弊，不依法履行法定职责的其他行为。

第八十六条 对违反出境入境管理行为处五百元以下罚款的，出入境边防检查机关可以当场作出处罚决定。

第八十七条 对违反出境入境管理行为处罚款的，被处罚人应当自收到处罚决定书之日起十五日内，到指定的银行缴纳罚款。被处罚人在所在地没有固定住所，不当场收缴罚款事后难以执行或者在口岸向指定银行缴纳罚款确有困难的，可以当场收缴。

第八十八条 违反本法规定，构成犯罪的，依法追究刑事责任。

第八章 附 则

第八十九条 本法下列用语的含义：

出境，是指由中国内地前往其他国家或者地区，由中国内地前往香港特别行政区、澳门特别行政区，由中国大陆前往台湾地区。

入境，是指由其他国家或者地区进入中国内地，由香港特别行政区、澳门特别行政区进入中国内地，由台湾地区进入中国大陆。

外国人，是指不具有中国国籍的人。

第九十条 经国务院批准，同毗邻国家接壤的省、自治区可以根据中国与有关国家签订的边界管理协定制定地方性法规、地方政府规章，对两国边境接壤地区的居民往来作出规定。

第九十一条 外国驻中国的外交代表机构、领事机构成员以及享有特权和豁免的其他外国人，其入境出境及停留居留管理，其他法律另有规定的，依照其规定。

第九十二条 外国人申请办理签证、外国人停留居留证件等出境入境证件或者申请办理证件延期、变更的，应当按照规定缴纳签证费、证件费。

第九十三条 本法自 2013 年 7 月 1 日起施行。《中华人民共和国外国人入境出境管理法》和《中华人民共和国公民出境入境管理法》同时废止。

中华人民共和国突发事件应对法

（2007 年 8 月 30 日第十届全国人民代表大会常务委员会第二十九次会议通过，2007 年 8 月 30 日中华人民共和国主席令第六十九号公布，自 2007 年 11 月 1 日起施行）

目 录

第一章 总 则

第一条 为了预防和减少突发事件的发生，控制、减轻和消除突发事件引起的严重社会危害，规范突发事件应对活动，保护人民生命财产安全，维护国家安全、公共安全、环境安全和社会秩序，制定本法。

第二条 突发事件的预防与应急准备、监测与预警、应急处置与救援、事后恢复与重建等应对活动，适用本法。

第三条 本法所称突发事件，是指突然发生，造成或者可能造成严重社会危害，需要采取应急处置措施予以应对的自然灾害、事故灾难、公共卫生事件和社会安全事件。

按照社会危害程度、影响范围等因素，自然灾害、事故灾难、公共卫生事件分为特别重大、重大、较大和一般四级。法律、行政法规或者国务院另有规定的，从其规定。

突发事件的分级标准由国务院或者国务院确定的部门制定。

第四条 国家建立统一领导、综合协调、分类管理、分级负责、属地管理为主的应急管理体制。

第五条 突发事件应对工作实行预防为主、预防与应急相结合的原则。国家建立重大突发事件风险评估体系，对可能发生的突发事件进行综合性评估，减少重大突发事件的发生，最大限度地减轻重大突发事件的影响。

第六条 国家建立有效的社会动员机制，增强全民的公共安全和防范风险的意识，提高全社会的避险救助能力。

第七条 县级人民政府对本行政区域内突发事件的应对工作负责；涉及两个以上行政区域的，由有关行政区域共同的上一级人民政府负责，或者由各有关行政区域的上一级人民政府共同负责。

突发事件发生后，发生地县级人民政府应当立即采取措施控制事态发展，组织开展应急救援和处置工作，并立即向上一级人民政府报告，必要时可以越级上报。

突发事件发生地县级人民政府不能消除或者不能有效控制突发事件引起的严重社会危害的，应当及时向上级人民政府报告。上级人民政府应当及时采取措施，统一领导应急处置工作。

法律、行政法规规定由国务院有关部门对突发事件的应对工作负责的，从其规定；地方人民政府应当积极配合并提供必要的支持。

第八条 国务院在总理领导下研究、决定和部署特别重大突发事件的应对工作；根据实际需要，设立国家突发事件应急指挥机构，负责突发事件应对工作；必要时，国务院可以派出工作组指导有关工作。

县级以上地方各级人民政府设立由本级人民政府主要负责人、相关部门负责人、驻当地中国人民解放军和中国人民武装警察部队有关负责人组成的突发事件应急指挥机构，统一领导、协调本级人民政府各有关部门和下级人民政府开展突发事件应对工作；根据实际需要，设立相关类别突发事件应急指挥机构，组织、协调、指挥突发事件应对工作。

上级人民政府主管部门应当在各自职责范围内，指导、协助下级人民政府及其相应部门做好有关突发事件的应对工作。

第九条 国务院和县级以上地方各级人民政府是突发事件应对工作的行政领导机关，其办事机构及具体职责由国务院规定。

第十条 有关人民政府及其部门作出的应对突发事件的决定、命令，应当及时公布。

第十一条 有关人民政府及其部门采取的应对突发事件的措施，应当与突发事件可能造成的社会危害的性质、程度和范围相适应；有多种措施可供选择的，应当选择有利于最大程度地保护公民、法人和其他组织权益的措施。

公民、法人和其他组织有义务参与突发事件应对工作。

第十二条 有关人民政府及其部门为应对突发事件，可以征用单位和个人的财产。被征用的财产在使用完毕或者突发事件应急处置工作结束后，应当及时返还。财产被征用或者征用后毁损、灭失的，应当给予补偿。

第十三条 因采取突发事件应对措施，诉讼、行政复议、仲裁活动不能正常进行的，适用有关时效中止和程序中止的规定，但法律另有规定的除外。

第十四条 中国人民解放军、中国人民武装警察部队和民兵组织依照本法和其他有关法律、行政法规、军事法规的规定以及国务院、中央军事委员会的命令，参加突发事件的应急救援和处置工作。

第十五条 中华人民共和国政府在突发事件的预防、监测与预警、应急处置与救援、事后恢复与重建等方面，同外国政府和有关国际组织开展合作与交流。

第十六条 县级以上人民政府作出应对突发事件的决定、命令，应当报本级人民代表大会常务委员会备案；突发事件应急处置工作结束后，应当向本级人民代表大会常务委员会作出专项工作报告。

第二章　预防与应急准备

第十七条 国家建立健全突发事件应急预案体系。

国务院制定国家突发事件总体应急预案，组织制定国家突发事件专项应急预案；国务院有关部门根据各自的职责和国务院相关应急预案，制定国家突发事件部门应急预案。

地方各级人民政府和县级以上地方各级人民政府有关部门根据有关法律、法规、规章、上级人民政府及其有关部门的应急预案以及本地区的实际情况，制定相应的突发事件应急预案。

应急预案制定机关应当根据实际需要和情势变化，适时修订应急预案。应急预案的制定、修订程序由国务院规定。

第十八条 应急预案应当根据本法和其他有关法律、法规的规定，针对突发事件的性质、特点和可能造成的社会危害，具体规定突发事件应急管理工作的组织指挥体系与职责和突发事件的预防与预警机制、处置程序、应急保障措施以及事后恢复与重建措施等内容。

第十九条 城乡规划应当符合预防、处置突发事件的需要，统筹安排应对突发事件所必需的设备和基础设施建设，合理确定应急避难场所。

第二十条 县级人民政府应当对本行政区域内容易引发自然灾害、事故灾难和公共卫生事件的危险源、危险区域进行调查、登记、风险评估，定期进行检查、监控，并责令有关单位采取安全防范措施。

省级和设区的市级人民政府应当对本行政区域内容易引发特别重大、重大突发事件的危险源、危险区域进行调查、登记、风险评估，组织进行检查、监控，并责令有关单位采取安全防范措施。

县级以上地方各级人民政府按照本法规定登记的危险源、危险区域，应当按照国家规定及时向社会公布。

第二十一条 县级人民政府及其有关部门、乡级人民政府、街道办事处、居民委员会、村民委员会应当及时调解处理可能引发社会安全事件的矛盾纠纷。

第二十二条 所有单位应当建立健全安全管理制度，定期检查本单位各项安全防范措施的落实情况，及时消除事故隐患；掌握并及时处理本单位存在的可能引发社会安全事件的问题，防止矛盾激化和事态扩大；对本单位可能发生的突发事件和采取安全防范措施的情况，应当按照规定及时向所在地人民政府或者人民政府有关部门报告。

第二十三条 矿山、建筑施工单位和易燃易爆物品、危险化学品、放射性物品等危险物品的生产、经营、储运、使用单位，应当制定具体应急预案，并对生产经营场所、有危险物品的建筑物、构筑物及周边环境开展隐患排查，及时采取措施消除隐患，防止发生突发事件。

第二十四条 公共交通工具、公共场所和其他人员密集场所的经营单位或者管理单位应当制定具体应急预案，为交通工具和有关场所配备报警装置和必要的应急救援设备、设施，注明其使用方法，并显著标明安全撤离的通道、路线，保证安全通道、出口的畅通。

有关单位应当定期检测、维护其报警装置和应急救援设备、设施，使其处于良好状态，确保正常使用。

第二十五条 县级以上人民政府应当建立健全突发事件应急管理培训制度，对人民政府及其有关部门负有处置突发事件职责的工作人员定期进行培训。

第二十六条 县级以上人民政府应当整合应急资源，建立或者确定综合性应急救援队伍。人民政府有关部门可以根据实际需要设立专业应急救援队伍。

县级以上人民政府及其有关部门可以建立由成年志愿者组成的应急救援队伍。单位应当建立由本单位职工组成的专职或者兼职应急救援队伍。

县级以上人民政府应当加强专业应急救援队伍与非专业应急救援队伍的合作，联合培训、联合演练，提高合成应急、协同应急的能力。

第二十七条 国务院有关部门、县级以上地方各级人民政府及其有关部门、有关单位应当为专业应急救援人员购买人身意外伤害保险，配备必要的防护装备和器材，减少应急救援人员的人身风险。

第二十八条 中国人民解放军、中国人民武装警察部队和民兵组织应当有计划地组织开展应急救援的专门训练。

第二十九条 县级人民政府及其有关部门、乡级人民政府、街道办事处应当组织开展应急知识的宣传普及活动和必要的应急演练。

居民委员会、村民委员会、企业事业单位应当根据所在地人民政府的要求，结合各自的实际情况，开展有关突发事件应急知识的宣传普及活动和必要的应急演练。

新闻媒体应当无偿开展突发事件预防与应急、自救与互救知识的公益宣传。

第三十条 各级各类学校应当把应急知识教育纳入教学内容，对学生进行应急知识教育，培养学生的安全意识和自救与互救能力。

教育主管部门应当对学校开展应急知识教育进行指导和监督。

第三十一条 国务院和县级以上地方各级人民政府应当采取财政措施，保障突发事件应对工作所需经费。

第三十二条 国家建立健全应急物资储备保障制度，完善重要应急物资的监管、生产、储备、调拨和紧急配送体系。

设区的市级以上人民政府和突发事件易发、多发地区的县级人民政府应当建立应急救援物资、生活必需品和应急处置装备的储备制度。

县级以上地方各级人民政府应当根据本地区的实际情况，与有关企业签订协议，保障应急救援物资、生活必需品和应急处置装备的生产、供给。

第三十三条 国家建立健全应急通信保障体系，完善公用通信网，建立有线与无线相结合、基础电信网络与机动通信系统相配套的应急通信系统，确保突发事件应对工作的通信畅通。

第三十四条 国家鼓励公民、法人和其他组织为人民政府应对突发事件工作提供物资、资金、技术支持和捐赠。

第三十五条 国家发展保险事业，建立国家财政支持的巨灾风险保险体系，并鼓励单位和公民参加保险。

第三十六条 国家鼓励、扶持具备相应条件的教学科研机构培养应急管理专门人才，鼓励、扶持教学科研机构和有关企业研究开发用于突发事件预防、监测、预警、应急处置与救援的新技术、新设备和新工具。

第三章　监测与预警

第三十七条 国务院建立全国统一的突发事件信息系统。

县级以上地方各级人民政府应当建立或者确定本地区统一的突发事件信息系统，汇集、储存、分析、传输有关突发事件的信息，并与上级人民政府及其有关部门、下级人民政府及其有关部门、专业机构和监测网点的突发事件信息系统实现互联互通，加强跨部门、跨地区的信息交流与情报合作。

第三十八条 县级以上人民政府及其有关部门、专业机构应当通过多种途径收集突发事件信息。

县级人民政府应当在居民委员会、村民委员会和有关单位建立专职或者兼职信息报告员制度。

获悉突发事件信息的公民、法人或者其他组织，应当立即向所在地人民政府、有关主管部门或者指定的专业机构报告。

第三十九条 地方各级人民政府应当按照国家有关规定向上级人民政府报送突发事件信息。县级以上人民政府有关主管部门应当向本级人民政府相关部门通报突发事件信息。专业机构、监测网点和信息报告员应当及时向所在地人民政府及其有关主管部门报告突发事件信息。

有关单位和人员报送、报告突发事件信息，应当做到及时、客观、真实，不得迟报、谎报、瞒报、漏报。

第四十条 县级以上地方各级人民政府应当及时汇总分析突发事件隐患和预警信息，必要时组织相关部门、专业技术人员、专家学者进行会商，对发生突发事件的可能性及其可能造成的影响进行评估；认为可能发生重大或者特别重大突发事件的，应当立即向上级人民政府报告，并向上级人民政府有关部门、当地驻军和可能受到危害的毗邻或者相关地区的人民政府通报。

第四十一条 国家建立健全突发事件监测制度。

县级以上人民政府及其有关部门应当根据自然灾害、事故灾难和公共卫生事件的种类和特点，建立健全基础信息数据库，完善监测网络，划分监测区域，确定监测点，明确监测项目，提供必要的设备、设施，配备专职或者兼职人员，对可能发生的突发事件进行监测。

第四十二条 国家建立健全突发事件预警制度。

可以预警的自然灾害、事故灾难和公共卫生事件的预警级别，按照突发事件发生的紧急程度、发展势态和可能造成的危害程度分为一级、二级、三级和四级，分别用红色、橙色、黄色和蓝色标示，一级为最高级别。

预警级别的划分标准由国务院或者国务院确定的部门制定。

第四十三条 可以预警的自然灾害、事故灾难或者公共卫生事件即将发生或者发生的可能性增大时，县级以上地方各级人民政府应当根据有关法律、行政法规和国务院规定的权限和程序，发布相应级别的警报，决定并宣布有关地区进入预警期，同时向上一级人民政府报告，必要时可以越级上报，并向当地驻军和可能受到危害的毗邻或者相关地区的人民政府通报。

第四十四条 发布三级、四级警报，宣布进入预警期后，县级以上地方各级人民政府应当根据即将发生的突发事件的特点和可能造成的危害，采取下列措施：

（一）启动应急预案；

（二）责令有关部门、专业机构、监测网点和负有特定职责的人员及时收集、报告有关信息，向社会公布反映突发事件信息的渠道，加强对突发事件发生、发展情况的监测、预报和预警工作；

（三）组织有关部门和机构、专业技术人员、有关专家学者，随时对突发事件信息进行分析评估，预测发生突发事件可能性的大小、影响范围和强度以及可能发生的突发事件的级别；

（四）定时向社会发布与公众有关的突发事件预测信息和分析评估结果，并对相关信息的报道工作进行管理；

（五）及时按照有关规定向社会发布可能受到突发事件危害的警告，宣传避免、减轻危害的常识，公布咨询电话。

第四十五条 发布一级、二级警报，宣布进入预警期后，县级以上地方各级人民政府除采取本法第四十四条规定的措施外，还应当针对即将发生的突发事件的特点和可能造成的危害，采取下列一项或者多项措施：

（一）责令应急救援队伍、负有特定职责的人员进入待命状态，并动员后备人员做好参加应急救援和处置工作的准备；

（二）调集应急救援所需物资、设备、工具，准备应急设施和避难场所，并确保其处于良好状态、随时可以投入正常使用；

（三）加强对重点单位、重要部位和重要基础设施的安全保卫，维护社会治安秩序；

（四）采取必要措施，确保交通、通信、供水、排水、供电、供气、供热等公共设施的安全和正常运行；

（五）及时向社会发布有关采取特定措施避免或者减轻危害的建议、劝告；

（六）转移、疏散或者撤离易受突发事件危害的人员并予以妥善安置，转移重要财产；

（七）关闭或者限制使用易受突发事件危害的场所，控制或者限制容易导致危害扩大的公共场所的活动；

（八）法律、法规、规章规定的其他必要的防范性、保护性措施。

第四十六条 对即将发生或者已经发生的社会安全事件，县级以上地方各级人民政府及其有关主管部门应当按照规定向上一级人民政府及其有关主管部门报告，必要时可以越级上报。

第四十七条 发布突发事件警报的人民政府应当根据事态的发展，按照有关规定适时调整预警级别并重新发布。

有事实证明不可能发生突发事件或者危险已经解除的，发布警报的人民政府应当立即宣布解除警报，终止预警期，并解除已经采取的有关措施。

第四章 应急处置与救援

第四十八条 突发事件发生后，履行统一领导职责或者组织处置突发事件的人民政府应当针对其性质、特点和危害程度，立即组织有关部门，调动应急救援队伍和社会力量，依照本章的规定和有关法律、法规、规章的规定采取应急处置措施。

第四十九条 自然灾害、事故灾难或者公共卫生事件发生后，履行统一领导职责的人民政府可以采取下列一项或者多项应急处置措施：

（一）组织营救和救治受害人员，疏散、撤离并妥善安置受到威胁的人员以及采取其他救助措施；

（二）迅速控制危险源，标明危险区域，封锁危险场所，划定警戒区，实行交通管制以及其他控制措施；

（三）立即抢修被损坏的交通、通信、供水、排水、供电、供气、供热等公共设施，向受到危害的人员提供避难场所和生活必需品，实施医疗救护和卫生防疫以及其他保障措施；

（四）禁止或者限制使用有关设备、设施，关闭或者限制使用有关场所，中止人员密集的活动或者可能导致危害扩大的生产经营活动以及采取其他保护措施；

（五）启用本级人民政府设置的财政预备费和储备的应急救援物资，必要时调用其他急需物资、设备、设施、工具；

（六）组织公民参加应急救援和处置工作，要求具有特定专长的人员提供服务；

（七）保障食品、饮用水、燃料等基本生活必需品的供应；

（八）依法从严惩处囤积居奇、哄抬物价、制假售假等扰乱市场秩序的行为，稳定市场价格，维护市场秩序；

（九）依法从严惩处哄抢财物、干扰破坏应急处置工作等扰乱社会秩序的行为，维护社会治安；

（十）采取防止发生次生、衍生事件的必要措施。

第五十条 社会安全事件发生后，组织处置工作的人民政府应当立即组织有关部门并由公安机关针对事件的性质和特点，依照有关法律、行政法规和国家其他有关规定，采取下列一项或者多项应急处置措施：

（一）强制隔离使用器械相互对抗或者以暴力行为参与冲突的当事人，妥善解决现场纠纷和争端，控制事态发展；

（二）对特定区域内的建筑物、交通工具、设备、设施以及燃料、燃气、电力、水的供应进行控制；

（三）封锁有关场所、道路，查验现场人员的身份证件，限制有关公共场所内的活动；

（四）加强对易受冲击的核心机关和单位的警卫，在国家机关、军事机关、国家通讯社、广播电台、电视台、外国驻华使领馆等单位附近设置临时警戒线；

（五）法律、行政法规和国务院规定的其他必要措施。

严重危害社会治安秩序的事件发生时，公安机关应当立即依法出动警力，根据现场情况依法采取相应的强制性措施，尽快使社会秩序恢复正常。

第五十一条 发生突发事件，严重影响国民经济正常运行时，国务院或者国务院授权的有关主管部门可以采取保障、控制等必要的应急措施，保障人民群众的基本生活需要，最大限度地减轻突发事件的影响。

第五十二条 履行统一领导职责或者组织处置突发事件的人民政府，必要时可以向单位和个人征用应急救援所需设备、设施、场地、交通工具和其他物资，请求其他地方人民政府提供人力、物力、财力或者技术支援，要求生产、供应生活必需品和应急救援物资的企业组织生产、保证供给，要求提供医疗、交通等公共服务的组织提供相应的服务。

履行统一领导职责或者组织处置突发事件的人民政府，应当组织协调运输经营单位，优先运送处置突发事件所需物资、设备、工具、应急救援人员和受到突发事件危害的人员。

第五十三条 履行统一领导职责或者组织处置突发事件的人民政府，应当按照有关规定统一、准确、及时发布有关突发事件事态发展和应急处置工作的信息。

第五十四条 任何单位和个人不得编造、传播有关突发事件事态发展或者应急处置工作的虚假信息。

第五十五条 突发事件发生地的居民委员会、村民委员会和其他组织应当按照当地人民政府的决定、命令，进行宣传动员，组织群众开展自救和互救，协助维护社会秩序。

第五十六条 受到自然灾害危害或者发生事故灾难、公共卫生事件的单位，应当立即组织本单位应急救援队伍和工作人员营救受害人员，疏散、撤离、安置受到威胁的人员，控制危险源，标明危险区域，封锁危险场所，并采取其他防止危害扩大的必要措施，同时向所在地县级人民政府报告；对因本单位的问题引发的或者主体是本单位人员的社会安全事件，有关单位应当按照规定上报情况，并迅速派出负责人赶赴现场开展劝解、疏导工作。

突发事件发生地的其他单位应当服从人民政府发布的决定、命令，配合人民政府采取的应急处置措施，做好本单位的应急救援工作，并积极组织人员参加所在地的应急救援和处置工作。

第五十七条 突发事件发生地的公民应当服从人民政府、居民委员会、村民委员会或者所属单位的指挥和安排，配合人民政府采取的应急处置措施，积极参加应急救援工作，协助维护社会秩序。

第五章 事后恢复与重建

第五十八条 突发事件的威胁和危害得到控制或者消除后，履行统一领导职责或者组织处置突发事件的人民政府应当停止执行依照本法规定采取的应急处置措施，同时采取或者继续实施必要措施，防止发生自然灾害、事故灾难、公共卫生事件的次生、衍生事件或者重新引发社会安全事件。

第五十九条 突发事件应急处置工作结束后，履行统一领导职责的人民政府应当立即组织对突发事件造成的损失进行评估，组织受影响地区尽快恢复生产、生活、工作和社会秩序，制定恢复重建计划，并向上一级人民政府报告。

受突发事件影响地区的人民政府应当及时组织和协调公安、交通、铁路、民航、邮电、建设等有关部门恢复社会治安秩序，尽快修复被损坏的交通、通信、供水、排水、供电、供气、供热等公共设施。

第六十条 受突发事件影响地区的人民政府开展恢复重建工作需要上一级人民政府支持的，可以向上一级人民政府提出请求。上一级人民政府应当根据受影响地区遭受的损失和实际情况，提供资金、物资支持和技术指导，组织其他地区提供资金、物资和人力支援。

第六十一条 国务院根据受突发事件影响地区遭受损失的情况，制定扶持该地区有关行业发展的优惠政策。

受突发事件影响地区的人民政府应当根据本地区遭受损失的情况，制定救助、补偿、抚慰、抚恤、安置等善后工作计划并组织实施，妥善解决因处置突发事件引发的矛盾和纠纷。

公民参加应急救援工作或者协助维护社会秩序期间，其在本单位的工资待遇和福利不变；表现突出、成绩显著的，由县级以上人民政府给予表彰或者奖励。

县级以上人民政府对在应急救援工作中伤亡的人员依法给予抚恤。

第六十二条 履行统一领导职责的人民政府应当及时查明突发事件的发生经过和原因，总结突发事件应急处置工作的经验教训，制定改进措施，并向上一级人民政府提出报告。

第六章 法律责任

第六十三条 地方各级人民政府和县级以上各级人民政府有关部门违反本法规定，不履行法定职责的，由其上级行政机关或者监察机关责令改正；有下列情形之一的，根据情节对直接负责的主管人员和其他直接责任人员依法给予处分：

（一）未按规定采取预防措施，导致发生突发事件，或者未采取必要的防范措施，导致发生次生、衍生事件的；

（二）迟报、谎报、瞒报、漏报有关突发事件的信息，或者通报、报送、公布虚假信息，造成后果的；

（三）未按规定及时发布突发事件警报、采取预警期的措施，导致损害发生的；

（四）未按规定及时采取措施处置突发事件或者处置不当，造成后果的；

（五）不服从上级人民政府对突发事件应急处置工作的统一领导、指挥和协调的；

（六）未及时组织开展生产自救、恢复重建等善后工作的；

（七）截留、挪用、私分或者变相私分应急救援资金、物资的；

（八）不及时归还征用的单位和个人的财产，或者对被征用财产的单位和个人不按规定给予补偿的。

第六十四条 有关单位有下列情形之一的，由所在地履行统一领导职责的人民政府责令停产停业，暂扣或者吊销许可证或者营业执照，并处五万元以上二十万元以下的罚款；构成违反治安管理行为的，由公安机关依法给予处罚：

（一）未按规定采取预防措施，导致发生严重突发事件的；

（二）未及时消除已发现的可能引发突发事件的隐患，导致发生严重突发事件的；

（三）未做好应急设备、设施日常维护、检测工作，导致发生严重突发事件或者突发事件危害扩大的；

（四）突发事件发生后，不及时组织开展应急救援工作，造成严重后果的。

前款规定的行为，其他法律、行政法规规定由人民政府有关部门依法决定处罚的，从其规定。

第六十五条 违反本法规定，编造并传播有关突发事件事态发展或者应急处置工作的虚假信息，或者明知是有关突发事件事态发展或者应急处置工作的虚假信息而进行传播的，责令改正，给予警告；造成严重后果的，依法暂停其业务活动或者吊销其执业许可证；负有直接责任的人员是国家工作人员的，还应当对其依法给予处分；构成违反治安管理行为的，由公安机关依法给予处罚。

第六十六条 单位或者个人违反本法规定，不服从所在地人民政府及其有关部门发布的决定、命令或者不配合其依法采取的措施，构成违反治安管理行为的，由公安机关依法给予处罚。

第六十七条 单位或者个人违反本法规定，导致突发事件发生或者危害扩大，给他人人身、财产造成损害的，应当依法承担民事责任。

第六十八条 违反本法规定，构成犯罪的，依法追究刑事责任。

第七章 附 则

第六十九条 发生特别重大突发事件，对人民生命财产安全、国家安全、公共安全、环境安全或者社会秩序构成重大威胁，采取本法和其他有关法律、法规、规章规定的应急处置措施不能消除或者有效控制、减轻其严重社会危害，需要进入紧急状态的，由全国人民代表大会常务委员会或者国务院依照宪法和其他有关法律规定的权限和程序决定。

紧急状态期间采取的非常措施，依照有关法律规定执行或者由全国人民代表大会常务委员会另行规定。

第七十条 本法自 2007 年 11 月 1 日起施行。

中华人民共和国刑法

（1979 年 7 月 1 日第五届全国人民代表大会第二次会议通过，1997 年 3 月 14 日第八届全国人民代表大会第五次会议修订，根据 1998 年 12 月 29 日第九届全国人民代表大会常务委员会第六次会议通过的《全国人民代表大会常务委员会关于惩治骗购外汇、逃汇和非法买卖外汇犯罪的决定》、1999 年 12 月 25 日第九届全国人民代表大会常务委员会第十三次会议通过的《中华人民共和国刑法修正案》、2001 年 8 月 31 日第九届全国人民代表大会常务委员会第二十三次会议通过的《中华人民共和国刑法修正案（二）》、2001 年 12 月 29 日第九届全国人民代表大会常务委员会第二十五次会议通过的《中华人民共和国刑法修正案（三）》、2002 年 12 月 28 日第九届全国人民代表大会常务委员会第三十一次会议通过的《中华人民共和国刑法修正案（四）》、2005 年 2 月 28 日第十届全国人民代表大会常务委员会第十四次会议通过的《中华人民共和国刑法修正案（五）》、2006 年 6 月 29 日第十届全国人民代表大会常务委员会第二十二次会议通过的《中华人民共和国刑法修正案（六）》、2009 年 2 月 28 日第十一届全国人民代表大会常务委员会第七次会议通过的《中华人民共和国刑法修正案（七）》、2009 年 8 月 27 日第十一届全国人民代表大会常务委员会第十次会议通过的《关于修改部分法律的决定》、2011 年 2 月 25 日第十一届全国人民代表大会常务委员会第十九次会议通过的《中华人民共和国刑法修正案（八）》、2015 年 8 月 29 日第十二届全国人民代表大会常务委员会第十六次会议通过的《中华人民共和国刑法修正案（九）》、2017 年 11 月 4 日第十二届全国人民代表大会常务委员会第三十次会议通过的《中华人民共和国刑法修正案（十）》修正）

目　录

第一编　总　则

第一章　刑法的任务、基本原则和适用范围

第一条　为了惩罚犯罪，保护人民，根据宪法，结合我国同犯罪作斗争的具体经验及实际情况，制定本法。

第二条　中华人民共和国刑法的任务，是用刑罚同一切犯罪行为作斗争，以保卫国家安全，保卫人民民主专政的政权和社会主义制度，保护国有财产和劳动群众集体所有的财产，保护公民私人所有的财产，保护公民的人身权利、民主权利和其他权利，维护社会秩序、经济秩序，保障社会主义建设事业的顺利进行。

第三条　法律明文规定为犯罪行为的，依照法律定罪处刑；法律没有明文规定为犯罪行为的，不得定罪处刑。

第四条　对任何人犯罪，在适用法律上一律平等。不允许任何人有超越法律的特权。

第五条　刑罚的轻重，应当与犯罪分子所犯罪行和承担的刑事责任相适应。

第六条　凡在中华人民共和国领域内犯罪的，除法律有特别规定的以外，都适用本法。

凡在中华人民共和国船舶或者航空器内犯罪的，也适用本法。

犯罪的行为或者结果有一项发生在中华人民共和国领域内的，就认为是在中华人民共和国领域内犯罪。

第七条　中华人民共和国公民在中华人民共和国领域外犯本法规定之罪的，适用本法，但是按本法规定的最高刑为三年以下有期徒刑的，可以不予追究。

中华人民共和国国家工作人员和军人在中华人民共和国领域外犯本法规定之罪的，适用本法。

第八条　外国人在中华人民共和国领域外对中华人民共和国国家或者公民犯罪，而按本法规定的最低刑为三年以上有期徒刑的，可以适用本法，但是按照犯罪地的法律不受处罚的除外。

第九条　对于中华人民共和国缔结或者参加的国际条约所规定的罪行，中华人民共和国在所承担条约义务的范围内行使刑事管辖权的，适用本法。

第十条　凡在中华人民共和国领域外犯罪，依照本法应当负刑事责任的，虽然经过外国审判，仍然可以依照本法追究，但是在外国已经受过刑罚处罚的，可以免除或者减轻处罚。

第十一条　享有外交特权和豁免权的外国人的刑事责任，通过外交途径解决。

第十二条　中华人民共和国成立以后本法施行以前的行为，如果当时的法律不认为是犯罪的，适用当时的法律；如果当时的法律认为是犯罪的，依照本法总则第四章第八节的规定应当追诉的，按照当时的法律追究刑事责任，但是如果本法不认为是犯罪或者处刑较轻的，适用本法。

本法施行以前，依照当时的法律已经作出的生效判决，继续有效。

第二章　犯　罪

第一节　犯罪和刑事责任

第十三条　一切危害国家主权、领土完整和安全，分裂国家、颠覆人民民主专政的政权和推翻社会主义制度，破坏社会秩序和经济秩序，侵犯国有财产或者劳动群众集体所有的财产，侵犯公民

私人所有的财产，侵犯公民的人身权利、民主权利和其他权利，以及其他危害社会的行为，依照法律应当受刑罚处罚的，都是犯罪，但是情节显著轻微危害不大的，不认为是犯罪。

第十四条 明知自己的行为会发生危害社会的结果，并且希望或者放任这种结果发生，因而构成犯罪的，是故意犯罪。

故意犯罪，应当负刑事责任。

第十五条 应当预见自己的行为可能发生危害社会的结果，因为疏忽大意而没有预见，或者已经预见而轻信能够避免，以致发生这种结果的，是过失犯罪。

过失犯罪，法律有规定的才负刑事责任。

第十六条 行为在客观上虽然造成了损害结果，但是不是出于故意或者过失，而是由于不能抗拒或者不能预见的原因所引起的，不是犯罪。

第十七条 已满十六周岁的人犯罪，应当负刑事责任。

已满十四周岁不满十六周岁的人，犯故意杀人、故意伤害致人重伤或者死亡、强奸、抢劫、贩卖毒品、放火、爆炸、投毒罪的，应当负刑事责任。

已满十四周岁不满十八周岁的人犯罪，应当从轻或者减轻处罚。

因不满十六周岁不予刑事处罚的，责令他的家长或者监护人加以管教；在必要的时候，也可以由政府收容教养。

第十七条之一 已满七十五周岁的人故意犯罪的，可以从轻或者减轻处罚；过失犯罪的，应当从轻或者减轻处罚。

第十八条 精神病人在不能辨认或者不能控制自己行为的时候造成危害结果，经法定程序鉴定确认的，不负刑事责任，但是应当责令他的家属或者监护人严加看管和医疗；在必要的时候，由政府强制医疗。

间歇性的精神病人在精神正常的时候犯罪，应当负刑事责任。

尚未完全丧失辨认或者控制自己行为能力的精神病人犯罪的，应当负刑事责任，但是可以从轻或者减轻处罚。

醉酒的人犯罪，应当负刑事责任。

第十九条 又聋又哑的人或者盲人犯罪，可以从轻、减轻或者免除处罚。

第二十条 为了使国家、公共利益、本人或者他人的人身、财产和其他权利免受正在进行的不法侵害，而采取的制止不法侵害的行为，对不法侵害人造成损害的，属于正当防卫，不负刑事责任。

正当防卫明显超过必要限度造成重大损害的，应当负刑事责任，但是应当减轻或者免除处罚。

对正在进行行凶、杀人、抢劫、强奸、绑架以及其他严重危及人身安全的暴力犯罪，采取防卫行为，造成不法侵害人伤亡的，不属于防卫过当，不负刑事责任。

第二十一条 为了使国家、公共利益、本人或者他人的人身、财产和其他权利免受正在发生的危险，不得已采取的紧急避险行为，造成损害的，不负刑事责任。

紧急避险超过必要限度造成不应有的损害的，应当负刑事责任，但是应当减轻或者免除处罚。

第一款中关于避免本人危险的规定，不适用于职务上、业务上负有特定责任的人。

第二节 犯罪的预备、未遂和中止

第二十二条 为了犯罪，准备工具、制造条件的，是犯罪预备。

对于预备犯，可以比照既遂犯从轻、减轻处罚或者免除处罚。

第二十三条 已经着手实行犯罪，由于犯罪分子意志以外的原因而未得逞的，是犯罪未遂。

对于未遂犯，可以比照既遂犯从轻或者减轻处罚。

第二十四条 在犯罪过程中，自动放弃犯罪或者自动有效地防止犯罪结果发生的，是犯罪中止。

对于中止犯，没有造成损害的，应当免除处罚；造成损害的，应当减轻处罚。

第三节 共同犯罪

第二十五条 共同犯罪是指二人以上共同故意犯罪。

二人以上共同过失犯罪，不以共同犯罪论处；应当负刑事责任的，按照他们所犯的罪分别处罚。

第二十六条 组织、领导犯罪集团进行犯罪活动的或者在共同犯罪中起主要作用的，是主犯。

三人以上为共同实施犯罪而组成的较为固定的犯罪组织，是犯罪集团。

对组织、领导犯罪集团的首要分子，按照集团所犯的全部罪行处罚。

对于第三款规定以外的主犯，应当按照其所参与的或者组织、指挥的全部犯罪处罚。

第二十七条 在共同犯罪中起次要或者辅助作用的，是从犯。

对于从犯，应当从轻、减轻处罚或者免除处罚。

第二十八条 对于被胁迫参加犯罪的，应当按照他的犯罪情节减轻处罚或者免除处罚。

第二十九条 教唆他人犯罪的，应当按照他在共同犯罪中所起的作用处罚。教唆不满十八周岁的人犯罪的，应当从重处罚。

如果被教唆的人没有犯被教唆的罪，对于教唆犯，可以从轻或者减轻处罚。

第四节 单位犯罪

第三十条 公司、企业、事业单位、机关、团体实施的危害社会的行为，法律规定为单位犯罪的，应当负刑事责任。

第三十一条 单位犯罪的，对单位判处罚金，并对其直接负责的主管人员和其他直接责任人员判处刑罚。本法分则和其他法律另有规定的，依照规定。

第三章 刑 罚

第一节 刑罚的种类

第三十二条 刑罚分为主刑和附加刑。

第三十三条 主刑的种类如下：

（一）管制；

（二）拘役；

（三）有期徒刑；

（四）无期徒刑；

（五）死刑。

第三十四条 附加刑的种类如下：

（一）罚金；

（二）剥夺政治权利；

（三）没收财产。

附加刑也可以独立适用。

第三十五条 对于犯罪的外国人，可以独立适用或者附加适用驱逐出境。

第三十六条 由于犯罪行为而使被害人遭受经济损失的，对犯罪分子除依法给予刑事处罚外，并应根据情况判处赔偿经济损失。

承担民事赔偿责任的犯罪分子，同时被判处罚金，其财产不足以全部支付的，或者被判处没收财产的，应当先承担对被害人的民事赔偿责任。

第三十七条 对于犯罪情节轻微不需要判处刑罚的，可以免予刑事处罚，但是可以根据案件的不同情况，予以训诫或者责令具结悔过、赔礼道歉、赔偿损失，或者由主管部门予以行政处罚或者行政处分。

第三十七条之一 因利用职业便利实施犯罪，或者实施违背职业要求的特定义务的犯罪被判处刑罚的，人民法院可以根据犯罪情况和预防再犯罪的需要，禁止其自刑罚执行完毕之日或者假释之日起从事相关职业，期限为三年至五年。

被禁止从事相关职业的人违反人民法院依照前款规定作出的决定的，由公安机关依法给予处罚；情节严重的，依照本法第三百一十三条的规定定罪处罚。

其他法律、行政法规对其从事相关职业另有禁止或者限制性规定的，从其规定。

第二节 管 制

第三十八条 管制的期限，为三个月以上二年以下。

判处管制，可以根据犯罪情况，同时禁止犯罪分子在执行期间从事特定活动，进入特定区域、场所，接触特定的人。

对判处管制的犯罪分子，依法实行社区矫正。

违反第二款规定的禁止令的，由公安机关依照《中华人民共和国治安管理处罚法》的规定处罚。

第三十九条 被判处管制的犯罪分子，在执行期间，应当遵守下列规定：

（一）遵守法律、行政法规，服从监督；

（二）未经执行机关批准，不得行使言论、出版、集会、结社、游行、示威自由的权利；

（三）按照执行机关规定报告自己的活动情况；

（四）遵守执行机关关于会客的规定；

（五）离开所居住的市、县或者迁居，应当报经执行机关批准。

对于被判处管制的犯罪分子，在劳动中应当同工同酬。

第四十条 被判处管制的犯罪分子，管制期满，执行机关应即向本人和其所在单位或者居住地的群众宣布解除管制。

第四十一条 管制的刑期，从判决执行之日起计算；判决执行以前先行羁押的，羁押一日折抵刑期二日。

第三节 拘 役

第四十二条 拘役的期限，为一个月以上六个月以下。

第四十三条 被判处拘役的犯罪分子，由公安机关就近执行。

在执行期间，被判处拘役的犯罪分子每月可以回家一天至两天；参加劳动的，可以酌量发给报酬。

第四十四条 拘役的刑期，从判决执行之日起计算；判决执行以前先行羁押的，羁押一日折抵刑期一日。

第四节 有期徒刑、无期徒刑

第四十五条 有期徒刑的期限，除本法第五十条、第六十九条规定外，为六个月以上十五年以下。

第四十六条 被判处有期徒刑、无期徒刑的犯罪分子，在监狱或者其他执行场所执行；凡有劳动能力的，都应当参加劳动，接受教育和改造。

第四十七条 有期徒刑的刑期，从判决执行之日起计算；判决执行以前先行羁押的，羁押一日折抵刑期一日。

第五节 死 刑

第四十八条 死刑只适用于罪行极其严重的犯罪分子。对于应当判处死刑的犯罪分子，如果不是必须立即执行的，可以判处死刑同时宣告缓期二年执行。

死刑除依法由最高人民法院判决的以外，都应当报请最高人民法院核准。死刑缓期执行的，可以由高级人民法院判决或者核准。

第四十九条 犯罪的时候不满十八周岁的人和审判的时候怀孕的妇女，不适用死刑。

审判的时候已满七十五周岁的人，不适用死刑，但以特别残忍手段致人死亡的除外。

第五十条 判处死刑缓期执行的，在死刑缓期执行期间，如果没有故意犯罪，二年期满以后，减为无期徒刑；如果确有重大立功表现，二年期满以后，减为二十五年有期徒刑；如果故意犯罪，情节恶劣的，报请最高人民法院核准后执行死刑；对于故意犯罪未执行死刑的，死刑缓期执行的期间重新计算，并报最高人民法院备案。

对被判处死刑缓期执行的累犯以及因故意杀人、强奸、抢劫、绑架、放火、爆炸、投放危险物质或者有组织的暴力性犯罪被判处死刑缓期执行的犯罪分子，人民法院根据犯罪情节等情况可以同时决定对其限制减刑。

第五十一条 死刑缓期执行的期间，从判决确定之日起计算。死刑缓期执行减为有期徒刑的刑期，从死刑缓期执行期满之日起计算。

第六节 罚 金

第五十二条 判处罚金，应当根据犯罪情节决定罚金数额。

第五十三条 罚金在判决指定的期限内一次或者分期缴纳。期满不缴纳的，强制缴纳。对于不能全部缴纳罚金的，人民法院在任何时候发现被执行人有可以执行的财产，应当随时追缴。

由于遭遇不能抗拒的灾祸等原因缴纳确实有困难的，经人民法院裁定，可以延期缴纳、酌情减少或者免除。

第七节 剥夺政治权利

第五十四条 剥夺政治权利是剥夺下列权利：

（一）选举权和被选举权；

（二）言论、出版、集会、结社、游行、示威自由的权利；

（三）担任国家机关职务的权利；

（四）担任国有公司、企业、事业单位和人民团体领导职务的权利。

第五十五条 剥夺政治权利的期限，除本法第五十七条规定外，为一年以上五年以下。

判处管制附加剥夺政治权利的，剥夺政治权利的期限与管制的期限相等，同时执行。

第五十六条 对于危害国家安全的犯罪分子应当附加剥夺政治权利；对于故意杀人、强奸、放火、爆炸、投毒、抢劫等严重破坏社会秩序的犯罪分子，可以附加剥夺政治权利。

独立适用剥夺政治权利的，依照本法分则的规定。

第五十七条 对于被判处死刑、无期徒刑的犯罪分子，应当剥夺政治权利终身。

在死刑缓期执行减为有期徒刑或者无期徒刑减为有期徒刑的时候，应当把附加剥夺政治权利的期限改为三年以上十年以下。

第五十八条 附加剥夺政治权利的刑期，从徒刑、拘役执行完毕之日或者从假释之日起计算；剥夺政治权利的效力当然施用于主刑执行期间。

被剥夺政治权利的犯罪分子，在执行期间，应当遵守法律、行政法规和国务院公安部门有关监督管理的规定，服从监督；不得行使本法第五十四条规定的各项权利。

第八节　没收财产

第五十九条 没收财产是没收犯罪分子个人所有财产的一部或者全部。没收全部财产的，应当对犯罪分子个人及其扶养的家属保留必需的生活费用。

在判处没收财产的时候，不得没收属于犯罪分子家属所有或者应有的财产。

第六十条 没收财产以前犯罪分子所负的正当债务，需要以没收的财产偿还的，经债权人请求，应当偿还。

第四章　刑罚的具体运用

第一节　量　刑

第六十一条 对于犯罪分子决定刑罚的时候，应当根据犯罪的事实、犯罪的性质、情节和对于社会的危害程度，依照本法的有关规定判处。

第六十二条 犯罪分子具有本法规定的从重处罚、从轻处罚情节的，应当在法定刑的限度以内判处刑罚。

第六十三条 犯罪分子具有本法规定的减轻处罚情节的，应当在法定刑以下判处刑罚；本法规定有数个量刑幅度的，应当在法定量刑幅度的下一个量刑幅度内判处刑罚。

犯罪分子虽然不具有本法规定的减轻处罚情节，但是根据案件的特殊情况，经最高人民法院核准，也可以在法定刑以下判处刑罚。

第六十四条 犯罪分子违法所得的一切财物，应当予以追缴或者责令退赔；对被害人的合法财产，应当及时返还；违禁品和供犯罪所用的本人财物，应当予以没收。没收的财物和罚金，一律上缴国库，不得挪用和自行处理。

第二节　累　犯

第六十五条 被判处有期徒刑以上刑罚的犯罪分子，刑罚执行完毕或者赦免以后，在五年以内再犯应当判处有期徒刑以上刑罚之罪的，是累犯，应当从重处罚，但是过失犯罪和不满十八周岁的人犯罪的除外。

前款规定的期限，对于被假释的犯罪分子，从假释期满之日起计算。

第六十六条 危害国家安全犯罪、恐怖活动犯罪、黑社会性质的组织犯罪的犯罪分子，在刑罚执行完毕或者赦免以后，在任何时候再犯上述任一类罪的，都以累犯论处。

第三节　自首和立功

第六十七条　犯罪以后自动投案，如实供述自己的罪行的，是自首。对于自首的犯罪分子，可以从轻或者减轻处罚。其中，犯罪较轻的，可以免除处罚。

被采取强制措施的犯罪嫌疑人、被告人和正在服刑的罪犯，如实供述司法机关还未掌握的本人其他罪行的，以自首论。

犯罪嫌疑人虽不具有前两款规定的自首情节，但是如实供述自己罪行的，可以从轻处罚；因其如实供述自己罪行，避免特别严重后果发生的，可以减轻处罚。

第六十八条　犯罪分子有揭发他人犯罪行为，查证属实的，或者提供重要线索，从而得以侦破其他案件等立功表现的，可以从轻或者减轻处罚；有重大立功表现的，可以减轻或者免除处罚。

第四节　数罪并罚

第六十九条　判决宣告以前一人犯数罪的，除判处死刑和无期徒刑的以外，应当在总和刑期以下、数刑中最高刑期以上，酌情决定执行的刑期，但是管制最高不能超过三年，拘役最高不能超过一年，有期徒刑总和刑期不满三十五年的，最高不能超过二十年，总和刑期在三十五年以上的，最高不能超过二十五年。

数罪中有判处有期徒刑和拘役的，执行有期徒刑。数罪中有判处有期徒刑和管制，或者拘役和管制的，有期徒刑、拘役执行完毕后，管制仍须执行。

数罪中有判处附加刑的，附加刑仍须执行，其中附加刑种类相同的，合并执行，种类不同的，分别执行。

第七十条　判决宣告以后，刑罚执行完毕以前，发现被判刑的犯罪分子在判决宣告以前还有其他罪没有判决的，应当对新发现的罪作出判决，把前后两个判决所判处的刑罚，依照本法第六十九条的规定，决定执行的刑罚。已经执行的刑期，应当计算在新判决决定的刑期以内。

第七十一条　判决宣告以后，刑罚执行完毕以前，被判刑的犯罪分子又犯罪的，应当对新犯的罪作出判决，把前罪没有执行的刑罚和后罪所判处的刑罚，依照本法第六十九条的规定，决定执行的刑罚。

第五节　缓　刑

第七十二条　对于被判处拘役、三年以下有期徒刑的犯罪分子，同时符合下列条件的，可以宣告缓刑，对其中不满十八周岁的人、怀孕的妇女和已满七十五周岁的人，应当宣告缓刑：

（一）犯罪情节较轻；

（二）有悔罪表现；

（三）没有再犯罪的危险；

（四）宣告缓刑对所居住社区没有重大不良影响。

宣告缓刑，可以根据犯罪情况，同时禁止犯罪分子在缓刑考验期限内从事特定活动，进入特定区域、场所，接触特定的人。

被宣告缓刑的犯罪分子，如果被判处附加刑，附加刑仍须执行。

第七十三条　拘役的缓刑考验期限为原判刑期以上一年以下，但是不能少于二个月。

有期徒刑的缓刑考验期限为原判刑期以上五年以下，但是不能少于一年。

缓刑考验期限，从判决确定之日起计算。

第七十四条 对于累犯和犯罪集团的首要分子，不适用缓刑。

第七十五条 被宣告缓刑的犯罪分子，应当遵守下列规定：

（一）遵守法律、行政法规，服从监督；

（二）按照考察机关的规定报告自己的活动情况；

（三）遵守考察机关关于会客的规定；

（四）离开所居住的市、县或者迁居，应当报经考察机关批准。

第七十六条 对宣告缓刑的犯罪分子，在缓刑考验期限内，依法实行社区矫正，如果没有本法第七十七条规定的情形，缓刑考验期满，原判的刑罚就不再执行，并公开予以宣告。

第七十七条 被宣告缓刑的犯罪分子，在缓刑考验期限内犯新罪或者发现判决宣告以前还有其他罪没有判决的，应当撤销缓刑，对新犯的罪或者新发现的罪作出判决，把前罪和后罪所判处的刑罚，依照本法第六十九条的规定，决定执行的刑罚。

被宣告缓刑的犯罪分子，在缓刑考验期限内，违反法律、行政法规或者国务院有关部门关于缓刑的监督管理规定，或者违反人民法院判决中的禁止令，情节严重的，应当撤销缓刑，执行原判刑罚。

第六节　减　刑

第七十八条 被判处管制、拘役、有期徒刑、无期徒刑的犯罪分子，在执行期间，如果认真遵守监规，接受教育改造，确有悔改表现的，或者有立功表现的，可以减刑；有下列重大立功表现之一的，应当减刑：

（一）阻止他人重大犯罪活动的；

（二）检举监狱内外重大犯罪活动，经查证属实的；

（三）有发明创造或者重大技术革新的；

（四）在日常生产、生活中舍己救人的；

（五）在抗御自然灾害或者排除重大事故中，有突出表现的；

（六）对国家和社会有其他重大贡献的。

减刑以后实际执行的刑期不能少于下列期限：

（一）判处管制、拘役、有期徒刑的，不能少于原判刑期的二分之一；

（二）判处无期徒刑的，不能少于十三年；

（三）人民法院依照本法第五十条第二款规定限制减刑的死刑缓期执行的犯罪分子，缓期执行期满后依法减为无期徒刑的，不能少于二十五年，缓期执行期满后依法减为二十五年有期徒刑的，不能少于二十年。

第七十九条 对于犯罪分子的减刑，由执行机关向中级以上人民法院提出减刑建议书。人民法院应当组成合议庭进行审理，对确有悔改或者立功事实的，裁定予以减刑。非经法定程序不得减刑。

第八十条 无期徒刑减为有期徒刑的刑期，从裁定减刑之日起计算。

第七节　假　释

第八十一条 被判处有期徒刑的犯罪分子，执行原判刑期二分之一以上，被判处无期徒刑的犯罪分子，实际执行十三年以上，如果认真遵守监规，接受教育改造，确有悔改表现，没有再犯罪的危险的，可以假释。如果有特殊情况，经最高人民法院核准，可以不受上述执行刑期的限制。

对累犯以及因故意杀人、强奸、抢劫、绑架、放火、爆炸、投放危险物质或者有组织的暴力性犯罪被判处十年以上有期徒刑、无期徒刑的犯罪分子，不得假释。

对犯罪分子决定假释时，应当考虑其假释后对所居住社区的影响。

第八十二条　对于犯罪分子的假释，依照本法第七十九条规定的程序进行。非经法定程序不得假释。

第八十三条　有期徒刑的假释考验期限，为没有执行完毕的刑期；无期徒刑的假释考验期限为十年。

假释考验期限，从假释之日起计算。

第八十四条　被宣告假释的犯罪分子，应当遵守下列规定：

（一）遵守法律、行政法规，服从监督；

（二）按照监督机关的规定报告自己的活动情况；

（三）遵守监督机关关于会客的规定；

（四）离开所居住的市、县或者迁居，应当报经监督机关批准。

第八十五条　对假释的犯罪分子，在假释考验期限内，依法实行社区矫正，如果没有本法第八十六条规定的情形，假释考验期满，就认为原判刑罚已经执行完毕，并公开予以宣告。

第八十六条　被假释的犯罪分子，在假释考验期限内犯新罪，应当撤销假释，依照本法第七十一条的规定实行数罪并罚。

在假释考验期限内，发现被假释的犯罪分子在判决宣告以前还有其他罪没有判决的，应当撤销假释，依照本法第七十条的规定实行数罪并罚。

被假释的犯罪分子，在假释考验期限内，有违反法律、行政法规或者国务院有关部门关于假释的监督管理规定的行为，尚未构成新的犯罪的，应当依照法定程序撤销假释，收监执行未执行完毕的刑罚。

第八节　时　效

第八十七条　犯罪经过下列期限不再追诉：

（一）法定最高刑为不满五年有期徒刑的，经过五年；

（二）法定最高刑为五年以上不满十年有期徒刑的，经过十年；

（三）法定最高刑为十年以上有期徒刑的，经过十五年；

（四）法定最高刑为无期徒刑、死刑的，经过二十年。如果二十年以后认为必须追诉的，须报请最高人民检察院核准。

第八十八条　在人民检察院、公安机关、国家安全机关立案侦查或者在人民法院受理案件以后，逃避侦查或者审判的，不受追诉期限的限制。

被害人在追诉期限内提出控告，人民法院、人民检察院、公安机关应当立案而不予立案的，不受追诉期限的限制。

第八十九条　追诉期限从犯罪之日起计算；犯罪行为有连续或者继续状态的，从犯罪行为终了之日起计算。

在追诉期限以内又犯罪的，前罪追诉的期限从犯后罪之日起计算。

第五章　其他规定

第九十条　民族自治地方不能全部适用本法规定的，可以由自治区或者省的人民代表大会根据当地民族的政治、经济、文化的特点和本法规定的基本原则，制定变通或者补充的规定，报请全国人民代表大会常务委员会批准施行。

第九十一条　本法所称公共财产，是指下列财产：

（一）国有财产；

（二）劳动群众集体所有的财产；

（三）用于扶贫和其他公益事业的社会捐助或者专项基金的财产。

在国家机关、国有公司、企业、集体企业和人民团体管理、使用或者运输中的私人财产，以公共财产论。

第九十二条　本法所称公民私人所有的财产，是指下列财产：

（一）公民的合法收入、储蓄、房屋和其他生活资料；

（二）依法归个人、家庭所有的生产资料；

（三）个体户和私营企业的合法财产；

（四）依法归个人所有的股份、股票、债券和其他财产。

第九十三条　本法所称国家工作人员，是指国家机关中从事公务的人员。

国有公司、企业、事业单位、人民团体中从事公务的人员和国家机关、国有公司、企业、事业单位委派到非国有公司、企业、事业单位、社会团体从事公务的人员，以及其他依照法律从事公务的人员，以国家工作人员论。

第九十四条　本法所称司法工作人员，是指有侦查、检察、审判、监管职责的工作人员。

第九十五条　本法所称重伤，是指有下列情形之一的伤害：

（一）使人肢体残废或者毁人容貌的；

（二）使人丧失听觉、视觉或者其他器官机能的；

（三）其他对于人身健康有重大伤害的。

第九十六条　本法所称违反国家规定，是指违反全国人民代表大会及其常务委员会制定的法律和决定，国务院制定的行政法规、规定的行政措施、发布的决定和命令。

第九十七条　本法所称首要分子，是指在犯罪集团或者聚众犯罪中起组织、策划、指挥作用的犯罪分子。

第九十八条　本法所称告诉才处理，是指被害人告诉才处理。如果被害人因受强制、威吓无法告诉的，人民检察院和被害人的近亲属也可以告诉。

第九十九条　本法所称以上、以下、以内，包括本数。

第一百条　依法受过刑事处罚的人，在入伍、就业的时候，应当如实向有关单位报告自己曾受过刑事处罚，不得隐瞒。

犯罪的时候不满十八周岁被判处五年有期徒刑以下刑罚的人，免除前款规定的报告义务。

第一百零一条　本法总则适用于其他有刑罚规定的法律，但是其他法律有特别规定的除外。

第二编　分　则

第一章　危害国家安全罪

第一百零二条　勾结外国，危害中华人民共和国的主权、领土完整和安全的，处无期徒刑或者十年以上有期徒刑。

与境外机构、组织、个人相勾结，犯前款罪的，依照前款的规定处罚。

第一百零三条 组织、策划、实施分裂国家、破坏国家统一的，对首要分子或者罪行重大的，处无期徒刑或者十年以上有期徒刑；对积极参加的，处三年以上十年以下有期徒刑；对其他参加的，处三年以下有期徒刑、拘役、管制或者剥夺政治权利。

煽动分裂国家、破坏国家统一的，处五年以下有期徒刑、拘役、管制或者剥夺政治权利；首要分子或者罪行重大的，处五年以上有期徒刑。

第一百零四条 组织、策划、实施武装叛乱或者武装暴乱的，对首要分子或者罪行重大的，处无期徒刑或者十年以上有期徒刑；对积极参加的，处三年以上十年以下有期徒刑；对其他参加的，处三年以下有期徒刑、拘役、管制或者剥夺政治权利。

策动、胁迫、勾引、收买国家机关工作人员、武装部队人员、人民警察、民兵进行武装叛乱或者武装暴乱的，依照前款的规定从重处罚。

第一百零五条 组织、策划、实施颠覆国家政权、推翻社会主义制度的，对首要分子或者罪行重大的，处无期徒刑或者十年以上有期徒刑；对积极参加的，处三年以上十年以下有期徒刑；对其他参加的，处三年以下有期徒刑、拘役、管制或者剥夺政治权利。

以造谣、诽谤或者其他方式煽动颠覆国家政权、推翻社会主义制度的，处五年以下有期徒刑、拘役、管制或者剥夺政治权利；首要分子或者罪行重大的，处五年以上有期徒刑。

第一百零六条 与境外机构、组织、个人相勾结，实施本章第一百零三条、第一百零四条、第一百零五条规定之罪的，依照各该条的规定从重处罚。

第一百零七条 境内外机构、组织或者个人资助实施本章第一百零二条、第一百零三条、第一百零四条、第一百零五条规定之罪的，对直接责任人员，处五年以下有期徒刑、拘役、管制或者剥夺政治权利；情节严重的，处五年以上有期徒刑。

第一百零八条 投敌叛变的，处三年以上十年以下有期徒刑；情节严重或者带领武装部队人员、人民警察、民兵投敌叛变的，处十年以上有期徒刑或者无期徒刑。

第一百零九条 国家机关工作人员在履行公务期间，擅离岗位，叛逃境外或者在境外叛逃的，处五年以下有期徒刑、拘役、管制或者剥夺政治权利；情节严重的，处五年以上十年以下有期徒刑。

掌握国家秘密的国家工作人员叛逃境外或者在境外叛逃的，依照前款的规定从重处罚。

第一百一十条 有下列间谍行为之一，危害国家安全的，处十年以上有期徒刑或者无期徒刑；情节较轻的，处三年以上十年以下有期徒刑：

（一）参加间谍组织或者接受间谍组织及其代理人的任务的；

（二）为敌人指示轰击目标的。

第一百一十一条 为境外的机构、组织、人员窃取、刺探、收买、非法提供国家秘密或者情报的，处五年以上十年以下有期徒刑；情节特别严重的，处十年以上有期徒刑或者无期徒刑；情节较轻的，处五年以下有期徒刑、拘役、管制或者剥夺政治权利。

第一百一十二条 战时供给敌人武器装备、军用物资资敌的，处十年以上有期徒刑或者无期徒刑；情节较轻的，处三年以上十年以下有期徒刑。

第一百一十三条 本章上述危害国家安全罪行中，除第一百零三条第二款、第一百零五条、第一百零七条、第一百零九条外，对国家和人民危害特别严重、情节特别恶劣的，可以判处死刑。

犯本章之罪的，可以并处没收财产。

第二章 危害公共安全罪

第一百一十四条 放火、决水、爆炸以及投放毒害性、放射性、传染病病原体等物质或者以其他危险方法危害公共安全，尚未造成严重后果的，处三年以上十年以下有期徒刑。

第一百一十五条 放火、决水、爆炸以及投放毒害性、放射性、传染病病原体等物质或者以其他危险方法致人重伤、死亡或者使公私财产遭受重大损失的，处十年以上有期徒刑、无期徒刑或者死刑。

过失犯前款罪的，处三年以上七年以下有期徒刑；情节较轻的，处三年以下有期徒刑或者拘役。

第一百一十六条 破坏火车、汽车、电车、船只、航空器，足以使火车、汽车、电车、船只、航空器发生倾覆、毁坏危险，尚未造成严重后果的，处三年以上十年以下有期徒刑。

第一百一十七条 破坏轨道、桥梁、隧道、公路、机场、航道、灯塔、标志或者进行其他破坏活动，足以使火车、汽车、电车、船只、航空器发生倾覆、毁坏危险，尚未造成严重后果的，处三年以上十年以下有期徒刑。

第一百一十八条 破坏电力、燃气或者其他易燃易爆设备，危害公共安全，尚未造成严重后果的，处三年以上十年以下有期徒刑。

第一百一十九条 破坏交通工具、交通设施、电力设备、燃气设备、易燃易爆设备，造成严重后果的，处十年以上有期徒刑、无期徒刑或者死刑。

过失犯前款罪的，处三年以上七年以下有期徒刑；情节较轻的，处三年以下有期徒刑或者拘役。

第一百二十条 组织、领导恐怖活动组织的，处十年以上有期徒刑或者无期徒刑，并处没收财产；积极参加的，处三年以上十年以下有期徒刑，并处罚金；其他参加的，处三年以下有期徒刑、拘役、管制或者剥夺政治权利，可以并处罚金。

犯前款罪并实施杀人、爆炸、绑架等犯罪的，依照数罪并罚的规定处罚。

第一百二十条之一 资助恐怖活动组织、实施恐怖活动的个人的，或者资助恐怖活动培训的，处五年以下有期徒刑、拘役、管制或者剥夺政治权利，并处罚金；情节严重的，处五年以上有期徒刑，并处罚金或者没收财产。

为恐怖活动组织、实施恐怖活动或者恐怖活动培训招募、运送人员的，依照前款的规定处罚。

单位犯前两款罪的，对单位判处罚金，并对其直接负责的主管人员和其他直接责任人员，依照第一款的规定处罚。

第一百二十条之二 有下列情形之一的，处五年以下有期徒刑、拘役、管制或者剥夺政治权利，并处罚金；情节严重的，处五年以上有期徒刑，并处罚金或者没收财产：

（一）为实施恐怖活动准备凶器、危险物品或者其他工具的；

（二）组织恐怖活动培训或者积极参加恐怖活动培训的；

（三）为实施恐怖活动与境外恐怖活动组织或者人员联络的；

（四）为实施恐怖活动进行策划或者其他准备的。

有前款行为，同时构成其他犯罪的，依照处罚较重的规定定罪处罚。

第一百二十条之三 以制作、散发宣扬恐怖主义、极端主义的图书、音频视频资料或者其他物品，或者通过讲授、发布信息等方式宣扬恐怖主义、极端主义的，或者煽动实施恐怖活动的，处五年以下有期徒刑、拘役、管制或者剥夺政治权利，并处罚金；情节严重的，处五年以上有期徒刑，并处罚金或者没收财产。

第一百二十条之四 利用极端主义煽动、胁迫群众破坏国家法律确立的婚姻、司法、教育、社会管理等制度实施的，处三年以下有期徒刑、拘役或者管制，并处罚金；情节严重的，处三年以上七年以下有期徒刑，并处罚金；情节特别严重的，处七年以上有期徒刑，并处罚金或者没收财产。

第一百二十条之五 以暴力、胁迫等方式强制他人在公共场所穿着、佩戴宣扬恐怖主义、极端主义服饰、标志的，处三年以下有期徒刑、拘役或者管制，并处罚金。

第一百二十条之六 明知是宣扬恐怖主义、极端主义的图书、音频视频资料或者其他物品而非法持有，情节严重的，处三年以下有期徒刑、拘役或者管制，并处或者单处罚金。

第一百二十一条 以暴力、胁迫或者其他方法劫持航空器的，处十年以上有期徒刑或者无期徒刑；致人重伤、死亡或者使航空器遭受严重破坏的，处死刑。

第一百二十二条 以暴力、胁迫或者其他方法劫持船只、汽车的，处五年以上十年以下有期徒刑；造成严重后果的，处十年以上有期徒刑或者无期徒刑。

第一百二十三条 对飞行中的航空器上的人员使用暴力，危及飞行安全，尚未造成严重后果的，处五年以下有期徒刑或者拘役；造成严重后果的，处五年以上有期徒刑。

第一百二十四条 破坏广播电视设施、公用电信设施，危害公共安全的，处三年以上七年以下有期徒刑；造成严重后果的，处七年以上有期徒刑。

过失犯前款罪的，处三年以上七年以下有期徒刑；情节较轻的，处三年以下有期徒刑或者拘役。

第一百二十五条 非法制造、买卖、运输、邮寄、储存枪支、弹药、爆炸物的，处三年以上十年以下有期徒刑；情节严重的，处十年以上有期徒刑、无期徒刑或者死刑。

非法制造、买卖、运输、储存毒害性、放射性、传染病病原体等物质，危害公共安全的，依照前款的规定处罚。

单位犯前两款罪的，对单位判处罚金，并对其直接负责的主管人员和其他直接责任人员，依照第一款的规定处罚。

第一百二十六条 依法被指定、确定的枪支制造企业、销售企业，违反枪支管理规定，有下列行为之一的，对单位判处罚金，并对其直接负责的主管人员和其他直接责任人员，处五年以下有期徒刑；情节严重的，处五年以上十年以下有期徒刑；情节特别严重的，处十年以上有期徒刑或者无期徒刑：

（一）以非法销售为目的，超过限额或者不按照规定的品种制造、配售枪支的；

（二）以非法销售为目的，制造无号、重号、假号的枪支的；

（三）非法销售枪支或者在境内销售为出口制造的枪支的。

第一百二十七条 盗窃、抢夺枪支、弹药、爆炸物的，或者盗窃、抢夺毒害性、放射性、传染病病原体等物质，危害公共安全的，处三年以上十年以下有期徒刑；情节严重的，处十年以上有期徒刑、无期徒刑或者死刑。

抢劫枪支、弹药、爆炸物的，或者抢劫毒害性、放射性、传染病病原体等物质，危害公共安全的，或者盗窃、抢夺国家机关、军警人员、民兵的枪支、弹药、爆炸物的，处十年以上有期徒刑、无期徒刑或者死刑。

第一百二十八条 违反枪支管理规定，非法持有、私藏枪支、弹药的，处三年以下有期徒刑、拘役或者管制；情节严重的，处三年以上七年以下有期徒刑。

依法配备公务用枪的人员，非法出租、出借枪支的，依照前款的规定处罚。

依法配置枪支的人员，非法出租、出借枪支，造成严重后果的，依照第一款的规定处罚。

单位犯第二款、第三款罪的，对单位判处罚金，并对其直接负责的主管人员和其他直接责任人员，依照第一款的规定处罚。

第一百二十九条 依法配备公务用枪的人员，丢失枪支不及时报告，造成严重后果的，处三年以下有期徒刑或者拘役。

第一百三十条 非法携带枪支、弹药、管制刀具或者爆炸性、易燃性、放射性、毒害性、腐蚀性物品，进入公共场所或者公共交通工具，危及公共安全，情节严重的，处三年以下有期徒刑、拘役或者管制。

第一百三十一条 航空人员违反规章制度，致使发生重大飞行事故，造成严重后果的，处三年以下有期徒刑或者拘役；造成飞机坠毁或者人员死亡的，处三年以上七年以下有期徒刑。

第一百三十二条 铁路职工违反规章制度，致使发生铁路运营安全事故，造成严重后果的，处三年以下有期徒刑或者拘役；造成特别严重后果的，处三年以上七年以下有期徒刑。

第一百三十三条 违反交通运输管理法规，因而发生重大事故，致人重伤、死亡或者使公私财产遭受重大损失的，处三年以下有期徒刑或者拘役；交通运输肇事后逃逸或者有其他特别恶劣情节的，处三年以上七年以下有期徒刑；因逃逸致人死亡的，处七年以上有期徒刑。

第一百三十三条之一 在道路上驾驶机动车，有下列情形之一的，处拘役，并处罚金：

（一）追逐竞驶，情节恶劣的；

（二）醉酒驾驶机动车的；

（三）从事校车业务或者旅客运输，严重超过额定乘员载客，或者严重超过规定时速行驶的；

（四）违反危险化学品安全管理规定运输危险化学品，危及公共安全的。

机动车所有人、管理人对前款第三项、第四项行为负有直接责任的，依照前款的规定处罚。

有前两款行为，同时构成其他犯罪的，依照处罚较重的规定定罪处罚。

第一百三十四条 在生产、作业中违反有关安全管理的规定，因而发生重大伤亡事故或者造成其他严重后果的，处三年以下有期徒刑或者拘役；情节特别恶劣的，处三年以上七年以下有期徒刑。

强令他人违章冒险作业，因而发生重大伤亡事故或者造成其他严重后果的，处五年以下有期徒刑或者拘役；情节特别恶劣的，处五年以上有期徒刑。

第一百三十五条 安全生产设施或者安全生产条件不符合国家规定，因而发生重大伤亡事故或者造成其他严重后果的，对直接负责的主管人员和其他直接责任人员，处三年以下有期徒刑或者拘役；情节特别恶劣的，处三年以上七年以下有期徒刑。

第一百三十五条之一 举办大型群众性活动违反安全管理规定，因而发生重大伤亡事故或者造成其他严重后果的，对直接负责的主管人员和其他直接责任人员，处三年以下有期徒刑或者拘役；情节特别恶劣的，处三年以上七年以下有期徒刑。

第一百三十六条 违反爆炸性、易燃性、放射性、毒害性、腐蚀性物品的管理规定，在生产、储存、运输、使用中发生重大事故，造成严重后果的，处三年以下有期徒刑或者拘役；后果特别严重的，处三年以上七年以下有期徒刑。

第一百三十七条 建设单位、设计单位、施工单位、工程监理单位违反国家规定，降低工程质量标准，造成重大安全事故的，对直接责任人员，处五年以下有期徒刑或者拘役，并处罚金；后果特别严重的，处五年以上十年以下有期徒刑，并处罚金。

第一百三十八条 明知校舍或者教育教学设施有危险，而不采取措施或者不及时报告，致使发生重大伤亡事故的，对直接责任人员，处三年以下有期徒刑或者拘役；后果特别严重的，处三年以上七年以下有期徒刑。

第一百三十九条 违反消防管理法规，经消防监督机构通知采取改正措施而拒绝执行，造成严重后果的，对直接责任人员，处三年以下有期徒刑或者拘役；后果特别严重的，处三年以上七年以下有期徒刑。

第一百三十九条之一 在安全事故发生后，负有报告职责的人员不报或者谎报事故情况，贻误事故抢救，情节严重的，处三年以下有期徒刑或者拘役；情节特别严重的，处三年以上七年以下有期徒刑。

第三章　破坏社会主义市场经济秩序罪

第一节　生产、销售伪劣商品罪

第一百四十条　生产者、销售者在产品中掺杂、掺假，以假充真，以次充好或者以不合格产品冒充合格产品，销售金额五万元以上不满二十万元的，处二年以下有期徒刑或者拘役，并处或者单处销售金额百分之五十以上二倍以下罚金；销售金额二十万元以上不满五十万元的，处二年以上七年以下有期徒刑，并处销售金额百分之五十以上二倍以下罚金；销售金额五十万元以上不满二百万元的，处七年以上有期徒刑，并处销售金额百分之五十以上二倍以下罚金；销售金额二百万元以上的，处十五年有期徒刑或者无期徒刑，并处销售金额百分之五十以上二倍以下罚金或者没收财产。

第一百四十一条　生产、销售假药的，处三年以下有期徒刑或者拘役，并处罚金；对人体健康造成严重危害或者有其他严重情节的，处三年以上十年以下有期徒刑，并处罚金；致人死亡或者有其他特别严重情节的，处十年以上有期徒刑、无期徒刑或者死刑，并处罚金或者没收财产。

本条所称假药，是指依照《中华人民共和国药品管理法》的规定属于假药和按假药处理的药品、非药品。

第一百四十二条　生产、销售劣药，对人体健康造成严重危害的，处三年以上十年以下有期徒刑，并处销售金额百分之五十以上二倍以下罚金；后果特别严重的，处十年以上有期徒刑或者无期徒刑，并处销售金额百分之五十以上二倍以下罚金或者没收财产。

本条所称劣药，是指依照《中华人民共和国药品管理法》的规定属于劣药的药品。

第一百四十三条　生产、销售不符合食品安全标准的食品，足以造成严重食物中毒事故或者其他严重食源性疾病的，处三年以下有期徒刑或者拘役，并处罚金；对人体健康造成严重危害或者有其他严重情节的，处三年以上七年以下有期徒刑，并处罚金；后果特别严重的，处七年以上有期徒刑或者无期徒刑，并处罚金或者没收财产。

第一百四十四条　在生产、销售的食品中掺入有毒、有害的非食品原料的，或者销售明知掺有有毒、有害的非食品原料的食品的，处五年以下有期徒刑，并处罚金；对人体健康造成严重危害或者有其他严重情节的，处五年以上十年以下有期徒刑，并处罚金；致人死亡或者有其他特别严重情节的，依照本法第一百四十一条的规定处罚。

第一百四十五条　生产不符合保障人体健康的国家标准、行业标准的医疗器械、医用卫生材料，或者销售明知是不符合保障人体健康的国家标准、行业标准的医疗器械、医用卫生材料，足以严重危害人体健康的，处三年以下有期徒刑或者拘役，并处销售金额百分之五十以上二倍以下罚金；对人体健康造成严重危害的，处三年以上十年以下有期徒刑，并处销售金额百分之五十以上二倍以下罚金；后果特别严重的，处十年以上有期徒刑或者无期徒刑，并处销售金额百分之五十以上二倍以下罚金或者没收财产。

第一百四十六条　生产不符合保障人身、财产安全的国家标准、行业标准的电器、压力容器、易燃易爆产品或者其他不符合保障人身、财产安全的国家标准、行业标准的产品，或者销售明知是以上不符合保障人身、财产安全的国家标准、行业标准的产品，造成严重后果的，处五年以下有期徒刑，并处销售金额百分之五十以上二倍以下罚金；后果特别严重的，处五年以上有期徒刑，并处销售金额百分之五十以上二倍以下罚金。

第一百四十七条 生产假农药、假兽药、假化肥，销售明知是假的或者失去使用效能的农药、兽药、化肥、种子，或者生产者、销售者以不合格的农药、兽药、化肥、种子冒充合格的农药、兽药、化肥、种子，使生产遭受较大损失的，处三年以下有期徒刑或者拘役，并处或者单处销售金额百分之五十以上二倍以下罚金；使生产遭受重大损失的，处三年以上七年以下有期徒刑，并处销售金额百分之五十以上二倍以下罚金；使生产遭受特别重大损失的，处七年以上有期徒刑或者无期徒刑，并处销售金额百分之五十以上二倍以下罚金或者没收财产。

第一百四十八条 生产不符合卫生标准的化妆品，或者销售明知是不符合卫生标准的化妆品，造成严重后果的，处三年以下有期徒刑或者拘役，并处或者单处销售金额百分之五十以上二倍以下罚金。

第一百四十九条 生产、销售本节第一百四十一条至第一百四十八条所列产品，不构成各该条规定的犯罪，但是销售金额在五万元以上的，依照本节第一百四十条的规定定罪处罚。

生产、销售本节第一百四十一条至第一百四十八条所列产品，构成各该条规定的犯罪，同时又构成本节第一百四十条规定之罪的，依照处罚较重的规定定罪处罚。

第一百五十条 单位犯本节第一百四十条至第一百四十八条规定之罪的，对单位判处罚金，并对其直接负责的主管人员和其他直接责任人员，依照各该条的规定处罚。

第二节 走私罪

第一百五十一条 走私武器、弹药、核材料或者伪造的货币的，处七年以上有期徒刑，并处罚金或者没收财产；情节特别严重的，处无期徒刑，并处没收财产；情节较轻的，处三年以上七年以下有期徒刑，并处罚金。

走私国家禁止出口的文物、黄金、白银和其他贵重金属或者国家禁止进出口的珍贵动物及其制品的，处五年以上十年以下有期徒刑，并处罚金；情节特别严重的，处十年以上有期徒刑或者无期徒刑，并处没收财产；情节较轻的，处五年以下有期徒刑，并处罚金。

走私珍稀植物及其制品等国家禁止进出口的其他货物、物品的，处五年以下有期徒刑或者拘役，并处或者单处罚金；情节严重的，处五年以上有期徒刑，并处罚金。

单位犯本条规定之罪的，对单位判处罚金，并对其直接负责的主管人员和其他直接责任人员，依照本条各款的规定处罚。

第一百五十二条 以牟利或者传播为目的，走私淫秽的影片、录像带、录音带、图片、书刊或者其他淫秽物品的，处三年以上十年以下有期徒刑，并处罚金；情节严重的，处十年以上有期徒刑或者无期徒刑，并处罚金或者没收财产；情节较轻的，处三年以下有期徒刑、拘役或者管制，并处罚金。

逃避海关监管将境外固体废物、液态废物和气态废物运输进境，情节严重的，处五年以下有期徒刑，并处或者单处罚金；情节特别严重的，处五年以上有期徒刑，并处罚金。

单位犯前两款罪的，对单位判处罚金，并对其直接负责的主管人员和其他直接责任人员，依照前两款的规定处罚。

第一百五十三条 走私本法第一百五十一条、第一百五十二条、第三百四十七条规定以外的货物、物品的，根据情节轻重，分别依照下列规定处罚：

（一）走私货物、物品偷逃应缴税额较大或者一年内曾因走私被给予二次行政处罚后又走私的，处三年以下有期徒刑或者拘役，并处偷逃应缴税额一倍以上五倍以下罚金。

（二）走私货物、物品偷逃应缴税额巨大或者有其他严重情节的，处三年以上十年以下有期徒刑，并处偷逃应缴税额一倍以上五倍以下罚金。

（三）走私货物、物品偷逃应缴税额特别巨大或者有其他特别严重情节的，处十年以上有期徒刑或者无期徒刑，并处偷逃应缴税额一倍以上五倍以下罚金或者没收财产。

单位犯前款罪的，对单位判处罚金，并对其直接负责的主管人员和其他直接责任人员，处三年以下有期徒刑或者拘役；情节严重的，处三年以上十年以下有期徒刑；情节特别严重的，处十年以上有期徒刑。

对多次走私未经处理的，按照累计走私货物、物品的偷逃应缴税额处罚。

第一百五十四条 下列走私行为，根据本节规定构成犯罪的，依照本法第一百五十三条的规定定罪处罚：

（一）未经海关许可并且未补缴应缴税额，擅自将批准进口的来料加工、来件装配、补偿贸易的原材料、零件、制成品、设备等保税货物，在境内销售牟利的；

（二）未经海关许可并且未补缴应缴税额，擅自将特定减税、免税进口的货物、物品，在境内销售牟利的。

第一百五十五条 下列行为，以走私罪论处，依照本节的有关规定处罚：

（一）直接向走私人非法收购国家禁止进口物品的，或者直接向走私人非法收购走私进口的其他货物、物品，数额较大的；

（二）在内海、领海、界河、界湖运输、收购、贩卖国家禁止进出口物品的，或者运输、收购、贩卖国家限制进出口货物、物品，数额较大，没有合法证明的。

第一百五十六条 与走私罪犯通谋，为其提供贷款、资金、账号、发票、证明，或者为其提供运输、保管、邮寄或者其他方便的，以走私罪的共犯论处。

第一百五十七条 武装掩护走私的，依照本法第一百五十一条第一款的规定从重处罚。

以暴力、威胁方法抗拒缉私的，以走私罪和本法第二百七十七条规定的阻碍国家机关工作人员依法执行职务罪，依照数罪并罚的规定处罚。

第三节　妨害对公司、企业的管理秩序罪

第一百五十八条 申请公司登记使用虚假证明文件或者采取其他欺诈手段虚报注册资本，欺骗公司登记主管部门，取得公司登记，虚报注册资本数额巨大、后果严重或者有其他严重情节的，处三年以下有期徒刑或者拘役，并处或者单处虚报注册资本金额百分之一以上百分之五以下罚金。

单位犯前款罪的，对单位判处罚金，并对其直接负责的主管人员和其他直接责任人员，处三年以下有期徒刑或者拘役。

第一百五十九条 公司发起人、股东违反公司法的规定未交付货币、实物或者未转移财产权，虚假出资，或者在公司成立后又抽逃其出资，数额巨大、后果严重或者有其他严重情节的，处五年以下有期徒刑或者拘役，并处或者单处虚假出资金额或者抽逃出资金额百分之二以上百分之十以下罚金。

单位犯前款罪的，对单位判处罚金，并对其直接负责的主管人员和其他直接责任人员，处五年以下有期徒刑或者拘役。

第一百六十条 在招股说明书、认股书、公司、企业债券募集办法中隐瞒重要事实或者编造重大虚假内容，发行股票或者公司、企业债券，数额巨大、后果严重或者有其他严重情节的，处五年以下有期徒刑或者拘役，并处或者单处非法募集资金金额百分之一以上百分之五以下罚金。

单位犯前款罪的，对单位判处罚金，并对其直接负责的主管人员和其他直接责任人员，处五年以下有期徒刑或者拘役。

第一百六十一条 依法负有信息披露义务的公司、企业向股东和社会公众提供虚假的或者隐瞒

重要事实的财务会计报告，或者对依法应当披露的其他重要信息不按照规定披露，严重损害股东或者其他人利益，或者有其他严重情节的，对其直接负责的主管人员和其他直接责任人员，处三年以下有期徒刑或者拘役，并处或者单处二万元以上二十万元以下罚金。

第一百六十二条 公司、企业进行清算时，隐匿财产，对资产负债表或者财产清单作虚伪记载或者在未清偿债务前分配公司、企业财产，严重损害债权人或者其他人利益的，对其直接负责的主管人员和其他直接责任人员，处五年以下有期徒刑或者拘役，并处或者单处二万元以上二十万元以下罚金。

第一百六十二条之一 隐匿或者故意销毁依法应当保存的会计凭证、会计账簿、财务会计报告，情节严重的，处五年以下有期徒刑或者拘役，并处或者单处二万元以上二十万元以下罚金。

单位犯前款罪的，对单位判处罚金，并对其直接负责的主管人员和其他直接责任人员，依照前款的规定处罚。

第一百六十二条之二 公司、企业通过隐匿财产、承担虚构的债务或者以其他方法转移、处分财产，实施虚假破产，严重损害债权人或者其他人利益的，对其直接负责的主管人员和其他直接责任人员，处五年以下有期徒刑或者拘役，并处或者单处二万元以上二十万元以下罚金。

第一百六十三条 公司、企业或者其他单位的工作人员利用职务上的便利，索取他人财物或者非法收受他人财物，为他人谋取利益，数额较大的，处五年以下有期徒刑或者拘役；数额巨大的，处五年以上有期徒刑，可以并处没收财产。

公司、企业或者其他单位的工作人员在经济往来中，利用职务上的便利，违反国家规定，收受各种名义的回扣、手续费，归个人所有的，依照前款的规定处罚。

国有公司、企业或者其他国有单位中从事公务的人员和国有公司、企业或者其他国有单位委派到非国有公司、企业以及其他单位从事公务的人员有前两款行为的，依照本法第三百八十五条、第三百八十六条的规定定罪处罚。

第一百六十四条 为谋取不正当利益，给予公司、企业或者其他单位的工作人员以财物，数额较大的，处三年以下有期徒刑或者拘役，并处罚金；数额巨大的，处三年以上十年以下有期徒刑，并处罚金。

为谋取不正当商业利益，给予外国公职人员或者国际公共组织官员以财物的，依照前款的规定处罚。

单位犯前两款罪的，对单位判处罚金，并对其直接负责的主管人员和其他直接责任人员，依照第一款的规定处罚。

行贿人在被追诉前主动交代行贿行为的，可以减轻处罚或者免除处罚。

第一百六十五条 国有公司、企业的董事、经理利用职务便利，自己经营或者为他人经营与其所任职公司、企业同类的营业，获取非法利益，数额巨大的，处三年以下有期徒刑或者拘役，并处或者单处罚金；数额特别巨大的，处三年以上七年以下有期徒刑，并处罚金。

第一百六十六条 国有公司、企业、事业单位的工作人员，利用职务便利，有下列情形之一，使国家利益遭受重大损失的，处三年以下有期徒刑或者拘役，并处或者单处罚金；致使国家利益遭受特别重大损失的，处三年以上七年以下有期徒刑，并处罚金：

（一）将本单位的盈利业务交由自己的亲友进行经营的；

（二）以明显高于市场的价格向自己的亲友经营管理的单位采购商品或者以明显低于市场的价格向自己的亲友经营管理的单位销售商品的；

（三）向自己的亲友经营管理的单位采购不合格商品的。

第一百六十七条 国有公司、企业、事业单位直接负责的主管人员，在签订、履行合同过程中，因严重不负责任被诈骗，致使国家利益遭受重大损失的，处三年以下有期徒刑或者拘役；致使国家利益遭受特别重大损失的，处三年以上七年以下有期徒刑。

第一百六十八条 国有公司、企业的工作人员，由于严重不负责任或者滥用职权，造成国有公司、企业破产或者严重损失，致使国家利益遭受重大损失的，处三年以下有期徒刑或者拘役；致使国家利益遭受特别重大损失的，处三年以上七年以下有期徒刑。

国有事业单位的工作人员有前款行为，致使国家利益遭受重大损失的，依照前款的规定处罚。

国有公司、企业、事业单位的工作人员，徇私舞弊，犯前两款罪的，依照第一款的规定从重处罚。

第一百六十九条 国有公司、企业或者其上级主管部门直接负责的主管人员，徇私舞弊，将国有资产低价折股或者低价出售，致使国家利益遭受重大损失的，处三年以下有期徒刑或者拘役；致使国家利益遭受特别重大损失的，处三年以上七年以下有期徒刑。

第一百六十九条之一 上市公司的董事、监事、高级管理人员违背对公司的忠实义务，利用职务便利，操纵上市公司从事下列行为之一，致使上市公司利益遭受重大损失的，处三年以下有期徒刑或者拘役，并处或者单处罚金；致使上市公司利益遭受特别重大损失的，处三年以上七年以下有期徒刑，并处罚金：

（一）无偿向其他单位或者个人提供资金、商品、服务或者其他资产的；

（二）以明显不公平的条件，提供或者接受资金、商品、服务或者其他资产的；

（三）向明显不具有清偿能力的单位或者个人提供资金、商品、服务或者其他资产的；

（四）为明显不具有清偿能力的单位或者个人提供担保，或者无正当理由为其他单位或者个人提供担保的；

（五）无正当理由放弃债权、承担债务的；

（六）采用其他方式损害上市公司利益的。

上市公司的控股股东或者实际控制人，指使上市公司董事、监事、高级管理人员实施前款行为的，依照前款的规定处罚。

犯前款罪的上市公司的控股股东或者实际控制人是单位的，对单位判处罚金，并对其直接负责的主管人员和其他直接责任人员，依照第一款的规定处罚。

第四节　破坏金融管理秩序罪

第一百七十条 伪造货币的，处三年以上十年以下有期徒刑，并处罚金；有下列情形之一的，处十年以上有期徒刑或者无期徒刑，并处罚金或者没收财产：

（一）伪造货币集团的首要分子；

（二）伪造货币数额特别巨大的；

（三）有其他特别严重情节的。

第一百七十一条 出售、购买伪造的货币或者明知是伪造的货币而运输，数额较大的，处三年以下有期徒刑或者拘役，并处二万元以上二十万元以下罚金；数额巨大的，处三年以上十年以下有期徒刑，并处五万元以上五十万元以下罚金；数额特别巨大的，处十年以上有期徒刑或者无期徒刑，并处五万元以上五十万元以下罚金或者没收财产。

银行或者其他金融机构的工作人员购买伪造的货币或者利用职务上的便利，以伪造的货币换取货币的，处三年以上十年以下有期徒刑，并处二万元以上二十万元以下罚金；数额巨大或者有其他严重情节的，处十年以上有期徒刑或者无期徒刑，并处二万元以上二十万元以下罚金或者没收财产；情节较轻的，处三年以下有期徒刑或者拘役，并处或者单处一万元以上十万元以下罚金。

伪造货币并出售或者运输伪造的货币的，依照本法第一百七十条的规定定罪从重处罚。

第一百七十二条 明知是伪造的货币而持有、使用，数额较大的，处三年以下有期徒刑或者拘役，并处或者单处一万元以上十万元以下罚金；数额巨大的，处三年以上十年以下有期徒刑，并处二万元以上二十万元以下罚金；数额特别巨大的，处十年以上有期徒刑，并处五万元以上五十万元以下罚金或者没收财产。

第一百七十三条 变造货币，数额较大的，处三年以下有期徒刑或者拘役，并处或者单处一万元以上十万元以下罚金；数额巨大的，处三年以上十年以下有期徒刑，并处二万元以上二十万元以下罚金。

第一百七十四条 未经国家有关主管部门批准，擅自设立商业银行、证券交易所、期货交易所、证券公司、期货经纪公司、保险公司或者其他金融机构的，处三年以下有期徒刑或者拘役，并处或者单处二万元以上二十万元以下罚金；情节严重的，处三年以上十年以下有期徒刑，并处五万元以上五十万元以下罚金。

伪造、变造、转让商业银行、证券交易所、期货交易所、证券公司、期货经纪公司、保险公司或者其他金融机构的经营许可证或者批准文件的，依照前款的规定处罚。

单位犯前两款罪的，对单位判处罚金，并对其直接负责的主管人员和其他直接责任人员，依照第一款的规定处罚。

第一百七十五条 以转贷牟利为目的，套取金融机构信贷资金高利转贷他人，违法所得数额较大的，处三年以下有期徒刑或者拘役，并处违法所得一倍以上五倍以下罚金；数额巨大的，处三年以上七年以下有期徒刑，并处违法所得一倍以上五倍以下罚金。

单位犯前款罪的，对单位判处罚金，并对其直接负责的主管人员和其他直接责任人员，处三年以下有期徒刑或者拘役。

第一百七十五条之一 以欺骗手段取得银行或者其他金融机构贷款、票据承兑、信用证、保函等，给银行或者其他金融机构造成重大损失或者有其他严重情节的，处三年以下有期徒刑或者拘役，并处或者单处罚金；给银行或者其他金融机构造成特别重大损失或者有其他特别严重情节的，处三年以上七年以下有期徒刑，并处罚金。

单位犯前款罪的，对单位判处罚金，并对其直接负责的主管人员和其他直接责任人员，依照前款的规定处罚。

第一百七十六条 非法吸收公众存款或者变相吸收公众存款，扰乱金融秩序的，处三年以下有期徒刑或者拘役，并处或者单处二万元以上二十万元以下罚金；数额巨大或者有其他严重情节的，处三年以上十年以下有期徒刑，并处五万元以上五十万元以下罚金。

单位犯前款罪的，对单位判处罚金，并对其直接负责的主管人员和其他直接责任人员，依照前款的规定处罚。

第一百七十七条 有下列情形之一，伪造、变造金融票证的，处五年以下有期徒刑或者拘役，并处或者单处二万元以上二十万元以下罚金；情节严重的，处五年以上十年以下有期徒刑，并处五万元以上五十万元以下罚金；情节特别严重的，处十年以上有期徒刑或者无期徒刑，并处五万元以上五十万元以下罚金或者没收财产：

（一）伪造、变造汇票、本票、支票的；

（二）伪造、变造委托收款凭证、汇款凭证、银行存单等其他银行结算凭证的；

（三）伪造、变造信用证或者附随的单据、文件的；

（四）伪造信用卡的。

单位犯前款罪的，对单位判处罚金，并对其直接负责的主管人员和其他直接责任人员，依照前款的规定处罚。

第一百七十七条之一 有下列情形之一，妨害信用卡管理的，处三年以下有期徒刑或者拘役，并处或者单处一万元以上十万元以下罚金；数量巨大或者有其他严重情节的，处三年以上十年以下有期徒刑，并处二万元以上二十万元以下罚金：

（一）明知是伪造的信用卡而持有、运输的，或者明知是伪造的空白信用卡而持有、运输，数量较大的；

（二）非法持有他人信用卡，数量较大的；

（三）使用虚假的身份证明骗领信用卡的；

（四）出售、购买、为他人提供伪造的信用卡或者以虚假的身份证明骗领的信用卡的。

窃取、收买或者非法提供他人信用卡信息资料的，依照前款规定处罚。

银行或者其他金融机构的工作人员利用职务上的便利，犯第二款罪的，从重处罚。

第一百七十八条 伪造、变造国库券或者国家发行的其他有价证券，数额较大的，处三年以下有期徒刑或者拘役，并处或者单处二万元以上二十万元以下罚金；数额巨大的，处三年以上十年以下有期徒刑，并处五万元以上五十万元以下罚金；数额特别巨大的，处十年以上有期徒刑或者无期徒刑，并处五万元以上五十万元以下罚金或者没收财产。

伪造、变造股票或者公司、企业债券，数额较大的，处三年以下有期徒刑或者拘役，并处或者单处一万元以上十万元以下罚金；数额巨大的，处三年以上十年以下有期徒刑，并处二万元以上二十万元以下罚金。

单位犯前两款罪的，对单位判处罚金，并对其直接负责的主管人员和其他直接责任人员，依照前两款的规定处罚。

第一百七十九条 未经国家有关主管部门批准，擅自发行股票或者公司、企业债券，数额巨大、后果严重或者有其他严重情节的，处五年以下有期徒刑或者拘役，并处或者单处非法募集资金金额百分之一以上百分之五以下罚金。

单位犯前款罪的，对单位判处罚金，并对其直接负责的主管人员和其他直接责任人员，处五年以下有期徒刑或者拘役。

第一百八十条 证券、期货交易内幕信息的知情人员或者非法获取证券、期货交易内幕信息的人员，在涉及证券的发行，证券、期货交易或者其他对证券、期货交易价格有重大影响的信息尚未公开前，买入或者卖出该证券，或者从事与该内幕信息有关的期货交易，或者泄露该信息，或者明示、暗示他人从事上述交易活动，情节严重的，处五年以下有期徒刑或者拘役，并处或者单处违法所得一倍以上五倍以下罚金；情节特别严重的，处五年以上十年以下有期徒刑，并处违法所得一倍以上五倍以下罚金。

单位犯前款罪的，对单位判处罚金，并对其直接负责的主管人员和其他直接责任人员，处五年以下有期徒刑或者拘役。

内幕信息、知情人员的范围，依照法律、行政法规的规定确定。

证券交易所、期货交易所、证券公司、期货经纪公司、基金管理公司、商业银行、保险公司等金融机构的从业人员以及有关监管部门或者行业协会的工作人员，利用因职务便利获取的内幕信息以外的其他未公开的信息，违反规定，从事与该信息相关的证券、期货交易活动，或者明示、暗示他人从事相关交易活动，情节严重的，依照第一款的规定处罚。

第一百八十一条 编造并且传播影响证券、期货交易的虚假信息，扰乱证券、期货交易市场，造成严重后果的，处五年以下有期徒刑或者拘役，并处或者单处一万元以上十万元以下罚金。

证券交易所、期货交易所、证券公司、期货经纪公司的从业人员，证券业协会、期货业协会或者证券期货监督管理部门的工作人员，故意提供虚假信息或者伪造、变造、销毁交易记录，诱骗投资者买卖证券、期货合约，造成严重后果的，处五年以下有期徒刑或者拘役，并处或者单处一万元以上十万元以下罚金；情节特别恶劣的，处五年以上十年以下有期徒刑，并处二万元以上二十万元以下罚金。

单位犯前两款罪的，对单位判处罚金，并对其直接负责的主管人员和其他直接责任人员，处五年以下有期徒刑或者拘役。

第一百八十二条 有下列情形之一，操纵证券、期货市场，情节严重的，处五年以下有期徒刑或者拘役，并处或者单处罚金；情节特别严重的，处五年以上十年以下有期徒刑，并处罚金：

（一）单独或者合谋，集中资金优势、持股或者持仓优势或者利用信息优势联合或者连续买卖，操纵证券、期货交易价格或者证券、期货交易量的；

（二）与他人串通，以事先约定的时间、价格和方式相互进行证券、期货交易，影响证券、期货交易价格或者证券、期货交易量的；

（三）在自己实际控制的账户之间进行证券交易，或者以自己为交易对象，自买自卖期货合约，影响证券、期货交易价格或者证券、期货交易量的；

（四）以其他方法操纵证券、期货市场的。

单位犯前款罪的，对单位判处罚金，并对其直接负责的主管人员和其他直接责任人员，依照前款的规定处罚。

第一百八十三条 保险公司的工作人员利用职务上的便利，故意编造未曾发生的保险事故进行虚假理赔，骗取保险金归自己所有的，依照本法第二百七十一条的规定定罪处罚。

国有保险公司工作人员和国有保险公司委派到非国有保险公司从事公务的人员有前款行为的，依照本法第三百八十二条、第三百八十三条的规定定罪处罚。

第一百八十四条 银行或者其他金融机构的工作人员在金融业务活动中索取他人财物或者非法收受他人财物，为他人谋取利益的，或者违反国家规定，收受各种名义的回扣、手续费，归个人所有的，依照本法第一百六十三条的规定定罪处罚。

国有金融机构工作人员和国有金融机构委派到非国有金融机构从事公务的人员有前款行为的，依照本法第三百八十五条、第三百八十六条的规定定罪处罚。

第一百八十五条 商业银行、证券交易所、期货交易所、证券公司、期货经纪公司、保险公司或者其他金融机构的工作人员利用职务上的便利，挪用本单位或者客户资金的，依照本法第二百七十二条的规定定罪处罚。

国有商业银行、证券交易所、期货交易所、证券公司、期货经纪公司、保险公司或者其他国有金融机构的工作人员和国有商业银行、证券交易所、期货交易所、证券公司、期货经纪公司、保险公司或者其他国有金融机构委派到前款规定中的非国有机构从事公务的人员有前款行为的，依照本法第三百八十四条的规定定罪处罚。

第一百八十五条之一 商业银行、证券交易所、期货交易所、证券公司、期货经纪公司、保险公司或者其他金融机构，违背受托义务，擅自运用客户资金或者其他委托、信托的财产，情节严重的，对单位判处罚金，并对其直接负责的主管人员和其他直接责任人员，处三年以下有期徒刑或者拘役，并处三万元以上三十万元以下罚金；情节特别严重的，处三年以上十年以下有期徒刑，并处五万元以上五十万元以下罚金。

社会保障基金管理机构、住房公积金管理机构等公众资金管理机构，以及保险公司、保险资产管理公司、证券投资基金管理公司，违反国家规定运用资金的，对其直接负责的主管人员和其他直接责任人员，依照前款的规定处罚。

第一百八十六条 银行或者其他金融机构的工作人员违反国家规定发放贷款，数额巨大或者造成重大损失的，处五年以下有期徒刑或者拘役，并处一万元以上十万元以下罚金；数额特别巨大或者造成特别重大损失的，处五年以上有期徒刑，并处二万元以上二十万元以下罚金。

银行或者其他金融机构的工作人员违反国家规定，向关系人发放贷款的，依照前款的规定从重处罚。

单位犯前两款罪的，对单位判处罚金，并对其直接负责的主管人员和其他直接责任人员，依照前两款的规定处罚。

关系人的范围，依照《中华人民共和国商业银行法》和有关金融法规确定。

第一百八十七条 银行或者其他金融机构的工作人员吸收客户资金不入账，数额巨大或者造成重大损失的，处五年以下有期徒刑或者拘役，并处二万元以上二十万元以下罚金；数额特别巨大或者造成特别重大损失的，处五年以上有期徒刑，并处五万元以上五十万元以下罚金。

单位犯前款罪的，对单位判处罚金，并对其直接负责的主管人员和其他直接责任人员，依照前款的规定处罚。

第一百八十八条 银行或者其他金融机构的工作人员违反规定，为他人出具信用证或者其他保函、票据、存单、资信证明，情节严重的，处五年以下有期徒刑或者拘役；情节特别严重的，处五年以上有期徒刑。

单位犯前款罪的，对单位判处罚金，并对其直接负责的主管人员和其他直接责任人员，依照前款的规定处罚。

第一百八十九条 银行或者其他金融机构的工作人员在票据业务中，对违反票据法规定的票据予以承兑、付款或者保证，造成重大损失的，处五年以下有期徒刑或者拘役；造成特别重大损失的，处五年以上有期徒刑。

单位犯前款罪的，对单位判处罚金，并对其直接负责的主管人员和其他直接责任人员，依照前款的规定处罚。

第一百九十条 国有公司、企业或者其他国有单位，违反国家规定，擅自将外汇存放境外，或者将境内的外汇非法转移到境外，情节严重的，对单位判处罚金，并对其直接负责的主管人员和其他直接责任人员，处五年以下有期徒刑或者拘役。

第一百九十一条 明知是毒品犯罪、黑社会性质的组织犯罪、恐怖活动犯罪、走私犯罪、贪污贿赂犯罪、破坏金融管理秩序犯罪、金融诈骗犯罪的所得及其产生的收益，为掩饰、隐瞒其来源和性质，有下列行为之一的，没收实施以上犯罪的所得及其产生的收益，处五年以下有期徒刑或者拘役，并处或者单处洗钱数额百分之五以上百分之二十以下罚金；情节严重的，处五年以上十年以下有期徒刑，并处洗钱数额百分之五以上百分之二十以下罚金：

（一）提供资金账户的；

（二）协助将财产转换为现金、金融票据、有价证券的；

（三）通过转账或者其他结算方式协助资金转移的；

（四）协助将资金汇往境外的；

（五）以其他方法掩饰、隐瞒犯罪所得及其收益的来源和性质的。

单位犯前款罪的，对单位判处罚金，并对其直接负责的主管人员和其他直接责任人员，处五年以下有期徒刑或者拘役；情节严重的，处五年以上十年以下有期徒刑。

第五节　金融诈骗罪

第一百九十二条 以非法占有为目的，使用诈骗方法非法集资，数额较大的，处五年以下有期徒刑或者拘役，并处二万元以上二十万元以下罚金；数额巨大或者有其他严重情节的，处五年以上十年以下有期徒刑，并处五万元以上五十万元以下罚金；数额特别巨大或者有其他特别严重情节的，处十年以上有期徒刑或者无期徒刑，并处五万元以上五十万元以下罚金或者没收财产。

第一百九十三条 有下列情形之一，以非法占有为目的，诈骗银行或者其他金融机构的贷款，数额较大的，处五年以下有期徒刑或者拘役，并处二万元以上二十万元以下罚金；数额巨大或者有其他严重情节的，处五年以上十年以下有期徒刑，并处五万元以上五十万元以下罚金；数额特别巨大或者有其他特别严重情节的，处十年以上有期徒刑或者无期徒刑，并处五万元以上五十万元以下罚金或者没收财产：

（一）编造引进资金、项目等虚假理由的；

（二）使用虚假的经济合同的；

（三）使用虚假的证明文件的；

（四）使用虚假的产权证明作担保或者超出抵押物价值重复担保的；

（五）以其他方法诈骗贷款的。

第一百九十四条 有下列情形之一，进行金融票据诈骗活动，数额较大的，处五年以下有期徒刑或者拘役，并处二万元以上二十万元以下罚金；数额巨大或者有其他严重情节的，处五年以上十年以下有期徒刑，并处五万元以上五十万元以下罚金；数额特别巨大或者有其他特别严重情节的，处十年以上有期徒刑或者无期徒刑，并处五万元以上五十万元以下罚金或者没收财产：

（一）明知是伪造、变造的汇票、本票、支票而使用的；

（二）明知是作废的汇票、本票、支票而使用的；

（三）冒用他人的汇票、本票、支票的；

（四）签发空头支票或者与其预留印鉴不符的支票，骗取财物的；

（五）汇票、本票的出票人签发无资金保证的汇票、本票或者在出票时作虚假记载，骗取财物的。

使用伪造、变造的委托收款凭证、汇款凭证、银行存单等其他银行结算凭证的，依照前款的规定处罚。

第一百九十五条 有下列情形之一，进行信用证诈骗活动的，处五年以下有期徒刑或者拘役，并处二万元以上二十万元以下罚金；数额巨大或者有其他严重情节的，处五年以上十年以下有期徒刑，并处五万元以上五十万元以下罚金；数额特别巨大或者有其他特别严重情节的，处十年以上有期徒刑或者无期徒刑，并处五万元以上五十万元以下罚金或者没收财产：

（一）使用伪造、变造的信用证或者附随的单据、文件的；

（二）使用作废的信用证的；

（三）骗取信用证的；

（四）以其他方法进行信用证诈骗活动的。

第一百九十六条 有下列情形之一，进行信用卡诈骗活动，数额较大的，处五年以下有期徒刑或者拘役，并处二万元以上二十万元以下罚金；数额巨大或者有其他严重情节的，处五年以上十年以下有期徒刑，并处五万元以上五十万元以下罚金；数额特别巨大或者有其他特别严重情节的，处十年以上有期徒刑或者无期徒刑，并处五万元以上五十万元以下罚金或者没收财产：

（一）使用伪造的信用卡，或者使用以虚假的身份证明骗领的信用卡的；

（二）使用作废的信用卡的；

（三）冒用他人信用卡的；

（四）恶意透支的。

前款所称恶意透支，是指持卡人以非法占有为目的，超过规定限额或者规定期限透支，并且经发卡银行催收后仍不归还的行为。

盗窃信用卡并使用的，依照本法第二百六十四条的规定定罪处罚。

第一百九十七条 使用伪造、变造的国库券或者国家发行的其他有价证券，进行诈骗活动，数额较大的，处五年以下有期徒刑或者拘役，并处二万元以上二十万元以下罚金；数额巨大或者有其他严重情节的，处五年以上十年以下有期徒刑，并处五万元以上五十万元以下罚金；数额特别巨大或者有其他特别严重情节的，处十年以上有期徒刑或者无期徒刑，并处五万元以上五十万元以下罚金或者没收财产。

第一百九十八条 有下列情形之一，进行保险诈骗活动，数额较大的，处五年以下有期徒刑或者拘役，并处一万元以上十万元以下罚金；数额巨大或者有其他严重情节的，处五年以上十年以下有期徒刑，并处二万元以上二十万元以下罚金；数额特别巨大或者有其他特别严重情节的，处十年以上有期徒刑，并处二万元以上二十万元以下罚金或者没收财产：

（一）投保人故意虚构保险标的，骗取保险金的；

（二）投保人、被保险人或者受益人对发生的保险事故编造虚假的原因或者夸大损失的程度，骗取保险金的；

（三）投保人、被保险人或者受益人编造未曾发生的保险事故，骗取保险金的；

（四）投保人、被保险人故意造成财产损失的保险事故，骗取保险金的；

（五）投保人、受益人故意造成被保险人死亡、伤残或者疾病，骗取保险金的。

有前款第四项、第五项所列行为，同时构成其他犯罪的，依照数罪并罚的规定处罚。

单位犯第一款罪的，对单位判处罚金，并对其直接负责的主管人员和其他直接责任人员，处五年以下有期徒刑或者拘役；数额巨大或者有其他严重情节的，处五年以上十年以下有期徒刑；数额特别巨大或者有其他特别严重情节的，处十年以上有期徒刑。

保险事故的鉴定人、证明人、财产评估人故意提供虚假的证明文件，为他人诈骗提供条件的，以保险诈骗的共犯论处。

第二百条 单位犯本节第一百九十二条、第一百九十四条、第一百九十五条规定之罪的，对单位判处罚金，并对其直接负责的主管人员和其他直接责任人员，处五年以下有期徒刑或者拘役，可以并处罚金；数额巨大或者有其他严重情节的，处五年以上十年以下有期徒刑，并处罚金；数额特别巨大或者有其他特别严重情节的，处十年以上有期徒刑或者无期徒刑，并处罚金。

第六节　危害税收征管罪

第二百零一条 纳税人采取欺骗、隐瞒手段进行虚假纳税申报或者不申报，逃避缴纳税款数额较大并且占应纳税额百分之十以上的，处三年以下有期徒刑或者拘役，并处罚金；数额巨大并且占应纳税额百分之三十以上的，处三年以上七年以下有期徒刑，并处罚金。

扣缴义务人采取前款所列手段，不缴或者少缴已扣、已收税款，数额较大的，依照前款的规定处罚。

对多次实施前两款行为，未经处理的，按照累计数额计算。

有第一款行为，经税务机关依法下达追缴通知后，补缴应纳税款，缴纳滞纳金，已受行政处罚的，不予追究刑事责任；但是，五年内因逃避缴纳税款受过刑事处罚或者被税务机关给予二次以上行政处罚的除外。

第二百零二条 以暴力、威胁方法拒不缴纳税款的，处三年以下有期徒刑或者拘役，并处拒缴税款一倍以上五倍以下罚金；情节严重的，处三年以上七年以下有期徒刑，并处拒缴税款一倍以上五倍以下罚金。

第二百零三条 纳税人欠缴应纳税款，采取转移或者隐匿财产的手段，致使税务机关无法追缴欠缴的税款，数额在一万元以上不满十万元的，处三年以下有期徒刑或者拘役，并处或者单处欠缴税款一倍以上五倍以下罚金；数额在十万元以上的，处三年以上七年以下有期徒刑，并处欠缴税款一倍以上五倍以下罚金。

第二百零四条 以假报出口或者其他欺骗手段，骗取国家出口退税款，数额较大的，处五年以下有期徒刑或者拘役，并处骗取税款一倍以上五倍以下罚金；数额巨大或者有其他严重情节的，处五年以上十年以下有期徒刑，并处骗取税款一倍以上五倍以下罚金；数额特别巨大或者有其他特别严重情节的，处十年以上有期徒刑或者无期徒刑，并处骗取税款一倍以上五倍以下罚金或者没收财产。

纳税人缴纳税款后，采取前款规定的欺骗方法，骗取所缴纳的税款的，依照本法第二百零一条的规定定罪处罚；骗取税款超过所缴纳的税款部分，依照前款的规定处罚。

第二百零五条 虚开增值税专用发票或者虚开用于骗取出口退税、抵扣税款的其他发票的，处三年以下有期徒刑或者拘役，并处二万元以上二十万元以下罚金；虚开的税款数额较大或者有其他严重情节的，处三年以上十年以下有期徒刑，并处五万元以上五十万元以下罚金；虚开的税款数额巨大或者有其他特别严重情节的，处十年以上有期徒刑或者无期徒刑，并处五万元以上五十万元以下罚金或者没收财产。

单位犯本条规定之罪的，对单位判处罚金，并对其直接负责的主管人员和其他直接责任人员，处三年以下有期徒刑或者拘役；虚开的税款数额较大或者有其他严重情节的，处三年以上十年以下有期徒刑；虚开的税款数额巨大或者有其他特别严重情节的，处十年以上有期徒刑或者无期徒刑。

虚开增值税专用发票或者虚开用于骗取出口退税、抵扣税款的其他发票，是指有为他人虚开、为自己虚开、让他人为自己虚开、介绍他人虚开行为之一的。

第二百零五条之一 虚开本法第二百零五条规定以外的其他发票，情节严重的，处二年以下有期徒刑、拘役或者管制，并处罚金；情节特别严重的，处二年以上七年以下有期徒刑，并处罚金。

单位犯前款罪的，对单位判处罚金，并对其直接负责的主管人员和其他直接责任人员，依照前款的规定处罚。

第二百零六条 伪造或者出售伪造的增值税专用发票的，处三年以下有期徒刑、拘役或者管制，并处二万元以上二十万元以下罚金；数量较大或者有其他严重情节的，处三年以上十年以下有期徒刑，并处五万元以上五十万元以下罚金；数量巨大或者有其他特别严重情节的，处十年以上有期徒刑或者无期徒刑，并处五万元以上五十万元以下罚金或者没收财产。

单位犯本条规定之罪的，对单位判处罚金，并对其直接负责的主管人员和其他直接责任人员，处三年以下有期徒刑、拘役或者管制；数量较大或者有其他严重情节的，处三年以上十年以下有期徒刑；数量巨大或者有其他特别严重情节的，处十年以上有期徒刑或者无期徒刑。

第二百零七条 非法出售增值税专用发票的，处三年以下有期徒刑、拘役或者管制，并处二万元以上二十万元以下罚金；数量较大的，处三年以上十年以下有期徒刑，并处五万元以上五十万元以下罚金；数量巨大的，处十年以上有期徒刑或者无期徒刑，并处五万元以上五十万元以下罚金或者没收财产。

第二百零八条 非法购买增值税专用发票或者购买伪造的增值税专用发票的，处五年以下有期徒刑或者拘役，并处或者单处二万元以上二十万元以下罚金。

非法购买增值税专用发票或者购买伪造的增值税专用发票又虚开或者出售的，分别依照本法第二百零五条、第二百零六条、第二百零七条的规定定罪处罚。

第二百零九条 伪造、擅自制造或者出售伪造、擅自制造的可以用于骗取出口退税、抵扣税款的其他发票的，处三年以下有期徒刑、拘役或者管制，并处二万元以上二十万元以下罚金；数量巨大的，处三年以上七年以下有期徒刑，并处五万元以上五十万元以下罚金；数量特别巨大的，处七年以上有期徒刑，并处五万元以上五十万元以下罚金或者没收财产。

伪造、擅自制造或者出售伪造、擅自制造的前款规定以外的其他发票的，处二年以下有期徒刑、拘役或者管制，并处或者单处一万元以上五万元以下罚金；情节严重的，处二年以上七年以下有期徒刑，并处五万元以上五十万元以下罚金。

非法出售可以用于骗取出口退税、抵扣税款的其他发票的，依照第一款的规定处罚。

非法出售第三款规定以外的其他发票的，依照第二款的规定处罚。

第二百一十条 盗窃增值税专用发票或者可以用于骗取出口退税、抵扣税款的其他发票的，依照本法第二百六十四条的规定定罪处罚。

使用欺骗手段骗取增值税专用发票或者可以用于骗取出口退税、抵扣税款的其他发票的，依照本法第二百六十六条的规定定罪处罚。

第二百一十条之一 明知是伪造的发票而持有，数量较大的，处二年以下有期徒刑、拘役或者管制，并处罚金；数量巨大的，处二年以上七年以下有期徒刑，并处罚金。

单位犯前款罪的，对单位判处罚金，并对其直接负责的主管人员和其他直接责任人员，依照前款的规定处罚。

第二百一十一条 单位犯本节第二百零一条、第二百零三条、第二百零四条、第二百零七条、第二百零八条、第二百零九条规定之罪的，对单位判处罚金，并对其直接负责的主管人员和其他直接责任人员，依照各该条的规定处罚。

第二百一十二条 犯本节第二百零一条至第二百零五条规定之罪，被判处罚金、没收财产的，在执行前，应当先由税务机关追缴税款和所骗取的出口退税款。

第七节 侵犯知识产权罪

第二百一十三条 未经注册商标所有人许可，在同一种商品上使用与其注册商标相同的商标，情节严重的，处三年以下有期徒刑或者拘役，并处或者单处罚金；情节特别严重的，处三年以上七年以下有期徒刑，并处罚金。

第二百一十四条 销售明知是假冒注册商标的商品，销售金额数额较大的，处三年以下有期徒刑或者拘役，并处或者单处罚金；销售金额数额巨大的，处三年以上七年以下有期徒刑，并处罚金。

第二百一十五条 伪造、擅自制造他人注册商标标识或者销售伪造、擅自制造的注册商标标识，情节严重的，处三年以下有期徒刑、拘役或者管制，并处或者单处罚金；情节特别严重的，处三年以上七年以下有期徒刑，并处罚金。

第二百一十六条 假冒他人专利，情节严重的，处三年以下有期徒刑或者拘役，并处或者单处罚金。

第二百一十七条 以营利为目的，有下列侵犯著作权情形之一，违法所得数额较大或者有其他严重情节的，处三年以下有期徒刑或者拘役，并处或者单处罚金；违法所得数额巨大或者有其他特别严重情节的，处三年以上七年以下有期徒刑，并处罚金：

（一）未经著作权人许可，复制发行其文字作品、音乐、电影、电视、录像作品、计算机软件及其他作品的；

（二）出版他人享有专有出版权的图书的；

（三）未经录音录像制作者许可，复制发行其制作的录音录像的；

（四）制作、出售假冒他人署名的美术作品的。

第二百一十八条 以营利为目的，销售明知是本法第二百一十七条规定的侵权复制品，违法所得数额巨大的，处三年以下有期徒刑或者拘役，并处或者单处罚金。

第二百一十九条 有下列侵犯商业秘密行为之一，给商业秘密的权利人造成重大损失的，处三年以下有期徒刑或者拘役，并处或者单处罚金；造成特别严重后果的，处三年以上七年以下有期徒刑，并处罚金：

（一）以盗窃、利诱、胁迫或者其他不正当手段获取权利人的商业秘密的；

（二）披露、使用或者允许他人使用以前项手段获取的权利人的商业秘密的；

（三）违反约定或者违反权利人有关保守商业秘密的要求，披露、使用或者允许他人使用其所掌握的商业秘密的。

明知或者应知前款所列行为，获取、使用或者披露他人的商业秘密的，以侵犯商业秘密论。

本条所称商业秘密，是指不为公众所知悉，能为权利人带来经济利益，具有实用性并经权利人采取保密措施的技术信息和经营信息。

本条所称权利人，是指商业秘密的所有人和经商业秘密所有人许可的商业秘密使用人。

第二百二十条 单位犯本节第二百一十三条至第二百一十九条规定之罪的，对单位判处罚金，并对其直接负责的主管人员和其他直接责任人员，依照本节各该条的规定处罚。

第八节　扰乱市场秩序罪

第二百二十一条 捏造并散布虚伪事实，损害他人的商业信誉、商品声誉，给他人造成重大损失或者有其他严重情节的，处二年以下有期徒刑或者拘役，并处或者单处罚金。

第二百二十二条 广告主、广告经营者、广告发布者违反国家规定，利用广告对商品或者服务作虚假宣传，情节严重的，处二年以下有期徒刑或者拘役，并处或者单处罚金。

第二百二十三条 投标人相互串通投标报价，损害招标人或者其他投标人利益，情节严重的，处三年以下有期徒刑或者拘役，并处或者单处罚金。

投标人与招标人串通投标，损害国家、集体、公民的合法利益的，依照前款的规定处罚。

第二百二十四条 有下列情形之一，以非法占有为目的，在签订、履行合同过程中，骗取对方当事人财物，数额较大的，处三年以下有期徒刑或者拘役，并处或者单处罚金；数额巨大或者有其他严重情节的，处三年以上十年以下有期徒刑，并处罚金；数额特别巨大或者有其他特别严重情节的，处十年以上有期徒刑或者无期徒刑，并处罚金或者没收财产：

（一）以虚构的单位或者冒用他人名义签订合同的；

（二）以伪造、变造、作废的票据或者其他虚假的产权证明作担保的；

（三）没有实际履行能力，以先履行小额合同或者部分履行合同的方法，诱骗对方当事人继续签订和履行合同的；

（四）收受对方当事人给付的货物、货款、预付款或者担保财产后逃匿的；

（五）以其他方法骗取对方当事人财物的。

第二百二十四条之一 组织、领导以推销商品、提供服务等经营活动为名，要求参加者以缴纳费用或者购买商品、服务等方式获得加入资格，并按照一定顺序组成层级，直接或者间接以发展人员的数量作为计酬或者返利依据，引诱、胁迫参加者继续发展他人参加，骗取财物，扰乱经济社会秩序的传销活动的，处五年以下有期徒刑或者拘役，并处罚金；情节严重的，处五年以上有期徒刑，并处罚金。

第二百二十五条 违反国家规定，有下列非法经营行为之一，扰乱市场秩序，情节严重的，处五年以下有期徒刑或者拘役，并处或者单处违法所得一倍以上五倍以下罚金；情节特别严重的，处五年以上有期徒刑，并处违法所得一倍以上五倍以下罚金或者没收财产：

（一）未经许可经营法律、行政法规规定的专营、专卖物品或者其他限制买卖的物品的；

（二）买卖进出口许可证、进出口原产地证明以及其他法律、行政法规规定的经营许可证或者批准文件的；

（三）未经国家有关主管部门批准非法经营证券、期货、保险业务的，或者非法从事资金支付结算业务的；

（四）其他严重扰乱市场秩序的非法经营行为。

第二百二十六条 以暴力、威胁手段，实施下列行为之一，情节严重的，处三年以下有期徒刑或者拘役，并处或者单处罚金；情节特别严重的，处三年以上七年以下有期徒刑，并处罚金：

（一）强买强卖商品的；

（二）强迫他人提供或者接受服务的；

（三）强迫他人参与或者退出投标、拍卖的；

（四）强迫他人转让或者收购公司、企业的股份、债券或者其他资产的；

（五）强迫他人参与或者退出特定的经营活动的。

第二百二十七条 伪造或者倒卖伪造的车票、船票、邮票或者其他有价票证，数额较大的，处二年以下有期徒刑、拘役或者管制，并处或者单处票证价额一倍以上五倍以下罚金；数额巨大的，处二年以上七年以下有期徒刑，并处票证价额一倍以上五倍以下罚金。

倒卖车票、船票，情节严重的，处三年以下有期徒刑、拘役或者管制，并处或者单处票证价额一倍以上五倍以下罚金。

第二百二十八条 以牟利为目的，违反土地管理法规，非法转让、倒卖土地使用权，情节严重的，处三年以下有期徒刑或者拘役，并处或者单处非法转让、倒卖土地使用权价额百分之五以上百分之二十以下罚金；情节特别严重的，处三年以上七年以下有期徒刑，并处非法转让、倒卖土地使用权价额百分之五以上百分之二十以下罚金。

第二百二十九条 承担资产评估、验资、验证、会计、审计、法律服务等职责的中介组织的人员故意提供虚假证明文件，情节严重的，处五年以下有期徒刑或者拘役，并处罚金。

前款规定的人员，索取他人财物或者非法收受他人财物，犯前款罪的，处五年以上十年以下有期徒刑，并处罚金。

第一款规定的人员，严重不负责任，出具的证明文件有重大失实，造成严重后果的，处三年以下有期徒刑或者拘役，并处或者单处罚金。

第二百三十条 违反进出口商品检验法的规定，逃避商品检验，将必须经商检机构检验的进口商品未报经检验而擅自销售、使用，或者将必须经商检机构检验的出口商品未报经检验合格而擅自出口，情节严重的，处三年以下有期徒刑或者拘役，并处或者单处罚金。

第二百三十一条 单位犯本节第二百二十一条至第二百三十条规定之罪的，对单位判处罚金，并对其直接负责的主管人员和其他直接责任人员，依照本节各该条的规定处罚。

第四章　侵犯公民人身权利、民主权利罪

第二百三十二条 故意杀人的，处死刑、无期徒刑或者十年以上有期徒刑；情节较轻的，处三年以上十年以下有期徒刑。

第二百三十三条 过失致人死亡的，处三年以上七年以下有期徒刑；情节较轻的，处三年以下有期徒刑。本法另有规定的，依照规定。

第二百三十四条 故意伤害他人身体的，处三年以下有期徒刑、拘役或者管制。

犯前款罪，致人重伤的，处三年以上十年以下有期徒刑；致人死亡或者以特别残忍手段致人重伤造成严重残疾的，处十年以上有期徒刑、无期徒刑或者死刑。本法另有规定的，依照规定。

第二百三十四条之一 组织他人出卖人体器官的，处五年以下有期徒刑，并处罚金；情节严重的，处五年以上有期徒刑，并处罚金或者没收财产。

未经本人同意摘取其器官，或者摘取不满十八周岁的人的器官，或者强迫、欺骗他人捐献器官的，依照本法第二百三十四条、第二百三十二条的规定定罪处罚。

违背本人生前意愿摘取其尸体器官，或者本人生前未表示同意，违反国家规定，违背其近亲属意愿摘取其尸体器官的，依照本法第三百零二条的规定定罪处罚。

第二百三十五条 过失伤害他人致人重伤的，处三年以下有期徒刑或者拘役。本法另有规定的，依照规定。

第二百三十六条 以暴力、胁迫或者其他手段强奸妇女的，处三年以上十年以下有期徒刑。

奸淫不满十四周岁的幼女的，以强奸论，从重处罚。

强奸妇女、奸淫幼女，有下列情形之一的，处十年以上有期徒刑、无期徒刑或者死刑：

（一）强奸妇女、奸淫幼女情节恶劣的；

（二）强奸妇女、奸淫幼女多人的；

（三）在公共场所当众强奸妇女的；（四）二人以上轮奸的；

（五）致使被害人重伤、死亡或者造成其他严重后果的。

第二百三十七条 以暴力、胁迫或者其他方法强制猥亵他人或者侮辱妇女的，处五年以下有期徒刑或者拘役。

聚众或者在公共场所当众犯前款罪的，或者有其他恶劣情节的，处五年以上有期徒刑。

猥亵儿童的，依照前两款的规定从重处罚。

第二百三十八条 非法拘禁他人或者以其他方法非法剥夺他人人身自由的，处三年以下有期徒刑、拘役、管制或者剥夺政治权利。具有殴打、侮辱情节的，从重处罚。

犯前款罪，致人重伤的，处三年以上十年以下有期徒刑；致人死亡的，处十年以上有期徒刑。使用暴力致人伤残、死亡的，依照本法第二百三十四条、第二百三十二条的规定定罪处罚。

为索取债务非法扣押、拘禁他人的，依照前两款的规定处罚。

国家机关工作人员利用职权犯前三款罪的，依照前三款的规定从重处罚。

第二百三十九条 以勒索财物为目的绑架他人的，或者绑架他人作为人质的，处十年以上有期徒刑或者无期徒刑，并处罚金或者没收财产；情节较轻的，处五年以上十年以下有期徒刑，并处罚金。

犯前款罪，杀害被绑架人的，或者故意伤害被绑架人，致人重伤、死亡的，处无期徒刑或者死刑，并处没收财产。

以勒索财物为目的偷盗婴幼儿的，依照前两款的规定处罚。

第二百四十条 拐卖妇女、儿童的，处五年以上十年以下有期徒刑，并处罚金；有下列情形之一的，处十年以上有期徒刑或者无期徒刑，并处罚金或者没收财产；情节特别严重的，处死刑，并处没收财产：

（一）拐卖妇女、儿童集团的首要分子；

（二）拐卖妇女、儿童三人以上的；

（三）奸淫被拐卖的妇女的；

（四）诱骗、强迫被拐卖的妇女卖淫或者将被拐卖的妇女卖给他人迫使其卖淫的；

（五）以出卖为目的，使用暴力、胁迫或者麻醉方法绑架妇女、儿童的；

（六）以出卖为目的，偷盗婴幼儿的；

（七）造成被拐卖的妇女、儿童或者其亲属重伤、死亡或者其他严重后果的；

（八）将妇女、儿童卖往境外的。

拐卖妇女、儿童是指以出卖为目的，有拐骗、绑架、收买、贩卖、接送、中转妇女、儿童的行为之一的。

第二百四十一条　收买被拐卖的妇女、儿童的，处三年以下有期徒刑、拘役或者管制。

收买被拐卖的妇女，强行与其发生性关系的，依照本法第二百三十六条的规定定罪处罚。

收买被拐卖的妇女、儿童，非法剥夺、限制其人身自由或者有伤害、侮辱等犯罪行为的，依照本法的有关规定定罪处罚。

收买被拐卖的妇女、儿童，并有第二款、第三款规定的犯罪行为的，依照数罪并罚的规定处罚。

收买被拐卖的妇女、儿童又出卖的，依照本法第二百四十条的规定定罪处罚。

收买被拐卖的妇女、儿童，对被买儿童没有虐待行为，不阻碍对其进行解救的，可以从轻处罚；按照被买妇女的意愿，不阻碍其返回原居住地的，可以从轻或者减轻处罚。

第二百四十二条　以暴力、威胁方法阻碍国家机关工作人员解救被收买的妇女、儿童的，依照本法第二百七十七条的规定定罪处罚。

聚众阻碍国家机关工作人员解救被收买的妇女、儿童的首要分子，处五年以下有期徒刑或者拘役；其他参与者使用暴力、威胁方法的，依照前款的规定处罚。

第二百四十三条　捏造事实诬告陷害他人，意图使他人受刑事追究，情节严重的，处三年以下有期徒刑、拘役或者管制；造成严重后果的，处三年以上十年以下有期徒刑。

国家机关工作人员犯前款罪的，从重处罚。

不是有意诬陷，而是错告，或者检举失实的，不适用前两款的规定。

第二百四十四条　以暴力、威胁或者限制人身自由的方法强迫他人劳动的，处三年以下有期徒刑或者拘役，并处罚金；情节严重的，处三年以上十年以下有期徒刑，并处罚金。

明知他人实施前款行为，为其招募、运送人员或者有其他协助强迫他人劳动行为的，依照前款的规定处罚。

单位犯前两款罪的，对单位判处罚金，并对其直接负责的主管人员和其他直接责任人员，依照第一款的规定处罚。

第二百四十四条之一　违反劳动管理法规，雇用未满十六周岁的未成年人从事超强度体力劳动的，或者从事高空、井下作业的，或者在爆炸性、易燃性、放射性、毒害性等危险环境下从事劳动，情节严重的，对直接责任人员，处三年以下有期徒刑或者拘役，并处罚金；情节特别严重的，处三年以上七年以下有期徒刑，并处罚金。

有前款行为，造成事故，又构成其他犯罪的，依照数罪并罚的规定处罚。

第二百四十五条　非法搜查他人身体、住宅，或者非法侵入他人住宅的，处三年以下有期徒刑或者拘役。

司法工作人员滥用职权，犯前款罪的，从重处罚。

第二百四十六条　以暴力或者其他方法公然侮辱他人或者捏造事实诽谤他人，情节严重的，处三年以下有期徒刑、拘役、管制或者剥夺政治权利。

前款罪，告诉的才处理，但是严重危害社会秩序和国家利益的除外。

通过信息网络实施第一款规定的行为，被害人向人民法院告诉，但提供证据确有困难的，人民法院可以要求公安机关提供协助。

第二百四十七条 司法工作人员对犯罪嫌疑人、被告人实行刑讯逼供或者使用暴力逼取证人证言的，处三年以下有期徒刑或者拘役。致人伤残、死亡的，依照本法第二百三十四条、第二百三十二条的规定定罪从重处罚。

第二百四十八条 监狱、拘留所、看守所等监管机构的监管人员对被监管人进行殴打或者体罚虐待，情节严重的，处三年以下有期徒刑或者拘役；情节特别严重的，处三年以上十年以下有期徒刑。致人伤残、死亡的，依照本法第二百三十四条、第二百三十二条的规定定罪从重处罚。

监管人员指使被监管人殴打或者体罚虐待其他被监管人的，依照前款的规定处罚。

第二百四十九条 煽动民族仇恨、民族歧视，情节严重的，处三年以下有期徒刑、拘役、管制或者剥夺政治权利；情节特别严重的，处三年以上十年以下有期徒刑。

第二百五十条 在出版物中刊载歧视、侮辱少数民族的内容，情节恶劣，造成严重后果的，对直接责任人员，处三年以下有期徒刑、拘役或者管制。

第二百五十一条 国家机关工作人员非法剥夺公民的宗教信仰自由和侵犯少数民族风俗习惯，情节严重的，处二年以下有期徒刑或者拘役。

第二百五十二条 隐匿、毁弃或者非法开拆他人信件，侵犯公民通信自由权利，情节严重的，处一年以下有期徒刑或者拘役。

第二百五十三条 邮政工作人员私自开拆或者隐匿、毁弃邮件、电报的，处二年以下有期徒刑或者拘役。

犯前款罪而窃取财物的，依照本法第二百六十四条的规定定罪从重处罚。

第二百五十三条之一 违反国家有关规定，向他人出售或者提供公民个人信息，情节严重的，处三年以下有期徒刑或者拘役，并处或者单处罚金；情节特别严重的，处三年以上七年以下有期徒刑，并处罚金。

违反国家有关规定，将在履行职责或者提供服务过程中获得的公民个人信息，出售或者提供给他人的，依照前款的规定从重处罚。

窃取或者以其他方法非法获取公民个人信息的，依照第一款的规定处罚。

单位犯前三款罪的，对单位判处罚金，并对其直接负责的主管人员和其他直接责任人员，依照各该款的规定处罚。

第二百五十四条 国家机关工作人员滥用职权、假公济私，对控告人、申诉人、批评人、举报人实行报复陷害的，处二年以下有期徒刑或者拘役；情节严重的，处二年以上七年以下有期徒刑。

第二百五十五条 公司、企业、事业单位、机关、团体的领导人，对依法履行职责、抵制违反会计法、统计法行为的会计、统计人员实行打击报复，情节恶劣的，处三年以下有期徒刑或者拘役。

第二百五丨六条 在选举各级人民代表大会代表和国家机关领导人员时，以暴力、威胁、欺骗、贿赂、伪造选举文件、虚报选举票数等手段破坏选举或者妨害选民和代表自由行使选举权和被选举权，情节严重的，处三年以下有期徒刑、拘役或者剥夺政治权利。

第二百五十七条 以暴力干涉他人婚姻自由的，处二年以下有期徒刑或者拘役。

犯前款罪，致使被害人死亡的，处二年以上七年以下有期徒刑。

第一款罪，告诉的才处理。

第二百五十八条 有配偶而重婚的，或者明知他人有配偶而与之结婚的，处二年以下有期徒刑或者拘役。

第二百五十九条 明知是现役军人的配偶而与之同居或者结婚的，处三年以下有期徒刑或者拘役。

利用职权、从属关系，以胁迫手段奸淫现役军人的妻子的，依照本法第二百三十六条的规定定罪处罚。

第二百六十条 虐待家庭成员，情节恶劣的，处二年以下有期徒刑、拘役或者管制。

犯前款罪，致使被害人重伤、死亡的，处二年以上七年以下有期徒刑。

第一款罪，告诉的才处理，但被害人没有能力告诉，或者因受到强制、威吓无法告诉的除外。

第二百六十条之一 对未成年人、老年人、患病的人、残疾人等负有监护、看护职责的人虐待被监护、看护的人，情节恶劣的，处三年以下有期徒刑或者拘役。

单位犯前款罪的，对单位判处罚金，并对其直接负责的主管人员和其他直接责任人员，依照前款的规定处罚。

有第一款行为，同时构成其他犯罪的，依照处罚较重的规定定罪处罚。

第二百六十一条 对于年老、年幼、患病或者其他没有独立生活能力的人，负有扶养义务而拒绝扶养，情节恶劣的，处五年以下有期徒刑、拘役或者管制。

第二百六十二条 拐骗不满十四周岁的未成年人，脱离家庭或者监护人的，处五年以下有期徒刑或者拘役。

第二百六十二条之一 以暴力、胁迫手段组织残疾人或者不满十四周岁的未成年人乞讨的，处三年以下有期徒刑或者拘役，并处罚金；情节严重的，处三年以上七年以下有期徒刑，并处罚金。

第二百六十二条之二 组织未成年人进行盗窃、诈骗、抢夺、敲诈勒索等违反治安管理活动的，处三年以下有期徒刑或者拘役，并处罚金；情节严重的，处三年以上七年以下有期徒刑，并处罚金。

第五章　侵犯财产罪

第二百六十三条 以暴力、胁迫或者其他方法抢劫公私财物的，处三年以上十年以下有期徒刑，并处罚金；有下列情形之一的，处十年以上有期徒刑、无期徒刑或者死刑，并处罚金或者没收财产：

（一）入户抢劫的；

（二）在公共交通工具上抢劫的；

（三）抢劫银行或者其他金融机构的；

（四）多次抢劫或者抢劫数额巨大的；

（五）抢劫致人重伤、死亡的；

（六）冒充军警人员抢劫的；

（七）持枪抢劫的；

（八）抢劫军用物资或者抢险、救灾、救济物资的。

第二百六十四条 盗窃公私财物，数额较大的，或者多次盗窃、入户盗窃、携带凶器盗窃、扒窃的，处三年以下有期徒刑、拘役或者管制，并处或者单处罚金；数额巨大或者有其他严重情节的，处三年以上十年以下有期徒刑，并处罚金；数额特别巨大或者有其他特别严重情节的，处十年以上有期徒刑或者无期徒刑，并处罚金或者没收财产。

第二百六十五条 以牟利为目的，盗接他人通信线路、复制他人电信码号或者明知是盗接、复制的电信设备、设施而使用的，依照本法第二百六十四条的规定定罪处罚。

第二百六十六条 诈骗公私财物，数额较大的，处三年以下有期徒刑、拘役或者管制，并处或者单处罚金；数额巨大或者有其他严重情节的，处三年以上十年以下有期徒刑，并处罚金；数额特别巨大或者有其他特别严重情节的，处十年以上有期徒刑或者无期徒刑，并处罚金或者没收财产。本法另有规定的，依照规定。

第二百六十七条 抢夺公私财物，数额较大的，或者多次抢夺的，处三年以下有期徒刑、拘役或者管制，并处或者单处罚金；数额巨大或者有其他严重情节的，处三年以上十年以下有期徒刑，并处罚金；数额特别巨大或者有其他特别严重情节的，处十年以上有期徒刑或者无期徒刑，并处罚金或者没收财产。

携带凶器抢夺的，依照本法第二百六十三条的规定定罪处罚。

第二百六十八条 聚众哄抢公私财物，数额较大或者有其他严重情节的，对首要分子和积极参加的，处三年以下有期徒刑、拘役或者管制，并处罚金；数额巨大或者有其他特别严重情节的，处三年以上十年以下有期徒刑，并处罚金。

第二百六十九条 犯盗窃、诈骗、抢夺罪，为窝藏赃物、抗拒抓捕或者毁灭罪证而当场使用暴力或者以暴力相威胁的，依照本法第二百六十三条的规定定罪处罚。

第二百七十条 将代为保管的他人财物非法占为己有，数额较大，拒不退还的，处二年以下有期徒刑、拘役或者罚金；数额巨大或者有其他严重情节的，处二年以上五年以下有期徒刑，并处罚金。

将他人的遗忘物或者埋藏物非法占为己有，数额较大，拒不交出的，依照前款的规定处罚。

本条罪，告诉的才处理。

第二百七十一条 公司、企业或者其他单位的人员，利用职务上的便利，将本单位财物非法占为己有，数额较大的，处五年以下有期徒刑或者拘役；数额巨大的，处五年以上有期徒刑，可以并处没收财产。

国有公司、企业或者其他国有单位中从事公务的人员和国有公司、企业或者其他国有单位委派到非国有公司、企业以及其他单位从事公务的人员有前款行为的，依照本法第三百八十二条、第三百八十三条的规定定罪处罚。

第二百七十二条 公司、企业或者其他单位的工作人员，利用职务上的便利，挪用本单位资金归个人使用或者借贷给他人，数额较大、超过三个月未还的，或者虽未超过三个月，但数额较大、进行营利活动的，或者进行非法活动的，处三年以下有期徒刑或者拘役；挪用本单位资金数额巨大的，或者数额较大不退还的，处三年以上十年以下有期徒刑。

国有公司、企业或者其他国有单位中从事公务的人员和国有公司、企业或者其他国有单位委派到非国有公司、企业以及其他单位从事公务的人员有前款行为的，依照本法第三百八十四条的规定定罪处罚。

第二百七十三条 挪用用于救灾、抢险、防汛、优抚、扶贫、移民、救济款物，情节严重，致使国家和人民群众利益遭受重大损害的，对直接责任人员，处三年以下有期徒刑或者拘役；情节特别严重的，处三年以上七年以下有期徒刑。

第二百七十四条 敲诈勒索公私财物，数额较大或者多次敲诈勒索的，处三年以下有期徒刑、拘役或者管制，并处或者单处罚金；数额巨大或者有其他严重情节的，处三年以上十年以下有期徒刑，并处罚金；数额特别巨大或者有其他特别严重情节的，处十年以上有期徒刑，并处罚金。

第二百七十五条 故意毁坏公私财物，数额较大或者有其他严重情节的，处三年以下有期徒刑、拘役或者罚金；数额巨大或者有其他特别严重情节的，处三年以上七年以下有期徒刑。

第二百七十六条 由于泄愤报复或者其他个人目的，毁坏机器设备、残害耕畜或者以其他方法破坏生产经营的，处三年以下有期徒刑、拘役或者管制；情节严重的，处三年以上七年以下有期徒刑。

第二百七十六条之一 以转移财产、逃匿等方法逃避支付劳动者的劳动报酬或者有能力支付而不支付劳动者的劳动报酬，数额较大，经政府有关部门责令支付仍不支付的，处三年以下有期徒刑或者拘役，并处或者单处罚金；造成严重后果的，处三年以上七年以下有期徒刑，并处罚金。

单位犯前款罪的，对单位判处罚金，并对其直接负责的主管人员和其他直接责任人员，依照前款的规定处罚。

有前两款行为，尚未造成严重后果，在提起公诉前支付劳动者的劳动报酬，并依法承担相应赔偿责任的，可以减轻或者免除处罚。

第六章　妨害社会管理秩序罪

第一节　扰乱公共秩序罪

第二百七十七条 以暴力、威胁方法阻碍国家机关工作人员依法执行职务的，处三年以下有期徒刑、拘役、管制或者罚金。

以暴力、威胁方法阻碍全国人民代表大会和地方各级人民代表大会代表依法执行代表职务的，依照前款的规定处罚。

在自然灾害和突发事件中，以暴力、威胁方法阻碍红十字会工作人员依法履行职责的，依照第一款的规定处罚。

故意阻碍国家安全机关、公安机关依法执行国家安全工作任务，未使用暴力、威胁方法，造成严重后果的，依照第一款的规定处罚。

暴力袭击正在依法执行职务的人民警察的，依照第一款的规定从重处罚。

第二百七十八条 煽动群众暴力抗拒国家法律、行政法规实施的，处三年以下有期徒刑、拘役、管制或者剥夺政治权利；造成严重后果的，处三年以上七年以下有期徒刑。

第二百七十九条 冒充国家机关工作人员招摇撞骗的，处三年以下有期徒刑、拘役、管制或者剥夺政治权利；情节严重的，处三年以上十年以下有期徒刑。

冒充人民警察招摇撞骗的，依照前款的规定从重处罚。

第二百八十条 伪造、变造、买卖或者盗窃、抢夺、毁灭国家机关的公文、证件、印章的，处三年以下有期徒刑、拘役、管制或者剥夺政治权利，并处罚金；情节严重的，处三年以上十年以下有期徒刑，并处罚金。

伪造公司、企业、事业单位、人民团体的印章的，处三年以下有期徒刑、拘役、管制或者剥夺政治权利，并处罚金。

伪造、变造、买卖居民身份证、护照、社会保障卡、驾驶证等依法可以用于证明身份的证件的，处三年以下有期徒刑、拘役、管制或者剥夺政治权利，并处罚金；情节严重的，处三年以上七年以下有期徒刑，并处罚金。

第二百八十条之一 在依照国家规定应当提供身份证明的活动中，使用伪造、变造的或者盗用他人的居民身份证、护照、社会保障卡、驾驶证等依法可以用于证明身份的证件，情节严重的，处拘役或者管制，并处或者单处罚金。

有前款行为，同时构成其他犯罪的，依照处罚较重的规定定罪处罚。

第二百八十一条 非法生产、买卖人民警察制式服装、车辆号牌等专用标志、警械，情节严重的，处三年以下有期徒刑、拘役或者管制，并处或者单处罚金。

单位犯前款罪的，对单位判处罚金，并对其直接负责的主管人员和其他直接责任人员，依照前款的规定处罚。

第二百八十二条 以窃取、刺探、收买方法，非法获取国家秘密的，处三年以下有期徒刑、拘役、管制或者剥夺政治权利；情节严重的，处三年以上七年以下有期徒刑。

非法持有属于国家绝密、机密的文件、资料或者其他物品，拒不说明来源与用途的，处三年以下有期徒刑、拘役或者管制。

第二百八十三条 非法生产、销售专用间谍器材或者窃听、窃照专用器材的，处三年以下有期徒刑、拘役或者管制，并处或者单处罚金；情节严重的，处三年以上七年以下有期徒刑，并处罚金。

单位犯前款罪的，对单位判处罚金，并对其直接负责的主管人员和其他直接责任人员，依照前款的规定处罚。

第二百八十四条 非法使用窃听、窃照专用器材，造成严重后果的，处二年以下有期徒刑、拘役或者管制。

第二百八十四条之一 在法律规定的国家考试中，组织作弊的，处三年以下有期徒刑或者拘役，并处或者单处罚金；情节严重的，处三年以上七年以下有期徒刑，并处罚金。

为他人实施前款犯罪提供作弊器材或者其他帮助的，依照前款的规定处罚。

为实施考试作弊行为，向他人非法出售或者提供第一款规定的考试的试题、答案的，依照第一款的规定处罚。

代替他人或者让他人代替自己参加第一款规定的考试的，处拘役或者管制，并处或者单处罚金。

第二百八十五条 违反国家规定，侵入国家事务、国防建设、尖端科学技术领域的计算机信息系统的，处三年以下有期徒刑或者拘役。

违反国家规定，侵入前款规定以外的计算机信息系统或者采用其他技术手段，获取该计算机信息系统中存储、处理或者传输的数据，或者对该计算机信息系统实施非法控制，情节严重的，处三年以下有期徒刑或者拘役，并处或者单处罚金；情节特别严重的，处三年以上七年以下有期徒刑，并处罚金。

提供专门用于侵入、非法控制计算机信息系统的程序、工具，或者明知他人实施侵入、非法控制计算机信息系统的违法犯罪行为而为其提供程序、工具，情节严重的，依照前款的规定处罚。

单位犯前三款罪的，对单位判处罚金，并对其直接负责的主管人员和其他直接责任人员，依照各该款的规定处罚。

第二百八十六条 违反国家规定，对计算机信息系统功能进行删除、修改、增加、干扰，造成计算机信息系统不能正常运行，后果严重的，处五年以下有期徒刑或者拘役；后果特别严重的，处五年以上有期徒刑。

违反国家规定，对计算机信息系统中存储、处理或者传输的数据和应用程序进行删除、修改、增加的操作，后果严重的，依照前款的规定处罚。

故意制作、传播计算机病毒等破坏性程序，影响计算机系统正常运行，后果严重的，依照第一款的规定处罚。

单位犯前三款罪的，对单位判处罚金，并对其直接负责的主管人员和其他直接责任人员，依照第一款的规定处罚。

第二百八十六条之一 网络服务提供者不履行法律、行政法规规定的信息网络安全管理义务，经监管部门责令采取改正措施而拒不改正，有下列情形之一的，处三年以下有期徒刑、拘役或者管制，并处或者单处罚金：

（一）致使违法信息大量传播的；

（二）致使用户信息泄露，造成严重后果的；

（三）致使刑事案件证据灭失，情节严重的；

（四）有其他严重情节的。

单位犯前款罪的，对单位判处罚金，并对其直接负责的主管人员和其他直接责任人员，依照前款的规定处罚。

有前两款行为，同时构成其他犯罪的，依照处罚较重的规定定罪处罚。

第二百八十七条 利用计算机实施金融诈骗、盗窃、贪污、挪用公款、窃取国家秘密或者其他犯罪的，依照本法有关规定定罪处罚。

第二百八十七条之一 利用信息网络实施下列行为之一，情节严重的，处三年以下有期徒刑或者拘役，并处或者单处罚金：

（一）设立用于实施诈骗、传授犯罪方法、制作或者销售违禁物品、管制物品等违法犯罪活动的网站、通讯群组的；

（二）发布有关制作或者销售毒品、枪支、淫秽物品等违禁物品、管制物品或者其他违法犯罪信息的；

（三）为实施诈骗等违法犯罪活动发布信息的。

单位犯前款罪的，对单位判处罚金，并对其直接负责的主管人员和其他直接责任人员，依照第一款的规定处罚。

有前两款行为，同时构成其他犯罪的，依照处罚较重的规定定罪处罚。

第二百八十七条之二 明知他人利用信息网络实施犯罪，为其犯罪提供互联网接入、服务器托管、网络存储、通讯传输等技术支持，或者提供广告推广、支付结算等帮助，情节严重的，处三年以下有期徒刑或者拘役，并处或者单处罚金。

单位犯前款罪的，对单位判处罚金，并对其直接负责的主管人员和其他直接责任人员，依照第一款的规定处罚。

有前两款行为，同时构成其他犯罪的，依照处罚较重的规定定罪处罚。

第二百八十八条 违反国家规定，擅自设置、使用无线电台（站），或者擅自使用无线电频率，干扰无线电通讯秩序，情节严重的，处三年以下有期徒刑、拘役或者管制，并处或者单处罚金；情节特别严重的，处三年以上七年以下有期徒刑，并处罚金。

单位犯前款罪的，对单位判处罚金，并对其直接负责的主管人员和其他直接责任人员，依照前款的规定处罚。

第二百八十九条 聚众"打砸抢"，致人伤残、死亡的，依照本法第二百三十四条、第二百三十二条的规定定罪处罚。毁坏或者抢走公私财物的，除判令退赔外，对首要分子，依照本法第二百六十三条的规定定罪处罚。

第二百九十条 聚众扰乱社会秩序，情节严重，致使工作、生产、营业和教学、科研、医疗无法进行，造成严重损失的，对首要分子，处三年以上七年以下有期徒刑；对其他积极参加的，处三年以下有期徒刑、拘役、管制或者剥夺政治权利。

聚众冲击国家机关，致使国家机关工作无法进行，造成严重损失的，对首要分子，处五年以上十年以下有期徒刑；对其他积极参加的，处五年以下有期徒刑、拘役、管制或者剥夺政治权利。

多次扰乱国家机关工作秩序，经行政处罚后仍不改正，造成严重后果的，处三年以下有期徒刑、拘役或者管制。

多次组织、资助他人非法聚集，扰乱社会秩序，情节严重的，依照前款的规定处罚。

第二百九十一条 聚众扰乱车站、码头、民用航空站、商场、公园、影剧院、展览会、运动场或者其他公共场所秩序，聚众堵塞交通或者破坏交通秩序，抗拒、阻碍国家治安管理工作人员依法执行职务，情节严重的，对首要分子，处五年以下有期徒刑、拘役或者管制。

第二百九十一条之一 投放虚假的爆炸性、毒害性、放射性、传染病病原体等物质，或者编造爆炸威胁、生化威胁、放射威胁等恐怖信息，或者明知是编造的恐怖信息而故意传播，严重扰乱社会秩序的，处五年以下有期徒刑、拘役或者管制；造成严重后果的，处五年以上有期徒刑。

编造虚假的险情、疫情、灾情、警情，在信息网络或者其他媒体上传播，或者明知是上述虚假信息，故意在信息网络或者其他媒体上传播，严重扰乱社会秩序的，处三年以下有期徒刑、拘役或者管制；造成严重后果的，处三年以上七年以下有期徒刑。

第二百九十二条 聚众斗殴的，对首要分子和其他积极参加的，处三年以下有期徒刑、拘役或者管制；有下列情形之一的，对首要分子和其他积极参加的，处三年以上十年以下有期徒刑：

（一）多次聚众斗殴的；

（二）聚众斗殴人数多，规模大，社会影响恶劣的；

（三）在公共场所或者交通要道聚众斗殴，造成社会秩序严重混乱的；

（四）持械聚众斗殴的。

聚众斗殴，致人重伤、死亡的，依照本法第二百三十四条、第二百三十二条的规定定罪处罚。

第二百九十三条 有下列寻衅滋事行为之一，破坏社会秩序的，处五年以下有期徒刑、拘役或者管制：

（一）随意殴打他人，情节恶劣的；

（二）追逐、拦截、辱骂、恐吓他人，情节恶劣的；

（三）强拿硬要或者任意损毁、占用公私财物，情节严重的；

（四）在公共场所起哄闹事，造成公共场所秩序严重混乱的。

纠集他人多次实施前款行为，严重破坏社会秩序的，处五年以上十年以下有期徒刑，可以并处罚金。

第二百九十四条 组织、领导黑社会性质的组织的，处七年以上有期徒刑，并处没收财产；积极参加的，处三年以上七年以下有期徒刑，可以并处罚金或者没收财产；其他参加的，处三年以下有期徒刑、拘役、管制或者剥夺政治权利，可以并处罚金。

境外的黑社会组织的人员到中华人民共和国境内发展组织成员的，处三年以上十年以下有期徒刑。

国家机关工作人员包庇黑社会性质的组织，或者纵容黑社会性质的组织进行违法犯罪活动的，处五年以下有期徒刑；情节严重的，处五年以上有期徒刑。

犯前三款罪又有其他犯罪行为的，依照数罪并罚的规定处罚。

黑社会性质的组织应当同时具备以下特征：

（一）形成较稳定的犯罪组织，人数较多，有明确的组织者、领导者，骨干成员基本固定；

（二）有组织地通过违法犯罪活动或者其他手段获取经济利益，具有一定的经济实力，以支持该组织的活动；

（三）以暴力、威胁或者其他手段，有组织地多次进行违法犯罪活动，为非作恶，欺压、残害群众；

（四）通过实施违法犯罪活动，或者利用国家工作人员的包庇或者纵容，称霸一方，在一定区域或者行业内，形成非法控制或者重大影响，严重破坏经济、社会生活秩序。

第二百九十五条 传授犯罪方法的，处五年以下有期徒刑、拘役或者管制；情节严重的，处五年以上十年以下有期徒刑；情节特别严重的，处十年以上有期徒刑或者无期徒刑。

第二百九十六条 举行集会、游行、示威，未依照法律规定申请或者申请未获许可，或者未按照主管机关许可的起止时间、地点、路线进行，又拒不服从解散命令，严重破坏社会秩序的，对集会、游行、示威的负责人和直接责任人员，处五年以下有期徒刑、拘役、管制或者剥夺政治权利。

第二百九十七条 违反法律规定，携带武器、管制刀具或者爆炸物参加集会、游行、示威的，处三年以下有期徒刑、拘役、管制或者剥夺政治权利。

第二百九十八条 扰乱、冲击或者以其他方法破坏依法举行的集会、游行、示威，造成公共秩序混乱的，处五年以下有期徒刑、拘役、管制或者剥夺政治权利。

第二百九十九条 在公共场合，故意以焚烧、毁损、涂画、玷污、践踏等方式侮辱中华人民共和国国旗、国徽的，处三年以下有期徒刑、拘役、管制或者剥夺政治权利。

在公共场合，故意篡改中华人民共和国国歌歌词、曲谱，以歪曲、贬损方式奏唱国歌，或者以其他方式侮辱国歌，情节严重的，依照前款的规定处罚。

第三百条 组织、利用会道门、邪教组织或者利用迷信破坏国家法律、行政法规实施的，处三年以上七年以下有期徒刑，并处罚金；情节特别严重的，处七年以上有期徒刑或者无期徒刑，并处罚金或者没收财产；情节较轻的，处三年以下有期徒刑、拘役、管制或者剥夺政治权利，并处或者单处罚金。

组织、利用会道门、邪教组织或者利用迷信蒙骗他人，致人重伤、死亡的，依照前款的规定处罚。

犯第一款罪又有奸淫妇女、诈骗财物等犯罪行为的，依照数罪并罚的规定处罚。

第三百零一条 聚众进行淫乱活动的，对首要分子或者多次参加的，处五年以下有期徒刑、拘役或者管制。

引诱未成年人参加聚众淫乱活动的，依照前款的规定从重处罚。

第三百零二条 盗窃、侮辱、故意毁坏尸体、尸骨、骨灰的，处三年以下有期徒刑、拘役或者管制。

第三百零三条 以营利为目的，聚众赌博或者以赌博为业的，处三年以下有期徒刑、拘役或者管制，并处罚金。

开设赌场的，处三年以下有期徒刑、拘役或者管制，并处罚金；情节严重的，处三年以上十年以下有期徒刑，并处罚金。

第三百零四条 邮政工作人员严重不负责任，故意延误投递邮件，致使公共财产、国家和人民利益遭受重大损失的，处二年以下有期徒刑或者拘役。

第二节 妨害司法罪

第三百零五条 在刑事诉讼中，证人、鉴定人、记录人、翻译人对与案件有重要关系的情节，故意作虚假证明、鉴定、记录、翻译，意图陷害他人或者隐匿罪证的，处三年以下有期徒刑或者拘役；情节严重的，处三年以上七年以下有期徒刑。

第三百零六条 在刑事诉讼中，辩护人、诉讼代理人毁灭、伪造证据，帮助当事人毁灭、伪造证据，威胁、引诱证人违背事实改变证言或者作伪证的，处三年以下有期徒刑或者拘役；情节严重的，处三年以上七年以下有期徒刑。

辩护人、诉讼代理人提供、出示、引用的证人证言或者其他证据失实，不是有意伪造的，不属于伪造证据。

第三百零七条 以暴力、威胁、贿买等方法阻止证人作证或者指使他人作伪证的，处三年以下有期徒刑或者拘役；情节严重的，处三年以上七年以下有期徒刑。

帮助当事人毁灭、伪造证据，情节严重的，处三年以下有期徒刑或者拘役。

司法工作人员犯前两款罪的，从重处罚。

第三百零七条之一 以捏造的事实提起民事诉讼，妨害司法秩序或者严重侵害他人合法权益的，处三年以下有期徒刑、拘役或者管制，并处或者单处罚金；情节严重的，处三年以上七年以下有期徒刑，并处罚金。

单位犯前款罪的，对单位判处罚金，并对其直接负责的主管人员和其他直接责任人员，依照前款的规定处罚。

有第一款行为，非法占有他人财产或者逃避合法债务，又构成其他犯罪的，依照处罚较重的规定定罪从重处罚。

司法工作人员利用职权，与他人共同实施前三款行为的，从重处罚；同时构成其他犯罪的，依照处罚较重的规定定罪从重处罚。

第三百零八条 对证人进行打击报复的，处三年以下有期徒刑或者拘役；情节严重的，处三年以上七年以下有期徒刑。

第三百零八条之一 司法工作人员、辩护人、诉讼代理人或者其他诉讼参与人，泄露依法不公开审理的案件中不应当公开的信息，造成信息公开传播或者其他严重后果的，处三年以下有期徒刑、拘役或者管制，并处或者单处罚金。

有前款行为，泄露国家秘密的，依照本法第三百九十八条的规定定罪处罚。

公开披露、报道第一款规定的案件信息，情节严重的，依照第一款的规定处罚。

单位犯前款罪的，对单位判处罚金，并对其直接负责的主管人员和其他直接责任人员，依照第一款的规定处罚。

第三百零九条 有下列扰乱法庭秩序情形之一的，处三年以下有期徒刑、拘役、管制或者罚金：

（一）聚众哄闹、冲击法庭的；

（二）殴打司法工作人员或者诉讼参与人的；

（三）侮辱、诽谤、威胁司法工作人员或者诉讼参与人，不听法庭制止，严重扰乱法庭秩序的；

（四）有毁坏法庭设施，抢夺、损毁诉讼文书、证据等扰乱法庭秩序行为，情节严重的。

第三百一十条 明知是犯罪的人而为其提供隐藏处所、财物，帮助其逃匿或者作假证明包庇的，处三年以下有期徒刑、拘役或者管制；情节严重的，处三年以上十年以下有期徒刑。

犯前款罪，事前通谋的，以共同犯罪论处。

第三百一十一条 明知他人有间谍犯罪或者恐怖主义、极端主义犯罪行为，在司法机关向其调查有关情况、收集有关证据时，拒绝提供，情节严重的，处三年以下有期徒刑、拘役或者管制。

第三百一十二条 明知是犯罪所得及其产生的收益而予以窝藏、转移、收购、代为销售或者以其他方法掩饰、隐瞒的，处三年以下有期徒刑、拘役或者管制，并处或者单处罚金；情节严重的，处三年以上七年以下有期徒刑，并处罚金。

单位犯前款罪的，对单位判处罚金，并对其直接负责的主管人员和其他直接责任人员，依照前款的规定处罚。

第三百一十三条 对人民法院的判决、裁定有能力执行而拒不执行，情节严重的，处三年以下有期徒刑、拘役或者罚金；情节特别严重的，处三年以上七年以下有期徒刑，并处罚金。

单位犯前款罪的，对单位判处罚金，并对其直接负责的主管人员和其他直接责任人员，依照前款的规定处罚。

第三百一十四条 隐藏、转移、变卖、故意毁损已被司法机关查封、扣押、冻结的财产，情节严重的，处三年以下有期徒刑、拘役或者罚金。

第三百一十五条 依法被关押的罪犯，有下列破坏监管秩序行为之一，情节严重的，处三年以下有期徒刑：

（一）殴打监管人员的；

（二）组织其他被监管人破坏监管秩序的；

（三）聚众闹事，扰乱正常监管秩序的；

（四）殴打、体罚或者指使他人殴打、体罚其他被监管人的。

第三百一十六条 依法被关押的罪犯、被告人、犯罪嫌疑人脱逃的，处五年以下有期徒刑或者拘役。

劫夺押解途中的罪犯、被告人、犯罪嫌疑人的，处三年以上七年以下有期徒刑；情节严重的，处七年以上有期徒刑。

第三百一十七条 组织越狱的首要分子和积极参加的，处五年以上有期徒刑；其他参加的，处五年以下有期徒刑或者拘役。

暴动越狱或者聚众持械劫狱的首要分子和积极参加的，处十年以上有期徒刑或者无期徒刑；情节特别严重的，处死刑；其他参加的，处三年以上十年以下有期徒刑。

第三节　妨害国（边）境管理罪

第三百一十八条 组织他人偷越国（边）境的，处二年以上七年以下有期徒刑，并处罚金；有下列情形之一的，处七年以上有期徒刑或者无期徒刑，并处罚金或者没收财产：

（一）组织他人偷越国（边）境集团的首要分子；

（二）多次组织他人偷越国（边）境或者组织他人偷越国（边）境人数众多的；

（三）造成被组织人重伤、死亡的；

（四）剥夺或者限制被组织人人身自由的；

（五）以暴力、威胁方法抗拒检查的；

（六）违法所得数额巨大的；

（七）有其他特别严重情节的。

犯前款罪，对被组织人有杀害、伤害、强奸、拐卖等犯罪行为，或者对检查人员有杀害、伤害等犯罪行为的，依照数罪并罚的规定处罚。

第三百一十九条 以劳务输出、经贸往来或者其他名义，弄虚作假，骗取护照、签证等出境证件，为组织他人偷越国（边）境使用的，处三年以下有期徒刑，并处罚金；情节严重的，处三年以上十年以下有期徒刑，并处罚金。

单位犯前款罪的，对单位判处罚金，并对其直接负责的主管人员和其他直接责任人员，依照前款的规定处罚。

第三百二十条 为他人提供伪造、变造的护照、签证等出入境证件，或者出售护照、签证等出入境证件的，处五年以下有期徒刑，并处罚金；情节严重的，处五年以上有期徒刑，并处罚金。

第三百二十一条 运送他人偷越国（边）境的，处五年以下有期徒刑、拘役或者管制，并处罚金；有下列情形之一的，处五年以上十年以下有期徒刑，并处罚金：

（一）多次实施运送行为或者运送人数众多的；

（二）所使用的船只、车辆等交通工具不具备必要的安全条件，足以造成严重后果的；

（三）违法所得数额巨大的；

（四）有其他特别严重情节的。

在运送他人偷越国（边）境中造成被运送人重伤、死亡，或者以暴力、威胁方法抗拒检查的，处七年以上有期徒刑，并处罚金。

犯前两款罪，对被运送人有杀害、伤害、强奸、拐卖等犯罪行为，或者对检查人员有杀害、伤害等犯罪行为的，依照数罪并罚的规定处罚。

第三百二十二条 违反国（边）境管理法规，偷越国（边）境，情节严重的，处一年以下有期徒刑、拘役或者管制，并处罚金；为参加恐怖活动组织、接受恐怖活动培训或者实施恐怖活动，偷越国（边）境的，处一年以上三年以下有期徒刑，并处罚金。

第三百二十三条 故意破坏国家边境的界碑、界桩或者永久性测量标志的，处三年以下有期徒刑或者拘役。

第四节 妨害文物管理罪

第三百二十四条 故意损毁国家保护的珍贵文物或者被确定为全国重点文物保护单位、省级文物保护单位的文物的，处三年以下有期徒刑或者拘役，并处或者单处罚金；情节严重的，处三年以上十年以下有期徒刑，并处罚金。

故意损毁国家保护的名胜古迹，情节严重的，处五年以下有期徒刑或者拘役，并处或者单处罚金。

过失损毁国家保护的珍贵文物或者被确定为全国重点文物保护单位、省级文物保护单位的文物，造成严重后果的，处三年以下有期徒刑或者拘役。

第三百二十五条 违反文物保护法规，将收藏的国家禁止出口的珍贵文物私自出售或者私自赠送给外国人的，处五年以下有期徒刑或者拘役，可以并处罚金。

单位犯前款罪的，对单位判处罚金，并对其直接负责的主管人员和其他直接责任人员，依照前款的规定处罚。

第三百二十六条 以牟利为目的，倒卖国家禁止经营的文物，情节严重的，处五年以下有期徒刑或者拘役，并处罚金；情节特别严重的，处五年以上十年以下有期徒刑，并处罚金。

单位犯前款罪的，对单位判处罚金，并对其直接负责的主管人员和其他直接责任人员，依照前款的规定处罚。

第三百二十七条 违反文物保护法规，国有博物馆、图书馆等单位将国家保护的文物藏品出售或者私自送给非国有单位或者个人的，对单位判处罚金，并对其直接负责的主管人员和其他直接责任人员，处三年以下有期徒刑或者拘役。

第三百二十八条 盗掘具有历史、艺术、科学价值的古文化遗址、古墓葬的，处三年以上十年以下有期徒刑，并处罚金；情节较轻的，处三年以下有期徒刑、拘役或者管制，并处罚金；有下列情形之一的，处十年以上有期徒刑或者无期徒刑，并处罚金或者没收财产：

（一）盗掘确定为全国重点文物保护单位和省级文物保护单位的古文化遗址、古墓葬的；

（二）盗掘古文化遗址、古墓葬集团的首要分子；

（三）多次盗掘古文化遗址、古墓葬的；

（四）盗掘古文化遗址、古墓葬，并盗窃珍贵文物或者造成珍贵文物严重破坏的。

盗掘国家保护的具有科学价值的古人类化石和古脊椎动物化石的，依照前款的规定处罚。

第三百二十九条 抢夺、窃取国家所有的档案的，处五年以下有期徒刑或者拘役。

违反档案法的规定，擅自出卖、转让国家所有的档案，情节严重的，处三年以下有期徒刑或者拘役。

有前两款行为，同时又构成本法规定的其他犯罪的，依照处罚较重的规定定罪处罚。

第五节 危害公共卫生罪

第三百三十条 违反传染病防治法的规定，有下列情形之一，引起甲类传染病传播或者有传播严重危险的，处三年以下有期徒刑或者拘役；后果特别严重的，处三年以上七年以下有期徒刑：

（一）供水单位供应的饮用水不符合国家规定的卫生标准的；

（二）拒绝按照卫生防疫机构提出的卫生要求，对传染病病原体污染的污水、污物、粪便进行消毒处理的；

（三）准许或者纵容传染病病人、病原携带者和疑似传染病病人从事国务院卫生行政部门规定禁止从事的易使该传染病扩散的工作的；

（四）拒绝执行卫生防疫机构依照传染病防治法提出的预防、控制措施的。

单位犯前款罪的，对单位判处罚金，并对其直接负责的主管人员和其他直接责任人员，依照前款的规定处罚。

甲类传染病的范围，依照《中华人民共和国传染病防治法》和国务院有关规定确定。

第三百三十一条 从事实验、保藏、携带、运输传染病菌种、毒种的人员，违反国务院卫生行政部门的有关规定，造成传染病菌种、毒种扩散，后果严重的，处三年以下有期徒刑或者拘役；后果特别严重的，处三年以上七年以下有期徒刑。

第三百三十二条 违反国境卫生检疫规定，引起检疫传染病传播或者有传播严重危险的，处三年以下有期徒刑或者拘役，并处或者单处罚金。

单位犯前款罪的，对单位判处罚金，并对其直接负责的主管人员和其他直接责任人员，依照前款的规定处罚。

第三百三十三条 非法组织他人出卖血液的，处五年以下有期徒刑，并处罚金；以暴力、威胁方法强迫他人出卖血液的，处五年以上十年以下有期徒刑，并处罚金。

有前款行为，对他人造成伤害的，依照本法第二百三十四条的规定定罪处罚。

第三百三十四条 非法采集、供应血液或者制作、供应血液制品，不符合国家规定的标准，足以危害人体健康的，处五年以下有期徒刑或者拘役，并处罚金；对人体健康造成严重危害的，处五年以上十年以下有期徒刑，并处罚金；造成特别严重后果的，处十年以上有期徒刑或者无期徒刑，并处罚金或者没收财产。

经国家主管部门批准采集、供应血液或者制作、供应血液制品的部门，不依照规定进行检测或者违背其他操作规定，造成危害他人身体健康后果的，对单位判处罚金，并对其直接负责的主管人员和其他直接责任人员，处五年以下有期徒刑或者拘役。

第三百三十五条 医务人员由于严重不负责任，造成就诊人死亡或者严重损害就诊人身体健康的，处三年以下有期徒刑或者拘役。

第三百三十六条 未取得医生执业资格的人非法行医，情节严重的，处三年以下有期徒刑、拘役或者管制，并处或者单处罚金；严重损害就诊人身体健康的，处三年以上十年以下有期徒刑，并处罚金；造成就诊人死亡的，处十年以上有期徒刑，并处罚金。

未取得医生执业资格的人擅自为他人进行节育复通手术、假节育手术、终止妊娠手术或者摘取宫内节育器，情节严重的，处三年以下有期徒刑、拘役或者管制，并处或者单处罚金；严重损害就诊人身体健康的，处三年以上十年以下有期徒刑，并处罚金；造成就诊人死亡的，处十年以上有期徒刑，并处罚金。

第三百三十七条 违反有关动植物防疫、检疫的国家规定，引起重大动植物疫情的，或者有引起重大动植物疫情危险，情节严重的，处三年以下有期徒刑或者拘役，并处或者单处罚金。

单位犯前款罪的，对单位判处罚金，并对其直接负责的主管人员和其他直接责任人员，依照前款的规定处罚。

第六节 破坏环境资源保护罪

第三百三十八条 违反国家规定，排放、倾倒或者处置有放射性的废物、含传染病病原体的废物、有毒物质或者其他有害物质，严重污染环境的，处三年以下有期徒刑或者拘役，并处或者单处罚金；后果特别严重的，处三年以上七年以下有期徒刑，并处罚金。

第三百三十九条 违反国家规定，将境外的固体废物进境倾倒、堆放、处置的，处五年以下有期徒刑或者拘役，并处罚金；造成重大环境污染事故，致使公私财产遭受重大损失或者严重危害人体健康的，处五年以上十年以下有期徒刑，并处罚金；后果特别严重的，处十年以上有期徒刑，并处罚金。

未经国务院有关主管部门许可，擅自进口固体废物用作原料，造成重大环境污染事故，致使公私财产遭受重大损失或者严重危害人体健康的，处五年以下有期徒刑或者拘役，并处罚金；后果特别严重的，处五年以上十年以下有期徒刑，并处罚金。

以原料利用为名，进口不能用作原料的固体废物、液态废物和气态废物的，依照本法第一百五十二条第二款、第三款的规定定罪处罚。

第三百四十条 违反保护水产资源法规，在禁渔区、禁渔期或者使用禁用的工具、方法捕捞水产品，情节严重的，处三年以下有期徒刑、拘役、管制或者罚金。

第三百四十一条 非法猎捕、杀害国家重点保护的珍贵、濒危野生动物的，或者非法收购、运输、出售国家重点保护的珍贵、濒危野生动物及其制品的，处五年以下有期徒刑或者拘役，并处罚金；情节严重的，处五年以上十年以下有期徒刑，并处罚金；情节特别严重的，处十年以上有期徒刑，并处罚金或者没收财产。

违反狩猎法规，在禁猎区、禁猎期或者使用禁用的工具、方法进行狩猎，破坏野生动物资源，情节严重的，处三年以下有期徒刑、拘役、管制或者罚金。

第三百四十二条 违反土地管理法规，非法占用耕地、林地等农用地，改变被占用土地用途，数量较大，造成耕地、林地等农用地大量毁坏的，处五年以下有期徒刑或者拘役，并处或者单处罚金。

第三百四十三条 违反矿产资源法的规定，未取得采矿许可证擅自采矿，擅自进入国家规划矿区、对国民经济具有重要价值的矿区和他人矿区范围采矿，或者擅自开采国家规定实行保护性开采的特定矿种，情节严重的，处三年以下有期徒刑、拘役或者管制，并处或者单处罚金；情节特别严重的，处三年以上七年以下有期徒刑，并处罚金。

违反矿产资源法的规定，采取破坏性的开采方法开采矿产资源，造成矿产资源严重破坏的，处五年以下有期徒刑或者拘役，并处罚金。

第三百四十四条 违反国家规定，非法采伐、毁坏珍贵树木或者国家重点保护的其他植物的，或者非法收购、运输、加工、出售珍贵树木或者国家重点保护的其他植物及其制品的，处三年以下有期徒刑、拘役或者管制，并处罚金；情节严重的，处三年以上七年以下有期徒刑，并处罚金。

第三百四十五条 盗伐森林或者其他林木，数量较大的，处三年以下有期徒刑、拘役或者管制，并处或者单处罚金；数量巨大的，处三年以上七年以下有期徒刑，并处罚金；数量特别巨大的，处七年以上有期徒刑，并处罚金。

违反森林法的规定，滥伐森林或者其他林木，数量较大的，处三年以下有期徒刑、拘役或者管制，并处或者单处罚金；数量巨大的，处三年以上七年以下有期徒刑，并处罚金。

非法收购、运输明知是盗伐、滥伐的林木，情节严重的，处三年以下有期徒刑、拘役或者管制，并处或者单处罚金；情节特别严重的，处三年以上七年以下有期徒刑，并处罚金。

盗伐、滥伐国家级自然保护区内的森林或者其他林木的，从重处罚。

第三百四十六条 单位犯本节第三百三十八条至第三百四十五条规定之罪的，对单位判处罚金，并对其直接负责的主管人员和其他直接责任人员，依照本节各该条的规定处罚。

第七节 走私、贩卖、运输、制造毒品罪

第三百四十七条 走私、贩卖、运输、制造毒品，无论数量多少，都应当追究刑事责任，予以刑事处罚。

走私、贩卖、运输、制造毒品，有下列情形之一的，处十五年有期徒刑、无期徒刑或者死刑，并处没收财产：

（一）走私、贩卖、运输、制造鸦片一千克以上、海洛因或者甲基苯丙胺五十克以上或者其他毒品数量大的；

（二）走私、贩卖、运输、制造毒品集团的首要分子；

（三）武装掩护走私、贩卖、运输、制造毒品的；

（四）以暴力抗拒检查、拘留、逮捕，情节严重的；

（五）参与有组织的国际贩毒活动的。

走私、贩卖、运输、制造鸦片二百克以上不满一千克、海洛因或者甲基苯丙胺十克以上不满五十克或者其他毒品数量较大的，处七年以上有期徒刑，并处罚金。

走私、贩卖、运输、制造鸦片不满二百克、海洛因或者甲基苯丙胺不满十克或者其他少量毒品的，处三年以下有期徒刑、拘役或者管制，并处罚金；情节严重的，处三年以上七年以下有期徒刑，并处罚金。

单位犯第二款、第三款、第四款罪的，对单位判处罚金，并对其直接负责的主管人员和其他直接责任人员，依照各该款的规定处罚。

利用、教唆未成年人走私、贩卖、运输、制造毒品，或者向未成年人出售毒品的，从重处罚。

对多次走私、贩卖、运输、制造毒品，未经处理的，毒品数量累计计算。

第三百四十八条 非法持有鸦片一千克以上、海洛因或者甲基苯丙胺五十克以上或者其他毒品数量大的，处七年以上有期徒刑或者无期徒刑，并处罚金；非法持有鸦片二百克以上不满一千克、海洛因或者甲基苯丙胺十克以上不满五十克或者其他毒品数量较大的，处三年以下有期徒刑、拘役或者管制，并处罚金；情节严重的，处三年以上七年以下有期徒刑，并处罚金。

第三百四十九条 包庇走私、贩卖、运输、制造毒品的犯罪分子的，为犯罪分子窝藏、转移、隐瞒毒品或者犯罪所得的财物的，处三年以下有期徒刑、拘役或者管制；情节严重的，处三年以上十年以下有期徒刑。

缉毒人员或者其他国家机关工作人员掩护、包庇走私、贩卖、运输、制造毒品的犯罪分子的，依照前款的规定从重处罚。

犯前两款罪，事先通谋的，以走私、贩卖、运输、制造毒品罪的共犯论处。

第三百五十条 违反国家规定，非法生产、买卖、运输醋酸酐、乙醚、三氯甲烷或者其他用于

制造毒品的原料、配剂，或者携带上述物品进出境，情节较重的，处三年以下有期徒刑、拘役或者管制，并处罚金；情节严重的，处三年以上七年以下有期徒刑，并处罚金；情节特别严重的，处七年以上有期徒刑，并处罚金或者没收财产。

明知他人制造毒品而为其生产、买卖、运输前款规定的物品的，以制造毒品罪的共犯论处。

单位犯前两款罪的，对单位判处罚金，并对其直接负责的主管人员和其他直接责任人员，依照前两款的规定处罚。

第三百五十一条 非法种植罂粟、大麻等毒品原植物的，一律强制铲除。有下列情形之一的，处五年以下有期徒刑、拘役或者管制，并处罚金：

（一）种植罂粟五百株以上不满三千株或者其他毒品原植物数量较大的；

（二）经公安机关处理后又种植的；

（三）抗拒铲除的。

非法种植罂粟三千株以上或者其他毒品原植物数量大的，处五年以上有期徒刑，并处罚金或者没收财产。

非法种植罂粟或者其他毒品原植物，在收获前自动铲除的，可以免除处罚。

第三百五十二条 非法买卖、运输、携带、持有未经灭活的罂粟等毒品原植物种子或者幼苗，数量较大的，处三年以下有期徒刑、拘役或者管制，并处或者单处罚金。

第三百五十三条 引诱、教唆、欺骗他人吸食、注射毒品的，处三年以下有期徒刑、拘役或者管制，并处罚金；情节严重的，处三年以上七年以下有期徒刑，并处罚金。

强迫他人吸食、注射毒品的，处三年以上十年以下有期徒刑，并处罚金。

引诱、教唆、欺骗或者强迫未成年人吸食、注射毒品的，从重处罚。

第三百五十四条 容留他人吸食、注射毒品的，处三年以下有期徒刑、拘役或者管制，并处罚金。

第三百五十五条 依法从事生产、运输、管理、使用国家管制的麻醉药品、精神药品的人员，违反国家规定，向吸食、注射毒品的人提供国家规定管制的能够使人形成瘾癖的麻醉药品、精神药品的，处三年以下有期徒刑或者拘役，并处罚金；情节严重的，处三年以上七年以下有期徒刑，并处罚金。向走私、贩卖毒品的犯罪分子或者以牟利为目的，向吸食、注射毒品的人提供国家规定管制的能够使人形成瘾癖的麻醉药品、精神药品的，依照本法第三百四十七条的规定定罪处罚。

单位犯前款罪的，对单位判处罚金，并对其直接负责的主管人员和其他直接责任人员，依照前款的规定处罚。

第三百五十六条 因走私、贩卖、运输、制造、非法持有毒品罪被判过刑，又犯本节规定之罪的，从重处罚。

第三百五十七条 本法所称的毒品，是指鸦片、海洛因、甲基苯丙胺（冰毒）、吗啡、大麻、可卡因以及国家规定管制的其他能够使人形成瘾癖的麻醉药品和精神药品。

毒品的数量以查证属实的走私、贩卖、运输、制造、非法持有毒品的数量计算，不以纯度折算。

第八节　组织、强迫、引诱、容留、介绍卖淫罪

第三百五十八条 组织、强迫他人卖淫的，处五年以上十年以下有期徒刑，并处罚金；情节严重的，处十年以上有期徒刑或者无期徒刑，并处罚金或者没收财产。

组织、强迫未成年人卖淫的，依照前款的规定从重处罚。

犯前两款罪，并有杀害、伤害、强奸、绑架等犯罪行为的，依照数罪并罚的规定处罚。

为组织卖淫的人招募、运送人员或者有其他协助组织他人卖淫行为的，处五年以下有期徒刑，并处罚金；情节严重的，处五年以上十年以下有期徒刑，并处罚金。

第三百五十九条 引诱、容留、介绍他人卖淫的，处五年以下有期徒刑、拘役或者管制，并处罚金；情节严重的，处五年以上有期徒刑，并处罚金。

引诱不满十四周岁的幼女卖淫的，处五年以上有期徒刑，并处罚金。

第三百六十条 明知自己患有梅毒、淋病等严重性病卖淫、嫖娼的，处五年以下有期徒刑、拘役或者管制，并处罚金。

第三百六十一条 旅馆业、饮食服务业、文化娱乐业、出租汽车业等单位的人员，利用本单位的条件，组织、强迫、引诱、容留、介绍他人卖淫的，依照本法第三百五十八条、第三百五十九条的规定定罪处罚。

前款所列单位的主要负责人，犯前款罪的，从重处罚。

第三百六十二条 旅馆业、饮食服务业、文化娱乐业、出租汽车业等单位的人员，在公安机关查处卖淫、嫖娼活动时，为违法犯罪分子通风报信，情节严重的，依照本法第三百一十条的规定定罪处罚。

第九节 制作、贩卖、传播淫秽物品罪

第三百六十三条 以牟利为目的，制作、复制、出版、贩卖、传播淫秽物品的，处三年以下有期徒刑、拘役或者管制，并处罚金；情节严重的，处三年以上十年以下有期徒刑，并处罚金；情节特别严重的，处十年以上有期徒刑或者无期徒刑，并处罚金或者没收财产。

为他人提供书号，出版淫秽书刊的，处三年以下有期徒刑、拘役或者管制，并处或者单处罚金；明知他人用于出版淫秽书刊而提供书号的，依照前款的规定处罚。

第三百六十四条 传播淫秽的书刊、影片、音像、图片或者其他淫秽物品，情节严重的，处二年以下有期徒刑、拘役或者管制。

组织播放淫秽的电影、录像等音像制品的，处三年以下有期徒刑、拘役或者管制，并处罚金；情节严重的，处三年以上十年以下有期徒刑，并处罚金。

制作、复制淫秽的电影、录像等音像制品组织播放的，依照第二款的规定从重处罚。

向不满十八周岁的未成年人传播淫秽物品的，从重处罚。

第三百六十五条 组织进行淫秽表演的，处三年以下有期徒刑、拘役或者管制，并处罚金；情节严重的，处三年以上十年以下有期徒刑，并处罚金。

第三百六十六条 单位犯本节第三百六十三条、第三百六十四条、第三百六十五条规定之罪的，对单位判处罚金，并对其直接负责的主管人员和其他直接责任人员，依照各该条的规定处罚。

第三百六十七条 本法所称淫秽物品，是指具体描绘性行为或者露骨宣扬色情的秽淫性的书刊、影片、录像带、录音带、图片及其他淫秽物品。

有关人体生理、医学知识的科学著作不是淫秽物品。

包含有色情内容的有艺术价值的文学、艺术作品不视为淫秽物品。

第七章 危害国防利益罪

第三百六十八条 以暴力、威胁方法阻碍军人依法执行职务的，处三年以下有期徒刑、拘役、管制或者罚金。

故意阻碍武装部队军事行动，造成严重后果的，处五年以下有期徒刑或者拘役。

第三百六十九条 破坏武器装备、军事设施、军事通信的，处三年以下有期徒刑、拘役或者管制；破坏重要武器装备、军事设施、军事通信的，处三年以上十年以下有期徒刑；情节特别严重的，处十年以上有期徒刑、无期徒刑或者死刑。

过失犯前款罪，造成严重后果的，处三年以下有期徒刑或者拘役；造成特别严重后果的，处三年以上七年以下有期徒刑。

战时犯前两款罪的，从重处罚。

第三百七十条 明知是不合格的武器装备、军事设施而提供给武装部队的，处五年以下有期徒刑或者拘役；情节严重的，处五年以上十年以下有期徒刑；情节特别严重的，处十年以上有期徒刑、无期徒刑或者死刑。

过失犯前款罪，造成严重后果的，处三年以下有期徒刑或者拘役；造成特别严重后果的，处三年以上七年以下有期徒刑。

单位犯第一款罪的，对单位判处罚金，并对其直接负责的主管人员和其他直接责任人员，依照第一款的规定处罚。

第三百七十一条 聚众冲击军事禁区，严重扰乱军事禁区秩序的，对首要分子，处五年以上十年以下有期徒刑；对其他积极参加的，处五年以下有期徒刑、拘役、管制或者剥夺政治权利。

聚众扰乱军事管理区秩序，情节严重，致使军事管理区工作无法进行，造成严重损失的，对首要分子，处三年以上七年以下有期徒刑；对其他积极参加的，处三年以下有期徒刑、拘役、管制或者剥夺政治权利。

第三百七十二条 冒充军人招摇撞骗的，处三年以下有期徒刑、拘役、管制或者剥夺政治权利；情节严重的，处三年以上十年以下有期徒刑。

第三百七十三条 煽动军人逃离部队或者明知是逃离部队的军人而雇用，情节严重的，处三年以下有期徒刑、拘役或者管制。

第三百七十四条 在征兵工作中徇私舞弊，接送不合格兵员，情节严重的，处三年以下有期徒刑或者拘役；造成特别严重后果的，处三年以上七年以下有期徒刑。

第三百七十五条 伪造、变造、买卖或者盗窃、抢夺武装部队公文、证件、印章的，处三年以下有期徒刑、拘役、管制或者剥夺政治权利；情节严重的，处三年以上十年以下有期徒刑。

非法生产、买卖武装部队制式服装，情节严重的，处三年以下有期徒刑、拘役或者管制，并处或者单处罚金。

伪造、盗窃、买卖或者非法提供、使用武装部队车辆号牌等专用标志，情节严重的，处三年以下有期徒刑、拘役或者管制，并处或者单处罚金；情节特别严重的，处三年以上七年以下有期徒刑，并处罚金。

单位犯第二款、第三款罪的，对单位判处罚金，并对其直接负责的主管人员和其他直接责任人员，依照各该款的规定处罚。

第三百七十六条 预备役人员战时拒绝、逃避征召或者军事训练，情节严重的，处三年以下有期徒刑或者拘役。

公民战时拒绝、逃避服役，情节严重的，处二年以下有期徒刑或者拘役。

第三百七十七条 战时故意向武装部队提供虚假敌情，造成严重后果的，处三年以上十年以下有期徒刑；造成特别严重后果的，处十年以上有期徒刑或者无期徒刑。

第三百七十八条 战时造谣惑众，扰乱军心的，处三年以下有期徒刑、拘役或者管制；情节严重的，处三年以上十年以下有期徒刑。

第三百七十九条 战时明知是逃离部队的军人而为其提供隐蔽处所、财物，情节严重的，处三年以下有期徒刑或者拘役。

第三百八十条 战时拒绝或者故意延误军事订货，情节严重的，对单位判处罚金，并对其直接负责的主管人员和其他直接责任人员，处五年以下有期徒刑或者拘役；造成严重后果的，处五年以上有期徒刑。

第三百八十一条 战时拒绝军事征收、征用，情节严重的，处三年以下有期徒刑或者拘役。

第八章 贪污贿赂罪

第三百八十二条 国家工作人员利用职务上的便利，侵吞、窃取、骗取或者以其他手段非法占有公共财物的，是贪污罪。

受国家机关、国有公司、企业、事业单位、人民团体委托管理、经营国有财产的人员，利用职务上的便利，侵吞、窃取、骗取或者以其他手段非法占有国有财物的，以贪污论。

与前两款所列人员勾结，伙同贪污的，以共犯论处。

第三百八十三条 对犯贪污罪的，根据情节轻重，分别依照下列规定处罚：

（一）贪污数额较大或者有其他较重情节的，处三年以下有期徒刑或者拘役，并处罚金。

（二）贪污数额巨大或者有其他严重情节的，处三年以上十年以下有期徒刑，并处罚金或者没收财产。

（三）贪污数额特别巨大或者有其他特别严重情节的，处十年以上有期徒刑或者无期徒刑，并处罚金或者没收财产；数额特别巨大，并使国家和人民利益遭受特别重大损失的，处无期徒刑或者死刑，并处没收财产。

对多次贪污未经处理的，按照累计贪污数额处罚。

犯第一款罪，在提起公诉前如实供述自己罪行、真诚悔罪、积极退赃，避免、减少损害结果的发生，有第一项规定情形的，可以从轻、减轻或者免除处罚；有第二项、第三项规定情形的，可以从轻处罚。

犯第一款罪，有第三项规定情形被判处死刑缓期执行的，人民法院根据犯罪情节等情况可以同时决定在其死刑缓期执行二年期满依法减为无期徒刑后，终身监禁，不得减刑、假释。

第三百八十四条 国家工作人员利用职务上的便利，挪用公款归个人使用，进行非法活动的，或者挪用公款数额较大、进行营利活动的，或者挪用公款数额较大、超过三个月未还的，是挪用公款罪，处五年以下有期徒刑或者拘役；情节严重的，处五年以上有期徒刑。挪用公款数额巨大不退还的，处十年以上有期徒刑或者无期徒刑。

挪用用于救灾、抢险、防汛、优抚、扶贫、移民、救济款物归个人使用的，从重处罚。

第三百八十五条 国家工作人员利用职务上的便利，索取他人财物的，或者非法收受他人财物，为他人谋取利益的，是受贿罪。

国家工作人员在经济往来中，违反国家规定，收受各种名义的回扣、手续费，归个人所有的，以受贿论处。

第三百八十六条 对犯受贿罪的，根据受贿所得数额及情节，依照本法第三百八十三条的规定处罚。索贿的从重处罚。

第三百八十七条 国家机关、国有公司、企业、事业单位、人民团体，索取、非法收受他人财物，为他人谋取利益，情节严重的，对单位判处罚金，并对其直接负责的主管人员和其他直接责任人员，处五年以下有期徒刑或者拘役。

前款所列单位，在经济往来中，在账外暗中收受各种名义的回扣、手续费的，以受贿论，依照前款的规定处罚。

第三百八十八条 国家工作人员利用本人职权或者地位形成的便利条件，通过其他国家工作人员职务上的行为，为请托人谋取不正当利益，索取请托人财物或者收受请托人财物的，以受贿论处。

第三百八十八条之一 国家工作人员的近亲属或者其他与该国家工作人员关系密切的人，通过该国家工作人员职务上的行为，或者利用该国家工作人员职权或者地位形成的便利条件，通过其他国家工作人员职务上的行为，为请托人谋取不正当利益，索取请托人财物或者收受请托人财物，数额较大或者有其他较重情节的，处三年以下有期徒刑或者拘役，并处罚金；数额巨大或者有其他严重情节的，处三年以上七年以下有期徒刑，并处罚金；数额特别巨大或者有其他特别严重情节的，处七年以上有期徒刑，并处罚金或者没收财产。

离职的国家工作人员或者其近亲属以及其他与其关系密切的人，利用该离职的国家工作人员原职权或者地位形成的便利条件实施前款行为的，依照前款的规定定罪处罚。

第三百八十九条 为谋取不正当利益，给予国家工作人员以财物的，是行贿罪。

在经济往来中，违反国家规定，给予国家工作人员以财物，数额较大的，或者违反国家规定，给予国家工作人员以各种名义的回扣、手续费的，以行贿论处。

因被勒索给予国家工作人员以财物，没有获得不正当利益的，不是行贿。

第三百九十条 对犯行贿罪的，处五年以下有期徒刑或者拘役，并处罚金；因行贿谋取不正当利益，情节严重的，或者使国家利益遭受重大损失的，处五年以上十年以下有期徒刑，并处罚金；情节特别严重的，或者使国家利益遭受特别重大损失的，处十年以上有期徒刑或者无期徒刑，并处罚金或者没收财产。

行贿人在被追诉前主动交代行贿行为的，可以从轻或者减轻处罚。其中，犯罪较轻的，对侦破重大案件起关键作用的，或者有重大立功表现的，可以减轻或者免除处罚。

第三百九十条之一 为谋取不正当利益，向国家工作人员的近亲属或者其他与该国家工作人员关系密切的人，或者向离职的国家工作人员或者其近亲属以及其他与其关系密切的人行贿的，处三年以下有期徒刑或者拘役，并处罚金；情节严重的，或者使国家利益遭受重大损失的，处三年以上七年以下有期徒刑，并处罚金；情节特别严重的，或者使国家利益遭受特别重大损失的，处七年以上十年以下有期徒刑，并处罚金。

单位犯前款罪的，对单位判处罚金，并对其直接负责的主管人员和其他直接责任人员，处三年以下有期徒刑或者拘役，并处罚金。

第三百九十一条 为谋取不正当利益，给予国家机关、国有公司、企业、事业单位、人民团体以财物的，或者在经济往来中，违反国家规定，给予各种名义的回扣、手续费的，处三年以下有期徒刑或者拘役，并处罚金。

单位犯前款罪的，对单位判处罚金，并对其直接负责的主管人员和其他直接责任人员，依照前款的规定处罚。

第三百九十二条 向国家工作人员介绍贿赂，情节严重的，处二年以下有期徒刑或者拘役，并处罚金。

介绍贿赂人在被追诉前主动交代介绍贿赂行为的，可以减轻处罚或者免除处罚。

第三百九十三条 单位为谋取不正当利益而行贿，或者违反国家规定，给予国家工作人员以回扣、手续费，情节严重的，对单位判处罚金，并对其直接负责的主管人员和其他直接责任人员，处五年以下有期徒刑或者拘役，并处罚金。因行贿取得的违法所得归个人所有的，依照本法第三百八十九条、第三百九十条的规定定罪处罚。

第三百九十四条 国家工作人员在国内公务活动或者对外交往中接受礼物，依照国家规定应当交公而不交公，数额较大的，依照本法第三百八十二条、第三百八十三条的规定定罪处罚。

第三百九十五条 国家工作人员的财产、支出明显超过合法收入，差额巨大的，可以责令该国家工作人员说明来源，不能说明来源的，差额部分以非法所得论，处五年以下有期徒刑或者拘役；差额特别巨大的，处五年以上十年以下有期徒刑。财产的差额部分予以追缴。

国家工作人员在境外的存款，应当依照国家规定申报。数额较大、隐瞒不报的，处二年以下有期徒刑或者拘役；情节较轻的，由其所在单位或者上级主管机关酌情给予行政处分。

第三百九十六条 国家机关、国有公司、企业、事业单位、人民团体，违反国家规定，以单位名义将国有资产集体私分给个人，数额较大的，对其直接负责的主管人员和其他直接责任人员，处三年以下有期徒刑或者拘役，并处或者单处罚金；数额巨大的，处三年以上七年以下有期徒刑，并处罚金。

司法机关、行政执法机关违反国家规定，将应当上缴国家的罚没财物，以单位名义集体私分给个人的，依照前款的规定处罚。

第九章　渎职罪

第三百九十七条 国家机关工作人员滥用职权或者玩忽职守，致使公共财产、国家和人民利益遭受重大损失的，处三年以下有期徒刑或者拘役；情节特别严重的，处三年以上七年以下有期徒刑。本法另有规定的，依照规定。

国家机关工作人员徇私舞弊，犯前款罪的，处五年以下有期徒刑或者拘役；情节特别严重的，处五年以上十年以下有期徒刑。本法另有规定的，依照规定。

第三百九十八条 国家机关工作人员违反保守国家秘密法的规定，故意或者过失泄露国家秘密，情节严重的，处三年以下有期徒刑或者拘役；情节特别严重的，处三年以上七年以下有期徒刑。

非国家机关工作人员犯前款罪的，依照前款的规定酌情处罚。

第三百九十九条 司法工作人员徇私枉法、徇情枉法，对明知是无罪的人而使他受追诉、对明知是有罪的人而故意包庇不使他受追诉，或者在刑事审判活动中故意违背事实和法律作枉法裁判的，处五年以下有期徒刑或者拘役；情节严重的，处五年以上十年以下有期徒刑；情节特别严重的，处十年以上有期徒刑。

在民事、行政审判活动中故意违背事实和法律作枉法裁判，情节严重的，处五年以下有期徒刑或者拘役；情节特别严重的，处五年以上十年以下有期徒刑。

在执行判决、裁定活动中，严重不负责任或者滥用职权，不依法采取诉讼保全措施、不履行法定执行职责，或者违法采取诉讼保全措施、强制执行措施，致使当事人或者其他人的利益遭受重大损失的，处五年以下有期徒刑或者拘役；致使当事人或者其他人的利益遭受特别重大损失的，处五年以上十年以下有期徒刑。

司法工作人员收受贿赂，有前三款行为的，同时又构成本法第三百八十五条规定之罪的，依照处罚较重的规定定罪处罚。

第三百九十九条之一 依法承担仲裁职责的人员，在仲裁活动中故意违背事实和法律作枉法裁决，情节严重的，处三年以下有期徒刑或者拘役；情节特别严重的，处三年以上七年以下有期徒刑。

第四百条 司法工作人员私放在押的犯罪嫌疑人、被告人或者罪犯的，处五年以下有期徒刑或者拘役；情节严重的，处五年以上十年以下有期徒刑；情节特别严重的，处十年以上有期徒刑。

司法工作人员由于严重不负责任，致使在押的犯罪嫌疑人、被告人或者罪犯脱逃，造成严重后果的，处三年以下有期徒刑或者拘役；造成特别严重后果的，处三年以上十年以下有期徒刑。

第四百零一条 司法工作人员徇私舞弊，对不符合减刑、假释、暂予监外执行条件的罪犯，予以减刑、假释或者暂予监外执行的，处三年以下有期徒刑或者拘役；情节严重的，处三年以上七年以下有期徒刑。

第四百零二条 行政执法人员徇私舞弊，对依法应当移交司法机关追究刑事责任的不移交，情节严重的，处三年以下有期徒刑或者拘役；造成严重后果的，处三年以上七年以下有期徒刑。

第四百零三条 国家有关主管部门的国家机关工作人员，徇私舞弊，滥用职权，对不符合法律规定条件的公司设立、登记申请或者股票、债券发行、上市申请，予以批准或者登记，致使公共财产、国家和人民利益遭受重大损失的，处五年以下有期徒刑或者拘役。

上级部门强令登记机关及其工作人员实施前款行为的，对其直接负责的主管人员，依照前款的规定处罚。

第四百零四条 税务机关的工作人员徇私舞弊，不征或者少征应征税款，致使国家税收遭受重大损失的，处五年以下有期徒刑或者拘役；造成特别重大损失的，处五年以上有期徒刑。

第四百零五条 税务机关的工作人员违反法律、行政法规的规定，在办理发售发票、抵扣税款、出口退税工作中，徇私舞弊，致使国家利益遭受重大损失的，处五年以下有期徒刑或者拘役；致使国家利益遭受特别重大损失的，处五年以上有期徒刑。

其他国家机关工作人员违反国家规定，在提供出口货物报关单、出口收汇核销单等出口退税凭证的工作中，徇私舞弊，致使国家利益遭受重大损失的，依照前款的规定处罚。

第四百零六条 国家机关工作人员在签订、履行合同过程中，因严重不负责任被诈骗，致使国家利益遭受重大损失的，处三年以下有期徒刑或者拘役；致使国家利益遭受特别重大损失的，处三年以上七年以下有期徒刑。

第四百零七条 林业主管部门的工作人员违反森林法的规定，超过批准的年采伐限额发放林木采伐许可证或者违反规定滥发林木采伐许可证，情节严重，致使森林遭受严重破坏的，处三年以下有期徒刑或者拘役。

第四百零八条 负有环境保护监督管理职责的国家机关工作人员严重不负责任，导致发生重大环境污染事故，致使公私财产遭受重大损失或者造成人身伤亡的严重后果的，处三年以下有期徒刑或者拘役。

第四百零八条之一 负有食品安全监督管理职责的国家机关工作人员，滥用职权或者玩忽职守，导致发生重大食品安全事故或者造成其他严重后果的，处五年以下有期徒刑或者拘役；造成特别严重后果的，处五年以上十年以下有期徒刑。

徇私舞弊犯前款罪的，从重处罚。

第四百零九条 从事传染病防治的政府卫生行政部门的工作人员严重不负责任，导致传染病传播或者流行，情节严重的，处三年以下有期徒刑或者拘役。

第四百一十条 国家机关工作人员徇私舞弊，违反土地管理法规，滥用职权，非法批准征收、征用、占用土地，或者非法低价出让国有土地使用权，情节严重的，处三年以下有期徒刑或者拘役；致使国家或者集体利益遭受特别重大损失的，处三年以上七年以下有期徒刑。

第四百一十一条 海关工作人员徇私舞弊，放纵走私，情节严重的，处五年以下有期徒刑或者拘役；情节特别严重的，处五年以上有期徒刑。

第四百一十二条 国家商检部门、商检机构的工作人员徇私舞弊，伪造检验结果的，处五年以下有期徒刑或者拘役；造成严重后果的，处五年以上十年以下有期徒刑。

前款所列人员严重不负责任，对应当检验的物品不检验，或者延误检验出证、错误出证，致使国家利益遭受重大损失的，处三年以下有期徒刑或者拘役。

第四百一十三条 动植物检疫机关的检疫人员徇私舞弊，伪造检疫结果的，处五年以下有期徒刑或者拘役；造成严重后果的，处五年以上十年以下有期徒刑。

前款所列人员严重不负责任，对应当检疫的检疫物不检疫，或者延误检疫出证、错误出证，致使国家利益遭受重大损失的，处三年以下有期徒刑或者拘役。

第四百一十四条 对生产、销售伪劣商品犯罪行为负有追究责任的国家机关工作人员，徇私舞弊，不履行法律规定的追究职责，情节严重的，处五年以下有期徒刑或者拘役。

第四百一十五条 负责办理护照、签证以及其他出入境证件的国家机关工作人员，对明知是企图偷越国（边）境的人员，予以办理出入境证件的，或者边防、海关等国家机关工作人员，对明知是偷越国（边）境的人员，予以放行的，处三年以下有期徒刑或者拘役；情节严重的，处三年以上七年以下有期徒刑。

第四百一十六条 对被拐卖、绑架的妇女、儿童负有解救职责的国家机关工作人员，接到被拐卖、绑架的妇女、儿童及其家属的解救要求或者接到其他人的举报，而对被拐卖、绑架的妇女、儿童不进行解救，造成严重后果的，处五年以下有期徒刑或者拘役。

负有解救职责的国家机关工作人员利用职务阻碍解救的，处二年以上七年以下有期徒刑；情节较轻的，处二年以下有期徒刑或者拘役。

第四百一十七条 有查禁犯罪活动职责的国家机关工作人员，向犯罪分子通风报信、提供便利，帮助犯罪分子逃避处罚的，处三年以下有期徒刑或者拘役；情节严重的，处三年以上十年以下有期徒刑。

第四百一十八条 国家机关工作人员在招收公务员、学生工作中徇私舞弊，情节严重的，处三年以下有期徒刑或者拘役。

第四百一十九条 国家机关工作人员严重不负责任，造成珍贵文物损毁或者流失，后果严重的，处三年以下有期徒刑或者拘役。

第十章　军人违反职责罪

第四百二十条 军人违反职责，危害国家军事利益，依照法律应当受刑罚处罚的行为，是军人违反职责罪。

第四百二十一条 战时违抗命令，对作战造成危害的，处三年以上十年以下有期徒刑；致使战斗、战役遭受重大损失的，处十年以上有期徒刑、无期徒刑或者死刑。

第四百二十二条 故意隐瞒、谎报军情或者拒传、假传军令，对作战造成危害的，处三年以上十年以下有期徒刑；致使战斗、战役遭受重大损失的，处十年以上有期徒刑、无期徒刑或者死刑。

第四百二十三条 在战场上贪生怕死，自动放下武器投降敌人的，处三年以上十年以下有期徒刑；情节严重的，处十年以上有期徒刑或者无期徒刑。

投降后为敌人效劳的，处十年以上有期徒刑、无期徒刑或者死刑。

第四百二十四条 战时临阵脱逃的，处三年以下有期徒刑；情节严重的，处三年以上十年以下有期徒刑；致使战斗、战役遭受重大损失的，处十年以上有期徒刑、无期徒刑或者死刑。

第四百二十五条 指挥人员和值班、值勤人员擅离职守或者玩忽职守，造成严重后果的，处三年以下有期徒刑或者拘役；造成特别严重后果的，处三年以上七年以下有期徒刑。

战时犯前款罪的，处五年以上有期徒刑。

第四百二十六条 以暴力、威胁方法，阻碍指挥人员或者值班、值勤人员执行职务的，处五年以下有期徒刑或者拘役；情节严重的，处五年以上十年以下有期徒刑；情节特别严重的，处十年以上有期徒刑或者无期徒刑。战时从重处罚。

第四百二十七条 滥用职权，指使部属进行违反职责的活动，造成严重后果的，处五年以下有期徒刑或者拘役；情节特别严重的，处五年以上十年以下有期徒刑。

第四百二十八条 指挥人员违抗命令，临阵畏缩，作战消极，造成严重后果的，处五年以下有期徒刑；致使战斗、战役遭受重大损失或者有其他特别严重情节的，处五年以上有期徒刑。

第四百二十九条 在战场上明知友邻部队处境危急请求救援，能救援而不救援，致使友邻部队遭受重大损失的，对指挥人员，处五年以下有期徒刑。

第四百三十条 在履行公务期间，擅离岗位，叛逃境外或者在境外叛逃，危害国家军事利益的，处五年以下有期徒刑或者拘役；情节严重的，处五年以上有期徒刑。

驾驶航空器、舰船叛逃的，或者有其他特别严重情节的，处十年以上有期徒刑、无期徒刑或者死刑。

第四百三十一条 以窃取、刺探、收买方法，非法获取军事秘密的，处五年以下有期徒刑；情节严重的，处五年以上十年以下有期徒刑；情节特别严重的，处十年以上有期徒刑。

为境外的机构、组织、人员窃取、刺探、收买、非法提供军事秘密的，处十年以上有期徒刑、无期徒刑或者死刑。

第四百三十二条 违反保守国家秘密法规，故意或者过失泄露军事秘密，情节严重的，处五年以下有期徒刑或者拘役；情节特别严重的，处五年以上十年以下有期徒刑。

战时犯前款罪的，处五年以上十年以下有期徒刑；情节特别严重的，处十年以上有期徒刑或者无期徒刑。

第四百三十三条 战时造谣惑众，动摇军心的，处三年以下有期徒刑；情节严重的，处三年以上十年以下有期徒刑；情节特别严重的，处十年以上有期徒刑或者无期徒刑。

第四百三十四条 战时自伤身体，逃避军事义务的，处三年以下有期徒刑；情节严重的，处三年以上七年以下有期徒刑。

第四百三十五条 违反兵役法规，逃离部队，情节严重的，处三年以下有期徒刑或者拘役。

战时犯前款罪的，处三年以上七年以下有期徒刑。

第四百三十六条 违反武器装备使用规定，情节严重，因而发生责任事故，致人重伤、死亡或者造成其他严重后果的，处三年以下有期徒刑或者拘役；后果特别严重的，处三年以上七年以下有期徒刑。

第四百三十七条 违反武器装备管理规定，擅自改变武器装备的编配用途，造成严重后果的，处三年以下有期徒刑或者拘役；造成特别严重后果的，处三年以上七年以下有期徒刑。

第四百三十八条 盗窃、抢夺武器装备或者军用物资的，处五年以下有期徒刑或者拘役；情节严重的，处五年以上十年以下有期徒刑；情节特别严重的，处十年以上有期徒刑、无期徒刑或者死刑。

盗窃、抢夺枪支、弹药、爆炸物的，依照本法第一百二十七条的规定处罚。

第四百三十九条 非法出卖、转让军队武器装备的，处三年以上十年以下有期徒刑；出卖、转让大量武器装备或者有其他特别严重情节的，处十年以上有期徒刑、无期徒刑或者死刑。

第四百四十条 违抗命令，遗弃武器装备的，处五年以下有期徒刑或者拘役；遗弃重要或者大量武器装备的，或者有其他严重情节的，处五年以上有期徒刑。

第四百四十一条 遗失武器装备，不及时报告或者有其他严重情节的，处三年以下有期徒刑或者拘役。

第四百四十二条 违反规定，擅自出卖、转让军队房地产，情节严重的，对直接责任人员，处三年以下有期徒刑或者拘役；情节特别严重的，处三年以上十年以下有期徒刑。

第四百四十三条 滥用职权，虐待部属，情节恶劣，致人重伤或者造成其他严重后果的，处五年以下有期徒刑或者拘役；致人死亡的，处五年以上有期徒刑。

第四百四十四条 在战场上故意遗弃伤病军人，情节恶劣的，对直接责任人员，处五年以下有期徒刑。

第四百四十五条 战时在救护治疗职位上，有条件救治而拒不救治危重伤病军人的，处五年以下有期徒刑或者拘役；造成伤病军人重残、死亡或者有其他严重情节的，处五年以上十年以下有期徒刑。

第四百四十六条 战时在军事行动地区，残害无辜居民或者掠夺无辜居民财物的，处五年以下有期徒刑；情节严重的，处五年以上十年以下有期徒刑；情节特别严重的，处十年以上有期徒刑、无期徒刑或者死刑。

第四百四十七条 私放俘虏的，处五年以下有期徒刑；私放重要俘虏、私放俘虏多人或者有其他严重情节的，处五年以上有期徒刑。

第四百四十八条 虐待俘虏，情节恶劣的，处三年以下有期徒刑。

第四百四十九条 在战时，对被判处三年以下有期徒刑没有现实危险宣告缓刑的犯罪军人，允许其戴罪立功，确有立功表现时，可以撤销原判刑罚，不以犯罪论处。

第四百五十条 本章适用于中国人民解放军的现役军官、文职干部、士兵及具有军籍的学员和中国人民武装警察部队的现役警官、文职干部、士兵及具有军籍的学员以及执行军事任务的预备役人员和其他人员。

第四百五十一条 本章所称战时，是指国家宣布进入战争状态、部队受领作战任务或者遭敌突然袭击时。

部队执行戒严任务或者处置突发性暴力事件时，以战时论。

附　则

第四百五十二条 本法自 1997 年 10 月 1 日起施行。

列于本法附件一的全国人民代表大会常务委员会制定的条例、补充规定和决定，已纳入本法或者已不适用，自本法施行之日起，予以废止。

列于本法附件二的全国人民代表大会常务委员会制定的补充规定和决定予以保留。其中，有关行政处罚和行政措施的规定继续有效；有关刑事责任的规定已纳入本法，自本法施行之日起，适用本法规定。

附件一

全国人民代表大会常务委员会制定的下列条例、补充规定和决定，已纳入本法或者已不适用，自本法施行之日起，予以废止：

1. 中华人民共和国惩治军人违反职责罪暂行条例
2. 关于严惩严重破坏经济的罪犯的决定
3. 关于严惩严重危害社会治安的犯罪分子的决定

4. 关于惩治走私罪的补充规定
5. 关于惩治贪污罪贿赂罪的补充规定
6. 关于惩治泄露国家秘密犯罪的补充规定
7. 关于惩治捕杀国家重点保护的珍贵、濒危野生动物犯罪的补充规定
8. 关于惩治侮辱中华人民共和国国旗国徽罪的决定
9. 关于惩治盗掘古文化遗址古墓葬犯罪的补充规定
10. 关于惩治劫持航空器犯罪分子的决定
11. 关于惩治假冒注册商标犯罪的补充规定
12. 关于惩治生产、销售伪劣商品犯罪的决定
13. 关于惩治侵犯著作权的犯罪的决定
14. 关于惩治违反公司法的犯罪的决定
15. 关于处理逃跑或者重新犯罪的劳改犯和劳教人员的决定

附件二

全国人民代表大会常务委员会制定的下列补充规定和决定予以保留。其中，有关行政处罚和行政措施的规定继续有效；有关刑事责任的规定已纳入本法，自本法施行之日起，适用本法规定：

1. 关于禁毒的决定
2. 关于惩治走私、制作、贩卖、传播淫秽物品的犯罪分子的决定
3. 关于严惩拐卖、绑架妇女、儿童的犯罪分子的决定
4. 关于严禁卖淫嫖娼的决定
5. 关于惩治偷税、抗税犯罪的补充规定
6. 关于严惩组织、运送他人偷越国（边）境犯罪的补充规定
7. 关于惩治破坏金融秩序犯罪的决定
8. 关于惩治虚开、伪造和非法出售增值税专用发票犯罪的决定

中华人民共和国治安管理处罚法

（2005年8月28日第十届全国人民代表大会常务委员会第十七次会议通过，2005年8月28日中华人民共和国主席令第三十八号公布，自2006年3月1日起施行）

目 录

第一章 总 则

第一条 为维护社会治安秩序，保障公共安全，保护公民、法人和其他组织的合法权益，规范和保障公安机关及其人民警察依法履行治安管理职责，制定本法。

第二条 扰乱公共秩序，妨害公共安全，侵犯人身权利、财产权利，妨害社会管理，具有社会危害性，依照《中华人民共和国刑法》的规定构成犯罪的，依法追究刑事责任；尚不够刑事处罚的，由公安机关依照本法给予治安管理处罚。

第三条 治安管理处罚的程序，适用本法的规定；本法没有规定的，适用《中华人民共和国行政处罚法》的有关规定。

第四条 在中华人民共和国领域内发生的违反治安管理行为，除法律有特别规定的外，适用本法。

在中华人民共和国船舶和航空器内发生的违反治安管理行为，除法律有特别规定的外，适用本法。

第五条 治安管理处罚必须以事实为依据，与违反治安管理行为的性质、情节以及社会危害程度相当。

实施治安管理处罚，应当公开、公正，尊重和保障人权，保护公民的人格尊严。

办理治安案件应当坚持教育与处罚相结合的原则。

第六条 各级人民政府应当加强社会治安综合治理，采取有效措施，化解社会矛盾，增进社会和谐，维护社会稳定。

第七条 国务院公安部门负责全国的治安管理工作。县级以上地方各级人民政府公安机关负责本行政区域内的治安管理工作。

治安案件的管辖由国务院公安部门规定。

第八条 违反治安管理的行为对他人造成损害的，行为人或者其监护人应当依法承担民事责任。

第九条 对于因民间纠纷引起的打架斗殴或者损毁他人财物等违反治安管理行为，情节较轻的，公安机关可以调解处理。经公安机关调解，当事人达成协议的，不予处罚。经调解未达成协议或者达成协议后不履行的，公安机关应当依照本法的规定对违反治安管理行为人给予处罚，并告知当事人可以就民事争议依法向人民法院提起民事诉讼。

第二章　处罚的种类和适用

第十条 治安管理处罚的种类分为：

（一）警告；

（二）罚款；

（三）行政拘留；

（四）吊销公安机关发放的许可证。

对违反治安管理的外国人，可以附加适用限期出境或者驱逐出境。

第十一条 办理治安案件所查获的毒品、淫秽物品等违禁品，赌具、赌资，吸食、注射毒品的用具以及直接用于实施违反治安管理行为的本人所有的工具，应当收缴，按照规定处理。

违反治安管理所得的财物，追缴退还被侵害人；没有被侵害人的，登记造册，公开拍卖或者按照国家有关规定处理，所得款项上缴国库。

第十二条 已满十四周岁不满十八周岁的人违反治安管理的，从轻或者减轻处罚；不满十四周岁的人违反治安管理的，不予处罚，但是应当责令其监护人严加管教。

第十三条 精神病人在不能辨认或者不能控制自己行为的时候违反治安管理的，不予处罚，但是应当责令其监护人严加看管和治疗。间歇性的精神病人在精神正常的时候违反治安管理的，应当给予处罚。

第十四条 盲人或者又聋又哑的人违反治安管理的，可以从轻、减轻或者不予处罚。

第十五条 醉酒的人违反治安管理的，应当给予处罚。

醉酒的人在醉酒状态中，对本人有危险或者对他人的人身、财产或者公共安全有威胁的，应当对其采取保护性措施约束至酒醒。

第十六条 有两种以上违反治安管理行为的，分别决定，合并执行。行政拘留处罚合并执行的，最长不超过二十日。

第十七条 共同违反治安管理的，根据违反治安管理行为人在违反治安管理行为中所起的作用，分别处罚。

教唆、胁迫、诱骗他人违反治安管理的，按照其教唆、胁迫、诱骗的行为处罚。

第十八条 单位违反治安管理的，对其直接负责的主管人员和其他直接责任人员依照本法的规定处罚。其他法律、行政法规对同一行为规定给予单位处罚的，依照其规定处罚。

第十九条 违反治安管理有下列情形之一的，减轻处罚或者不予处罚：

（一）情节特别轻微的；

（二）主动消除或者减轻违法后果，并取得被侵害人谅解的；

（三）出于他人胁迫或者诱骗的；

（四）主动投案，向公安机关如实陈述自己的违法行为的；

（五）有立功表现的。

第二十条 违反治安管理有下列情形之一的，从重处罚：

（一）有较严重后果的；

（二）教唆、胁迫、诱骗他人违反治安管理的；

（三）对报案人、控告人、举报人、证人打击报复的；

（四）六个月内曾受过治安管理处罚的。

第二十一条 违反治安管理行为人有下列情形之一，依照本法应当给予行政拘留处罚的，不执行行政拘留处罚：

（一）已满十四周岁不满十六周岁的；

（二）已满十六周岁不满十八周岁，初次违反治安管理的；

（三）七十周岁以上的；

（四）怀孕或者哺乳自己不满一周岁婴儿的。

第二十二条 违反治安管理行为在六个月内没有被公安机关发现的，不再处罚。

前款规定的期限，从违反治安管理行为发生之日起计算；违反治安管理行为有连续或者继续状态的，从行为终了之日起计算。

第三章 违反治安管理的行为和处罚

第一节 扰乱公共秩序的行为和处罚

第二十三条 有下列行为之一的，处警告或者二百元以下罚款；情节较重的，处五日以上十日以下拘留，可以并处五百元以下罚款：

（一）扰乱机关、团体、企业、事业单位秩序，致使工作、生产、营业、医疗、教学、科研不能正常进行，尚未造成严重损失的；

（二）扰乱车站、港口、码头、机场、商场、公园、展览馆或者其他公共场所秩序的；

（三）扰乱公共汽车、电车、火车、船舶、航空器或者其他公共交通工具上的秩序的；

（四）非法拦截或者强登、扒乘机动车、船舶、航空器以及其他交通工具，影响交通工具正常行驶的；

（五）破坏依法进行的选举秩序的。

聚众实施前款行为的，对首要分子处十日以上十五日以下拘留，可以并处一千元以下罚款。

第二十四条 有下列行为之一，扰乱文化、体育等大型群众性活动秩序的，处警告或者二百元以下罚款；情节严重的，处五日以上十日以下拘留，可以并处五百元以下罚款：

（一）强行进入场内的；

（二）违反规定，在场内燃放烟花爆竹或者其他物品的；

（三）展示侮辱性标语、条幅等物品的；

（四）围攻裁判员、运动员或者其他工作人员的；

（五）向场内投掷杂物，不听制止的；

（六）扰乱大型群众性活动秩序的其他行为。

因扰乱体育比赛秩序被处以拘留处罚的，可以同时责令其十二个月内不得进入体育场馆观看同类比赛；违反规定进入体育场馆的，强行带离现场。

第二十五条 有下列行为之一的，处五日以上十日以下拘留，可以并处五百元以下罚款；情节较轻的，处五日以下拘留或者五百元以下罚款：

（一）散布谣言，谎报险情、疫情、警情或者以其他方法故意扰乱公共秩序的；

（二）投放虚假的爆炸性、毒害性、放射性、腐蚀性物质或者传染病病原体等危险物质扰乱公共秩序的；

（三）扬言实施放火、爆炸、投放危险物质扰乱公共秩序的。

第二十六条 有下列行为之一的，处五日以上十日以下拘留，可以并处五百元以下罚款；情节较重的，处十日以上十五日以下拘留，可以并处一千元以下罚款：

（一）结伙斗殴的；

（二）追逐、拦截他人的；

（三）强拿硬要或者任意损毁、占用公私财物的；

（四）其他寻衅滋事行为。

第二十七条 有下列行为之一的，处十日以上十五日以下拘留，可以并处一千元以下罚款；情节较轻的，处五日以上十日以下拘留，可以并处五百元以下罚款：

（一）组织、教唆、胁迫、诱骗、煽动他人从事邪教、会道门活动或者利用邪教、会道门、迷信活动，扰乱社会秩序、损害他人身体健康的；

（二）冒用宗教、气功名义进行扰乱社会秩序、损害他人身体健康活动的。

第二十八条 违反国家规定，故意干扰无线电业务正常进行的，或者对正常运行的无线电台（站）产生有害干扰，经有关主管部门指出后，拒不采取有效措施消除的，处五日以上十日以下拘留；情节严重的，处十日以上十五日以下拘留。

第二十九条 有下列行为之一的，处五日以下拘留；情节较重的，处五日以上十日以下拘留：

（一）违反国家规定，侵入计算机信息系统，造成危害的；

（二）违反国家规定，对计算机信息系统功能进行删除、修改、增加、干扰，造成计算机信息系统不能正常运行的；

（三）违反国家规定，对计算机信息系统中存储、处理、传输的数据和应用程序进行删除、修改、增加的；

（四）故意制作、传播计算机病毒等破坏性程序，影响计算机信息系统正常运行的。

第二节　妨害公共安全的行为和处罚

第三十条 违反国家规定，制造、买卖、储存、运输、邮寄、携带、使用、提供、处置爆炸性、毒害性、放射性、腐蚀性物质或者传染病病原体等危险物质的，处十日以上十五日以下拘留；情节较轻的，处五日以上十日以下拘留。

第三十一条 爆炸性、毒害性、放射性、腐蚀性物质或者传染病病原体等危险物质被盗、被抢或者丢失，未按规定报告的，处五日以下拘留；故意隐瞒不报的，处五日以上十日以下拘留。

第三十二条 非法携带枪支、弹药或者弩、匕首等国家规定的管制器具的，处五日以下拘留，可以并处五百元以下罚款；情节较轻的，处警告或者二百元以下罚款。

非法携带枪支、弹药或者弩、匕首等国家规定的管制器具进入公共场所或者公共交通工具的，处五日以上十日以下拘留，可以并处五百元以下罚款。

第三十三条 有下列行为之一的，处十日以上十五日以下拘留：

（一）盗窃、损毁油气管道设施、电力电信设施、广播电视设施、水利防汛工程设施或者水文监测、测量、气象测报、环境监测、地质监测、地震监测等公共设施的；

（二）移动、损毁国家边境的界碑、界桩以及其他边境标志、边境设施或者领土、领海标志设施的；

（三）非法进行影响国（边）界线走向的活动或者修建有碍国（边）境管理的设施的。

第三十四条 盗窃、损坏、擅自移动使用中的航空设施，或者强行进入航空器驾驶舱的，处十日以上十五日以下拘留。

在使用中的航空器上使用可能影响导航系统正常功能的器具、工具，不听劝阻的，处五日以下拘留或者五百元以下罚款。

第三十五条 有下列行为之一的，处五日以上十日以下拘留，可以并处五百元以下罚款；情节较轻的，处五日以下拘留或者五百元以下罚款：

（一）盗窃、损毁或者擅自移动铁路设施、设备、机车车辆配件或者安全标志的；

（二）在铁路线路上放置障碍物，或者故意向列车投掷物品的；

（三）在铁路线路、桥梁、涵洞处挖掘坑穴、采石取沙的；

（四）在铁路线路上私设道口或者平交过道的。

第三十六条 擅自进入铁路防护网或者火车来临时在铁路线路上行走坐卧、抢越铁路，影响行车安全的，处警告或者二百元以下罚款。

第三十七条 有下列行为之一的，处五日以下拘留或者五百元以下罚款；情节严重的，处五日以上十日以下拘留，可以并处五百元以下罚款：

（一）未经批准，安装、使用电网的，或者安装、使用电网不符合安全规定的；

（二）在车辆、行人通行的地方施工，对沟井坎穴不设覆盖物、防围和警示标志的，或者故意损毁、移动覆盖物、防围和警示标志的；

（三）盗窃、损毁路面井盖、照明等公共设施的。

第三十八条 举办文化、体育等大型群众性活动，违反有关规定，有发生安全事故危险的，责令停止活动，立即疏散；对组织者处五日以上十日以下拘留，并处二百元以上五百元以下罚款；情节较轻的，处五日以下拘留或者五百元以下罚款。

第三十九条 旅馆、饭店、影剧院、娱乐场、运动场、展览馆或者其他供社会公众活动的场所的经营管理人员，违反安全规定，致使该场所有发生安全事故危险，经公安机关责令改正，拒不改正的，处五日以下拘留。

第三节　侵犯人身权利、财产权利的行为和处罚

第四十条 有下列行为之一的，处十日以上十五日以下拘留，并处五百元以上一千元以下罚款；情节较轻的，处五日以上十日以下拘留，并处二百元以上五百元以下罚款：

（一）组织、胁迫、诱骗不满十六周岁的人或者残疾人进行恐怖、残忍表演的；

（二）以暴力、威胁或者其他手段强迫他人劳动的；

（三）非法限制他人人身自由、非法侵入他人住宅或者非法搜查他人身体的。

第四十一条 胁迫、诱骗或者利用他人乞讨的，处十日以上十五日以下拘留，可以并处一千元以下罚款。

反复纠缠、强行讨要或者以其他滋扰他人的方式乞讨的，处五日以下拘留或者警告。

第四十二条 有下列行为之一的，处五日以下拘留或者五百元以下罚款；情节较重的，处五日以上十日以下拘留，可以并处五百元以下罚款：

（一）写恐吓信或者以其他方法威胁他人人身安全的；

（二）公然侮辱他人或者捏造事实诽谤他人的；

（三）捏造事实诬告陷害他人，企图使他人受到刑事追究或者受到治安管理处罚的；

（四）对证人及其近亲属进行威胁、侮辱、殴打或者打击报复的；

（五）多次发送淫秽、侮辱、恐吓或者其他信息，干扰他人正常生活的；

（六）偷窥、偷拍、窃听、散布他人隐私的。

第四十三条 殴打他人的，或者故意伤害他人身体的，处五日以上十日以下拘留，并处二百元以上五百元以下罚款；情节较轻的，处五日以下拘留或者五百元以下罚款。

有下列情形之一的，处十日以上十五日以下拘留，并处五百元以上一千元以下罚款：

（一）结伙殴打、伤害他人的；

（二）殴打、伤害残疾人、孕妇、不满十四周岁的人或者六十周岁以上的人的；

（三）多次殴打、伤害他人或者一次殴打、伤害多人的。

第四十四条 猥亵他人的，或者在公共场所故意裸露身体，情节恶劣的，处五日以上十日以下拘留；猥亵智力残疾人、精神病人、不满十四周岁的人或者有其他严重情节的，处十日以上十五日以下拘留。

第四十五条 有下列行为之一的，处五日以下拘留或者警告：

（一）虐待家庭成员，被虐待人要求处理的；

（二）遗弃没有独立生活能力的被扶养人的。

第四十六条 强买强卖商品，强迫他人提供服务或者强迫他人接受服务的，处五日以上十日以下拘留，并处二百元以上五百元以下罚款；情节较轻的，处五日以下拘留或者五百元以下罚款。

第四十七条 煽动民族仇恨、民族歧视，或者在出版物、计算机信息网络中刊载民族歧视、侮辱内容的，处十日以上十五日以下拘留，可以并处一千元以下罚款。

第四十八条 冒领、隐匿、毁弃、私自开拆或者非法检查他人邮件的，处五日以下拘留或者五百元以下罚款。

第四十九条 盗窃、诈骗、哄抢、抢夺、敲诈勒索或者故意损毁公私财物的，处五日以上十日以下拘留，可以并处五百元以下罚款；情节较重的，处十日以上十五日以下拘留，可以并处一千元以下罚款。

第四节　妨害社会管理的行为和处罚

第五十条 有下列行为之一的，处警告或者二百元以下罚款；情节严重的，处五日以上十日以下拘留，可以并处五百元以下罚款：

（一）拒不执行人民政府在紧急状态情况下依法发布的决定、命令的；

（二）阻碍国家机关工作人员依法执行职务的；

（三）阻碍执行紧急任务的消防车、救护车、工程抢险车、警车等车辆通行的；

（四）强行冲闯公安机关设置的警戒带、警戒区的。

阻碍人民警察依法执行职务的，从重处罚。

第五十一条 冒充国家机关工作人员或者以其他虚假身份招摇撞骗的，处五日以上十日以下拘留，可以并处五百元以下罚款；情节较轻的，处五日以下拘留或者五百元以下罚款。

冒充军警人员招摇撞骗的，从重处罚。

第五十二条 有下列行为之一的，处十日以上十五日以下拘留，可以并处一千元以下罚款；情节较轻的，处五日以上十日以下拘留，可以并处五百元以下罚款：

（一）伪造、变造或者买卖国家机关、人民团体、企业、事业单位或者其他组织的公文、证件、证明文件、印章的；

（二）买卖或者使用伪造、变造的国家机关、人民团体、企业、事业单位或者其他组织的公文、证件、证明文件的；

（三）伪造、变造、倒卖车票、船票、航空客票、文艺演出票、体育比赛入场券或者其他有价票证、凭证的；

（四）伪造、变造船舶户牌，买卖或者使用伪造、变造的船舶户牌，或者涂改船舶发动机号码的。

第五十三条 船舶擅自进入、停靠国家禁止、限制进入的水域或者岛屿的，对船舶负责人及有关责任人员处五百元以上一千元以下罚款；情节严重的，处五日以下拘留，并处五百元以上一千元以下罚款。

第五十四条 有下列行为之一的，处十日以上十五日以下拘留，并处五百元以上一千元以下罚款；情节较轻的，处五日以下拘留或者五百元以下罚款：

（一）违反国家规定，未经注册登记，以社会团体名义进行活动，被取缔后，仍进行活动的；

（二）被依法撤销登记的社会团体，仍以社会团体名义进行活动的；

（三）未经许可，擅自经营按照国家规定需要由公安机关许可的行业的。

有前款第三项行为的，予以取缔。

取得公安机关许可的经营者，违反国家有关管理规定，情节严重的，公安机关可以吊销许可证。

第五十五条 煽动、策划非法集会、游行、示威，不听劝阻的，处十日以上十五日以下拘留。

第五十六条 旅馆业的工作人员对住宿的旅客不按规定登记姓名、身份证件种类和号码的，或者明知住宿的旅客将危险物质带入旅馆，不予制止的，处二百元以上五百元以下罚款。

旅馆业的工作人员明知住宿的旅客是犯罪嫌疑人员或者被公安机关通缉的人员，不向公安机关报告的，处二百元以上五百元以下罚款；情节严重的，处五日以下拘留，可以并处五百元以下罚款。

第五十七条 房屋出租人将房屋出租给无身份证件的人居住的，或者不按规定登记承租人姓名、身份证件种类和号码的，处二百元以上五百元以下罚款。

房屋出租人明知承租人利用出租房屋进行犯罪活动，不向公安机关报告的，处二百元以上五百元以下罚款；情节严重的，处五日以下拘留，可以并处五百元以下罚款。

第五十八条 违反关于社会生活噪声污染防治的法律规定，制造噪声干扰他人正常生活的，处警告；警告后不改正的，处二百元以上五百元以下罚款。

第五十九条 有下列行为之一的，处五百元以上一千元以下罚款；情节严重的，处五日以上十日以下拘留，并处五百元以上一千元以下罚款：

（一）典当业工作人员承接典当的物品，不查验有关证明、不履行登记手续，或者明知是违法犯罪嫌疑人、赃物，不向公安机关报告的；

（二）违反国家规定，收购铁路、油田、供电、电信、矿山、水利、测量和城市公用设施等废旧专用器材的；

（三）收购公安机关通报寻查的赃物或者有赃物嫌疑的物品的；

（四）收购国家禁止收购的其他物品的。

第六十条 有下列行为之一的，处五日以上十日以下拘留，并处二百元以上五百元以下罚款：

（一）隐藏、转移、变卖或者损毁行政执法机关依法扣押、查封、冻结的财物的；

（二）伪造、隐匿、毁灭证据或者提供虚假证言、谎报案情，影响行政执法机关依法办案的；

（三）明知是赃物而窝藏、转移或者代为销售的；

（四）被依法执行管制、剥夺政治权利或者在缓刑、保外就医等监外执行中的罪犯或者被依法采取刑事强制措施的人，有违反法律、行政法规和国务院公安部门有关监督管理规定的行为。

第六十一条 协助组织或者运送他人偷越国（边）境的，处十日以上十五日以下拘留，并处一千元以上五千元以下罚款。

第六十二条 为偷越国（边）境人员提供条件的，处五日以上十日以下拘留，并处五百元以上二千元以下罚款。

偷越国（边）境的，处五日以下拘留或者五百元以下罚款。

第六十三条 有下列行为之一的，处警告或者二百元以下罚款；情节较重的，处五日以上十日以下拘留，并处二百元以上五百元以下罚款：

（一）刻划、涂污或者以其他方式故意损坏国家保护的文物、名胜古迹的；

（二）违反国家规定，在文物保护单位附近进行爆破、挖掘等活动，危及文物安全的。

第六十四条 有下列行为之一的，处五百元以上一千元以下罚款；情节严重的，处十日以上十五日以下拘留，并处五百元以上一千元以下罚款：

（一）偷开他人机动车的；

（二）未取得驾驶证驾驶或者偷开他人航空器、机动船舶的。

第六十五条 有下列行为之一的，处五日以上十日以下拘留；情节严重的，处十日以上十五日以下拘留，可以并处一千元以下罚款：

（一）故意破坏、污损他人坟墓或者毁坏、丢弃他人尸骨、骨灰的；

（二）在公共场所停放尸体或者因停放尸体影响他人正常生活、工作秩序，不听劝阻的。

第六十六条 卖淫、嫖娼的，处十日以上十五日以下拘留，可以并处五千元以下罚款；情节较轻的，处五日以下拘留或者五百元以下罚款。

在公共场所拉客招嫖的，处五日以下拘留或者五百元以下罚款。

第六十七条 引诱、容留、介绍他人卖淫的，处十日以上十五日以下拘留，可以并处五千元以下罚款；情节较轻的，处五日以下拘留或者五百元以下罚款。

第六十八条 制作、运输、复制、出售、出租淫秽的书刊、图片、影片、音像制品等淫秽物品或者利用计算机信息网络、电话以及其他通讯工具传播淫秽信息的，处十日以上十五日以下拘留，可以并处三千元以下罚款；情节较轻的，处五日以下拘留或者五百元以下罚款。

第六十九条 有下列行为之一的，处十日以上十五日以下拘留，并处五百元以上一千元以下罚款：

（一）组织播放淫秽音像的；

（二）组织或者进行淫秽表演的；

（三）参与聚众淫乱活动的。

明知他人从事前款活动，为其提供条件的，依照前款的规定处罚。

第七十条 以营利为目的，为赌博提供条件的，或者参与赌博赌资较大的，处五日以下拘留或者五百元以下罚款；情节严重的，处十日以上十五日以下拘留，并处五百元以上三千元以下罚款。

第七十一条 有下列行为之一的，处十日以上十五日以下拘留，可以并处三千元以下罚款；情节较轻的，处五日以下拘留或者五百元以下罚款：

（一）非法种植罂粟不满五百株或者其他少量毒品原植物的；

（二）非法买卖、运输、携带、持有少量未经灭活的罂粟等毒品原植物种子或者幼苗的；

（三）非法运输、买卖、储存、使用少量罂粟壳的。

有前款第一项行为，在成熟前自行铲除的，不予处罚。

第七十二条 有下列行为之一的，处十日以上十五日以下拘留，可以并处二千元以下罚款；情节较轻的，处五日以下拘留或者五百元以下罚款：

（一）非法持有鸦片不满二百克、海洛因或者甲基苯丙胺不满十克或者其他少量毒品的；

（二）向他人提供毒品的；

（三）吸食、注射毒品的；

（四）胁迫、欺骗医务人员开具麻醉药品、精神药品的。

第七十三条 教唆、引诱、欺骗他人吸食、注射毒品的，处十日以上十五日以下拘留，并处五百元以上二千元以下罚款。

第七十四条 旅馆业、饮食服务业、文化娱乐业、出租汽车业等单位的人员，在公安机关查处吸毒、赌博、卖淫、嫖娼活动时，为违法犯罪行为人通风报信的，处十日以上十五日以下拘留。

第七十五条 饲养动物，干扰他人正常生活的，处警告；警告后不改正的，或者放任动物恐吓他人的，处二百元以上五百元以下罚款。

驱使动物伤害他人的，依照本法第四十三条第一款的规定处罚。

第七十六条 有本法第六十七条、第六十八条、第七十条的行为，屡教不改的，可以按照国家规定采取强制性教育措施。

第四章 处罚程序

第一节 调 查

第七十七条 公安机关对报案、控告、举报或者违反治安管理行为人主动投案，以及其他行政主管部门、司法机关移送的违反治安管理案件，应当及时受理，并进行登记。

第七十八条 公安机关受理报案、控告、举报、投案后，认为属于违反治安管理行为的，应当立即进行调查；认为不属于违反治安管理行为的，应当告知报案人、控告人、举报人、投案人，并说明理由。

第七十九条 公安机关及其人民警察对治安案件的调查，应当依法进行。严禁刑讯逼供或者采用威胁、引诱、欺骗等非法手段收集证据。

以非法手段收集的证据不得作为处罚的根据。

第八十条 公安机关及其人民警察在办理治安案件时，对涉及的国家秘密、商业秘密或者个人隐私，应当予以保密。

第八十一条 人民警察在办理治安案件过程中，遇有下列情形之一的，应当回避；违反治安管理行为人、被侵害人或者其法定代理人也有权要求他们回避：

（一）是本案当事人或者当事人的近亲属的；

（二）本人或者其近亲属与本案有利害关系的；

（三）与本案当事人有其他关系，可能影响案件公正处理的。

人民警察的回避，由其所属的公安机关决定；公安机关负责人的回避，由上一级公安机关决定。

第八十二条 需要传唤违反治安管理行为人接受调查的，经公安机关办案部门负责人批准，使用传唤证传唤。对现场发现的违反治安管理行为人，人民警察经出示工作证件，可以口头传唤，但应当在询问笔录中注明。

公安机关应当将传唤的原因和依据告知被传唤人。对无正当理由不接受传唤或者逃避传唤的人，可以强制传唤。

第八十三条 对违反治安管理行为人，公安机关传唤后应当及时询问查证，询问查证的时间不得超过八小时；情况复杂，依照本法规定可能适用行政拘留处罚的，询问查证的时间不得超过二十四小时。

公安机关应当及时将传唤的原因和处所通知被传唤人家属。

第八十四条 询问笔录应当交被询问人核对；对没有阅读能力的，应当向其宣读。记载有遗漏或者差错的，被询问人可以提出补充或者更正。被询问人确认笔录无误后，应当签名或者盖章，询问的人民警察也应当在笔录上签名。

被询问人要求就被询问事项自行提供书面材料的，应当准许；必要时，人民警察也可以要求被询问人自行书写。

询问不满十六周岁的违反治安管理行为人，应当通知其父母或者其他监护人到场。

第八十五条 人民警察询问被侵害人或者其他证人，可以到其所在单位或者住处进行；必要时，也可以通知其到公安机关提供证言。

人民警察在公安机关以外询问被侵害人或者其他证人，应当出示工作证件。

询问被侵害人或者其他证人，同时适用本法第八十四条的规定。

第八十六条 询问聋哑的违反治安管理行为人、被侵害人或者其他证人，应当有通晓手语的人提供帮助，并在笔录上注明。

询问不通晓当地通用的语言文字的违反治安管理行为人、被侵害人或者其他证人，应当配备翻译人员，并在笔录上注明。

第八十七条 公安机关对与违反治安管理行为有关的场所、物品、人身可以进行检查。检查时，人民警察不得少于二人，并应当出示工作证件和县级以上人民政府公安机关开具的检查证明文件。对确有必要立即进行检查的，人民警察经出示工作证件，可以当场检查，但检查公民住所应当出示县级以上人民政府公安机关开具的检查证明文件。

检查妇女的身体，应当由女性工作人员进行。

第八十八条 检查的情况应当制作检查笔录，由检查人、被检查人和见证人签名或者盖章；被检查人拒绝签名的，人民警察应当在笔录上注明。

第八十九条 公安机关办理治安案件，对与案件有关的需要作为证据的物品，可以扣押；对被侵害人或者善意第三人合法占有的财产，不得扣押，应当予以登记。对与案件无关的物品，不得扣押。

对扣押的物品，应当会同在场见证人和被扣押物品持有人查点清楚，当场开列清单一式二份，由调查人员、见证人和持有人签名或者盖章，一份交给持有人，另一份附卷备查。

对扣押的物品，应当妥善保管，不得挪作他用；对不宜长期保存的物品，按照有关规定处理。经查明与案件无关的，应当及时退还；经核实属于他人合法财产的，应当登记后立即退还；满六个月无人对该财产主张权利或者无法查清权利人的，应当公开拍卖或者按照国家有关规定处理，所得款项上缴国库。

第九十条 为了查明案情，需要解决案件中有争议的专门性问题的，应当指派或者聘请具有专门知识的人员进行鉴定；鉴定人鉴定后，应当写出鉴定意见，并且签名。

第二节　决　定

第九十一条　治安管理处罚由县级以上人民政府公安机关决定；其中警告、五百元以下的罚款可以由公安派出所决定。

第九十二条　对决定给予行政拘留处罚的人，在处罚前已经采取强制措施限制人身自由的时间，应当折抵。限制人身自由一日，折抵行政拘留一日。

第九十三条　公安机关查处治安案件，对没有本人陈述，但其他证据能够证明案件事实的，可以作出治安管理处罚决定。但是，只有本人陈述，没有其他证据证明的，不能作出治安管理处罚决定。

第九十四条　公安机关作出治安管理处罚决定前，应当告知违反治安管理行为人作出治安管理处罚的事实、理由及依据，并告知违反治安管理行为人依法享有的权利。

违反治安管理行为人有权陈述和申辩。公安机关必须充分听取违反治安管理行为人的意见，对违反治安管理行为人提出的事实、理由和证据，应当进行复核；违反治安管理行为人提出的事实、理由或者证据成立的，公安机关应当采纳。

公安机关不得因违反治安管理行为人的陈述、申辩而加重处罚。

第九十五条　治安案件调查结束后，公安机关应当根据不同情况，分别作出以下处理：

（一）确有依法应当给予治安管理处罚的违法行为的，根据情节轻重及具体情况，作出处罚决定；

（二）依法不予处罚的，或者违法事实不能成立的，作出不予处罚决定；

（三）违法行为已涉嫌犯罪的，移送主管机关依法追究刑事责任；

（四）发现违反治安管理行为人有其他违法行为的，在对违反治安管理行为作出处罚决定的同时，通知有关行政主管部门处理。

第九十六条　公安机关作出治安管理处罚决定的，应当制作治安管理处罚决定书。决定书应当载明下列内容：

（一）被处罚人的姓名、性别、年龄、身份证件的名称和号码、住址；

（二）违法事实和证据；

（三）处罚的种类和依据；

（四）处罚的执行方式和期限；

（五）对处罚决定不服，申请行政复议、提起行政诉讼的途径和期限；

（六）作出处罚决定的公安机关的名称和作出决定的日期。

决定书应当由作出处罚决定的公安机关加盖印章。

第九十七条　公安机关应当向被处罚人宣告治安管理处罚决定书，并当场交付被处罚人；无法当场向被处罚人宣告的，应当在二日内送达被处罚人。决定给予行政拘留处罚的，应当及时通知被处罚人的家属。

有被侵害人的，公安机关应当将决定书副本抄送被侵害人。

第九十八条　公安机关作出吊销许可证以及处二千元以上罚款的治安管理处罚决定前，应当告知违反治安管理行为人有权要求举行听证；违反治安管理行为人要求听证的，公安机关应当及时依法举行听证。

第九十九条　公安机关办理治安案件的期限，自受理之日起不得超过三十日；案情重大、复杂的，经上一级公安机关批准，可以延长三十日。

为了查明案情进行鉴定的期间，不计入办理治安案件的期限。

第一百条 违反治安管理行为事实清楚，证据确凿，处警告或者二百元以下罚款的，可以当场作出治安管理处罚决定。

第一百零一条 当场作出治安管理处罚决定的，人民警察应当向违反治安管理行为人出示工作证件，并填写处罚决定书。处罚决定书应当当场交付被处罚人；有被侵害人的，并将决定书副本抄送被侵害人。

前款规定的处罚决定书，应当载明被处罚人的姓名、违法行为、处罚依据、罚款数额、时间、地点以及公安机关名称，并由经办的人民警察签名或者盖章。

当场作出治安管理处罚决定的，经办的人民警察应当在二十四小时内报所属公安机关备案。

第一百零二条 被处罚人对治安管理处罚决定不服的，可以依法申请行政复议或者提起行政诉讼。

第三节 执 行

第一百零三条 对被决定给予行政拘留处罚的人，由作出决定的公安机关送达拘留所执行。

第一百零四条 受到罚款处罚的人应当自收到处罚决定书之日起十五日内，到指定的银行缴纳罚款。但是，有下列情形之一的，人民警察可以当场收缴罚款：

（一）被处五十元以下罚款，被处罚人对罚款无异议的；

（二）在边远、水上、交通不便地区，公安机关及其人民警察依照本法的规定作出罚款决定后，被处罚人向指定的银行缴纳罚款确有困难，经被处罚人提出的；

（三）被处罚人在当地没有固定住所，不当场收缴事后难以执行的。

第一百零五条 人民警察当场收缴的罚款，应当自收缴罚款之日起二日内，交至所属的公安机关；在水上、旅客列车上当场收缴的罚款，应当自抵岸或者到站之日起二日内，交至所属的公安机关；公安机关应当自收到罚款之日起二日内将罚款缴付指定的银行。

第一百零六条 人民警察当场收缴罚款的，应当向被处罚人出具省、自治区、直辖市人民政府财政部门统一制发的罚款收据；不出具统一制发的罚款收据的，被处罚人有权拒绝缴纳罚款。

第一百零七条 被处罚人不服行政拘留处罚决定，申请行政复议、提起行政诉讼的，可以向公安机关提出暂缓执行行政拘留的申请。公安机关认为暂缓执行行政拘留不致发生社会危险的，由被处罚人或者其近亲属提出符合本法第一百零八条规定条件的担保人，或者按每日行政拘留二百元的标准交纳保证金，行政拘留的处罚决定暂缓执行。

第一百零八条 担保人应当符合下列条件：

（一）与本案无牵连；

（二）享有政治权利，人身自由未受到限制；

（三）在当地有常住户口和固定住所；

（四）有能力履行担保义务。

第一百零九条 担保人应当保证被担保人不逃避行政拘留处罚的执行。

担保人不履行担保义务，致使被担保人逃避行政拘留处罚的执行的，由公安机关对其处三千元以下罚款。

第一百一十条 被决定给予行政拘留处罚的人交纳保证金，暂缓行政拘留后，逃避行政拘留处罚的执行的，保证金予以没收并上缴国库，已经作出的行政拘留决定仍应执行。

第一百一十一条 行政拘留的处罚决定被撤销，或者行政拘留处罚开始执行的，公安机关收取的保证金应当及时退还交纳人。

第五章　执法监督

第一百一十二条　公安机关及其人民警察应当依法、公正、严格、高效办理治安案件，文明执法，不得徇私舞弊。

第一百一十三条　公安机关及其人民警察办理治安案件，禁止对违反治安管理行为人打骂、虐待或者侮辱。

第一百一十四条　公安机关及其人民警察办理治安案件，应当自觉接受社会和公民的监督。

公安机关及其人民警察办理治安案件，不严格执法或者有违法违纪行为的，任何单位和个人都有权向公安机关或者人民检察院、行政监察机关检举、控告；收到检举、控告的机关，应当依据职责及时处理。

第一百一十五条　公安机关依法实施罚款处罚，应当依照有关法律、行政法规的规定，实行罚款决定与罚款收缴分离；收缴的罚款应当全部上缴国库。

第一百一十六条　人民警察办理治安案件，有下列行为之一的，依法给予行政处分；构成犯罪的，依法追究刑事责任：

（一）刑讯逼供、体罚、虐待、侮辱他人的；

（二）超过询问查证的时间限制人身自由的；

（三）不执行罚款决定与罚款收缴分离制度或者不按规定将罚没的财物上缴国库或者依法处理的；

（四）私分、侵占、挪用、故意损毁收缴、扣押的财物的；

（五）违反规定使用或者不及时返还被侵害人财物的；

（六）违反规定不及时退还保证金的；

（七）利用职务上的便利收受他人财物或者谋取其他利益的；

（八）当场收缴罚款不出具罚款收据或者不如实填写罚款数额的；

（九）接到要求制止违反治安管理行为的报警后，不及时出警的；

（十）在查处违反治安管理活动时，为违法犯罪行为人通风报信的；

（十一）有徇私舞弊、滥用职权，不依法履行法定职责的其他情形的。

办理治安案件的公安机关有前款所列行为的，对直接负责的主管人员和其他直接责任人员给予相应的行政处分。

第一百一十七条　公安机关及其人民警察违法行使职权，侵犯公民、法人和其他组织合法权益的，应当赔礼道歉；造成损害的，应当依法承担赔偿责任。

第六章　附　则

第一百一十八条　本法所称以上、以下、以内，包括本数。

第一百一十九条　本法自 2006 年 3 月 1 日起施行。1986 年 9 月 5 日公布、1994 年 5 月 12 日修订公布的《中华人民共和国治安管理处罚条例》同时废止。

中华人民共和国慈善法

（2016 年 3 月 16 日第十二届全国人民代表大会常务委员会第四次会议通过，2016 年 3 月 16 日中华人民共和国主席令第四十三号公布，自 2016 年 9 月 1 日起施行）

目　录

第一章　总　则

第一条　为了发展慈善事业，弘扬慈善文化，规范慈善活动，保护慈善组织、捐赠人、志愿者、受益人等慈善活动参与者的合法权益，促进社会进步，共享发展成果，制定本法。

第二条　自然人、法人和其他组织开展慈善活动以及与慈善有关的活动，适用本法。其他法律有特别规定的，依照其规定。

第三条　本法所称慈善活动，是指自然人、法人和其他组织以捐赠财产或者提供服务等方式，自愿开展的下列公益活动：

（一）扶贫、济困；

（二）扶老、救孤、恤病、助残、优抚；

（三）救助自然灾害、事故灾难和公共卫生事件等突发事件造成的损害；

（四）促进教育、科学、文化、卫生、体育等事业的发展；

（五）防治污染和其他公害，保护和改善生态环境；

（六）符合本法规定的其他公益活动。

第四条　开展慈善活动，应当遵循合法、自愿、诚信、非营利的原则，不得违背社会公德，不得危害国家安全、损害社会公共利益和他人合法权益。

第五条 国家鼓励和支持自然人、法人和其他组织践行社会主义核心价值观，弘扬中华民族传统美德，依法开展慈善活动。

第六条 国务院民政部门主管全国慈善工作，县级以上地方各级人民政府民政部门主管本行政区域内的慈善工作；县级以上人民政府有关部门依照本法和其他有关法律法规，在各自的职责范围内做好相关工作。

第七条 每年9月5日为“中华慈善日”。

第二章 慈善组织

第八条 本法所称慈善组织，是指依法成立、符合本法规定，以面向社会开展慈善活动为宗旨的非营利性组织。

慈善组织可以采取基金会、社会团体、社会服务机构等组织形式。

第九条 慈善组织应当符合下列条件：

（一）以开展慈善活动为宗旨；

（二）不以营利为目的；

（三）有自己的名称和住所；

（四）有组织章程；

（五）有必要的财产；

（六）有符合条件的组织机构和负责人；

（七）法律、行政法规规定的其他条件。

第十条 设立慈善组织，应当向县级以上人民政府民政部门申请登记，民政部门应当自受理申请之日起三十日内作出决定。符合本法规定条件的，准予登记并向社会公告；不符合本法规定条件的，不予登记并书面说明理由。

本法公布前已经设立的基金会、社会团体、社会服务机构等非营利性组织，可以向其登记的民政部门申请认定为慈善组织，民政部门应当自受理申请之日起二十日内作出决定。符合慈善组织条件的，予以认定并向社会公告；不符合慈善组织条件的，不予认定并书面说明理由。

有特殊情况需要延长登记或者认定期限的，报经国务院民政部门批准，可以适当延长，但延长的期限不得超过六十日。

第十一条 慈善组织的章程，应当符合法律法规的规定，并载明下列事项：

（一）名称和住所；

（二）组织形式；

（三）宗旨和活动范围；

（四）财产来源及构成；

（五）决策、执行机构的组成及职责；

（六）内部监督机制；

（七）财产管理使用制度；

（八）项目管理制度；

（九）终止情形及终止后的清算办法；

（十）其他重要事项。

第十二条 慈善组织应当根据法律法规以及章程的规定，建立健全内部治理结构，明确决策、执行、监督等方面的职责权限，开展慈善活动。

慈善组织应当执行国家统一的会计制度，依法进行会计核算，建立健全会计监督制度，并接受政府有关部门的监督管理。

第十三条 慈善组织应当每年向其登记的民政部门报送年度工作报告和财务会计报告。报告应当包括年度开展募捐和接受捐赠情况、慈善财产的管理使用情况、慈善项目实施情况以及慈善组织工作人员的工资福利情况。

第十四条 慈善组织的发起人、主要捐赠人以及管理人员，不得利用其关联关系损害慈善组织、受益人的利益和社会公共利益。

慈善组织的发起人、主要捐赠人以及管理人员与慈善组织发生交易行为的，不得参与慈善组织有关该交易行为的决策，有关交易情况应当向社会公开。

第十五条 慈善组织不得从事、资助危害国家安全和社会公共利益的活动，不得接受附加违反法律法规和违背社会公德条件的捐赠，不得对受益人附加违反法律法规和违背社会公德的条件。

第十六条 有下列情形之一的，不得担任慈善组织的负责人：

（一）无民事行为能力或者限制民事行为能力的；

（二）因故意犯罪被判处刑罚，自刑罚执行完毕之日起未逾五年的；

（三）在被吊销登记证书或者被取缔的组织担任负责人，自该组织被吊销登记证书或者被取缔之日起未逾五年的；

（四）法律、行政法规规定的其他情形。

第十七条 慈善组织有下列情形之一的，应当终止：

（一）出现章程规定的终止情形的；

（二）因分立、合并需要终止的；

（三）连续二年未从事慈善活动的；

（四）依法被撤销登记或者吊销登记证书的；

（五）法律、行政法规规定应当终止的其他情形。

第十八条 慈善组织终止，应当进行清算。

慈善组织的决策机构应当在本法第十七条规定的终止情形出现之日起三十日内成立清算组进行清算，并向社会公告。不成立清算组或者清算组不履行职责的，民政部门可以申请人民法院指定有关人员组成清算组进行清算。

慈善组织清算后的剩余财产，应当按照慈善组织章程的规定转给宗旨相同或者相近的慈善组织；章程未规定的，由民政部门主持转给宗旨相同或者相近的慈善组织，并向社会公告。

慈善组织清算结束后，应当向其登记的民政部门办理注销登记，并由民政部门向社会公告。

第十九条 慈善组织依法成立行业组织。

慈善行业组织应当反映行业诉求，推动行业交流，提高慈善行业公信力，促进慈善事业发展。

第二十条 慈善组织的组织形式、登记管理的具体办法由国务院制定。

第二章 慈善募捐

第二十一条 本法所称慈善募捐，是指慈善组织基于慈善宗旨募集财产的活动。

慈善募捐，包括面向社会公众的公开募捐和面向特定对象的定向募捐。

第二十二条 慈善组织开展公开募捐，应当取得公开募捐资格。依法登记满二年的慈善组织，可以向其登记的民政部门申请公开募捐资格。民政部门应当自受理申请之日起二十日内作出决定。慈善组织符合内部治理结构健全、运作规范的条件的，发给公开募捐资格证书；不符合条件的，不发给公开募捐资格证书并书面说明理由。

法律、行政法规规定自登记之日起可以公开募捐的基金会和社会团体，由民政部门直接发给公开募捐资格证书。

第二十三条 开展公开募捐，可以采取下列方式：

（一）在公共场所设置募捐箱；

（二）举办面向社会公众的义演、义赛、义卖、义展、义拍、慈善晚会等；

（三）通过广播、电视、报刊、互联网等媒体发布募捐信息；

（四）其他公开募捐方式。

慈善组织采取前款第一项、第二项规定的方式开展公开募捐的，应当在其登记的民政部门管辖区域内进行，确有必要在其登记的民政部门管辖区域外进行的，应当报其开展募捐活动所在地的县级以上人民政府民政部门备案。捐赠人的捐赠行为不受地域限制。

慈善组织通过互联网开展公开募捐的，应当在国务院民政部门统一或者指定的慈善信息平台发布募捐信息，并可以同时在其网站发布募捐信息。

第二十四条 开展公开募捐，应当制定募捐方案。募捐方案包括募捐目的、起止时间和地域、活动负责人姓名和办公地址、接受捐赠方式、银行账户、受益人、募得款物用途、募捐成本、剩余财产的处理等。

募捐方案应当在开展募捐活动前报慈善组织登记的民政部门备案。

第二十五条 开展公开募捐，应当在募捐活动现场或者募捐活动载体的显著位置，公布募捐组织名称、公开募捐资格证书、募捐方案、联系方式、募捐信息查询方法等。

第二十六条 不具有公开募捐资格的组织或者个人基于慈善目的，可以与具有公开募捐资格的慈善组织合作，由该慈善组织开展公开募捐并管理募得款物。

第二十七条 广播、电视、报刊以及网络服务提供者、电信运营商，应当对利用其平台开展公开募捐的慈善组织的登记证书、公开募捐资格证书进行验证。

第二十八条 慈善组织自登记之日起可以开展定向募捐。

慈善组织开展定向募捐，应当在发起人、理事会成员和会员等特定对象的范围内进行，并向募捐对象说明募捐目的、募得款物用途等事项。

第二十九条 开展定向募捐，不得采取或者变相采取本法第二十三条规定的方式。

第三十条 发生重大自然灾害、事故灾难和公共卫生事件等突发事件，需要迅速开展救助时，有关人民政府应当建立协调机制，提供需求信息，及时有序引导开展募捐和救助活动。

第三十一条 开展募捐活动，应当尊重和维护募捐对象的合法权益，保障募捐对象的知情权，不得通过虚构事实等方式欺骗、诱导募捐对象实施捐赠。

第三十二条 开展募捐活动，不得摊派或者变相摊派，不得妨碍公共秩序、企业生产经营和居民生活。

第三十三条 禁止任何组织或者个人假借慈善名义或者假冒慈善组织开展募捐活动，骗取财产。

第四章 慈善捐赠

第三十四条 本法所称慈善捐赠，是指自然人、法人和其他组织基于慈善目的，自愿、无偿赠与财产的活动。

第三十五条 捐赠人可以通过慈善组织捐赠，也可以直接向受益人捐赠。

第三十六条 捐赠人捐赠的财产应当是其有权处分的合法财产。捐赠财产包括货币、实物、房屋、有价证券、股权、知识产权等有形和无形财产。

捐赠人捐赠的实物应当具有使用价值，符合安全、卫生、环保等标准。

捐赠人捐赠本企业产品的，应当依法承担产品质量责任和义务。

第三十七条 自然人、法人和其他组织开展演出、比赛、销售、拍卖等经营性活动，承诺将全部或者部分所得用于慈善目的的，应当在举办活动前与慈善组织或者其他接受捐赠的人签订捐赠协议，活动结束后按照捐赠协议履行捐赠义务，并将捐赠情况向社会公开。

第三十八条 慈善组织接受捐赠，应当向捐赠人开具由财政部门统一监（印）制的捐赠票据。捐赠票据应当载明捐赠人、捐赠财产的种类及数量、慈善组织名称和经办人姓名、票据日期等。捐赠人匿名或者放弃接受捐赠票据的，慈善组织应当做好相关记录。

第三十九条 慈善组织接受捐赠，捐赠人要求签订书面捐赠协议的，慈善组织应当与捐赠人签订书面捐赠协议。

书面捐赠协议包括捐赠人和慈善组织名称，捐赠财产的种类、数量、质量、用途、交付时间等内容。

第四十条 捐赠人与慈善组织约定捐赠财产的用途和受益人时，不得指定捐赠人的利害关系人作为受益人。

任何组织和个人不得利用慈善捐赠违反法律规定宣传烟草制品，不得利用慈善捐赠以任何方式宣传法律禁止宣传的产品和事项。

第四十一条 捐赠人应当按照捐赠协议履行捐赠义务。捐赠人违反捐赠协议逾期未交付捐赠财产，有下列情形之一的，慈善组织或者其他接受捐赠的人可以要求交付；捐赠人拒不交付的，慈善组织和其他接受捐赠的人可以依法向人民法院申请支付令或者提起诉讼：

（一）捐赠人通过广播、电视、报刊、互联网等媒体公开承诺捐赠的；

（二）捐赠财产用于本法第三条第一项至第三项规定的慈善活动，并签订书面捐赠协议的。

捐赠人公开承诺捐赠或者签订书面捐赠协议后经济状况显著恶化，严重影响其生产经营或者家庭生活的，经向公开承诺捐赠地或者书面捐赠协议签订地的民政部门报告并向社会公开说明情况后，可以不再履行捐赠义务。

第四十二条 捐赠人有权查询、复制其捐赠财产管理使用的有关资料，慈善组织应当及时主动向捐赠人反馈有关情况。

慈善组织违反捐赠协议约定的用途，滥用捐赠财产的，捐赠人有权要求其改正；拒不改正的，捐赠人可以向民政部门投诉、举报或者向人民法院提起诉讼。

第四十三条 国有企业实施慈善捐赠应当遵守有关国有资产管理的规定，履行批准和备案程序。

第五章 慈善信托

第四十四条 本法所称慈善信托属于公益信托，是指委托人基于慈善目的，依法将其财产委托给受托人，由受托人按照委托人意愿以受托人名义进行管理和处分，开展慈善活动的行为。

第四十五条 设立慈善信托、确定受托人和监察人，应当采取书面形式。受托人应当在慈善信托文件签订之日起七日内，将相关文件向受托人所在地县级以上人民政府民政部门备案。

未按照前款规定将相关文件报民政部门备案的，不享受税收优惠。

第四十六条 慈善信托的受托人，可以由委托人确定其信赖的慈善组织或者信托公司担任。

第四十七条 慈善信托的受托人违反信托义务或者难以履行职责的，委托人可以变更受托人。变更后的受托人应当自变更之日起七日内，将变更情况报原备案的民政部门重新备案。

第四十八条 慈善信托的受托人管理和处分信托财产，应当按照信托目的，恪尽职守，履行诚信、谨慎管理的义务。

慈善信托的受托人应当根据信托文件和委托人的要求，及时向委托人报告信托事务处理情况、信托财产管理使用情况。慈善信托的受托人应当每年至少一次将信托事务处理情况及财务状况向其备案的民政部门报告，并向社会公开。

第四十九条 慈善信托的委托人根据需要，可以确定信托监察人。

信托监察人对受托人的行为进行监督，依法维护委托人和受益人的权益。信托监察人发现受托人违反信托义务或者难以履行职责的，应当向委托人报告，并有权以自己的名义向人民法院提起诉讼。

第五十条 慈善信托的设立、信托财产的管理、信托当事人、信托的终止和清算等事项，本章未规定的，适用本法其他有关规定；本法未规定的，适用《中华人民共和国信托法》的有关规定。

第六章　慈善财产

第五十一条 慈善组织的财产包括：

（一）发起人捐赠、资助的创始财产；

（二）募集的财产；

（三）其他合法财产。

第五十二条 慈善组织的财产应当根据章程和捐赠协议的规定全部用于慈善目的，不得在发起人、捐赠人以及慈善组织成员中分配。

任何组织和个人不得私分、挪用、截留或者侵占慈善财产。

第五十三条 慈善组织对募集的财产，应当登记造册，严格管理，专款专用。

捐赠人捐赠的实物不易储存、运输或者难以直接用于慈善目的的，慈善组织可以依法拍卖或者变卖，所得收入扣除必要费用后，应当全部用于慈善目的。

第五十四条 慈善组织为实现财产保值、增值进行投资的，应当遵循合法、安全、有效的原则，投资取得的收益应当全部用于慈善目的。慈善组织的重大投资方案应当经决策机构组成人员三分之二以上同意。政府资助的财产和捐赠协议约定不得投资的财产，不得用于投资。慈善组织的负责人和工作人员不得在慈善组织投资的企业兼职或者领取报酬。

前款规定事项的具体办法，由国务院民政部门制定。

第五十五条 慈善组织开展慈善活动，应当依照法律法规和章程的规定，按照募捐方案或者捐赠协议使用捐赠财产。慈善组织确需变更募捐方案规定的捐赠财产用途的，应当报民政部门备案；确需变更捐赠协议约定的捐赠财产用途的，应当征得捐赠人同意。

第五十六条 慈善组织应当合理设计慈善项目，优化实施流程，降低运行成本，提高慈善财产使用效益。

慈善组织应当建立项目管理制度，对项目实施情况进行跟踪监督。

第五十七条 慈善项目终止后捐赠财产有剩余的，按照募捐方案或者捐赠协议处理；募捐方案未规定或者捐赠协议未约定的，慈善组织应当将剩余财产用于目的相同或者相近的其他慈善项目，并向社会公开。

第五十八条　慈善组织确定慈善受益人，应当坚持公开、公平、公正的原则，不得指定慈善组织管理人员的利害关系人作为受益人。

第五十九条　慈善组织根据需要可以与受益人签订协议，明确双方权利义务，约定慈善财产的用途、数额和使用方式等内容。

受益人应当珍惜慈善资助，按照协议使用慈善财产。受益人未按照协议使用慈善财产或者有其他严重违反协议情形的，慈善组织有权要求其改正；受益人拒不改正的，慈善组织有权解除协议并要求受益人返还财产。

第六十条　慈善组织应当积极开展慈善活动，充分、高效运用慈善财产，并遵循管理费用最必要原则，厉行节约，减少不必要的开支。慈善组织中具有公开募捐资格的基金会开展慈善活动的年度支出，不得低于上一年总收入的百分之七十或者前三年收入平均数额的百分之七十；年度管理费用不得超过当年总支出的百分之十，特殊情况下，年度管理费用难以符合前述规定的，应当报告其登记的民政部门并向社会公开说明情况。

具有公开募捐资格的基金会以外的慈善组织开展慈善活动的年度支出和管理费用的标准，由国务院民政部门会同国务院财政、税务等部门依照前款规定的原则制定。

捐赠协议对单项捐赠财产的慈善活动支出和管理费用有约定的，按照其约定。

第七章　慈善服务

第六十一条　本法所称慈善服务，是指慈善组织和其他组织以及个人基于慈善目的，向社会或者他人提供的志愿无偿服务以及其他非营利服务。

慈善组织开展慈善服务，可以自己提供或者招募志愿者提供，也可以委托有服务专长的其他组织提供。

第六十二条　开展慈善服务，应当尊重受益人、志愿者的人格尊严，不得侵害受益人、志愿者的隐私。

第六十三条　开展医疗康复、教育培训等慈善服务，需要专门技能的，应当执行国家或者行业组织制定的标准和规程。

慈善组织招募志愿者参与慈善服务，需要专门技能的，应当对志愿者开展相关培训。

第六十四条　慈善组织招募志愿者参与慈善服务，应当公示与慈善服务有关的全部信息，告知服务过程中可能发生的风险。

慈善组织根据需要可以与志愿者签订协议，明确双方权利义务，约定服务的内容、方式和时间等。

第六十五条　慈善组织应当对志愿者实名登记，记录志愿者的服务时间、内容、评价等信息。根据志愿者的要求，慈善组织应当无偿、如实出具志愿服务记录证明。

第六十六条　慈善组织安排志愿者参与慈善服务，应当与志愿者的年龄、文化程度、技能和身体状况相适应。

第六十七条　志愿者接受慈善组织安排参与慈善服务的，应当服从管理，接受必要的培训。

第六十八条　慈善组织应当为志愿者参与慈善服务提供必要条件，保障志愿者的合法权益。

慈善组织安排志愿者参与可能发生人身危险的慈善服务前，应当为志愿者购买相应的人身意外伤害保险。

第八章　信息公开

第六十九条　县级以上人民政府建立健全慈善信息统计和发布制度。

县级以上人民政府民政部门应当在统一的信息平台，及时向社会公开慈善信息，并免费提供慈善信息发布服务。

慈善组织和慈善信托的受托人应当在前款规定的平台发布慈善信息，并对信息的真实性负责。

第七十条　县级以上人民政府民政部门和其他有关部门应当及时向社会公开下列慈善信息：

（一）慈善组织登记事项；

（二）慈善信托备案事项；

（三）具有公开募捐资格的慈善组织名单；

（四）具有出具公益性捐赠税前扣除票据资格的慈善组织名单；

（五）对慈善活动的税收优惠、资助补贴等促进措施；

（六）向慈善组织购买服务的信息；

（七）对慈善组织、慈善信托开展检查、评估的结果；

（八）对慈善组织和其他组织以及个人的表彰、处罚结果；

（九）法律法规规定应当公开的其他信息。

第七十一条　慈善组织、慈善信托的受托人应当依法履行信息公开义务。信息公开应当真实、完整、及时。

第七十二条　慈善组织应当向社会公开组织章程和决策、执行、监督机构成员信息以及国务院民政部门要求公开的其他信息。上述信息有重大变更的，慈善组织应当及时向社会公开。

慈善组织应当每年向社会公开其年度工作报告和财务会计报告。具有公开募捐资格的慈善组织的财务会计报告须经审计。

第七十三条　具有公开募捐资格的慈善组织应当定期向社会公开其募捐情况和慈善项目实施情况。

公开募捐周期超过六个月的，至少每三个月公开一次募捐情况，公开募捐活动结束后三个月内应当全面公开募捐情况。

慈善项目实施周期超过六个月的，至少每三个月公开一次项目实施情况，项目结束后三个月内应当全面公开项目实施情况和募得款物使用情况。

第七十四条　慈善组织开展定向募捐的，应当及时向捐赠人告知募捐情况、募得款物的管理使用情况。

第七十五条　慈善组织、慈善信托的受托人应当向受益人告知其资助标准、工作流程和工作规范等信息。

第七十六条　涉及国家秘密、商业秘密、个人隐私的信息以及捐赠人、慈善信托的委托人不同意公开的姓名、名称、住所、通讯方式等信息，不得公开。

第九章　促进措施

第七十七条　县级以上人民政府应当根据经济社会发展情况，制定促进慈善事业发展的政策和措施。

县级以上人民政府有关部门应当在各自职责范围内，向慈善组织、慈善信托受托人等提供慈善需求信息，为慈善活动提供指导和帮助。

第七十八条 县级以上人民政府民政部门应当建立与其他部门之间的慈善信息共享机制。

第七十九条 慈善组织及其取得的收入依法享受税收优惠。

第八十条 自然人、法人和其他组织捐赠财产用于慈善活动的，依法享受税收优惠。企业慈善捐赠支出超过法律规定的准予在计算企业所得税应纳税所得额时当年扣除的部分，允许结转以后三年内在计算应纳税所得额时扣除。

境外捐赠用于慈善活动的物资，依法减征或者免征进口关税和进口环节增值税。

第八十一条 受益人接受慈善捐赠，依法享受税收优惠。

第八十二条 慈善组织、捐赠人、受益人依法享受税收优惠的，有关部门应当及时办理相关手续。

第八十三条 捐赠人向慈善组织捐赠实物、有价证券、股权和知识产权的，依法免征权利转让的相关行政事业性费用。

第八十四条 国家对开展扶贫济困的慈善活动，实行特殊的优惠政策。

第八十五条 慈善组织开展本法第三条第一项、第二项规定的慈善活动需要慈善服务设施用地的，可以依法申请使用国有划拨土地或者农村集体建设用地。慈善服务设施用地非经法定程序不得改变用途。

第八十六条 国家为慈善事业提供金融政策支持，鼓励金融机构为慈善组织、慈善信托提供融资和结算等金融服务。

第八十七条 各级人民政府及其有关部门可以依法通过购买服务等方式，支持符合条件的慈善组织向社会提供服务，并依照有关政府采购的法律法规向社会公开相关情况。

第八十八条 国家采取措施弘扬慈善文化，培育公民慈善意识。

学校等教育机构应当将慈善文化纳入教育教学内容。国家鼓励高等学校培养慈善专业人才，支持高等学校和科研机构开展慈善理论研究。

广播、电视、报刊、互联网等媒体应当积极开展慈善公益宣传活动，普及慈善知识，传播慈善文化。

第八十九条 国家鼓励企业事业单位和其他组织为开展慈善活动提供场所和其他便利条件。

第九十条 经受益人同意，捐赠人对其捐赠的慈善项目可以冠名纪念，法律法规规定需要批准的，从其规定。

第九十一条 国家建立慈善表彰制度，对在慈善事业发展中做出突出贡献的自然人、法人和其他组织，由县级以上人民政府或者有关部门予以表彰。

第十章 监督管理

第九十二条 县级以上人民政府民政部门应当依法履行职责，对慈善活动进行监督检查，对慈善行业组织进行指导。

第九十三条 县级以上人民政府民政部门对涉嫌违反本法规定的慈善组织，有权采取下列措施：

（一）对慈善组织的住所和慈善活动发生地进行现场检查；

（二）要求慈善组织作出说明，查阅、复制有关资料；

（三）向与慈善活动有关的单位和个人调查与监督管理有关的情况；

（四）经本级人民政府批准，可以查询慈善组织的金融账户；

（五）法律、行政法规规定的其他措施。

第九十四条　县级以上人民政府民政部门对慈善组织、有关单位和个人进行检查或者调查时，检查人员或者调查人员不得少于二人，并应当出示合法证件和检查、调查通知书。

第九十五条　县级以上人民政府民政部门应当建立慈善组织及其负责人信用记录制度，并向社会公布。

民政部门应当建立慈善组织评估制度，鼓励和支持第三方机构对慈善组织进行评估，并向社会公布评估结果。

第九十六条　慈善行业组织应当建立健全行业规范，加强行业自律。

第九十七条　任何单位和个人发现慈善组织、慈善信托有违法行为的，可以向民政部门、其他有关部门或者慈善行业组织投诉、举报。民政部门、其他有关部门或者慈善行业组织接到投诉、举报后，应当及时调查处理。

国家鼓励公众、媒体对慈善活动进行监督，对假借慈善名义或者假冒慈善组织骗取财产以及慈善组织、慈善信托的违法违规行为予以曝光，发挥舆论和社会监督作用。

第十一章　法律责任

第九十八条　慈善组织有下列情形之一的，由民政部门责令限期改正；逾期不改正的，吊销登记证书并予以公告：

（一）未按照慈善宗旨开展活动的；

（二）私分、挪用、截留或者侵占慈善财产的；

（三）接受附加违反法律法规或者违背社会公德条件的捐赠，或者对受益人附加违反法律法规或者违背社会公德的条件的。

第九十九条　慈善组织有下列情形之一的，由民政部门予以警告、责令限期改正；逾期不改正的，责令限期停止活动并进行整改：

（一）违反本法第十四条规定造成慈善财产损失的；

（二）将不得用于投资的财产用于投资的；

（三）擅自改变捐赠财产用途的；

（四）开展慈善活动的年度支出或者管理费用的标准违反本法第六十条规定的；

（五）未依法履行信息公开义务的；

（六）未依法报送年度工作报告、财务会计报告或者报备募捐方案的；

（七）泄露捐赠人、志愿者、受益人个人隐私以及捐赠人、慈善信托的委托人不同意公开的姓名、名称、住所、通讯方式等信息的。

慈善组织违反本法规定泄露国家秘密、商业秘密的，依照有关法律的规定予以处罚。

慈善组织有前两款规定的情形，经依法处理后一年内再出现前款规定的情形，或者有其他情节严重情形的，由民政部门吊销登记证书并予以公告。

第一百条　慈善组织有本法第九十八条、第九十九条规定的情形，有违法所得的，由民政部门予以没收；对直接负责的主管人员和其他直接责任人员处二万元以上二十万元以下罚款。

第一百零一条　开展募捐活动有下列情形之一的，由民政部门予以警告、责令停止募捐活动；对违法募集的财产，责令退还捐赠人；难以退还的，由民政部门予以收缴，转给其他慈善组织用于慈善目的；对有关组织或者个人处二万元以上二十万元以下罚款：

（一）不具有公开募捐资格的组织或者个人开展公开募捐的；

（二）通过虚构事实等方式欺骗、诱导募捐对象实施捐赠的；

（三）向单位或者个人摊派或者变相摊派的；

（四）妨碍公共秩序、企业生产经营或者居民生活的。

广播、电视、报刊以及网络服务提供者、电信运营商未履行本法第二十七条规定的验证义务的，由其主管部门予以警告，责令限期改正；逾期不改正的，予以通报批评。

第一百零二条 慈善组织不依法向捐赠人开具捐赠票据、不依法向志愿者出具志愿服务记录证明或者不及时主动向捐赠人反馈有关情况的，由民政部门予以警告，责令限期改正；逾期不改正的，责令限期停止活动。

第一百零三条 慈善组织弄虚作假骗取税收优惠的，由税务机关依法查处；情节严重的，由民政部门吊销登记证书并予以公告。

第一百零四条 慈善组织从事、资助危害国家安全或者社会公共利益活动的，由有关机关依法查处，由民政部门吊销登记证书并予以公告。

第一百零五条 慈善信托的受托人有下列情形之一的，由民政部门予以警告，责令限期改正；有违法所得的，由民政部门予以没收；对直接负责的主管人员和其他直接责任人员处二万元以上二十万元以下罚款：

（一）将信托财产及其收益用于非慈善目的的；

（二）未按照规定将信托事务处理情况及财务状况向民政部门报告或者向社会公开的。

第一百零六条 慈善服务过程中，因慈善组织或者志愿者过错造成受益人、第三人损害的，慈善组织依法承担赔偿责任；损害是由志愿者故意或者重大过失造成的，慈善组织可以向其追偿。

志愿者在参与慈善服务过程中，因慈善组织过错受到损害的，慈善组织依法承担赔偿责任；损害是由不可抗力造成的，慈善组织应当给予适当补偿。

第一百零七条 自然人、法人或者其他组织假借慈善名义或者假冒慈善组织骗取财产的，由公安机关依法查处。

第一百零八条 县级以上人民政府民政部门和其他有关部门及其工作人员有下列情形之一的，由上级机关或者监察机关责令改正；依法应当给予处分的，由任免机关或者监察机关对直接负责的主管人员和其他直接责任人员给予处分：

（一）未依法履行信息公开义务的；

（二）摊派或者变相摊派捐赠任务，强行指定志愿者、慈善组织提供服务的；

（三）未依法履行监督管理职责的；

（四）违法实施行政强制措施和行政处罚的；

（五）私分、挪用、截留或者侵占慈善财产的；

（六）其他滥用职权、玩忽职守、徇私舞弊的行为。

第一百零九条 违反本法规定，构成违反治安管理行为的，由公安机关依法给予治安管理处罚；构成犯罪的，依法追究刑事责任。

第十二章　附　则

第一百一十条 城乡社区组织、单位可以在本社区、单位内部开展群众性互助互济活动。

第一百一十一条 慈善组织以外的其他组织可以开展力所能及的慈善活动。

第一百一十二条 本法自 2016 年 9 月 1 日起施行。

中华人民共和国公益事业捐赠法

（1999 年 6 月 28 日第九届全国人民代表大会常务委员会第十次会议通过，1999 年 6 月 28 日中华人民共和国主席令第十九号公布，自 1999 年 9 月 1 日起施行）

目　录

第一章　总　则

第一条　为了鼓励捐赠，规范捐赠和受赠行为，保护捐赠人、受赠人和受益人的合法权益，促进公益事业的发展，制定本法。

第二条　自然人、法人或者其他组织自愿无偿向依法成立的公益性社会团体和公益性非营利的事业单位捐赠财产，用于公益事业的，适用本法。

第三条　本法所称公益事业是指非营利的下列事项：

（一）救助灾害、救济贫困、扶助残疾人等困难的社会群体和个人的活动；

（二）教育、科学、文化、卫生、体育事业；

（三）环境保护、社会公共设施建设；

（四）促进社会发展和进步的其他社会公共和福利事业。

第四条　捐赠应当是自愿和无偿的，禁止强行摊派或者变相摊派，不得以捐赠为名从事营利活动。

第五条　捐赠财产的使用应当尊重捐赠人的意愿，符合公益目的，不得将捐赠财产挪作他用。

第六条　捐赠应当遵守法律、法规，不得违背社会公德，不得损害公共利益和其他公民的合法权益。

第七条　公益性社会团体受赠的财产及其增值为社会公共财产，受国家法律保护，任何单位和个人不得侵占、挪用和损毁。

第八条　国家鼓励公益事业的发展，对公益性社会团体和公益性非营利的事业单位给予扶持和优待。

国家鼓励自然人、法人或者其他组织对公益事业进行捐赠。

对公益事业捐赠有突出贡献的自然人、法人或者其他组织，由人民政府或者有关部门予以表彰。对捐赠人进行公开表彰，应当事先征求捐赠人的意见。

第二章　捐赠和受赠

第九条　自然人、法人或者其他组织可以选择符合其捐赠意愿的公益性社会团体和公益性非营利的事业单位进行捐赠。捐赠的财产应当是其有权处分的合法财产。

第十条　公益性社会团体和公益性非营利的事业单位可以依照本法接受捐赠。

本法所称公益性社会团体是指依法成立的，以发展公益事业为宗旨的基金会、慈善组织等社会团体。

本法所称公益性非营利的事业单位是指依法成立的，从事公益事业的不以营利为目的的教育机构、科学研究机构、医疗卫生机构、社会公共文化机构、社会公共体育机构和社会福利机构等。

第十一条　在发生自然灾害时或者境外捐赠人要求县级以上人民政府及其部门作为受赠人时，县级以上人民政府及其部门可以接受捐赠，并依照本法的有关规定对捐赠财产进行管理。

县级以上人民政府及其部门可以将受赠财产转交公益性社会团体或者公益性非营利的事业单位；也可以按照捐赠人的意愿分发或者兴办公益事业，但是不得以本机关为受益对象。

第十二条　捐赠人可以与受赠人就捐赠财产的种类、质量、数量和用途等内容订立捐赠协议。捐赠人有权决定捐赠的数量、用途和方式。

捐赠人应当依法履行捐赠协议，按照捐赠协议约定的期限和方式将捐赠财产转移给受赠人。

第十三条　捐赠人捐赠财产兴建公益事业工程项目，应当与受赠人订立捐赠协议，对工程项目的资金、建设、管理和使用作出约定。

捐赠的公益事业工程项目由受赠单位按照国家有关规定办理项目审批手续，并组织施工或者由受赠人和捐赠人共同组织施工。工程质量应当符合国家质量标准。

捐赠的公益事业工程项目竣工后，受赠单位应当将工程建设、建设资金的使用和工程质量验收情况向捐赠人通报。

第十四条　捐赠人对于捐赠的公益事业工程项目可以留名纪念；捐赠人单独捐赠的工程项目或者主要由捐赠人出资兴建的工程项目，可以由捐赠人提出工程项目的名称，报县级以上人民政府批准。

第十五条　境外捐赠人捐赠的财产，由受赠人按照国家有关规定办理入境手续；捐赠实行许可证管理的物品，由受赠人按照国家有关规定办理许可证申领手续，海关凭许可证验放、监管。

华侨向境内捐赠的，县级以上人民政府侨务部门可以协助办理有关入境手续，为捐赠人实施捐赠项目提供帮助。

第三章　捐赠财产的使用和管理

第十六条　受赠人接受捐赠后，应当向捐赠人出具合法、有效的收据，将受赠财产登记造册，妥善保管。

第十七条　公益性社会团体应当将受赠财产用于资助符合其宗旨的活动和事业。对于接受的救助灾害的捐赠财产，应当及时用于救助活动。基金会每年用于资助公益事业的资金数额，不得低于国家规定的比例。

公益性社会团体应当严格遵守国家的有关规定，按照合法、安全、有效的原则，积极实现捐赠财产的保值增值。

公益性非营利的事业单位应当将受赠财产用于发展本单位的公益事业，不得挪作他用。

对于不易储存、运输和超过实际需要的受赠财产，受赠人可以变卖，所取得的全部收入，应当用于捐赠目的。

第十八条 受赠人与捐赠人订立了捐赠协议的，应当按照协议约定的用途使用捐赠财产，不得擅自改变捐赠财产的用途。如果确需改变用途的，应当征得捐赠人的同意。

第十九条 受赠人应当依照国家有关规定，建立健全财务会计制度和受赠财产的使用制度，加强对受赠财产的管理。

第二十条 受赠人每年度应当向政府有关部门报告受赠财产的使用、管理情况，接受监督。必要时，政府有关部门可以对其财务进行审计。

海关对减免关税的捐赠物品依法实施监督和管理。

县级以上人民政府侨务部门可以参与对华侨向境内捐赠财产使用与管理的监督。

第二十一条 捐赠人有权向受赠人查询捐赠财产的使用、管理情况，并提出意见和建议。对于捐赠人的查询，受赠人应当如实答复。

第二十二条 受赠人应当公开接受捐赠的情况和受赠财产的使用、管理情况，接受社会监督。

第二十三条 公益性社会团体应当厉行节约，降低管理成本，工作人员的工资和办公费用从利息等收入中按照国家规定的标准开支。

第四章 优惠措施

第二十四条 公司和其他企业依照本法的规定捐赠财产用于公益事业，依照法律、行政法规的规定享受企业所得税方面的优惠。

第二十五条 自然人和个体工商户依照本法的规定捐赠财产用于公益事业，依照法律、行政法规的规定享受个人所得税方面的优惠。

第二十六条 境外向公益性社会团体和公益性非营利的事业单位捐赠的用于公益事业的物资，依照法律、行政法规的规定减征或者免征进口关税和进口环节的增值税。

第二十七条 对于捐赠的工程项目，当地人民政府应当给予支持和优惠。

第五章 法律责任

第二十八条 受赠人未征得捐赠人的许可，擅自改变捐赠财产的性质、用途的，由县级以上人民政府有关部门责令改正，给予警告。拒不改正的，经征求捐赠人的意见，由县级以上人民政府将捐赠财产交由与其宗旨相同或者相似的公益性社会团体或者公益性非营利的事业单位管理。

第二十九条 挪用、侵占或者贪污捐赠款物的，由县级以上人民政府有关部门责令退还所用、所得款物，并处以罚款；对直接责任人员，由所在单位依照有关规定予以处理；构成犯罪的，依法追究刑事责任。

依照前款追回、追缴的捐赠款物，应当用于原捐赠目的和用途。

第三十条 在捐赠活动中，有下列行为之一的，依照法律、法规的有关规定予以处罚；构成犯罪的，依法追究刑事责任：

（一）逃汇、骗购外汇的；

（二）偷税、逃税的；

（三）进行走私活动的；

（四）未经海关许可并且未补缴应缴税额，擅自将减税、免税进口的捐赠物资在境内销售、转让或者移作他用的。

第三十一条 受赠单位的工作人员，滥用职权，玩忽职守，徇私舞弊，致使捐赠财产造成重大损失的，由所在单位依照有关规定予以处理；构成犯罪的，依法追究刑事责任。

第六章 附 则

第三十二条 本法自 1999 年 9 月 1 日起施行。

中国海关疫情防控法规汇编

行政法规

XINGZHENG FAGUI

中华人民共和国国境卫生检疫法实施细则

（1989年2月10日国务院批准，1989年3月6日卫生部发布，根据2010年4月24日《国务院关于修改〈中华人民共和国国境卫生检疫法实施细则〉的决定》第一次修订，根据2016年2月6日《国务院关于修改部分行政法规的决定》第二次修订，根据2019年3月2日《国务院关于修改部分行政法规的决定》第三次修订）

第一章　一般规定

第一条　根据《中华人民共和国国境卫生检疫法》（以下称《国境卫生检疫法》）的规定，制定本细则。

第二条　《国境卫生检疫法》和本细则所称：

“查验”指国境卫生检疫机关（以下称卫生检疫机关）实施的医学检查和卫生检查。

“染疫人”指正在患检疫传染病的人，或者经卫生检疫机关初步诊断，认为已经感染检疫传染病或者已经处于检疫传染病潜伏期的人。

“染疫嫌疑人”指接触过检疫传染病的感染环境，并且可能传播检疫传染病的人。

“隔离”指将染疫人收留在指定的处所，限制其活动并进行治疗，直到消除传染病传播的危险。

“留验”指将染疫嫌疑人收留在指定的处所进行诊察和检验。

“就地诊验”指一个人在卫生检疫机关指定的期间，到就近的卫生检疫机关或者其他医疗卫生单位去接受诊察和检验；或者卫生检疫机关、其他医疗卫生单位到该人员的居留地，对其进行诊察和检验。

“运输设备”指货物集装箱。

“卫生处理”指隔离、留验和就地诊验等医学措施，以及消毒、除鼠、除虫等卫生措施。

“传染病监测”指对特定环境、人群进行流行病学、血清学、病原学、临床症状以及其他有关影响因素的调查研究，预测有关传染病的发生、发展和流行。

“卫生监督”指执行卫生法规和卫生标准所进行的卫生检查、卫生鉴定、卫生评价和采样检验。

“交通工具”指船舶、航空器、列车和其他车辆。

“国境口岸”指国际通航的港口、机场、车站、陆地边境和国界江河的关口。

第三条　卫生检疫机关在国境口岸工作的范围，是指为国境口岸服务的涉外宾馆、饭店、俱乐部，为入境、出境交通工具提供饮食、服务的单位和对入境、出境人员、交通工具、集装箱和货物实施检疫、监测、卫生监督的场所。

第四条　入境、出境的人员、交通工具和集装箱，以及可能传播检疫传染病的行李、货物、邮包等，均应当按照本细则的规定接受检疫，经卫生检疫机关许可，方准入境或者出境。

第五条　卫生检疫机关发现染疫人时，应当立即将其隔离，防止任何人遭受感染，并按照本细则第八章的规定处理。

卫生检疫机关发现染疫嫌疑人时，应当按照本细则第八章的规定处理。但对第八章规定以外的其他病种染疫嫌疑人，可以从该人员离开感染环境的时候算起，实施不超过该传染病最长潜伏期的就地诊验或者留验以及其他的卫生处理。

第六条 卫生检疫机关应当阻止染疫人、染疫嫌疑人出境，但是对来自国外并且在到达时受就地诊验的人，本人要求出境的，可以准许出境；如果乘交通工具出境，检疫医师应当将这种情况在出境检疫证上签注，同时通知交通工具负责人采取必要的预防措施。

第七条 在国境口岸以及停留在该场所的入境、出境交通工具上，所有非因意外伤害而死亡并死因不明的尸体，必须经卫生检疫机关查验，并签发尸体移运许可证后，方准移运。

第八条 来自国内疫区的交通工具，或者在国内航行中发现检疫传染病、疑似检疫传染病，或者有人非因意外伤害而死亡并死因不明的，交通工具负责人应当向到达的国境口岸卫生检疫机关报告，接受临时检疫。

第九条 在国内或者国外检疫传染病大流行的时候，国务院卫生行政部门应当立即报请国务院决定采取下列检疫措施的一部或者全部：

（一）下令封锁陆地边境、国界江河的有关区域；

（二）指定某些物品必须经过消毒、除虫，方准由国外运进或者由国内运出；

（三）禁止某些物品由国外运进或者由国内运出；

（四）指定第一入境港口、降落机场。对来自国外疫区的船舶、航空器，除因遇险或者其他特殊原因外，没有经第一入境港口、机场检疫的，不准进入其他港口和机场。

第十条 入境、出境的集装箱、货物、废旧物等物品在到达口岸的时候，承运人、代理人或者货主，必须向卫生检疫机关申报并接受卫生检疫。对来自疫区的、被传染病污染的以及可能传播检疫传染病或者发现与人类健康有关的啮齿动物和病媒昆虫的集装箱、货物、废旧物等物品，应当实施消毒、除鼠、除虫或者其他必要的卫生处理。

集装箱、货物、废旧物等物品的货主要求在其他地方实施卫生检疫、卫生处理的，卫生检疫机关可以给予方便，并按规定办理。

海关凭卫生检疫机关签发的卫生处理证明放行。

第十一条 入境、出境的微生物、人体组织、生物制品、血液及其制品等特殊物品的携带人、托运人或者邮递人，必须向卫生检疫机关申报并接受卫生检疫，凭卫生检疫机关签发的特殊物品审批单办理通关手续。未经卫生检疫机关许可，不准入境、出境。

第十二条 入境、出境的旅客、员工个人携带或者托运可能传播传染病的行李和物品，应当接受卫生检查。卫生检疫机关对来自疫区或者被传染病污染的各种食品、饮料、水产品等应当实施卫生处理或者销毁，并签发卫生处理证明。

海关凭卫生检疫机关签发的卫生处理证明放行。

第十三条 卫生检疫机关对应当实施卫生检疫的邮包进行卫生检查和必要的卫生处理时，邮政部门应予配合。未经卫生检疫机关许可，邮政部门不得运递。

第十四条 卫生检疫单、证的种类、式样和签发办法，由海关总署规定。

第二章 疫情通报

第十五条 在国境口岸以及停留在国境口岸的交通工具上，发现检疫传染病、疑似检疫传染病，或者有人非因意外伤害而死亡并死因不明时，国境口岸有关单位以及交通工具的负责人，应当立即向卫生检疫机关报告。

第十六条 卫生检疫机关发现检疫传染病、监测传染病、疑似检疫传染病时，应当向当地卫生行政部门和卫生防疫机构通报；发现检疫传染病时，还应当用最快的办法向国务院卫生行政部门报告。

当地卫生防疫机构发现检疫传染病、监测传染病时，应当向卫生检疫机关通报。

第十七条 在国内或者国外某一地区发生检疫传染病流行时，国务院卫生行政部门可以宣布该地区为疫区。

第三章 卫生检疫机关

第十八条 卫生检疫机关根据工作需要，可以设立派出机构。卫生检疫机关的设立、合并或者撤销，按照有关规定执行。

第十九条 卫生检疫机关的职责：

（一）执行《国境卫生检疫法》及其实施细则和国家有关卫生法规；

（二）收集、整理、报告国际和国境口岸传染病的发生、流行和终息情况；

（三）对国境口岸的卫生状况实施卫生监督；对入境、出境的交通工具、人员、集装箱、尸体、骸骨以及可能传播检疫传染病的行李、货物、邮包等实施检疫查验、传染病监测、卫生监督和卫生处理；

（四）对入境、出境的微生物、生物制品、人体组织、血液及其制品等特殊物品以及能传播人类传染病的动物，实施卫生检疫；

（五）对入境、出境人员进行预防接种、健康检查、医疗服务、国际旅行健康咨询和卫生宣传；

（六）签发卫生检疫证件；

（七）进行流行病学调查研究，开展科学实验；

（八）执行海关总署、国务院卫生行政部门指定的其他工作。

第二十条 国境口岸卫生监督员的职责：

（一）对国境口岸和停留在国境口岸的入境、出境交通工具进行卫生监督和卫生宣传；

（二）在消毒、除鼠、除虫等卫生处理方面进行技术指导；

（三）对造成传染病传播、啮齿动物和病媒昆虫扩散、食物中毒、食物污染等事故进行调查，并提出控制措施。

第二十一条 卫生检疫机关工作人员、国境口岸卫生监督员在执行任务时，应当穿着检疫制服，佩戴检疫标志；卫生检疫机关的交通工具在执行任务期间，应当悬挂检疫旗帜。

检疫制服、标志、旗帜的式样和使用办法由海关总署会同有关部门制定，报国务院审批。

第四章 海港检疫

第二十二条 船舶的入境检疫，必须在港口的检疫锚地或者经卫生检疫机关同意的指定地点实施。

检疫锚地由港务监督机关和卫生检疫机关会商确定，报国务院交通运输主管部门和海关总署备案。

第二十三条 船舶代理应当在受入境检疫的船舶到达以前，尽早向卫生检疫机关通知下列事项：

（一）船名、国籍、预定到达检疫锚地的日期和时间；

（二）发航港、最后寄港；

（三）船员和旅客人数；

（四）货物种类。

港务监督机关应当将船舶确定到达检疫锚地的日期和时间尽早通知卫生检疫机关。

第二十四条 受入境检疫的船舶，在航行中，发现检疫传染病、疑似检疫传染病，或者有人非因意外伤害而死亡并死因不明的，船长必须立即向实施检疫港口的卫生检疫机关报告下列事项：

（一）船名、国籍、预定到达检疫锚地的日期和时间；

（二）发航港、最后寄港；

（三）船员和旅客人数；

（四）货物种类；

（五）病名或者主要症状、患病人数、死亡人数；

（六）船上有无船医。

第二十五条 受入境检疫的船舶，必须按照下列规定悬挂检疫信号等候查验，在卫生检疫机关发给入境检疫证前，不得降下检疫信号。

昼间在明显处所悬挂国际通语信号旗：

（一）“Q”字旗表示：本船没有染疫，请发给入境检疫证；

（二）“QQ”字旗表示：本船有染疫或者染疫嫌疑，请即刻实施检疫。

夜间在明显处所垂直悬挂灯号：

（一）红灯三盏表示：本船没有染疫，请发给入境检疫证；

（二）红、红、白、红灯四盏表示：本船有染疫或者染疫嫌疑，请即刻实施检疫。

第二十六条 悬挂检疫信号的船舶，除引航员和经卫生检疫机关许可的人员外，其他人员不准上船，不准装卸行李、货物、邮包等物品，其他船舶不准靠近；船上的人员，除因船舶遇险外，未经卫生检疫机关许可，不准离船；引航员不得将船引离检疫锚地。

第二十七条 申请电讯检疫的船舶，首先向卫生检疫机关申请卫生检查，合格者发给卫生证书。该证书自签发之日起12个月内可以申请电讯检疫。

第二十八条 持有效卫生证书的船舶在入境前24小时，应当向卫生检疫机关报告下列事项：

（一）船名、国籍、预定到达检疫锚地的日期和时间；

（二）发航港、最后寄港；

（三）船员和旅客人数及健康状况；

（四）货物种类；

（五）船舶卫生证书的签发日期和编号、除鼠证书或者免予除鼠证书的签发日期和签发港，以及其他卫生证件。

经卫生检疫机关对上述报告答复同意后，即可进港。

第二十九条 对船舶的入境检疫，在日出后到日落前的时间内实施；凡具备船舶夜航条件，夜间可靠离码头和装卸作业的港口口岸，应实行24小时检疫。对来自疫区的船舶，不实行夜间检疫。

第三十条 受入境检疫船舶的船长，在检疫医师到达船上时，必须提交由船长签字或者有船医附签的航海健康申报书、船员名单、旅客名单、载货申报单，并出示除鼠证书或者免予除鼠证书。

在查验中，检疫医师有权查阅航海日志和其他有关证件；需要进一步了解船舶航行中卫生情况时，检疫医师可以向船长、船医提出询问，船长、船医必须如实回答。用书面回答时，须经船长签字和船医附签。

第三十一条 船舶实施入境查验完毕以后，对没有染疫的船舶，检疫医师应当立即签发入境检疫证；如果该船有受卫生处理或者限制的事项，应当在入境检疫证上签注，并按照签注事项办理。对染疫船舶、染疫嫌疑船舶，除通知港务监督机关外，对该船舶还应当发给卫生处理通知书，该船舶上的引航员和经卫生检疫机关许可上船的人员应当视同员工接受有关卫生处理，在卫生处理完毕以后，再发给入境检疫证。

船舶领到卫生检疫机关签发的入境检疫证后，可以降下检疫信号。

第三十二条　船舶代理应当在受出境检疫的船舶启航以前，尽早向卫生检疫机关通知下列事项：

（一）船名、国籍、预定开航的日期和时间；

（二）目的港、最初寄港；

（三）船员名单和旅客名单；

（四）货物种类。

港务监督机关应当将船舶确定开航的日期和时间尽早通知卫生检疫机关。

船舶的入境、出境检疫在同一港口实施时，如果船员、旅客没有变动，可以免报船员名单和旅客名单；有变动的，报变动船员、旅客名单。

第三十三条　受出境检疫的船舶，船长应当向卫生检疫机关出示除鼠证书或者免予除鼠证书和其他有关检疫证件。检疫医师可以向船长、船医提出有关船员、旅客健康情况和船上卫生情况的询问，船长、船医对上述询问应当如实回答。

第三十四条　对船舶实施出境检疫完毕以后，检疫医师应当按照检疫结果立即签发出境检疫证，如果因卫生处理不能按原定时间启航，应当及时通知港务监督机关。

第三十五条　对船舶实施出境检疫完毕以后，除引航员和经卫生检疫机关许可的人员外，其他人员不准上船，不准装卸行李、货物、邮包等物品。如果违反上述规定，该船舶必须重新实施出境检疫。

第五章　航空检疫

第三十六条　航空器在飞行中，不得向下投掷或者任其坠下能传播传染病的任何物品。

第三十七条　实施卫生检疫机场的航空站，应当在受入境检疫的航空器到达以前，尽早向卫生检疫机关通知下列事项：

（一）航空器的国籍、机型、号码、识别标志、预定到达时间；

（二）出发站、经停站；

（三）机组和旅客人数。

第三十八条　受入境检疫的航空器，如果在飞行中发现检疫传染病、疑似检疫传染病，或者有人非因意外伤害而死亡并死因不明时，机长应当立即通知到达机场的航空站，向卫生检疫机关报告下列事项：

（一）航空器的国籍、机型、号码、识别标志、预定到达时间；

（二）出发站、经停站；

（三）机组和旅客人数；

（四）病名或者主要症状、患病人数、死亡人数。

第三十九条　受入境检疫的航空器到达机场以后，检疫医师首先登机。机长或者其授权的代理人，必须向卫生检疫机关提交总申报单、旅客名单、货物仓单和有效的灭蚊证书，以及其他有关检疫证件；对检疫医师提出的有关航空器上卫生状况的询问，机长或者其授权的代理人应当如实回答。在检疫没有结束之前，除经卫生检疫机关许可外，任何人不得上下航空器，不准装卸行李、货物、邮包等物品。

第四十条 入境旅客必须在指定的地点，接受入境查验，同时用书面或者口头回答检疫医师提出的有关询问。在此期间，入境旅客不得离开查验场所。

第四十一条 对入境航空器查验完毕以后，根据查验结果，对没有染疫的航空器，检疫医师应当签发入境检疫证；如果该航空器有受卫生处理或者限制的事项，应当在入境检疫证上签注，由机长或者其授权的代理人负责执行；对染疫或者有染疫嫌疑的航空器，除通知航空站外，对该航空器应当发给卫生处理通知单，在规定的卫生处理完毕以后，再发给入境检疫证。

第四十二条 实施卫生检疫机场的航空站，应当在受出境检疫的航空器起飞以前，尽早向卫生检疫机关提交总申报单、货物仓单和其他有关检疫证件，并通知下列事项：

（一）航空器的国籍、机型、号码、识别标志、预定起飞时间；

（二）经停站、目的站；

（三）机组和旅客人数。

第四十三条 对出境航空器查验完毕以后，如果没有染疫，检疫医师应当签发出境检疫证或者在必要的卫生处理完毕以后，再发给出境检疫证；如果该航空器因卫生处理不能按原定时间起飞，应当及时通知航空站。

第六章 陆地边境检疫

第四十四条 实施卫生检疫的车站，应当在受入境检疫的列车到达之前，尽早向卫生检疫机关通知下列事项：

（一）列车的车次，预定到达的时间；

（二）始发站；

（三）列车编组情况。

第四十五条 受入境检疫的列车和其他车辆到达车站、关口后，检疫医师首先登车，列车长或者其他车辆负责人，应当口头或者书面向卫生检疫机关申报该列车或者其他车辆上人员的健康情况，对检疫医师提出有关卫生状况和人员健康的询问，应当如实回答。

第四十六条 受入境检疫的列车和其他车辆到达车站、关口，在实施入境检疫而未取得入境检疫证以前，未经卫生检疫机关许可，任何人不准上下列车或者其他车辆，不准装卸行李、货物、邮包等物品。

第四十七条 实施卫生检疫的车站，应当在受出境检疫列车发车以前，尽早向卫生检疫机关通知下列事项：

（一）列车的车次，预定发车的时间；

（二）终到站；

（三）列车编组情况。

第四十八条 应当受入境、出境检疫的列车和其他车辆，如果在行程中发现检疫传染病、疑似检疫传染病，或者有人非因意外伤害而死亡并死因不明的，列车或者其他车辆到达车站、关口时，列车长或者其他车辆负责人应当向卫生检疫机关报告。

第四十九条 受入境、出境检疫的列车，在查验中发现检疫传染病或者疑似检疫传染病，或者因受卫生处理不能按原定时间发车，卫生检疫机关应当及时通知车站的站长。如果列车在原停车地点不宜实施卫生处理，站长可以选择站内其他地点实施卫生处理。在处理完毕之前，未经卫生检疫机关许可，任何人不准上下列车，不准装卸行李、货物、邮包等物品。

为了保证入境直通列车的正常运输，卫生检疫机关可以派员随车实施检疫，列车长应当提供方便。

第五十条 对列车或者其他车辆实施入境、出境检疫完毕后，检疫医师应当根据检疫结果分别签发入境、出境检疫证，或者在必要的卫生处理完毕后，再分别签发入境、出境检疫证。

第五十一条 徒步入境、出境的人员，必须首先在指定的场所接受入境、出境查验，未经卫生检疫机关许可，不准离开指定的场所。

第五十二条 受入境、出境检疫的列车以及其他车辆，载有来自疫区、有染疫或者染疫嫌疑或者夹带能传播传染病的病媒昆虫和啮齿动物的货物，应当接受卫生检查和必要的卫生处理。

第七章　卫生处理

第五十三条 卫生检疫机关的工作人员在实施卫生处理时，必须注意下列事项：

（一）防止对任何人的健康造成危害；

（二）防止对交通工具的结构和设备造成损害；

（三）防止发生火灾；

（四）防止对行李、货物造成损害。

第五十四条 入境、出境的集装箱、行李、货物、邮包等物品需要卫生处理的，由卫生检疫机关实施。

入境、出境的交通工具有下列情形之一的，应当由卫生检疫机关实施消毒、除鼠、除虫或者其他卫生处理：

（一）来自检疫传染病疫区的；

（二）被检疫传染病污染的；

（三）发现有与人类健康有关的啮齿动物或者病媒昆虫，超过国家卫生标准的。

第五十五条 由国外起运经过中华人民共和国境内的货物，如果不在境内换装，除发生在流行病学上有重要意义的事件，需要实施卫生处理外，在一般情况下不实施卫生处理。

第五十六条 卫生检疫机关对入境、出境的废旧物品和曾行驶于境外港口的废旧交通工具，根据污染程度，分别实施消毒、除鼠、除虫，对污染严重的实施销毁。

第五十七条 入境、出境的尸体、骸骨托运人或者代理人应当申请卫生检疫，并出示死亡证明或者其他有关证件，对不符合卫生要求的，必须接受卫生检疫机关实施的卫生处理。经卫生检疫合格后，方准运进或者运出。

对因患检疫传染病而死亡的病人尸体，必须就近火化，不准移运。

第五十八条 卫生检疫机关对已在到达本口岸前的其他口岸实施卫生处理的交通工具不再重复实施卫生处理。但有下列情形之一的，仍需实施卫生处理：

（一）在原实施卫生处理的口岸或者该交通工具上，发生流行病学上有重要意义的事件，需要进一步实施卫生处理的；

（二）在到达本口岸前的其他口岸实施的卫生处理没有实际效果的。

第五十九条 在国境口岸或者交通工具上发现啮齿动物有反常死亡或者死因不明的，国境口岸有关单位或者交通工具的负责人，必须立即向卫生检疫机关报告，迅速查明原因，实施卫生处理。

第六十条 国际航行船舶的船长，必须每隔 6 个月向卫生检疫机关申请一次鼠患检查，卫生检疫机关根据检查结果实施除鼠或者免予除鼠，并且分别发给除鼠证书或者免予除鼠证书。该证书自签发之日起 6 个月内有效。

第六十一条 卫生检疫机关只有在下列之一情况下，经检查确认船舶无鼠害的，方可签发免予除鼠证书：

（一）空舱；

（二）舱内虽然装有压舱物品或者其他物品，但是这些物品不引诱鼠类，放置情况又不妨碍实施鼠患检查。

对油轮在实舱时进行检查，可以签发免予除鼠证书。

第六十二条 对船舶的鼠患检查或者除鼠，应当尽量在船舶空舱的时候进行。如果船舶因故不宜按期进行鼠患检查或者蒸熏除鼠，并且该船又开往便于实施鼠患检查或者蒸熏除鼠的港口，可以准许该船原有的除鼠证书或者免予除鼠证书的有效期延长1个月，并签发延长证明。

第六十三条 对国际航行的船舶，按照国家规定的标准，应当用蒸熏的方法除鼠时，如果该船的除鼠证书或者免予除鼠证书尚未失效，除该船染有鼠疫或者鼠疫嫌疑外，卫生检疫机关应当将除鼠理由通知船长。船长应当按照要求执行。

第六十四条 船舶在港口停靠期间，船长应当负责采取下列的措施：

（一）缆绳上必须使用有效的防鼠板，或者其他防鼠装置；

（二）夜间放置扶梯、桥板时，应当用强光照射；

（三）在船上发现死鼠或者捕获到鼠类时，应当向卫生检疫机关报告。

第六十五条 在国境口岸停留的国内航行的船舶如果存在鼠患，船方应当进行除鼠。根据船方申请，也可由卫生检疫机关实施除鼠。

第六十六条 国务院卫生行政部门认为必要时，可以要求来自国外或者国外某些地区的人员在入境时，向卫生检疫机关出示有效的某种预防接种证书或者健康证明。

第六十七条 预防接种的有效期如下：

（一）黄热病疫苗自接种后第10日起，10年内有效。如果前次接种不满10年又经复种，自复种的当日起，10年内有效；

（二）其他预防接种的有效期，按照有关规定执行。

第八章 检疫传染病管理

第一节 鼠 疫

第六十八条 鼠疫的潜伏期为6日。

第六十九条 船舶、航空器在到达时，有下列情形之一的，为染有鼠疫：

（一）船舶、航空器上有鼠疫病例的；

（二）船舶、航空器上发现有感染鼠疫的啮齿动物的；

（三）船舶上曾经有人在上船6日以后患鼠疫的。

第七十条 船舶在到达时，有下列情形之一的，为染有鼠疫嫌疑：

（一）船舶上没有鼠疫病例，但曾经有人在上船后6日以内患鼠疫的；

（二）船上啮齿动物有反常死亡，并且死因不明的。

第七十一条 对染有鼠疫的船舶、航空器应当实施下列卫生处理：

（一）对染疫人实施隔离；

（二）对染疫嫌疑人实施除虫，并且从到达时算起，实施不超过6日的就地诊验或者留验。在此期间，船上的船员除因工作需要并且经卫生检疫机关许可外，不准上岸；

（三）对染疫人、染疫嫌疑人的行李、使用过的其他物品和卫生检疫机关认为有污染嫌疑的物品，实施除虫，必要时实施消毒；

（四）对染疫人占用过的部位和卫生检疫机关认为有污染嫌疑的部位，实施除虫，必要时实施消毒；

（五）船舶、航空器上有感染鼠疫的啮齿动物，卫生检疫机关必须实施除鼠。如果船舶上发现只有未感染鼠疫的啮齿动物，卫生检疫机关也可以实施除鼠。实施除鼠可以在隔离的情况下进行。对船舶的除鼠应当在卸货以前进行；

（六）卸货应当在卫生检疫机关的监督下进行，并且防止卸货的工作人员遭受感染，必要时，对卸货的工作人员从卸货完毕时算起，实施不超过6日的就地诊验或者留验。

第七十二条 对染有鼠疫嫌疑的船舶，应当实施本细则第七十一条第（二）至第（六）项规定的卫生处理。

第七十三条 对没有染疫的船舶、航空器，如果来自鼠疫疫区，卫生检疫机关认为必要时，可以实施下列卫生处理：

（一）对离船、离航空器的染疫嫌疑人，从船舶、航空器离开疫区的时候算起，实施不超过6日的就地诊验或者留验；

（二）在特殊情况下，对船舶、航空器实施除鼠。

第七十四条 对到达的时候载有鼠疫病例的列车和其他车辆，应当实施下列卫生处理：

（一）本细则第七十一条第（一）、第（三）、第（四）、第（六）项规定的卫生处理；

（二）对染疫嫌疑人实施除虫，并且从到达时算起，实施不超过6日的就地诊验或者留验；

（三）必要时，对列车和其他车辆实施除鼠。

第二节　霍　乱

第七十五条 霍乱潜伏期为5日。

第七十六条 船舶在到达的时候载有霍乱病例，或者在到达前5日以内，船上曾经有霍乱病例发生，为染有霍乱。

船舶在航行中曾经有霍乱病例发生，但是在到达前5日以内，没有发生新病例，为染有霍乱嫌疑。

第七十七条 航空器在到达的时候载有霍乱病例，为染有霍乱。

航空器在航行中曾经有霍乱病例发生，但在到达以前该病员已经离去，为染有霍乱嫌疑。

第七十八条 对染有霍乱的船舶、航空器，应当实施下列卫生处理：

（一）对染疫人实施隔离；

（二）对离船、离航空器的员工、旅客，从卫生处理完毕时算起，实施不超过5日的就地诊验或者留验；从船舶到达时算起5日内，船上的船员除因工作需要，并且经卫生检疫机关许可外，不准上岸；

（三）对染疫人、染疫嫌疑人的行李，使用过的其他物品和有污染嫌疑的物品、食品实施消毒；

（四）对染疫人占用的部位，污染嫌疑部位，实施消毒；

（五）对污染或者有污染嫌疑的饮用水，应当实施消毒后排放，并在储水容器消毒后再换清洁饮用水；

（六）人的排泄物、垃圾、废水、废物和装自霍乱疫区的压舱水，未经消毒，不准排放和移下；

（七）卸货必须在卫生检疫机关监督下进行，并且防止工作人员遭受感染，必要时，对卸货工作人员从卸货完毕时算起，实施不超过5日的就地诊验或者留验。

第七十九条 对染有霍乱嫌疑的船舶、航空器应当实施下列卫生处理：

（一）本细则第七十八条第（二）至第（七）项规定的卫生处理；

（二）对离船、离航空器的员工、旅客从到达时算起，实施不超过 5 日的就地诊验或者留验。在此期间，船上的船员除因工作需要，并经卫生检疫机关许可外，不准离开口岸区域；或者对离船、离航空器的员工、旅客，从离开疫区时算起，实施不超过 5 日的就地诊验或者留验。

第八十条 对没有染疫的船舶、航空器，如果来自霍乱疫区，卫生检疫机关认为必要时，可以实施下列卫生处理：

（一）本细则第七十八条第（五）、第（六）项规定的卫生处理；

（二）对离船、离航空器的员工、旅客，从离开疫区时算起，实施不超过 5 日的就地诊验或者留验。

第八十一条 对到达时载有霍乱病例的列车和其他车辆应当实施下列卫生处理：

（一）按本细则第七十八条第（一）、第（三）、第（四）、第（五）、第（七）项规定的卫生处理；

（二）对染疫嫌疑人从到达时算起，实施不超过 5 日的就地诊验或者留验。

第八十二条 对来自霍乱疫区的或者染有霍乱嫌疑的交通工具，卫生检疫机关认为必要时，可以实施除虫、消毒；如果交通工具载有水产品、水果、蔬菜、饮料及其他食品，除装在密封容器内没有被污染外，未经卫生检疫机关许可，不准卸下，必要时可以实施卫生处理。

第八十三条 对来自霍乱疫区的水产品、水果、蔬菜、饮料以及装有这些制品的邮包，卫生检疫机关在查验时，为了判明是否被污染，可以抽样检验，必要时可以实施卫生处理。

第三节　黄热病

第八十四条 黄热病的潜伏期为 6 日。

第八十五条 来自黄热病疫区的人员，在入境时，必须向卫生检疫机关出示有效的黄热病预防接种证书。

对无有效的黄热病预防接种证书的人员，卫生检疫机关可以从该人员离开感染环境的时候算起，实施 6 日的留验，或者实施预防接种并留验到黄热病预防接种证书生效时为止。

第八十六条 航空器到达时载有黄热病病例，为染有黄热病。

第八十七条 来自黄热病疫区的航空器，应当出示在疫区起飞前的灭蚊证书；如果在到达时不出示灭蚊证书，或者卫生检疫机关认为出示的灭蚊证书不符合要求，并且在航空器上发现活蚊，为染有黄热病嫌疑。

第八十八条 船舶在到达时载有黄热病病例，或者在航行中曾经有黄热病病例发生，为染有黄热病。

船舶在到达时，如果离开黄热病疫区没有满 6 日，或者没有满 30 日并且在船上发现埃及伊蚊或者其他黄热病媒介，为染有黄热病嫌疑。

第八十九条 对染有黄热病的船舶、航空器，应当实施下列卫生处理：

（一）对染疫人实施隔离；

（二）对离船、离航空器又无有效的黄热病预防接种证书的员工、旅客，实施本细则第八十五条规定的卫生处理；

（三）彻底杀灭船舶、航空器上的埃及伊蚊及其虫卵、幼虫和其他黄热病媒介，并且在没有完成灭蚊以前限制该船与陆地和其他船舶的距离不少于 400 米；

（四）卸货应当在灭蚊以后进行，如果在灭蚊以前卸货，应当在卫生检疫机关监督下进行，并且采取预防措施，使卸货的工作人员免受感染，必要时，对卸货的工作人员，从卸货完毕时算起，实施6日的就地诊验或者留验。

第九十条 对染有黄热病嫌疑的船舶、航空器，应当实施本细则第八十九条第（二）至第（四）项规定的卫生处理。

第九十一条 对没有染疫的船舶、航空器，如果来自黄热病疫区，卫生检疫机关认为必要时，可以实施本细则第八十九条第（三）项规定的卫生处理。

第九十二条 对到达的时候载有黄热病病例的列车和其他车辆，或者来自黄热病疫区的列车和其他车辆，应当实施本细则第八十九条第（一）、第（四）项规定的卫生处理；对列车、车辆彻底杀灭成蚊及其虫卵、幼虫；对无有效黄热病预防接种证书的员工、旅客，应当实施本细则第八十五条规定的卫生处理。

第四节 就地诊验、留验和隔离

第九十三条 卫生检疫机关对受就地诊验的人员，应当发给就地诊验记录簿，必要的时候，可以在该人员出具履行就地诊验的保证书以后，再发给其就地诊验记录簿。

受就地诊验的人员应当携带就地诊验记录簿，按照卫生检疫机关指定的期间、地点，接受医学检查；如果就地诊验的结果没有染疫，就地诊验期满的时候，受就地诊验的人员应当将就地诊验记录簿退还卫生检疫机关。

第九十四条 卫生检疫机关应当将受就地诊验人员的情况，用最快的方法通知受就地诊验人员的旅行停留地的卫生检疫机关或者其他医疗卫生单位。

卫生检疫机关、医疗卫生单位遇有受就地诊验的人员请求医学检查时，应当视同急诊给予医学检查，并将检查结果在就地诊验记录簿上签注；如果发现其患检疫传染病或者监测传染病、疑似检疫传染病或者疑似监测传染病时，应当立即采取必要的卫生措施，将其就地诊验记录簿收回存查，并且报告当地卫生防疫机构和签发就地诊验记录簿的卫生检疫机关。

第九十五条 受留验的人员必须在卫生检疫机关指定的场所接受留验；但是有下列情形之一的，经卫生检疫机关同意，可以在船上留验：

（一）船长请求船员在船上留验的；

（二）旅客请求在船上留验，经船长同意，并且船上有船医和医疗、消毒设备的。

第九十六条 受留验的人员在留验期间如果出现检疫传染病的症状，卫生检疫机关应当立即对该人员实施隔离，对与其接触的其他受留验的人员，应当实施必要的卫生处理，并且从卫生处理完毕时算起，重新计算留验时间。

第九章 传染病监测

第九十七条 入境、出境的交通工具、人员、食品、饮用水和其他物品以及病媒昆虫、动物，均为传染病监测的对象。

第九十八条 传染病监测内容是：

（一）首发病例的个案调查；

（二）暴发流行的流行病学调查；

（三）传染源调查；

（四）国境口岸内监测传染病的回顾性调查；

（五）病原体的分离、鉴定，人群、有关动物血清学调查以及流行病学调查；

（六）有关动物、病媒昆虫、食品、饮用水和环境因素的调查；

（七）消毒、除鼠、除虫的效果观察与评价；

（八）国境口岸以及国内外监测传染病疫情的收集、整理、分析和传递；

（九）对监测对象开展健康检查和对监测传染病病人、疑似病人、密切接触人员的管理。

第九十九条 卫生检疫机关应当阻止患有严重精神病、传染性肺结核病或者有可能对公共卫生造成重大危害的其他传染病的外国人入境。

第一百条 受入境、出境检疫的人员，必须根据检疫医师的要求，如实填报健康申明卡，出示某种有效的传染病预防接种证书、健康证明或者其他有关证件。

第一百零一条 卫生检疫机关对国境口岸的涉外宾馆、饭店内居住的入境、出境人员及工作人员实施传染病监测，并区别情况采取必要的预防、控制措施。

对来自检疫传染病和监测传染病疫区的人员，检疫医师可以根据流行病学和医学检查结果，发给就诊方便卡。

卫生检疫机关、医疗卫生单位遇到持有就诊方便卡的人员请求医学检查时，应当视同急诊给予医学检查；如果发现其患检疫传染病或者监测传染病，疑似检疫传染病或者疑似监测传染病，应当立即实施必要的卫生措施，并且将情况报告当地卫生防疫机构和签发就诊方便卡的卫生检疫机关。

第一百零二条 凡申请出境居住 1 年以上的中国籍人员，必须持有卫生检疫机关签发的健康证明。中国公民出境、入境管理机关凭卫生检疫机关签发的健康证明办理出境手续。

凡在境外居住 1 年以上的中国籍人员，入境时必须向卫生检疫机关申报健康情况，并在入境后 1 个月内到就近的卫生检疫机关或者县级以上的医院进行健康检查。公安机关凭健康证明办理有关手续。健康证明的副本应当寄送到原入境口岸的卫生检疫机关备案。

国际通行交通工具上的中国籍员工，应当持有卫生检疫机关或者县级以上医院出具的健康证明。健康证明的项目、格式由海关总署统一规定，有效期为 12 个月。

第一百零三条 卫生检疫机关在国境口岸内设立传染病监测点时，有关单位应当给予协助并提供方便。

第十章 卫生监督

第一百零四条 卫生检疫机关依照《国境卫生检疫法》第十八条、第十九条规定的内容，对国境口岸和交通工具实施卫生监督。

第一百零五条 对国境口岸的卫生要求是：

（一）国境口岸和国境口岸内涉外的宾馆、生活服务单位以及候船、候车、候机厅（室）应当有健全的卫生制度和必要的卫生设施，并保持室内外环境整洁、通风良好；

（二）国境口岸有关部门应当采取切实可行的措施，控制啮齿动物、病媒昆虫，使其数量降低到不足为害的程度。仓库、货场必须具有防鼠设施；

（三）国境口岸的垃圾、废物、污水、粪便必须进行无害化处理，保持国境口岸环境整洁卫生。

第一百零六条 对交通工具的卫生要求是：

（一）交通工具上的宿舱、车厢必须保持清洁卫生，通风良好；

（二）交通工具上必须备有足够的消毒、除鼠、除虫药物及器械，并备有防鼠装置；

（三）交通工具上的货舱、行李舱、货车车厢在装货前或者卸货后应当进行彻底清扫，有毒物品和食品不得混装，防止污染；

（四）对不符合卫生要求的入境、出境交通工具，必须接受卫生检疫机关的督导立即进行改进。

第一百零七条 对饮用水、食品及从业人员的卫生要求是：

（一）国境口岸和交通工具上的食品、饮用水必须符合有关的卫生标准；

（二）国境口岸内的涉外宾馆，以及向入境、出境的交通工具提供饮食服务的部门，必须取得卫生检疫机关发放的卫生许可证；

（三）国境口岸内涉外的宾馆和入境、出境交通工具上的食品、饮用水从业人员应当持有有效健康证明；

第一百零八条 国境口岸有关单位和交通工具负责人应当遵守下列事项：

（一）遵守《国境卫生检疫法》和本细则及有关卫生法规的规定；

（二）接受卫生监督员的监督和检查，并为其工作提供方便；

（三）按照卫生监督员的建议，对国境口岸和交通工具的卫生状况及时采取改进措施。

第十一章 罚 则

第一百零九条 《国境卫生检疫法》和本细则所规定的应当受行政处罚的行为是指：

（一）应当受入境检疫的船舶，不悬挂检疫信号的；

（二）入境、出境的交通工具，在入境检疫之前或者在出境检疫之后，擅自上下人员，装卸行李、货物、邮包等物品的；

（三）拒绝接受检疫或者抵制卫生监督，拒不接受卫生处理的；

（四）伪造或者涂改检疫单、证、不如实申报疫情的；

（五）瞒报携带禁止进口的微生物、人体组织、生物制品、血液及其制品或者其他可能引起传染病传播的动物和物品的；

（六）未经检疫的入境、出境交通工具，擅自离开检疫地点，逃避查验的；

（七）隐瞒疫情或者伪造情节的；

（八）未经卫生检疫机关实施卫生处理，擅自排放压舱水，移下垃圾、污物等控制的物品的；

（九）未经卫生检疫机关实施卫生处理，擅自移运尸体、骸骨的；

（十）废旧物品、废旧交通工具，未向卫生检疫机关申报，未经卫生检疫机关实施卫生处理和签发卫生检疫证书而擅自入境、出境或者使用、拆卸的；

（十一）未经卫生检疫机关检查，从交通工具上移下传染病病人造成传染病传播危险的。

第一百一十条 具有本细则第一百零九条所列第（一）至第（五）项行为的，处以警告或者100元以上5000元以下的罚款；

具有本细则第一百零九条所列第（六）至第（九）项行为的，处以1000元以上1万元以下的罚款；

具有本细则第一百零九条所列第（十）、第（十一）项行为的，处以5000元以上3万元以下的罚款。

第一百一十一条 卫生检疫机关在收取罚款时，应当出具正式的罚款收据。罚款全部上交国库。

第十二章 附 则

第一百一十二条 国境卫生检疫机关实施卫生检疫的收费标准，由海关总署会同国务院财政、物价部门共同制定。

第一百一十三条 本细则自发布之日起施行。

中华人民共和国国境口岸卫生监督办法

（1981 年 12 月 30 日国务院批准，1982 年 2 月 4 日卫生部、交通部、中国民用航空总局、铁道部发布，根据 2011 年 1 月 8 日中华人民共和国国务院令第 588 号《国务院关于废止和修改部分行政法规的决定》修订）

第一章　总　则

第一条　为了加强国境口岸和国际航行交通工具的卫生监督工作，改善国境口岸和交通工具的卫生面貌，控制和消灭传染源，切断传播途径，防止传染病由国外传入和由国内传出，保障人民身体健康，制定本办法。

第二条　本办法适用于对外开放的港口、机场、车站、关口（下称国境口岸）和停留在这些处所的国际航行的船舶、飞机和车辆（下称交通工具）。

第二章　国境口岸的卫生要求

第三条　国境口岸应当建立卫生清扫制度，消灭蚊蝇孳生场所，设置污物箱，定期进行清理，保持环境整洁。

第四条　国境口岸的生活垃圾应当日产日清，设置的固定垃圾场，应当定期清除；生活污水不得任意排放，应当做到无害化处理，以防止污染环境和水源。

第五条　对国境口岸的建筑物，有关部门应当采取切实可行的措施，控制病媒昆虫、啮齿动物，使其数量降低到不足为害的程度。

第六条　候船室、候机室、候车室、候检室应当做到地面整洁、墙壁无尘土、窗明几净、通风良好，并备有必要的卫生设施。

第七条　国境口岸的餐厅、食堂、厨房、小卖部应当建立和健全卫生制度，经常保持整洁，做到墙壁、天花板、桌椅清洁无尘土；应当有防蚊、防蝇、防鼠和冷藏设备，做到室内无蚊、无蝇、无鼠、无蟑螂。

第八条　国境口岸的厕所和浴室应当有专人管理，及时打扫，保持整洁，做到无蝇、无臭味。

第九条　国境口岸的仓库、货场应当保持清洁、整齐；发现鼠类有反常死亡时，应当及时向卫生检疫机关或地方卫生防疫部门报告。

第十条　做好国境口岸水源保护，在水源周围直径 30 米内，不得修建厕所、渗井等污染水源设施。

第三章　交通工具的卫生要求

第十一条　交通工具上必须备有急救药物、急救设备及消毒、杀虫、灭鼠药物。必要时，船舶上还需安排临时隔离室。

第十二条 交通工具上的病媒昆虫和啮齿动物的防除：

(一) 船舶、飞机、列车上，应当备有足够数量有效的防鼠装置，保持无鼠或鼠类数量保持不足为害的程度。

(二) 应当保持无蚊、无蝇、无其他有害昆虫，一旦发现应当采取杀灭措施。

第十三条 交通工具上的厕所、浴室必须保持整洁，无臭味。

第十四条 交通工具上的粪便、垃圾、污水处理的卫生要求：

(一) 生活垃圾应当集中放在带盖的容器内，禁止向港区、机场、站区随意倾倒，应当由污物专用车（船）集中送往指定地点进行无害化处理。必要时，粪便、污水须经过卫生处理后方能排放；

(二) 来自鼠疫疫区交通工具上的固体垃圾必须进行焚化处理，来自霍乱疫区交通工具上的粪便、压舱水、污水，必要时实施消毒。

第十五条 交通工具的货舱、行李车、邮政车和货车的卫生要求：

(一) 货舱、行李车、邮政车、货车应当消灭蚊、蝇、蟑螂、鼠等病媒昆虫和有害动物及其孳生条件；在装货前或卸货后应当进行彻底清扫，做到无粪便、垃圾；

(二) 凡装载有毒物品和食品的货车，应当分开按指定地点存放，防止污染，货物卸空后应当进行彻底洗刷；

(三) 来自疫区的行李、货物，要严格检查，防止带有病媒昆虫和啮齿动物。

第十六条 交通工具上的客舱、宿舱、客车的卫生要求：

(一) 客舱、宿舱和客车应当随时擦洗，保持无垃圾尘土，通风良好；

(二) 卧具每次使用后必须换洗。卧具上不得有虱子、跳蚤、臭虫等病媒昆虫。

第四章 食品、饮用水及从业人员的卫生要求

第十七条 供应国境口岸和交通工具上的食品必须符合《中华人民共和国食品卫生管理条例》《中华人民共和国食品卫生管理条例》① 的规定和食品卫生标准。

第十八条 凡供应国境口岸和交通工具上的饮用水必须符合我国规定的“生活饮用水卫生标准”。供应饮用水的运输工具、储存容器及输水管道等设备都应当经常冲洗干净，保持清洁。

第十九条 供应食品、饮用水的从业人员的卫生要求：

(一) 患有肠道传染病的患者或带菌者，以及活动性结核病、化脓性渗出性皮肤病患者，不得从事食品和饮用水供应工作；

(二) 从事食品、饮用水供应工作的人员，应当每年进行一次健康检查，新参加工作的人员，应当首先进行健康检查，经检查合格者，发给健康证；

(三) 从事食品、饮用水供应工作的人员，要养成良好卫生习惯，工作时要着装整洁，严格遵守卫生操作制度。

第五章 国境口岸和交通工具的负责人的责任

第二十条 国境口岸和交通工具的负责人在卫生工作方面的责任是：

(一) 应当经常抓好卫生工作，接受卫生监督人员的监督和检查，并为其开展工作提供方便条

---

① 《中华人民共和国食品卫生管理条例》的规定已被现行法律规定替代。

件；

（二）应当模范地遵守本办法和其他卫生法令、条例和规定；

（三）应当按照卫生监督人员的建议，对国境口岸和交通工具的不卫生状况，及时采取措施，加以改进；

（四）在发现检疫传染病和监测传染病时，应当向国境卫生检疫机关或地方防疫部门报告，并立即采取防疫措施。

第六章　卫生监督机关的职责

第二十一条　国境口岸卫生检疫机关在当地人民政府的领导下，对国境口岸和交通工具进行卫生监督，其主要职责是：

（一）监督和指导国境口岸有关部门和交通工具的负责人对病媒昆虫、啮齿动物进行防除；

（二）对停留在国境口岸出入国境的交通工具上的食品、饮用水实施检验，并对运输、供应、贮存设施等系统进行卫生监督；

（三）对国境口岸和交通工具上的所有非因意外伤害致死的尸体，实施检查、监督和卫生处理；

（四）监督国境口岸有关部门和交通工具的负责人对粪便、垃圾、污水进行清除和无害化处理；

（五）对与检疫传染病、监测传染病有流行病学意义的环境因素实施卫生监督；

（六）监督国境口岸周围内采取防蚊措施的执行；

（七）开展卫生宣传教育，普及卫生知识，提高国境口岸和交通工具上的人员遵守和执行本办法的自觉性。

第二十二条　国境口岸卫生检疫机关设国境口岸卫生监督员 1 至 5 名，执行卫生监督任务，由思想品质好、工作认真负责的国境口岸卫生检疫机关领导干部、检疫医师以上的业务人员兼任。国境口岸卫生监督员，经卫生检疫机关推荐，省、市、自治区卫生行政主管部门审核，由中华人民共和国卫生部委任，并发给《国境口岸卫生监督员证件》。

第二十三条　国境口岸卫生监督员持其证件，有权对国境口岸和交通工具的负责人，进行卫生监督、检查和技术指导；配合有关部门，对卫生工作情况不良或引起传染病传播的单位或个人，提出改进意见，协同有关部门采取必要措施，进行处理。

第七章　奖励和惩罚

第二十四条　国境口岸卫生检疫机关，对贯彻执行本办法和国家有关卫生法令、条例、规定，做出显著成绩的单位和个人，应当给予表扬和奖励。

第二十五条　国境口岸卫生检疫机关，对违犯本办法和有关卫生法令、条例、规定的单位和个人，应当根据不同情况，给予警告、罚款，直至提请司法机关依法惩处。

第八章　附　则

第二十六条　本办法自发布之日起施行。

国际航行船舶进出中华人民共和国口岸检查办法

（1995 年 3 月 21 日中华人民共和国国务院令第 175 号发布，自发布之日起施行）

第一条 为了加强对国际航行船舶进出中华人民共和国口岸的管理，便利船舶进出口岸，提高口岸效能，制定本办法。

第二条 进出中华人民共和国口岸的国际航行船舶（以下简称船舶）及其所载船员、旅客、货物和其他物品，由本办法第三条规定的机关依照本办法实施检查；但是，法律另有特别规定的，或者国务院另有特别规定的，从其规定。

第三条 中华人民共和国港务监督机构（以下简称港务监督机构）、中华人民共和国海关（以下简称海关）、中华人民共和国边防检查机关（以下简称边防检查机关）、中华人民共和国国境卫生检疫机关（以下简称卫生检疫机关）和中华人民共和国动植物检疫机关（以下简称动植物检疫机关）是负责对船舶进出中华人民共和国口岸实施检查的机关（以下统称检查机关）。

第四条 检查机关依照有关法律、行政法规的规定实施检查并对违法行为进行处理。

港务监督机构负责召集有其他检查机关参加的船舶进出口岸检查联席会议，研究、解决船舶进出口岸检查的有关问题。

第五条 船舶进出中华人民共和国口岸，由船方或其代理人依照本办法有关规定办理进出口岸手续。除本办法第十条第二款、第十一条规定的情形或者其他特殊情形外，检查机关不登船检查。

船方或其代理人办理船舶进出口岸手续时，应当按照检查机关的有关规定准确填写报表，并如实提供有关证件、资料。

第六条 船方或其代理人应当在船舶预计抵达口岸 7 日前（航程不足 7 日的，在驶离上一口岸时），填写《国际航行船舶进口岸申请书》，报请抵达口岸的港务监督机构审批。

拟进入长江水域的船舶，船方或其代理人应当在船舶预计经上海港区 7 日前（航程不足 7 日的，在驶离上一口岸时），填写《国际航行船舶进口岸申请书》，报请抵达口岸的港务监督机构审批。

第七条 船方或其代理人应当在船舶预计抵达口岸 24 小时前（航程不足 24 小时的，在驶离上一口岸时），将抵达时间、停泊地点、靠泊移泊计划及船员、旅客的有关情况报告检查机关。

第八条 船方或其代理人在船舶抵达口岸前未办妥进口岸手续的，须在船舶抵达口岸 24 小时内到检查机关办理进口岸手续。

船舶在口岸停泊时间不足 24 小时的，经检查机关同意，船方或其代理人在办理进口岸手续时，可以同时办理出口岸手续。

第九条 船方或其代理人在船舶抵达口岸前已经办妥进口岸手续的，船舶抵达后即可上下人员、装卸货物和其他物品。

船方或其代理人在船舶抵达口岸前未办妥进口岸手续的，船舶抵达后，除检查机关办理进口岸检查手续的工作人员和引航员外，其他人员不得上下船舶、不得装卸货物和其他物品；船舶进出的上一口岸是中华人民共和国口岸的，船舶抵达后即可上下人员、装卸货物和其他物品，但是应当立即办理进口岸手续。

第十条 卫生检疫机关对船舶实施电讯检疫。持有卫生证书的船舶，其船方或其代理人可以向卫生检疫机关申请电讯检疫。

对来自疫区的船舶，载有检疫传染病染疫人、疑似检疫传染病染疫人、非意外伤害而死亡且死因不明尸体的船舶，未持有卫生证书或者证书过期或者卫生状况不符合要求的船舶，卫生检疫机关应当在锚地实施检疫。

第十一条 动植物检疫机关对来自动植物疫区的船舶和船舶装载的动植物、动植物产品及其他检疫物，可以在锚地实施检疫。

第十二条 船方或其代理人应当在船舶驶离口岸前4小时内（船舶在口岸停泊时间不足4小时的，在抵达口岸时），到检查机关办理必要的出口岸手续。有关检查机关应当在《船舶出口岸手续联系单》上签注；船方或其代理人持《船舶出口岸手续联系单》和港务监督机构要求的其他证件、资料，到港务监督机构申请领取出口岸许可证。

第十三条 船舶领取出口岸许可证后，情况发生变化或者24小时内未能驶离口岸的，船方或其代理人应当报告港务监督机构，由港务监督机构商其他检查机关决定是否重新办理出口岸手续。

第十四条 定航线、定船员并在24小时内往返一个或者一个以上航次的船舶，船方或其代理人可以向港务监督机构书面申请办理定期进出口岸手续。受理申请的港务监督机构商其他检查机关审查批准后，签发有效期不超过7天的定期出口岸许可证，在许可证有效期内对该船舶免办进口岸手续。

第十五条 检查机关及其工作人员必须秉公执法，恪尽职守，及时实施检查和办理船舶进出口岸的申请。

第十六条 本办法下列用语的含义：

（一）国际航行船舶，是指进出中华人民共和国口岸的外国籍船舶和航行国际航线的中华人民共和国国籍船舶。

（二）口岸，是指国家批准可以进出国际航行船舶的港口。

（三）船方，是指船舶所有人或者经营人。

第十七条 本办法自发布之日起施行。经国务院批准，1961年10月24日由交通部、对外贸易部、公安部、卫生部发布的《进出口船舶联合检查通则》同时废止。

中华人民共和国进出境动植物检疫法实施条例

（1996 年 12 月 2 日中华人民共和国国务院令第 206 号发布，自 1997 年 1 月 1 日起施行）

第一章 总 则

第一条 根据《中华人民共和国进出境动植物检疫法》（以下简称进出境动植物检疫法）的规定，制定本条例。

第二条 下列各物，依照进出境动植物检疫法和本条例的规定实施检疫：

（一）进境、出境、过境的动植物、动植物产品和其他检疫物；

（二）装载动植物、动植物产品和其他检疫物的装载容器、包装物、铺垫材料；

（三）来自动植物疫区的运输工具；

（四）进境拆解的废旧船舶；

（五）有关法律、行政法规、国际条约规定或者贸易合同约定应当实施进出境动植物检疫的其他货物、物品。

第三条 国务院农业行政主管部门主管全国进出境动植物检疫工作。

中华人民共和国动植物检疫局（以下简称国家动植物检疫局）统一管理全国进出境动植物检疫工作，收集国内外重大动植物疫情，负责国际间进出境动植物检疫的合作与交流。

国家动植物检疫局在对外开放的口岸和进出境动植物检疫业务集中的地点设立的口岸动植物检疫机关，依照进出境动植物检疫法和本条例的规定，实施进出境动植物检疫。

第四条 国（境）外发生重大动植物疫情并可能传入中国时，根据情况采取下列紧急预防措施：

（一）国务院可以对相关边境区域采取控制措施，必要时下令禁止来自动植物疫区的运输工具进境或者封锁有关口岸；

（二）国务院农业行政主管部门可以公布禁止从动植物疫情流行的国家和地区进境的动植物、动植物产品和其他检疫物的名录；

（三）有关口岸动植物检疫机关可以对可能受病虫害污染的本条例第二条所列进境各物采取紧急检疫处理措施；

（四）受动植物疫情威胁地区的地方人民政府可以立即组织有关部门制定并实施应急方案，同时向上级人民政府和国家动植物检疫局报告。

邮电、运输部门对重大动植物疫情报告和送检材料应当优先传送。

第五条 享有外交、领事特权与豁免的外国机构和人员公用或者自用的动植物、动植物产品和其他检疫物进境，应当依照进出境动植物检疫法和本条例的规定实施检疫；口岸动植物检疫机关查验时，应当遵守有关法律的规定。

第六条 海关依法配合口岸动植物检疫机关，对进出境动植物、动植物产品和其他检疫物实行监管，具体办法由国务院农业行政主管部门会同海关总署制定。

第七条 进出境动植物检疫法所称动植物疫区和动植物疫情流行的国家与地区的名录，由国务院农业行政主管部门确定并公布。

第八条 对贯彻执行进出境动植物检疫法和本条例做出显著成绩的单位和个人，给予奖励。

第二章 检疫审批

第九条 输入动物、动物产品和进出境动植物检疫法第五条第一款所列禁止进境物的检疫审批，由国家动植物检疫局或者其授权的口岸动植物检疫机关负责。

输入植物种子、种苗及其他繁殖材料的检疫审批，由植物检疫条例规定的机关负责。

第十条 符合下列条件的，方可办理进境检疫审批手续：

（一）输出国家或者地区无重大动植物疫情；

（二）符合中国有关动植物检疫法律、法规、规章的规定；

（三）符合中国与输出国家或者地区签订的有关双边检疫协定（含检疫协议、备忘录等，下同）。

第十一条 检疫审批手续应当在贸易合同或者协议签订前办妥。

第十二条 携带、邮寄植物种子、种苗及其他繁殖材料进境的，必须事先提出申请，办理检疫审批手续；因特殊情况无法事先办理的，携带人或者邮寄人应当在口岸补办检疫审批手续，经审批机关同意并经检疫合格后方准进境。

第十三条 要求运输动物过境的，货主或者其代理人必须事先向国家动植物检疫局提出书面申请，提交输出国家或者地区政府动植物检疫机关出具的疫情证明、输入国家或者地区政府动植物检疫机关出具的准许该动物进境的证件，并说明拟过境的路线，国家动植物检疫局审查同意后，签发（动物过境许可证）。

第十四条 因科学研究等特殊需要，引进进出境动植物检疫法第五条第一款所列禁止进境物的，办理禁止进境物特许检疫审批手续时，货主、物主或者其代理人必须提交书面申请，说明其数量、用途、引进方式、进境后的防疫措施，并附具有关口岸动植物检疫机关签署的意见。

第十五条 办理进境检疫审批手续后，有下列情况之一的，货主、物主或者其代理人应当重新申请办理检疫审批手续：

（一）变更进境物的品种或者数量的；

（二）变更输出国家或者地区的；

（三）变更进境口岸的；

（四）超过检疫审批有效期的。

第三章 进境检疫

第十六条 进出境动植物检疫法第十一条所称中国法定的检疫要求，是指中国的法律、行政法规和国务院农业行政主管部门规定的动植物检疫要求。

第十七条 国家对向中国输出动植物产品的国外生产、加工、存放单位，实行注册登记制度。具体办法由国务院农业行政主管部门制定。

第十八条 输入动植物、动植物产品和其他检疫物的，货主或者其代理人应当在进境前或者进境时向进境口岸动植物检疫机关报检。属于调离海关监管区检疫的，运达指定地点时，货主或者其代理人应当通知有关口岸动植物检疫机关。属于转关货物的，货主或者其代理人应当在进境时向进境口岸动植物检疫机关申报；到达指运地时，应当向指运地口岸动植物检疫机关报检。

输入种畜禽及其精液、胚胎的，应与在进境前30日报检；输入其他动物的，应当在进境前15日报检；输入植物种子、种苗及其他繁殖材料的，应当在进境前7日报检。

动植物性包装物、铺垫材料进境时，货主或者其代理人应当及时向口岸动植物检疫机关申报；动植物检疫机关可以根据具体情况对申报物实施检疫。

前款所称动植物性包装物、铺垫材料，是指直接用作包装物、铺垫材料的动物产品和植物、植物产品。

第十九条 向口岸动植物检疫机关报检时应当填写报检单，并提交输出国家或者地区政府动植物检疫机关出具的检疫证书、产地证书和贸易合同、信用证、发票等单证；依法应当办理检疫审批手续的，还应当提交检疫审批单。无输出国家或者地区政府动植物检疫机关出具的有效检疫证书，或者未依法办理检疫审批手续的，口岸动植物检疫机关可以根据具体情况，作退回或者销毁处理。

第二十条 输入的动植物、动植物产品和其他检疫物运达口岸时，检疫人员可以到运输工具上和货物现场实施检疫，核对货、证是否相符，并可以按照规定采取样品。承运人、货主或者其代理人应当向检疫人员提供装载清单和有关资料。

第二十一条 装载动物的运输工具抵达口岸时，上下运输工具或者接近动物的人员，应当接受口岸动植物检疫机关实施的防疫消毒，并执行其采取的其他现场预防措施。

第二十二条 检疫人员应当按照下列规定实施现场检疫：

（一）动物：检查有无疫病的临床症状。发现疑似感染传染病或者已死亡的动物时，在货主或者押运人的配合下查明情况，立即处理。动物的铺垫材料、剩余饲料和排泄物等，由货主或者其代理人在检疫人员的监督下，作除害处理。

（二）动物产品：检查有无腐败变质现象，容器、包装是否完好。符合要求的，允许卸离运输工具。发现散包、容器破裂的，由货主或者其代理人负责整理完好，方可卸离运输工具。根据情况，对运输工具的有关部位及装载动物产品的容器、外表包装、铺垫材料、被污染场地等进行消毒处理。需要实施实验室检疫的，按照规定采取样品。对易滋生植物害虫或者混藏杂草种子的动物产品，同时实施植物检疫。

（三）植物、植物产品：检查货物和包装物有无病虫害，并按照规定采取样品。发现病虫害并有扩散可能时，及时对该批货物、运输工具和装卸现场采取必要的防疫措施。对来自动物传染病疫区或者易带动物传染病和寄生虫病病原体并用作动物饲料的植物产品，同时实施动物检疫。

（四）动植物性包装物、铺垫材料：检查是否携带病虫害、混藏杂草种子、沾带土壤，并按照规定采取样品。

（五）其他检疫物：检查包装是否完好及是否被病虫害污染。发现破损或者被病虫害污染时，作除害处理。

第二十三条 对船舶、火车装运的大宗动植物产品，应当就地分层检查；限于港口、车站的存放条件，不能就地检查的，经口岸动植物检疫机关同意，也可以边卸载边疏运，将动植物产品运往指定的地点存放。在卸货过程中经检疫发现疫情时，应当立即停止卸货，由货主或有其代理人按照口岸动植物检疫机关的要求，对已卸和未卸货物作除害处理，并采取防止疫情扩散的措施；对被病虫害污染的装卸工具和场地，也应当作除害处理。

第二十四条 输入种用大中家畜的，应当在国家动植物检疫局设立的动物隔离检疫场所隔离检疫45日；输入其他动物的，应当在口岸动植物检疫机关指定的动物隔离检疫场所隔离检疫30日。动物隔离检疫场所管理办法，由国务院农业行政主管部门制定。

第二十五条 进境的同一批动植物产品分港卸货时，口岸动植物检疫机关只对本港卸下的货物进行检疫，先期卸货港的口岸动植物检疫机关应当将检疫及处理情况及时通知其他分卸港的口岸动植物检疫机关；需要对外出证的，由卸毕港的口岸动植物检疫机关汇总后统一出具检疫证书。

在分卸港实施检疫中发现疫情并必须进行船上熏蒸、消毒时，由该分卸港的口岸动植物检疫机关统一出具检疫证书，并及时通知其他分卸港的口岸动植物检疫机关。

第二十六条 对输入的动植物、动植物产品和其他检疫物，按照中国的国家标准、行业标准以及国家动植物检疫局的有关规定实施检疫。

第二十七条 输入动植物、动植物产品和其他检疫物，经检疫合格的，由口岸动植物检疫机关在报关单上加盖印章或者签发《检疫放行通知单》；需要调离进境口岸海关监管区检疫的，由进境口岸动植物检疫机关签发《检疫调离通知单》。货主或者其代理人凭口岸动植物检疫机关在报关单上加盖的印章或者签发的《检疫放行通知单》、《检疫调离通知单》办理报关、运递手续。海关对输入的动植物、动植物产品和其他检疫物，凭口岸动植物检疫机关在报关单上加盖的印章或者签发的《检疫放行通知单》、《检疫调离通知单》验放。运输、邮电部门凭单运递，运递期间国内其他检疫机关不再检疫。

第二十八条 输入动植物、动植物产品和其他检疫物，经检疫不合格的，由口岸动植物检疫机关签发（检疫处理通知单），通知货主或者其代理人在口岸动植物检疫机关的监督和技术指导下，作除害处理；需要对外索赔的，由口岸动植物检疫机关出具检疫证书。

第二十九条 国家动植物检疫局根据检疫需要，并商输出动植物、动植物产品国家或者地区政府有关机关同意，可以派检疫人员进行预检、监装或者产地疫情调查。

第三十条 海关、边防等部门截获的非法进境的动植物、动植物产品和其他检疫物，应当就近交由口岸动植物检疫机关检疫。

第四章 出境检疫

第三十一条 货主或者其代理人依法办理动植物、动植物产品和其他检疫物的出境报检的手续时，应当提供贸易合同或者协议。

第三十二条 对输入国要求中国对向其输出的动植物、动植物产品和其他检疫物的生产、加工、存放单位注册登记的，口岸动植物检疫机关可以实行注册登记，并报国家动植物检疫局备案。

第三十三条 输出动物，出境前需经隔离检疫的，在口岸动植物检疫机关指定的隔离场所检疫。输出植物、动植物产品和其他检疫物的，在仓库或者货场实施检疫；根据需要，也可以在生产、加工过程中实施检疫。

待检出境植物、动植物产品和其他检疫物应当数量齐全，包装完好，堆放整齐、唛头标记明显。

第三十四条 输出动植物、动植物产品和其他检疫物的检疫依据：

（一）输入国家或者地区和中国有关动植物检疫规定；

（三）双边检疫协定；

（三）贸易合同中订明的检疫要求。

第三十五条 经启运地口岸动植物检疫机关检疫合格的动植物、动植物产品和其他检疫物，运达出境口岸时，按照下列规定办理：

（一）动物应当经出境口岸动植物检疫机关临床检疫或者复检；

（二）植物、动植物产品和其他检疫物从启运地随原运输工具出境的，由出境口岸动植物检疫机关验证放行；改换运输工具出境的，换证放行；

（三）植物、动植物产品和其他检疫物到达出境口岸后拼装的，因变更输入国家或者地区而有不同检疫要求的，或者超过规定的检疫有效期的，应当重新报检。

第三十六条 输出动植物、动植物产品和其他检疫物，经启运地口岸动植物检疫机关检疫合格的，运往出境口岸时，运输、邮电部门凭启运地口岸动植物检疫机关签发的检疫单证运递，国内其他检疫机关不可检疫。

第五章 过境检疫

第三十七条 运输动植物，动植物产品和其他检疫物过境（含转运，下同）的，承运人或者押运人应当持货运单和输出国家或者地区政府动植物检疫机关出具的证书，向进境口岸动植物检疫机关报检；运输动物过境的，还应当同时提交国家质检总局签发的《动物过境许可证》。

第三十八条 过境动物运达进境口岸时，由进境口岸动植物检疫机关对运输工具、容器的外表进行消毒并对动物进行临床检疫，经检疫合格的，准予过境。进境口岸动植物检疫机关可以派检疫人员监运至出境口岸，出境口岸动植物检疫机关不再检疫。

第三十九条 装载过境植物、动植物产品和其他检疫物的运输工具和包装物、装载容器必须完整。经口岸动植物检疫机关检查，发现运输工具或者包装物、装载容器有可能造成途中散漏的，承运人或者押运人应当按照口岸动植物检疫机关的要求，采取密封措施；无法采取密封措施的，不准过境。

第六章 携带、邮寄物检疫

第四十条 携带、邮寄植物种子、种苗及其他繁殖材料进境，未依法办理检疫审批手续的，由口岸动植物检疫机关作退回或者销毁处理。邮件作退回处理的，由口岸动植物检疫机关在邮件及发递单上批注退回原因；邮件作销毁处理的，由口岸动植物检疫机关签发通知单，通知寄件人。

第四十一条 携带动植物、动植物产品和其他检疫物进境的，进境时必须向海关申报并接受口岸动植物检疫机关检疫。海关应当将申报或者查获的动植物、动植物产品和其他检疫物及时交由口岸动植物检疫机关检疫。未经检疫的，不得携带进境。

第四十二条 口岸动植物检疫机关可以在港口、机场、车站的旅客通道、行李提取处等现场进行检查，对可能携带动植物、动植物产品和其他检疫物而未申报的，可以进行查询并抽检其物品，必要时可以开包（箱）检查。旅客进出境检查现场应当设立动植物检疫台位和标志。

第四十三条 携带动物进境的，必须持有输出动物的国家或者地区政府动植物检疫机关出具的检疫证书，经检疫合格后放行；携带犬、猫等宠物进境的，还必须持有疫苗接种证书。没有检疫证书、疫苗接种证书的，由口岸动植物检验机关作限期退回或者没收销毁处理。作限期退回处理的，携带人必须在规定的时间内持口岸动植物检疫机关签发的截留凭证，领取并携带出境；逾期不领取的，作自动放弃处理。

携带植物、动植物产品和其他检疫物进境，经现场检疫合格的，当场放行；需要作实验室检疫或者隔离检疫的，由口岸动植物检疫机关签发截留凭证。截留检疫合格的，携带人持截留凭证向口岸动植物检疫机关领回；逾期不领回的，作自动放弃处理。

禁止携带、邮寄进出境动植物检疫法第二十九条规定的名录所列动植物、动植物产品和其他检疫物进境。

第四十四条 邮寄进境的动植物、动植物产品和其他检疫物，由口岸动植物检疫机关在国际邮件互换局（含国际邮件快速公司及其他经营国际邮件的单位，以下简称邮局）实施检疫。邮局应当提供必要的工作条件。

经现场检疫合格的，由口岸动植物检疫机关加盖检疫放行章，交邮局运递。需要作实验室检疫或者隔离检疫的，口岸动植物检疫机关应当向邮局办理交接手续；检疫合格的，加盖检疫放行章，交邮局运递。

第四十五条 携带、邮寄进境的动植物、动植物产品和其他检疫物，经检疫不合格又无有效方法作除害处理的，作退回或者销毁处理，并签发《检疫处理通知单》交携带人、寄件人。

第七章 运输工具检疫

第四十六条 口岸动植物检疫机关对来自动植物疫区的船舶、飞机、火车，可以登船、登机、登车实施现场检疫。有关运输工具负责人应当接受检疫人员的询问并在询问记录上签字，提供运行日志和装载货物的情况，开启舱室接受检疫。

口岸动植物检疫机关应当对前款运输工具可能隐藏病虫害的餐车、配餐间、厨房、储藏室、食品舱等动植物产品存放、使用场所和泔水、动植物性废弃物的存放场所以及集装箱箱体等区域或者部位，实施检疫；必要时，作防疫消毒处理。

第四十七条 来自动植物疫区的船舶、飞机、火车，经检疫发现有进出境动植物检疫法第十八条规定的名录所列病虫害的，必须作熏蒸、消毒或者其他除害处理，发现有禁止进境的动植物、动植物产品和其他检疫物的，必须作封存或者销毁处理；作封存处理的，在中国境内停留或者运行期间，未经口岸动植物检疫机关许可，不得启封动用。对运输工具上的泔水、动植物性废弃物及其存放场所、容器，应当在口岸动植物检疫机关的监督下作除害处理。

第四十八条 来自动植物疫区的进境车辆，由口岸动植物检疫机关作防疫消毒处理。装载进境动植物、动植物产品和其他检疫物的车辆，经检疫发现病虫害的，连同货物一并作除害处理。装运供应香港、澳门地区的动物的回空车辆，实施整车防疫消毒。

第四十九条 进境拆解的废旧船舶，由口岸动植物检疫机关实施检疫。发现病虫害的，在口岸动植物检疫机关监督下作除害处理。发现有禁止进境的动植物、动植物产品和其他检疫物的，在口岸动植物检疫机关的监督下作销毁处理。

第五十条 来自动植物疫区的进境运输工具经检疫或者经消毒处理合格后，运输工具负责人或者其代理人要求出证的，由口岸动植物检疫机关签发《运输工具检疫证书》或者《运输工具消毒证书》。

第五十一条 进境、过境运输工具在中国境内停留期间，交通员工和其他人员不得将所装载的动植物、动植物产品和其他检疫物带离运输工具；需要带离时，应当向口岸动植物检疫机关报检。

第五十二条 装载动物出境的运输工具，装载前应当在口岸动植物检疫机关监督下进行消毒处理。

装载植物、动植物产品和其他检疫物出境的运输工具，应当符合国家有关动植物防疫和检疫的规定。发现危险性病虫害或者超过规定标准的一般性病虫害的，作除害处理后方可装运。

第八章 检疫监督

第五十三条 国家动植物检疫局和口岸动植物检疫机关对进出境动植物、动植物产品的生产。加工、存放过程，实行检疫监督制度。具体办法由国务院农业行政主管部门制定。

第五十四条 进出境动物和植物种子、种苗及其他繁殖材料，需要隔离饲养、隔离种植的，在隔离期间，应当接受口岸动植物检疫机关的检疫监督。

第五十五条 从事进出境动植物检疫熏蒸、消毒处理业务的单位和人员，必须经口岸动植物检疫机关考核合格。

口岸动植物检疫机关对熏蒸、消毒工作进行监督、指导，并负责出具熏蒸、消毒证书。

第五十六条 口岸动植物检疫机关可以根据需要，在机场、港口、车站、仓库、加工厂、农场等生产、加工、存放进出境动植物、动植物产品和其他检疫物的场所实施动植物疫情监测，有关单位应当配合。

未经口岸动植物检疫机关许可，不得移动或者损坏动植物疫情监测器具。

第五十七条 口岸动植物检疫机关根据需要，可以对运载进出境动植物、动植物产品和其他检疫物的运输工具、装载容器加施动植物检疫封识或者标志；未经口岸动植物检疫机关许可，不得开拆或者损毁检疫封识、标志。

动植物检疫封识和标志由国家动植物检疫局统一制发。

第五十八条 进境动植物、动植物产品和其他检疫物，装载动植物、动植物产品和其他检疫物的装载容器、包装物，运往保税区（含保税工厂、保税仓库等）的，在进境口岸依法实施检疫；口岸动植物检疫机关可以根据具体情况实施检疫监督；经加工复运出境的，依照进出境动植物检疫法和本条例有关出境检疫的规定办理。

第九章　法律责任

第五十九条 有下列违法行为之一的，由口岸动植物检疫机关处5000元以下的罚款：

（一）未报检或者未依法办理检疫审批手续或者未按检疫审批的规定执行的；

（二）报检的动植物、动植物产品和其他检疫物与实际不符的。有前款第（二）项所列行为，已取得检疫单证的，予以吊销。

第六十条 有下列违法行为之一的，由口岸动植物检疫机关处3000元以上3万元以下的罚款：

（一）未经口岸动植物检疫机关许可擅自将进境、过境动植物、动植物产品和其他检疫物卸离运输工具或者运递的；

（二）擅自调离或者处理在口岸动植物检疫机关指定的隔离场所中隔离检疫的动植物的；

（三）擅自开拆过境动植物、动植物产品和其他检疫物的包装，或者擅自开拆、损毁动植物检疫封识或者标志的；

（四）擅自抛弃过境动物的尸体、排泄物、铺垫材料或者其他废弃物，或者未按规定处理运输工具上的泔水、动植物性废弃物的。

第六十一条 依照本条例第十六条、第三十二条的规定注册登记的生产、加工、存放动植物，动植物产品和其他检疫物的单位，进出境的上述物品经检疫不合格的，除依照本条例有关规定作退回、销毁或者除害处理外，情节严重的，由口岸动植物检疫机关注销注册登记。

第六十二条 有下列违法行为之一的，依法追究刑事责任；尚不构成犯罪或者犯罪情节显著轻微依法不需要判处刑罚的，由口岸动植物检疫机关处2万元以上5万元以下的罚款：

（一）引起重大动植物疫情的；

（二）伪造、变造动植物检疫单证、印章、标志、封识的。

第六十三条 从事进出境动植物检疫熏蒸、消毒处理业务的单位和人员，不按照规定进行熏蒸和消毒处理的，口岸动植物检疫机关可以视情节取消其熏蒸、消毒资格。

第十章　附　则

第六十四条　进出境动植物检疫法和本条例下列用语的含义：

（一）“植物种子、种苗及其他繁殖材料”，是指栽培、野生的可供繁殖的植物全株或者部分，如植株、苗木（含试管苗）、果实、种子、砧木、接穗、插条、叶片、芽体、块根、块茎、鳞茎、球茎、花粉、细胞培养材料等；

（二）“装载容器”，是指可以多次使用、易受病虫害污染并用于装载进出境货物的容器，如笼、箱、桶、筐等；

（三）“其他有害生物”，是指动物传染病、寄生虫病和植物危险性病、虫、杂草以外的各种为害动植物的生物有机体、病原微生物，以及软体类、啮齿类、螨类、多足虫类动物和危险性病虫的中间寄主、媒介生物等；

（四）“检疫证书”，是指动植物检疫机关出具的关开动植物、动植物产品和其他检疫物健康或者卫生状况的具有法律效力的文件，如《动物检疫证书》、《植物检疫证书》、《动物健康证书》、《兽医卫生证书》、《熏蒸/消毒证书》等。

第六十五条　对进出境动植物、动植物产品和其他检疫物实施检疫或者按照规定作熏蒸、消毒、退回、销毁等处理所需费用或者招致的损失，由货主、物主或者其代理人承担。

第六十六条　口岸动植物检疫机关依法实施检疫，需要采取样品时，应当出具采样凭单；验余的样品，货主、物主或者其代理人应当在规定的期限内领回；逾期不领回的，由口岸动植物检疫机关按照规定处理。

第六十七条　贸易性动物产品出境的检疫机关，由国务院根据情况规定。

第六十八条　本条例自 1997 年 1 月 1 日起施行。

中华人民共和国进出口商品检验法实施条例

（2005 年 8 月 31 日中华人民共和国国务院令第 447 号公布，根据 2013 年 7 月 18 日《国务院关于废止和修改部分行政法规的决定》第一次修订，根据 2016 年 2 月 6 日《国务院关于修改部分行政法规的决定》第二次修订，根据 2017 年 3 月 1 日《国务院关于修改和废止部分行政法规的决定》第三次修订，根据 2019 年 3 月 2 日《国务院关于修改和废止部分行政法规的决定》第四次修订）

第一章　总　则

第一条　根据《中华人民共和国进出口商品检验法》（以下简称商检法）的规定，制定本条例。

第二条　海关总署主管全国进出口商品检验工作。

海关总署设在省、自治区、直辖市以及进出口商品的口岸、集散地的出入境检验检疫机构，管理所负责地区的进出口商品检验工作。

第三条　海关总署应当依照商检法第四条规定，制定、调整必须实施检验的进出口商品目录（以下简称目录）并公布实施。

目录应当至少在实施之日 30 日前公布；在紧急情况下，应当不迟于实施之日公布。

海关总署制定、调整目录时，应当征求国务院对外贸易主管部门等有关方面的意见。

第四条　出入境检验检疫机构对列入目录的进出口商品以及法律、行政法规规定须经出入境检验检疫机构检验的其他进出口商品实施检验（以下称法定检验）。

出入境检验检疫机构对法定检验以外的进出口商品，根据国家规定实施抽查检验。

第五条　进出口药品的质量检验、计量器具的量值检定、锅炉压力容器的安全监督检验、船舶（包括海上平台、主要船用设备及材料）和集装箱的规范检验、飞机（包括飞机发动机、机载设备）的适航检验以及核承压设备的安全检验等项目，由有关法律、行政法规规定的机构实施检验。

第六条　进出境的样品、礼品、暂时进出境的货物以及其他非贸易性物品，免予检验。但是，法律、行政法规另有规定的除外。

列入目录的进出口商品符合国家规定的免予检验条件的，由收货人、发货人或者生产企业申请，经海关总署审查批准，出入境检验检疫机构免予检验。

免予检验的具体办法，由海关总署商有关部门制定。

第七条　法定检验的进出口商品，由出入境检验检疫机构依照商检法第七条规定实施检验。

海关总署根据进出口商品检验工作的实际需要和国际标准，可以制定进出口商品检验方法的技术规范和标准。

进出口商品检验依照或者参照的技术规范、标准以及检验方法的技术规范和标准，应当至少在实施之日 6 个月前公布；在紧急情况下，应当不迟于实施之日公布。

第八条　出入境检验检疫机构根据便利对外贸易的需要，对进出口企业实施分类管理，并按照根据国际通行的合格评定程序确定的检验监管方式，对进出口商品实施检验。

第九条　出入境检验检疫机构对进出口商品实施检验的内容，包括是否符合安全、卫生、健康、环境保护、防止欺诈等要求以及相关的品质、数量、重量等项目。

第十条 出入境检验检疫机构依照商检法的规定，对实施许可制度和国家规定必须经过认证的进出口商品实行验证管理，查验单证，核对证货是否相符。

实行验证管理的进出口商品目录，由海关总署商有关部门后制定、调整并公布。

第十一条 进出口商品的收货人或者发货人可以自行办理报检手续，也可以委托代理报检企业办理报检手续；采用快件方式进出口商品的，收货人或者发货人应当委托出入境快件运营企业办理报检手续。

第十二条 进出口商品的收货人或者发货人办理报检手续，应当依法向出入境检验检疫机构备案。

第十三条 代理报检企业接受进出口商品的收货人或者发货人的委托，以委托人的名义办理报检手续的，应当向出入境检验检疫机构提交授权委托书，遵守本条例对委托人的各项规定；以自己的名义办理报检手续的，应当承担与收货人或者发货人相同的法律责任。

出入境快件运营企业接受进出口商品的收货人或者发货人的委托，应当以自己的名义办理报检手续，承担与收货人或者发货人相同的法律责任。

委托人委托代理报检企业、出入境快件运营企业办理报检手续的，应当向代理报检企业、出入境快件运营企业提供所委托报检事项的真实情况；代理报检企业、出入境快件运营企业接受委托人的委托办理报检手续的，应当对委托人所提供情况的真实性进行合理审查。

第十四条 海关总署建立进出口商品风险预警机制，通过收集进出口商品检验方面的信息，进行风险评估，确定风险的类型，采取相应的风险预警措施及快速反应措施。

海关总署和出入境检验检疫机构应当及时向有关方面提供进出口商品检验方面的信息。

第十五条 出入境检验检疫机构工作人员依法执行职务，有关单位和个人应当予以配合，任何单位和个人不得非法干预和阻挠。

第二章 进口商品的检验

第十六条 法定检验的进口商品的收货人应当持合同、发票、装箱单、提单等必要的凭证和相关批准文件，向报关地的出入境检验检疫机构报检；通关放行后20日内，收货人应当依照本条例第十八条的规定，向出入境检验检疫机构申请检验。法定检验的进口商品未经检验的，不准销售，不准使用。

进口实行验证管理的商品，收货人应当向报关地的出入境检验检疫机构申请验证。出入境检验检疫机构按照海关总署的规定实施验证。

第十七条 法定检验的进口商品、实行验证管理的进口商品，海关按照规定办理海关通关手续。

第十八条 法定检验的进口商品应当在收货人报检时申报的目的地检验。

大宗散装商品、易腐烂变质商品、可用作原料的固体废物以及已发生残损、短缺的商品，应当在卸货口岸检验。

对前两款规定的进口商品，海关总署可以根据便利对外贸易和进出口商品检验工作的需要，指定在其他地点检验。

第十九条 除法律、行政法规另有规定外，法定检验的进口商品经检验，涉及人身财产安全、健康、环境保护项目不合格的，由出入境检验检疫机构责令当事人销毁，或者出具退货处理通知单，办理退运手续；其他项目不合格的，可以在出入境检验检疫机构的监督下进行技术处理，经重新检验合格的，方可销售或者使用。当事人申请出入境检验检疫机构出证的，出入境检验检疫机构应当及时出证。

出入境检验检疫机构对检验不合格的进口成套设备及其材料，签发不准安装使用通知书。经技术处理，并经出入境检验检疫机构重新检验合格的，方可安装使用。

第二十条 法定检验以外的进口商品，经出入境检验检疫机构抽查检验不合格的，依照本条例第十九条的规定处理。

实行验证管理的进口商品，经出入境检验检疫机构验证不合格的，参照本条例第十九条的规定处理或者移交有关部门处理。

法定检验以外的进口商品的收货人，发现进口商品质量不合格或者残损、短缺，申请出证的，出入境检验检疫机构或者其他检验机构应当在检验后及时出证。

第二十一条 对属于法定检验范围内的关系国计民生、价值较高、技术复杂的以及其他重要的进口商品和大型成套设备，应当按照对外贸易合同约定监造、装运前检验或者监装。收货人保留到货后最终检验和索赔的权利。

出入境检验检疫机构可以根据需要派出检验人员参加或者组织实施监造、装运前检验或者监装。

第二十二条 国家对进口可用作原料的固体废物的国外供货商、国内收货人实行注册登记制度，国外供货商、国内收货人在签订对外贸易合同前，应当取得海关总署或者出入境检验检疫机构的注册登记。国家对进口可用作原料的固体废物实行装运前检验制度，进口时，收货人应当提供出入境检验检疫机构或者检验机构出具的装运前检验证书。

对价值较高，涉及人身财产安全、健康、环境保护项目的高风险进口旧机电产品，应当依照国家有关规定实施装运前检验，进口时，收货人应当提供出入境检验检疫机构或者检验机构出具的装运前检验证书。

进口可用作原料的固体废物、国家允许进口的旧机电产品到货后，由出入境检验检疫机构依法实施检验。

第二十三条 进口机动车辆到货后，收货人凭出入境检验检疫机构签发的进口机动车辆检验证单以及有关部门签发的其他单证向车辆管理机关申领行车牌证。在使用过程中发现有涉及人身财产安全的质量缺陷的，出入境检验检疫机构应当及时作出相应处理。

第三章　出口商品的检验

第二十四条 法定检验的出口商品的发货人应当在海关总署统一规定的地点和期限内，持合同等必要的凭证和相关批准文件向出入境检验检疫机构报检。法定检验的出口商品未经检验或者经检验不合格的，不准出口。

出口商品应当在商品的生产地检验。海关总署可以根据便利对外贸易和进出口商品检验工作的需要，指定在其他地点检验。

出口实行验证管理的商品，发货人应当向出入境检验检疫机构申请验证。出入境检验检疫机构按照海关总署的规定实施验证。

第二十五条 在商品生产地检验的出口商品需要在口岸换证出口的，由商品生产地的出入境检验检疫机构按照规定签发检验换证凭单。发货人应当在规定的期限内持检验换证凭单和必要的凭证，向口岸出入境检验检疫机构申请查验。经查验合格的，由口岸出入境检验检疫机构签发货物通关单。

第二十六条 法定检验的出口商品、实行验证管理的出口商品，海关凭按照规定办理海关通关手续。

第二十七条 法定检验的出口商品经出入境检验检疫机构检验或者经口岸出入境检验检疫机构查验不合格的，可以在出入境检验检疫机构的监督下进行技术处理，经重新检验合格的，方准出口；不能进行技术处理或者技术处理后重新检验仍不合格的，不准出口。

第二十八条 法定检验以外的出口商品，经出入境检验检疫机构抽查检验不合格的，依照本条例第二十七条的规定处理。

实行验证管理的出口商品，经出入境检验检疫机构验证不合格的，参照本条例第二十七条的规定处理或者移交有关部门处理。

第二十九条 出口危险货物包装容器的生产企业，应当向出入境检验检疫机构申请包装容器的性能鉴定。包装容器经出入境检验检疫机构鉴定合格并取得性能鉴定证书的，方可用于包装危险货物。

出口危险货物的生产企业，应当向出入境检验检疫机构申请危险货物包装容器的使用鉴定。使用未经鉴定或者经鉴定不合格的包装容器的危险货物，不准出口。

第三十条 对装运出口的易腐烂变质食品、冷冻品的集装箱、船舱、飞机、车辆等运载工具，承运人、装箱单位或者其代理人应当在装运前向出入境检验检疫机构申请清洁、卫生、冷藏、密固等适载检验。未经检验或者经检验不合格的，不准装运。

第四章 监督管理

第三十一条 出入境检验检疫机构根据便利对外贸易的需要，可以对列入目录的出口商品进行出厂前的质量监督管理和检验。

出入境检验检疫机构进行出厂前的质量监督管理和检验的内容，包括对生产企业的质量保证工作进行监督检查，对出口商品进行出厂前的检验。

第三十二条 国家对进出口食品生产企业实施卫生注册登记管理。获得卫生注册登记的出口食品生产企业，方可生产、加工、储存出口食品。获得卫生注册登记的进出口食品生产企业生产的食品，方可进口或者出口。

实施卫生注册登记管理的进口食品生产企业，应当按照规定向海关总署申请卫生注册登记。

实施卫生注册登记管理的出口食品生产企业，应当按照规定向出入境检验检疫机构申请卫生注册登记。

出口食品生产企业需要在国外卫生注册的，依照本条第三款规定进行卫生注册登记后，由海关总署统一对外办理。

第三十三条 出入境检验检疫机构根据需要，对检验合格的进出口商品加施商检标志，对检验合格的以及其他需要加施封识的进出口商品加施封识。具体办法由海关总署制定。

第三十四条 出入境检验检疫机构按照有关规定对检验的进出口商品抽取样品。验余的样品，出入境检验检疫机构应当通知有关单位在规定的期限内领回；逾期不领回的，由出入境检验检疫机构处理。

第三十五条 进出口商品的报检人对出入境检验检疫机构作出的检验结果有异议的，可以自收到检验结果之日起 15 日内，向作出检验结果的出入境检验检疫机构或者其上级出入境检验检疫机构以至海关总署申请复验，受理复验的出入境检验检疫机构或者海关总署应当自收到复验申请之日起 60 日内作出复验结论。技术复杂，不能在规定期限内作出复验结论的，经本机构负责人批准，可以适当延长，但是延长期限最多不超过 30 日。

第三十六条 海关总署或者出入境检验检疫机构根据进出口商品检验工作的需要，可以指定符合规定资质条件的国内外检测机构承担出入境检验检疫机构委托的进出口商品检测。被指定的检测机构经检查不符合规定要求的，海关总署或者出入境检验检疫机构可以取消指定。

第三十七条 在中华人民共和国境内设立从事进出口商品检验鉴定业务的检验机构，应当依法办理工商登记，并符合有关法律、行政法规、规章规定的注册资本、技术能力等条件，经海关总署和有关主管部门审核批准，获得许可，方可接受委托办理进出口商品检验鉴定业务。

第三十八条 对检验机构的检验鉴定业务活动有异议的，可以向海关总署或者出入境检验检疫机构投诉。

第三十九条 海关总署、出入境检验检疫机构实施监督管理或者对涉嫌违反进出口商品检验法律、行政法规的行为进行调查，有权查阅、复制当事人的有关合同、发票、账簿以及其他有关资料。出入境检验检疫机构对有根据认为涉及人身财产安全、健康、环境保护项目不合格的进出口商品，经本机构负责人批准，可以查封或者扣押。

第四十条 海关总署、出入境检验检疫机构应当根据便利对外贸易的需要，采取有效措施，简化程序，方便进出口。

办理进出口商品报检、检验、鉴定等手续，符合条件的，可以采用电子数据文件的形式。

第四十一条 出入境检验检疫机构依照有关法律、行政法规的规定，签发出口货物普惠制原产地证明、区域性优惠原产地证明、专用原产地证明。

出口货物一般原产地证明的签发，依照有关法律、行政法规的规定执行。

第四十二条 出入境检验检疫机构对进出保税区、出口加工区等海关特殊监管区域的货物以及边境小额贸易进出口商品的检验管理，由海关总署另行制定办法。

第五章　法律责任

第四十三条 擅自销售、使用未报检或者未经检验的属于法定检验的进口商品，或者擅自销售、使用应当申请进口验证而未申请的进口商品的，由出入境检验检疫机构没收违法所得，并处商品货值金额 5%以上 20%以下罚款；构成犯罪的，依法追究刑事责任。

第四十四条 擅自出口未报检或者未经检验的属于法定检验的出口商品，或者擅自出口应当申请出口验证而未申请的出口商品的，由出入境检验检疫机构没收违法所得，并处商品货值金额 5%以上 20%以下罚款；构成犯罪的，依法追究刑事责任。

第四十五条 销售、使用经法定检验、抽查检验或者验证不合格的进口商品，或者出口经法定检验、抽查检验或者验证不合格的商品的，由出入境检验检疫机构责令停止销售、使用或者出口，没收违法所得和违法销售、使用或者出口的商品，并处违法销售、使用或者出口的商品货值金额等值以上 3 倍以下罚款；构成犯罪的，依法追究刑事责任。

第四十六条 进出口商品的收货人、发货人、代理报检企业或者出入境快件运营企业、报检人员不如实提供进出口商品的真实情况，取得出入境检验检疫机构的有关证单，或者对法定检验的进出口商品不予报检，逃避进出口商品检验的，由出入境检验检疫机构没收违法所得，并处商品货值金额 5%以上 20%以下罚款。

进出口商品的收货人或者发货人委托代理报检企业、出入境快件运营企业办理报检手续，未按照规定向代理报检企业、出入境快件运营企业提供所委托报检事项的真实情况，取得出入境检验检疫机构的有关证单的，对委托人依照前款规定予以处罚。

代理报检企业、出入境快件运营企业、报检人员对委托人所提供情况的真实性未进行合理审查或者因工作疏忽，导致骗取出入境检验检疫机构有关证单的结果的，由出入境检验检疫机构对代理报检企业、出入境快件运营企业处2万元以上20万元以下罚款。

第四十七条 伪造、变造、买卖或者盗窃检验证单、印章、标志、封识、货物通关单或者使用伪造、变造的检验证单、印章、标志、封识、货物通关单，构成犯罪的，依法追究刑事责任；尚不够刑事处罚的，由出入境检验检疫机构责令改正，没收违法所得，并处商品货值金额等值以下罚款。

第四十八条 擅自调换出入境检验检疫机构抽取的样品或者出入境检验检疫机构检验合格的进出口商品的，由出入境检验检疫机构责令改正，给予警告；情节严重的，并处商品货值金额10%以上50%以下罚款。

第四十九条 进口或者出口国家实行卫生注册登记管理而未获得卫生注册登记的生产企业生产的食品的，由出入境检验检疫机构责令停止进口或者出口，没收违法所得，并处商品货值金额10%以上50%以下罚款。

已获得卫生注册登记的进出口食品生产企业，经检查不符合规定要求的，由海关总署或者出入境检验检疫机构责令限期整改；整改仍未达到规定要求或者有其他违法行为，情节严重的，吊销其卫生注册登记证书。

第五十条 进口可用作原料的固体废物，国外供货商、国内收货人未取得注册登记，或者未进行装运前检验的，按照国家有关规定责令退货；情节严重的，由出入境检验检疫机构并处10万元以上100万元以下罚款。

已获得注册登记的可用作原料的固体废物的国外供货商、国内收货人违反国家有关规定，情节严重的，由出入境检验检疫机构撤销其注册登记。

进口国家允许进口的旧机电产品未按照规定进行装运前检验的，按照国家有关规定予以退货；情节严重的，由出入境检验检疫机构并处100万元以下罚款。

第五十一条 提供或者使用未经出入境检验检疫机构鉴定的出口危险货物包装容器的，由出入境检验检疫机构处10万元以下罚款。

提供或者使用经出入境检验检疫机构鉴定不合格的包装容器装运出口危险货物的，由出入境检验检疫机构处20万元以下罚款。

第五十二条 提供或者使用未经出入境检验检疫机构适载检验的集装箱、船舱、飞机、车辆等运载工具装运易腐烂变质食品、冷冻品出口的，由出入境检验检疫机构处10万元以下罚款。

提供或者使用经出入境检验检疫机构检验不合格的集装箱、船舱、飞机、车辆等运载工具装运易腐烂变质食品、冷冻品出口的，由出入境检验检疫机构处20万元以下罚款。

第五十三条 擅自调换、损毁出入境检验检疫机构加施的商检标志、封识的，由出入境检验检疫机构处5万元以下罚款。

第五十四条 从事进出口商品检验鉴定业务的检验机构超出其业务范围，或者违反国家有关规定，扰乱检验鉴定秩序的，由出入境检验检疫机构责令改正，没收违法所得，可以并处10万元以下罚款，海关总署或者出入境检验检疫机构可以暂停其6个月以内检验鉴定业务；情节严重的，由海关总署吊销其检验鉴定资格证书。

第五十五条 代理报检企业、出入境快件运营企业违反国家有关规定，扰乱报检秩序的，由出入境检验检疫机构责令改正，没收违法所得，可以处10万元以下罚款，海关总署或者出入境检验检疫机构可以暂停其6个月以内代理报检业务。

第五十六条 出入境检验检疫机构的工作人员滥用职权，故意刁难当事人的，徇私舞弊，伪造检验结果的，或者玩忽职守，延误检验出证的，依法给予行政处分；违反有关法律、行政法规规定签发出口货物原产地证明的，依法给予行政处分，没收违法所得；构成犯罪的，依法追究刑事责任。

第五十七条 出入境检验检疫机构对没收的商品依法予以处理所得价款、没收的违法所得、收缴的罚款，全部上缴国库。

第六章 附 则

第五十八条 当事人对出入境检验检疫机构、海关总署作出的复验结论不服、处罚决定不服的，可以依法申请行政复议，也可以依法向人民法院提起诉讼。

当事人逾期不履行处罚决定，又不申请行政复议或者向人民法院提起诉讼的，作出处罚决定的机构可以申请人民法院强制执行。

第五十九条 出入境检验检疫机构实施法定检验、经许可的检验机构办理检验鉴定业务，按照国家有关规定收取费用。

第六十条 本条例自 2005 年 12 月 1 日起施行。1992 年 10 月 7 日国务院批准、1992 年 10 月 23 日原国家进出口商品检验局发布的《中华人民共和国进出口商品检验法实施条例》同时废止。

中华人民共和国食品安全法实施条例

（中华人民共和国国务院令第721号，2009年7月20日中华人民共和国国务院令第557号公布，根据2016年2月6日《国务院关于修改部分行政法规的决定》修订，2019年3月26日国务院第42次常务会议修订通过）

第一章　总　则

第一条　根据《中华人民共和国食品安全法》（以下简称食品安全法），制定本条例。

第二条　食品生产经营者应当依照法律、法规和食品安全标准从事生产经营活动，建立健全食品安全管理制度，采取有效措施预防和控制食品安全风险，保证食品安全。

第三条　国务院食品安全委员会负责分析食品安全形势，研究部署、统筹指导食品安全工作，提出食品安全监督管理的重大政策措施，督促落实食品安全监督管理责任。县级以上地方人民政府食品安全委员会按照本级人民政府规定的职责开展工作。

第四条　县级以上人民政府建立统一权威的食品安全监督管理体制，加强食品安全监督管理能力建设。县级以上人民政府食品安全监督管理部门和其他有关部门应当依法履行职责，加强协调配合，做好食品安全监督管理工作。乡镇人民政府和街道办事处应当支持、协助县级人民政府食品安全监督管理部门及其派出机构依法开展食品安全监督管理工作。

第五条　国家将食品安全知识纳入国民素质教育内容，普及食品安全科学常识和法律知识，提高全社会的食品安全意识。

第二章　食品安全风险监测和评估

第六条　县级以上人民政府卫生行政部门会同同级食品安全监督管理等部门建立食品安全风险监测会商机制，汇总、分析风险监测数据，研判食品安全风险，形成食品安全风险监测分析报告，报本级人民政府；县级以上地方人民政府卫生行政部门还应当将食品安全风险监测分析报告同时报上一级人民政府卫生行政部门。食品安全风险监测会商的具体办法由国务院卫生行政部门会同国务院食品安全监督管理等部门制定。

第七条　食品安全风险监测结果表明存在食品安全隐患，食品安全监督管理等部门经进一步调查确认有必要通知相关食品生产经营者的，应当及时通知。接到通知的食品生产经营者应当立即进行自查，发现食品不符合食品安全标准或者有证据证明可能危害人体健康的，应当依照食品安全法第六十三条的规定停止生产、经营，实施食品召回，并报告相关情况。

第八条　国务院卫生行政、食品安全监督管理等部门发现需要对农药、肥料、兽药、饲料和饲料添加剂等进行安全性评估的，应当向国务院农业行政部门提出安全性评估建议。国务院农业行政部门应当及时组织评估，并向国务院有关部门通报评估结果。

第九条　国务院食品安全监督管理部门和其他有关部门建立食品安全风险信息交流机制，明确食品安全风险信息交流的内容、程序和要求。

第三章　食品安全标准

第十条　国务院卫生行政部门会同国务院食品安全监督管理、农业行政等部门制定食品安全国家标准规划及其年度实施计划。国务院卫生行政部门应当在其网站上公布食品安全国家标准规划及其年度实施计划的草案，公开征求意见。

第十一条　省、自治区、直辖市人民政府卫生行政部门依照食品安全法第二十九条的规定制定食品安全地方标准，应当公开征求意见。省、自治区、直辖市人民政府卫生行政部门应当自食品安全地方标准公布之日起30个工作日内，将地方标准报国务院卫生行政部门备案。国务院卫生行政部门发现备案的食品安全地方标准违反法律、法规或者食品安全国家标准的，应当及时予以纠正。食品安全地方标准依法废止的，省、自治区、直辖市人民政府卫生行政部门应当及时在其网站上公布废止情况。

第十二条　保健食品、特殊医学用途配方食品、婴幼儿配方食品等特殊食品不属于地方特色食品，不得对其制定食品安全地方标准。

第十三条　食品安全标准公布后，食品生产经营者可以在食品安全标准规定的实施日期之前实施并公开提前实施情况。

第十四条　食品生产企业不得制定低于食品安全国家标准或者地方标准要求的企业标准。食品生产企业制定食品安全指标严于食品安全国家标准或者地方标准的企业标准的，应当报省、自治区、直辖市人民政府卫生行政部门备案。食品生产企业制定企业标准的，应当公开，供公众免费查阅。

第四章　食品生产经营

第十五条　食品生产经营许可的有效期为5年。食品生产经营者的生产经营条件发生变化，不再符合食品生产经营要求的，食品生产经营者应当立即采取整改措施；需要重新办理许可手续的，应当依法办理。

第十六条　国务院卫生行政部门应当及时公布新的食品原料、食品添加剂新品种和食品相关产品新品种目录以及所适用的食品安全国家标准。对按照传统既是食品又是中药材的物质目录，国务院卫生行政部门会同国务院食品安全监督管理部门应当及时更新。

第十七条　国务院食品安全监督管理部门会同国务院农业行政等有关部门明确食品安全全程追溯基本要求，指导食品生产经营者通过信息化手段建立、完善食品安全追溯体系。食品安全监督管理等部门应当将婴幼儿配方食品等针对特定人群的食品以及其他食品安全风险较高或者销售量大的食品的追溯体系建设作为监督检查的重点。

第十八条　食品生产经营者应当建立食品安全追溯体系，依照食品安全法的规定如实记录并保存进货查验、出厂检验、食品销售等信息，保证食品可追溯。

第十九条　食品生产经营企业的主要负责人对本企业的食品安全工作全面负责，建立并落实本企业的食品安全责任制，加强供货者管理、进货查验和出厂检验、生产经营过程控制、食品安全自查等工作。食品生产经营企业的食品安全管理人员应当协助企业主要负责人做好食品安全管理工作。

第二十条　食品生产经营企业应当加强对食品安全管理人员的培训和考核。食品安全管理人员应当掌握与其岗位相适应的食品安全法律、法规、标准和专业知识，具备食品安全管理能力。食品安全监督管理部门应当对企业食品安全管理人员进行随机监督抽查考核。考核指南由国务院食品安全监督管理部门制定、公布。

第二十一条 食品、食品添加剂生产经营者委托生产食品、食品添加剂的，应当委托取得食品生产许可、食品添加剂生产许可的生产者生产，并对其生产行为进行监督，对委托生产的食品、食品添加剂的安全负责。受托方应当依照法律、法规、食品安全标准以及合同约定进行生产，对生产行为负责，并接受委托方的监督。

第二十二条 食品生产经营者不得在食品生产、加工场所贮存依照本条例第六十三条规定制定的名录中的物质。

第二十三条 对食品进行辐照加工，应当遵守食品安全国家标准，并按照食品安全国家标准的要求对辐照加工食品进行检验和标注。

第二十四条 贮存、运输对温度、湿度等有特殊要求的食品，应当具备保温、冷藏或者冷冻等设备设施，并保持有效运行。

第二十五条 食品生产经营者委托贮存、运输食品的，应当对受托方的食品安全保障能力进行审核，并监督受托方按照保证食品安全的要求贮存、运输食品。受托方应当保证食品贮存、运输条件符合食品安全的要求，加强食品贮存、运输过程管理。接受食品生产经营者委托贮存、运输食品的，应当如实记录委托方和收货方的名称、地址、联系方式等内容。记录保存期限不得少于贮存、运输结束后 2 年。非食品生产经营者从事对温度、湿度等有特殊要求的食品贮存业务的，应当自取得营业执照之日起 30 个工作日内向所在地县级人民政府食品安全监督管理部门备案。

第二十六条 餐饮服务提供者委托餐具饮具集中消毒服务单位提供清洗消毒服务的，应当查验、留存餐具饮具集中消毒服务单位的营业执照复印件和消毒合格证明。保存期限不得少于消毒餐具饮具使用期限到期后 6 个月。

第二十七条 餐具饮具集中消毒服务单位应当建立餐具饮具出厂检验记录制度，如实记录出厂餐具饮具的数量、消毒日期和批号、使用期限、出厂日期以及委托方名称、地址、联系方式等内容。出厂检验记录保存期限不得少于消毒餐具饮具使用期限到期后 6 个月。消毒后的餐具饮具应当在独立包装上标注单位名称、地址、联系方式、消毒日期和批号以及使用期限等内容。

第二十八条 学校、托幼机构、养老机构、建筑工地等集中用餐单位的食堂应当执行原料控制、餐具饮具清洗消毒、食品留样等制度，并依照食品安全法第四十七条的规定定期开展食堂食品安全自查。承包经营集中用餐单位食堂的，应当依法取得食品经营许可，并对食堂的食品安全负责。集中用餐单位应当督促承包方落实食品安全管理制度，承担管理责任。

第二十九条 食品生产经营者应当对变质、超过保质期或者回收的食品进行显著标示或者单独存放在有明确标志的场所，及时采取无害化处理、销毁等措施并如实记录。食品安全法所称回收食品，是指已经售出，因违反法律、法规、食品安全标准或者超过保质期等原因，被召回或者退回的食品，不包括依照食品安全法第六十三条第三款的规定可以继续销售的食品。

第三十条 县级以上地方人民政府根据需要建设必要的食品无害化处理和销毁设施。食品生产经营者可以按照规定使用政府建设的设施对食品进行无害化处理或者予以销毁。

第三十一条 食品集中交易市场的开办者、食品展销会的举办者应当在市场开业或者展销会举办前向所在地县级人民政府食品安全监督管理部门报告。

第三十二条 网络食品交易第三方平台提供者应当妥善保存入网食品经营者的登记信息和交易信息。县级以上人民政府食品安全监督管理部门开展食品安全监督检查、食品安全案件调查处理、食品安全事故处置确需了解有关信息的，经其负责人批准，可以要求网络食品交易第三方平台提供者提供，网络食品交易第三方平台提供者应当按照要求提供。县级以上人民政府食品安全监督管理部门及其工作人员对网络食品交易第三方平台提供者提供的信息依法负有保密义务。

第三十三条 生产经营转基因食品应当显著标示，标示办法由国务院食品安全监督管理部门会同国务院农业行政部门制定。

第三十四条 禁止利用包括会议、讲座、健康咨询在内的任何方式对食品进行虚假宣传。食品安全监督管理部门发现虚假宣传行为的，应当依法及时处理。

第三十五条 保健食品生产工艺有原料提取、纯化等前处理工序的，生产企业应当具备相应的原料前处理能力。

第三十六条 特殊医学用途配方食品生产企业应当按照食品安全国家标准规定的检验项目对出厂产品实施逐批检验。特殊医学用途配方食品中的特定全营养配方食品应当通过医疗机构或者药品零售企业向消费者销售。医疗机构、药品零售企业销售特定全营养配方食品的，不需要取得食品经营许可，但是应当遵守食品安全法和本条例关于食品销售的规定。

第三十七条 特殊医学用途配方食品中的特定全营养配方食品广告按照处方药广告管理，其他类别的特殊医学用途配方食品广告按照非处方药广告管理。

第三十八条 对保健食品之外的其他食品，不得声称具有保健功能。对添加食品安全国家标准规定的选择性添加物质的婴幼儿配方食品，不得以选择性添加物质命名。

第三十九条 特殊食品的标签、说明书内容应当与注册或者备案的标签、说明书一致。销售特殊食品，应当核对食品标签、说明书内容是否与注册或者备案的标签、说明书一致，不一致的不得销售。省级以上人民政府食品安全监督管理部门应当在其网站上公布注册或者备案的特殊食品的标签、说明书。特殊食品不得与普通食品或者药品混放销售。

第五章　食品检验

第四十条 对食品进行抽样检验，应当按照食品安全标准、注册或者备案的特殊食品的产品技术要求以及国家有关规定确定的检验项目和检验方法进行。

第四十一条 对可能掺杂掺假的食品，按照现有食品安全标准规定的检验项目和检验方法以及依照食品安全法第一百一十一条和本条例第六十三条规定制定的检验项目和检验方法无法检验的，国务院食品安全监督管理部门可以制定补充检验项目和检验方法，用于对食品的抽样检验、食品安全案件调查处理和食品安全事故处置。

第四十二条 依照食品安全法第八十八条的规定申请复检的，申请人应当向复检机构先行支付复检费用。复检结论表明食品不合格的，复检费用由复检申请人承担；复检结论表明食品合格的，复检费用由实施抽样检验的食品安全监督管理部门承担。复检机构无正当理由不得拒绝承担复检任务。

第四十三条 任何单位和个人不得发布未依法取得资质认定的食品检验机构出具的食品检验信息，不得利用上述检验信息对食品、食品生产经营者进行等级评定，欺骗、误导消费者。

第六章　食品进出口

第四十四条 进口商进口食品、食品添加剂，应当按照规定向出入境检验检疫机构报检，如实申报产品相关信息，并随附法律、行政法规规定的合格证明材料。

第四十五条 进口食品运达口岸后，应当存放在出入境检验检疫机构指定或者认可的场所；需要移动的，应当按照出入境检验检疫机构的要求采取必要的安全防护措施。大宗散装进口食品应当在卸货口岸进行检验。

第四十六条 国家出入境检验检疫部门根据风险管理需要，可以对部分食品实行指定口岸进口。

第四十七条 国务院卫生行政部门依照食品安全法第九十三条的规定对境外出口商、境外生产企业或者其委托的进口商提交的相关国家（地区）标准或者国际标准进行审查，认为符合食品安全要求的，决定暂予适用并予以公布；暂予适用的标准公布前，不得进口尚无食品安全国家标准的食品。食品安全国家标准中通用标准已经涵盖的食品不属于食品安全法第九十三条规定的尚无食品安全国家标准的食品。

第四十八条 进口商应当建立境外出口商、境外生产企业审核制度，重点审核境外出口商、境外生产企业制定和执行食品安全风险控制措施的情况以及向我国出口的食品是否符合食品安全法、本条例和其他有关法律、行政法规的规定以及食品安全国家标准的要求。

第四十九条 进口商依照食品安全法第九十四条第三款的规定召回进口食品的，应当将食品召回和处理情况向所在地县级人民政府食品安全监督管理部门和所在地出入境检验检疫机构报告。

第五十条 国家出入境检验检疫部门发现已经注册的境外食品生产企业不再符合注册要求的，应当责令其在规定期限内整改，整改期间暂停进口其生产的食品；经整改仍不符合注册要求的，国家出入境检验检疫部门应当撤销境外食品生产企业注册并公告。

第五十一条 对通过我国良好生产规范、危害分析与关键控制点体系认证的境外生产企业，认证机构应当依法实施跟踪调查。对不再符合认证要求的企业，认证机构应当依法撤销认证并向社会公布。

第五十二条 境外发生的食品安全事件可能对我国境内造成影响，或者在进口食品、食品添加剂、食品相关产品中发现严重食品安全问题的，国家出入境检验检疫部门应当及时进行风险预警，并可以对相关的食品、食品添加剂、食品相关产品采取下列控制措施：（一）退货或者销毁处理；（二）有条件地限制进口；（三）暂停或者禁止进口。

第五十三条 出口食品、食品添加剂的生产企业应当保证其出口食品、食品添加剂符合进口国家（地区）的标准或者合同要求；我国缔结或者参加的国际条约、协定有要求的，还应当符合国际条约、协定的要求。

第七章 食品安全事故处置

第五十四条 食品安全事故按照国家食品安全事故应急预案实行分级管理。县级以上人民政府食品安全监督管理部门会同同级有关部门负责食品安全事故调查处理。县级以上人民政府应当根据实际情况及时修改、完善食品安全事故应急预案。

第五十五条 县级以上人民政府应当完善食品安全事故应急管理机制，改善应急装备，做好应急物资储备和应急队伍建设，加强应急培训、演练。

第五十六条 发生食品安全事故的单位应当对导致或者可能导致食品安全事故的食品及原料、工具、设备、设施等，立即采取封存等控制措施。

第五十七条 县级以上人民政府食品安全监督管理部门接到食品安全事故报告后，应当立即会同同级卫生行政、农业行政等部门依照食品安全法第一百零五条的规定进行调查处理。食品安全监督管理部门应当对事故单位封存的食品及原料、工具、设备、设施等予以保护，需要封存而事故单位尚未封存的应当直接封存或者责令事故单位立即封存，并通知疾病预防控制机构对与事故有关的因素开展流行病学调查。疾病预防控制机构应当在调查结束后向同级食品安全监督管理、卫生行政部门同时提交流行病学调查报告。任何单位和个人不得拒绝、阻挠疾病预防控制机构开展流行病学调查。有关部门应当对疾病预防控制机构开展流行病学调查予以协助。

第五十八条 国务院食品安全监督管理部门会同国务院卫生行政、农业行政等部门定期对全国食品安全事故情况进行分析，完善食品安全监督管理措施，预防和减少事故的发生。

第八章 监督管理

第五十九条 设区的市级以上人民政府食品安全监督管理部门根据监督管理工作需要，可以对由下级人民政府食品安全监督管理部门负责日常监督管理的食品生产经营者实施随机监督检查，也可以组织下级人民政府食品安全监督管理部门对食品生产经营者实施异地监督检查。设区的市级以上人民政府食品安全监督管理部门认为必要的，可以直接调查处理下级人民政府食品安全监督管理部门管辖的食品安全违法案件，也可以指定其他下级人民政府食品安全监督管理部门调查处理。

第六十条 国家建立食品安全检查员制度，依托现有资源加强职业化检查员队伍建设，强化考核培训，提高检查员专业化水平。

第六十一条 县级以上人民政府食品安全监督管理部门依照食品安全法第一百一十条的规定实施查封、扣押措施，查封、扣押的期限不得超过 30 日；情况复杂的，经实施查封、扣押措施的食品安全监督管理部门负责人批准，可以延长，延长期限不得超过 45 日。

第六十二条 网络食品交易第三方平台多次出现入网食品经营者违法经营或者入网食品经营者的违法经营行为造成严重后果的，县级以上人民政府食品安全监督管理部门可以对网络食品交易第三方平台提供者的法定代表人或者主要负责人进行责任约谈。

第六十三条 国务院食品安全监督管理部门会同国务院卫生行政等部门根据食源性疾病信息、食品安全风险监测信息和监督管理信息等，对发现的添加或者可能添加到食品中的非食品用化学物质和其他可能危害人体健康的物质，制定名录及检测方法并予以公布。

第六十四条 县级以上地方人民政府卫生行政部门应当对餐具饮具集中消毒服务单位进行监督检查，发现不符合法律、法规、国家相关标准以及相关卫生规范等要求的，应当及时调查处理。监督检查的结果应当向社会公布。

第六十五条 国家实行食品安全违法行为举报奖励制度，对查证属实的举报，给予举报人奖励。举报人举报所在企业食品安全重大违法犯罪行为的，应当加大奖励力度。有关部门应当对举报人的信息予以保密，保护举报人的合法权益。食品安全违法行为举报奖励办法由国务院食品安全监督管理部门会同国务院财政等有关部门制定。食品安全违法行为举报奖励资金纳入各级人民政府预算。

第六十六条 国务院食品安全监督管理部门应当会同国务院有关部门建立守信联合激励和失信联合惩戒机制，结合食品生产经营者信用档案，建立严重违法生产经营者黑名单制度，将食品安全信用状况与准入、融资、信贷、征信等相衔接，及时向社会公布。

第九章 法律责任

第六十七条 有下列情形之一的，属于食品安全法第一百二十三条至第一百二十六条、第一百三十二条以及本条例第七十二条、第七十三条规定的情节严重情形：（一）违法行为涉及的产品货值金额 2 万元以上或者违法行为持续时间 3 个月以上；（二）造成食源性疾病并出现死亡病例，或者造成30人以上食源性疾病但未出现死亡病例；（三）故意提供虚假信息或者隐瞒真实情况；（四）拒绝、逃避监督检查；（五）因违反食品安全法律、法规受到行政处罚后1年内又实施同一性质的食品安全违法行为，或者因违反食品安全法律、法规受到刑事处罚后又实施食品安全违法行为；（六）其他情节严重的情形。对情节严重的违法行为处以罚款时，应当依法从重从严。

第六十八条 有下列情形之一的，依照食品安全法第一百二十五条第一款、本条例第七十五条的规定给予处罚：（一）在食品生产、加工场所贮存依照本条例第六十三条规定制定的名录中的物质；（二）生产经营的保健食品之外的食品的标签、说明书声称具有保健功能；（三）以食品安全国家标准规定的选择性添加物质命名婴幼儿配方食品；（四）生产经营的特殊食品的标签、说明书内容与注册或者备案的标签、说明书不一致。

第六十九条 有下列情形之一的，依照食品安全法第一百二十六条第一款、本条例第七十五条的规定给予处罚：（一）接受食品生产经营者委托贮存、运输食品，未按照规定记录保存信息；（二）餐饮服务提供者未查验、留存餐具饮具集中消毒服务单位的营业执照复印件和消毒合格证明；（三）食品生产经营者未按照规定对变质、超过保质期或者回收的食品进行标示或者存放，或者未及时对上述食品采取无害化处理、销毁等措施并如实记录；（四）医疗机构和药品零售企业之外的单位或者个人向消费者销售特殊医学用途配方食品中的特定全营养配方食品；（五）将特殊食品与普通食品或者药品混放销售。

第七十条 除食品安全法第一百二十五条第一款、第一百二十六条规定的情形外，食品生产经营者的生产经营行为不符合食品安全法第三十三条第一款第五项、第七项至第十项的规定，或者不符合有关食品生产经营过程要求的食品安全国家标准的，依照食品安全法第一百二十六条第一款、本条例第七十五条的规定给予处罚。

第七十一条 餐具饮具集中消毒服务单位未按照规定建立并遵守出厂检验记录制度的，由县级以上人民政府卫生行政部门依照食品安全法第一百二十六条第一款、本条例第七十五条的规定给予处罚。

第七十二条 从事对温度、湿度等有特殊要求的食品贮存业务的非食品生产经营者，食品集中交易市场的开办者、食品展销会的举办者，未按照规定备案或者报告的，由县级以上人民政府食品安全监督管理部门责令改正，给予警告；拒不改正的，处1万元以上5万元以下罚款；情节严重的，责令停产停业，并处5万元以上20万元以下罚款。

第七十三条 利用会议、讲座、健康咨询等方式对食品进行虚假宣传的，由县级以上人民政府食品安全监督管理部门责令消除影响，有违法所得的，没收违法所得；情节严重的，依照食品安全法第一百四十条第五款的规定进行处罚；属于单位违法的，还应当依照本条例第七十五条的规定对单位的法定代表人、主要负责人、直接负责的主管人员和其他直接责任人员给予处罚。

第七十四条 食品生产经营者生产经营的食品符合食品安全标准但不符合食品所标注的企业标准规定的食品安全指标的，由县级以上人民政府食品安全监督管理部门给予警告，并责令食品经营者停止经营该食品，责令食品生产企业改正；拒不停止经营或者改正的，没收不符合企业标准规定的食品安全指标的食品，货值金额不足1万元的，并处1万元以上5万元以下罚款，货值金额1万元以上的，并处货值金额5倍以上10倍以下罚款。

第七十五条 食品生产经营企业等单位有食品安全法规定的违法情形，除依照食品安全法的规定给予处罚外，有下列情形之一的，对单位的法定代表人、主要负责人、直接负责的主管人员和其他直接责任人员处以其上一年度从本单位取得收入的1倍以上10倍以下罚款：（一）故意实施违法行为；（二）违法行为性质恶劣；（三）违法行为造成严重后果。属于食品安全法第一百二十五条第二款规定情形的，不适用前款规定。

第七十六条 食品生产经营者依照食品安全法第六十三条第一款、第二款的规定停止生产、经营，实施食品召回，或者采取其他有效措施减轻或者消除食品安全风险，未造成危害后果的，可以从轻或者减轻处罚。

第七十七条 县级以上地方人民政府食品安全监督管理等部门对有食品安全法第一百二十三条规定的违法情形且情节严重，可能需要行政拘留的，应当及时将案件及有关材料移送同级公安机关。公安机关认为需要补充材料的，食品安全监督管理等部门应当及时提供。公安机关经审查认为不符合行政拘留条件的，应当及时将案件及有关材料退回移送的食品安全监督管理等部门。

第七十八条 公安机关对发现的食品安全违法行为，经审查没有犯罪事实或者立案侦查后认为不需要追究刑事责任，但依法应当予以行政拘留的，应当及时作出行政拘留的处罚决定；不需要予以行政拘留但依法应当追究其他行政责任的，应当及时将案件及有关材料移送同级食品安全监督管理等部门。

第七十九条 复检机构无正当理由拒绝承担复检任务的，由县级以上人民政府食品安全监督管理部门给予警告，无正当理由1年内2次拒绝承担复检任务的，由国务院有关部门撤销其复检机构资质并向社会公布。

第八十条 发布未依法取得资质认定的食品检验机构出具的食品检验信息，或者利用上述检验信息对食品、食品生产经营者进行等级评定，欺骗、误导消费者的，由县级以上人民政府食品安全监督管理部门责令改正，有违法所得的，没收违法所得，并处10万元以上50万元以下罚款；拒不改正的，处50万元以上100万元以下罚款；构成违反治安管理行为的，由公安机关依法给予治安管理处罚。

第八十一条 食品安全监督管理部门依照食品安全法、本条例对违法单位或者个人处以30万元以上罚款的，由设区的市级以上人民政府食品安全监督管理部门决定。罚款具体处罚权限由国务院食品安全监督管理部门规定。

第八十二条 阻碍食品安全监督管理等部门工作人员依法执行职务，构成违反治安管理行为的，由公安机关依法给予治安管理处罚。

第八十三条 县级以上人民政府食品安全监督管理等部门发现单位或者个人违反食品安全法第一百二十条第一款规定，编造、散布虚假食品安全信息，涉嫌构成违反治安管理行为的，应当将相关情况通报同级公安机关。

第八十四条 县级以上人民政府食品安全监督管理部门及其工作人员违法向他人提供网络食品交易第三方平台提供者提供的信息的，依照食品安全法第一百四十五条的规定给予处分。

第八十五条 违反本条例规定，构成犯罪的，依法追究刑事责任。

第十章 附 则

第八十六条 本条例自2019年12月1日起施行。

中华人民共和国传染病防治法实施办法

(1991年10月4日国务院批准，1991年12月6日卫生部令第17号公布，自公布之日起施行)

第一章　总　则

第一条　根据《中华人民共和国传染病防治法》(以下简称《传染病防治法》)的规定，制定本办法。

第二条　国家对传染病实行预防为主的方针，各级政府在制定社会经济发展规划时，必须包括传染病防治目标，并组织有关部门共同实施。

第三条　各级政府卫生行政部门对传染病防治工作实施统一监督管理。

受国务院卫生行政部门委托的其他有关部门卫生主管机构，在本系统内行使《传染病防治法》第三十二条第一款所列职权。

军队的传染病防治工作，依照《传染病防治法》和本办法中的有关规定以及国家其他有关规定，由中国人民解放军卫生主管部门实施监督管理。

第四条　各级各类卫生防疫机构按照专业分工承担传染病监测管理的责任和范围，由省级政府卫生行政部门确定。

铁路、交通、民航、厂(场)矿的卫生防疫机构，承担本系统传染病监测管理工作，并接受本系统上级卫生主管机构和省级政府卫生行政部门指定的卫生防疫机构的业务指导。

第五条　各级各类医疗保健机构承担传染病防治管理的责任和范围，由当地政府卫生行政部门确定。

第六条　各级政府对预防、控制传染病做出显著成绩和贡献的单位和个人，应当给予奖励。

第二章　预　防

第七条　各级政府应当组织有关部门，开展传染病预防知识和防治措施的卫生健康教育。

第八条　各级政府组织开展爱国卫生活动。

铁路、交通、民航部门负责组织消除交通工具的鼠害和各种病媒昆虫的危害。

农业、林业部门负责组织消除农田、牧场及林区的鼠害。

国务院各有关部委消除钉螺危害的分工，按照国务院的有关规定办理。

第九条　集中式供水必须符合国家《生活饮用水卫生标准》。

各单位自备水源，未经城市建设部门和卫生行政部门批准，不得与城镇集中式供水系统连接。

第十条　地方各级政府应当有计划地建设和改造公共卫生设施。

城市应当按照城市环境卫生设施标准修建公共厕所、垃圾粪便的无害化处理场和污水、雨水排放处理系统等公共卫生设施。

农村应当逐步改造厕所，对粪便进行无害化处理，加强对公共生活用水的卫生管理，建立必要的卫生管理制度。饮用水水源附近禁止有污水池、粪堆(坑)等污染源。禁止在饮用水水源附近洗刷便器和运输粪便的工具。

第十一条 国家实行有计划的预防接种制度。

中华人民共和国境内的任何人均应按照有关规定接受预防接种。

各省、自治区、直辖市政府卫生行政部门可以根据当地传染病的流行情况，增加预防接种项目。

第十二条 国家对儿童实行预防接种证制度。

适龄儿童应当按照国家有关规定，接受预防接种。适龄儿童的家长或者监护人应当及时向医疗保健机构申请办理预防接种证。

托幼机构、学校在办理入托、入学手续时，应当查验预防接种证，未按规定接种的儿童应当及时补种。

第十三条 各级各类医疗保健机构的预防保健组织或者人员，在本单位及责任地段内承担下列工作：

（一）传染病疫情报告和管理；

（二）传染病预防和控制工作；

（三）卫生行政部门指定的卫生防疫机构交付的传染病防治和监测任务。

第十四条 医疗保健机构必须按照国务院卫生行政部门的有关规定，严格执行消毒隔离制度，防止医院内感染和医源性感染。

第十五条 卫生防疫机构和从事致病性微生物实验的科研、教学、生产等单位必须做到：

（一）建立健全防止致病性微生物扩散的制度和人体防护措施；

（二）严格执行实验操作规程，对实验后的样品、器材、污染物品等，按照有关规定严格消毒后处理；

（三）实验动物必须按照国家有关规定进行管理。

第十六条 传染病的菌（毒）种分为下列三类：

一类：鼠疫耶尔森氏菌、霍乱弧菌；天花病毒、艾滋病病毒。

二类：布氏菌、炭疽菌、麻风杆菌、肝炎病毒、狂犬病毒、出血热病毒、登革热病毒；斑疹伤寒立克次体。

三类：脑膜炎双球菌、链球菌、淋病双球菌、结核杆菌、百日咳嗜血杆菌、白喉棒状杆菌、沙门氏菌、志贺氏菌、破伤风梭状杆菌；钩端螺旋体、梅毒螺旋体；乙型脑炎病毒、脊髓灰质炎病毒、流感病毒、流行性腮腺炎病毒、麻疹病毒、风疹病毒。

国务院卫生行政部门可以根据情况增加或者减少菌（毒）种的种类。

第十七条 国家对传染病菌（毒）种的保藏、携带、运输实行严格管理：

（一）菌（毒）种的保藏由国务院卫生行政部门指定的单位负责。

（二）一、二类菌（毒）种的供应由国务院卫生行政部门指定的保藏管理单位供应。三类菌（毒）种由设有专业实验室的单位或者国务院卫生行政部门指定的保藏管理单位供应。

（二）使用一类菌（毒）种的单位，必须经国务院卫生行政部门批准；使用二类菌（毒）种的单位必须经省级政府卫生行政部门批准；使用三类菌（毒）种的单位，应当经县级政府卫和行政部门批准。

（四）一、二类菌（毒）种，应派专人向供应单位领取，不得邮寄；三类菌（毒）种的邮寄必须持有邮寄单位的证明，并按照菌（毒）种出寄与包装的有关规定办理。

第十八条 对患有下列传染病的病人或者病原携带者予以必要的隔离治疗，直至医疗保健机构证明其不具有传染性时，方可恢复工作：

（一）鼠疫、霍乱；

（二）艾滋病、病毒性肝炎、细菌性和阿米巴痢疾、伤寒和副伤寒、炭疽、斑疹伤寒、麻疹、百日咳、白喉、脊髓灰质炎、流行性脑脊髓膜炎、猩红热、流行性出血热、登革热、淋病、梅毒；

（三）肺结核、麻风病、流行性腮腺炎、风疹、急性出血性结膜炎。

第十九条 从事饮水、饮食、整容、保育等易使传染病扩散工作的从业人员，必须按照国家有关规定取得健康合格证后方可上岗。

第二十条 招用流动人员200人以上的用工单位，应当向当地政府卫生行政部门指定的卫生防疫机构报告，并按照要求采取预防控制传染病的卫生措施。

第二十一条 被甲类传染病病原体污染的污水、污物、粪便，有关单位和个人必须在卫生防疫人员的指导监督下，按照下列要求进行处理：

（一）被鼠疫病原体污染

1. 被污染的室内空气、地面、四壁必须进行严格消毒，被污染的物品必须严格消毒或者焚烧处理；

2. 彻底消除鼠疫疫区内的鼠类、蚤类，发现病鼠、死鼠应当送检，解剖检验后的鼠尸必须焚化；

3. 疫区内啮齿类动物的皮毛不能就地进行有效的消毒处理时，必须在卫生防疫机构的监督下焚烧。

（二）被霍乱病原体污染

1. 被污染的饮用水，必须进行严格消毒处理；

2. 污水经消毒处理后排放；

3. 被污染的食物要就地封存，消毒处理；

4. 粪便消毒处理达到无害化；

5. 被污染的物品，必须进行严格消毒或者焚烧处理。

第二十二条 被伤寒和副伤寒、细菌性痢疾、脊髓灰质炎、病毒性肝炎病原体污染的水、物品、粪便，有关单位和个人应当按照下列要求进行处理：

（一）被污染的饮用水，应当进行严格消毒处理；

（二）污水经消毒处理后排放；

（三）被污染的物品，应当进行严格消毒处理或者焚烧处理；

（四）粪便消毒处理达到无害化。

死于炭疽的动物尸体必须就地焚化，被污染的用具必须消毒处理，被污染的土地、草皮消毒后，必须将10厘米厚的表层土铲除，并在远离水源及河流的地方深埋。

第二十三条 出售、运输被传染病病原体污染或者来自疫区可能被传染病病原体污染的皮毛、旧衣物及生活用品等，必须按照卫生防疫机构的要求进行必要的卫生处理。

第二十四条 用于预防传染病的菌苗、疫苗等生物制品，由各省、自治区、直辖市卫生防疫机构统一向生物制品生产单位订购，其他任何单位和个人不得经营。

用于预防传染病的菌苗、疫苗等生物制品必须在卫生防疫机构监督指导下使用。

第二十五条 凡从事可能导致经血液传播传染病的美容、整容等单位和个人，必须执行国务院卫生行政部门的有关规定。

第二十六条 血站（库）、生物制品生产单位，必须严格执行国务院卫生行政部门的有关规定，保证血液、血液制品的质量，防止因输入血液、血液制品引起病毒性肝炎、艾滋病、疟疾等疾病的发生。任何单位和个人不准使用国务院卫生行政部门禁止进口的血液和血液制品。

第二十七条 生产、经营、使用消毒药剂和消毒器械、卫生用品、卫生材料、一次性医疗器材、隐形眼镜、人造器官等必须符合国家有关标准，不符合国家有关标准的不得生产、经营和使用。

第二十八条 发现人畜共患传染病已在人、畜间流行时，卫生行政部门与畜牧兽医部门应当深入疫区，按照职责分别对人、畜开展防治工作。

传染病流行区的家畜家禽，未经畜牧兽医部门检疫不得外运。

进入鼠疫自然疫源地捕猎旱獭应按照国家有关规定执行。

第二十九条 狂犬病的防治管理工作按照下列规定分工负责：

（一）公安部门负责县上城市养犬的审批与违章养犬的处理，捕杀狂犬、野犬。

（二）畜牧兽医部门负责兽用狂犬病疫苗的研制、生产和供应；对城乡经批准的养犬进行预防接种、登记和发放"家犬免疫证"；对犬类狂犬病的疫情进行监测和负责进出口犬类的检疫、免疫及管理。

（三）乡（镇）政府负责辖区内养犬的管理，捕杀狂犬、野犬。

（四）卫生部门负责人用狂犬病疫苗的供应、接种和病人的诊治。

第三十条 自然疫源地或者可能是自然疫源地的地区计划兴建大型建设项目时，建设单位在设计任务书批准后，应当向当地卫生防疫机构申请对施工环境进行卫生调查，并根据卫生防疫机构的意见采取必要的卫生防疫措施后，方可办理开工手续。

兴建城市规划内的建设项目，属于在自然疫源地和可能是自然疫源地范围内的，城市规划主管部门在核发建设工程规划许可证明中，必须有卫生防疫部门提出的有关意见及结论。建设单位在施工过程中，必须采取预防传染病传播和扩散的措施。

第三十一条 卫生防疫机构接到自然疫源地和可能是自然疫源地范围内兴办大型建设项目的建设单位的卫生调查申请后，应当及时组成调查组到现场进行调查，并提出该地区自然环境中可能存在的传染病病种、流行范围、流行强度及预防措施等意见和结论。

第三十二条 在自然疫源地或者可能是自然疫源地内施工的建设单位，应当设立预防保健组织负责施工期间的卫生防疫工作。

第三十三条 凡在生产、工作中接触传染病病原体的工作人员，可以按照国家有关规定申领卫生防疫津贴。

第三章 疫情报告

第三十四条 执行职务的医疗保健人员、卫生防疫人员为责任疫情报告人。

责任疫情报告人应当按照本办法第三十五条规定的时限向卫生行政部门指定的卫生防疫机构报告疫情，并做疫情登记。

第三十五条 责任疫情报告人发现甲类传染病和乙类传染病中的艾滋病、肺炭疽的病人、病原携带者和疑似传染病病人时，城镇于6小时内，农村于12小时内，以最快的通讯方式向发病地的卫生防疫机构报告，并同时报出传染病报告卡。

责任疫情报告人发现乙类传染病病人、病原携带者和疑似传染病病人时，城镇于12小时内，农村于24小时内向发病地的卫生防疫机构报出传染病报告卡。

责任疫情报告人在丙类传染病监测区内发现丙类传染病病人时，应当在24小时内向发病地的卫生防疫机构报出传染病报告卡。

第三十六条 传染病暴发、流行时，责任疫情报告人应当以最快的通讯方式向当地卫生防疫机构报告疫情。接到疫情报告的卫生防疫机构应当以最快的通讯方式报告上级卫生防疫机构和当地政府卫生行政部门，卫生行政部门接到报告后，应当立即报告当地政府。

省级政府卫生行政部门接到发现甲类传染病和发生传染病暴发、流行的报告后，应当于6小时内报告国务院卫生行政部门。

第三十七条 流动人员中的传染病病人、病原携带者和疑似传染病病人的传染病报告、处理由诊治地负责，其疫情登记、统计由户口所在地负责。

第三十八条 铁路、交通、民航、厂（场）矿的卫行防疫机构，应当定期向所在地卫生行政部门指定的卫生防疫机构报告疫情。

第三十九条 军队的传染病疫情，由中国人民解放军了卫生主管部门根据军队有关规定向国务院卫生行政部门报告。

军队的医疗保健和卫生防疫机构，发现发方就诊的传染病病人、病原携带者、疑似传染病病人时，应当按照本办法第三十五条的规定报告疫情，并接受当地卫生防疫机构的业务指导。

第四十条 国境口岸所在地卫生行政部门指下的卫生也疫机构和港口、机场、铁路卫生防疫机构和国境卫生检疫机关在发现国境卫生检疫法规定的检疫传染病时，应当互相通报疫情。

发现人畜共患传染病时，卫生防疫机构和畜牧兽医部门应当互相通报疫情。

第四十一条 各级政府卫生行政部门指定的卫生防疫机构应当对辖区内各类医疗保健机构的疫情登记报告和管理情况定期进行核实、检查、指导。

第四十二条 传染病报告卡片邮寄信封应当印有明显的“红十字”标志及写明××卫生防疫机构收的字样。

邮电部门应当及时传递疫情报告的电话或者信卡，并实行邮资总付。

第四十三条 医务人员未经县级以上政府卫生行政部门批准，不得将就诊的淋病、梅毒、麻风病、艾滋病病人和艾滋病病原携带者及其家属的姓名、住址和个人病史公开。

第四章 控 制

第四十四条 卫生防疫机构和医疗保健机构传染病的疫情处理实行分级分工管理。

第四十五条 艾滋病的监测管理按照国务院有关规定执行。

第四十六条 淋病、梅毒病人应当在医疗保健机构、卫生防疫机构接受治疗。尚未治愈前，不得进入公共浴池、游泳池。

第四十七条 医疗保健机构或者卫生防疫机构在诊治中发现甲类传染病的疑似病人，应当在2日内作出明确诊断。

第四十八条 甲类传染病病人和病原携带者以及乙类传染病中的艾滋病、淋病、梅毒病人的密切接触者必须按照有关规定接受检疫、医学检查和防治措施。

前款以外的乙类传染病病人及病原携带者的密切接触者，应当接受医学检查和防治措施。

第四十九条 甲类传染病疑似病人或者病原携带者的密切接触者，经留验排除是病人或者病原携带者后，留验期间的工资福利待遇由所属单位按出勤照发。

第五十条 发现甲类传染病病人、病原携带者或者疑似病人的污染场所，卫生防疫机构接到疫情报告后，应立即进行严格的卫生处理。

第五十一条 地方各级政府卫生行政部门发现本地区发生从未有过的传染病或者国家已宣布消除的传染病时，应当立即采取措施，必要时，向当地政府报告。

第五十二条 在传染病暴发、流行区域，当地政府应当根据传染病疫情控制的需要，组织卫生、医药、公安、工商、交通、水利、城建、农业、商业、民政、邮电、广播电视等部门采取下列预防、控制措施：

（一）对病人进行抢救、隔离治疗；

（二）加强粪便管理，清除垃圾、污物；

（三）加强自来水和其他饮用水的管理，保护饮用水源；

（四）消除病媒昆虫、钉螺、鼠类及其他染疫动物；

（五）加强易使传染病传播扩散活动的卫生管理；

（六）开展防病知识的宣传；

（七）组织对传染病病人、病原携带者、染疫动物密切接触人群的检疫、预防服药、应急接种等；

（八）供应用于预防和控制疫情所必需的药品、生物制品、消毒药品、器械等；

（九）保证居民生活必需品的供应。

第五十三条 县级以上政府接到下一级政府关于采取《传染病防治法》第二十五条规定的紧急措施报告时，应当在24小时内做出决定。下一级政府在上一级政府作出决定前，必要时，可以临时采取《传染病防治法》第二十五条第一款第（一）、（四）项紧急措施，但不得超过24小时。

第五十四条 撤销采取《传染病防治法》第二十五条紧急措施的条件是：

（一）甲类传染病病人、病原携带者全部治愈，乙类传染病病人、病原携带者得到有的隔离治疗；病人尸体得到严格消毒处理。

（二）污染的物品及环境已经过消毒等卫生处理；有关病媒昆虫、染疫动物基本消除。

（三）暴发、流行的传染病病种，经过最长潜伏期后，未发现新的传染病病人，疫情得到有效的控制。

第五十五条 因患鼠疫、霍乱和炭疽病死亡的病人尸体，由治疗病人的医疗单位负责消毒处理，处理后应当立即火化。

患病毒性肝炎、伤寒和副伤寒、艾滋病、白喉、炭疽、脊髓灰质炎死亡的病人尸体，由治疗病人的医疗单位或者当地卫生防疫机构消毒处理后火化。

不具备火化条件的农村、边远地区，由治疗病人的医疗单位或者当地卫生防疫机构负责消毒后，可选远离居民点500米以外、远离饮用水源50米以外的地方，将尸体在距地面两米以下深埋。

民族自治地方执行前款的规定，依照《传染病防治法》第二十八条第三款的规定办理。

第五十六条 医疗保健机构、卫生防疫机构经县级以上政府卫生行政部门的批准可以对传染病病人尸体或者疑似传染病病人的尸体进行解剖查验。

第五十七条 卫生防疫机构处理传染病疫情的人员，可以凭当地政府卫生行政部门出具的处理疫情证明及有效的身份证明，优先在铁路、交通、民航部门购票，铁路、交通、民航部门应当保证售给最近一次通往目的地的车、船、机票。

交付运输的处理疫情的物品应当有明显标志，铁路、交通、民航部门应当保证用最快通往目的地的交通工具运出。

第五十八条 用于传染病监督控制的车辆，其标志由国务院卫生行政部门会同有关部门统一制定。任何单位和个人不得阻拦依法执行处理疫情任务的车辆和人员。

第五章 监 督

第五十九条 地方各级政府卫生行政部门、卫生防疫机构和受国务院卫生行政部门委托的其他有关部门卫生主管机构推荐的传染病管理监督员，由省级以上政府卫生行政部门聘任并发给证件。

省级政府卫生行政部门聘任的传染病管理监督员，报国务院卫生行政部门备案。

第六十条 传染病管理监督员执行下列任务：

（一）监督检查《传染病防治法》及本办法的执行情况；

（二）进行现场调查，包括采集必需的标本及查阅、索取、翻印复制必要的文字、图片、声像资料等，并根据调查情况写出书面报告；

（三）对违法单位或者个人提出处罚建议；

（四）执行卫生行政部门或者其他有关部门卫生主管机构交付的任务；

（五）及时提出预防和控制传染病措施的建议。

第六十一条 各级各类医疗保健机构内设立的传染病管理检查员，由本单位推荐，经县级以上政府卫行行政部门或受国务院卫生行政部门委托的其他部门卫生主管机构批准并发给证件。

第六十二条 传染病管理检查员执行下列任务：

（一）宣传《传染病防治法》及本办法，检查本单位和责任地段的传染病防治措施的实施和疫情报告执行情况；

（二）对本单位和责任地段的传染病防治工作进行技术指导；

（三）执行卫生行政部门和卫生防疫机构对本单位及责任地段提出的改进传染病防治管理工作的意见；

（四）定期向卫生行政部门指定的卫行防疫机构汇报工作情况，遇到紧急情况及时报告。

第六十三条 传染病管理监督员、传染病管理检查员执行任务时，有关单位和个人必须给予协助。

第六十四条 传染病管理监督员的解聘和传染病管理检查员资格的取消，由原发证机关决定，并通知其所在单位和个人。

第六十五条 县级以上政府卫生行政部门和受国务院卫生行政部门委托的部门，可以成立传染病技术鉴定组织。

第六章 罚 则

第六十六条 有下列行为之一的，由县级以上政府卫生行政部门责令限期改正，可以处5000元以下的罚款；情节较严重的，可以处5000元以上20000元以下的罚款，对主管人员和直接责任人员由其所在单位或者上级机关给予行政处分：

（一）集中式供水单位供应的饮用水不符合国家规定的《生活饮用水卫生标准》的；

（二）单位自备水源未经批准与城镇供水系统连接的；

（三）未按城市环境卫生设施标准修建公共卫生设施致使垃圾、粪便、污水不能进行无害化处理的；

（四）对被传染病病原体污染的污水、污物、粪便不按规定进行消毒处理的；

（五）对被甲类和乙类传染病病人、病原携带者、疑似传染病病人污染的场所、物品未按照卫生防疫机构的要求实施必要的卫生处理的；

（六）造成传染病的医源性感染、医院内感染、实验室感染和致病性微生物扩散的；

（七）生产、经营、使用消毒药剂和消毒器械、卫生用品、卫生材料、一次性医疗器材、隐形眼镜、人造器官等不符合国家卫生标准，可能造成传染病的传播、扩散或者造成传染病的传播、扩散的；

（八）准许或者纵容传染病病人、病原携带者和疑似传染病病人，从事国务院卫生行政部门规定禁止从事的易使该传染病扩散的工作的；

（九）传染病病人、病原携带者故意传播传染病，造成他人感染的；

（十）甲类传染病病人、病原携带者或者疑似传染病病人，乙类传染病中艾滋病、肺炭疽病人拒绝进行隔离治疗的；

（十一）招用流动人员的用工单位，未向卫行防疫机构报告并未采取卫生措施，造成传染传播、流行的；

（十二）违章养犬或者拒绝、阻挠捕杀违章犬，造成咬伤他人或者导致人群中发生狂犬病的。

前款所称情节较严重的，是指下列情形之一：

（一）造成甲类传染病、艾滋病、肺炭疽传播危险的；

（二）造成除艾滋病、肺炭疽上的乙、丙类传染病暴发、流行的；

（三）造成传染病菌（毒）种扩散的；

（四）造成病人残疾、死亡的；

（五）拒绝执行《传染病防治法》及本办法的规定，屡经教育仍继续违法的。

第六十七条　在自然疫源地和可能是自然疫源地的地区兴建大型建设项目未经卫生调查即进行施工的，由县级以上政府卫生行政部门责令限期改正，可以处2000元以上20000元以下的罚款。

第六十八条　单位和个人出售、运输被传染病病原体污染和来自疫区可能被传染病病原体污染的皮毛、旧衣物及生活用品的，由县级以上政府卫生行政部门责令限期进行卫生处理，可以处出售金额1倍以下的罚款；造成传染病流行的，根据情节，可以处相当出售金额3倍以下的罚款，危害严重，出售金额不满2000元的，以2000元计算；对主管人员和直接责任人员由所在单位或者上级机关给予行政处分。

第六十九条　单位和个人非法经营、出售用于预防传染病菌苗、疫苗等生物制品的，县级以上政府卫生行政部门可以处相当出售金3倍以下的罚款，危害严重，出售金额不满5000元的，以5000元计算；对主管人员和直接责任人员由所在单位或者上级机关根据情节，可以给予行政处分。

第七十条　有下列行为之一的单位和个人，县级以上政府卫生行政部门报请同级政府批准，对单位予以通报批评；对主管人员和直接责任人员由所在单位或者上级机关给予行政处分。

（一）传染病暴发、流行时，妨碍或者拒绝执行政府采取紧急措施的；

（二）传染病暴发、流行时，医疗保健人员、卫生防疫人员拒绝执行各级政府卫生行政部门调集其参加控制疫情的决定的；

（三）对控制传染病暴发、流行负有责任的部门拒绝执行政府有关控制疫情决定的；

（四）无故阻止和拦截依法执行处理疫情任务的车辆和人员的。

第七十一条　执行职务的医疗保健人员、卫生防疫人员和责任单位，不报、漏报、迟报传染病疫情的，由县级以上政府卫生行政部门责令限期改正，对主管人员和直接责任人员由其所在单位或者上级机关根据情节，可以给予行政处分。

个体行医人员在执行职务时，不报、漏报、迟报传染病疫情的，由县级以上政府卫生行政部门责令限期改正，限期内不改的，可以处100元以上500元以下罚款；对造成传染病传播流行的，可以处200元以上2000元以下罚款。

第七十二条　县级政府卫生行政部门可以作出处10000元以下罚款的决定；决定处10000元以上罚款的，须报上一级政府卫生行政部门批准。

受国务院卫生行政部门委托的有关部门卫生主管机构可以作出处2000元以下罚款的决定；决定处2000元以上罚款的，须报当地县级以上政府卫生行政部门批准。

县级以上政府卫生行政部门在收取罚款时，应当出具正式的罚款收据。罚款全部上缴国库。

第七章　附　则

第七十三条　《传染病防治法》及本办法的用语含义如下：

传染病病人、疑似传染病病人：指根据国务院卫生行政部门发布的《中华人民共和国传染病防治法规定管理的传染病诊断标准》，符合传染病病人和疑似传染病病人诊断标准的人。

病原携带者：指感染病原体无临床症状但能排出病原体的人。

暴发：指在一个局部地区，短期内，突然发生多例同一种传染病病人。

流行：指一个地区某种传染病发病率显著超过该病历年的一般发病率水平。

重大传染病疫情：指《传染病防治法》第二十五条所称的传染病的暴发、流行。

传染病监测：指对人群传染病的发生、流行及影响因素进行有计划地、系统地长期观察。

疫区：指传染病在人群中暴发或者流行，其病原体向周围传播时可能波及的地区。

人畜共患传染病：指鼠疫、流行性出血热、狂犬病、钩端螺旋体病、布鲁氏菌病、炭疽、流行性乙型脑炎、黑热病、包虫病、血吸虫病。

自然疫源地：指某些传染病的病原体在自然界的野生动物中长期保存并造成动物间流行的地区。

可能是自然疫源地：指在自然界中具有自然疫源性疾病存在的传染源和传播媒介，但尚未查明的地区。

医源性感染：指在医学服务中，因病原体传播引起的感染。

实验室感染：指从事实验室工作时，因接触病原体所致的感染。

消毒：指用化学、物理、生物的方法杀灭或者消除环境中的致病性微生物。

卫生处理：指消毒、杀虫、灭鼠等卫生须施以及隔离、留验、就地检验等医学措施。

卫生防疫机构：指卫生防疫站、结核病防治研究所（院）、寄生虫病防治研究所（站）、血吸虫病防治研究所（站）、皮肤病性病防治研究所（站）、地方病防治研究所（站）、鼠疫防治站（所）、乡镇预防保健站（所）及与上述机构专业相同的单位。

医疗保健机构：指医院、卫生院（所）、门诊部（所）、疗养院（所）、妇幼保健院（站）及与上述机构业务活动相同的单位。

第七十四条　省、自治区、直辖市政府可以根据《传染病防治法》和本办法制定实施细则。

第七十五条　本办法由国务院卫生行政部门负责解释。

第七十六条　本办法自发布之日起施行。

医疗器械监督管理条例

（2000 年 1 月 4 日中华人民共和国国务院令第 276 号公布，根据 2014 年 3 月 7 日中华人民共和国国务院令第 650 号第一次修订，根据 2017 年 5 月 4 日中华人民共和国国务院令第 680 号《国务院关于修改〈医疗器械监督管理条例〉的决定》第二次修订）

第一章　总　则

第一条　为了保证医疗器械的安全、有效，保障人体健康和生命安全，制定本条例。

第二条　在中华人民共和国境内从事医疗器械的研制、生产、经营、使用活动及其监督管理，应当遵守本条例。

第三条　国务院食品药品监督管理部门负责全国医疗器械监督管理工作。国务院有关部门在各自的职责范围内负责与医疗器械有关的监督管理工作。

县级以上地方人民政府食品药品监督管理部门负责本行政区域的医疗器械监督管理工作。县级以上地方人民政府有关部门在各自的职责范围内负责与医疗器械有关的监督管理工作。

国务院食品药品监督管理部门应当配合国务院有关部门，贯彻实施国家医疗器械产业规划和政策。

第四条　国家对医疗器械按照风险程度实行分类管理。

第一类是风险程度低，实行常规管理可以保证其安全、有效的医疗器械。

第二类是具有中度风险，需要严格控制管理以保证其安全、有效的医疗器械。

第三类是具有较高风险，需要采取特别措施严格控制管理以保证其安全、有效的医疗器械。

评价医疗器械风险程度，应当考虑医疗器械的预期目的、结构特征、使用方法等因素。

国务院食品药品监督管理部门负责制定医疗器械的分类规则和分类目录，并根据医疗器械生产、经营、使用情况，及时对医疗器械的风险变化进行分析、评价，对分类目录进行调整。制定、调整分类目录，应当充分听取医疗器械生产经营企业以及使用单位、行业组织的意见，并参考国际医疗器械分类实践。医疗器械分类目录应当向社会公布。

第五条　医疗器械的研制应当遵循安全、有效和节约的原则。国家鼓励医疗器械的研究与创新，发挥市场机制的作用，促进医疗器械新技术的推广和应用，推动医疗器械产业的发展。

第六条　医疗器械产品应当符合医疗器械强制性国家标准；尚无强制性国家标准的，应当符合医疗器械强制性行业标准。

一次性使用的医疗器械目录由国务院食品药品监督管理部门会同国务院卫生计生主管部门制定、调整并公布。重复使用可以保证安全、有效的医疗器械，不列入一次性使用的医疗器械目录。对因设计、生产工艺、消毒灭菌技术等改进后重复使用可以保证安全、有效的医疗器械，应当调整出一次性使用的医疗器械目录。

第七条　医疗器械行业组织应当加强行业自律，推进诚信体系建设，督促企业依法开展生产经营活动，引导企业诚实守信。

第二章　医疗器械产品注册与备案

第八条　第一类医疗器械实行产品备案管理，第二类、第三类医疗器械实行产品注册管理。

第九条　第一类医疗器械产品备案和申请第二类、第三类医疗器械产品注册，应当提交下列资料：

（一）产品风险分析资料；

（二）产品技术要求；

（三）产品检验报告；

（四）临床评价资料；

（五）产品说明书及标签样稿；

（六）与产品研制、生产有关的质量管理体系文件；

（七）证明产品安全、有效所需的其他资料。

医疗器械注册申请人、备案人应当对所提交资料的真实性负责。

第十条　第一类医疗器械产品备案，由备案人向所在地设区的市级人民政府食品药品监督管理部门提交备案资料。其中，产品检验报告可以是备案人的自检报告；临床评价资料不包括临床试验报告，可以是通过文献、同类产品临床使用获得的数据证明该医疗器械安全、有效的资料。

向我国境内出口第一类医疗器械的境外生产企业，由其在我国境内设立的代表机构或者指定我国境内的企业法人作为代理人，向国务院食品药品监督管理部门提交备案资料和备案人所在国（地区）主管部门准许该医疗器械上市销售的证明文件。

备案资料载明的事项发生变化的，应当向原备案部门变更备案。

第十一条　申请第二类医疗器械产品注册，注册申请人应当向所在地省、自治区、直辖市人民政府食品药品监督管理部门提交注册申请资料。申请第三类医疗器械产品注册，注册申请人应当向国务院食品药品监督管理部门提交注册申请资料。

向我国境内出口第二类、第三类医疗器械的境外生产企业，应当由其在我国境内设立的代表机构或者指定我国境内的企业法人作为代理人，向国务院食品药品监督管理部门提交注册申请资料和注册申请人所在国（地区）主管部门准许该医疗器械上市销售的证明文件。

第二类、第三类医疗器械产品注册申请资料中的产品检验报告应当是医疗器械检验机构出具的检验报告；临床评价资料应当包括临床试验报告，但依照本条例第十七条的规定免于进行临床试验的医疗器械除外。

第十二条　受理注册申请的食品药品监督管理部门应当自受理之日起 3 个工作日内将注册申请资料转交技术审评机构。技术审评机构应当在完成技术审评后向食品药品监督管理部门提交审评意见。

第十三条　受理注册申请的食品药品监督管理部门应当自收到审评意见之日起 20 个工作日内作出决定。对符合安全、有效要求的，准予注册并发给医疗器械注册证；对不符合要求的，不予注册并书面说明理由。

国务院食品药品监督管理部门在组织对进口医疗器械的技术审评时认为有必要对质量管理体系进行核查的，应当组织质量管理体系检查技术机构开展质量管理体系核查。

第十四条　已注册的第二类、第三类医疗器械产品，其设计、原材料、生产工艺、适用范围、使用方法等发生实质性变化，有可能影响该医疗器械安全、有效的，注册人应当向原注册部门申请办理变更注册手续；发生非实质性变化，不影响该医疗器械安全、有效的，应当将变化情况向原注册部门备案。

第十五条 医疗器械注册证有效期为5年。有效期届满需要延续注册的，应当在有效期届满6个月前向原注册部门提出延续注册的申请。

除有本条第三款规定情形外，接到延续注册申请的食品药品监督管理部门应当在医疗器械注册证有效期届满前作出准予延续的决定。逾期未作决定的，视为准予延续。

有下列情形之一的，不予延续注册：

（一）注册人未在规定期限内提出延续注册申请的；

（二）医疗器械强制性标准已经修订，申请延续注册的医疗器械不能达到新要求的；

（三）对用于治疗罕见疾病以及应对突发公共卫生事件急需的医疗器械，未在规定期限内完成医疗器械注册证载明事项的。

第十六条 对新研制的尚未列入分类目录的医疗器械，申请人可以依照本条例有关第三类医疗器械产品注册的规定直接申请产品注册，也可以依据分类规则判断产品类别并向国务院食品药品监督管理部门申请类别确认后依照本条例的规定申请注册或者进行产品备案。

直接申请第三类医疗器械产品注册的，国务院食品药品监督管理部门应当按照风险程度确定类别，对准予注册的医疗器械及时纳入分类目录。申请类别确认的，国务院食品药品监督管理部门应当自受理申请之日起20个工作日内对该医疗器械的类别进行判定并告知申请人。

第十七条 第一类医疗器械产品备案，不需要进行临床试验。申请第二类、第三类医疗器械产品注册，应当进行临床试验；但是，有下列情形之一的，可以免于进行临床试验：

（一）工作机理明确、设计定型，生产工艺成熟，已上市的同品种医疗器械临床应用多年且无严重不良事件记录，不改变常规用途的；

（二）通过非临床评价能够证明该医疗器械安全、有效的；

（三）通过对同品种医疗器械临床试验或者临床使用获得的数据进行分析评价，能够证明该医疗器械安全、有效的。

免于进行临床试验的医疗器械目录由国务院食品药品监督管理部门制定、调整并公布。

第十八条 开展医疗器械临床试验，应当按照医疗器械临床试验质量管理规范的要求，在具备相应条件的临床试验机构进行，并向临床试验提出者所在地省、自治区、直辖市人民政府食品药品监督管理部门备案。接受临床试验备案的食品药品监督管理部门应当将备案情况通报临床试验机构所在地的同级食品药品监督管理部门和卫生计生主管部门。

医疗器械临床试验机构实行备案管理。医疗器械临床试验机构应当具备的条件及备案管理办法和临床试验质量管理规范，由国务院食品药品监督管理部门会同国务院卫生计生主管部门制定并公布。

第十九条 第三类医疗器械进行临床试验对人体具有较高风险的，应当经国务院食品药品监督管理部门批准。临床试验对人体具有较高风险的第三类医疗器械目录由国务院食品药品监督管理部门制定、调整并公布。

国务院食品药品监督管理部门审批临床试验，应当对拟承担医疗器械临床试验的机构的设备、专业人员等条件，该医疗器械的风险程度，临床试验实施方案，临床受益与风险对比分析报告等进行综合分析。准予开展临床试验的，应当通报临床试验提出者以及临床试验机构所在地省、自治区、直辖市人民政府食品药品监督管理部门和卫生计生主管部门。

第三章 医疗器械生产

第二十条 从事医疗器械生产活动，应当具备下列条件：

（一）有与生产的医疗器械相适应的生产场地、环境条件、生产设备以及专业技术人员；

（二）有对生产的医疗器械进行质量检验的机构或者专职检验人员以及检验设备；

（三）有保证医疗器械质量的管理制度；

（四）有与生产的医疗器械相适应的售后服务能力；

（五）产品研制、生产工艺文件规定的要求。

第二十一条 从事第一类医疗器械生产的，由生产企业向所在地设区的市级人民政府食品药品监督管理部门备案并提交其符合本条例第二十条规定条件的证明资料。

第二十二条 从事第二类、第三类医疗器械生产的，生产企业应当向所在地省、自治区、直辖市人民政府食品药品监督管理部门申请生产许可并提交其符合本条例第二十条规定条件的证明资料以及所生产医疗器械的注册证。

受理生产许可申请的食品药品监督管理部门应当自受理之日起 30 个工作日内对申请资料进行审核，按照国务院食品药品监督管理部门制定的医疗器械生产质量管理规范的要求进行核查。对符合规定条件的，准予许可并发给医疗器械生产许可证；对不符合规定条件的，不予许可并书面说明理由。

医疗器械生产许可证有效期为 5 年。有效期届满需要延续的，依照有关行政许可的法律规定办理延续手续。

第二十三条 医疗器械生产质量管理规范应当对医疗器械的设计开发、生产设备条件、原材料采购、生产过程控制、企业的机构设置和人员配备等影响医疗器械安全、有效的事项作出明确规定。

第二十四条 医疗器械生产企业应当按照医疗器械生产质量管理规范的要求，建立健全与所生产医疗器械相适应的质量管理体系并保证其有效运行；严格按照经注册或者备案的产品技术要求组织生产，保证出厂的医疗器械符合强制性标准以及经注册或者备案的产品技术要求。

医疗器械生产企业应当定期对质量管理体系的运行情况进行自查，并向所在地省、自治区、直辖市人民政府食品药品监督管理部门提交自查报告。

第二十五条 医疗器械生产企业的生产条件发生变化，不再符合医疗器械质量管理体系要求的，医疗器械生产企业应当立即采取整改措施；可能影响医疗器械安全、有效的，应当立即停止生产活动，并向所在地县级人民政府食品药品监督管理部门报告。

第二十六条 医疗器械应当使用通用名称。通用名称应当符合国务院食品药品监督管理部门制定的医疗器械命名规则。

第二十七条 医疗器械应当有说明书、标签。说明书、标签的内容应当与经注册或者备案的相关内容一致。

医疗器械的说明书、标签应当标明下列事项：

（一）通用名称、型号、规格；

（二）生产企业的名称和住所、生产地址及联系方式；

（三）产品技术要求的编号；

（四）生产日期和使用期限或者失效日期；

（五）产品性能、主要结构、适用范围；

（六）禁忌症、注意事项以及其他需要警示或者提示的内容；

（七）安装和使用说明或者图示；

（八）维护和保养方法，特殊储存条件、方法；

（九）产品技术要求规定应当标明的其他内容。

第二类、第三类医疗器械还应当标明医疗器械注册证编号和医疗器械注册人的名称、地址及联系方式。

由消费者个人自行使用的医疗器械还应当具有安全使用的特别说明。

第二十八条 委托生产医疗器械，由委托方对所委托生产的医疗器械质量负责。受托方应当是符合本条例规定、具备相应生产条件的医疗器械生产企业。委托方应当加强对受托方生产行为的管理，保证其按照法定要求进行生产。

具有高风险的植入性医疗器械不得委托生产，具体目录由国务院食品药品监督管理部门制定、调整并公布。

第四章 医疗器械经营与使用

第二十九条 从事医疗器械经营活动，应当有与经营规模和经营范围相适应的经营场所和贮存条件，以及与经营的医疗器械相适应的质量管理制度和质量管理机构或者人员。

第三十条 从事第二类医疗器械经营的，由经营企业向所在地设区的市级人民政府食品药品监督管理部门备案并提交其符合本条例第二十九条规定条件的证明资料。

第三十一条 从事第三类医疗器械经营的，经营企业应当向所在地设区的市级人民政府食品药品监督管理部门申请经营许可并提交其符合本条例第二十九条规定条件的证明资料。

受理经营许可申请的食品药品监督管理部门应当自受理之日起 30 个工作日内进行审查，必要时组织核查。对符合规定条件的，准予许可并发给医疗器械经营许可证；对不符合规定条件的，不予许可并书面说明理由。

医疗器械经营许可证有效期为 5 年。有效期届满需要延续的，依照有关行政许可的法律规定办理延续手续。

第三十二条 医疗器械经营企业、使用单位购进医疗器械，应当查验供货者的资质和医疗器械的合格证明文件，建立进货查验记录制度。从事第二类、第三类医疗器械批发业务以及第三类医疗器械零售业务的经营企业，还应当建立销售记录制度。

记录事项包括：

（一）医疗器械的名称、型号、规格、数量；

（二）医疗器械的生产批号、有效期、销售日期；

（三）生产企业的名称；

（四）供货者或者购货者的名称、地址及联系方式；

（五）相关许可证明文件编号等。

进货查验记录和销售记录应当真实，并按照国务院食品药品监督管理部门规定的期限予以保存。国家鼓励采用先进技术手段进行记录。

第三十三条 运输、贮存医疗器械，应当符合医疗器械说明书和标签标示的要求；对温度、湿度等环境条件有特殊要求的，应当采取相应措施，保证医疗器械的安全、有效。

第三十四条 医疗器械使用单位应当有与在用医疗器械品种、数量相适应的贮存场所和条件。医疗器械使用单位应当加强对工作人员的技术培训，按照产品说明书、技术操作规范等要求使用医疗器械。

医疗器械使用单位配置大型医用设备，应当符合国务院卫生计生主管部门制定的大型医用设备配置规划，与其功能定位、临床服务需求相适应，具有相应的技术条件、配套设施和具备相应资质、能力的专业技术人员，并经省级以上人民政府卫生计生主管部门批准，取得大型医用设备配置许可证。

大型医用设备配置管理办法由国务院卫生计生主管部门会同国务院有关部门制定。大型医用设备目录由国务院卫生计生主管部门商国务院有关部门提出，报国务院批准后执行。

第三十五条 医疗器械使用单位对重复使用的医疗器械，应当按照国务院卫生计生主管部门制定的消毒和管理的规定进行处理。

一次性使用的医疗器械不得重复使用，对使用过的应当按照国家有关规定销毁并记录。

第三十六条 医疗器械使用单位对需要定期检查、检验、校准、保养、维护的医疗器械，应当按照产品说明书的要求进行检查、检验、校准、保养、维护并予以记录，及时进行分析、评估，确保医疗器械处于良好状态，保障使用质量；对使用期限长的大型医疗器械，应当逐台建立使用档案，记录其使用、维护、转让、实际使用时间等事项。记录保存期限不得少于医疗器械规定使用期限终止后5年。

第三十七条 医疗器械使用单位应当妥善保存购入第三类医疗器械的原始资料，并确保信息具有可追溯性。

使用大型医疗器械以及植入和介入类医疗器械的，应当将医疗器械的名称、关键性技术参数等信息以及与使用质量安全密切相关的必要信息记载到病历等相关记录中。

第三十八条 发现使用的医疗器械存在安全隐患的，医疗器械使用单位应当立即停止使用，并通知生产企业或者其他负责产品质量的机构进行检修；经检修仍不能达到使用安全标准的医疗器械，不得继续使用。

第三十九条 食品药品监督管理部门和卫生计生主管部门依据各自职责，分别对使用环节的医疗器械质量和医疗器械使用行为进行监督管理。

第四十条 医疗器械经营企业、使用单位不得经营、使用未依法注册、无合格证明文件以及过期、失效、淘汰的医疗器械。

第四十一条 医疗器械使用单位之间转让在用医疗器械，转让方应当确保所转让的医疗器械安全、有效，不得转让过期、失效、淘汰以及检验不合格的医疗器械。

第四十二条 进口的医疗器械应当是依照本条例第二章的规定已注册或者已备案的医疗器械。

进口的医疗器械应当有中文说明书、中文标签。说明书、标签应当符合本条例规定以及相关强制性标准的要求，并在说明书中载明医疗器械的原产地以及代理人的名称、地址、联系方式。没有中文说明书、中文标签或者说明书、标签不符合本条规定的，不得进口。

第四十三条 出入境检验检疫机构依法对进口的医疗器械实施检验；检验不合格的，不得进口。

国务院食品药品监督管理部门应当及时向国家出入境检验检疫部门通报进口医疗器械的注册和备案情况。进口口岸所在地出入境检验检疫机构应当及时向所在地设区的市级人民政府食品药品监督管理部门通报进口医疗器械的通关情况。

第四十四条 出口医疗器械的企业应当保证其出口的医疗器械符合进口国（地区）的要求。

第四十五条 医疗器械广告应当真实合法，不得含有虚假、夸大、误导性的内容。

医疗器械广告应当经医疗器械生产企业或者进口医疗器械代理人所在地省、自治区、直辖市人民政府食品药品监督管理部门审查批准，并取得医疗器械广告批准文件。广告发布者发布医疗器械广告，应当事先核查广告的批准文件及其真实性；不得发布未取得批准文件、批准文件的真实性未经核实或者广告内容与批准文件不一致的医疗器械广告。省、自治区、直辖市人民政府食品药品监督管理部门应当公布并及时更新已经批准的医疗器械广告目录以及批准的广告内容。

省级以上人民政府食品药品监督管理部门责令暂停生产、销售、进口和使用的医疗器械，在暂停期间不得发布涉及该医疗器械的广告。

医疗器械广告的审查办法由国务院食品药品监督管理部门会同国务院工商行政管理部门制定。

第五章　不良事件的处理与医疗器械的召回

第四十六条　国家建立医疗器械不良事件监测制度，对医疗器械不良事件及时进行收集、分析、评价、控制。

第四十七条　医疗器械生产经营企业、使用单位应当对所生产经营或者使用的医疗器械开展不良事件监测；发现医疗器械不良事件或者可疑不良事件，应当按照国务院食品药品监督管理部门的规定，向医疗器械不良事件监测技术机构报告。

任何单位和个人发现医疗器械不良事件或者可疑不良事件，有权向食品药品监督管理部门或者医疗器械不良事件监测技术机构报告。

第四十八条　国务院食品药品监督管理部门应当加强医疗器械不良事件监测信息网络建设。

医疗器械不良事件监测技术机构应当加强医疗器械不良事件信息监测，主动收集不良事件信息；发现不良事件或者接到不良事件报告的，应当及时进行核实、调查、分析，对不良事件进行评估，并向食品药品监督管理部门和卫生计生主管部门提出处理建议。

医疗器械不良事件监测技术机构应当公布联系方式，方便医疗器械生产经营企业、使用单位等报告医疗器械不良事件。

第四十九条　食品药品监督管理部门应当根据医疗器械不良事件评估结果及时采取发布警示信息以及责令暂停生产、销售、进口和使用等控制措施。

省级以上人民政府食品药品监督管理部门应当会同同级卫生计生主管部门和相关部门组织对引起突发、群发的严重伤害或者死亡的医疗器械不良事件及时进行调查和处理，并组织对同类医疗器械加强监测。

第五十条　医疗器械生产经营企业、使用单位应当对医疗器械不良事件监测技术机构、食品药品监督管理部门开展的医疗器械不良事件调查予以配合。

第五十一条　有下列情形之一的，省级以上人民政府食品药品监督管理部门应当对已注册的医疗器械组织开展再评价：

（一）根据科学研究的发展，对医疗器械的安全、有效有认识上的改变的；

（二）医疗器械不良事件监测、评估结果表明医疗器械可能存在缺陷的；

（三）国务院食品药品监督管理部门规定的其他需要进行再评价的情形。

再评价结果表明已注册的医疗器械不能保证安全、有效的，由原发证部门注销医疗器械注册证，并向社会公布。被注销医疗器械注册证的医疗器械不得生产、进口、经营、使用。

第五十二条　医疗器械生产企业发现其生产的医疗器械不符合强制性标准、经注册或者备案的产品技术要求或者存在其他缺陷的，应当立即停止生产，通知相关生产经营企业、使用单位和消费者停止经营和使用，召回已经上市销售的医疗器械，采取补救、销毁等措施，记录相关情况，发布相关信息，并将医疗器械召回和处理情况向食品药品监督管理部门和卫生计生主管部门报告。

医疗器械经营企业发现其经营的医疗器械存在前款规定情形的，应当立即停止经营，通知相关生产经营企业、使用单位、消费者，并记录停止经营和通知情况。医疗器械生产企业认为属于依照前款规定需要召回的医疗器械，应当立即召回。

医疗器械生产经营企业未依照本条规定实施召回或者停止经营的，食品药品监督管理部门可以责令其召回或者停止经营。

第六章　监督检查

第五十三条　食品药品监督管理部门应当对医疗器械的注册、备案、生产、经营、使用活动加强监督检查，并对下列事项进行重点监督检查：

（一）医疗器械生产企业是否按照经注册或者备案的产品技术要求组织生产；

（二）医疗器械生产企业的质量管理体系是否保持有效运行；

（三）医疗器械生产经营企业的生产经营条件是否持续符合法定要求。

第五十四条　食品药品监督管理部门在监督检查中有下列职权：

（一）进入现场实施检查、抽取样品；

（二）查阅、复制、查封、扣押有关合同、票据、账簿以及其他有关资料；

（三）查封、扣押不符合法定要求的医疗器械，违法使用的零配件、原材料以及用于违法生产医疗器械的工具、设备；

（四）查封违反本条例规定从事医疗器械生产经营活动的场所。

食品药品监督管理部门进行监督检查，应当出示执法证件，保守被检查单位的商业秘密。

有关单位和个人应当对食品药品监督管理部门的监督检查予以配合，不得隐瞒有关情况。

第五十五条　对人体造成伤害或者有证据证明可能危害人体健康的医疗器械，食品药品监督管理部门可以采取暂停生产、进口、经营、使用的紧急控制措施。

第五十六条　食品药品监督管理部门应当加强对医疗器械生产经营企业和使用单位生产、经营、使用的医疗器械的抽查检验。抽查检验不得收取检验费和其他任何费用，所需费用纳入本级政府预算。省级以上人民政府食品药品监督管理部门应当根据抽查检验结论及时发布医疗器械质量公告。

卫生计生主管部门应当对大型医用设备的使用状况进行监督和评估；发现违规使用以及与大型医用设备相关的过度检查、过度治疗等情形的，应当立即纠正，依法予以处理。

第五十七条　医疗器械检验机构资质认定工作按照国家有关规定实行统一管理。经国务院认证认可监督管理部门会同国务院食品药品监督管理部门认定的检验机构，方可对医疗器械实施检验。

食品药品监督管理部门在执法工作中需要对医疗器械进行检验的，应当委托有资质的医疗器械检验机构进行，并支付相关费用。

当事人对检验结论有异议的，可以自收到检验结论之日起 7 个工作日内选择有资质的医疗器械检验机构进行复检。承担复检工作的医疗器械检验机构应当在国务院食品药品监督管理部门规定的时间内作出复检结论。复检结论为最终检验结论。

第五十八条　对可能存在有害物质或者擅自改变医疗器械设计、原材料和生产工艺并存在安全隐患的医疗器械，按照医疗器械国家标准、行业标准规定的检验项目和检验方法无法检验的，医疗器械检验机构可以补充检验项目和检验方法进行检验；使用补充检验项目、检验方法得出的检验结论，经国务院食品药品监督管理部门批准，可以作为食品药品监督管理部门认定医疗器械质量的依据。

第五十九条　设区的市级和县级人民政府食品药品监督管理部门应当加强对医疗器械广告的监督检查；发现未经批准、篡改经批准的广告内容的医疗器械广告，应当向所在地省、自治区、直辖市人民政府食品药品监督管理部门报告，由其向社会公告。

工商行政管理部门应当依照有关广告管理的法律、行政法规的规定，对医疗器械广告进行监督检查，查处违法行为。食品药品监督管理部门发现医疗器械广告违法发布行为，应当提出处理建议并按照有关程序移交所在地同级工商行政管理部门。

第六十条 国务院食品药品监督管理部门建立统一的医疗器械监督管理信息平台。食品药品监督管理部门应当通过信息平台依法及时公布医疗器械许可、备案、抽查检验、违法行为查处情况等日常监督管理信息。但是，不得泄露当事人的商业秘密。

食品药品监督管理部门对医疗器械注册人和备案人、生产经营企业、使用单位建立信用档案，对有不良信用记录的增加监督检查频次。

第六十一条 食品药品监督管理等部门应当公布本单位的联系方式，接受咨询、投诉、举报。食品药品监督管理等部门接到与医疗器械监督管理有关的咨询，应当及时答复；接到投诉、举报，应当及时核实、处理、答复。对咨询、投诉、举报情况及其答复、核实、处理情况，应当予以记录、保存。

有关医疗器械研制、生产、经营、使用行为的举报经调查属实的，食品药品监督管理等部门对举报人应当给予奖励。

第六十二条 国务院食品药品监督管理部门制定、调整、修改本条例规定的目录以及与医疗器械监督管理有关的规范，应当公开征求意见；采取听证会、论证会等形式，听取专家、医疗器械生产经营企业和使用单位、消费者以及相关组织等方面的意见。

第七章 法律责任

第六十三条 有下列情形之一的，由县级以上人民政府食品药品监督管理部门没收违法所得、违法生产经营的医疗器械和用于违法生产经营的工具、设备、原材料等物品；违法生产经营的医疗器械货值金额不足1万元的，并处5万元以上10万元以下罚款；货值金额1万元以上的，并处货值金额10倍以上20倍以下罚款；情节严重的，5年内不受理相关责任人及企业提出的医疗器械许可申请：

（一）生产、经营未取得医疗器械注册证的第二类、第三类医疗器械的；

（二）未经许可从事第二类、第三类医疗器械生产活动的；

（三）未经许可从事第三类医疗器械经营活动的。

有前款第一项情形、情节严重的，由原发证部门吊销医疗器械生产许可证或者医疗器械经营许可证。

未经许可擅自配置使用大型医用设备的，由县级以上人民政府卫生计生主管部门责令停止使用，给予警告，没收违法所得；违法所得不足1万元的，并处1万元以上5万元以下罚款；违法所得1万元以上的，并处违法所得5倍以上10倍以下罚款；情节严重的，5年内不受理相关责任人及单位提出的大型医用设备配置许可申请。

第六十四条 提供虚假资料或者采取其他欺骗手段取得医疗器械注册证、医疗器械生产许可证、医疗器械经营许可证、大型医用设备配置许可证、广告批准文件等许可证件的，由原发证部门撤销已经取得的许可证件，并处5万元以上10万元以下罚款，5年内不受理相关责任人及单位提出的医疗器械许可申请。

伪造、变造、买卖、出租、出借相关医疗器械许可证件的，由原发证部门予以收缴或者吊销，没收违法所得；违法所得不足1万元的，处1万元以上3万元以下罚款；违法所得1万元以上的，处违法所得3倍以上5倍以下罚款；构成违反治安管理行为的，由公安机关依法予以治安管理处罚。

第六十五条 未依照本条例规定备案的，由县级以上人民政府食品药品监督管理部门责令限期改正；逾期不改正的，向社会公告未备案单位和产品名称，可以处1万元以下罚款。

备案时提供虚假资料的，由县级以上人民政府食品药品监督管理部门向社会公告备案单位和产品名称；情节严重的，直接责任人员5年内不得从事医疗器械生产经营活动。

第六十六条 有下列情形之一的，由县级以上人民政府食品药品监督管理部门责令改正，没收违法生产、经营或者使用的医疗器械；违法生产、经营或者使用的医疗器械货值金额不足1万元的，并处2万元以上5万元以下罚款；货值金额1万元以上的，并处货值金额5倍以上10倍以下罚款；情节严重的，责令停产停业，直至由原发证部门吊销医疗器械注册证、医疗器械生产许可证、医疗器械经营许可证：

（一）生产、经营、使用不符合强制性标准或者不符合经注册或者备案的产品技术要求的医疗器械的；

（二）医疗器械生产企业未按照经注册或者备案的产品技术要求组织生产，或者未依照本条例规定建立质量管理体系并保持有效运行的；

（三）经营、使用无合格证明文件、过期、失效、淘汰的医疗器械，或者使用未依法注册的医疗器械的；

（四）食品药品监督管理部门责令其依照本条例规定实施召回或者停止经营后，仍拒不召回或者停止经营医疗器械的；

（五）委托不具备本条例规定条件的企业生产医疗器械，或者未对受托方的生产行为进行管理的。

医疗器械经营企业、使用单位履行了本条例规定的进货查验等义务，有充分证据证明其不知道所经营、使用的医疗器械为前款第一项、第三项规定情形的医疗器械，并能如实说明其进货来源的，可以免予处罚，但应当依法没收其经营、使用的不符合法定要求的医疗器械。

第六十七条 有下列情形之一的，由县级以上人民政府食品药品监督管理部门责令改正，处1万元以上3万元以下罚款；情节严重的，责令停产停业，直至由原发证部门吊销医疗器械生产许可证、医疗器械经营许可证：

（一）医疗器械生产企业的生产条件发生变化、不再符合医疗器械质量管理体系要求，未依照本条例规定整改、停止生产、报告的；

（二）生产、经营说明书、标签不符合本条例规定的医疗器械的；

（三）未按照医疗器械说明书和标签标示要求运输、贮存医疗器械的；

（四）转让过期、失效、淘汰或者检验不合格的在用医疗器械的。

第六十八条 有下列情形之一的，由县级以上人民政府食品药品监督管理部门和卫生计生主管部门依据各自职责责令改正，给予警告；拒不改正的，处5000元以上2万元以下罚款；情节严重的，责令停产停业，直至由原发证部门吊销医疗器械生产许可证、医疗器械经营许可证：

（一）医疗器械生产企业未按照要求提交质量管理体系自查报告的；

（二）医疗器械经营企业、使用单位未依照本条例规定建立并执行医疗器械进货查验记录制度的；

（三）从事第二类、第三类医疗器械批发业务以及第三类医疗器械零售业务的经营企业未依照本条例规定建立并执行销售记录制度的；

（四）对重复使用的医疗器械，医疗器械使用单位未按照消毒和管理的规定进行处理的；

（五）医疗器械使用单位重复使用一次性使用的医疗器械，或者未按照规定销毁使用过的一次性使用的医疗器械的；

（六）对需要定期检查、检验、校准、保养、维护的医疗器械，医疗器械使用单位未按照产品说明书要求检查、检验、校准、保养、维护并予以记录，及时进行分析、评估，确保医疗器械处于良好状态的；

（七）医疗器械使用单位未妥善保存购入第三类医疗器械的原始资料，或者未按照规定将大型医疗器械以及植入和介入类医疗器械的信息记载到病历等相关记录中的；

（八）医疗器械使用单位发现使用的医疗器械存在安全隐患未立即停止使用、通知检修，或者继续使用经检修仍不能达到使用安全标准的医疗器械的；

（九）医疗器械使用单位违规使用大型医用设备，不能保障医疗质量安全的；

（十）医疗器械生产经营企业、使用单位未依照本条例规定开展医疗器械不良事件监测，未按照要求报告不良事件，或者对医疗器械不良事件监测技术机构、食品药品监督管理部门开展的不良事件调查不予配合的。

第六十九条 违反本条例规定开展医疗器械临床试验的，由县级以上人民政府食品药品监督管理部门责令改正或者立即停止临床试验，可以处5万元以下罚款；造成严重后果的，依法对直接负责的主管人员和其他直接责任人员给予降级、撤职或者开除的处分；该机构5年内不得开展相关专业医疗器械临床试验。

医疗器械临床试验机构出具虚假报告的，由县级以上人民政府食品药品监督管理部门处5万元以上10万元以下罚款；有违法所得的，没收违法所得；对直接负责的主管人员和其他直接责任人员，依法给予撤职或者开除的处分；该机构10年内不得开展相关专业医疗器械临床试验。

第七十条 医疗器械检验机构出具虚假检验报告的，由授予其资质的主管部门撤销检验资质，10年内不受理其资质认定申请；处5万元以上10万元以下罚款；有违法所得的，没收违法所得；对直接负责的主管人员和其他直接责任人员，依法给予撤职或者开除的处分；受到开除处分的，自处分决定作出之日起10年内不得从事医疗器械检验工作。

第七十一条 违反本条例规定，发布未取得批准文件的医疗器械广告，未事先核实批准文件的真实性即发布医疗器械广告，或者发布广告内容与批准文件不一致的医疗器械广告的，由工商行政管理部门依照有关广告管理的法律、行政法规的规定给予处罚。

篡改经批准的医疗器械广告内容的，由原发证部门撤销该医疗器械的广告批准文件，2年内不受理其广告审批申请。

发布虚假医疗器械广告的，由省级以上人民政府食品药品监督管理部门决定暂停销售该医疗器械，并向社会公布；仍然销售该医疗器械的，由县级以上人民政府食品药品监督管理部门没收违法销售的医疗器械，并处2万元以上5万元以下罚款。

第七十二条 医疗器械技术审评机构、医疗器械不良事件监测技术机构未依照本条例规定履行职责，致使审评、监测工作出现重大失误的，由县级以上人民政府食品药品监督管理部门责令改正，通报批评，给予警告；造成严重后果的，对直接负责的主管人员和其他直接责任人员，依法给予降级、撤职或者开除的处分。

第七十三条 食品药品监督管理部门、卫生计生主管部门及其工作人员应当严格依照本条例规定的处罚种类和幅度，根据违法行为的性质和具体情节行使行政处罚权，具体办法由国务院食品药品监督管理部门、卫生计生主管部门依据各自职责制定。

第七十四条 违反本条例规定，县级以上人民政府食品药品监督管理部门或者其他有关部门不履行医疗器械监督管理职责或者滥用职权、玩忽职守、徇私舞弊的，由监察机关或者任免机关对直接负责的主管人员和其他直接责任人员依法给予警告、记过或者记大过的处分；造成严重后果的，给予降级、撤职或者开除的处分。

第七十五条 违反本条例规定，构成犯罪的，依法追究刑事责任；造成人身、财产或者其他损害的，依法承担赔偿责任。

第八章　附　则

第七十六条　本条例下列用语的含义：

医疗器械，是指直接或者间接用于人体的仪器、设备、器具、体外诊断试剂及校准物、材料以及其他类似或者相关的物品，包括所需要的计算机软件；其效用主要通过物理等方式获得，不是通过药理学、免疫学或者代谢的方式获得，或者虽然有这些方式参与但是只起辅助作用；其目的是：

（一）疾病的诊断、预防、监护、治疗或者缓解；

（二）损伤的诊断、监护、治疗、缓解或者功能补偿；

（三）生理结构或者生理过程的检验、替代、调节或者支持；

（四）生命的支持或者维持；

（五）妊娠控制；

（六）通过对来自人体的样本进行检查，为医疗或者诊断目的提供信息。

医疗器械使用单位，是指使用医疗器械为他人提供医疗等技术服务的机构，包括取得医疗机构执业许可证的医疗机构，取得计划生育技术服务机构执业许可证的计划生育技术服务机构，以及依法不需要取得医疗机构执业许可证的血站、单采血浆站、康复辅助器具适配机构等。

大型医用设备，是指使用技术复杂、资金投入量大、运行成本高、对医疗费用影响大且纳入目录管理的大型医疗器械。

第七十七条　医疗器械产品注册可以收取费用。具体收费项目、标准分别由国务院财政、价格主管部门按照国家有关规定制定。

第七十八条　非营利的避孕医疗器械管理办法以及医疗卫生机构为应对突发公共卫生事件而研制的医疗器械的管理办法，由国务院食品药品监督管理部门会同国务院卫生计生主管部门制定。

中医医疗器械的管理办法，由国务院食品药品监督管理部门会同国务院中医药管理部门依据本条例的规定制定；康复辅助器具类医疗器械的范围及其管理办法，由国务院食品药品监督管理部门会同国务院民政部门依据本条例的规定制定。

第七十九条　军队医疗器械使用的监督管理，由军队卫生主管部门依据本条例和军队有关规定组织实施。

第八十条　本条例自 2014 年 6 月 1 日起施行。

危险化学品安全管理条例

（2002 年 1 月 26 日中华人民共和国国务院令第 344 号公布，根据 2011 年 3 月 2 日中华人民共和国国务院令第 591 号《危险化学品安全管理条例》第一次修正，根据 2013 年 12 月 7 日中华人民共和国国务院令第 645 号《国务院关于修改部分行政法规的决定》第二次修正）

第一章　总　则

第一条　为了加强危险化学品的安全管理，预防和减少危险化学品事故，保障人民群众生命财产安全，保护环境，制定本条例。

第二条　危险化学品生产、储存、使用、经营和运输的安全管理，适用本条例。

废弃危险化学品的处置，依照有关环境保护的法律、行政法规和国家有关规定执行。

第三条　本条例所称危险化学品，是指具有毒害、腐蚀、爆炸、燃烧、助燃等性质，对人体、设施、环境具有危害的剧毒化学品和其他化学品。

危险化学品目录，由国务院安全生产监督管理部门会同国务院工业和信息化、公安、环境保护、卫生、质量监督检验检疫、交通运输、铁路、民用航空、农业主管部门，根据化学品危险特性的鉴别和分类标准确定、公布，并适时调整。

第四条　危险化学品安全管理，应当坚持安全第一、预防为主、综合治理的方针，强化和落实企业的主体责任。

生产、储存、使用、经营、运输危险化学品的单位（以下统称危险化学品单位）的主要负责人对本单位的危险化学品安全管理工作全面负责。

危险化学品单位应当具备法律、行政法规规定和国家标准、行业标准要求的安全条件，建立、健全安全管理规章制度和岗位安全责任制度，对从业人员进行安全教育、法制教育和岗位技术培训。从业人员应当接受教育和培训，考核合格后上岗作业；对有资格要求的岗位，应当配备依法取得相应资格的人员。

第五条　任何单位和个人不得生产、经营、使用国家禁止生产、经营、使用的危险化学品。

国家对危险化学品的使用有限制性规定的，任何单位和个人不得违反限制性规定使用危险化学品。

第六条　对危险化学品的生产、储存、使用、经营、运输实施安全监督管理的有关部门（以下统称负有危险化学品安全监督管理职责的部门），依照下列规定履行职责：

（一）安全生产监督管理部门负责危险化学品安全监督管理综合工作，组织确定、公布、调整危险化学品目录，对新建、改建、扩建生产、储存危险化学品（包括使用长输管道输送危险化学品，下同）的建设项目进行安全条件审查，核发危险化学品安全生产许可证、危险化学品安全使用许可证和危险化学品经营许可证，并负责危险化学品登记工作。

（二）公安机关负责危险化学品的公共安全管理，核发剧毒化学品购买许可证、剧毒化学品道路运输通行证，并负责危险化学品运输车辆的道路交通安全管理。

（三）质量监督检验检疫部门负责核发危险化学品及其包装物、容器（不包括储存危险化学品的固定式大型储罐，下同）生产企业的工业产品生产许可证，并依法对其产品质量实施监督，负责对进出口危险化学品及其包装实施检验。

（四）环境保护主管部门负责废弃危险化学品处置的监督管理，组织危险化学品的环境危害性鉴定和环境风险程度评估，确定实施重点环境管理的危险化学品，负责危险化学品环境管理登记和新化学物质环境管理登记；依照职责分工调查相关危险化学品环境污染事故和生态破坏事件，负责危险化学品事故现场的应急环境监测。

（五）交通运输主管部门负责危险化学品道路运输、水路运输的许可以及运输工具的安全管理，对危险化学品水路运输安全实施监督，负责危险化学品道路运输企业、水路运输企业驾驶人员、船员、装卸管理人员、押运人员、申报人员、集装箱装箱现场检查员的资格认定。铁路监管部门负责危险化学品铁路运输及其运输工具的安全管理。民用航空主管部门负责危险化学品航空运输以及航空运输企业及其运输工具的安全管理。

（六）卫生主管部门负责危险化学品毒性鉴定的管理，负责组织、协调危险化学品事故受伤人员的医疗卫生救援工作。

（七）工商行政管理部门依据有关部门的许可证件，核发危险化学品生产、储存、经营、运输企业营业执照，查处危险化学品经营企业违法采购危险化学品的行为。

（八）邮政管理部门负责依法查处寄递危险化学品的行为。

第七条 负有危险化学品安全监督管理职责的部门依法进行监督检查，可以采取下列措施：

（一）进入危险化学品作业场所实施现场检查，向有关单位和人员了解情况，查阅、复制有关文件、资料；

（二）发现危险化学品事故隐患，责令立即消除或者限期消除；

（三）对不符合法律、行政法规、规章规定或者国家标准、行业标准要求的设施、设备、装置、器材、运输工具，责令立即停止使用；

（四）经本部门主要负责人批准，查封违法生产、储存、使用、经营危险化学品的场所，扣押违法生产、储存、使用、经营、运输的危险化学品以及用于违法生产、使用、运输危险化学品的原材料、设备、运输工具；

（五）发现影响危险化学品安全的违法行为，当场予以纠正或者责令限期改正。

负有危险化学品安全监督管理职责的部门依法进行监督检查，监督检查人员不得少于 2 人，并应当出示执法证件；有关单位和个人对依法进行的监督检查应当予以配合，不得拒绝、阻碍。

第八条 县级以上人民政府应当建立危险化学品安全监督管理工作协调机制，支持、督促负有危险化学品安全监督管理职责的部门依法履行职责，协调、解决危险化学品安全监督管理工作中的重大问题。

负有危险化学品安全监督管理职责的部门应当相互配合、密切协作，依法加强对危险化学品的安全监督管理。

第九条 任何单位和个人对违反本条例规定的行为，有权向负有危险化学品安全监督管理职责的部门举报。负有危险化学品安全监督管理职责的部门接到举报，应当及时依法处理；对不属于本部门职责的，应当及时移送有关部门处理。

第十条 国家鼓励危险化学品生产企业和使用危险化学品从事生产的企业采用有利于提高安全保障水平的先进技术、工艺、设备以及自动控制系统，鼓励对危险化学品实行专门储存、统一配送、集中销售。

第二章 生产、储存安全

第十一条 国家对危险化学品的生产、储存实行统筹规划、合理布局。

国务院工业和信息化主管部门以及国务院其他有关部门依据各自职责，负责危险化学品生产、储存的行业规划和布局。

地方人民政府组织编制城乡规划，应当根据本地区的实际情况，按照确保安全的原则，规划适当区域专门用于危险化学品的生产、储存。

第十二条 新建、改建、扩建生产、储存危险化学品的建设项目（以下简称建设项目），应当由安全生产监督管理部门进行安全条件审查。

建设单位应当对建设项目进行安全条件论证，委托具备国家规定的资质条件的机构对建设项目进行安全评价，并将安全条件论证和安全评价的情况报告报建设项目所在地设区的市级以上人民政府安全生产监督管理部门；安全生产监督管理部门应当自收到报告之日起 45 日内作出审查决定，并书面通知建设单位。具体办法由国务院安全生产监督管理部门制定。

新建、改建、扩建储存、装卸危险化学品的港口建设项目，由港口行政管理部门按照国务院交通运输主管部门的规定进行安全条件审查。

第十三条 生产、储存危险化学品的单位，应当对其铺设的危险化学品管道设置明显标志，并对危险化学品管道定期检查、检测。

进行可能危及危险化学品管道安全的施工作业，施工单位应当在开工的 7 日前书面通知管道所属单位，并与管道所属单位共同制定应急预案，采取相应的安全防护措施。管道所属单位应当指派专门人员到现场进行管道安全保护指导。

第十四条 危险化学品生产企业进行生产前，应当依照《安全生产许可证条例》的规定，取得危险化学品安全生产许可证。

生产列入国家实行生产许可证制度的工业产品目录的危险化学品的企业，应当依照《中华人民共和国工业产品生产许可证管理条例》的规定，取得工业产品生产许可证。

负责颁发危险化学品安全生产许可证、工业产品生产许可证的部门，应当将其颁发许可证的情况及时向同级工业和信息化主管部门、环境保护主管部门和公安机关通报。

第十五条 危险化学品生产企业应当提供与其生产的危险化学品相符的化学品安全技术说明书，并在危险化学品包装（包括外包装件）上粘贴或者拴挂与包装内危险化学品相符的化学品安全标签。化学品安全技术说明书和化学品安全标签所载明的内容应当符合国家标准的要求。

危险化学品生产企业发现其生产的危险化学品有新的危险特性的，应当立即公告，并及时修订其化学品安全技术说明书和化学品安全标签。

第十六条 生产实施重点环境管理的危险化学品的企业，应当按照国务院环境保护主管部门的规定，将该危险化学品向环境中释放等相关信息向环境保护主管部门报告。环境保护主管部门可以根据情况采取相应的环境风险控制措施。

第十七条 危险化学品的包装应当符合法律、行政法规、规章的规定以及国家标准、行业标准的要求。

危险化学品包装物、容器的材质以及危险化学品包装的型式、规格、方法和单件质量（重量），应当与所包装的危险化学品的性质和用途相适应。

第十八条 生产列入国家实行生产许可证制度的工业产品目录的危险化学品包装物、容器的企业，应当依照《中华人民共和国工业产品生产许可证管理条例》的规定，取得工业产品生产许可证；其生产的危险化学品包装物、容器经国务院质量监督检验检疫部门认定的检验机构检验合格，方可出厂销售。

运输危险化学品的船舶及其配载的容器，应当按照国家船舶检验规范进行生产，并经海事管理机构认定的船舶检验机构检验合格，方可投入使用。

对重复使用的危险化学品包装物、容器，使用单位在重复使用前应当进行检查；发现存在安全隐患的，应当维修或者更换。使用单位应当对检查情况作出记录，记录的保存期限不得少于2年。

第十九条 危险化学品生产装置或者储存数量构成重大危险源的危险化学品储存设施（运输工具加油站、加气站除外），与下列场所、设施、区域的距离应当符合国家有关规定：

（一）居住区以及商业中心、公园等人员密集场所；

（二）学校、医院、影剧院、体育场（馆）等公共设施；

（三）饮用水源、水厂以及水源保护区；

（四）车站、码头（依法经许可从事危险化学品装卸作业的除外）、机场以及通信干线、通信枢纽、铁路线路、道路交通干线、水路交通干线、地铁风亭以及地铁站出入口；

（五）基本农田保护区、基本草原、畜禽遗传资源保护区、畜禽规模化养殖场（养殖小区）、渔业水域以及种子、种畜禽、水产苗种生产基地；

（六）河流、湖泊、风景名胜区、自然保护区；

（七）军事禁区、军事管理区；

（八）法律、行政法规规定的其他场所、设施、区域。

已建的危险化学品生产装置或者储存数量构成重大危险源的危险化学品储存设施不符合前款规定的，由所在地设区的市级人民政府安全生产监督管理部门会同有关部门监督其所属单位在规定期限内进行整改；需要转产、停产、搬迁、关闭的，由本级人民政府决定并组织实施。

储存数量构成重大危险源的危险化学品储存设施的选址，应当避开地震活动断层和容易发生洪灾、地质灾害的区域。

本条例所称重大危险源，是指生产、储存、使用或者搬运危险化学品，且危险化学品的数量等于或者超过临界量的单元（包括场所和设施）。

第二十条 生产、储存危险化学品的单位，应当根据其生产、储存的危险化学品的种类和危险特性，在作业场所设置相应的监测、监控、通风、防晒、调温、防火、灭火、防爆、泄压、防毒、中和、防潮、防雷、防静电、防腐、防泄漏以及防护围堤或者隔离操作等安全设施、设备，并按照国家标准、行业标准或者国家有关规定对安全设施、设备进行经常性维护、保养，保证安全设施、设备的正常使用。

生产、储存危险化学品的单位，应当在其作业场所和安全设施、设备上设置明显的安全警示标志。

第二十一条 生产、储存危险化学品的单位，应当在其作业场所设置通信、报警装置，并保证处于适用状态。

第二十二条 生产、储存危险化学品的企业，应当委托具备国家规定的资质条件的机构，对本企业的安全生产条件每3年进行一次安全评价，提出安全评价报告。安全评价报告的内容应当包括对安全生产条件存在的问题进行整改的方案。

生产、储存危险化学品的企业，应当将安全评价报告以及整改方案的落实情况报所在地县级人民政府安全生产监督管理部门备案。在港区内储存危险化学品的企业，应当将安全评价报告以及整改方案的落实情况报港口行政管理部门备案。

第二十三条 生产、储存剧毒化学品或者国务院公安部门规定的可用于制造爆炸物品的危险化学品（以下简称易制爆危险化学品）的单位，应当如实记录其生产、储存的剧毒化学品、易制爆危险化学品的数量、流向，并采取必要的安全防范措施，防止剧毒化学品、易制爆危险化学品丢失或者被盗；发现剧毒化学品、易制爆危险化学品丢失或者被盗的，应当立即向当地公安机关报告。

生产、储存剧毒化学品、易制爆危险化学品的单位，应当设置治安保卫机构，配备专职治安保卫人员。

第二十四条 危险化学品应当储存在专用仓库、专用场地或者专用储存室（以下统称专用仓库）内，并由专人负责管理；剧毒化学品以及储存数量构成重大危险源的其他危险化学品，应当在专用仓库内单独存放，并实行双人收发、双人保管制度。

危险化学品的储存方式、方法以及储存数量应当符合国家标准或者国家有关规定。

第二十五条 储存危险化学品的单位应当建立危险化学品出入库核查、登记制度。

对剧毒化学品以及储存数量构成重大危险源的其他危险化学品，储存单位应当将其储存数量、储存地点以及管理人员的情况，报所在地县级人民政府安全生产监督管理部门（在港区内储存的，报港口行政管理部门）和公安机关备案。

第二十六条 危险化学品专用仓库应当符合国家标准、行业标准的要求，并设置明显的标志。储存剧毒化学品、易制爆危险化学品的专用仓库，应当按照国家有关规定设置相应的技术防范设施。

储存危险化学品的单位应当对其危险化学品专用仓库的安全设施、设备定期进行检测、检验。

第二十七条 生产、储存危险化学品的单位转产、停产、停业或者解散的，应当采取有效措施，及时、妥善处置其危险化学品生产装置、储存设施以及库存的危险化学品，不得丢弃危险化学品；处置方案应当报所在地县级人民政府安全生产监督管理部门、工业和信息化主管部门、环境保护主管部门和公安机关备案。安全生产监督管理部门应当会同环境保护主管部门和公安机关对处置情况进行监督检查，发现未依照规定处置的，应当责令其立即处置。

第三章 使用安全

第二十八条 使用危险化学品的单位，其使用条件（包括工艺）应当符合法律、行政法规的规定和国家标准、行业标准的要求，并根据所使用的危险化学品的种类、危险特性以及使用量和使用方式，建立、健全使用危险化学品的安全管理规章制度和安全操作规程，保证危险化学品的安全使用。

第二十九条 使用危险化学品从事生产并且使用量达到规定数量的化工企业（属于危险化学品生产企业的除外，下同），应当依照本条例的规定取得危险化学品安全使用许可证。

前款规定的危险化学品使用量的数量标准，由国务院安全生产监督管理部门会同国务院公安部门、农业主管部门确定并公布。

第三十条 申请危险化学品安全使用许可证的化工企业，除应当符合本条例第二十八条的规定外，还应当具备下列条件：

（一）有与所使用的危险化学品相适应的专业技术人员；

（二）有安全管理机构和专职安全管理人员；

（三）有符合国家规定的危险化学品事故应急预案和必要的应急救援器材、设备；

（四）依法进行了安全评价。

第三十一条 申请危险化学品安全使用许可证的化工企业，应当向所在地设区的市级人民政府安全生产监督管理部门提出申请，并提交其符合本条例第三十条规定条件的证明材料。设区的市级人民政府安全生产监督管理部门应当依法进行审查，自收到证明材料之日起45日内作出批准或者不予批准的决定。予以批准的，颁发危险化学品安全使用许可证；不予批准的，书面通知申请人并说明理由。

安全生产监督管理部门应当将其颁发危险化学品安全使用许可证的情况及时向同级环境保护主管部门和公安机关通报。

第三十二条 本条例第十六条关于生产实施重点环境管理的危险化学品的企业的规定，适用于使用实施重点环境管理的危险化学品从事生产的企业；第二十条、第二十一条、第二十三条第一款、第二十七条关于生产、储存危险化学品的单位的规定，适用于使用危险化学品的单位；第二十二条关于生产、储存危险化学品的企业的规定，适用于使用危险化学品从事生产的企业。

第四章 经营安全

第三十三条 国家对危险化学品经营（包括仓储经营，下同）实行许可制度。未经许可，任何单位和个人不得经营危险化学品。

依法设立的危险化学品生产企业在其厂区范围内销售本企业生产的危险化学品，不需要取得危险化学品经营许可。

依照《中华人民共和国港口法》的规定取得港口经营许可证的港口经营人，在港区内从事危险化学品仓储经营，不需要取得危险化学品经营许可。

第三十四条 从事危险化学品经营的企业应当具备下列条件：

（一）有符合国家标准、行业标准的经营场所，储存危险化学品的，还应当有符合国家标准、行业标准的储存设施；

（二）从业人员经过专业技术培训并经考核合格；

（三）有健全的安全管理规章制度；

（四）有专职安全管理人员；

（五）有符合国家规定的危险化学品事故应急预案和必要的应急救援器材、设备；

（六）法律、法规规定的其他条件。

第三十五条 从事剧毒化学品、易制爆危险化学品经营的企业，应当向所在地设区的市级人民政府安全生产监督管理部门提出申请，从事其他危险化学品经营的企业，应当向所在地县级人民政府安全生产监督管理部门提出申请（有储存设施的，应当向所在地设区的市级人民政府安全生产监督管理部门提出申请）。申请人应当提交其符合本条例第三十四条规定条件的证明材料。设区的市级人民政府安全生产监督管理部门或者县级人民政府安全生产监督管理部门应当依法进行审查，并对申请人的经营场所、储存设施进行现场核查，自收到证明材料之日起30日内作出批准或者不予批准的决定。予以批准的，颁发危险化学品经营许可证；不予批准的，书面通知申请人并说明理由。

设区的市级人民政府安全生产监督管理部门和县级人民政府安全生产监督管理部门应当将其颁发危险化学品经营许可证的情况及时向同级环境保护主管部门和公安机关通报。

申请人持危险化学品经营许可证向工商行政管理部门办理登记手续后，方可从事危险化学品经营活动。法律、行政法规或者国务院规定经营危险化学品还需要经其他有关部门许可的，申请人向工商行政管理部门办理登记手续时还应当持相应的许可证件。

第三十六条 危险化学品经营企业储存危险化学品的，应当遵守本条例第二章关于储存危险化学品的规定。危险化学品商店内只能存放民用小包装的危险化学品。

第三十七条 危险化学品经营企业不得向未经许可从事危险化学品生产、经营活动的企业采购危险化学品，不得经营没有化学品安全技术说明书或者化学品安全标签的危险化学品。

第三十八条 依法取得危险化学品安全生产许可证、危险化学品安全使用许可证、危险化学品经营许可证的企业，凭相应的许可证件购买剧毒化学品、易制爆危险化学品。民用爆炸物品生产企业凭民用爆炸物品生产许可证购买易制爆危险化学品。

前款规定以外的单位购买剧毒化学品的，应当向所在地县级人民政府公安机关申请取得剧毒化学品购买许可证；购买易制爆危险化学品的，应当持本单位出具的合法用途说明。

个人不得购买剧毒化学品（属于剧毒化学品的农药除外）和易制爆危险化学品。

第三十九条 申请取得剧毒化学品购买许可证，申请人应当向所在地县级人民政府公安机关提交下列材料：

（一）营业执照或者法人证书（登记证书）的复印件；

（二）拟购买的剧毒化学品品种、数量的说明；

（三）购买剧毒化学品用途的说明；

（四）经办人的身份证明。

县级人民政府公安机关应当自收到前款规定的材料之日起 3 日内，作出批准或者不予批准的决定。予以批准的，颁发剧毒化学品购买许可证；不予批准的，书面通知申请人并说明理由。

剧毒化学品购买许可证管理办法由国务院公安部门制定。

第四十条 危险化学品生产企业、经营企业销售剧毒化学品、易制爆危险化学品，应当查验本条例第三十八条第一款、第二款规定的相关许可证件或者证明文件，不得向不具有相关许可证件或者证明文件的单位销售剧毒化学品、易制爆危险化学品。对持剧毒化学品购买许可证购买剧毒化学品的，应当按照许可证载明的品种、数量销售。

禁止向个人销售剧毒化学品（属于剧毒化学品的农药除外）和易制爆危险化学品。

第四十一条 危险化学品生产企业、经营企业销售剧毒化学品、易制爆危险化学品，应当如实记录购买单位的名称、地址、经办人的姓名、身份证号码以及所购买的剧毒化学品、易制爆危险化学品的品种、数量、用途。销售记录以及经办人的身份证明复印件、相关许可证件复印件或者证明文件的保存期限不得少于 1 年。

剧毒化学品、易制爆危险化学品的销售企业、购买单位应当在销售、购买后 5 日内，将所销售、购买的剧毒化学品、易制爆危险化学品的品种、数量以及流向信息报所在地县级人民政府公安机关备案，并输入计算机系统。

第四十二条 使用剧毒化学品、易制爆危险化学品的单位不得出借、转让其购买的剧毒化学品、易制爆危险化学品；因转产、停产、搬迁、关闭等确需转让的，应当向具有本条例第三十八条第一款、第二款规定的相关许可证件或者证明文件的单位转让，并在转让后将有关情况及时向所在地县级人民政府公安机关报告。

第五章 运输安全

第四十三条 从事危险化学品道路运输、水路运输的，应当分别依照有关道路运输、水路运输的法律、行政法规的规定，取得危险货物道路运输许可、危险货物水路运输许可，并向工商行政管理部门办理登记手续。

危险化学品道路运输企业、水路运输企业应当配备专职安全管理人员。

第四十四条 危险化学品道路运输企业、水路运输企业的驾驶人员、船员、装卸管理人员、押运人员、申报人员、集装箱装箱现场检查员应当经交通运输主管部门考核合格，取得从业资格。具体办法由国务院交通运输主管部门制定。

危险化学品的装卸作业应当遵守安全作业标准、规程和制度，并在装卸管理人员的现场指挥或者监控下进行。水路运输危险化学品的集装箱装箱作业应当在集装箱装箱现场检查员的指挥或者监控下进行，并符合积载、隔离的规范和要求；装箱作业完毕后，集装箱装箱现场检查员应当签署装箱证明书。

第四十五条 运输危险化学品，应当根据危险化学品的危险特性采取相应的安全防护措施，并配备必要的防护用品和应急救援器材。

用于运输危险化学品的槽罐以及其他容器应当封口严密，能够防止危险化学品在运输过程中因温度、湿度或者压力的变化发生渗漏、洒漏；槽罐以及其他容器的溢流和泄压装置应当设置准确、起闭灵活。

运输危险化学品的驾驶人员、船员、装卸管理人员、押运人员、申报人员、集装箱装箱现场检查员，应当了解所运输的危险化学品的危险特性及其包装物、容器的使用要求和出现危险情况时的应急处置方法。

第四十六条 通过道路运输危险化学品的，托运人应当委托依法取得危险货物道路运输许可的企业承运。

第四十七条 通过道路运输危险化学品的，应当按照运输车辆的核定载质量装载危险化学品，不得超载。

危险化学品运输车辆应当符合国家标准要求的安全技术条件，并按照国家有关规定定期进行安全技术检验。

危险化学品运输车辆应当悬挂或者喷涂符合国家标准要求的警示标志。

第四十八条 通过道路运输危险化学品的，应当配备押运人员，并保证所运输的危险化学品处于押运人员的监控之下。

运输危险化学品途中因住宿或者发生影响正常运输的情况，需要较长时间停车的，驾驶人员、押运人员应当采取相应的安全防范措施；运输剧毒化学品或者易制爆危险化学品的，还应当向当地公安机关报告。

第四十九条 未经公安机关批准，运输危险化学品的车辆不得进入危险化学品运输车辆限制通行的区域。危险化学品运输车辆限制通行的区域由县级人民政府公安机关划定，并设置明显的标志。

第五十条 通过道路运输剧毒化学品的，托运人应当向运输始发地或者目的地县级人民政府公安机关申请剧毒化学品道路运输通行证。

申请剧毒化学品道路运输通行证，托运人应当向县级人民政府公安机关提交下列材料：

（一）拟运输的剧毒化学品品种、数量的说明；

（二）运输始发地、目的地、运输时间和运输路线的说明；

（三）承运人取得危险货物道路运输许可、运输车辆取得营运证以及驾驶人员、押运人员取得上岗资格的证明文件；

（四）本条例第三十八条第一款、第二款规定的购买剧毒化学品的相关许可证件，或者海关出具的进出口证明文件。

县级人民政府公安机关应当自收到前款规定的材料之日起 7 日内，作出批准或者不予批准的决定。予以批准的，颁发剧毒化学品道路运输通行证；不予批准的，书面通知申请人并说明理由。

剧毒化学品道路运输通行证管理办法由国务院公安部门制定。

第五十一条 剧毒化学品、易制爆危险化学品在道路运输途中丢失、被盗、被抢或者出现流散、泄漏等情况的，驾驶人员、押运人员应当立即采取相应的警示措施和安全措施，并向当地公安机关报告。公安机关接到报告后，应当根据实际情况立即向安全生产监督管理部门、环境保护主管部门、卫生主管部门通报。有关部门应当采取必要的应急处置措施。

第五十二条 通过水路运输危险化学品的，应当遵守法律、行政法规以及国务院交通运输主管部门关于危险货物水路运输安全的规定。

第五十三条 海事管理机构应当根据危险化学品的种类和危险特性，确定船舶运输危险化学品的相关安全运输条件。

拟交付船舶运输的化学品的相关安全运输条件不明确的，货物所有人或者代理人应当委托相关技术机构进行评估，明确相关安全运输条件并经海事管理机构确认后，方可交付船舶运输。

第五十四条 禁止通过内河封闭水域运输剧毒化学品以及国家规定禁止通过内河运输的其他危险化学品。

前款规定以外的内河水域，禁止运输国家规定禁止通过内河运输的剧毒化学品以及其他危险化学品。

禁止通过内河运输的剧毒化学品以及其他危险化学品的范围，由国务院交通运输主管部门会同国务院环境保护主管部门、工业和信息化主管部门、安全生产监督管理部门，根据危险化学品的危险特性、危险化学品对人体和水环境的危害程度以及消除危害后果的难易程度等因素规定并公布。

第五十五条 国务院交通运输主管部门应当根据危险化学品的危险特性，对通过内河运输本条例第五十四条规定以外的危险化学品（以下简称通过内河运输危险化学品）实行分类管理，对各类危险化学品的运输方式、包装规范和安全防护措施等分别作出规定并监督实施。

第五十六条 通过内河运输危险化学品，应当由依法取得危险货物水路运输许可的水路运输企业承运，其他单位和个人不得承运。托运人应当委托依法取得危险货物水路运输许可的水路运输企业承运，不得委托其他单位和个人承运。

第五十七条 通过内河运输危险化学品，应当使用依法取得危险货物适装证书的运输船舶。水路运输企业应当针对所运输的危险化学品的危险特性，制定运输船舶危险化学品事故应急救援预案，并为运输船舶配备充足、有效的应急救援器材和设备。

通过内河运输危险化学品的船舶，其所有人或者经营人应当取得船舶污染损害责任保险证书或者财务担保证明。船舶污染损害责任保险证书或者财务担保证明的副本应当随船携带。

第五十八条 通过内河运输危险化学品，危险化学品包装物的材质、型式、强度以及包装方法应当符合水路运输危险化学品包装规范的要求。国务院交通运输主管部门对单船运输的危险化学品数量有限制性规定的，承运人应当按照规定安排运输数量。

第五十九条 用于危险化学品运输作业的内河码头、泊位应当符合国家有关安全规范，与饮用水取水口保持国家规定的距离。有关管理单位应当制定码头、泊位危险化学品事故应急预案，并为码头、泊位配备充足、有效的应急救援器材和设备。

用于危险化学品运输作业的内河码头、泊位，经交通运输主管部门按照国家有关规定验收合格后方可投入使用。

第六十条 船舶载运危险化学品进出内河港口，应当将危险化学品的名称、危险特性、包装以及进出港时间等事项，事先报告海事管理机构。海事管理机构接到报告后，应当在国务院交通运输主管部门规定的时间内作出是否同意的决定，通知报告人，同时通报港口行政管理部门。定船舶、定航线、定货种的船舶可以定期报告。

在内河港口内进行危险化学品的装卸、过驳作业，应当将危险化学品的名称、危险特性、包装和作业的时间、地点等事项报告港口行政管理部门。港口行政管理部门接到报告后，应当在国务院交通运输主管部门规定的时间内作出是否同意的决定，通知报告人，同时通报海事管理机构。

载运危险化学品的船舶在内河航行，通过过船建筑物的，应当提前向交通运输主管部门申报，并接受交通运输主管部门的管理。

第六十一条 载运危险化学品的船舶在内河航行、装卸或者停泊，应当悬挂专用的警示标志，按照规定显示专用信号。

载运危险化学品的船舶在内河航行，按照国务院交通运输主管部门的规定需要引航的，应当申请引航。

第六十二条 载运危险化学品的船舶在内河航行，应当遵守法律、行政法规和国家其他有关饮用水水源保护的规定。内河航道发展规划应当与依法经批准的饮用水水源保护区划定方案相协调。

第六十三条 托运危险化学品的，托运人应当向承运人说明所托运的危险化学品的种类、数量、危险特性以及发生危险情况的应急处置措施，并按照国家有关规定对所托运的危险化学品妥善包装，在外包装上设置相应的标志。

运输危险化学品需要添加抑制剂或者稳定剂的，托运人应当添加，并将有关情况告知承运人。

第六十四条 托运人不得在托运的普通货物中夹带危险化学品，不得将危险化学品匿报或者谎报为普通货物托运。

任何单位和个人不得交寄危险化学品或者在邮件、快件内夹带危险化学品，不得将危险化学品匿报或者谎报为普通物品交寄。邮政企业、快递企业不得收寄危险化学品。

对涉嫌违反本条第一款、第二款规定的，交通运输主管部门、邮政管理部门可以依法开拆查验。

第六十五条 通过铁路、航空运输危险化学品的安全管理，依照有关铁路、航空运输的法律、行政法规、规章的规定执行。

第六章 危险化学品登记与事故应急救援

第六十六条 国家实行危险化学品登记制度，为危险化学品安全管理以及危险化学品事故预防和应急救援提供技术、信息支持。

第六十七条 危险化学品生产企业、进口企业，应当向国务院安全生产监督管理部门负责危险化学品登记的机构（以下简称危险化学品登记机构）办理危险化学品登记。

危险化学品登记包括下列内容：

（一）分类和标签信息；

（二）物理、化学性质；

（三）主要用途；

（四）危险特性；

（五）储存、使用、运输的安全要求；

（六）出现危险情况的应急处置措施。

对同一企业生产、进口的同一品种的危险化学品，不进行重复登记。危险化学品生产企业、进口企业发现其生产、进口的危险化学品有新的危险特性的，应当及时向危险化学品登记机构办理登记内容变更手续。

危险化学品登记的具体办法由国务院安全生产监督管理部门制定。

第六十八条 危险化学品登记机构应当定期向工业和信息化、环境保护、公安、卫生、交通运输、铁路、质量监督检验检疫等部门提供危险化学品登记的有关信息和资料。

第六十九条 县级以上地方人民政府安全生产监督管理部门应当会同工业和信息化、环境保护、公安、卫生、交通运输、铁路、质量监督检验检疫等部门，根据本地区实际情况，制定危险化学品事故应急预案，报本级人民政府批准。

第七十条 危险化学品单位应当制定本单位危险化学品事故应急预案，配备应急救援人员和必要的应急救援器材、设备，并定期组织应急救援演练。

危险化学品单位应当将其危险化学品事故应急预案报所在地设区的市级人民政府安全生产监督管理部门备案。

第七十一条 发生危险化学品事故，事故单位主要负责人应当立即按照本单位危险化学品应急预案组织救援，并向当地安全生产监督管理部门和环境保护、公安、卫生主管部门报告；道路运输、水路运输过程中发生危险化学品事故的，驾驶人员、船员或者押运人员还应当向事故发生地交通运输主管部门报告。

第七十二条 发生危险化学品事故，有关地方人民政府应当立即组织安全生产监督管理、环境保护、公安、卫生、交通运输等有关部门，按照本地区危险化学品事故应急预案组织实施救援，不得拖延、推诿。

有关地方人民政府及其有关部门应当按照下列规定，采取必要的应急处置措施，减少事故损失，防止事故蔓延、扩大：

（一）立即组织营救和救治受害人员，疏散、撤离或者采取其他措施保护危害区域内的其他人员；

（二）迅速控制危害源，测定危险化学品的性质、事故的危害区域及危害程度；

（三）针对事故对人体、动植物、土壤、水源、大气造成的现实危害和可能产生的危害，迅速采取封闭、隔离、洗消等措施；

（四）对危险化学品事故造成的环境污染和生态破坏状况进行监测、评估，并采取相应的环境污染治理和生态修复措施。

第七十二条 有关危险化学品单位应当为危险化学品事故应急救援提供技术指导和必要的协助。

第七十四条 危险化学品事故造成环境污染的，由设区的市级以上人民政府环境保护主管部门统一发布有关信息。

第七章　法律责任

第七十五条 生产、经营、使用国家禁止生产、经营、使用的危险化学品的，由安全生产监督管理部门责令停止生产、经营、使用活动，处20万元以上50万元以下的罚款，有违法所得的，没收违法所得；构成犯罪的，依法追究刑事责任。

有前款规定行为的，安全生产监督管理部门还应当责令其对所生产、经营、使用的危险化学品进行无害化处理。

违反国家关于危险化学品使用的限制性规定使用危险化学品的，依照本条第一款的规定处理。

第七十六条 未经安全条件审查，新建、改建、扩建生产、储存危险化学品的建设项目的，由安全生产监督管理部门责令停止建设，限期改正；逾期不改正的，处50万元以上100万元以下的罚款；构成犯罪的，依法追究刑事责任。

未经安全条件审查，新建、改建、扩建储存、装卸危险化学品的港口建设项目的，由港口行政管理部门依照前款规定予以处罚。

第七十七条 未依法取得危险化学品安全生产许可证从事危险化学品生产，或者未依法取得工业产品生产许可证从事危险化学品及其包装物、容器生产的，分别依照《安全生产许可证条例》、《中华人民共和国工业产品生产许可证管理条例》的规定处罚。

违反本条例规定，化工企业未取得危险化学品安全使用许可证，使用危险化学品从事生产的，由安全生产监督管理部门责令限期改正，处10万元以上20万元以下的罚款；逾期不改正的，责令停产整顿。

违反本条例规定，未取得危险化学品经营许可证从事危险化学品经营的，由安全生产监督管理部门责令停止经营活动，没收违法经营的危险化学品以及违法所得，并处10万元以上20万元以下的罚款；构成犯罪的，依法追究刑事责任。

第七十八条 有下列情形之一的，由安全生产监督管理部门责令改正，可以处5万元以下的罚款；拒不改正的，处5万元以上10万元以下的罚款；情节严重的，责令停产停业整顿：

（一）生产、储存危险化学品的单位未对其铺设的危险化学品管道设置明显的标志，或者未对危险化学品管道定期检查、检测的；

（二）进行可能危及危险化学品管道安全的施工作业，施工单位未按照规定书面通知管道所属单位，或者未与管道所属单位共同制定应急预案、采取相应的安全防护措施，或者管道所属单位未指派专门人员到现场进行管道安全保护指导的；

（三）危险化学品生产企业未提供化学品安全技术说明书，或者未在包装（包括外包装件）上粘贴、拴挂化学品安全标签的；

（四）危险化学品生产企业提供的化学品安全技术说明书与其生产的危险化学品不相符，或者在包装（包括外包装件）粘贴、拴挂的化学品安全标签与包装内危险化学品不相符，或者化学品安全技术说明书、化学品安全标签所载明的内容不符合国家标准要求的；

（五）危险化学品生产企业发现其生产的危险化学品有新的危险特性不立即公告，或者不及时修订其化学品安全技术说明书和化学品安全标签的；

（六）危险化学品经营企业经营没有化学品安全技术说明书和化学品安全标签的危险化学品的；

（七）危险化学品包装物、容器的材质以及包装的型式、规格、方法和单件质量（重量）与所包装的危险化学品的性质和用途不相适应的；

（八）生产、储存危险化学品的单位未在作业场所和安全设施、设备上设置明显的安全警示标志，或者未在作业场所设置通信、报警装置的；

（九）危险化学品专用仓库未设专人负责管理，或者对储存的剧毒化学品以及储存数量构成重大危险源的其他危险化学品未实行双人收发、双人保管制度的；

（十）储存危险化学品的单位未建立危险化学品出入库核查、登记制度的；

（十一）危险化学品专用仓库未设置明显标志的；

（十二）危险化学品生产企业、进口企业不办理危险化学品登记，或者发现其生产、进口的危险化学品有新的危险特性不办理危险化学品登记内容变更手续的。

从事危险化学品仓储经营的港口经营人有前款规定情形的，由港口行政管理部门依照前款规定予以处罚。储存剧毒化学品、易制爆危险化学品的专用仓库未按照国家有关规定设置相应的技术防范设施的，由公安机关依照前款规定予以处罚。

生产、储存剧毒化学品、易制爆危险化学品的单位未设置治安保卫机构、配备专职治安保卫人员的，依照《企业事业单位内部治安保卫条例》的规定处罚。

第七十九条 危险化学品包装物、容器生产企业销售未经检验或者经检验不合格的危险化学品包装物、容器的，由质量监督检验检疫部门责令改正，处10万元以上20万元以下的罚款，有违法所得的，没收违法所得；拒不改正的，责令停产停业整顿；构成犯罪的，依法追究刑事责任。

将未经检验合格的运输危险化学品的船舶及其配载的容器投入使用的，由海事管理机构依照前款规定予以处罚。

第八十条 生产、储存、使用危险化学品的单位有下列情形之一的，由安全生产监督管理部门责令改正，处5万元以上10万元以下的罚款；拒不改正的，责令停产停业整顿直至由原发证机关吊销其相关许可证件，并由工商行政管理部门责令其办理经营范围变更登记或者吊销其营业执照；有关责任人员构成犯罪的，依法追究刑事责任：

（一）对重复使用的危险化学品包装物、容器，在重复使用前不进行检查的；

（二）未根据其生产、储存的危险化学品的种类和危险特性，在作业场所设置相关安全设施、设备，或者未按照国家标准、行业标准或者国家有关规定对安全设施、设备进行经常性维护、保养的；

（三）未依照本条例规定对其安全生产条件定期进行安全评价的；

（四）未将危险化学品储存在专用仓库内，或者未将剧毒化学品以及储存数量构成重大危险源的其他危险化学品在专用仓库内单独存放的；

（五）危险化学品的储存方式、方法或者储存数量不符合国家标准或者国家有关规定的；

（六）危险化学品专用仓库不符合国家标准、行业标准的要求的；

（七）未对危险化学品专用仓库的安全设施、设备定期进行检测、检验的。

从事危险化学品仓储经营的港口经营人有前款规定情形的，由港口行政管理部门依照前款规定予以处罚。

第八十一条 有下列情形之一的，由公安机关责令改正，可以处1万元以下的罚款；拒不改正的，处1万元以上5万元以下的罚款：

（一）生产、储存、使用剧毒化学品、易制爆危险化学品的单位不如实记录生产、储存、使用的剧毒化学品、易制爆危险化学品的数量、流向的；

（二）生产、储存、使用剧毒化学品、易制爆危险化学品的单位发现剧毒化学品、易制爆危险化学品丢失或者被盗，不立即向公安机关报告的；

（三）储存剧毒化学品的单位未将剧毒化学品的储存数量、储存地点以及管理人员的情况报所在地县级人民政府公安机关备案的；

（四）危险化学品生产企业、经营企业不如实记录剧毒化学品、易制爆危险化学品购买单位的名称、地址、经办人的姓名、身份证号码以及所购买的剧毒化学品、易制爆危险化学品的品种、数量、用途，或者保存销售记录和相关材料的时间少于1年的；

（五）剧毒化学品、易制爆危险化学品的销售企业、购买单位未在规定的时限内将所销售、购买的剧毒化学品、易制爆危险化学品的品种、数量以及流向信息报所在地县级人民政府公安机关备案的；

（六）使用剧毒化学品、易制爆危险化学品的单位依照本条例规定转让其购买的剧毒化学品、易制爆危险化学品，未将有关情况向所在地县级人民政府公安机关报告的。

生产、储存危险化学品的企业或者使用危险化学品从事生产的企业未按照本条例规定将安全评价报告以及整改方案的落实情况报安全生产监督管理部门或者港口行政管理部门备案，或者储存危险化学品的单位未将其剧毒化学品以及储存数量构成重大危险源的其他危险化学品的储存数量、储存地点以及管理人员的情况报安全生产监督管理部门或者港口行政管理部门备案的，分别由安全生产监督管理部门或者港口行政管理部门依照前款规定予以处罚。

生产实施重点环境管理的危险化学品的企业或者使用实施重点环境管理的危险化学品从事生产的企业未按照规定将相关信息向环境保护主管部门报告的，由环境保护主管部门依照本条第一款的规定予以处罚。

第八十二条 生产、储存、使用危险化学品的单位转产、停产、停业或者解散，未采取有效措施及时、妥善处置其危险化学品生产装置、储存设施以及库存的危险化学品，或者丢弃危险化学品的，由安全生产监督管理部门责令改正，处5万元以上10万元以下的罚款；构成犯罪的，依法追究刑事责任。

生产、储存、使用危险化学品的单位转产、停产、停业或者解散，未依照本条例规定将其危险化学品生产装置、储存设施以及库存危险化学品的处置方案报有关部门备案的，分别由有关部门责令改正，可以处1万元以下的罚款；拒不改正的，处1万元以上5万元以下的罚款。

第八十三条 危险化学品经营企业向未经许可违法从事危险化学品生产、经营活动的企业采购危险化学品的，由工商行政管理部门责令改正，处10万元以上20万元以下的罚款；拒不改正的，责令停业整顿直至由原发证机关吊销其危险化学品经营许可证，并由工商行政管理部门责令其办理经营范围变更登记或者吊销其营业执照。

第八十四条 危险化学品生产企业、经营企业有下列情形之一的，由安全生产监督管理部门责令改正，没收违法所得，并处10万元以上20万元以下的罚款；拒不改正的，责令停产停业整顿直至吊销其危险化学品安全生产许可证、危险化学品经营许可证，并由工商行政管理部门责令其办理经营范围变更登记或者吊销其营业执照：

（一）向不具有本条例第三十八条第一款、第二款规定的相关许可证件或者证明文件的单位销售剧毒化学品、易制爆危险化学品的；

（二）不按照剧毒化学品购买许可证载明的品种、数量销售剧毒化学品的；

（三）向个人销售剧毒化学品（属于剧毒化学品的农药除外）、易制爆危险化学品的。

不具有本条例第三十八条第一款、第二款规定的相关许可证件或者证明文件的单位购买剧毒化学品、易制爆危险化学品，或者个人购买剧毒化学品（属于剧毒化学品的农药除外）、易制爆危险化学品的，由公安机关没收所购买的剧毒化学品、易制爆危险化学品，可以并处5000元以下的罚款。

使用剧毒化学品、易制爆危险化学品的单位出借或者向不具有本条例第三十八条第一款、第二款规定的相关许可证件的单位转让其购买的剧毒化学品、易制爆危险化学品，或者向个人转让其购买的剧毒化学品（属于剧毒化学品的农药除外）、易制爆危险化学品的，由公安机关责令改正，处10万元以上20万元以下的罚款；拒不改正的，责令停产停业整顿。

第八十五条 未依法取得危险货物道路运输许可、危险货物水路运输许可，从事危险化学品道路运输、水路运输的，分别依照有关道路运输、水路运输的法律、行政法规的规定处罚。

第八十六条 有下列情形之一的，由交通运输主管部门责令改正，处5万元以上10万元以下的罚款；拒不改正的，责令停产停业整顿；构成犯罪的，依法追究刑事责任：

（一）危险化学品道路运输企业、水路运输企业的驾驶人员、船员、装卸管理人员、押运人员、申报人员、集装箱装箱现场检查员未取得从业资格上岗作业的；

（二）运输危险化学品，未根据危险化学品的危险特性采取相应的安全防护措施，或者未配备必要的防护用品和应急救援器材的；

（三）使用未依法取得危险货物适装证书的船舶，通过内河运输危险化学品的；

（四）通过内河运输危险化学品的承运人违反国务院交通运输主管部门对单船运输的危险化学品数量的限制性规定运输危险化学品的；

（五）用于危险化学品运输作业的内河码头、泊位不符合国家有关安全规范，或者未与饮用水取水口保持国家规定的安全距离，或者未经交通运输主管部门验收合格投入使用的；

（六）托运人不向承运人说明所托运的危险化学品的种类、数量、危险特性以及发生危险情况的应急处置措施，或者未按照国家有关规定对所托运的危险化学品妥善包装并在外包装上设置相应标志的；

（七）运输危险化学品需要添加抑制剂或者稳定剂，托运人未添加或者未将有关情况告知承运人的。

第八十七条 有下列情形之一的，由交通运输主管部门责令改正，处10万元以上20万元以下的罚款，有违法所得的，没收违法所得；拒不改正的，责令停产停业整顿；构成犯罪的，依法追究刑事责任：

（一）委托未依法取得危险货物道路运输许可、危险货物水路运输许可的企业承运危险化学品的；

（二）通过内河封闭水域运输剧毒化学品以及国家规定禁止通过内河运输的其他危险化学品的；

（三）通过内河运输国家规定禁止通过内河运输的剧毒化学品以及其他危险化学品的；

（四）在托运的普通货物中夹带危险化学品，或者将危险化学品谎报或者匿报为普通货物托运的。

在邮件、快件内夹带危险化学品，或者将危险化学品谎报为普通物品交寄的，依法给予治安管理处罚；构成犯罪的，依法追究刑事责任。

邮政企业、快递企业收寄危险化学品的，依照《中华人民共和国邮政法》的规定处罚。

第八十八条 有下列情形之一的，由公安机关责令改正，处5万元以上10万元以下的罚款；构成违反治安管理行为的，依法给予治安管理处罚；构成犯罪的，依法追究刑事责任：

（一）超过运输车辆的核定载质量装载危险化学品的；

（二）使用安全技术条件不符合国家标准要求的车辆运输危险化学品的；

（三）运输危险化学品的车辆未经公安机关批准进入危险化学品运输车辆限制通行的区域的；

（四）未取得剧毒化学品道路运输通行证，通过道路运输剧毒化学品的。

第八十九条 有下列情形之一的，由公安机关责令改正，处1万元以上5万元以下的罚款；构成违反治安管理行为的，依法给予治安管理处罚：

（一）危险化学品运输车辆未悬挂或者喷涂警示标志，或者悬挂或者喷涂的警示标志不符合国家标准要求的；

（二）通过道路运输危险化学品，不配备押运人员的；

（三）运输剧毒化学品或者易制爆危险化学品途中需要较长时间停车，驾驶人员、押运人员不向当地公安机关报告的；

（四）剧毒化学品、易制爆危险化学品在道路运输途中丢失、被盗、被抢或者发生流散、泄露等情况，驾驶人员、押运人员不采取必要的警示措施和安全措施，或者不向当地公安机关报告的。

第九十条 对发生交通事故负有全部责任或者主要责任的危险化学品道路运输企业，由公安机关责令消除安全隐患，未消除安全隐患的危险化学品运输车辆，禁止上道路行驶。

第九十一条 有下列情形之一的，由交通运输主管部门责令改正，可以处1万元以下的罚款；拒不改正的，处1万元以上5万元以下的罚款：

（一）危险化学品道路运输企业、水路运输企业未配备专职安全管理人员的；

（二）用于危险化学品运输作业的内河码头、泊位的管理单位未制定码头、泊位危险化学品事故应急救援预案，或者未为码头、泊位配备充足、有效的应急救援器材和设备的。

第九十二条 有下列情形之一的，依照《中华人民共和国内河交通安全管理条例》的规定处罚：

（一）通过内河运输危险化学品的水路运输企业未制定运输船舶危险化学品事故应急救援预案，或者未为运输船舶配备充足、有效的应急救援器材和设备的；

（二）通过内河运输危险化学品的船舶的所有人或者经营人未取得船舶污染损害责任保险证书或者财务担保证明的；

（三）船舶载运危险化学品进出内河港口，未将有关事项事先报告海事管理机构并经其同意的；

（四）载运危险化学品的船舶在内河航行、装卸或者停泊，未悬挂专用的警示标志，或者未按照规定显示专用信号，或者未按照规定申请引航的。

未向港口行政管理部门报告并经其同意，在港口内进行危险化学品的装卸、过驳作业的，依照《中华人民共和国港口法》的规定处罚。

第九十三条 伪造、变造或者出租、出借、转让危险化学品安全生产许可证、工业产品生产许可证，或者使用伪造、变造的危险化学品安全生产许可证、工业产品生产许可证的，分别依照《安全生产许可证条例》、《中华人民共和国工业产品生产许可证管理条例》的规定处罚。

伪造、变造或者出租、出借、转让本条例规定的其他许可证，或者使用伪造、变造的本条例规定的其他许可证的，分别由相关许可证的颁发管理机关处10万元以上20万元以下的罚款，有违法所得的，没收违法所得；构成违反治安管理行为的，依法给予治安管理处罚；构成犯罪的，依法追究刑事责任。

第九十四条 危险化学品单位发生危险化学品事故，其主要负责人不立即组织救援或者不立即向有关部门报告的，依照《生产安全事故报告和调查处理条例》的规定处罚。

危险化学品单位发生危险化学品事故，造成他人人身伤害或者财产损失的，依法承担赔偿责任。

第九十五条 发生危险化学品事故，有关地方人民政府及其有关部门不立即组织实施救援，或者不采取必要的应急处置措施减少事故损失，防止事故蔓延、扩大的，对直接负责的主管人员和其他直接责任人员依法给予处分；构成犯罪的，依法追究刑事责任。

第九十六条 负有危险化学品安全监督管理职责的部门的工作人员，在危险化学品安全监督管理工作中滥用职权、玩忽职守、徇私舞弊，构成犯罪的，依法追究刑事责任；尚不构成犯罪的，依法给予处分。

第八章　附　则

第九十七条 监控化学品、属于危险化学品的药品和农药的安全管理，依照本条例的规定执行；法律、行政法规另有规定的，依照其规定。

民用爆炸物品、烟花爆竹、放射性物品、核能物质以及用于国防科研生产的危险化学品的安全管理，不适用本条例。

法律、行政法规对燃气的安全管理另有规定的，依照其规定。

危险化学品容器属于特种设备的，其安全管理依照有关特种设备安全的法律、行政法规的规定执行。

第九十八条 危险化学品的进出口管理，依照有关对外贸易的法律、行政法规、规章的规定执行；进口的危险化学品的储存、使用、经营、运输的安全管理，依照本条例的规定执行。

危险化学品环境管理登记和新化学物质环境管理登记，依照有关环境保护的法律、行政法规、规章的规定执行。危险化学品环境管理登记，按照国家有关规定收取费用。

第九十九条 公众发现、捡拾的无主危险化学品，由公安机关接收。公安机关接收或者有关部门依法没收的危险化学品，需要进行无害化处理的，交由环境保护主管部门组织其认定的专业单位进行处理，或者交由有关危险化学品生产企业进行处理。处理所需费用由国家财政负担。

第一百条 化学品的危险特性尚未确定的，由国务院安全生产监督管理部门、国务院环境保护主管部门、国务院卫生主管部门分别负责组织对该化学品的物理危险性、环境危害性、毒理特性进行鉴定。根据鉴定结果，需要调整危险化学品目录的，依照本条例第三条第二款的规定办理。

第一百零一条 本条例施行前已经使用危险化学品从事生产的化工企业，依照本条例规定需要取得危险化学品安全使用许可证的，应当在国务院安全生产监督管理部门规定的期限内，申请取得危险化学品安全使用许可证。

第一百零二条 本条例自 2011 年 12 月 1 日起施行。

化妆品卫生监督条例

（1989 年 9 月 26 日国务院批准，1989 年 11 月 13 日卫生部令第 3 号发布，自 1990 年 1 月 1 日起施行）

第一章　总　则

第一条　为加强化妆品的卫生监督，保证化妆品的卫生质量和使用安全，保障消费者健康，制定本条例。

第二条　本条例所称的化妆品，是指以涂擦、喷洒或者其他类似的方法，散布于人体表面任何部位（皮肤、毛发、指甲、口唇等），以达到清洁、消除不良气味、护肤、美容和修饰目的的日用化学工业产品。

第三条　国家实行化妆品卫生监督制度。国务院卫生行政部门主管全国化妆品的卫生监督工作，县以上地方各级人民政府的卫生行政部门主管本辖区内化妆品的卫生监督工作。

第四条　凡从事化妆品生产、经营的单位和个人都必须遵守本条例。

第二章　化妆品生产的卫生监督

第五条　对化妆品生产企业的卫生监督实行卫生许可证制度。

《化妆品生产企业卫生许可证》由省、自治区、直辖市卫生行政部门批准并颁发。《化妆品生产企业卫生许可证》有效期四年，每 2 年复核 1 次。

未取得《化妆品生产企业卫生许可证》的单位，不得从事化妆品生产。

第六条　化妆品生产企业必须符合下列卫生要求：

（一）生产企业应当建在清洁区域内，与有毒、有害场所保持符合卫生要求的间距。

（二）生产企业厂房的建筑应当坚固、清洁。车间内天花板、墙壁、地面应当采用光洁建筑材料，应当具有良好的采光（或照明），并应当具有防止和消除鼠害和其他有害昆虫及其孳生条件的设施和措施。

（三）生产企业应当设有与产品品种、数量相适应的化妆品原料、加工、包装、贮存等厂房或场所。

（四）生产车间应当有适合产品特点的相应的生产设施，工艺规程应当符合卫生要求。

（五）生产企业必须具有能对所生产的化妆品进行微生物检验的仪器设备和检验人员。

第七条　直接从事化妆品生产的人员，必须每年进行健康检查，取得健康证后方可从事化妆品的生产活动。

凡患有手癣、指甲癣、手部湿疹、发生于手部的银屑病或者鳞屑、渗出性皮肤病以及患有痢疾、伤寒、病毒性肝炎、活动性肺结核等传染病的人员，不得直接从事化妆品生产活动。

第八条　生产化妆品所需的原料、辅料以及直接接触化妆品的容器和包装材料必须符合国家卫生标准。

第九条 使用化妆品新原料生产化妆品，必须经国务院卫生行政部门批准。

化妆品新原料是指在国内首次使用于化妆品生产的天然或人工原料。

第十条 生产特殊用途的化妆品，必须经国务院卫生行政部门批准，取得批准文号后方可生产。

特殊用途化妆品是指用于育发、染发、烫发、脱毛、美乳、健美、除臭、祛斑、防晒的化妆品。

第十一条 生产企业在化妆品投放市场前，必须按照国家《化妆品卫生标准》对产品进行卫生质量检验，对质量合格的产品应当附有合格标记。未经检验或者不符合卫生标准的产品不得出厂。

第十二条 化妆品标签上应当注明产品名称、厂名，并注明生产企业卫生许可证编号；小包装或者说明书上应当注明生产日期和有效使用期限。特殊用途的化妆品，还应当注明批准文号。对可能引起不良反应的化妆品，说明书上应当注明使用方法、注意事项。

化妆品标签、小包装或者说明书上不得注有适应症，不得宣传疗效，不得使用医疗术语。

第三章　化妆品经营的卫生监督

第十三条 化妆品经营单位和个人不得销售下列化妆品：

（一）未取得《化妆品生产企业卫生许可证》的企业所生产的化妆品；

（二）无质量合格标记的化妆品；

（三）标签、小包装或者说明书不符合本条例第十二条规定的化妆品；

（四）未取得批准文号的特殊用途化妆品；

（五）超过使用期限的化妆品。

第十四条 化妆品的广告宣传不得有下列内容：

（一）化妆品名称、制法、效用或者性能有虚假夸大的；

（二）使用他人名义保证或以暗示方法使人误解其效用的；

（三）宣传医疗作用的。

第十五条 首次进口的化妆品，进口单位必须提供该化妆品的说明书、质量标准、检验方法等有关资料和样品以及出口国（地区）批准生产的证明文件，经国务院卫生行政部门批准，方可签订进口合同。

第十六条 进口的化妆品，必须经国家商检部门检验；检验合格的，方准进口。

个人自用进口的少量化妆品，按照海关规定办理进口手续。

第四章　化妆品卫生监督机构与职责

第十七条 各级卫生行政部门行使化妆品卫生监督职责，并指定化妆品卫生监督检验机构，负责本辖区内化妆品的监督检验工作。

第十八条 国务院卫生行政部门聘请科研、医疗、生产、卫生管理等有关专家组成化妆品安全性评审组，对进口化妆品、特殊用途的化妆品和化妆品新原料进行安全性评审，对化妆品引起的重大事故进行技术鉴定。

第十九条 各级卫生行政部门设化妆品卫生监督员，对化妆品实施卫生监督。

化妆品卫生监督员，由省、自治区、直辖市卫生行政部门和国务院卫生行政部门，从符合条件的卫生专业人员中聘任，并发给其证章和证件。

第二十条 化妆品卫生监督员在实施化妆品卫生监督时，应当佩戴证章，出示证件。

化妆品卫生监督员对生产企业提供的技术资料应当负责保密。

第二十一条 化妆品卫生监督员有权按照国家规定向生产企业和经营单位抽检样品，索取与卫生监督有关的安全性资料，任何单位不得拒绝、隐瞒和提供假材料。

第二十二条 各级卫生行政部门和化妆品卫生监督员及卫生监督检验机构不得以技术咨询、技术服务等方式参与生产、销售化妆品，不得监制化妆品。

第二十三条 对因使用化妆品引起不良反应的病例，各医疗单位应当向当地卫生行政部门报告。

第五章 罚 则

第二十四条 未取得《化妆品生产企业卫生许可证》的企业擅自生产化妆品的，责令该企业停产，没收产品及违法所得，并且可以处违法所得3到5倍的罚款。

第二十五条 生产未取得批准文号的特殊用途的化妆品，或者使用化妆品禁用原料和未经批准的化妆品新原料的，没收产品及违法所得，处违法所得3到5倍的罚款，并且可以责令该企业停产或者吊销《化妆品生产企业卫生许可证》。

第二十六条 进口或者销售未经批准或者检验的进口化妆品的，没收产品及违法所得，并且可以处违法所得3到5倍的罚款。

对已取得批准文号的生产特殊用途化妆品的企业，违反本条例规定，情节严重的，可以撤销产品的批准文号。

第二十七条 生产或者销售不符合国家《化妆品卫生标准》的化妆品的，没收产品及违法所得，并且可以处违法所得3到5倍的罚款。

第二十八条 对违反本条例其他有关规定的，处以警告，责令限期改进；情节严重的，对生产企业，可以责令该企业停产或者吊销《化妆品生产企业卫生许可证》，对经营单位，可以责令其停止经营，没收违法所得，并且可以处违法所得2到3倍的罚款。

第二十九条 本条例规定的行政处罚，由县级以上卫生行政部门决定。违反本条例第十四条有关广告管理的行政处罚，由工商行政管理部门决定。

吊销《化妆品生产企业卫生许可证》的处罚由省、自治区、直辖市卫生行政部门决定；撤销特殊用途化妆品批准文号的处罚由国务院卫生行政部门决定。

罚款及没收违法所得全部上交国库。没收的产品，由卫生行政部门监督处理。

第三十条 当事人对卫生行政部门的行政处罚决定不服的，可以在收到通知书次日起15日内向上一级卫生行政部门申请复议。上一级卫生行政部门应当在30日内给予答复。当事人对上一级卫生行政部门复议决定不服的，可以在收到复议通知书次日起15日内向人民法院起诉。但对卫生行政部门所作出的没收产品及责令停产的处罚决定必须立即执行。当事人对处罚决定不执行，逾期又不起诉的，卫生行政部门可以申请人民法院强制执行。

第三十一条 对违反本条例造成人体损伤或者发生中毒事故的，有直接责任的生产企业和经营单位或者个人应负损害赔偿责任。

对造成严重后果，构成犯罪的，由司法机关依法追究刑事责任。

第三十二条 化妆品卫生监督员滥用职权，营私舞弊以及泄露企业提供的技术资料的，由卫生行政部门给予行政处分，造成严重后果，构成犯罪的，由司法机关依法追究刑事责任。

第六章　附　则

第三十三条　中国人民解放军所属单位生产的投放市场的化妆品的卫生监督，依照本条例执行。

第三十四条　本条例由国务院卫生行政部门负责解释；实施细则由国务院卫生行政部门制定。

第三十五条　本条例自 1990 年 1 月 1 日起施行。

中华人民共和国海关行政处罚实施条例

（2004年9月19日中华人民共和国国务院令第420号公布，自2004年11月1日起施行）

第一章 总 则

第一条 为了规范海关行政处罚，保障海关依法行使职权，保护公民、法人或者其他组织的合法权益，根据《中华人民共和国海关法》（以下简称海关法）及其他有关法律的规定，制定本实施条例。

第二条 依法不追究刑事责任的走私行为和违反海关监管规定的行为，以及法律、行政法规规定由海关实施行政处罚的行为的处理，适用本实施条例。

第三条 海关行政处罚由发现违法行为的海关管辖，也可以由违法行为发生地海关管辖。

2个以上海关都有管辖权的案件，由最先发现违法行为的海关管辖。

管辖不明确的案件，由有关海关协商确定管辖，协商不成的，报请共同的上级海关指定管辖。

重大、复杂的案件，可以由海关总署指定管辖。

第四条 海关发现的依法应当由其他行政机关处理的违法行为，应当移送有关行政机关处理；违法行为涉嫌犯罪的，应当移送海关侦查走私犯罪公安机构、地方公安机关依法办理。

第五条 依照本实施条例处以警告、罚款等行政处罚，但不没收进出境货物、物品、运输工具的，不免除有关当事人依法缴纳税款、提交进出口许可证件、办理有关海关手续的义务。

第六条 抗拒、阻碍海关侦查走私犯罪公安机构依法执行职务的，由设在直属海关、隶属海关的海关侦查走私犯罪公安机构依照治安管理处罚的有关规定给予处罚。

抗拒、阻碍其他海关工作人员依法执行职务的，应当报告地方公安机关依法处理。

第二章 走私行为及其处罚

第七条 违反海关法及其他有关法律、行政法规，逃避海关监管，偷逃应纳税款、逃避国家有关进出境的禁止性或者限制性管理，有下列情形之一的，是走私行为：

（一）未经国务院或者国务院授权的机关批准，从未设立海关的地点运输、携带国家禁止或者限制进出境的货物、物品或者依法应当缴纳税款的货物、物品进出境的；

（二）经过设立海关的地点，以藏匿、伪装、瞒报、伪报或者其他方式逃避海关监管，运输、携带、邮寄国家禁止或者限制进出境的货物、物品或者依法应当缴纳税款的货物、物品进出境的；

（三）使用伪造、变造的手册、单证、印章、账册、电子数据或者以其他方式逃避海关监管，擅自将海关监管货物、物品、进境的境外运输工具，在境内销售的；

（四）使用伪造、变造的手册、单证、印章、账册、电子数据或者以伪报加工贸易制成品单位耗料量等方式，致使海关监管货物、物品脱离监管的；

（五）以藏匿、伪装、瞒报、伪报或者其他方式逃避海关监管，擅自将保税区、出口加工区等海关特殊监管区域内的海关监管货物、物品，运出区外的；

（六）有逃避海关监管，构成走私的其他行为的。

第八条 有下列行为之一的，按走私行为论处：

（一）明知是走私进口的货物、物品，直接向走私人非法收购的；

（二）在内海、领海、界河、界湖，船舶及所载人员运输、收购、贩卖国家禁止或者限制进出境的货物、物品，或者运输、收购、贩卖依法应当缴纳税款的货物，没有合法证明的。

第九条 有本实施条例第七条、第八条所列行为之一的，依照下列规定处罚：

（一）走私国家禁止进出口的货物的，没收走私货物及违法所得，可以并处100万元以下罚款；走私国家禁止进出境的物品的，没收走私物品及违法所得，可以并处10万元以下罚款；

（二）应当提交许可证件而未提交但未偷逃税款，走私国家限制进出境的货物、物品的，没收走私货物、物品及违法所得，可以并处走私货物、物品等值以下罚款；

（三）偷逃应纳税款但未逃避许可证件管理，走私依法应当缴纳税款的货物、物品的，没收走私货物、物品及违法所得，可以并处偷逃应纳税款3倍以下罚款。

专门用于走私的运输工具或者用于掩护走私的货物、物品，2年内3次以上用于走私的运输工具或者用于掩护走私的货物、物品，应当予以没收。藏匿走私货物、物品的特制设备、夹层、暗格，应当予以没收或者责令拆毁。使用特制设备、夹层、暗格实施走私的，应当从重处罚。

第十条 与走私人通谋为走私人提供贷款、资金、账号、发票、证明、海关单证的，与走私人通谋为走私人提供走私货物、物品的提取、发运、运输、保管、邮寄或者其他方便的，以走私的共同当事人论处，没收违法所得，并依照本实施条例第九条的规定予以处罚。

第十一条 报关企业、报关人员和海关准予从事海关监管货物的运输、储存、加工、装配、寄售、展示等业务的企业，构成走私犯罪或者1年内有2次以上走私行为的，海关可以撤销其注册登记、取消其报关从业资格。

第三章 违反海关监管规定的行为及其处罚

第十二条 违反海关法及其他有关法律、行政法规和规章但不构成走私行为的，是违反海关监管规定的行为。

第十三条 违反国家进出口管理规定，进出口国家禁止进出口的货物的，责令退运，处100万元以下罚款。

第十四条 违反国家进出口管理规定，进出口国家限制进出口的货物，进出口货物的收发货人向海关申报时不能提交许可证件的，进出口货物不予放行，处货物价值30%以下罚款。

违反国家进出口管理规定，进出口属于自动进出口许可管理的货物，进出口货物的收发货人向海关申报时不能提交自动许可证明的，进出口货物不予放行。

第十五条 进出口货物的品名、税则号列、数量、规格、价格、贸易方式、原产地、启运地、运抵地、最终目的地或者其他应当申报的项目未申报或者申报不实的，分别依照下列规定予以处罚，有违法所得的，没收违法所得：

（一）影响海关统计准确性的，予以警告或者处1000元以上1万元以下罚款；

（二）影响海关监管秩序的，予以警告或者处1000元以上3万元以下罚款；

（三）影响国家许可证件管理的，处货物价值5%以上30%以下罚款；

（四）影响国家税款征收的，处漏缴税款30%以上2倍以下罚款；

（五）影响国家外汇、出口退税管理的，处申报价格10%以上50%以下罚款。

第十六条 进出口货物收发货人未按照规定向报关企业提供所委托报关事项的真实情况，致使发生本实施条例第十五条规定情形的，对委托人依照本实施条例第十五条的规定予以处罚。

第十七条 报关企业、报关人员对委托人所提供情况的真实性未进行合理审查，或者因工作疏忽致使发生本实施条例第十五条规定情形的，可以对报关企业处货物价值10%以下罚款，暂停其6个月以内从事报关业务或者执业；情节严重的，撤销其报关注册登记、取消其报关从业资格。

第十八条 有下列行为之一的，处货物价值5%以上30%以下罚款，有违法所得的，没收违法所得：

（一）未经海关许可，擅自将海关监管货物开拆、提取、交付、发运、调换、改装、抵押、质押、留置、转让、更换标记、移作他用或者进行其他处置的；

（二）未经海关许可，在海关监管区以外存放海关监管货物的；

（三）经营海关监管货物的运输、储存、加工、装配、寄售、展示等业务，有关货物灭失、数量短少或者记录不真实，不能提供正当理由的；

（四）经营保税货物的运输、储存、加工、装配、寄售、展示等业务，不依照规定办理收存、交付、结转、核销等手续，或者中止、延长、变更、转让有关合同不依照规定向海关办理手续的；

（五）未如实向海关申报加工贸易制成品单位耗料量的；

（六）未按照规定期限将过境、转运、通运货物运输出境，擅自留在境内的；

（七）未按照规定期限将暂时进出口货物复运出境或者复运进境，擅自留在境内或者境外的；

（八）有违反海关监管规定的其他行为，致使海关不能或者中断对进出口货物实施监管的。

前款规定所涉货物属于国家限制进出口需要提交许可证件，当事人在规定期限内不能提交许可证件的，另处货物价值30%以下罚款；漏缴税款的，可以另处漏缴税款1倍以下罚款。

第十九条 有下列行为之一的，予以警告，可以处物品价值20%以下罚款，有违法所得的，没收违法所得：

（一）未经海关许可，擅自将海关尚未放行的进出境物品开拆、交付、投递、转移或者进行其他处置的；

（二）个人运输、携带、邮寄超过合理数量的自用物品进出境未向海关申报的；

（三）个人运输、携带、邮寄超过规定数量但仍属自用的国家限制进出境物品进出境，未向海关申报但没有以藏匿、伪装等方式逃避海关监管的；

（四）个人运输、携带、邮寄物品进出境，申报不实的；

（五）经海关登记准予暂时免税进境或者暂时免税出境的物品，未按照规定复带出境或者复带进境的；

（六）未经海关批准，过境人员将其所带物品留在境内的。

第二十条 运输、携带、邮寄国家禁止进出境的物品进出境，未向海关申报但没有以藏匿、伪装等方式逃避海关监管的，予以没收，或者责令退回，或者在海关监管下予以销毁或者进行技术处理。

第二十一条 有下列行为之一的，予以警告，可以处10万元以下罚款，有违法所得的，没收违法所得：

（一）运输工具不经设立海关的地点进出境的；

（二）在海关监管区停留的进出境运输工具，未经海关同意擅自驶离的；

（三）进出境运输工具从一个设立海关的地点驶往另一个设立海关的地点，尚未办结海关手续又未经海关批准，中途改驶境外或者境内未设立海关的地点的；

（四）进出境运输工具到达或者驶离设立海关的地点，未按照规定向海关申报、交验有关单证或者交验的单证不真实的。

第二十二条 有下列行为之一的，予以警告，可以处5万元以下罚款，有违法所得的，没收违法所得：

（一）未经海关同意，进出境运输工具擅自装卸进出境货物、物品或者上下进出境旅客的；

（二）未经海关同意，进出境运输工具擅自兼营境内客货运输或者用于进出境运输以外的其他用途的；

（三）未按照规定办理海关手续，进出境运输工具擅自改营境内运输的；

（四）未按照规定期限向海关传输舱单等电子数据、传输的电子数据不准确或者未按照规定期限保存相关电子数据，影响海关监管的；

（五）进境运输工具在进境以后向海关申报以前，出境运输工具在办结海关手续以后出境以前，不按照交通主管部门或者海关指定的路线行进的；

（六）载运海关监管货物的船舶、汽车不按照海关指定的路线行进的；

（七）进出境船舶和航空器，由于不可抗力被迫在未设立海关的地点停泊、降落或者在境内抛掷、起卸货物、物品，无正当理由不向附近海关报告的；

（八）无特殊原因，未将进出境船舶、火车、航空器到达的时间、停留的地点或者更换的时间、地点事先通知海关的；

（九）不按照规定接受海关对进出境运输工具、货物、物品进行检查、查验的。

第二十三条 有下列行为之一的，予以警告，可以处3万元以下罚款：

（一）擅自开启或者损毁海关封志的；

（二）遗失海关制发的监管单证、手册等凭证，妨碍海关监管的；

（三）有违反海关监管规定的其他行为，致使海关不能或者中断对进出境运输工具、物品实施监管的。

第二十四条 伪造、变造、买卖海关单证的，处5万元以上50万元以下罚款，有违法所得的，没收违法所得；构成犯罪的，依法追究刑事责任。

第二十五条 进出口侵犯中华人民共和国法律、行政法规保护的知识产权的货物的，没收侵权货物，并处货物价值30%以下罚款；构成犯罪的，依法追究刑事责任。

需要向海关申报知识产权状况，进出口货物收发货人及其代理人未按照规定向海关如实申报有关知识产权状况，或者未提交合法使用有关知识产权的证明文件的，可以处5万元以下罚款。

第二十六条 报关企业、报关人员和海关准予从事海关监管货物的运输、储存、加工、装配、寄售、展示等业务的企业，有下列情形之一的，责令改正，给予警告，可以暂停其6个月以内从事有关业务或者执业：

（一）拖欠税款或者不履行纳税义务的；

（二）报关企业出让其名义供他人办理进出口货物报关纳税事宜的；

（三）损坏或者丢失海关监管货物，不能提供正当理由的；

（四）有需要暂停其从事有关业务或者执业的其他违法行为的。

第二十七条 报关企业、报关人员和海关准予从事海关监管货物的运输、储存、加工、装配、寄售、展示等业务的企业，有下列情形之一的，海关可以撤销其注册登记、取消其报关从业资格：

（一）1年内3人次以上被海关暂停执业的；

（二）被海关暂停从事有关业务或者执业，恢复从事有关业务或者执业后1年内再次发生本实施条例第二十六条规定情形的；

（三）有需要撤销其注册登记或者取消其报关从业资格的其他违法行为的。

第二十八条 报关企业、报关人员非法代理他人报关或者超出海关准予的从业范围进行报关活动的，责令改正，处5万元以下罚款，暂停其6个月以内从事报关业务或者执业；情节严重的，撤销其报关注册登记、取消其报关从业资格。

第二十九条 进出口货物收发货人、报关企业、报关人员向海关工作人员行贿的，撤销其报关注册登记、取消其报关从业资格，并处10万元以下罚款；构成犯罪的，依法追究刑事责任，并不得重新注册登记为报关企业和取得报关从业资格。

第三十条 未经海关注册登记和未取得报关从业资格从事报关业务的，予以取缔，没收违法所得，可以并处10万元以下罚款。

第三十一条 提供虚假资料骗取海关注册登记、报关从业资格的，撤销其注册登记、取消其报关从业资格，并处30万元以下罚款。

第三十二条 法人或者其他组织有违反海关法的行为，除处罚该法人或者组织外，对其主管人员和直接责任人员予以警告，可以处5万元以下罚款，有违法所得的，没收违法所得。

第四章 对违反海关法行为的调查

第三十三条 海关发现公民、法人或者其他组织有依法应当由海关给予行政处罚的行为的，应当立案调查。

第三十四条 海关立案后，应当全面、客观、公正、及时地进行调查、收集证据。

海关调查、收集证据，应当按照法律、行政法规及其他有关规定的要求办理。

海关调查、收集证据时，海关工作人员不得少于2人，并应当向被调查人出示证件。

调查、收集的证据涉及国家秘密、商业秘密或者个人隐私的，海关应当保守秘密。

第三十五条 海关依法检查走私嫌疑人的身体，应当在隐蔽的场所或者非检查人员的视线之外，由2名以上与被检查人同性别的海关工作人员执行。

走私嫌疑人应当接受检查，不得阻挠。

第三十六条 海关依法检查运输工具和场所，查验货物、物品，应当制作检查、查验记录。

第三十七条 海关依法扣留走私犯罪嫌疑人，应当制发扣留走私犯罪嫌疑人决定书。对走私犯罪嫌疑人，扣留时间不超过24小时，在特殊情况下可以延长至48小时。

海关应当在法定扣留期限内对被扣留人进行审查。排除犯罪嫌疑或者法定扣留期限届满的，应当立即解除扣留，并制发解除扣留决定书。

第三十八条 下列货物、物品、运输工具及有关账册、单据等资料，海关可以依法扣留：

（一）有走私嫌疑的货物、物品、运输工具；

（二）违反海关法或者其他有关法律、行政法规的货物、物品、运输工具；

（三）与违反海关法或者其他有关法律、行政法规的货物、物品、运输工具有牵连的账册、单据等资料；

（四）法律、行政法规规定可以扣留的其他货物、物品、运输工具及有关账册、单据等资料。

第三十九条 有违法嫌疑的货物、物品、运输工具无法或者不便扣留的，当事人或者运输工具负责人应当向海关提供等值的担保，未提供等值担保的，海关可以扣留当事人等值的其他财产。

第四十条 海关扣留货物、物品、运输工具以及账册、单据等资料的期限不得超过1年。因案件调查需要，经直属海关关长或者其授权的隶属海关关长批准，可以延长，延长期限不得超过1年。但复议、诉讼期间不计算在内。

第四十一条 有下列情形之一的，海关应当及时解除扣留：

（一）排除违法嫌疑的；

（二）扣留期限、延长期限届满的；

（三）已经履行海关行政处罚决定的；

（四）法律、行政法规规定应当解除扣留的其他情形。

第四十二条 海关依法扣留货物、物品、运输工具、其他财产以及账册、单据等资料，应当制发海关扣留凭单，由海关工作人员、当事人或者其代理人、保管人、见证人签字或者盖章，并可以加施海关封志。加施海关封志的，当事人或者其代理人、保管人应当妥善保管。

海关解除对货物、物品、运输工具、其他财产以及账册、单据等资料的扣留，或者发还等值的担保，应当制发海关解除扣留通知书、海关解除担保通知书，并由海关工作人员、当事人或者其代理人、保管人、见证人签字或者盖章。

第四十三条 海关查问违法嫌疑人或者询问证人，应当个别进行，并告知其权利和作伪证应当承担的法律责任。违法嫌疑人、证人必须如实陈述、提供证据。

海关查问违法嫌疑人或者询问证人应当制作笔录，并当场交其辨认，没有异议的，立即签字确认；有异议的，予以更正后签字确认。

严禁刑讯逼供或者以威胁、引诱、欺骗等非法手段收集证据。

海关查问违法嫌疑人，可以到违法嫌疑人的所在单位或者住处进行，也可以要求其到海关或者海关指定的地点进行。

第四十四条 海关收集的物证、书证应当是原物、原件。收集原物、原件确有困难的，可以拍摄、复制，并可以指定或者委托有关单位或者个人对原物、原件予以妥善保管。

海关收集物证、书证，应当开列清单，注明收集的日期，由有关单位或者个人确认后签字或者盖章。

海关收集电子数据或者录音、录像等视听资料，应当收集原始载体。收集原始载体确有困难的，可以收集复制件，注明制作方法、制作时间、制作人等，并由有关单位或者个人确认后签字或者盖章。

第四十五条 根据案件调查需要，海关可以对有关货物、物品进行取样化验、鉴定。

海关提取样品时，当事人或者其代理人应当到场；当事人或者其代理人未到场的，海关应当邀请见证人到场。提取的样品，海关应当予以加封，并由海关工作人员及当事人或者其代理人、见证人确认后签字或者盖章。

化验、鉴定应当交由海关化验鉴定机构或者委托国家认可的其他机构进行。

化验人、鉴定人进行化验、鉴定后，应当出具化验报告、鉴定结论，并签字或者盖章。

第四十六条 根据海关法有关规定，海关可以查询案件涉嫌单位和涉嫌人员在金融机构、邮政企业的存款、汇款。

海关查询案件涉嫌单位和涉嫌人员在金融机构、邮政企业的存款、汇款，应当出示海关协助查询通知书。

第四十七条 海关依法扣留的货物、物品、运输工具，在人民法院判决或者海关行政处罚决定作出之前，不得处理。但是，危险品或者鲜活、易腐、易烂、易失效、易变质等不宜长期保存的货物、物品以及所有人申请先行变卖的货物、物品、运输工具，经直属海关关长或者其授权的隶属海关关长批准，可以先行依法变卖，变卖所得价款由海关保存，并通知其所有人。

第四十八条 当事人有权根据海关法的规定要求海关工作人员回避。

第五章 海关行政处罚的决定和执行

第四十九条 海关作出暂停从事有关业务、暂停报关执业、撤销海关注册登记、取消报关从业资格、对公民处 1 万元以上罚款、对法人或者其他组织处 10 万元以上罚款、没收有关货物、物品、走私运输工具等行政处罚决定之前，应当告知当事人有要求举行听证的权利；当事人要求听证的，海关应当组织听证。

海关行政处罚听证办法由海关总署制定。

第五十条 案件调查终结，海关关长应当对调查结果进行审查，根据不同情况，依法作出决定。

对情节复杂或者重大违法行为给予较重的行政处罚，应当由海关案件审理委员会集体讨论决定。

第五十一条 同一当事人实施了走私和违反海关监管规定的行为且二者之间有因果关系的，依照本实施条例对走私行为的规定从重处罚，对其违反海关监管规定的行为不再另行处罚。

同一当事人就同一批货物、物品分别实施了 2 个以上违反海关监管规定的行为且二者之间有因果关系的，依照本实施条例分别规定的处罚幅度，择其重者处罚。

第五十二条 对 2 个以上当事人共同实施的违法行为，应当区别情节及责任，分别给予处罚。

第五十三条 有下列情形之一的，应当从重处罚：

（一）因走私被判处刑罚或者被海关行政处罚后在 2 年内又实施走私行为的；

（二）因违反海关监管规定被海关行政处罚后在 1 年内又实施同一违反海关监管规定的行为的；

（三）有其他依法应当从重处罚的情形的。

第五十四条 海关对当事人违反海关法的行为依法给予行政处罚的，应当制作行政处罚决定书。

对同一当事人实施的 2 个以上违反海关法的行为，可以制发 1 份行政处罚决定书。

对 2 个以上当事人分别实施的违反海关法的行为，应当分别制发行政处罚决定书。

对 2 个以上当事人共同实施的违反海关法的行为，应当制发 1 份行政处罚决定书，区别情况对各当事人分别予以处罚，但需另案处理的除外。

第五十五条 行政处罚决定书应当依照有关法律规定送达当事人。

依法予以公告送达的，海关应当将行政处罚决定书的正本张贴在海关公告栏内，并在报纸上刊登公告。

第五十六条 海关作出没收货物、物品、走私运输工具的行政处罚决定，有关货物、物品、走私运输工具无法或者不便没收的，海关应当追缴上述货物、物品、走私运输工具的等值价款。

第五十七条 法人或者其他组织实施违反海关法的行为后，有合并、分立或者其他资产重组情形的，海关应当以原法人、组织作为当事人。

对原法人、组织处以罚款、没收违法所得或者依法追缴货物、物品、走私运输工具的等值价款的，应当以承受其权利义务的法人、组织作为被执行人。

第五十八条 罚款、违法所得和依法追缴的货物、物品、走私运输工具的等值价款，应当在海关行政处罚决定规定的期限内缴清。

当事人按期履行行政处罚决定、办结海关手续的，海关应当及时解除其担保。

第五十九条 受海关处罚的当事人或者其法定代表人、主要负责人应当在出境前缴清罚款、违法所得和依法追缴的货物、物品、走私运输工具的等值价款。在出境前未缴清上述款项的，应当向海关提供相当于上述款项的担保。未提供担保，当事人是自然人的，海关可以通知出境管理机关阻止其出境；当事人是法人或者其他组织的，海关可以通知出境管理机关阻止其法定代表人或者主要负责人出境。

第六十条 当事人逾期不履行行政处罚决定的，海关可以采取下列措施：

（一）到期不缴纳罚款的，每日按罚款数额的3%加处罚款；

（二）根据海关法规定，将扣留的货物、物品、运输工具变价抵缴，或者以当事人提供的担保抵缴；

（三）申请人民法院强制执行。

第六十一条 当事人确有经济困难，申请延期或者分期缴纳罚款的，经海关批准，可以暂缓或者分期缴纳罚款。

当事人申请延期或者分期缴纳罚款的，应当以书面形式提出，海关收到申请后，应当在10个工作日内作出决定，并通知申请人。海关同意当事人暂缓或者分期缴纳的，应当及时通知收缴罚款的机构。

第六十二条 有下列情形之一的，有关货物、物品、违法所得、运输工具、特制设备由海关予以收缴：

（一）依照《中华人民共和国行政处罚法》第二十五条、第二十六条规定不予行政处罚的当事人携带、邮寄国家禁止进出境的货物、物品进出境的；

（二）散发性邮寄国家禁止、限制进出境的物品进出境或者携带数量零星的国家禁止进出境的物品进出境，依法可以不予行政处罚的；

（三）依法应当没收的货物、物品、违法所得、走私运输工具、特制设备，在海关作出行政处罚决定前，作为当事人的自然人死亡或者作为当事人的法人、其他组织终止，且无权利义务承受人的；

（四）走私违法事实基本清楚，但当事人无法查清，自海关公告之日起满3个月的；

（五）有违反法律、行政法规，应当予以收缴的其他情形的。

海关收缴前款规定的货物、物品、违法所得、运输工具、特制设备，应当制发清单，由被收缴人或者其代理人、见证人签字或者盖章。被收缴人无法查清且无见证人的，应当予以公告。

第六十三条 人民法院判决没收的走私货物、物品、违法所得、走私运输工具、特制设备，或者海关决定没收、收缴的货物、物品、违法所得、走私运输工具、特制设备，由海关依法统一处理，所得价款和海关收缴的罚款，全部上缴中央国库。

第六章 附 则

第六十四条 本实施条例下列用语的含义是：

“设立海关的地点”，指海关在港口、车站、机场、国界孔道、国际邮件互换局（交换站）等海关监管区设立的卡口，海关在保税区、出口加工区等海关特殊监管区域设立的卡口，以及海关在海上设立的中途监管站。

“许可证件”，指依照国家有关规定，当事人应当事先申领，并由国家有关主管部门颁发的准予进口或者出口的证明、文件。

“合法证明”，指船舶及所载人员依照国家有关规定或者依照国际运输惯例所必须持有的证明其运输、携带、收购、贩卖所载货物、物品真实、合法、有效的商业单证、运输单证及其他有关证明、文件。

“物品”，指个人以运输、携带等方式进出境的行李物品、邮寄进出境的物品，包括货币、金银等。超出自用、合理数量的，视为货物。

“自用”，指旅客或者收件人本人自用、馈赠亲友而非为出售或者出租。

“合理数量”，指海关根据旅客或者收件人的情况、旅行目的和居留时间所确定的正常数量。

“货物价值”，指进出口货物的完税价格、关税、进口环节海关代征税之和。

“物品价值”，指进出境物品的完税价格、进口税之和。

“应纳税款”，指进出口货物、物品应当缴纳的进出口关税、进口环节海关代征税之和。

“专门用于走私的运输工具”，指专为走私而制造、改造、购买的运输工具。

“以上”、“以下”、“以内”、“届满”，均包括本数在内。

第六十五条 海关对外国人、无国籍人、外国企业或者其他组织给予行政处罚的，适用本实施条例。

第六十六条 国家禁止或者限制进出口的货物目录，由国务院对外贸易主管部门依照《中华人民共和国对外贸易法》的规定办理；国家禁止或者限制进出境的物品目录，由海关总署公布。

第六十七条 依照海关规章给予行政处罚的，应当遵守本实施条例规定的程序。

第六十八条 本实施条例自2004年11月1日起施行。1993年2月17日国务院批准修订、1993年4月1日海关总署发布的《中华人民共和国海关法行政处罚实施细则》同时废止。

突发公共卫生事件应急条例

（2003年5月9日中华人民共和国国务院令第376号公布，根据2011年1月8日中华人民共和国国务院令第588号《国务院关于废止和修改部分行政法规的决定》修订）

第一章　总　则

第一条　为了有效预防、及时控制和消除突发公共卫生事件的危害，保障公众身体健康与生命安全，维护正常的社会秩序，制定本条例。

第二条　本条例所称突发公共卫生事件（以下简称突发事件），是指突然发生，造成或者可能造成社会公众健康严重损害的重大传染病疫情、群体性不明原因疾病、重大食物和职业中毒以及其他严重影响公众健康的事件。

第三条　突发事件发生后，国务院设立全国突发事件应急处理指挥部，由国务院有关部门和军队有关部门组成，国务院主管领导人担任总指挥，负责对全国突发事件应急处理的统一领导、统一指挥。

国务院卫生行政主管部门和其他有关部门，在各自的职责范围内做好突发事件应急处理的有关工作。

第四条　突发事件发生后，省、自治区、直辖市人民政府成立地方突发事件应急处理指挥部，省、自治区、直辖市人民政府主要领导人担任总指挥，负责领导、指挥本行政区域内突发事件应急处理工作。

县级以上地方人民政府卫生行政主管部门，具体负责组织突发事件的调查、控制和医疗救治工作。

县级以上地方人民政府有关部门，在各自的职责范围内做好突发事件应急处理的有关工作。

第五条　突发事件应急工作，应当遵循预防为主、常备不懈的方针，贯彻统一领导、分级负责、反应及时、措施果断、依靠科学、加强合作的原则。

第六条　县级以上各级人民政府应当组织开展防治突发事件相关科学研究，建立突发事件应急流行病学调查、传染源隔离、医疗救护、现场处置、监督检查、监测检验、卫生防护等有关物资、设备、设施、技术与人才资源储备，所需经费列入本级政府财政预算。

国家对边远贫困地区突发事件应急工作给予财政支持。

第七条　国家鼓励、支持开展突发事件监测、预警、反应处理有关技术的国际交流与合作。

第八条　国务院有关部门和县级以上地方人民政府及其有关部门，应当建立严格的突发事件防范和应急处理责任制，切实履行各自的职责，保证突发事件应急处理工作的正常进行。

第九条　县级以上各级人民政府及其卫生行政主管部门，应当对参加突发事件应急处理的医疗卫生人员，给予适当补助和保健津贴；对参加突发事件应急处理作出贡献的人员，给予表彰和奖励；对因参与应急处理工作致病、致残、死亡的人员，按照国家有关规定，给予相应的补助和抚恤。

第二章　预防与应急准备

第十条　国务院卫生行政主管部门按照分类指导、快速反应的要求，制定全国突发事件应急预案，报请国务院批准。

省、自治区、直辖市人民政府根据全国突发事件应急预案，结合本地实际情况，制定本行政区域的突发事件应急预案。

第十一条　全国突发事件应急预案应当包括以下主要内容：

（一）突发事件应急处理指挥部的组成和相关部门的职责；

（二）突发事件的监测与预警；

（三）突发事件信息的收集、分析、报告、通报制度；

（四）突发事件应急处理技术和监测机构及其任务；

（五）突发事件的分级和应急处理工作方案；

（六）突发事件预防、现场控制，应急设施、设备、救治药品和医疗器械以及其他物资和技术的储备与调度；

（七）突发事件应急处理专业队伍的建设和培训。

第十二条　突发事件应急预案应当根据突发事件的变化和实施中发现的问题及时进行修订、补充。

第十三条　地方各级人民政府应当依照法律、行政法规的规定，做好传染病预防和其他公共卫生工作，防范突发事件的发生。

县级以上各级人民政府卫生行政主管部门和其他有关部门，应当对公众开展突发事件应急知识的专门教育，增强全社会对突发事件的防范意识和应对能力。

第十四条　国家建立统一的突发事件预防控制体系。

县级以上地方人民政府应当建立和完善突发事件监测与预警系统。

县级以上各级人民政府卫生行政主管部门，应当指定机构负责开展突发事件的日常监测，并确保监测与预警系统的正常运行。

第十五条　监测与预警工作应当根据突发事件的类别，制定监测计划，科学分析、综合评价监测数据。对早期发现的潜在隐患以及可能发生的突发事件，应当依照本条例规定的报告程序和时限及时报告。

第十六条　国务院有关部门和县级以上地方人民政府及其有关部门，应当根据突发事件应急预案的要求，保证应急设施、设备、救治药品和医疗器械等物资储备。

第十七条　县级以上各级人民政府应当加强急救医疗服务网络的建设，配备相应的医疗救治药物、技术、设备和人员，提高医疗卫生机构应对各类突发事件的救治能力。

设区的市级以上地方人民政府应当设置与传染病防治工作需要相适应的传染病专科医院，或者指定具备传染病防治条件和能力的医疗机构承担传染病防治任务。

第十八条　县级以上地方人民政府卫生行政主管部门，应当定期对医疗卫生机构和人员开展突发事件应急处理相关知识、技能的培训，定期组织医疗卫生机构进行突发事件应急演练，推广最新知识和先进技术。

第三章　报告与信息发布

第十九条　国家建立突发事件应急报告制度。

国务院卫生行政主管部门制定突发事件应急报告规范，建立重大、紧急疫情信息报告系统。

有下列情形之一的，省、自治区、直辖市人民政府应当在接到报告1小时内，向国务院卫生行政主管部门报告：

（一）发生或者可能发生传染病暴发、流行的；

（二）发生或者发现不明原因的群体性疾病的；

（三）发生传染病菌种、毒种丢失的；

（四）发生或者可能发生重大食物和职业中毒事件的。

国务院卫生行政主管部门对可能造成重大社会影响的突发事件，应当立即向国务院报告。

第二十条 突发事件监测机构、医疗卫生机构和有关单位发现有本条例第十九条规定情形之一的，应当在2小时内向所在地县级人民政府卫生行政主管部门报告；接到报告的卫生行政主管部门应当在2小时内向本级人民政府报告，并同时向上级人民政府卫生行政主管部门和国务院卫生行政主管部门报告。

县级人民政府应当在接到报告后2小时内向设区的市级人民政府或者上一级人民政府报告；设区的市级人民政府应当在接到报告后2小时内向省、自治区、直辖市人民政府报告。

第二十一条 任何单位和个人对突发事件，不得隐瞒、缓报、谎报或者授意他人隐瞒、缓报、谎报。

第二十二条 接到报告的地方人民政府、卫生行政主管部门依照本条例规定报告的同时，应当立即组织力量对报告事项调查核实、确证，采取必要的控制措施，并及时报告调查情况。

第二十三条 国务院卫生行政主管部门应当根据发生突发事件的情况，及时向国务院有关部门和各省、自治区、直辖市人民政府卫生行政主管部门以及军队有关部门通报。

突发事件发生地的省、自治区、直辖市人民政府卫生行政主管部门，应当及时向毗邻省、自治区、直辖市人民政府卫生行政主管部门通报。

接到通报的省、自治区、直辖市人民政府卫生行政主管部门，必要时应当及时通知本行政区域内的医疗卫生机构。

县级以上地方人民政府有关部门，已经发生或者发现可能引起突发事件的情形时，应当及时向同级人民政府卫生行政主管部门通报。

第二十四条 国家建立突发事件举报制度，公布统一的突发事件报告、举报电话。

任何单位和个人有权向人民政府及其有关部门报告突发事件隐患，有权向上级人民政府及其有关部门举报地方人民政府及其有关部门不履行突发事件应急处理职责，或者不按照规定履行职责的情况。接到报告、举报的有关人民政府及其有关部门，应当立即组织对突发事件隐患、不履行或者不按照规定履行突发事件应急处理职责的情况进行调查处理。

对举报突发事件有功的单位和个人，县级以上各级人民政府及其有关部门应当予以奖励。

第二十五条 国家建立突发事件的信息发布制度。

国务院卫生行政主管部门负责向社会发布突发事件的信息。必要时，可以授权省、自治区、直辖市人民政府卫生行政主管部门向社会发布本行政区域内突发事件的信息。

信息发布应当及时、准确、全面。

第四章　应急处理

第二十六条 突发事件发生后，卫生行政主管部门应当组织专家对突发事件进行综合评估，初步判断突发事件的类型，提出是否启动突发事件应急预案的建议。

第二十七条 在全国范围内或者跨省、自治区、直辖市范围内启动全国突发事件应急预案，由国务院卫生行政主管部门报国务院批准后实施。省、自治区、直辖市启动突发事件应急预案，由省、自治区、直辖市人民政府决定，并向国务院报告。

第二十八条 全国突发事件应急处理指挥部对突发事件应急处理工作进行督察和指导，地方各级人民政府及其有关部门应当予以配合。

省、自治区、直辖市突发事件应急处理指挥部对本行政区域内突发事件应急处理工作进行督察和指导。

第二十九条 省级以上人民政府卫生行政主管部门或者其他有关部门指定的突发事件应急处理专业技术机构，负责突发事件的技术调查、确证、处置、控制和评价工作。

第三十条 国务院卫生行政主管部门对新发现的突发传染病，根据危害程度、流行强度，依照《中华人民共和国传染病防治法》的规定及时宣布为法定传染病；宣布为甲类传染病的，由国务院决定。

第三十一条 应急预案启动前，县级以上各级人民政府有关部门应当根据突发事件的实际情况，做好应急处理准备，采取必要的应急措施。

应急预案启动后，突发事件发生地的人民政府有关部门，应当根据预案规定的职责要求，服从突发事件应急处理指挥部的统一指挥，立即到达规定岗位，采取有关的控制措施。

医疗卫生机构、监测机构和科学研究机构，应当服从突发事件应急处理指挥部的统一指挥，相互配合、协作，集中力量开展相关的科学研究工作。

第三十二条 突发事件发生后，国务院有关部门和县级以上地方人民政府及其有关部门，应当保证突发事件应急处理所需的医疗救护设备、救治药品、医疗器械等物资的生产、供应；铁路、交通、民用航空行政主管部门应当保证及时运送。

第三十三条 根据突发事件应急处理的需要，突发事件应急处理指挥部有权紧急调集人员、储备的物资、交通工具以及相关设施、设备；必要时，对人员进行疏散或者隔离，并可以依法对传染病疫区实行封锁。

第三十四条 突发事件应急处理指挥部根据突发事件应急处理的需要，可以对食物和水源采取控制措施。

县级以上地方人民政府卫生行政主管部门应当对突发事件现场等采取控制措施，宣传突发事件防治知识，及时对易受感染的人群和其他易受损害的人群采取应急接种、预防性投药、群体防护等措施。

第三十五条 参加突发事件应急处理的工作人员，应当按照预案的规定，采取卫生防护措施，并在专业人员的指导下进行工作。

第三十六条 国务院卫生行政主管部门或者其他有关部门指定的专业技术机构，有权进入突发事件现场进行调查、采样、技术分析和检验，对地方突发事件的应急处理工作进行技术指导，有关单位和个人应当予以配合；任何单位和个人不得以任何理由予以拒绝。

第三十七条 对新发现的突发传染病、不明原因的群体性疾病、重大食物和职业中毒事件，国务院卫生行政主管部门应当尽快组织力量制定相关的技术标准、规范和控制措施。

第三十八条 交通工具上发现根据国务院卫生行政主管部门的规定需要采取应急控制措施的传染病病人、疑似传染病病人，其负责人应当以最快的方式通知前方停靠点，并向交通工具的营运单位报告。交通工具的前方停靠点和营运单位应当立即向交通工具营运单位行政主管部门和县级以上地方人民政府卫生行政主管部门报告。卫生行政主管部门接到报告后，应当立即组织有关人员采取相应的医学处置措施。

交通工具上的传染病病人密切接触者，由交通工具停靠点的县级以上各级人民政府卫生行政主管部门或者铁路、交通、民用航空行政主管部门，根据各自的职责，依照传染病防治法律、行政法规的规定，采取控制措施。

涉及国境口岸和入出境的人员、交通工具、货物、集装箱、行李、邮包等需要采取传染病应急控制措施的，依照国境卫生检疫法律、行政法规的规定办理。

第三十九条 医疗卫生机构应当对因突发事件致病的人员提供医疗救护和现场救援，对就诊病人必须接诊治疗，并书写详细、完整的病历记录；对需要转送的病人，应当按照规定将病人及其病历记录的复印件转送至接诊的或者指定的医疗机构。

医疗卫生机构内应当采取卫生防护措施，防止交叉感染和污染。

医疗卫生机构应当对传染病病人密切接触者采取医学观察措施，传染病病人密切接触者应当予以配合。

医疗机构收治传染病病人、疑似传染病病人，应当依法报告所在地的疾病预防控制机构。接到报告的疾病预防控制机构应当立即对可能受到危害的人员进行调查，根据需要采取必要的控制措施。

第四十条 传染病暴发、流行时，街道、乡镇以及居民委员会、村民委员会应当组织力量，团结协作，群防群治，协助卫生行政主管部门和其他有关部门、医疗卫生机构做好疫情信息的收集和报告、人员的分散隔离、公共卫生措施的落实工作，向居民、村民宣传传染病防治的相关知识。

第四十一条 对传染病暴发、流行区域内流动人口，突发事件发生地的县级以上地方人民政府应当做好预防工作，落实有关卫生控制措施；对传染病病人和疑似传染病病人，应当采取就地隔离、就地观察、就地治疗的措施。对需要治疗和转诊的，应当依照本条例第三十九条第一款的规定执行。

第四十二条 有关部门、医疗卫生机构应当对传染病做到早发现、早报告、早隔离、早治疗，切断传播途径，防止扩散。

第四十三条 县级以上各级人民政府应当提供必要资金，保障因突发事件致病、致残的人员得到及时、有效的救治。具体办法由国务院财政部门、卫生行政主管部门和劳动保障行政主管部门制定。

第四十四条 在突发事件中需要接受隔离治疗、医学观察措施的病人、疑似病人和传染病病人密切接触者在卫生行政主管部门或者有关机构采取医学措施时应当予以配合；拒绝配合的，由公安机关依法协助强制执行。

第五章 法律责任

第四十五条 县级以上地方人民政府及其卫生行政主管部门未依照本条例的规定履行报告职责，对突发事件隐瞒、缓报、谎报或者授意他人隐瞒、缓报、谎报的，对政府主要领导人及其卫生行政主管部门主要负责人，依法给予降级或者撤职的行政处分；造成传染病传播、流行或者对社会公众健康造成其他严重危害后果的，依法给予开除的行政处分；构成犯罪的，依法追究刑事责任。

第四十六条 国务院有关部门、县级以上地方人民政府及其有关部门未依照本条例的规定，完成突发事件应急处理所需要的设施、设备、药品和医疗器械等物资的生产、供应、运输和储备的，对政府主要领导人和政府部门主要负责人依法给予降级或者撤职的行政处分；造成传染病传播、流行或者对社会公众健康造成其他严重危害后果的，依法给予开除的行政处分；构成犯罪的，依法追究刑事责任。

第四十七条 突发事件发生后，县级以上地方人民政府及其有关部门对上级人民政府有关部门的调查不予配合，或者采取其他方式阻碍、干涉调查的，对政府主要领导人和政府部门主要负责人依法给予降级或者撤职的行政处分；构成犯罪的，依法追究刑事责任。

第四十八条 县级以上各级人民政府卫生行政主管部门和其他有关部门在突发事件调查、控制、医疗救治工作中玩忽职守、失职、渎职的，由本级人民政府或者上级人民政府有关部门责令改正、通报批评、给予警告；对主要负责人、负有责任的主管人员和其他责任人员依法给予降级、撤职的行政处分；造成传染病传播、流行或者对社会公众健康造成其他严重危害后果的，依法给予开除的行政处分；构成犯罪的，依法追究刑事责任。

第四十九条 县级以上各级人民政府有关部门拒不履行应急处理职责的，由同级人民政府或者上级人民政府有关部门责令改正、通报批评、给予警告；对主要负责人、负有责任的主管人员和其他责任人员依法给予降级、撤职的行政处分；造成传染病传播、流行或者对社会公众健康造成其他严重危害后果的，依法给予开除的行政处分；构成犯罪的，依法追究刑事责任。

第五十条 医疗卫生机构有下列行为之一的，由卫生行政主管部门责令改正、通报批评、给予警告；情节严重的，吊销《医疗机构执业许可证》；对主要负责人、负有责任的主管人员和其他直接责任人员依法给予降级或者撤职的纪律处分；造成传染病传播、流行或者对社会公众健康造成其他严重危害后果，构成犯罪的，依法追究刑事责任：

（一）未依照本条例的规定履行报告职责，隐瞒、缓报或者谎报的；

（二）未依照本条例的规定及时采取控制措施的；

（三）未依照本条例的规定履行突发事件监测职责的；

（四）拒绝接诊病人的；

（五）拒不服从突发事件应急处理指挥部调度的。

第五十一条 在突发事件应急处理工作中，有关单位和个人未依照本条例的规定履行报告职责，隐瞒、缓报或者谎报，阻碍突发事件应急处理工作人员执行职务，拒绝国务院卫生行政主管部门或者其他有关部门指定的专业技术机构进入突发事件现场，或者不配合调查、采样、技术分析和检验的，对有关责任人员依法给予行政处分或者纪律处分；触犯《中华人民共和国治安管理处罚法》，构成违反治安管理行为的，由公安机关依法予以处罚；构成犯罪的，依法追究刑事责任。

第五十二条 在突发事件发生期间，散布谣言、哄抬物价、欺骗消费者，扰乱社会秩序、市场秩序的，由公安机关或者工商行政管理部门依法给予行政处罚；构成犯罪的，依法追究刑事责任。

第六章 附 则

第五十三条 中国人民解放军、武装警察部队医疗卫生机构参与突发事件应急处理的，依照本条例的规定和军队的相关规定执行。

第五十四条 本条例自公布之日起施行。

中华人民共和国认证认可条例

（国务院令第666号，2003年8月20日国务院第18次常务会议通过，2003年9月3日中华人民共和国国务院令第390号公布施行，根据2016年2月6日《国务院关于修改部分行政法规的决定》第一次修正）

第一章　总　则

第一条　为了规范认证认可活动，提高产品、服务的质量和管理水平，促进经济和社会的发展，制定本条例。

第二条　本条例所称认证，是指由认证机构证明产品、服务、管理体系符合相关技术规范、相关技术规范的强制性要求或者标准的合格评定活动。本条例所称认可，是指由认可机构对认证机构、检查机构、实验室以及从事评审、审核等认证活动人员的能力和执业资格，予以承认的合格评定活动。

第三条　在中华人民共和国境内从事认证认可活动，应当遵守本条例。

第四条　国家实行统一的认证认可监督管理制度。国家对认证认可工作实行在国务院认证认可监督管理部门统一管理、监督和综合协调下，各有关方面共同实施的工作机制。

第五条　国务院认证认可监督管理部门应当依法对认证培训机构、认证咨询机构的活动加强监督管理。

第六条　认证认可活动应当遵循客观独立、公开公正、诚实信用的原则。

第七条　国家鼓励平等互利地开展认证认可国际互认活动。认证认可国际互认活动不得损害国家安全和社会公共利益。

第八条　从事认证认可活动的机构及其人员，对其所知悉的国家秘密和商业秘密负有保密义务。

第二章　认证机构

第九条　取得认证机构资质，应当经国务院认证认可监督管理部门批准，并在批准范围内从事认证活动。未经批准，任何单位和个人不得从事认证活动。

第十条　取得认证机构资质，应当符合下列条件：（一）取得法人资格；（二）有固定的场所和必要的设施；（三）有符合认证认可要求的管理制度；（四）注册资本不得少于人民币300万元；（五）有10名以上相应领域的专职认证人员。从事产品认证活动的认证机构，还应当具备与从事相关产品认证活动相适应的检测、检查等技术能力。

第十一条　外商投资企业取得认证机构资质，除应当符合本条例第十条规定的条件外，还应当符合下列条件：（一）外方投资者取得其所在国家或者地区认可机构的认可；（二）外方投资者具有3年以上从事认证活动的业务经历。外商投资企业取得认证机构资质的申请、批准和登记，还应当符合有关外商投资法律、行政法规和国家有关规定。

第十二条 认证机构资质的申请和批准程序：（一）认证机构资质的申请人，应当向国务院认证认可监督管理部门提出书面申请，并提交符合本条例第十条规定条件的证明文件；（二）国务院认证认可监督管理部门自受理认证机构资质申请之日起 45 日内，应当作出是否批准的决定。涉及国务院有关部门职责的，应当征求国务院有关部门的意见。决定批准的，向申请人出具批准文件，决定不予批准的，应当书面通知申请人，并说明理由。国务院认证认可监督管理部门应当公布依法取得认证机构资质的企业名录。

第十三条 境外认证机构在中华人民共和国境内设立代表机构，须向工商行政管理部门依法办理登记手续后，方可从事与所从属机构的业务范围相关的推广活动，但不得从事认证活动。境外认证机构在中华人民共和国境内设立代表机构的登记，按照有关外商投资法律、行政法规和国家有关规定办理。

第十四条 认证机构不得与行政机关存在利益关系。认证机构不得接受任何可能对认证活动的客观公正产生影响的资助；不得从事任何可能对认证活动的客观公正产生影响的产品开发、营销等活动。认证机构不得与认证委托人存在资产、管理方面的利益关系。

第十五条 认证人员从事认证活动，应当在一个认证机构执业，不得同时在两个以上认证机构执业。

第十六条 向社会出具具有证明作用的数据和结果的检查机构、实验室，应当具备有关法律、行政法规规定的基本条件和能力，并依法经认定后，方可从事相应活动，认定结果由国务院认证认可监督管理部门公布。

第三章 认　　证

第十七条 国家根据经济和社会发展的需要，推行产品、服务、管理体系认证。

第十八条 认证机构应当按照认证基本规范、认证规则从事认证活动。认证基本规范、认证规则由国务院认证认可监督管理部门制定；涉及国务院有关部门职责的，国务院认证认可监督管理部门应当会同国务院有关部门制定。属于认证新领域，前款规定的部门尚未制定认证规则的，认证机构可以自行制定认证规则，并报国务院认证认可监督管理部门备案。

第十九条 任何法人、组织和个人可以自愿委托依法设立的认证机构进行产品、服务、管理体系认证。

第二十条 认证机构不得以委托人未参加认证咨询或者认证培训等为理由，拒绝提供本认证机构业务范围内的认证服务，也不得向委托人提出与认证活动无关的要求或者限制条件。

第二十一条 认证机构应当公开认证基本规范、认证规则、收费标准等信息。

第二十二条 认证机构以及与认证有关的检查机构、实验室从事认证以及与认证有关的检查、检测活动，应当完成认证基本规范、认证规则规定的程序，确保认证、检查、检测的完整、客观、真实，不得增加、减少、遗漏程序。认证机构以及与认证有关的检查机构、实验室应当对认证、检查、检测过程作出完整记录，归档留存。

第二十三条 认证机构及其认证人员应当及时作出认证结论，并保证认证结论的客观、真实。认证结论经认证人员签字后，由认证机构负责人签署。认证机构及其认证人员对认证结果负责。

第二十四条 认证结论为产品、服务、管理体系符合认证要求的，认证机构应当及时向委托人出具认证证书。

第二十五条 获得认证证书的，应当在认证范围内使用认证证书和认证标志，不得利用产品、服务认证证书、认证标志和相关文字、符号，误导公众认为其管理体系已通过认证，也不得利用管理体系认证证书、认证标志和相关文字、符号，误导公众认为其产品、服务已通过认证。

第二十六条 认证机构可以自行制定认证标志。认证机构自行制定的认证标志的式样、文字和名称，不得违反法律、行政法规的规定，不得与国家推行的认证标志相同或者近似，不得妨碍社会管理，不得有损社会道德风尚。

第二十七条 认证机构应当对其认证的产品、服务、管理体系实施有效的跟踪调查，认证的产品、服务、管理体系不能持续符合认证要求的，认证机构应当暂停其使用直至撤销认证证书，并予公布。

第二十八条 为了保护国家安全、防止欺诈行为、保护人体健康或者安全、保护动植物生命或者健康、保护环境，国家规定相关产品必须经过认证的，应当经过认证并标注认证标志后，方可出厂、销售、进口或者在其他经营活动中使用。

第二十九条 国家对必须经过认证的产品，统一产品目录，统一技术规范的强制性要求、标准和合格评定程序，统一标志，统一收费标准。统一的产品目录（以下简称目录）由国务院认证认可监督管理部门会同国务院有关部门制定、调整，由国务院认证认可监督管理部门发布，并会同有关方面共同实施。

第三十条 列入目录的产品，必须经国务院认证认可监督管理部门指定的认证机构进行认证。列入目录产品的认证标志，由国务院认证认可监督管理部门统一规定。

第三十一条 列入目录的产品，涉及进出口商品检验目录的，应当在进出口商品检验时简化检验手续。

第三十二条 国务院认证认可监督管理部门指定的从事列入目录产品认证活动的认证机构以及与认证有关的检查机构、实验室（以下简称指定的认证机构、检查机构、实验室），应当是长期从事相关业务、无不良记录，且已经依照本条例的规定取得认可、具备从事相关认证活动能力的机构。国务院认证认可监督管理部门指定从事列入目录产品认证活动的认证机构，应当确保在每一列入目录产品领域至少指定两家符合本条例规定条件的机构。国务院认证认可监督管理部门指定前款规定的认证机构、检查机构、实验室，应当事先公布有关信息，并组织在相关领域公认的专家组成专家评审委员会，对符合前款规定要求的认证机构、检查机构、实验室进行评审；经评审并征求国务院有关部门意见后，按照资源合理利用、公平竞争和便利、有效的原则，在公布的时间内作出决定。

第三十三条 国务院认证认可监督管理部门应当公布指定的认证机构、检查机构、实验室名录及指定的业务范围。未经指定，任何机构不得从事列入目录产品的认证以及与认证有关的检查、检测活动。

第三十四条 列入目录产品的生产者或者销售者、进口商，均可自行委托指定的认证机构进行认证。

第三十五条 指定的认证机构、检查机构、实验室应当在指定业务范围内，为委托人提供方便、及时的认证、检查、检测服务，不得拖延，不得歧视、刁难委托人，不得牟取不当利益。指定的认证机构不得向其他机构转让指定的认证业务。

第三十六条 指定的认证机构、检查机构、实验室开展国际互认活动，应当在国务院认证认可监督管理部门或者经授权的国务院有关部门对外签署的国际互认协议框架内进行。

第四章 认 可

第三十七条 国务院认证认可监督管理部门确定的认可机构（以下简称认可机构），独立开展认可活动。除国务院认证认可监督管理部门确定的认可机构外，其他任何单位不得直接或者变相从事认可活动。其他单位直接或者变相从事认可活动的，其认可结果无效。

第三十八条 认证机构、检查机构、实验室可以通过认可机构的认可，以保证其认证、检查、检测能力持续、稳定地符合认可条件。

第三十九条 从事评审、审核等认证活动的人员，应当经认可机构注册后，方可从事相应的认证活动。

第四十条 认可机构应当具有与其认可范围相适应的质量体系，并建立内部审核制度，保证质量体系的有效实施。

第四十一条 认可机构根据认可的需要，可以选聘从事认可评审活动的人员。从事认可评审活动的人员应当是相关领域公认的专家，熟悉有关法律、行政法规以及认可规则和程序，具有评审所需要的良好品德、专业知识和业务能力。

第四十二条 认可机构委托他人完成与认可有关的具体评审业务的，由认可机构对评审结论负责。

第四十三条 认可机构应当公开认可条件、认可程序、收费标准等信息。认可机构受理认可申请，不得向申请人提出与认可活动无关的要求或者限制条件。

第四十四条 认可机构应当在公布的时间内，按照国家标准和国务院认证认可监督管理部门的规定，完成对认证机构、检查机构、实验室的评审，作出是否给予认可的决定，并对认可过程作出完整记录，归档留存。认可机构应当确保认可的客观公正和完整有效，并对认可结论负责。认可机构应当向取得认可的认证机构、检查机构、实验室颁发认可证书，并公布取得认可的认证机构、检查机构、实验室名录。

第四十五条 认可机构应当按照国家标准和国务院认证认可监督管理部门的规定，对从事评审、审核等认证活动的人员进行考核，考核合格的，予以注册。

第四十六条 认可证书应当包括认可范围、认可标准、认可领域和有效期限。

第四十七条 取得认可的机构应当在取得认可的范围内使用认可证书和认可标志。取得认可的机构不当使用认可证书和认可标志的，认可机构应当暂停其使用直至撤销认可证书，并予公布。

第四十八条 认可机构应当对取得认可的机构和人员实施有效的跟踪监督，定期对取得认可的机构进行复评审，以验证其是否持续符合认可条件。取得认可的机构和人员不再符合认可条件的，认可机构应当撤销认可证书，并予公布。取得认可的机构的从业人员和主要负责人、设施、自行制定的认证规则等与认可条件相关的情况发生变化的，应当及时告知认可机构。

第四十九条 认可机构不得接受任何可能对认可活动的客观公正产生影响的资助。

第五十条 境内的认证机构、检查机构、实验室取得境外认可机构认可的，应当向国务院认证认可监督管理部门备案。

第五章 监督管理

第五十一条 国务院认证认可监督管理部门可以采取组织同行评议，向被认证企业征求意见，对认证活动和认证结果进行抽查，要求认证机构以及与认证有关的检查机构、实验室报告业务活动情况的方式，对其遵守本条例的情况进行监督。发现有违反本条例行为的，应当及时查处，涉及国务院有关部门职责的，应当及时通报有关部门。

第五十二条 国务院认证认可监督管理部门应当重点对指定的认证机构、检查机构、实验室进行监督，对其认证、检查、检测活动进行定期或者不定期的检查。指定的认证机构、检查机构、实验室，应当定期向国务院认证认可监督管理部门提交报告，并对报告的真实性负责；报告应当对从事列入目录产品认证、检查、检测活动的情况作出说明。

第五十三条 认可机构应当定期向国务院认证认可监督管理部门提交报告，并对报告的真实性负责；报告应当对认可机构执行认可制度的情况、从事认可活动的情况、从业人员的工作情况作出说明。国务院认证认可监督管理部门应当对认可机构的报告作出评价，并采取查阅认可活动档案资料、向有关人员了解情况等方式，对认可机构实施监督。

第五十四条 国务院认证认可监督管理部门可以根据认证认可监督管理的需要，就有关事项询问认可机构、认证机构、检查机构、实验室的主要负责人，调查了解情况，给予告诫，有关人员应当积极配合。

第五十五条 县级以上地方人民政府质量技术监督部门和国务院质量监督检验检疫部门设在地方的出入境检验检疫机构，在国务院认证认可监督管理部门的授权范围内，依照本条例的规定对认证活动实施监督管理。国务院认证认可监督管理部门授权的县级以上地方人民政府质量技术监督部门和国务院质量监督检验检疫部门设在地方的出入境检验检疫机构，统称地方认证监督管理部门。

第五十六条 任何单位和个人对认证认可违法行为，有权向国务院认证认可监督管理部门和地方认证监督管理部门举报。国务院认证认可监督管理部门和地方认证监督管理部门应当及时调查处理，并为举报人保密。

第六章 法律责任

第五十七条 未经批准擅自从事认证活动的，予以取缔，处10万元以上50万元以下的罚款，有违法所得的，没收违法所得。

第五十八条 境外认证机构未经登记在中华人民共和国境内设立代表机构的，予以取缔，处5万元以上20万元以下的罚款。经登记设立的境外认证机构代表机构在中华人民共和国境内从事认证活动的，责令改正，处10万元以上50万元以下的罚款，有违法所得的，没收违法所得；情节严重的，撤销批准文件，并予公布。

第五十九条 认证机构接受可能对认证活动的客观公正产生影响的资助，或者从事可能对认证活动的客观公正产生影响的产品开发、营销等活动，或者与认证委托人存在资产、管理方面的利益关系的，责令停业整顿；情节严重的，撤销批准文件，并予公布；有违法所得的，没收违法所得；构成犯罪的，依法追究刑事责任。

第六十条 认证机构有下列情形之一的，责令改正，处5万元以上20万元以下的罚款，有违法所得的，没收违法所得；情节严重的，责令停业整顿，直至撤销批准文件，并予公布：(一) 超出批准范围从事认证活动的；(二) 增加、减少、遗漏认证基本规范、认证规则规定的程序的；(三) 未对其认证的产品、服务、管理体系实施有效的跟踪调查，或者发现其认证的产品、服务、管理体系不能持续符合认证要求，不及时暂停其使用或者撤销认证证书并予公布的；(四) 聘用未经认可机构注册的人员从事认证活动的。与认证有关的检查机构、实验室增加、减少、遗漏认证基本规范、认证规则规定的程序的，依照前款规定处罚。

第六十一条 认证机构有下列情形之一的，责令限期改正；逾期未改正的，处2万元以上10万元以下的罚款：(一) 以委托人未参加认证咨询或者认证培训等为理由，拒绝提供本认证机构业务范围内的认证服务，或者向委托人提出与认证活动无关的要求或者限制条件的；(二) 自行制定的认证标志的式样、文字和名称，与国家推行的认证标志相同或者近似，或者妨碍社会管理，或者有损社会道德风尚的；(三) 未公开认证基本规范、认证规则、收费标准等信息的；(四) 未对认证过程作出完整记录，归档留存的；（五）未及时向其认证的委托人出具认证证书的。与认证有关的检查机构、实验室未对与认证有关的检查、检测过程作出完整记录，归档留存的，依照前款规定处罚。

第六十二条 认证机构出具虚假的认证结论，或者出具的认证结论严重失实的，撤销批准文件，并予公布；对直接负责的主管人员和负有直接责任的认证人员，撤销其执业资格；构成犯罪的，依法追究刑事责任；造成损害的，认证机构应当承担相应的赔偿责任。指定的认证机构有前款规定的违法行为的，同时撤销指定。

第六十三条 认证人员从事认证活动，不在认证机构执业或者同时在两个以上认证机构执业的，责令改正，给予停止执业6个月以上2年以下的处罚，仍不改正的，撤销其执业资格。

第六十四条 认证机构以及与认证有关的检查机构、实验室未经指定擅自从事列入目录产品的认证以及与认证有关的检查、检测活动的，责令改正，处10万元以上50万元以下的罚款，有违法所得的，没收违法所得。认证机构未经指定擅自从事列入目录产品的认证活动的，撤销批准文件，并予公布。

第六十五条 指定的认证机构、检查机构、实验室超出指定的业务范围从事列入目录产品的认证以及与认证有关的检查、检测活动的，责令改正，处10万元以上50万元以下的罚款，有违法所得的，没收违法所得；情节严重的，撤销指定直至撤销批准文件，并予公布。指定的认证机构转让指定的认证业务的，依照前款规定处罚。

第六十六条 认证机构、检查机构、实验室取得境外认可机构认可，未向国务院认证认可监督管理部门备案的，给予警告，并予公布。

第六十七条 列入目录的产品未经认证，擅自出厂、销售、进口或者在其他经营活动中使用的，责令改正，处5万元以上20万元以下的罚款，有违法所得的，没收违法所得。

第六十八条 认可机构有下列情形之一的，责令改正；情节严重的，对主要负责人和负有责任的人员撤职或者解聘：（一）对不符合认可条件的机构和人员予以认可的；（二）发现取得认可的机构和人员不符合认可条件，不及时撤销认可证书，并予公布的；（三）接受可能对认可活动的客观公正产生影响的资助的。被撤职或者解聘的认可机构主要负责人和负有责任的人员，自被撤职或者解聘之日起5年内不得从事认可活动。

第六十九条 认可机构有下列情形之一的，责令改正；对主要负责人和负有责任的人员给予警告：（一）受理认可申请，向申请人提出与认可活动无关的要求或者限制条件的；（二）未在公布的时间内完成认可活动，或者未公开认可条件、认可程序、收费标准等信息的；（三）发现取得认可的机构不当使用认可证书和认可标志，不及时暂停其使用或者撤销认可证书并予公布的；（四）未对认可过程作出完整记录，归档留存的。

第七十条 国务院认证认可监督管理部门和地方认证监督管理部门及其工作人员，滥用职权、徇私舞弊、玩忽职守，有下列行为之一的，对直接负责的主管人员和其他直接责任人员，依法给予降级或者撤职的行政处分；构成犯罪的，依法追究刑事责任：（一）不按照本条例规定的条件和程序，实施批准和指定的；（二）发现认证机构不再符合本条例规定的批准或者指定条件，不撤销批准文件或者指定的；（三）发现指定的检查机构、实验室不再符合本条例规定的指定条件，不撤销指定的；（四）发现认证机构以及与认证有关的检查机构、实验室出具虚假的认证以及与认证有关的检查、检测结论或者出具的认证以及与认证有关的检查、检测结论严重失实，不予查处的；（五）发现本条例规定的其他认证认可违法行为，不予查处的。

第七十一条 伪造、冒用、买卖认证标志或者认证证书的，依照《中华人民共和国产品质量法》等法律的规定查处。

第七十二条 本条例规定的行政处罚，由国务院认证认可监督管理部门或者其授权的地方认证监督管理部门按照各自职责实施。法律、其他行政法规另有规定的，依照法律、其他行政法规的规定执行。

第七十三条 认证人员自被撤销执业资格之日起 5 年内，认可机构不再受理其注册申请。

第七十四条 认证机构未对其认证的产品实施有效的跟踪调查，或者发现其认证的产品不能持续符合认证要求，不及时暂停或者撤销认证证书和要求其停止使用认证标志给消费者造成损失的，与生产者、销售者承担连带责任。

第七章 附 则

第七十五条 药品生产、经营企业质量管理规范认证，实验动物质量合格认证，军工产品的认证，以及从事军工产品校准、检测的实验室及其人员的认可，不适用本条例。依照本条例经批准的认证机构从事矿山、危险化学品、烟花爆竹生产经营单位管理体系认证，由国务院安全生产监督管理部门结合安全生产的特殊要求组织；从事矿山、危险化学品、烟花爆竹生产经营单位安全生产综合评价的认证机构，经国务院安全生产监督管理部门推荐，方可取得认可机构的认可。

第七十六条 认证认可收费，应当符合国家有关价格法律、行政法规的规定。

第七十七条 认证培训机构、认证咨询机构的管理办法由国务院认证认可监督管理部门制定。

第七十八条 本条例自 2003 年 11 月 1 日起施行。1991 年 5 月 7 日国务院发布的《中华人民共和国产品质量认证管理条例》同时废止。

中国海关疫情防控法规汇编

规　章

GUIZHANG

出入境检验检疫报检规定

（1999年12月17日国家出入境检验检疫局令第16号发布，根据2018年3月6日国家质量监督检验检疫总局令第196号《国家质量监督检验检疫总局关于废止和修改部分规章的决定》第一次修正，根据2018年4月28日海关总署令第238号《海关总署关于修改部分规章的决定》第二次修正，根据2018年5月29日海关总署令第240号《海关总署关于修改部分规章的决定》第三次修正，根据2018年11月23日海关总署令第243号《海关总署关于修改部分规章的决定》第四次修正）

第一章　总　则

第一条　为加强出入境检验检疫报检管理，规范报检行为，根据《中华人民共和国进出口商品检验法》及其实施条例、《中华人民共和国进出境动植物检疫法》及其实施条例、《中华人民共和国国境卫生检疫法》及其实施细则、《中华人民共和国食品安全法》等法律法规的有关规定，制定本规定。

第二条　根据法律法规规定办理出入境检验检疫报检/申报的行为均适用本规定。

第三条　报检范围：

（一）国家法律法规规定须经检验检疫的；

（二）输入国家或地区规定必须凭检验检疫证书方准入境的；

（三）有关国际条约规定须经检验检疫的；

（四）申请签发原产地证明书及普惠制原产地证明书的。

第四条　报检人在报检时应填写规定格式的报检单，提供与出入境检验检疫有关的单证资料，按规定缴纳检验检疫费。

第五条　报检单填制要求为：

（一）报检人须按要求填写报检单所列内容；书写工整、字迹清晰，不得涂改；报检日期按海关受理报检日期填写。

（二）报检单必须加盖报检单位印章。

第二章　报检资格

第六条　报检单位办理业务应当向海关备案，并由该企业在海关备案的报检人员办理报检手续。

第七条　代理报检的，须向海关提供委托书，委托书由委托人按海关规定的格式填写。

第八条　非贸易性质的报检行为，报检人凭有效证件可直接办理报检手续。

第三章　入境报检

第九条　入境报检时，应填写入境货物报检单并提供合同、发票、提单等有关单证。

第十条 入境报检时除按第九条规定办理外，还应当符合下列要求：

（一）国家实施许可制度管理的货物，应提供有关证明。

（二）品质检验的还应提供国外品质证书或质量保证书、产品使用说明书及有关标准和技术资料；凭样成交的，须加附成交样品；以品级或公量计价结算的，应同时申请重量鉴定。

（三）报检入境废物原料时，还应当取得装运前检验证书；属于限制类废物原料的，应当取得进口许可证明。海关对有关进口许可证明电子数据进行系统自动比对验核。

（四）申请残损鉴定的还应提供理货残损单、铁路商务记录、空运事故记录或海事报告等证明货损情况的有关单证。

（五）申请重（数）量鉴定的还应提供重量明细单，理货清单等。

（六）货物经收、用货部门验收或其他单位检测的，应随附验收报告或检测结果以及重量明细单等。

（七）入境的国际旅行者，国内外发生重大传染病疫情时，应当填写《出入境检疫健康申明卡》。

（八）入境的动植物及其产品，在提供贸易合同、发票、产地证书的同时，还必须提供输出国家或地区官方的检疫证书；需办理入境检疫审批手续的，还应当取得入境动植物检疫许可证。

（九）过境动植物及其产品报检时，应持货运单和输出国家或地区官方出具的检疫证书；运输动物过境时，还应当取得海关总署签发的动植物过境许可证。

（十）报检入境运输工具、集装箱时，应提供检疫证明，并申报有关人员健康状况。

（十一）入境旅客、交通员工携带伴侣动物的，应提供入境动物检疫证书及预防接种证明。

（十二）因科研等特殊需要，输入禁止入境物的，应当取得海关总署签发的特许审批证明。

（十三）入境特殊物品的，应提供有关的批件或规定的文件。

第四章　出境报检

第十一条 出境报检时，应填写出境货物报检单并提供对外贸易合同（售货确认书或函电）、发票、装箱单等必要的单证。

第十二条 出境报检时除按第十一条规定办理外，还应当符合下列要求：

（一）国家实施许可制度管理的货物，应提供有关证明。

（二）出境货物须经生产者或经营者检验合格并加附检验合格证或检测报告；申请重量鉴定的，应加附重量明细单或磅码单。

（三）凭样成交的货物，应提供经买卖双方确认的样品。

（四）出境人员应向海关申请办理国际旅行健康证明书及国际预防接种证书。

（五）报检出境运输工具、集装箱时，还应提供检疫证明，并申报有关人员健康状况。

（六）生产出境危险货物包装容器的企业，必须向海关申请包装容器的性能鉴定。

生产出境危险货物的企业，必须向海关申请危险货物包装容器的使用鉴定。

（七）报检出境危险货物时，应当取得危险货物包装容器性能鉴定结果单和使用鉴定结果单。

（八）申请原产地证明书和普惠制原产地证明书的，应提供商业发票等资料。

（九）出境特殊物品的，根据法律法规规定应提供有关的审批文件。

第五章　报检及证单的更改

第十三条 报检人申请撤销报检时，应书面说明原因，经批准后方可办理撤销手续。

第十四条 报检后 30 天内未联系检验检疫事宜的，作自动撤销报检处理。

第十五条 有下列情况之一的应重新报检：

（一）超过检验检疫有效期限的；

（二）变更输入国家或地区，并又有不同检验检疫要求的；

（三）改换包装或重新拼装的；

（四）已撤销报检的。

第十六条 报检人申请更改证单时，应填写更改申请单，交附有关函电等证明单据，并交还原证单，经审核同意后方可办理更改手续。

品名、数（重）量、检验检疫结果、包装、发货人、收货人等重要项目更改后与合同、信用证不符的，或者更改后与输出、输入国家或地区法律法规规定不符的，均不能更改。

第六章　报检时限和地点

第十七条 对入境货物，应在入境前或入境时向入境口岸、指定的或到达站的海关办理报检手续；入境的运输工具及人员应在入境前或入境时申报。

第十八条 入境货物需对外索赔出证的，应在索赔有效期前不少于 20 天内向到货口岸或货物到达地的海关报检。

第十九条 输入微生物、人体组织、生物制品、血液及其制品或种畜、禽及其精液、胚胎、受精卵的，应当在入境前 30 天报检。

第二十条 输入其他动物的，应当在入境前 15 天报检。

第二十一条 输入植物、种子、种苗及其他繁殖材料的，应当在入境前 7 天报检。

第二十二条 出境货物最迟应于报关或装运前 7 天报检，对于个别检验检疫周期较长的货物，应留有相应的检验检疫时间。

第二十三条 出境的运输工具和人员应在出境前向口岸海关报检或申报。

第二十四条 需隔离检疫的出境动物在出境前 60 天预报，隔离前 7 天报检。

第二十五条 报检人对检验检疫证单有特殊要求的，应在报检单上注明并交附相关文件。

第七章　附　则

第二十六条 报检单位和报检人伪造、买卖、变造、涂改、盗用海关的证单、印章的，按有关法律法规予以处罚。

第二十七条 司法鉴定业务、行政机关委托及其他委托检验和鉴定业务，参照本规定执行。

第二十八条 本规定由海关总署负责解释。

第二十九条 本规定自 2000 年 1 月 1 日起施行，原国家商检局发布的《进出口商品报验规定》和原国家卫生检疫局发布的《关于对入、出境集装箱、货物实行报检制度的通知》同时废止。

出入境快件检验检疫管理办法

（2001 年 9 月 17 日质量监督检验检疫总局令第 3 号公布，根据 2018 年 4 月 28 日海关总署令第 238 号《海关总署关于修改部分规章的决定》第一次修正，根据 2018 年 5 月 29 日海关总署令第 240 号《海关总署关于修改部分规章的决定》第二次修正，根据 2018 年 11 月 23 日海关总署令第 243 号《海关总署关于修改部分规章的决定》第三次修正）

第一章　总　则

第一条　为加强出入境快件的检验检疫管理，根据《中华人民共和国进出口商品检验法》《中华人民共和国进出境动植物检疫法》《中华人民共和国国境卫生检疫法》《中华人民共和国食品安全法》等有关法律法规的规定，制定本办法。

第二条　本办法所称出入境快件，是指依法经营出入境快件的企业（以下简称快件运营人），在特定时间内以快速的商业运输方式承运的出入境货物和物品。

第三条　依据本办法规定应当实施检验检疫的出入境快件包括：

（一）根据《中华人民共和国进出境动植物检疫法》及其实施条例和《中华人民共和国国境卫生检疫法》及其实施细则、以及有关国际条约、双边协议规定应当实施动植物检疫和卫生检疫的；

（二）列入海关实施检验检疫的进出境商品目录内的；

（三）属于实施进口安全质量许可制度、出口质量许可制度以及卫生注册登记制度管理的；

（四）其他有关法律法规规定应当实施检验检疫的。

第四条　海关总署统一管理全国出入境快件的检验检疫工作。

主管海关负责所辖地区出入境快件的检验检疫和监督管理工作。

第五条　快件运营人不得承运国家有关法律法规规定禁止出入境的货物或物品。

第六条　对应当实施检验检疫的出入境快件，未经检验检疫或者经检验检疫不合格的，不得运递。

第二章　报　检

第七条　快件运营人应按有关规定向海关办理报检手续。

第八条　快件运营人在申请办理出入境快件报检时，应提供报检单、总运单、每一快件的分运单、发票等有关单证，并应当符合下列要求：

（一）输入动物、动物产品、植物种子、种苗及其他繁殖材料的，应当取得相应的检疫审批许可证和检疫证明；

（二）因科研等特殊需要，输入禁止进境物的，应当取得海关总署签发的特许审批证明；

（三）属于微生物、人体组织、生物制品、血液及其制品等特殊物品的，应当取得相关审批；

（四）属于实施进口安全质量许可制度、出口质量许可证制度和卫生注册登记制度管理的，应提供有关证明。

第九条 入境快件到达海关监管区时，快件运营人应及时向所在地海关办理报检手续。

出境快件在其运输工具离境 4 小时前，快件运营人应向离境口岸海关办理报检手续。

第十条 快件运营人可以通过电子数据交换（EDI）的方式申请办理报检，海关对符合条件的，应予受理。

第三章　检验检疫及处理

第十一条 海关对出入境快件应以现场检验检疫为主，特殊情况的，可以取样作实验室检验检疫。

第十二条 海关对出入境快件实行分类管理：

A 类：国家法律法规规定应当办理检疫许可证的快件；

B 类：属于实施进口安全质量许可制度、出口质量许可制度以及卫生注册登记制度管理的快件；

C 类：样品、礼品、非销售展品和私人自用物品；

D 类：以上三类以外的货物和物品。

第十三条 入境快件的检验检疫：

（一）对 A 类快件，按照国家法律法规和相关检疫要求实施检疫。

（二）对 B 类快件，实施重点检验，审核进口安全质量许可证或者卫生注册证，查看有无进口安全质量许可认证标志或者卫生注册标志。无进口安全质量许可证、卫生注册证或者无进口安全质量许可标志或者卫生注册标志的，作暂扣或退货处理，必要时进行安全、卫生检测。

（三）对 C 类快件，免予检验，应实施检疫的，按有关规定实施检疫。

（四）对 D 类快件，按 1%~3%的比例进行抽查检验。

第十四条 出境快件的检验检疫：

（一）对 A 类快件，依据输入国家或者地区和中国有关检验规定实施检疫。

（二）对 B 类快件，实施重点检验，审核出口质量许可证或者卫生注册证，查看有无相关检验检疫标志、封识。无出口质量许可证、卫生注册证或者相关检验检疫标志、封识的，不得出境。

（三）对 C 类快件，免予检验，物主有检疫要求的，实施检疫。

（四）对 D 类快件，按 1%~3%的比例进行抽查检验。

第十五条 入境快件经检疫发现被检疫传染病病源体污染的或者带有动植物检疫危险性病虫害的以及根据法律法规规定须作检疫处理的，海关应当按规定实施卫生、除害处理。

第十六条 入境快件经检验不符合法律、行政法规规定的强制性标准或者其他必须执行的检验标准的，必须在海关的监督下进行技术处理。

第十七条 入境快件经检验检疫合格的，签发有关单证，予以放行；经检验检疫不合格但经实施有效检验检疫处理，符合要求的，签发有关单证，予以放行。

第十八条 入境快件有下列情形之一的，由海关作退回或者销毁处理，并出具有关证明：

（一）未取得检疫审批并且未能按规定要求补办检疫审批手续的；

（二）按法律法规或者有关国际条约、双边协议的规定，须取得输出国官方出具的检疫证明文件或者有关声明，而未能取得的；

（三）经检疫不合格又无有效方法处理的；

（四）本办法第二十二条所述的入境快件不能进行技术处理或者经技术处理后，重新检验仍不合格的；

（五）其他依据法律法规的规定须作退回或者销毁处理的。

第十九条 出境快件经检验检疫合格的，签发相关单证，予以放行。经检验检疫不合格的，不准出境。

第二十条 海关对出入境快件需作进一步检验检疫处理的，可以予以封存，并与快件运营人办理交接手续。封存期一般不得超过45日。

第二十一条 对出入境快件作出退回或者销毁处理的，海关应当办理有关手续并通知快件运营人。

第二十二条 快件运营人应当配合检验检疫工作，向海关提供有关资料和必要的工作条件、工作用具等，必要时应当派出人员协助工作。

第四章 附 则

第二十三条 对通过邮政出入境的邮寄物的检疫管理适用《进出境邮寄物检疫管理办法》。

第二十四条 对违反本办法规定的，依照有关法律法规的规定予以处罚。

第二十五条 本办法由海关总署负责解释。

第二十六条 本办法自2001年11月15日起施行。

出入境检验检疫封识管理办法

（2000年4月3日国家出入境检验检疫局令第22号公布，根据2018年4月28日海关总署令第238号《海关总署关于修改部分规章的决定》第一次修正）

第一章　总　则

第一条　为加强出入境检验检疫封识管理，做好出入境检验检疫监督管理工作，根据《中华人民共和国进出口商品检验法》《中华人民共和国进出境动植物检疫法》《中华人民共和国国境卫生检疫法》和《中华人民共和国食品安全法》的有关规定，制定本办法。

第二条　本办法适用于出入境检验检疫封识（以下简称封识）的制定、使用和管理。

第三条　本办法所称封识系指海关在出入境检验检疫工作中实施具有强制性和约束力的封存和控制措施而使用的专用标识。

第四条　海关总署统一管理封识的制定、修订、发布、印制、发放和监督工作。

主管海关负责辖区内封识的使用和监督管理工作，并对封识的使用情况进行登记备案。

第二章　封识的制定

第五条　封识的种类、式样、规格由海关总署统一规定。封识的种类包括：封条封识、卡扣封识、印章封识三种。

主管海关如需使用其他封识，必须报经海关总署批准。

第六条　封识应当标有各直属海关的简称字样。

第三章　封识的使用和管理

第七条　封识应加施在需要施封的检验检疫物及其运载工具、集装箱、装载容器和包装物上，或存放检验检疫物的场所。

第八条　有下列情况之一的，根据检验检疫工作需要可以加施封识：

（一）因口岸条件限制等原因，由海关决定运往指定地点检验检疫的；

（二）进境货物在口岸已作外包装检验检疫，需运往指定地点生产、加工、存放，并由到达地海关检验检疫和监管的；

（三）根据出入境检验检疫法律法规规定，对禁止进境物作退回、销毁处理的；

（四）经检验检疫不合格，作退回、销毁、除害等处理的；

（五）经检验检疫合格，避免掺假作伪或发生批次混乱的；

（六）经检验检疫发现进境的船舶、飞机、车辆等运载工具和集装箱装有禁止进境或应当在中国境内控制使用的自用物品的，或者在上述运载工具上发现有传染病媒介（鼠、病媒昆虫）和危险性病虫害须密封控制、防止扩散的；

（七）对已造成食物中毒事故或有证据证明可能导致食物中毒事故的食品及生产、经营场所，需要进一步实施口岸卫生监督和调查处理的；

（八）正在进行密闭熏蒸除害处理的；

（九）装载过境检验检疫物的运载工具、集装箱、装载容器、包装物等；

（十）凭样成交的样品及进口索赔需要签封的样品；

（十一）外贸合同约定或政府协议规定需要加施封识的；

（十二）其他因检验检疫需要施封的。

第九条 海关根据检验检疫物的包装材料的性质和储运条件，确定应采用的封识材料和封识方法。选用的封识应醒目、牢固，不易自然损坏。

第十条 封识由海关加施，有关单位和人员应当给予协助和配合。

第十一条 海关加施封识时，应向货主或其代理人出具施封通知书。

第十二条 未经海关许可，任何单位或个人不得开拆或者损毁检验检疫封识。

货主、代理人或承运人发现检验检疫封识破损的，应及时报告海关。海关应及时处理，必要时重新加施封识。

第十三条 检验检疫封识的启封，由海关执行，或由海关委托的有关单位或人员执行，并根据需要，由海关出具启封通知书。

施封海关与启封海关不一致时，应及时互通情况。

第十四条 在特殊情况下，如需提前启封，有关单位应办理申请启封手续。

第四章　附　则

第十五条 违反本办法规定，依照有关法律法规予以处罚。

第十六条 本办法所规定的文书由海关总署另行制定并且发布。

第十七条 本办法由海关总署负责解释。

第十八条 本办法自2000年5月1日起施行。原国家商检局1987年8月22日发布的《进出口商品封识管理办法》同时废止。过去发布的有关进出境动植物检疫、卫生检疫和食品卫生检验的封识管理办法与本办法相抵触的，以本办法为准。

出入境检疫处理单位和人员管理办法

（2016年3月31日国家质量监督检验检疫总局令第181号公布，根据2018年4月28日海关总署令第238号《海关总署关于修改部分规章的决定》第一次修正，根据2018年5月29日海关总署令第240号《海关总署关于修改部分规章的决定》第二次修正）

第一章 总 则

第一条 为规范出入境检疫处理单位和人员的管理，根据《中华人民共和国进出境动植物检疫法》及其实施条例、《中华人民共和国国境卫生检疫法》及其实施细则等相关法律法规规定，制定本办法。

第二条 本办法适用于对出入境检疫处理单位和人员的核准以及监督管理。

第三条 本办法所称：

“出入境检疫处理”是指利用生物、物理、化学的方法，对出入境货物、交通工具、集装箱及其他检疫对象采取的消除疫情疫病风险或者潜在危害，防止人类传染病传播、动植物病虫害传入传出的措施。

“出入境检疫处理单位”（以下简称检疫处理单位）是指经直属海关核准从事出入境检疫处理工作的单位。

“出入境检疫处理人员”（以下简称检疫处理人员）是指经直属海关核准，在检疫处理单位从事出入境检疫处理工作的人员。

第四条 海关总署主管全国检疫处理单位和人员管理工作。

主管海关负责所辖地区检疫处理单位和人员的日常监督管理。

第五条 出入境检疫处理按照实施方式和技术要求，分为A类、B类、C类、D类、E类、F类和G类。

（一）A类，熏蒸（出入境船舶熏蒸、疫麦及其他大宗货物熏蒸）；

（二）B类，熏蒸（A类熏蒸除外）；

（三）C类，消毒处理（熏蒸方式除外）；

（四）D类，药物及器械除虫灭鼠（熏蒸方式除外）；

（五）E类，热处理；

（六）F类，辐照处理；

（七）G类，除上述类别外，采用冷处理、微波处理、除污处理等方式实施的出入境检疫处理。

检疫处理单位和人员可以申请从事一类或者多类出入境检疫处理工作。

第六条 检疫处理单位和人员应当在核准范围内从事出入境检疫处理工作；未经核准，不得从事或者超范围从事出入境检疫处理工作。

海关根据相关法律法规或者输入国家（地区）要求，对需要实施检疫处理的对象，向货主或者其代理人签发检验检疫处理通知书。货主或者其代理人应当委托有资质的检疫处理单位实施检疫处理。

第二章　检疫处理单位申请条件

第七条　申请从事出入境检疫处理工作的单位（以下简称申请单位），应当具备下列基本条件：

（一）具有独立法人资格；

（二）具有满足条件的办公场所；

（三）申请从事的检疫处理类别需要使用危险化学品的，其从业人员及危险化学品的运输、储存、使用应当符合国家有关规定；

（四）使用的出入境检疫处理器械、药剂以及计量器具应当符合国家有关规定；

（五）具有必要的出入境检疫处理安全防护装备、急救药品和设施；

（六）建立有效的质量控制、效果评价、安全保障以及突发事件应急机制等管理制度；

（七）建立完整的出入境检疫处理业务档案、技术培训档案和职工职业健康档案管理制度；

（八）配备经直属海关核准的检疫处理人员；

（九）配备专职或者兼职安全员，法律法规有规定的，还应当具备相应的资质。

第八条　申请从事A类出入境检疫处理工作的单位，除应当具备本办法第七条所列条件以外，还应当符合下列条件：

（一）具有B类出入境检疫处理资质3年以上，近3年无安全和质量事故；

（二）药品、仪器、设备、材料、专用药品库及操作规范符合法律法规、标准和技术规范的要求；

（三）配备检疫处理熏蒸气体浓度测定仪器、残留毒气检测仪器、大气采样仪器等设备。

第九条　申请从事B类出入境检疫处理工作的单位，除应当具备本办法第七条所列条件以外，还应当符合下列条件：

（一）处理场所、药品、仪器、设备、材料、专用药品库及操作规范符合法律法规、标准和技术规范的要求；

（二）配备检疫处理熏蒸气体浓度测定仪器、残留毒气检测仪器、大气采样仪器等设备。

第十条　申请从事C类出入境检疫处理工作的单位，除应当具备本办法第七条所列条件以外，还应当符合下列条件：

（一）药品、仪器、设备、材料、专用药品库及操作规范符合法律法规、标准和技术规范的要求；

（二）配备消毒效果评价相关检测设备。

第十一条　申请从事D类出入境检疫处理工作的单位，除应当具备本办法第七条所列条件以外，还应当符合下列条件：

（一）药品、仪器、设备、材料、专用药品库及操作规范符合法律法规、标准和技术规范的要求；

（二）配备除虫灭鼠试验室相关检测设备等。

第十二条　申请从事E类出入境检疫处理工作的单位，除应当具备本办法第七条所列条件以外，还应当符合下列条件：

（一）处理场所、库房、处理设备及操作规范符合法律法规、标准和技术规范的要求；

（二）使用特种设备的，持有特种设备许可证。

第十三条　申请从事F类出入境检疫处理工作的单位，除应当具备本办法第七条所列条件以外，还应当符合下列条件：

（一）处理场所、仪器、设备、放射性物品购置及存放、操作规范符合法律法规、标准和技术规范的要求；

（二）持有放射性设备使用许可证。

第十四条 申请从事G类出入境检疫处理工作的单位，除应当具备本办法第七条所列条件以外，还应当符合下列条件：

（一）处理场所、库房、处理设备及操作规范符合法律法规、标准和技术规范的要求；

（二）使用特种设备的，持有特种设备许可证。

第三章 检疫处理单位

第十五条 申请单位应当向所在地直属海关提出申请并提交下列材料：

（一）《出入境检疫处理单位核准申请表》；

（二）申请单位所属检疫处理人员名单。

第十六条 直属海关对申请单位提出的申请，应当根据下列情况分别作出处理：

（一）申请材料存在可以当场更正的错误的，应当允许申请单位当场更正；

（二）申请材料不齐全或者不符合法定形式的，应当当场或者在5日内一次告知申请单位需要补正的全部内容，逾期不告知的，自收到申请材料之日起即为受理；

（三）申请材料齐全、符合法定形式，或者申请单位按照要求提交全部补正申请材料的，应当受理申请。

直属海关受理或者不予受理申请，应当出具加盖本单位专用印章和注明日期的书面凭证。

第十七条 直属海关应当在受理申请后组成评审专家组，对提出申请的检疫处理单位进行现场考核评审并提交书面评审报告。

第十八条 直属海关应当自受理申请之日起20日内作出是否核准的决定。

20日内不能作出决定的，经直属海关负责人批准，可以延长10日，并将延长期限的理由书面告知申请单位。

第十九条 直属海关作出核准决定的，应当自作出决定之日起10日内颁发并送达《出入境检疫处理单位核准证书》（以下简称《核准证书》）。

不予核准的，应当书面通知申请单位并说明理由。

直属海关作出的核准决定，应当予以公开。

第四章 检疫处理人员

第二十条 年满十八周岁，身体健康，具有完全民事行为能力，具备检疫处理基本知识，掌握检疫处理操作技能的人员，可以参加检疫处理人员从业资格考试。

第二十一条 检疫处理人员资格分为两类，即熏蒸处理类（A类、B类）、其他类（C类、D类、E类、F类、G类）。

第二十二条 海关总署负责制定考试大纲，直属海关负责考试的组织实施工作。

直属海关每年至少组织一次检疫处理人员从业资格考试，同时可根据本辖区市场和业务需求，适当增加考试频次。

第二十三条 检疫处理人员从业资格考试内容包括出入境检疫处理基础知识和操作技能。

基础知识包括：法律法规、标准、技术规范等。

操作技能包括：药品、仪器、设备的操作运用，出入境检疫处理现场操作、安全防护、应急处理等。

第二十四条 通过检疫处理人员从业资格考试的人员，由直属海关颁发《从业证》。

第二十五条 《从业证》有效期 3 年，有效期内全国通用。检疫处理人员需要延续《从业证》有效期的，应当在有效期届满 3 个月前向颁发《从业证》的直属海关提出延续申请。直属海关应当在有效期届满前作出是否准予延续的决定。

第二十六条 检疫处理人员应当严格按照法律法规、标准、技术规范以及检疫处理单位制定的工作方案实施检疫处理，做好安全防护，保证处理效果。

第五章 监督管理

第二十七条 直属海关应当建立检疫处理单位和人员管理档案，将检疫处理单位纳入企业信用管理，并针对不同信用等级的检疫处理单位制定差异化的监管措施。

海关应当定期组织对所辖地区检疫处理单位和人员及其操作进行监督检查，对检疫处理单位的检疫处理效果进行监督和评价，并将监督检查结果向直属海关报告。

检疫处理单位和人员应当配合海关的监督检查工作。

第二十八条 海关按照“安全、高效、环保”的原则，定期开展检疫处理药品、器械等口岸适用性评价工作，确定适用于口岸使用的药品、器械名录。检疫处理单位实施口岸检疫处理工作时应选用目录内药品、器械，按照有关要求科学规范用药。

第二十九条 海关对未取得相应《核准证书》的单位、未获得相应《从业证》的人员及未按照法律法规、标准和技术规范实施的检疫处理结果不予认可。

第三十条 检疫处理单位应当在《核准证书》核准范围内，根据出入境检验检疫处理通知书要求，严格按照法律法规、标准和技术规范实施检疫处理。

实施处理前，检疫处理单位应当根据不同类型的处理任务制定具体的实施方案并留档备查。处理期间，检疫处理单位应当在现场设置明显的警示标志，对处理过程进行记录。处理完毕后，检疫处理单位应当准确填写检疫处理结果报告单，交海关。

第三十一条 检疫处理单位应当开展处理控制和处理效果评价，保证检疫处理效果，保护环境和生态安全，并承担相应的法律责任。

第三十二条 检疫处理单位应当建立检疫处理业务档案，真实完整地记录其检疫处理业务。

第三十三条 检疫处理单位应当于每年 1 月底前向其所在地直属海关提交上一年度检疫处理情况工作报告。

第三十四条 有下列情形之一的，检疫处理单位应当自变更之日起 30 日内向颁发《核准证书》的直属海关申请办理变更手续：

（一）法定代表人变更；

（二）检疫处理人员变更；

（三）其他重大事项变更。

符合规定要求的，直属海关应当在收到相关资料后 20 日内完成变更手续。

第三十五条 检疫处理单位《核准证书》有效期 6 年。检疫处理单位需要延续《核准证书》有效期的，应当于有效期届满 3 个月前向颁发《核准证书》的直属海关申请延续。直属海关应当在有效期届满前作出是否准予延续的决定，准予延续的，换发《核准证书》。

第三十六条 有下列情形之一的，直属海关根据利害关系人的请求或者依据职权，可以撤销

《核准证书》或者《从业证》:

(一) 海关工作人员滥用职权、玩忽职守颁发《核准证书》或者《从业证》的;

(二) 超越法定职权颁发《核准证书》或者《从业证》的;

(三) 违反法定程序颁发《核准证书》或者《从业证》的;

(四) 对不具备申请资格或者不符合法定条件的申请人颁发《核准证书》或者《从业证》的;

(五) 检疫处理单位或者检疫处理人员以欺骗、贿赂等不正当手段取得《核准证书》或者《从业证》的;

(六) 依法可以撤销《核准证书》或者《从业证》的其他情形。

第三十七条 有下列情形之一的,直属海关应当依据职权注销《核准证书》或者《从业证》:

(一) 检疫处理单位《核准证书》或者检疫处理人员《从业证》有效期届满未申请延续的;

(二) 检疫处理单位依法终止的;

(三) 检疫处理人员死亡或者丧失行为能力的;

(四)《核准证书》或者《从业证》依法被撤销、撤回或者吊销的;

(五) 因不可抗力导致许可事项无法实施的;

(六) 法律、法规规定的应当注销的其他情形。

第三十八条 申请从事检疫处理的单位或者人员隐瞒有关情况或者提供虚假申请材料的,直属海关不予受理或者不予颁发《核准证书》或者《从业证》,申请单位或者人员 1 年内不得再次申请。

以欺骗、贿赂等不正当手段取得《核准证书》或者《从业证》的,申请单位或者人员 3 年内不得再次申请。

第六章 法律责任

第三十九条 检疫处理单位有下列情形之一的,海关可以给予警告,并可以并处 3 万元以下罚款:

(一) 未按照技术要求和操作规程进行操作的;

(二) 出入境检疫处理质量未达到检验检疫技术要求的;

(三) 发生安全、质量事故并负有管理责任的;

(四) 聘用未取得《从业证》人员或者检疫处理人员超出《从业证》核准范围实施出入境检疫处理工作的;

(五) 超出《核准证书》核准范围从事出入境检疫处理工作的;

(六) 出入境检疫处理业务档案、安全事故档案或者职工职业健康监护档案不完整、填写不规范,情节严重的;

(七) 存在本办法第三十四条所列情形,未办理变更手续的。

第四十条 检疫处理单位有下列情形之一的,由直属海关吊销其《核准证书》:

(一) 有本办法第三十九条第(一)至第(五)项所列情形,情节严重或者造成严重后果的;

(二) 伪造、变造、恶意涂改出入境检疫处理业务档案、安全事故档案或者职工职业健康监护档案的;

(三) 涂改、倒卖、出租、出借《核准证书》,或者以其他方式非法转让《核准证书》的;

(四) 转委托其他单位进行检疫处理的;

(五) 检疫处理单位和人员拒绝接受海关监管或者整改不力的;

（六）检疫处理单位和人员拒不履行相关义务或者未按照相关规定实施检疫处理，处理效果评价多次不达标的。

第四十一条 检疫处理人员未按照技术要求和操作规程进行操作的，由海关给予警告或者处以2000元以下罚款。有下列行为之一的，由直属海关吊销其《从业证》：

（一）造成重大安全、质量事故的；

（二）超出核准范围从事出入境检疫处理工作的。

第四十二条 尚未取得或者已被吊销《核准证书》《从业证》和营业执照，擅自从事出入境检疫处理工作的，由海关责令改正，处以3万元以下罚款。

第四十三条 海关工作人员徇私舞弊、滥用职权、玩忽职守，违反相关法律法规和本办法规定的，依法给予行政处分；情节严重，构成犯罪的，依法追究刑事责任。

第七章 附 则

第四十四条 检疫处理单位应当将检疫处理收费的依据、项目、标准等对外公布，并严格遵守。

第四十五条 检疫处理单位和检疫处理人员核准以及监管等信息应当及时录入有关信息化管理系统。

第四十六条 检疫处理单位信用管理按照国家企业信用信息管理的有关规定执行。

第四十七条 本办法施行前已经获得出入境检疫处理单位资质许可的检疫处理单位，应当依照本办法规定重新获得核准。申请从事A类检疫处理工作的，其此前从事检疫处理资质年限可连续计算。

第四十八条 出境木质包装标识企业对出境木质包装的检疫处理及进出境货物生产企业在生产过程中进行的检疫处理不适用本办法。

第四十九条 《核准证书》《从业证》《出入境检疫处理单位核准申请表》由海关总署统一监制。

第五十条 本办法由海关总署负责解释。

第五十一条 本办法自2016年7月1日起施行。原国家检验检疫局于1998年12月24日发布的《熏蒸消毒监督管理办法（试行）》同时废止。

出入境邮轮检疫管理办法

（2016 年 10 月 25 日国家质量监督检验检疫总局令第 185 号公布，根据 2018 年 4 月 28 日海关总署令第 238 号《海关总署关于修改部分规章的决定》第一次修正，根据 2018 年 5 月 29 日海关总署第 240 号《海关总署关于修改部分规章的决定》第二次修正）

第一章　总　则

第一条　为了规范出入境邮轮检疫监管工作，防止疫病疫情传播，促进邮轮经济发展，根据《中华人民共和国国境卫生检疫法》及其实施细则、《中华人民共和国动植物检疫法》及其实施条例、《中华人民共和国食品安全法》及其实施条例、《中华人民共和国传染病防治法》及其实施办法、《突发公共卫生事件应急条例》《国际航行船舶进出中华人民共和国口岸检查办法》等法律法规的规定，制定本办法。

第二条　本办法适用于对进出中华人民共和国国境口岸的外国籍邮轮和航行国际航线的中华人民共和国籍邮轮及相关经营、服务单位的检疫监督管理。

第三条　海关总署统一管理全国出入境邮轮检疫监管工作。

主管海关负责所辖口岸的出入境邮轮检疫监管工作。

第二章　风险管理

第四条　海关对出入境邮轮实施风险管理。

第五条　海关总署根据邮轮卫生状况、运营方及其代理人检疫风险控制能力、信用等级、现场监管情况及其他相关因素，制定邮轮检疫风险评估技术方案，确定邮轮检疫风险等级划分标准。

第六条　邮轮运营方负责建立并运行邮轮公共卫生安全体系，包括：

（一）食品安全控制计划；

（二）饮用水安全控制计划；

（三）娱乐用水安全控制计划；

（四）医学媒介生物监测计划；

（五）邮轮公共场所卫生制度；

（六）废弃物管理制度；

（七）胃肠道疾病的监测与控制体系；

（八）突发公共卫生事件应对工作机制。

第七条　邮轮运营方负责建立邮轮有害生物综合管理措施（IPM）计划，开展相关监测、防治和报告工作，控制有害生物扩散。

第八条　邮轮运营方或者其代理人按照自愿原则，可以向母港所在地海关提出风险评估申请，申请时应当提交以下资料：

（一）邮轮检疫风险评估申请书；

（二）邮轮的通风系统、生活用水供应系统、饮用水净化系统、污水处理系统的结构图。

第九条 海关总署负责组织邮轮风险评估工作，确定邮轮检疫风险等级，并对外公布。

主管海关根据风险等级确定邮轮检疫方式、卫生监督内容及频次并实施动态分类管理。

第三章 入境检疫查验

第十条 在邮轮入境前 24 小时或者离开上一港口后，邮轮负责人或者其代理人应当向入境口岸海关申报，提交沿途寄港、靠泊计划、人员健康情况、《船舶免予卫生控制措施/卫生控制措施证书》等信息。

如申报内容有变化，邮轮负责人或者其代理人应当及时向海关更正。

第十一条 入境邮轮应当依法接受检疫查验。

邮轮负责人或者其代理人应当向最先到达的入境口岸海关申请办理入境检疫手续，经海关准许，方可入境。

接受入境检疫的邮轮，在检疫完成以前，未经海关许可，不准上下人员，不准装卸货物、行李、邮包等物品。

第十二条 入境邮轮应当按照规定悬挂检疫信号，在指定地点等候检疫。在海关签发入境检疫证书或者通知检疫完毕之前，不得解除检疫信号。

检验检疫人员登轮检疫时，邮轮负责人或者其代理人应当配合开展工作。

第十三条 海关根据入境邮轮申报信息及邮轮检疫风险等级确定检疫方式，及时通知邮轮负责人或者其代理人，检疫方式有：

（一）靠泊检疫；

（二）随船检疫；

（三）锚地检疫；

（四）电讯检疫。

第十四条 有下列情形之一的，海关可以对入境邮轮实施随船检疫：

（一）首次入境，且入境前 4 周内停靠过海关总署公告、警示通报列明的发生疫情国家或者地区；

（二）首次入境，且公共卫生体系风险不明的；

（三）为便利通关需要，邮轮负责人或者其代理人申请，海关认为有必要的。

参加随船检疫人员应当为邮轮检疫在岗人员，且具有医学专业背景或者接受过系统性船舶卫生检疫业务培训的。

第十五条 有下列情形之一的，海关应当对入境邮轮实施锚地检疫：

（一）来自检疫传染病受染地区，邮轮上报告有疑似检疫传染病病例，且根据要求需对密切接触者采取集中隔离观察的；

（二）海关总署公告、警示通报有明确要求的；

（三）海关总署评定检疫风险较高的；

（四）有本办法第十四条第一款第（一）（二）项规定的情形而未实施随船检疫的；

（五）邮轮负责人或者其代理人申请，海关认为有必要的。

第十六条 邮轮经风险评估，检疫风险较低的，经邮轮负责人或者其代理人申请，海关可以实施电讯检疫。

第十七条 有本办法第十四条、第十五条、第十六条规定以外的其他情形或者在紧急情况下，海关对邮轮实施靠泊检疫。

第十八条 海关工作人员对入境邮轮实施的检疫查验内容包括：

（一）在登轮前，检查邮轮是否悬挂检疫信号；

（二）核查《船舶免于卫生控制措施证书/船舶卫生控制措施证书》、食品从业人员健康证明、来自黄热病疫区交通工具上船员和旅客的预防接种证书；

（三）检查邮轮医疗设施、航海日志、医疗日志，询问船员、旅客的健康监测情况，可以要求邮轮运营方或者其代理人签字确认；

（四）检查食品饮用水安全、医学媒介生物控制、废弃物处置和卫生状况；

（五）检查公共卫生安全体系其他相关内容。

第十九条 完成入境检疫后，对未发现染疫的邮轮，检验检疫人员应当立即签发《船舶入境卫生检疫证》；对需要实施检疫处理措施的邮轮，经检疫处理合格后，予以签发《船舶入境检疫证》。

邮轮负责人收到《船舶入境卫生检疫证》或者《船舶入境检疫证》，方可解除入境邮轮检疫信号，准予人员上下、货物装卸等。

第二十条 入境旅客、邮轮员工及其他人员应当接受检疫。

入境邮轮在中国境内停留期间，旅客、邮轮员工及其他人员不得将动植物、动植物产品和其他检疫物带离邮轮；需要带离时，应当向口岸海关申报。

第四章 出境检疫查验

第二十一条 出境邮轮在离港前4个小时，邮轮负责人或者其代理人应当向出境口岸海关申报邮轮出境检疫信息。

第二十二条 海关对出境邮轮实施检疫，未完成检疫事项的邮轮不得出境。

出境检疫完毕后，海关工作人员对出境邮轮应当签发《交通工具出境卫生检疫证书》。

海关可以根据风险评估情况确定是否实施登轮检疫。

第二十三条 对邮轮实施出境检疫完毕后，除引航员和经海关许可的人员外，其他人员不得上下邮轮，不准装卸行李、邮包、货物等物品。违反上述规定，该邮轮必须重新实施出境检疫。

出境检疫完毕后超过24小时仍未开航的出境邮轮，应当重新实施出境检疫。

第五章 检疫处理

第二十四条 有下列情形之一的，邮轮运营方应当按照海关要求，组织实施检疫处理：

（一）海关总署发布公告或者警示通报等有明确要求的；

（二）发现存在与人类健康有关的医学媒介生物或者有毒有害物质的；

（三）发现有《中华人民共和国进出境动植物检疫法》第十八条规定的名录中所列病虫害的；

（四）法律、法规规定的其他应当实施检疫处理的情形。

邮轮上泔水、动植物性废弃物及其存放场所、容器应当实施检疫处理。

检疫处理工作应当由获得许可的检疫处理单位实施并接受海关监督。

第二十五条 邮轮上有禁止进境的动植物、动植物产品和其他检疫物的，在中国境内停留期间，不得卸离或者带离邮轮。发现有害生物扩散风险或者潜在风险的，邮轮运营方应当主动采取防范措施，并及时向海关报告。

第二十六条 经检疫处理合格的，且需下一港跟踪的邮轮，出发港海关应当及时将有关信息报送至下一港海关。

第六章　突发公共卫生事件处置

第二十七条　发生下列情形之一，邮轮负责人或者其代理人应当及时采取有效的应急处置措施，立即向口岸海关进行突发公共卫生事件报告：

（一）航行途中有人员发生疑似传染病死亡或者不明原因死亡的；

（二）发现传染病受染人或者疑似受染人，且可能构成公共卫生风险的；

（三）航行过程中6小时内出现6例及以上的消化道疾病病例，或者邮轮上有1%及以上的船员或者旅客患消化道疾病的；

（四）邮轮航行途中24小时内出现2‰以上的船员或者旅客患呼吸道传染病的；

（五）发生群体性不明原因疾病的；

（六）邮轮负责人或者其代理人认为应当报告的其他情形。

第二十八条　突发公共卫生事件报告内容应当包括：

（一）事件的基本情况，包括启运港、靠泊港和沿途寄港、停靠日期、病名或者主要症状、总人数、患病人数、死亡人数等；

（二）患病人员的监测日志、医疗记录和调查记录等；

（三）邮轮上所采取的应急处置措施及所取得的效果；

（四）法律法规要求的其他信息和资料。

第二十九条　邮轮发生突发公共卫生事件时，应当遵循统一指挥、职责明确、科学高效、反应及时、优先救治的原则。海关应当对人员医疗救治工作给予检疫便利。

第三十条　邮轮运营方应当建立完善的突发公共卫生事件处置能力，包括配备具有处置突发事件能力的专业人员、建立应急处置预案、定期开展培训和演练等。

发生突发公共卫生事件时，邮轮运营方及其代理人应当配合海关做好应急处置工作。

第三十一条　海关应当建立突发公共卫生事件的应急处置机制，做好联防联控工作，定期开展培训和演练，指导、协调邮轮运营方做好邮轮突发公共卫生事件的现场处置工作。

第三十二条　邮轮发生突发公共卫生事件时，应当依法对受染人员实施隔离，隔离期限根据医学检查结果确定；对疑似受染人员依法实施就地诊验或者留验，就地诊验或者留验期限自该人员离开感染环境的时候算起，不超过该传染病的最长潜伏期。

邮轮上发生突发公共卫生事件时，邮轮运营方可以提出申请，经海关同意，在邮轮上实施隔离留验；对不具备隔离留验条件的，应当转送至指定医疗机构。

第七章　监督管理

第三十三条　海关总署可以根据邮轮检疫风险等级确定监督管理的重点、方式和频次。

海关可以以抽查、专项检查、全项目检查等方式进行监管。必要时，可以实施采样检测。

第三十四条　检验检疫人员按照下列要求对出入境邮轮实施卫生监督：

（一）公共卫生安全管理制度是否完善；

（二）食品饮用水安全；

（三）客舱、甲板、餐厅、酒吧、影剧院、游泳池、浴池等公共场卫生状况是否保持良好；

（四）是否保持无感染源或者污染源，包括无医学媒介生物和宿主，并确保医学媒介生物控制措施的有效运行；

（五）保持废弃物密闭储存，或者具备无害化处理能力；

（六）保留完整规范的医疗记录、药品消耗及补充记录；

（七）是否建立完善的压舱水排放报告机制。

第三十五条 中国籍邮轮上的食品生产经营单位、公共场所应当取得海关颁发的国境口岸卫生许可证后方可从事生产经营活动。

第三十六条 检验检疫人员按照下列要求对出入境邮轮食品安全实施监督管理：

（一）邮轮上的食品从业人员应当持有有效的健康证明，并经过职业培训，能够按照食品安全控制要求进行操作；

（二）邮轮运营方应当向持有有效国境口岸卫生许可证的食品生产经营单位采购食品或者餐饮服务；

（三）应当建立食品进货查验制度，并保存相关档案。

第三十七条 海关对境外直供邮轮的进境食品，可以参照过境检疫模式进行监管：

（一）境外直供邮轮的动植物源性食品和水果的入境口岸、运输路线、出境口岸等相关事项，应当向配送地直属海关备案。

（二）境外直供邮轮的动植物源性食品和水果应当使用集装箱装载，按照规定的路线运输，集装箱在配送邮轮前不得开箱。

（三）境外直供邮轮食品在配送时应当接受开箱检疫。开箱时，应当由检验检疫人员现场监督，经查验铅封、核对货物种类和数量、实施检疫后方可配送邮轮。

境外直供邮轮食品不得用于其他用途。

第三十八条 对经监督管理不合格的邮轮，海关应当通知邮轮负责人或者其代理人进行整改，整改符合要求后，邮轮方可出入境。

第八章 法律责任

第三十九条 根据《中华人民共和国国境卫生检疫法》及其实施细则所规定的应当受行政处罚的行为是指：

（一）应当接受入境检疫的船舶，不悬挂检疫信号的；

（二）入境、出境的交通工具，在入境检疫之前或者在出境检疫之后，擅自上下人员，装卸行李、货物、邮包等物品的；

（三）拒绝接受检疫或者抵制卫生监督，拒不接受卫生处理的；

（四）伪造或者涂改检疫单、证、不如实申报疫情的；

（五）未经检疫的入境、出境交通工具，擅自离开检疫地点，逃避查验的；

（六）隐瞒疫情或者伪造情节的；

（七）未经检疫处理，擅自排放压舱水，移下垃圾、污物等控制的物品的；

（八）未经检疫处理，擅自移运尸体、骸骨的；

（九）未经海关检查，从交通工具上移下传染病病人造成传染病传播危险的。

具有第（一）至第（四）项行为的，由海关处以警告或者100元以上5000元以下的罚款。

具有第（五）至第（八）项行为的，处以1000元以上1万以下的罚款。

具有第（九）项行为的，处以5000元以上3万元以下的罚款。

第四十条 违反本办法，有下列情况之一的，由海关视情节轻重给予警告，或者处以3万元以下罚款。

（一）邮轮负责人或者其代理人未按照本办法第十条、第二十一条规定履行申报义务；

（二）邮轮运营方或者邮轮上食品生产经营单位向未持有有效国境口岸卫生许可证的食品生产经营单位采购食品的；

（三）中国籍邮轮上食品生产经营单位、公共场所未取得有效国境口岸卫生许可证，从事生产经营活动的；

（四）食品、饮用水及公共场所不符合相关法律法规及卫生标准要求，邮轮运营方拒不整改的；

（五）发生突发公共卫生事件时，邮轮运营方或者其代理人未按照海关要求及时报告或者未按照本办法第二十九条、第三十条规定实施卫生处理、除害处理、封存或者销毁处理的；

（六）邮轮运营方或者其代理人、邮轮上的食品从业人员违反本办法第二十七条、第二十八条规定的。

第四十一条 违反国境卫生检疫规定，引起检疫传染病传播或者有引起检疫传染病传播严重危险，构成犯罪的，依法追究刑事责任；尚不构成犯罪或者犯罪情节显著轻微依法不需要判处刑罚的，由海关处 5000 元以上 3 万以下罚款。

第四十二条 有下列违法行为之一的，依法追究刑事责任；尚不构成犯罪或者犯罪情节显著轻微依法不需要判处刑罚的，由海关处 2 万元以上 5 万元以下的罚款：

（一）引起重大动植物疫情的；

（二）伪造、变造动植物检疫单证、印章、标志、封识的。

引起重大动植物疫情危险，情节严重的依法追究刑事责任。

第九章　附　则

第四十三条 定班客轮可以参照本办法实施管理。

第四十四条 本办法由海关总署负责解释。

第四十五条 本办法自 2017 年 1 月 1 日起施行。

出入境人员携带物检疫管理办法

（2012 年 8 月 2 日国家质量监督检验检疫总局令第 146 号公布，根据 2018 年 4 月 28 日海关总署令第 238 号《海关总署关于修改部分规章的决定》第一次修正，根据 2018 年 5 月 29 日海关总署令第 240 号《海关总署关于修改部分规章的决定》第二次修正，根据 2018 年 11 月 23 日海关总署令第 243 号《海关总署关于修改部分规章的决定》第三次修正）

第一章　总　则

第一条　为了防止人类传染病及其医学媒介生物、动物传染病、寄生虫病和植物危险性病、虫、杂草以及其他有害生物经国境传入、传出，保护人体健康和农、林、牧、渔业以及环境安全，依据《中华人民共和国进出境动植物检疫法》及其实施条例、《中华人民共和国国境卫生检疫法》及其实施细则、《农业转基因生物安全管理条例》《中华人民共和国濒危野生动植物进出口管理条例》等法律法规的规定，制定本办法。

第二条　本办法所称出入境人员，是指出入境的旅客（包括享有外交、领事特权与豁免权的外交代表）和交通工具的员工以及其他人员。

本办法所称携带物，是指出入境人员随身携带以及随所搭乘的车、船、飞机等交通工具托运的物品和分离运输的物品。

第三条　海关总署主管全国出入境人员携带物检疫和监督管理工作。

主管海关负责所辖地区出入境人员携带物检疫和监督管理工作。

第四条　出入境人员携带下列物品，应当向海关申报并接受检疫：

（一）入境动植物、动植物产品和其他检疫物；

（二）出入境生物物种资源、濒危野生动植物及其产品；

（三）出境的国家重点保护的野生动植物及其产品；

（四）出入境的微生物、人体组织、生物制品、血液及血液制品等特殊物品（以下简称“特殊物品”）；

（五）出入境的尸体、骸骨等；

（六）来自疫区、被传染病污染或者可能传播传染病的出入境的行李和物品；

（七）其他应当向海关申报并接受检疫的携带物。

第五条　出入境人员禁止携带下列物品进境：

（一）动植物病原体（包括菌种、毒种等）、害虫及其他有害生物；

（二）动植物疫情流行的国家或者地区的有关动植物、动植物产品和其他检疫物；

（三）动物尸体；

（四）土壤；

（五）《中华人民共和国禁止携带、邮寄进境的动植物及其产品名录》所列各物；

（六）国家规定禁止进境的废旧物品、放射性物质以及其他禁止进境物。

第六条　经海关检疫，发现携带物存在重大检疫风险的，海关应当启动风险预警及快速反应机制。

第二章　检疫审批

第七条　携带动植物、动植物产品入境需要办理检疫审批手续的，应当事先向海关总署申请办理动植物检疫审批手续。

第八条　携带植物种子、种苗及其他繁殖材料入境，因特殊情况无法事先办理检疫审批的，应当按照有关规定申请补办。

第九条　因科学研究等特殊需要，携带本办法第五条第一项至第四项规定的物品入境的，应当事先向海关总署申请办理动植物检疫特许审批手续。

第十条　《中华人民共和国禁止携带、邮寄进境的动植物及其产品名录》所列各物，经国家有关行政主管部门审批许可，并具有输出国家或者地区官方机构出具的检疫证书的，可以携带入境。

第十一条　携带特殊物品出入境，应当事先向直属海关办理卫生检疫审批手续。

第三章　申报与现场检疫

第十二条　携带本办法第四条所列各物入境的，入境人员应当按照有关规定申报，接受海关检疫。

第十三条　海关可以在交通工具、人员出入境通道、行李提取或者托运处等现场，对出入境人员携带物进行现场检查，现场检查可以使用X光机、检疫犬以及其他方式进行。

对出入境人员可能携带本办法规定应当申报的携带物而未申报的，海关可以进行查询并抽检其物品，必要时可以开箱（包）检查。

第十四条　出入境人员应当接受检查，并配合检验检疫人员工作。

享有外交、领事特权与豁免权的外国机构和人员公用或者自用的动植物、动植物产品和其他检疫物入境，应当接受海关检疫；海关查验，须有外交代表或者其授权人员在场。

第十五条　对申报以及现场检查发现的本办法第四条所列各物，海关应当进行现场检疫。

第十六条　携带植物种子、种苗及其他繁殖材料进境的，携带人应当取得《引进种子、苗木检疫审批单》或者《引进林木种子、苗木和其它繁殖材料检疫审批单》。海关对上述检疫审批单电子数据进行系统自动比对验核。

携带除本条第一款之外的其他应当办理检疫审批的动植物、动植物产品和其他检疫物以及应当办理动植物检疫特许审批的禁止进境物入境的，携带人应当取得海关总署签发的《中华人民共和国进境动植物检疫许可证》（以下简称“检疫许可证”）和其他相关单证。

主管海关按照检疫审批要求以及有关规定对本条第一、二款规定的动植物和动植物产品及其他检疫物实施现场检疫。

第十七条　携带入境的活动物仅限犬或者猫（以下称“宠物”），并且每人每次限带1只。

携带宠物入境的，携带人应当向海关提供输出国家或者地区官方动物检疫机构出具的有效检疫证书和疫苗接种证书。宠物应当具有芯片或者其他有效身份证明。

第十八条　携带农业转基因生物入境的，携带人应当取得《农业转基因生物安全证书》，凭输出国家或者地区官方机构出具的检疫证书办理相关手续。海关对《农业转基因生物安全证书》电子数据进行系统自动比对验核。列入农业转基因生物标识目录的进境转基因生物，应当按照规定进行标识。

第十九条 携带特殊物品出入境的，携带人应当接受卫生检疫。

携带自用且仅限于预防或者治疗疾病用的血液制品或者生物制品出入境的，不需办理卫生检疫审批手续，但需出示医院的有关证明；允许携带量以处方或者说明书确定的一个疗程为限。

第二十条 携带尸体、骸骨等出入境的，携带人应当按照有关规定向海关提供死者的死亡证明以及其他相关单证。

海关依法对出入境尸体、骸骨等实施卫生检疫。

第二十一条 携带濒危野生动植物及其产品进出境或者携带国家重点保护的野生动植物及其产品出境的，应当在《中华人民共和国濒危野生动植物进出口管理条例》规定的指定口岸进出境，携带人应当取得进出口证明书。海关对进出口证明书电子数据进行系统自动比对验核。

第二十二条 海关对携带人的检疫许可证以及其他相关单证进行核查，核查合格的，应当在现场实施检疫。现场检疫合格且无需作进一步实验室检疫、隔离检疫或者其他检疫处理的，可以当场放行。

携带物与检疫许可证或者其他相关单证不符的，作限期退回或者销毁处理。

第二十三条 携带物有下列情形之一的，海关依法予以截留：

（一）需要做实验室检疫、隔离检疫的；

（二）需要作检疫处理的；

（三）需要作限期退回或者销毁处理的；

（四）应当取得检疫许可证以及其他相关单证，未取得的；

（五）需要移交其他相关部门的。

海关应当对依法截留的携带物出具截留凭证，截留期限不超过 7 天。

第二十四条 携带动植物、动植物产品和其他检疫物出境，依法需要申报的，携带人应当按照规定申报并提供有关证明。

输入国家或者地区、携带人对出境动植物、动植物产品和其他检疫物有检疫要求的，由携带人提出申请，海关依法实施检疫并出具有关单证。

第二十五条 海关对入境中转人员携带物实行检疫监督管理。

航空公司对运载的入境中转人员携带物应当单独打板或者分舱运载，并在入境中转人员携带物外包装上加施明显标志。海关必要时可以在国内段实施随航监督。

第四章　检疫处理

第二十六条 截留的携带物应当在海关指定的场所封存或者隔离。

第二十七条 携带物需要做实验室检疫、隔离检疫的，经海关截留检疫合格的，携带人应当持截留凭证在规定期限内领取，逾期不领取的，作自动放弃处理；截留检疫不合格又无有效处理方法的，作限期退回或者销毁处理。

逾期不领取或者出入境人员书面声明自动放弃的携带物，由海关按照有关规定处理。

第二十八条 入境宠物应当隔离检疫 30 天（截留期限计入在内）。

来自狂犬病发生国家或者地区的宠物，应当在海关指定的隔离场隔离检疫 30 天。

来自非狂犬病发生国家或者地区的宠物，应当在海关指定隔离场隔离 7 天，其余 23 天在海关指定的其他场所隔离。

携带宠物属于工作犬，如导盲犬、搜救犬等，携带人提供相应专业训练证明的，可以免予隔离检疫。

海关对隔离检疫的宠物实行监督检查。

第二十九条　携带宠物入境，携带人不能向海关提供输出国家或者地区官方动物检疫机构出具的检疫证书和疫苗接种证书或者超过限额的，由海关作限期退回或者销毁处理。

对仅不能提供疫苗接种证书的工作犬，经携带人申请，海关可以对工作犬接种狂犬病疫苗。

作限期退回处理的，携带人应当在规定的期限内持海关签发的截留凭证，领取并携带宠物出境；逾期不领取的，作自动放弃处理。

第三十条　因应当取得而未取得检疫许可证以及其他相关单证被截留的携带物，携带人应当在截留期限内取得单证，海关对单证核查合格，无需作进一步实验室检疫、隔离检疫或者其他检疫处理的，予以放行；未能取得有效单证的，作限期退回或者销毁处理。

携带农业转基因生物入境，不能提供农业转基因生物安全证书和相关批准文件的，或者携带物与证书、批准文件不符的，作限期退回或者销毁处理。进口农业转基因生物未按照规定标识的，重新标识后方可入境。

第三十一条　携带物有下列情况之一的，按照有关规定实施除害处理或者卫生处理：

（一）入境动植物、动植物产品和其他检疫物发现有规定病虫害的；

（二）出入境的尸体、骸骨不符合卫生要求的；

（三）出入境的行李和物品来自传染病疫区、被传染病污染或者可能传播传染病的；

（四）其他应当实施除害处理或者卫生处理的。

第三十二条　携带物有下列情况之一的，海关按照有关规定予以限期退回或者销毁处理，法律法规另有规定的除外：

（一）有本办法第二十二条、第二十七条、第二十九条和第三十条所列情形的；

（二）法律法规及国家其他规定禁止入境的；

（三）其他应当予以限期退回或者作销毁处理的。

第五章　法律责任

第三十三条　携带动植物、动植物产品和其他检疫物入境有下列行为之一的，由海关处以5000元以下罚款：

（一）应当向海关申报而未申报的；

（二）申报的动植物、动植物产品和其他检疫物与实际不符的；

（三）未依法办理检疫审批手续的；

（四）未按照检疫审批的规定执行的。

有前款第二项所列行为，已取得检疫单证的，予以吊销。

第三十四条　有下列违法行为之一的，由海关处以警告或者100元以上5000元以下罚款：

（一）拒绝接受检疫，拒不接受卫生处理的；

（二）伪造、变造卫生检疫单证的；

（三）瞒报携带禁止进口的微生物、人体组织、生物制品、血液及其制品或者其他可能引起传染病传播的动物和物品的；

（四）未经海关许可，擅自装卸行李的；

（五）承运人对运载的入境中转人员携带物未单独打板或者分舱运载的。

第三十五条　未经海关实施卫生处理，擅自移运尸体、骸骨的，由海关处以1000元以上1万元以下罚款。

第三十六条 有下列行为之一的，由海关处以3000元以上3万元以下罚款：

（一）未经海关许可擅自将进境、过境动植物、动植物产品和其他检疫物卸离运输工具或者运递的；

（二）未经海关许可，擅自调离或者处理在海关指定的隔离场所中截留隔离的携带物的；

（三）擅自开拆、损毁动植物检疫封识或者标志的。

第三十七条 伪造、变造动植物检疫单证、印章、标志、封识的，应当依法移送公安机关；尚不构成犯罪或者犯罪情节显著轻微依法不需要判处刑罚的，由海关处以2万元以上5万元以下罚款。

第三十八条 携带废旧物品，未向海关申报，未经海关实施卫生处理并签发有关单证而擅自入境、出境的，由海关处以5000元以上3万元以下罚款。

第三十九条 买卖动植物检疫单证、印章、标志、封识或者买卖伪造、变造的动植物检疫单证、印章、标志、封识的，有违法所得的，由海关处以违法所得3倍以下罚款，最高不超过3万元；无违法所得的，由海关处以1万元以下罚款。

买卖卫生检疫单证或者买卖伪造、变造的卫生检疫单证的，有违法所得的，由海关处以违法所得3倍以下罚款，最高不超过5000元；无违法所得的，由海关处以100元以上5000元以下罚款。

第四十条 有下列行为之一的，由海关处以1000元以下罚款：

（一）盗窃动植物检疫单证、印章、标志、封识或者使用伪造、变造的动植物检疫单证、印章、标志、封识的；

（二）盗窃卫生检疫单证或者使用伪造、变造的卫生检疫单证的；

（三）使用伪造、变造的国外官方机构出具的检疫证书的。

第四十一条 出入境人员拒绝、阻碍海关及其工作人员依法执行职务的，依法移送有关部门处理。

第四十二条 海关工作人员应当秉公执法、忠于职守，不得滥用职权、玩忽职守、徇私舞弊；违法失职的，依法追究责任。

第六章 附 则

第四十三条 本法所称分离运输的物品是指出入境人员在其入境后或者出境前6个月内（含6个月），以托运方式运进或者运出的本人行李物品。

第四十四条 需要收取费用的，海关按照有关规定执行。

第四十五条 违反本办法规定，构成犯罪的，依法追究刑事责任。

第四十六条 本办法由海关总署负责解释。

第四十七条 本办法自2012年11月1日起施行。国家质检总局2003年11月6日发布的《出入境人员携带物检疫管理办法》（国家质检总局令第56号）同时废止。

出入境特殊物品卫生检疫管理规定

（2015 年 1 月 21 日国家质量监督检验检疫总局令第 160 号公布，根据 2016 年 10 月 18 日国家质量监督检验检疫总局令第 184 号《国家质量监督检验检疫总局关于修改和废止部分规章的决定》第一次修正，根据 2018 年 4 月 28 日海关总署令第 238 号《海关总署关于修改部分规章的决定》第二次修正，根据 2018 年 5 月 29 日海关总署令第 240 号《海关总署关于修改部分规章的决定》第三次修正，根据 2018 年 11 月 23 日海关总署令第 243 号《海关总署关于修改部分规章的决定》第四次修正）

第一章　总　则

第一条　为了规范出入境特殊物品卫生检疫监督管理，防止传染病传入、传出，防控生物安全风险，保护人体健康，根据《中华人民共和国国境卫生检疫法》及其实施细则、《艾滋病防治条例》、《病原微生物实验室生物安全管理条例》和《人类遗传资源管理暂行办法》等法律法规规定，制定本规定。

第二条　本规定适用于入境、出境的微生物、人体组织、生物制品、血液及其制品等特殊物品的卫生检疫监督管理。

第三条　海关总署统一管理全国出入境特殊物品的卫生检疫监督管理工作；主管海关负责所辖地区的出入境特殊物品卫生检疫监督管理工作。

第四条　出入境特殊物品卫生检疫监督管理遵循风险管理原则，在风险评估的基础上根据风险等级实施检疫审批、检疫查验和监督管理。

海关总署可以对输出国家或者地区的生物安全控制体系进行评估。

第五条　出入境特殊物品的货主或者其代理人，应当按照法律法规规定和相关标准的要求，输入、输出以及生产、经营、使用特殊物品，对社会和公众负责，保证特殊物品安全，接受社会监督，承担社会责任。

第二章　检疫审批

第六条　直属海关负责辖区内出入境特殊物品的卫生检疫审批（以下简称特殊物品审批）工作。

第七条　申请特殊物品审批应当具备下列条件：

（一）法律法规规定须获得相关部门批准文件的，应当获得相应批准文件；

（二）具备与出入境特殊物品相适应的生物安全控制能力。

第八条　入境特殊物品的货主或者其代理人应当在特殊物品交运前向目的地直属海关申请特殊物品审批。

出境特殊物品的货主或者其代理人应当在特殊物品交运前向其所在地直属海关申请特殊物品审批。

第九条 申请特殊物品审批的，货主或者其代理人应当按照以下规定提供相应材料：

（一）《入/出境特殊物品卫生检疫审批申请表》；

（二）出入境特殊物品描述性材料，包括特殊物品中英文名称、类别、成分、来源、用途、主要销售渠道、输出输入的国家或者地区、生产商等；

（三）入境用于预防、诊断、治疗人类疾病的生物制品、人体血液制品，应当提供国务院药品监督管理部门发给的进口药品注册证书；

（四）入境、出境特殊物品含有或者可能含有病原微生物的，应当提供病原微生物的学名（中文和拉丁文）、生物学特性的说明性文件（中英文对照件）以及生产经营者或者使用者具备相应生物安全防控水平的证明文件；

（五）出境用于预防、诊断、治疗的人类疾病的生物制品、人体血液制品，应当提供药品监督管理部门出具的销售证明；

（六）出境特殊物品涉及人类遗传资源管理范畴的，应当取得人类遗传资源管理部门出具的批准文件，海关对有关批准文件电子数据进行系统自动比对验核；

（七）使用含有或者可能含有病原微生物的出入境特殊物品的单位，应当提供与生物安全风险等级相适应的生物安全实验室资质证明，BSL-3 级以上实验室必须获得国家认可机构的认可；

（八）出入境高致病性病原微生物菌（毒）种或者样本的，应当提供省级以上人民政府卫生主管部门的批准文件。

第十条 申请人为单位的，首次申请特殊物品审批时，除提供本规定第九条所规定的材料以外，还应当提供下列材料：

（一）单位基本情况，如单位管理体系认证情况、单位地址、生产场所、实验室设置、仓储设施设备、产品加工情况、生产过程或者工艺流程、平面图等；

（二）实验室生物安全资质证明文件。

申请人为自然人的，应当提供身份证复印件。

出入境病原微生物或者可能含有病原微生物的特殊物品，其申请人不得为自然人。

第十一条 直属海关对申请人提出的特殊物品审批申请，应当根据下列情况分别作出处理：

（一）申请事项依法不需要取得特殊物品审批的，应当即时告知申请人不予受理。

（二）申请事项依法不属于本单位职权范围的，应当即时作出不予受理的决定，并告知申请人向有关行政机关或者其他直属海关申请。

（三）申请材料存在可以当场更正的错误的，应当允许申请人当场更正。

（四）申请材料不齐全或者不符合法定形式的，应当当场或者自收到申请材料之日起 5 日内一次性告知申请人需要补正的全部内容。逾期不告知的，自收到申请材料之日起即为受理。

（五）申请事项属于本单位职权范围，申请材料齐全、符合法定形式，或者申请人按照本单位的要求提交全部补正申请材料的，应当受理行政许可申请。

第十二条 直属海关对申请材料应当及时进行书面审查。并可以根据情况采取专家资料审查、现场评估、实验室检测等方式对申请材料的实质内容进行核实。

第十三条 申请人的申请符合法定条件、标准的，直属海关应当自受理之日起 20 日内签发《入/出境特殊物品卫生检疫审批单》（以下简称《特殊物品审批单》）。

申请人的申请不符合法定条件、标准的，直属海关应当自受理之日起 20 日内作出不予审批的书面决定并说明理由，告知申请人享有依法申请行政复议或者提起行政诉讼的权利。

直属海关 20 日内不能作出审批或者不予审批决定的，经本行政机关负责人批准，可以延长 10 日，并应当将延长期限的理由告知申请人。

第十四条 《特殊物品审批单》有效期如下：

（一）含有或者可能含有高致病性病原微生物的特殊物品，有效期为 3 个月。

（二）含有或者可能含有其他病原微生物的特殊物品，有效期为 6 个月。

（三）除上述规定以外的其他特殊物品，有效期为 12 个月。

《特殊物品审批单》在有效期内可以分批核销使用。超过有效期的，应当重新申请。

第三章 检疫查验

第十五条 入境特殊物品到达口岸后，货主或者其代理人应当凭《特殊物品审批单》及其他材料向入境口岸海关报检。

出境特殊物品的货主或者其代理人应当在出境前凭《特殊物品审批单》及其他材料向其所在地海关报检。

报检材料不齐全或者不符合法定形式的，海关不予入境或者出境。

第十六条 受理报检的海关应当按照下列要求对出入境特殊物品实施现场查验，并填写《入/出境特殊物品卫生检疫现场查验记录》：

（一）检查出入境特殊物品名称、成分、批号、规格、数量、有效期、运输储存条件、输出/输入国和生产厂家等项目是否与《特殊物品审批单》的内容相符；

（二）检查出入境特殊物品包装是否安全无破损，不渗、不漏，存在生物安全风险的是否具有符合相关要求的生物危险品标识。

入境口岸查验现场不具备查验特殊物品所需安全防护条件的，应当将特殊物品运送到符合生物安全等级条件的指定场所实施查验。

第十七条 对需实验室检测的入境特殊物品，货主或者其代理人应当按照口岸海关的要求将特殊物品存放在符合条件的储存场所，经检疫合格后方可移运或者使用。口岸海关不具备检测能力的，应当委托有相应资质的实验室进行检测。

含有或者可能含有病原微生物、毒素等生物安全危害因子的入境特殊物品的，口岸海关实施现场查验后应当及时电子转单给目的地海关。目的地海关应当实施后续监管。

第十八条 邮寄、携带的出入境特殊物品，未取得《特殊物品审批单》的，海关应当予以截留并出具截留凭证，截留期限不超过 7 天。

邮递人或者携带人在截留期限内取得《特殊物品审批单》后，海关按照本规定第十六条规定进行查验，经检疫查验合格的予以放行。

第十九条 携带自用且仅限于预防或者治疗疾病用的血液制品或者生物制品出入境的，不需办理卫生检疫审批手续，出入境时应当向海关出示医院的有关证明；允许携带量以处方或者说明书确定的一个疗程为限。

第二十条 口岸海关对经卫生检疫符合要求的出入境特殊物品予以放行。有下列情况之一的，由口岸海关签发《检验检疫处理通知书》，予以退运或者销毁：

（一）名称、批号、规格、生物活性成分等与特殊物品审批内容不相符的；

（二）超出卫生检疫审批的数量范围的；

（三）包装不符合特殊物品安全管理要求的；

（四）经检疫查验不符合卫生检疫要求的；

（五）被截留邮寄、携带特殊物品自截留之日起 7 日内未取得《特殊物品审批单》的，或者取得《特殊物品审批单》后，经检疫查验不合格的。

口岸海关对处理结果应当做好记录、归档。

第四章　监督管理

第二十一条　出入境特殊物品单位，应当建立特殊物品安全管理制度，严格按照特殊物品审批的用途生产、使用或者销售特殊物品。

出入境特殊物品单位应当建立特殊物品生产、使用、销售记录。记录应当真实，保存期限不得少于2年。

第二十二条　海关对出入境特殊物品实施风险管理，根据出入境特殊物品可能传播人类疾病的风险对不同风险程度的特殊物品划分为不同的风险等级，并采取不同的卫生检疫监管方式。

出入境特殊物品的风险等级及其对应的卫生检疫监管方式由海关总署统一公布。

第二十三条　需实施后续监管的入境特殊物品，其使用单位应当在特殊物品入境后30日内，到目的地海关申报，由目的地海关实施后续监管。

第二十四条　海关对入境特殊物品实施后续监管的内容包括：

（一）使用单位的实验室是否与《特殊物品审批单》一致；

（二）入境特殊物品是否与《特殊物品审批单》货证相符。

第二十五条　在后续监管过程中发现下列情形的，由海关撤回《特殊物品审批单》，责令其退运或者销毁：

（一）使用单位的实验室与《特殊物品审批单》不一致的；

（二）入境特殊物品与《特殊物品审批单》货证不符的。

海关对后续监管过程中发现的问题，应当通报原审批的直属海关。情节严重的应当及时上报海关总署。

第二十六条　海关工作人员应当秉公执法、忠于职守，在履行职责中，对所知悉的商业秘密负有保密义务。

第五章　法律责任

第二十七条　违反本规定，有下列情形之一的，由海关按照《中华人民共和国国境卫生检疫法实施细则》第一百一十条规定处以警告或者100元以上5000元以下的罚款：

（一）拒绝接受检疫或者抵制卫生检疫监督管理的；

（二）伪造或者涂改卫生检疫单、证的；

（三）瞒报携带禁止进口的微生物、人体组织、生物制品、血液及其制品或者其他可能引起传染病传播的动物和物品的。

第二十八条　违反本规定，有下列情形之一的，有违法所得的，由海关处以3万元以下的罚款：

（一）以欺骗、贿赂等不正当手段取得特殊物品审批的。

（二）未经海关许可，擅自移运、销售、使用特殊物品的。

（三）未向海关报检或者提供虚假材料，骗取检验检疫证单的。

（四）未在相应的生物安全等级实验室对特殊物品开展操作的或者特殊物品使用单位不具备相应等级的生物安全控制能力的；未建立特殊物品使用、销售记录或者记录与实际不符的。

（五）未经海关同意，擅自使用需后续监管的入境特殊物品的。

第二十九条 出入境特殊物品的货主或者其代理人拒绝、阻碍海关及其工作人员依法执行职务的，依法移送有关部门处理。

第三十条 海关工作人员徇私舞弊、滥用职权、玩忽职守，违反相关法律法规的，依法给予行政处分；情节严重，构成犯罪的，依法追究刑事责任。

第三十一条 对违反本办法，引起检疫传染病传播或者有引起检疫传染病传播严重危险的，依照《中华人民共和国刑法》的有关规定追究刑事责任。

第六章 附 则

第三十二条 本规定下列用语的含义：

微生物是指病毒、细菌、真菌、放线菌、立克次氏体、螺旋体、衣原体、支原体等医学微生物菌（毒）种及样本以及寄生虫、环保微生物菌剂。

人体组织是指人体细胞、细胞系、胚胎、器官、组织、骨髓、分泌物、排泄物等。

人类遗传资源是指含有人体基因组，基因及其产物的器官、组织、细胞、血液、制备物、重组脱氧核糖核酸（DNA）构建体等遗传材料及相关的信息资料。

生物制品是指用于人类医学、生命科学相关领域的疫苗、抗毒素、诊断用试剂、细胞因子、酶及其制剂以及毒素、抗原、变态反应原、抗体、抗原-抗体复合物、核酸、免疫调节剂、微生态制剂等生物活性制剂。

血液是指人类的全血、血浆成分和特殊血液成分。

血液制品是指各种人类血浆蛋白制品。

出入境特殊物品单位是指从事特殊物品生产、使用、销售、科研、医疗、检验、医药研发外包的法人或者其他组织。

第三十三条 进出口环保用微生物菌剂卫生检疫监督管理按照《进出口环保用微生物菌剂环境安全管理办法》（环境保护部、国家质检总局令第 10 号）的规定执行。

第三十四条 进出境特殊物品应当实施动植物检疫的，按照进出境动植物检疫法律法规的规定执行。

第三十五条 本规定由海关总署负责解释。

第三十六条 本规定自 2015 年 3 月 1 日起施行，国家质检总局 2005 年 10 月 17 日发布的《出入境特殊物品卫生检疫管理规定》（国家质检总局令第 83 号）同时废止。

出入境尸体骸骨卫生检疫管理办法

（2017年3月9日国家质量监督检验检疫总局令第189号公布，根据2018年4月28日海关总署令第238号《海关总署关于修改部分规章的决定》第一次修正，根据2018年5月29日海关总署令第240号《海关总署关于修改部分规章的决定》第二次修正）

第一章　总　则

第一条　为了规范国境口岸入出境尸体、骸骨卫生检疫工作，防止传染病传入传出，根据《中华人民共和国国境卫生检疫法》及其实施细则、《中华人民共和国传染病防治法》及其实施办法等法律法规的规定，制定本办法。

第二条　海关总署统一管理全国入出境尸体、骸骨卫生检疫工作。

主管海关负责所辖地区的入出境尸体、骸骨卫生检疫工作。

第三条　本办法所称入出境尸体、骸骨包括：

（一）需要入境或者出境进行殡葬的尸体、骸骨；

（二）入出境及过境途中死亡人员的尸体、骸骨。

因医学科研需要，由境外运进或者由境内运出的尸体、骸骨，按照出入境特殊物品管理。

除上述情形外，不得由境内运出或者由境外运入尸体和骸骨。

第四条　海关对入出境尸体、骸骨实施卫生检疫工作包括：材料核查、现场查验、检疫处置、签发卫生检疫证书等。符合卫生检疫要求的，准予入出境。

第二章　申　报

第五条　尸体、骸骨入境前，托运人或者其代理人应当向入境口岸海关申报，按照要求提供以下材料：

（一）尸体、骸骨入出境卫生检疫申报单；

（二）死者身份证明（如：护照、海员证、通行证、身份证或者使领馆等相关部门出具的证明）；

（三）出境国家或者地区官方机构签发的死亡报告或者医疗卫生部门签发的死亡诊断书；

（四）入殓证明；

（五）防腐证明；

（六）托运人或者其代理人身份证明（如：护照、通行证或者身份证等）。

第六条　需要运送尸体、骸骨出境的，托运人或者其代理人应当取得国务院殡葬主管部门认可的从事国际运尸服务单位出具的尸体、骸骨入出境入殓证明、防腐证明和尸体、骸骨入出境卫生监管申报单。

第七条　需要运送尸体、骸骨出境的，原则上应当从入殓地所在口岸出境。尸体、骸骨出境前，托运人或者其代理人应当向出境口岸海关申报，并按照要求提供以下材料：

（一）尸体、骸骨入出境卫生检疫申报单；

（二）死者有效身份证明；

（三）县级及以上医疗机构出具的死亡证明书或者公安、司法部门出具的死亡鉴定书或者其他相应的公证材料；

（四）本办法第六条所列证明文件；

（五）托运人或者其代理人身份证明。

第八条 需要从异地口岸运送尸体、骸骨出境的，托运人或者其代理人应当向入殓地所在地海关申请检疫查验，检疫查验合格的，海关签发《尸体/棺柩/骸骨入/出境卫生检疫证书》。

运送尸体、骸骨出境时，托运人或者其代理人应当凭下列材料向出境口岸海关申报：

（一）死者有效身份证明；

（二）托运人或者其代理人身份证明。

第九条 在入出境或者过境途中发生人员死亡，需要运送尸体入境的，托运人或者其代理人应当向海关申报并提交以下材料：

（一）尸体、骸骨入出境卫生检疫申报单；

（二）死者有效身份证明；

（三）有效死亡证明或者由公安机关出具的死亡鉴定书。

第十条 从事运送尸体、骸骨入出境的单位应当取得国务院殡葬主管部门准予从事国际运尸业务的证明文件。

托运人或者代理人运送尸体、骸骨入出境的，应当委托符合本条第一款规定的单位从事运尸业务。

尸体、骸骨入出境时，应当提供运送尸体、骸骨入出境的单位的法人证书及国务院殡葬主管部门准予从事国际运尸业务的证明文件等资料。

第三章　现场查验

第十一条 入境尸体、骸骨由入境口岸海关进行材料核查并实施现场查验；出境尸体、骸骨由入殓地海关进行材料核查并实施现场查验，出境口岸海关负责在出境现场核查是否与申报内容相符，检查外部包装是否完整、破损、渗漏等。

第十二条 疑似或者因患检疫传染病、炭疽、国家公布按甲类传染病管理的疾病以及国务院规定的其他新发烈性传染病死亡的尸体、骸骨，禁止入出境。

因患检疫传染病而死亡的尸体，必须就近火化。

第十三条 口岸海关对入出境尸体、骸骨实施现场查验，填写入出境尸体、骸骨现场查验工作记录。

第十四条 海关对未入殓尸体的现场查验内容包括：

（一）检查尸体腐烂程度，所有腔道、孔穴是否用浸泡过消毒、防腐药剂的棉球堵塞，有无体液外流；

（二）对死因不明的尸体，注意检查有否皮疹（斑疹、丘疹、疱疹、脓疱）、表皮脱落、溃疡、渗液、出血点和色素沉着，异常排泄物、分泌物、腔道出血等现象；

（三）对入出境或者过境途中死亡人员的尸体，口岸海关应当实施检疫，并根据检疫结果及申报人要求采取相应的处理及卫生控制措施，未经海关许可不得移运。

第十五条 海关对已入殓尸体的棺柩现场查验内容包括：

（一）检查入出境棺柩包装是否密闭，有无破损、渗漏及异味。棺柩若无渗液、漏气等特殊原因或者无流行病学意义，原则上不开棺检疫查验。

（二）出境棺柩的现场查验应当在尸体入殓时同时进行，要求尸体经防腐处理，包装密闭无破损、渗漏及异味。

第十六条 海关对骸骨的现场查验内容包括：

（一）检查骸骨的包装容器是否密闭，有无渗漏；

（二）包装容器非密闭的，检查骸骨是否干爽，是否带肌腱，有无异味、病媒昆虫等。

第十七条 根据申报材料核查、流行病学调查以及现场查验情况，对需要进一步调查死亡原因的尸体，海关可以采取标本送有资质的实验室进行检验。

第四章 检疫处置

第十八条 海关发现有下列情况之一的，可以判定为卫生检疫查验不合格：

（一）外部包装不密闭、破损，有渗漏、异味及病媒昆虫的；

（二）入出境尸体未经防腐处理、包装入殓的；

（三）入境途中死亡且死因不明的。

第十九条 对卫生检疫查验不合格的尸体、骸骨，海关按照以下规定进行检疫处置：

（一）禁止入出境的尸体、骸骨，必须就地火化后，以骨灰的形式入出境；

（二）有渗液、漏气的棺柩，必须进行卫生处理，托运人或者其代理人应当采取改换包装、重新防腐处理、冷冻运输等措施；

（三）骸骨的包装容器不密闭，有异味散发、渗漏或者病媒昆虫的，必须进行卫生处理，并更换包装；

（四）入出境途中不明原因死亡的，应当进行死因鉴定。无法作出死因鉴定的，尸体及棺柩一并火化，以骨灰的形式入出境；

（五）无死亡报告或者死亡医学诊断书的尸体，且托运人或者其代理人未能在规定期限内补交的，按照死因不明处置，以骨灰的形式入出境；

（六）经卫生处理后仍不符合卫生检疫要求的应当就近火化，以骨灰的形式入出境。

有前款规定情形应当火化但是托运人或者其代理人不同意火化的，禁止入出境。

第二十条 尸体、骸骨符合入出境卫生检疫要求的，海关签发《尸体/棺柩/骸骨入/出境卫生检疫证书》，准予入出境。

第二十一条 对入境后再出境的尸体、骸骨，出境口岸海关应当查验入境口岸海关签发的《尸体/棺柩/骸骨入/出境卫生检疫证书》及相关材料。

第五章 附 则

第二十二条 本办法下列用语的含义：

尸体是指人死亡后的遗体及以殡葬为目的的人体器官组织。

棺柩是指盛放有尸体的固定形态的坚固密闭容器。

骸骨是指以殡葬为目的的人体骨骼。

第二十三条 本办法由海关总署负责解释。

第二十四条 本办法自 2017 年 5 月 1 日起施行。

国境口岸突发公共卫生事件出入境检验检疫应急处理规定

（2003 年 11 月 7 日国家质量监督检验检疫总局令第 57 号公布，根据 2018 年 4 月 28 日海关总署令第 238 号《海关总署关于修改部分规章的决定》第一次修正）

第一章　总　则

第一条　为有效预防、及时缓解、控制和消除突发公共卫生事件的危害，保障出入境人员和国境口岸公众身体健康，维护国境口岸正常的社会秩序，依据《中华人民共和国国境卫生检疫法》及其实施细则和《突发公共卫生事件应急条例》，制定本规定。

第二条　本规定所称突发公共卫生事件（以下简称突发事件）是指突然发生，造成或可能造成出入境人员和国境口岸公众健康严重损害的重大传染病疫情、群体性不明原因疾病、重大食物中毒以及其他严重影响公众健康的事件，包括：

（一）发生鼠疫、霍乱、黄热病、肺炭疽、传染性非典型肺炎病例的；

（二）乙类、丙类传染病较大规模的暴发、流行或多人死亡的；

（三）发生罕见的或者国家已宣布消除的传染病等疫情的；

（四）传染病菌种、毒种丢失的；

（五）发生临床表现相似的但致病原因不明且有蔓延趋势或可能蔓延趋势的群体性疾病的；

（六）中毒人数 10 人以上或者中毒死亡的；

（七）国内外发生突发事件，可能危及国境口岸的。

第三条　本规定适用于在涉及国境口岸和出入境人员、交通工具、货物、集装箱、行李、邮包等范围内，对突发事件的应急处理。

第四条　国境口岸突发事件出入境检验检疫应急处理，应当遵循预防为主、常备不懈的方针，贯彻统一领导、分级负责、反应及时、措施果断、依靠科学、加强合作的原则。

第五条　海关对参加国境口岸突发事件出入境检验检疫应急处理做出贡献的人员应给予表彰和奖励。

第二章　组织管理

第六条　海关建立国境口岸突发事件出入境检验检疫应急指挥体系。

第七条　海关总署统一协调、管理国境口岸突发事件出入境检验检疫应急指挥体系，并履行下列职责：

（一）研究制订国境口岸突发事件出入境检验检疫应急处理方案；

（二）指挥和协调全国海关做好国境口岸突发事件出入境检验检疫应急处理工作，组织调动本系统的技术力量和相关资源；

（三）检查督导全国海关有关应急工作的落实情况，督察各项应急处理措施落实到位；

（四）协调与国家相关行政主管部门的关系，建立必要的应急协调联系机制；

（五）收集、整理、分析和上报有关情报信息和事态变化情况，为国家决策提供处置意见和建议；向全国海关传达、部署上级机关有关各项命令；

（六）鼓励、支持和统一协调开展国境口岸突发事件出入境检验检疫监测、预警、反应处理等相关技术的国际交流与合作。

海关总署成立国境口岸突发事件出入境检验检疫应急处理专家咨询小组，为应急处理提供专业咨询、技术指导，为应急决策提供建议和意见。

第八条 直属海关负责所辖区域内的国境口岸突发事件出入境检验检疫应急处理工作，并履行下列职责：

（一）在本辖区组织实施国境口岸突发事件出入境检验检疫应急处理预案；

（二）调动所辖关区的力量和资源，开展应急处置工作；

（三）及时向海关总署报告应急工作情况、提出工作建议；

（四）协调与当地人民政府及其卫生行政部门以及口岸管理部门、边检等相关部门的联系。

直属海关成立国境口岸突发事件出入境检验检疫应急处理专业技术机构，承担相应工作。

第九条 隶属海关应当履行下列职责：

（一）组建突发事件出入境检验检疫应急现场指挥部，根据具体情况及时组织现场处置工作；

（二）与直属海关突发事件出入境检验检疫应急处理专业技术机构共同开展现场应急处置工作，并随时上报信息；

（三）加强与当地人民政府及其相关部门的联系与协作。

第三章 应急准备

第十条 海关总署按照《突发公共卫生事件应急条例》的要求，制订全国国境口岸突发事件出入境检验检疫应急预案。

主管海关根据全国国境口岸突发事件出入境检验检疫应急预案，结合本地口岸实际情况，制订本地国境口岸突发事件出入境检验检疫应急预案，并报上一级海关和当地政府备案。

第十一条 海关应当定期开展突发事件出入境检验检疫应急处理相关技能的培训，组织突发事件出入境检验检疫应急演练，推广先进技术。

第十二条 海关应当根据国境口岸突发事件出入境检验检疫应急预案的要求，保证应急处理人员、设施、设备、防治药品和器械等资源的配备、储备，提高应对突发事件的处理能力。

第十三条 海关应当依照法律、行政法规、规章的规定，开展突发事件应急处理知识的宣传教育，增强对突发事件的防范意识和应对能力。

第四章 报告与通报

第十四条 海关总署建立国境口岸突发事件出入境检验检疫应急报告制度，建立重大、紧急疫情信息报告系统。

有本规定第二条规定情形之一的，直属海关应当在接到报告1小时内向海关总署报告，并同时向当地政府报告。

海关总署对可能造成重大社会影响的突发事件，应当及时向国务院报告。

第十五条 隶属海关获悉有本规定第二条规定情形之一的，应当在1小时内向直属海关报告，并同时向当地政府报告。

第十六条 海关总署和主管海关应当指定专人负责信息传递工作，并将人员名单及时向所辖系统内通报。

第十七条 国境口岸有关单位和个人发现有本规定第二条规定情形之一的，应当及时、如实地向所在口岸的海关报告，不得隐瞒、缓报、谎报或者授意他人隐瞒、缓报、谎报。

第十八条 接到报告的海关应当依照本规定立即组织力量对报告事项调查核实、确证，采取必要的控制措施，并及时报告调查情况。

第十九条 海关总署应当将突发事件的进展情况，及时向国务院有关部门和直属海关通报。

接到通报的直属海关，应当及时通知本关区内的有关隶属海关。

第二十条 海关总署建立突发事件出入境检验检疫风险预警快速反应信息网络系统。

主管海关负责将发现的突发事件通过网络系统及时向上级报告，海关总署通过网络系统及时通报。

第五章 应急处理

第二十一条 突发事件发生后，发生地海关经上一级海关批准，应当对突发事件现场采取下列紧急控制措施：

（一）对现场进行临时控制，限制人员出入；对疑为人畜共患的重要疾病疫情，禁止病人或者疑似病人与易感动物接触。

（二）对现场有关人员进行医学观察，临时隔离留验。

（三）对出入境交通工具、货物、集装箱、行李、邮包等采取限制措施，禁止移运。

（四）封存可能导致突发事件发生或者蔓延的设备、材料、物品。

（五）实施紧急卫生处理措施。

第二十二条 海关应当组织专家对突发事件进行流行病学调查、现场监测、现场勘验，确定危害程度，初步判断突发事件的类型，提出启动国境口岸突发事件出入境检验检疫应急预案的建议。

第二十三条 海关总署国境口岸突发事件出入境检验检疫应急预案应当报国务院批准后实施；主管海关的国境口岸突发事件出入境检验检疫应急预案的启动，应当报上一级海关批准后实施，同时报告当地政府。

第二十四条 国境口岸突发事件出入境检验检疫技术调查、确证、处置、控制和评价工作由直属海关应急处理专业技术机构实施。

第二十五条 根据突发事件应急处理的需要，国境口岸突发事件出入境检验检疫应急处理指挥体系有权调集海关人员、储备物资、交通工具以及相关设施、设备；必要时，海关总署可以依照《中华人民共和国国境卫生检疫法》第六条的规定，提请国务院下令封锁有关的国境或者采取其他紧急措施。

第二十六条 参加国境口岸突发事件出入境检验检疫应急处理的工作人员，应当按照预案的规定，采取卫生检疫防护措施，并在专业人员的指导下进行工作。

第二十七条 出入境交通工具上发现传染病病人、疑似传染病病人，其负责人应当以最快的方式向当地口岸海关报告，海关接到报告后，应当立即组织有关人员采取相应的卫生检疫处置措施。

对出入境交通工具上的传染病病人密切接触者，应当依法予以留验和医学观察；或依照卫生检疫法律、行政法规的规定，采取控制措施。

第二十八条 海关应当对临时留验、隔离人员进行必要的检查检验，并按规定作详细记录；对需要移送的病人，应当按照有关规定将病人及时移交给有关部门或机构进行处理。

第二十九条 在突发事件中被实施留验、就地诊验、隔离处置、卫生检疫观察的病人、疑似病人和传染病病人密切接触者，在海关采取卫生检疫措施时，应当予以配合。

第六章 法律责任

第三十条 在国境口岸突发事件出入境检验检疫应急处理工作中，口岸有关单位和个人有下列情形之一的，依照有关法律法规的规定，予以警告或者罚款，构成犯罪的，依法追究刑事责任：

（一）向海关隐瞒、缓报或者谎报突发事件的；

（二）拒绝海关进入突发事件现场进行应急处理的；

（三）以暴力或其他方式妨碍海关应急处理工作人员执行公务的。

第三十一条 海关未依照本规定履行报告职责，对突发事件隐瞒、缓报、谎报或者授意他人隐瞒、缓报、谎报的，对主要负责人及其他直接责任人员予以行政处分；构成犯罪的，依法追究刑事责任。

第三十二条 突发事件发生后，海关拒不服从上级海关统一指挥，贻误采取应急控制措施时机或者违背应急预案要求拒绝上级海关对人员、物资的统一调配的，对单位予以通报批评；造成严重后果的，对主要负责人或直接责任人员予以行政处分，构成犯罪的，依法追究刑事责任。

第三十三条 突发事件发生后，海关拒不履行出入境检验检疫应急处理职责的，对上级海关的调查不予配合或者采取其他方式阻碍、干涉调查的，由上级海关责令改正，对主要负责人及其他直接责任人员予以行政处分；构成犯罪的，依法追究刑事责任。

第三十四条 海关工作人员在突发事件应急处理工作中滥用职权、玩忽职守、徇私舞弊的，对主要负责人及其他直接责任人员予以行政处分；构成犯罪的，依法追究刑事责任。

第七章 附 则

第三十五条 本规定由海关总署负责解释。

第三十六条 本规定自发布之日起施行。

国际航行船舶出入境检验检疫管理办法

（2002 年 12 月 31 日国家质量监督检验检疫总局令第 38 号公布，根据 2018 年 3 月 6 日国家质量监督检验检疫总局令第 196 号《国家质量监督检验检疫总局关于废止和修改部分规章的决定》第一次修正，根据 2018 年 4 月 28 日海关总署令第 238 号《海关总署关于修改部分规章的决定》第二次修正，根据 2018 年 5 月 29 日海关总署令第 240 号《海关总署关于修改部分规章的决定》第三次修正）

第一章　总　则

第一条　为加强国际航行船舶出入境检验检疫管理，便利国际航行船舶进出我国口岸，根据《中华人民共和国国境卫生检疫法》及其实施细则、《中华人民共和国进出境动植物检疫法》及其实施条例、《中华人民共和国进出口商品检验法》及其实施条例以及《国际航行船舶进出中华人民共和国口岸检查办法》的规定，制定本办法。

第二条　本办法所称国际航行船舶（以下简称船舶）是指进出中华人民共和国国境口岸的外国籍船舶和航行国际航线的中华人民共和国国籍船舶。

第三条　海关总署主管船舶进出中华人民共和国国境口岸（以下简称口岸）的检验检疫工作。主管海关负责所辖地区的船舶进出口岸的检验检疫和监督管理工作。

第四条　国际航行船舶进出口岸应当按照本办法规定实施检验检疫。

第二章　入境检验检疫

第五条　入境的船舶必须在最先抵达口岸的指定地点接受检疫，办理入境检验检疫手续。

第六条　船方或者其代理人应当在船舶预计抵达口岸 24 小时前（航程不足 24 小时的，在驶离上一口岸时）向海关申报，填报入境检疫申报书。如船舶动态或者申报内容有变化，船方或者其代理人应当及时向海关更正。

第七条　受入境检疫的船舶，在航行中发现检疫传染病、疑似检疫传染病，或者有人非因意外伤害而死亡并死因不明的，船方必须立即向入境口岸海关报告。

第八条　海关对申报内容进行审核，确定以下检疫方式，并及时通知船方或者其代理人。

（一）锚地检疫；

（二）电讯检疫；

（三）靠泊检疫；

（四）随船检疫。

第九条　海关对存在下列情况之一的船舶应当实施锚地检疫：

（一）来自检疫传染病疫区的；

（二）来自动植物疫区，国家有明确要求的；

（三）有检疫传染病病人、疑似检疫传染病病人，或者有人非因意外伤害而死亡并死因不明的；

（四）装载的货物为活动物的；

（五）发现有啮齿动物异常死亡的；

（六）废旧船舶；

（七）未持有有效的《除鼠/免予除鼠证书》的；

（八）船方申请锚地检疫的；

（九）海关工作需要的。

第十条 持有我国海关签发的有效《交通工具卫生证书》，并且没有第九条所列情况的船舶，经船方或者其代理人申请，海关应当实施电讯检疫。

船舶在收到海关同意电讯检疫的批复后，即视为已实施电讯检疫。船方或者其代理人必须在船舶抵达口岸24小时内办理入境检验检疫手续。

第十一条 对未持有有效《交通工具卫生证书》，且没有第九条所列情况或者因天气、潮水等原因无法实施锚地检疫的船舶，经船方或者其代理人申请，海关可以实施靠泊检疫。

第十二条 海关对旅游船、军事船、要人访问所乘船舶等特殊船舶以及遇有特殊情况的船舶，如船上有病人需要救治、特殊物资急需装卸、船舶急需抢修等，经船方或者其代理人申请，可以实施随船检疫。

第十三条 接受入境检疫的船舶，必须按照规定悬挂检疫信号，在海关签发入境检疫证书或者通知检疫完毕以前，不得解除检疫信号。除引航员和经海关许可的人员外，其他人员不准上船；不准装卸货物、行李、邮包等物品；其他船舶不准靠近；船上人员，除因船舶遇险外，未经海关许可，不得离船；检疫完毕之前，未经海关许可，引航员不得擅自将船舶引离检疫锚地。

第十四条 办理入境检验检疫手续时，船方或者其代理人应当向海关提交《航海健康申报书》《总申报单》《货物申报单》《船员名单》《旅客名单》《船用物品申报单》《压舱水报告单》及载货清单，并应检验检疫人员的要求提交《除鼠/免予除鼠证书》《交通工具卫生证书》《预防接种证书》《健康证书》以及《航海日志》等有关资料。

第十五条 海关实施登轮检疫时，应当在船方人员的陪同下，根据检验检疫工作规程实施检疫查验。

第十六条 海关对经检疫判定没有染疫的入境船舶，签发《船舶入境卫生检疫证》；对经检疫判定染疫、染疫嫌疑或者来自传染病疫区应当实施卫生除害处理的或者有其他限制事项的入境船舶，在实施相应的卫生除害处理或者注明应当接受的卫生除害处理事项后，签发《船舶入境检疫证》；对来自动植物疫区经检疫判定合格的船舶，应船舶负责人或者其代理人要求签发《运输工具检疫证书》；对须实施卫生除害处理的，应当向船方出具《检验检疫处理通知书》，并在处理合格后，应船方要求签发《运输工具检疫处理证书》。

第三章　出境检验检疫

第十七条 出境的船舶在离境口岸接受检验检疫，办理出境检验检疫手续。

第十八条 出境的船舶，船方或者其代理人应当在船舶离境前4小时内向海关申报，办理出境检验检疫手续。已办理手续但出现人员、货物的变化或者因其他特殊情况24小时内不能离境的，须重新办理手续。

船舶在口岸停留时间不足24小时的，经海关同意，船方或者其代理人在办理入境手续时，可以同时办理出境手续。

第十九条 对装运出口易腐烂变质食品、冷冻品的船舱，必须在装货前申请适载检验，取得检验证书。未经检验合格的，不准装运。

装载植物、动植物产品和其他检疫物出境的船舶，应当符合国家有关动植物防疫和检疫的规定，取得《运输工具检疫证书》。对需实施除害处理的，作除害处理并取得《运输工具检疫处理证书》后，方可装运。

第二十条 办理出境检验检疫手续时，船方或者其代理人应当向海关提交《航海健康申报书》《总申报单》《货物申报单》《船员名单》《旅客名单》及载货清单等有关资料（入境时已提交且无变动的可免于提供）。

第二十一条 经审核船方提交的出境检验检疫资料或者经登轮检验检疫，符合有关规定的，海关签发《交通工具出境卫生检疫证书》，并在船舶出口岸手续联系单上签注。

第四章 检疫处理

第二十二条 对有下列情况之一的船舶，应当实施卫生除害处理：

（一）来自检疫传染病疫区；

（二）被检疫传染病或者监测传染病污染的；

（三）发现有与人类健康有关的医学媒介生物，超过国家卫生标准的；

（四）发现有动物一类、二类传染病、寄生虫病或者植物危险性病、虫、杂草的或者一般性病虫害超过规定标准的；

（五）装载散装废旧物品或者腐败变质有碍公共卫生物品的；

（六）装载活动物入境和拟装运活动物出境的；

（七）携带尸体、棺柩、骸骨入境的；

（八）废旧船舶；

（九）海关总署要求实施卫生除害处理的其他船舶。

第二十三条 对船上的检疫传染病染疫人应当实施隔离，对染疫嫌疑人实施不超过该检疫传染病潜伏期的留验或者就地诊验。

第二十四条 对船上的染疫动物实施退回或者扑杀、销毁，对可能被传染的动物实施隔离。发现禁止进境的动植物、动植物产品和其他检疫物的，必须作封存或者销毁处理。

第二十五条 对来自疫区且国家明确规定应当实施卫生除害处理的压舱水需要排放的，应当在排放前实施相应的卫生除害处理。对船上的生活垃圾、泔水、动植物性废弃物，应当放置于密封有盖的容器中，在移下前应当实施必要的卫生除害处理。

第二十六条 对船上的伴侣动物，船方应当在指定区域隔离。确实需要带离船舶的伴侣动物、船用动植物及其产品，按照有关检疫规定办理。

第五章 监督管理

第二十七条 海关对航行或者停留于口岸的船舶实施监督管理，对卫生状况不良和可能导致传染病传播或者病虫害传播扩散的因素提出改进意见，并监督指导采取必要的检疫处理措施。

第二十八条 海关接受船方或者其代理人的申请，办理《除鼠/免予除鼠证书》（或者延期证书）、《交通工具卫生证书》等有关证书。

第二十九条 船舶在口岸停留期间，未经海关许可，不得擅自排放压舱水、移下垃圾和污物等，任何单位和个人不得擅自将船上自用的动植物、动植物产品及其他检疫物带离船舶。船舶在国内停留及航行期间，未经许可不得擅自启封动用海关在船上封存的物品。

第三十条 海关对船舶上的动植物性铺垫材料进行监督管理，未经海关许可不得装卸。

第三十一条 船舶应当具备并按照规定使用消毒、除虫、除鼠药械及装置。

第三十二条 来自国内疫区的船舶，或者在国内航行中发现检疫传染病、疑似检疫传染病，或者有人非因意外伤害而死亡并死因不明的，船舶负责人应当向到达口岸海关报告，接受临时检疫。

第三十三条 海关对从事船舶食品、饮用水供应的单位以及从事船舶卫生除害处理的单位实行许可管理；对从事船舶代理、船舶物料服务的单位实行备案管理。其从业人员应当按照海关的要求接受培训和考核。

第六章　附　则

第三十四条 航行港澳小型船舶的检验检疫按照海关总署的有关规定执行。

第三十五条 往来边境地区的小型船舶、停靠非对外开放口岸的船舶以及国际海运过鲜船舶的检验检疫参照本办法执行。

第三十六条 违反本办法规定的，按照国家有关法律法规的规定处罚。

第三十七条 本办法由海关总署负责解释。

第三十八条 本办法自 2003 年 3 月 1 日起施行。原国家动植物检疫局 1995 年 5 月 8 日发布的《国际航行船舶进出中华人民共和国口岸动植物检疫实施办法》（试行）和原国家商品检验局 1994 年 12 月 29 日发布的《装运出口商品船舱检验管理办法》同时废止。其他有关规定与本办法不一致的，以本办法为准。

国境口岸食品卫生监督管理规定

（2006年3月1日国家质量监督检验检疫总局令第88号公布，根据2015年11月25日国家质量监督检验检疫总局令第174号《国家质量监督检验检疫总局关于修改〈出入境口岸食品卫生监督管理规定〉的决定》修订，根据2018年4月28日海关总署令第238号《海关总署关于修改部分规章的决定》第一次修正，根据2018年5月29日海关总署令第240号《海关总署关于修改部分规章的决定》第二次修正）

第一章　总　则

第一条　为加强国境口岸食品卫生监督管理，保证国境口岸食品卫生安全，保障公众健康，根据《中华人民共和国国境卫生检疫法》及其实施细则、《中华人民共和国食品安全法》及其实施条例等有关法律法规的规定，制定本规定。

第二条　本规定适用于对在国境口岸从事食品生产经营单位以及为出入境交通工具提供食品、饮用水服务的口岸食品生产经营单位（以下简称食品生产经营单位）的卫生监督管理。

第三条　海关总署主管全国国境口岸食品卫生监督管理工作。

主管海关负责本辖区国境口岸食品卫生监督管理工作。

第四条　海关对食品生产经营单位实行卫生许可管理。

海关对口岸食品卫生监督管理实行风险分析和分级管理。

第五条　主管海关按照国家有关食品卫生标准对国境口岸食品进行卫生监督管理。尚未制定国家标准的，可以按照相关标准进行卫生监督管理。

第二章　食品生产经营单位的许可管理

第六条　食品生产经营单位在新建、扩建、改建时应当接受其所在地海关的卫生监督。

第七条　食品生产经营单位从事口岸食品生产经营活动前，应当向其所在地海关申请办理《中华人民共和国国境口岸卫生许可证》（以下简称《卫生许可证》）。

第八条　申请《卫生许可证》的食品生产经营单位应当具备以下卫生条件：

（一）具备与食品生产经营活动相适应的经营场所、卫生环境、卫生设施及设备；

（二）餐饮业应当制定符合餐饮加工、经营过程卫生安全要求的操作规范以及保证所加工、经营餐饮质量的管理制度和责任制度；

（三）具有健全的卫生管理组织和制度；

（四）从业人员未患有有碍食品卫生安全的传染病；

（五）从业人员具备与所从事的食品生产经营工作相适应的食品卫生安全常识。

第九条　食品生产经营单位在申请办理《卫生许可证》时，须向海关提交以下材料：

（一）《卫生许可证》申请书；

（二）生产经营场所平面图和生产工艺流程图；

（三）生产原料组成成分、生产设备资料、卫生设施和产品包装材料说明；

（四）食品生产单位提交生产用水卫生检验报告；

（五）产品卫生标准、产品标识，生产产品的卫生检验结果以及安全卫生控制措施。

第十条 主管海关按规定要求对申请材料进行审核，确定材料是否齐全、是否符合有关规定要求，作出受理或者不受理的决定，并出具书面凭证。对提交的材料不齐全或者不规范的，应当当场或者在受理后5日内一次告知申请人补正。逾期不告知的，自收到申请材料之日起即为受理。

主管海关受理食品生产经营单位申请后，对申请材料进行审核，并按照海关总署的规定进行现场卫生许可考核及量化评分。

主管海关根据材料审核、现场考核及评分的结果，自受理之日起20日内，对食品生产经营单位作出准予许可或者不予许可的决定，并应当自作出决定之日起10日内向申请人颁发或者送达卫生许可证件。

《卫生许可证》有效期为4年。食品生产经营单位需要延续《卫生许可证》有效期的，应当在《卫生许可证》期满前30日内向主管海关提出申请。

第十一条 在《卫生许可证》有效期内，食品生产经营单位变更生产经营项目、变更法人、变更单位名称、迁移厂址、改建、扩建、新建项目时，应当向作出卫生许可决定的海关申报。

第十二条 食品生产经营单位在停业时，应当到作出卫生许可决定的海关办理注销手续，缴销《卫生许可证》。

第十三条 取得《卫生许可证》的食品生产经营单位在向异地食品生产经营单位提供食品及食品用产品时，可到该地的海关备案。

第三章　从业人员卫生管理

第十四条 从业人员每年必须进行健康检查，取得健康证明。新参加工作和临时参加工作的从业人员上岗前必须进行健康检查。

第十五条 海关负责监督、指导和协助本口岸食品生产经营单位的人员培训和考核工作。

从业人员应当具备食品卫生常识和食品法律、法规知识。

第四章　食品卫生监督管理

第十六条 食品生产经营单位应当健全本单位的食品卫生管理制度，配备专职或者兼职的食品卫生管理人员，加强对所生产经营食品的检验工作。

第十七条 食品生产经营单位应当建立进货检查验收制度。采购食品及原料时，应当按照国家有关规定索取检验合格证或者化验单，查阅卫生许可证。

向出入境交通工具提供食品的单位应当建立进货检查验收制度，同时应当建立销售食品及原料单位的卫生档案。海关定期对采购的食品及原料进行抽查，并对其卫生档案进行审核。

卫生档案应当包括下列资料：

（一）营业执照（复印件）；

（二）生产许可证（复印件）；

（三）卫生许可证（复印件）；

（四）使用进口原材料者，需提供进口食品卫生证书（复印件）；

（五）供货合同或者意向书；

（六）相关批次的检验合格证或者化验单；

（七）产品清单及其他需要的有关资料。

第十八条 海关根据法律、法规、规章以及卫生规范的要求对食品生产经营单位进行监督检查，监督检查主要包括：

（一）卫生许可证、从业人员健康证及卫生知识培训情况；

（二）卫生管理组织和管理制度情况；

（三）环境卫生、个人卫生、卫生设施、设备布局和工艺流程情况；

（四）食品生产、采集、收购、加工、贮存、运输、陈列、供应、销售等情况；

（五）食品原料、半成品、成品等的感官性状及食品添加剂使用情况以及索证情况；

（六）食品卫生检验情况；

（七）对食品的卫生质量、餐具、饮具及盛放直接入口食品的容器进行现场检查，进行必要的采样检验；

（八）供水的卫生情况；

（九）使用洗涤剂和消毒剂的卫生情况；

（十）医学媒介生物防治情况。

第十九条 海关对食品生产经营单位进行日常卫生监督，应当由2名以上口岸卫生监督员根据现场检查情况，规范填写评分表。评分表须经被监督单位负责人或者有关人员核实无误后，由口岸卫生监督员和被监督单位负责人或者有关人员共同签字，修改之处由被监督单位负责人或者有关人员签名或者印章覆盖。被监督单位负责人或者有关人员拒绝签字的，口岸卫生监督员应当在评分表上注明拒签事由。

第二十条 海关应当根据食品卫生检验的有关规定采集样品，并及时送检。采样时应当向被采样单位或者个人出具采样凭证。

第二十一条 向出入境交通工具供应食品、饮用水的食品生产经营单位，供应食品、饮用水前应当向海关申报，经海关对供货产品登记记录、相关批次的检疫合格证和检验报告以及其他必要的有关资料等审核无误后，方可供应食品和饮用水。

第二十二条 航空食品生产经营单位应当积极推行生产企业良好操作规范（GMP）、危害分析与关键控制点（HACCP）等质量控制与保证体系，提高食品卫生安全水平。

第五章 风险分析与分级管理

第二十三条 海关依照有关法律、行政法规和标准的规定，结合现场监督情况，对国境口岸食品实行风险分析和分级管理。

第二十四条 海关应当组织技术力量，对口岸食源性疾病发生、流行以及分布进行监测，对口岸食源性疾病流行趋势进行预测，并提出预防控制对策，开展风险分析。

第二十五条 海关根据对口岸食品生产经营单位进行卫生许可审查和日常卫生监督检查的结果，对不同类型的食品生产经营单位实施分级管理。

在确保口岸食品安全的基础上，可以依据风险分析，分级分类管理的原则，采用随机抽查的方式进行监督检查，监督频次应当符合以下要求：

（一）卫生许可审查和日常卫生监督检查均为良好的单位，评为A级单位，海关对A级单位监督频次每6个月不少于1次；

（二）卫生许可审查和日常卫生监督检查有一个良好的，评为B级单位，海关对B级单位监督频次每 3 个月不少于 1 次；

（三）卫生许可审查和日常卫生监督检查均为一般的，评为 C 级单位，海关对 C 级单位监督频次每月不少于 1 次；

（四）卫生许可审查结论为差，或者卫生许可审查结论为良好，但是日常卫生监督较差的，评为 D 级单位，海关对 D 级单位不予卫生许可，或者次年不予续延卫生许可；

（五）未开展量化分级管理的食品生产经营单位监督频次每 2 个月不少于 1 次。

第二十六条 海关对不同级别的单位进行动态监督管理，根据风险分析和日常监督情况，每年 1 次进行必要的升级或者降级调整。

第二十七条 主管海关应当根据海关总署发布的食品预警通报，及时采取有效的措施，防止相关食品向国境口岸及出入境交通工具供应。

第二十八条 国境口岸发生食物中毒、食品污染、食源性疾患等事故时，海关应当启动《国境口岸食物中毒应急处理预案》，及时处置，并根据预案要求向相关部门通报。

第六章 罚 则

第二十九条 口岸食品生产经营单位有下列情况之一的，海关依照《中华人民共和国国境卫生检疫法》及其实施细则、《中华人民共和国食品安全法》及其实施条例等法律法规的相关规定予以行政处罚：

（一）未取得《卫生许可证》或者伪造《卫生许可证》从事食品生产经营活动的；

（二）涂改、出借《卫生许可证》的；

（三）允许未取得健康证明的从业人员上岗的，或者对患有有碍食品卫生安全的传染病的从业人员不按规定调离的；

（四）拒不接受海关卫生监督的；

（五）其他违反法律法规或者有关规定的。

第三十条 从业人员有下列情况之一的，由海关依照《中华人民共和国国境卫生检疫法》及其实施细则、《中华人民共和国食品安全法》及其实施条例等法律法规的相关规定予以行政处罚：

（一）未取得健康证明而从事食品生产经营活动的；

（二）伪造体检报告的；

（三）其他违反法律法规或者有关规定的。

第三十一条 海关工作人员滥用职权，徇私舞弊，玩忽职守的，根据情节轻重，给予行政处分或者依法追究刑事责任。

第七章 附 则

第三十二条 本规定由海关总署负责解释。

第三十三条 本规定自 2006 年 4 月 1 日起施行。

进境动植物检疫审批管理办法

（2002 年 8 月 2 日国家质量监督检验检疫总局令第 25 号公布，根据 2015 年 11 月 25 日国家质量监督检验检疫总局令第 170 号《国家质量监督检验检疫总局关于修改〈进境动植物检疫审批管理办法〉的决定》修订，根据 2018 年 4 月 28 日海关总署令第 238 号《海关总署关于修改部分规章的决定》第一次修正，根据 2018 年 5 月 29 日海关总署令第 240 号《海关总署关于修改部分规章的决定》第二次修正）

第一章　总　则

第一条　为进一步加强对进境动植物检疫审批的管理工作，防止动物传染病、寄生虫病和植物危险性病虫杂草以及其他有害生物的传入，根据《中华人民共和国进出境动植物检疫法》（以下简称进出境动植物检疫法）及其实施条例的有关规定，制定本办法。

第二条　本办法适用于对进出境动植物检疫法及其实施条例以及国家有关规定需要审批的进境动物（含过境动物）、动植物产品和需要特许审批的禁止进境物的检疫审批。

海关总署根据法律法规的有关规定以及国务院有关部门发布的禁止进境物名录，制定、调整并发布需要检疫审批的动植物及其产品名录。

第三条　海关总署统一管理本办法所规定的进境动植物检疫审批工作。海关总署或者海关总署授权的其他审批机构（以下简称审批机构）负责签发《中华人民共和国进境动植物检疫许可证》（以下简称《检疫许可证》）和《中华人民共和国进境动植物检疫许可证申请未获批准通知单》（以下简称《检疫许可证申请未获批准通知单》）。

各直属海关（以下简称初审机构）负责所辖地区进境动植物检疫审批申请的初审工作。

第二章　申　请

第四条　申请办理检疫审批手续的单位（以下简称申请单位）应当是具有独立法人资格并直接对外签订贸易合同或者协议的单位。

过境动物的申请单位应当是具有独立法人资格并直接对外签订贸易合同或者协议的单位或者其代理人。

第五条　申请单位应当在签订贸易合同或者协议前，向审批机构提出申请并取得《检疫许可证》。

过境动物在过境前，申请单位应当向海关总署提出申请并取得《检疫许可证》。

第六条　申请单位应当按照规定如实填写并提交《中华人民共和国进境动植物检疫许可证申请表》（以下简称《检疫许可证申请表》），需要初审的，由进境口岸初审机构进行初审；加工、使用地不在进境口岸初审机构所辖地区内的货物，必要时还需由使用地初审机构初审。

申请单位应当向初审机构提供下列材料：

（一）申请单位的法人资格证明文件（复印件）；

（二）输入动物需要在临时隔离场检疫的，应当填写《进境动物临时隔离检疫场许可证申请表》；

（三）输入动物肉类、脏器、肠衣、原毛（含羽毛）、原皮、生的骨、角、蹄、蚕茧和水产品等由海关总署公布的定点企业生产、加工、存放的，申请单位需提供与定点企业签订的生产、加工、存放的合同；

（四）办理动物过境的，应当说明过境路线，并提供输出国家或者地区官方检疫部门出具的动物卫生证书（复印件）和输入国家或者地区官方检疫部门出具的准许动物进境的证明文件；

（五）因科学研究等特殊需要，引进进出境动植物检疫法第五条第一款所列禁止进境物的，必须提交书面申请，说明其数量、用途、引进方式、进境后的防疫措施、科学研究的立项报告及相关主管部门的批准立项证明文件。

第三章　审核批准

第七条　初审机构对申请单位检疫审批申请进行初审的内容包括：

（一）申请单位提交的材料是否齐全，是否符合本办法第四条、第六条的规定；

（二）输出和途经国家或者地区有无相关的动植物疫情；

（三）是否符合中国有关动植物检疫法律法规和部门规章的规定；

（四）是否符合中国与输出国家或者地区签订的双边检疫协定（包括检疫协议、议定书、备忘录等）；

（五）进境后需要对生产、加工过程实施检疫监督的动植物及其产品，审查其运输、生产、加工、存放及处理等环节是否符合检疫防疫及监管条件，根据生产、加工企业的加工能力核定其进境数量；

（六）可以核销的进境动植物产品，应当按照有关规定审核其上一次审批的《检疫许可证》的使用、核销情况。

第八条　初审合格的，由初审机构签署初审意见。同时对考核合格的动物临时隔离检疫场出具《进境动物临时隔离检疫场许可证》。对需要实施检疫监管的进境动植物产品，必要时出具对其生产加工存放单位的考核报告。由初审机构将所有材料上报海关总署审核。

初审不合格的，将申请材料退回申请单位。

第九条　同一申请单位对同一品种、同一输出国家或者地区、同一加工、使用单位一次只能办理1份《检疫许可证》。

第十条　海关总署或者初审机构认为必要时，可以组织有关专家对申请进境的产品进行风险分析，申请单位有义务提供有关资料和样品进行检测。

第十一条　海关总署根据审核情况，自初审机构受理申请之日起二十日内签发《检疫许可证》或者《检疫许可证申请未获批准通知单》。二十日内不能做出许可决定的，经海关总署负责人批准，可以延长十日，并应当将延长期限的理由告知申请单位。

第四章　许可单证的管理和使用

第十二条　《检疫许可证申请表》《检疫许可证》和《检疫许可证申请未获批准通知单》由海关总署统一印制和发放。

《检疫许可证》由海关总署统一编号。

第十三条 《检疫许可证》的有效期分别为3个月或者一次有效。除对活动物签发的《检疫许可证》外，不得跨年度使用。

第十四条 按照规定可以核销的进境动植物产品，在许可数量范围内分批进口、多次报检使用《检疫许可证》的，进境口岸海关应当在《检疫许可证》所附检疫物进境核销表中进行核销登记。

第十五条 有下列情况之一的，申请单位应当重新申请办理《检疫许可证》：

（一）变更进境检疫物的品种或者超过许可数量百分之五以上的；

（二）变更输出国家或者地区的；

（三）变更进境口岸、指运地或者运输路线的。

第十六条 有下列情况之一的，《检疫许可证》失效、废止或者终止使用：

（一）《检疫许可证》有效期届满未延续的，海关总署应当依法办理注销手续；

（二）在许可范围内，分批进口、多次报检使用的，许可数量全部核销完毕的，海关总署应当依法办理注销手续；

（三）国家依法发布禁止有关检疫物进境的公告或者禁令后，海关总署可以撤回已签发的《检疫许可证》；

（四）申请单位违反检疫审批的有关规定，海关总署可以撤销已签发的《检疫许可证》。

第十七条 申请单位取得许可证后，不得买卖或者转让。口岸海关在受理报检时，必须审核许可证的申请单位与检验检疫证书上的收货人、贸易合同的签约方是否一致，不一致的不得受理报检。

第五章 附 则

第十八条 申请单位违反本办法规定的，由海关依据有关法律法规的规定予以处罚。

第十九条 海关总署可以授权直属海关对其所辖地区进境动植物检疫审批申请进行审批，签发《检疫许可证》或者出具《检疫许可证申请未获批准通知单》。

第二十条 海关及其工作人员在办理进境动植物检疫审批工作时，必须遵循公开、公正、透明的原则，依法行政，忠于职守，自觉接受社会监督。

海关工作人员违反法律法规及本办法规定，滥用职权，徇私舞弊，故意刁难的，由其所在单位或者上级机构按照规定查处。

第二十一条 本办法由海关总署负责解释。

第二十二条 本办法自2002年9月1日起施行。

进境动物和动物产品风险分析管理规定

（2002 年 12 月 31 日国家质量监督检验检疫总局令第 40 号公布，根据 2018 年 4 月 28 日海关总署令第 238 号《海关总署关于修改部分规章的决定》第一次修正）

第一章　总　则

第一条　为规范进境动物和动物产品风险分析工作，防范动物疫病传入风险，保障农牧渔业生产，保护人体健康和生态环境，根据《中华人民共和国进出境动植物检疫法》及其实施条例，参照世界贸易组织（WTO）关于《实施卫生和植物卫生措施协定》（SPS 协定）的有关规定，制定本规定。

第二条　本规定所称动物和动物产品风险分析，包括对进境动物、动物产品、动物遗传物质、动物源性饲料、生物制品和动物病理材料的风险分析。

第三条　海关总署统一管理进境动物、动物产品风险分析工作。

第四条　开展风险分析应当遵守我国法律法规的规定，并遵循下列原则：

（一）以科学为依据；

（二）执行或者参考有关国际标准、准则和建议；

（三）透明、公开和非歧视原则；

（四）不对国际贸易构成变相限制。

第五条　当有关国际标准、准则和建议不能达到我国农牧渔业生产、人体健康和生态环境的必要保护水平时，海关总署根据风险分析的结果可采取高于国际标准、准则和建议的措施。

第六条　风险分析过程应当包括危害因素确定、风险评估、风险管理和风险交流。

第七条　风险分析应当形成书面报告。报告内容应当包括背景、方法、程序、结论和管理措施等。

第二章　危害因素确定

第八条　对进境动物、动物产品、动物遗传物质、动物源性饲料、生物制品和动物病理材料应当进行危害因素确定。

第九条　危害因素主要是指：

（一）《中华人民共和国进境一、二类动物传染病寄生虫名录》所列动物传染病、寄生虫病病原体；

（二）国外新发现并对农牧渔业生产和人体健康有危害或潜在危害的动物传染病、寄生虫病病原体；

（三）列入国家控制或者消灭计划的动物传染病、寄生虫病病原体；

（四）对农牧渔业生产、人体健康和生态环境可能造成危害或者负面影响的有毒有害物质和生物活性物质。

第十条 经确定进境动物、动物产品、动物遗传物质、动物源性饲料、生物制品和动物病理材料不存在危害因素的，不再进行风险评估。

第三章 风险评估

第十一条 进境动物、动物产品、动物遗传物质、动物源性饲料、生物制品和动物病理材料存在危害因素的，启动风险评估程序。

第十二条 根据需要，对输出国家或者地区的动物卫生和公共卫生体系进行评估。

动物卫生和公共卫生体系的评估以书面问卷调查的方式进行，必要时可以进行实地考察。

第十三条 风险评估采用定性、定量或者两者相结合的分析方法。

第十四条 风险评估过程包括传入评估、发生评估、后果评估和风险预测。

第十五条 传入评估应当考虑以下因素：

（一）生物学因素，如动物种类、年龄、品种，病原感染部位，免疫、试验、处理和检疫技术的应用；

（二）国家因素，如疫病流行率，动物卫生和公共卫生体系，危害因素的监控计划和区域化措施；

（三）商品因素，如进境数量，减少污染的措施，加工过程的影响，贮藏和运输的影响。

传入评估证明危害因素没有传入风险的，风险评估结束。

第十六条 发生评估应当考虑下列因素：

（一）生物学因素，如易感动物、病原性质等；

（二）国家因素，如传播媒介，人和动物数量，文化和习俗，地理、气候和环境特征；

（三）商品因素，如进境商品种类、数量和用途，生产加工方式，废弃物的处理。

发生评估证明危害因素在我国境内不造成危害的，风险评估结束。

第十七条 后果评估应当考虑以下因素：

（一）直接后果，如动物感染、发病和造成的损失，以及对公共卫生的影响等；

（二）间接后果，如危害因素监测和控制费用，补偿费用，潜在的贸易损失，对环境的不利影响。

第十八条 对传入评估、发生评估和后果评估的内容综合分析，对危害发生作出风险预测。

第四章 风险管理

第十九条 当境外发生重大疫情和有毒有害物质污染事件时，海关总署根据我国进出境动植物检疫法律法规，并参照国际标准、准则和建议，采取应急措施，禁止从发生国家或者地区输入相关动物、动物产品、动物遗传物质、动物源性饲料、生物制品和动物病理材料。

第二十条 根据风险评估的结果，确定与我国适当保护水平相一致的风险管理措施。风险管理措施应当有效、可行。

第二十一条 进境动物的风险管理措施包括产地选择、时间选择、隔离检疫、预防免疫、实验室检验、目的地或者使用地限制和禁止进境等。

第二十二条 进境动物产品、动物遗传物质、动物源性饲料、生物制品和动物病理材料的风险管理措施包括产地选择，产品选择，生产、加工、存放、运输方法及条件控制，生产、加工、存放企业的注册登记，目的地或者使用地限制，实验室检验和禁止进境等。

第五章　风险交流

第二十三条　风险交流应当贯穿于风险分析的全过程。风险交流包括收集与危害和风险有关的信息和意见，讨论风险评估的方法、结果和风险管理措施。

第二十四条　政府机构、生产经营单位、消费团体等可了解风险分析过程中的详细情况，可提供意见和建议。

对有关风险分析的建议和意见应当组织审查并反馈。

第六章　附　则

第二十五条　术语解释：

“风险”是指动物传染病、寄生虫病病原体、有毒有害物质随进境动物、动物产品、动物遗传物质、动物源性饲料、生物制品和动物病理材料传入的可能性及其对农牧渔业生产、人体健康和生态环境造成的危害。

“风险分析”是指危害因素确定、风险评估、风险管理和风险交流的过程。

“危害因素确定”是指确定进境动物、动物产品、动物遗传物质、动物源性饲料、生物制品和动物病理材料可能传入病原体和有毒有害物质的过程。

“有毒有害物质”是指对农牧渔业生产、人体健康和生态环境造成危害的生物、物理和化学物质。

“风险评估”是指对病原体、有毒有害物质传入、扩散的可能性及其造成危害的评估。

“风险管理”是指制定和实施降低风险措施的过程。

“风险交流”是指在风险分析过程中与有关方面进行的信息交流。

“传入评估”是指对危害因素的传入途径以及通过该途径传入的可能性的评估。

“发生评估”是指危害因素传入后，对我国农牧渔业生产、人体健康和生态环境造成危害的途径以及发生危害的可能性的评估。

“后果评估”是指危害因素传入后，对我国农牧渔业生产、人体健康及生态环境所造成的后果的评估。

“风险预测”是指对传入评估、发生评估和后果评估的结果综合分析以获得对进口风险的估计。

“定性分析”是指用定性术语如高、中、低或者极低等表示可能性或者后果严重性的风险评估方式。

“定量分析”是指用数据或概率表示风险分析结果的风险评估方式。

第二十六条　本规定由海关总署负责解释。

第二十七条　本规定自 2003 年 2 月 1 日起施行。

进境动物隔离检疫场使用监督管理办法

（2009年10月22日国家质量监督检验检疫总局令第122号公布，根据2018年4月28日海关总署令第238号《海关总署关于修改部分规章的决定》第一次修正，根据2018年5月29日海关总署令第240号《海关总署关于修改部分规章的决定》第二次修正，根据2018年11月23日海关总署令第243号《海关总署关于修改部分规章的决定》第三次修正）

第一章 总 则

第一条 为做好进境动物隔离检疫场（以下简称隔离场）的管理工作，根据《中华人民共和国进出境动植物检疫法》及其实施条例等法律法规的规定，制定本办法。

第二条 本办法所称隔离场是指专用于进境动物隔离检疫的场所。包括两类，一是海关总署设立的动物隔离检疫场所（以下简称国家隔离场），二是由各直属海关指定的动物隔离场所（以下简称指定隔离场）。

第三条 申请使用隔离场的单位或者个人（以下简称使用人）和国家隔离场或者指定隔离场的所有单位或者个人（以下简称所有人）应当遵守本办法的规定。

第四条 海关总署主管全国进境动物隔离场的监督管理工作。

主管海关负责辖区内进境动物隔离场的监督管理工作。

第五条 隔离场的选址、布局和建设，应当符合国家相关标准和要求。

相关标准与要求由海关总署另行发文明确。

第六条 使用国家隔离场，应当经海关总署批准。使用指定隔离场，应当经所在地直属海关批准。

进境种用大中动物应当在国家隔离场隔离检疫，当国家隔离场不能满足需求，需要在指定隔离场隔离检疫时，应当报经海关总署批准。

进境种用大中动物之外的其他动物应当在国家隔离场或者指定隔离场隔离检疫。

第七条 进境种用大中动物隔离检疫期为45天，其他动物隔离检疫期为30天。

需要延长或者缩短隔离检疫期的，应当报海关总署批准。

第二章 使用申请

第八条 申请使用国家隔离场的，使用人应当向海关总署提交如下材料：

（一）填制真实准确的《中华人民共和国进境动物隔离检疫场使用申请表》；

（二）使用人（法人或者自然人）身份证明材料复印件；

（三）进境动物从入境口岸进入隔离场的运输安排计划和运输路线。

第九条 申请使用指定隔离场的，应当建立隔离场动物防疫、饲养管理等制度。使用人应当在办理《中华人民共和国进境动植物检疫许可证》前，向所在地直属海关提交如下材料：

（一）填制真实准确的《中华人民共和国进境动物隔离检疫场使用申请表》；

（二）使用人（法人或者自然人）身份证明材料复印件；

（三）隔离场整体平面图及显示隔离场主要设施和环境的照片或者视频资料；

（四）进境动物从入境口岸进入隔离场的运输安排计划和运输路线；

（五）当隔离场的使用人与所有人不一致时，使用人还须提供与所有人签订的隔离场使用协议。

第十条 海关总署、直属海关应当按照规定对隔离场使用申请进行审核。

隔离场使用人申请材料不齐全或者不符合法定形式的，应当当场或者在 5 个工作日内一次告知使用人需要补正的全部内容，逾期不告知的，自收到申请材料之日起即为受理。

受理申请后，海关总署、直属海关应当根据本办法规定，对使用人提供的有关材料进行审核，并对申请使用的隔离场组织实地考核。

申请使用指定隔离场用于隔离种用大中动物的，由直属海关审核提出审核意见报海关总署批准；用于种用大中动物之外的其他动物隔离检疫的，由直属海关审核、批准。

第十一条 海关总署、直属海关应当自受理申请之日起 20 个工作日内做出书面审批意见。经审核合格的，直属海关受理的，由直属海关签发《隔离场使用证》。海关总署受理的，由海关总署在签发的《中华人民共和国进境动植物检疫许可证》中列明批准内容。20 个工作日内不能做出决定的，经本机构负责人批准，可以延长 10 个工作日，并应当将延长期限的理由告知使用人。其他法律、法规另有规定的，依照其规定执行。

不予批准的，应当书面说明理由，告知申请人享有依法申请行政复议或者提起行政诉讼的权利。

第十二条 《隔离场使用证》有效期为 6 个月。

隔离场使用人凭有效《隔离场使用证》向隔离场所在地直属海关申请办理《中华人民共和国进境动植物检疫许可证》。

第十三条 《隔离场使用证》的使用一次有效。

同一隔离场再次申请使用的，应当重新办理审批手续。两次使用的间隔期间不得少于 30 天。

第十四条 已经获得《隔离场使用证》，发生下列情形之一时，隔离场使用人应当重新申请办理：

（一）《隔离场使用证》超过有效期的；

（二）《隔离场使用证》内容发生变更的；

（三）隔离场设施和环境卫生条件发生改变的。

第十五条 已经获得《隔离场使用证》，发生下列情况之一时，由发证机关撤回：

（一）隔离场原有设施和环境卫生条件发生改变，不符合隔离动物检疫条件和要求的；

（二）隔离场所在地发生一类动物传染病、寄生虫病或者其他突发事件的。

第十六条 使用人以欺骗、贿赂等不正当手段取得《隔离场使用证》的，海关应当依法将其《隔离场使用证》撤销。

第三章 检疫准备

第十七条 隔离场经批准使用后，使用人应当做好隔离场的维护，保持隔离场批准时的设施完整和环境卫生条件，保证相关设施的正常运行。

第十八条 动物进场前，海关应当派员实地核查隔离场设施和环境卫生条件的维护情况。

第十九条 使用人应当确保隔离场使用前符合下列要求：

（一）动物进入隔离场前 10 天，所有场地、设施、工具必须保持清洁，并采用海关认可的有效方法进行不少于3次的消毒处理，每次消毒之间应当间隔3天；

（二）应当准备供动物隔离期间使用的充足的饲草、饲料和垫料。饲草、垫料不得来自严重动物传染病或者寄生虫病疫区，饲料应当符合法律法规的规定，并建立进场检查验收登记制度；

饲草、饲料和垫料应当在海关的监督下，由海关认可的单位进行熏蒸消毒处理；

水生动物不得饲喂鲜活饵料，遇特殊需要时，应当事先征得海关的同意；

（三）应当按照海关的要求，适当储备必要的防疫消毒器材、药剂、疫苗等，并建立进场检查验收和使用登记制度；

（四）饲养人员和隔离场管理人员，在进入隔离场前，应当到具有相应资质的医疗机构进行健康检查并取得健康证明。未取得健康证明的，不准进入隔离场。健康检查项目应当包括活动性肺结核、布氏杆菌病、病毒性肝炎等人畜共患病；

（五）饲养人员和管理人员在进入隔离场前应当接受海关的动物防疫、饲养管理等基础知识培训，经考核合格后方可上岗；

（六）人员、饲草、饲料、垫料、用品、用具等应当在隔离场作最后一次消毒前进入隔离检疫区；

（七）用于运输隔离检疫动物的运输工具及辅助设施，在使用前应当按照海关的要求进行消毒，人员、车辆的出入通道应当设置消毒池或者放置消毒垫。

第四章　隔离检疫

第二十条　经入境口岸海关现场检验检疫合格的进境动物方可运往隔离场进行隔离检疫。

第二十一条　海关对隔离场实行监督管理，监督和检查隔离场动物饲养、防疫等措施的落实。对进境种用大中动物，隔离检疫期间实行24小时海关工作人员驻场监管。

第二十二条　海关工作人员、隔离场使用人应当按照要求落实各项管理措施，认真填写《进出境动物隔离检疫场检验检疫监管手册》。

第二十三条　海关负责隔离检疫期间样品的采集、送检和保存工作。隔离动物样品采集工作应当在动物进入隔离场后7天内完成。样品保存时间至少为6个月。

第二十四条　海关按照有关规定，对动物进行临床观察和实验室项目的检测，根据检验检疫结果出具相关的单证，实验室检疫不合格的，应当尽快将有关情况通知隔离场使用人并对阳性动物依法及时进行处理。

第二十五条　海关按照相关的规定对进口动物进行必要的免疫和预防性治疗。隔离场使用人在征得海关同意后可以对患病动物进行治疗。

第二十六条　动物隔离检疫期间，隔离场使用人应当做到：

（一）门卫室实行24小时值班制，对人员、车辆、用具、用品实行严格的出入登记制度。发现有异常情况及时向海关报告；

（二）保持隔离场完好和场内环境清洁卫生，做好防火、防盗和灭鼠、防蚊蝇等工作；

（三）人员、车辆、物品出入隔离场的应当征得海关的同意，并采取有效的消毒防疫措施后，方可进出隔离区；人员在进入隔离场前15天内未从事与隔离动物相关的实验室工作，也未参观过其他农场、屠宰厂或者动物交易市场等；

（四）不得将与隔离动物同类或者相关的动物及其产品带入隔离场内；

（五）不得饲养除隔离动物以外的其他动物。特殊情况需使用看门犬的，应当征得海关同意。犬类动物隔离场，不得使用看门犬；

（六）饲养人员按照规定作息时间做好动物饲喂、饲养场地的清洁卫生，定期对饲养舍、场地进行清洗、消毒，保持动物、饲养舍、场区和所有用具的清洁卫生，并做好相关记录；

（七）隔离检疫期间所使用的饲料、饲料添加剂与农业投入品应当符合法律、行政法规的规定和国家强制性标准的规定；

（八）严禁转移隔离检疫动物和私自采集、保存、运送检疫动物血液、组织、精液、分泌物等样品或者病料。未经海关同意，不得将生物制品带入隔离场内，不得对隔离动物进行药物治疗、疫苗注射、人工授精和胚胎移植等处理；

（九）隔离检疫期间，严禁将隔离动物产下的幼畜、蛋及乳等移出隔离场；

（十）隔离检疫期间，应当及时对动物栏舍进行清扫，粪便、垫料及污物、污水应当集中放置或者及时进行无害化处理。严禁将粪便、垫料及污物移出隔离场；

（十一）发现疑似患病或者死亡的动物，应当立即报告所在地海关，并立即采取下列措施：

1. 将疑似患病动物移入患病动物隔离舍（室、池），由专人负责饲养管理；

2. 对疑似患病和死亡动物停留过的场所和接触过的用具、物品进行消毒处理；

3. 禁止自行处置（包括解剖、转移、急宰等）患病、死亡动物；

4. 死亡动物应当按照规定作无害化处理。

第二十七条 隔离检疫期间，隔离场内发生重大动物疫情的，应当按照《进出境重大动物疫情应急处置预案》处理。

第五章 后续监管

第二十八条 隔离场使用完毕后，应当在海关的监督下，作如下处理：

（一）动物的粪便、垫料及污物、污水进行无害化处理确保符合防疫要求后，方可运出隔离场；

（二）剩余的饲料、饲草、垫料和用具等应当作无害化处理或者消毒后方可运出场外；

（三）对隔离场场地、设施、器具进行消毒处理。

第二十九条 隔离场使用人及隔离场所在地海关应当按照规定记录动物流向和《隔离场检验检疫监管手册》，档案保存期至少 5 年。

第三十条 种用大中动物隔离检疫结束后，承担隔离检疫任务的直属海关应当在 2 周内将检疫情况书面上报海关总署并通报目的地海关。检疫情况包括：隔离检疫管理、检疫结果、动物健康状况、检疫处理情况及动物流向。

第六章 法律责任

第三十一条 动物隔离检疫期间，隔离场使用人有下列情形之一的，由海关按照《进出境动植物检疫法实施条例》第六十条规定予以警告；情节严重的，处以 3000 元以上 3 万元以下罚款：

（一）将隔离动物产下的幼畜、蛋及乳等移出隔离场的；

（二）未经海关同意，对隔离动物进行药物治疗、疫苗注射、人工授精和胚胎移植等处理；

（三）未经海关同意，转移隔离检疫动物或者采集、保存其血液、组织、精液、分泌物等样品或者病料的；

（四）发现疑似患病或者死亡的动物，未立即报告所在地海关，并自行转移和急宰患病动物，自行解剖和处置患病、死亡动物的；

（五）未将动物按照规定调入隔离场的。

第三十二条 动物隔离检疫期间，隔离场使用人有下列情形之一的，由海关予以警告；情节严重的，处以1万元以下罚款：

（一）人员、车辆、物品未经海关同意，并未采取有效的消毒防疫措施，擅自进入隔离场的；

（二）饲养隔离动物以外的其他动物的；

（三）未经海关同意，将与隔离动物同类或者相关动物及其产品、动物饲料、生物制品带入隔离场内的。

第三十三条 隔离场使用完毕后，隔离场使用人有下列情形的，由海关责令改正；情节严重的，处以1万元以下罚款：

（一）未在海关的监督下对动物的粪便、垫料及污物、污水进行无害化处理，不符合防疫要求即运出隔离场的；

（二）未在海关的监督下对剩余的饲料、饲草、垫料和用具等作无害化处理或者消毒后即运出隔离场的；

（三）未在海关的监督下对隔离场场地、设施、器具进行消毒处理的。

第三十四条 隔离场检疫期间，有下列情形之一的，由海关对隔离场使用人处以1万元以下罚款：

（一）隔离场发生动物疫情隐瞒不报的；

（二）存放、使用我国或者输入国家/地区禁止使用的药物或者饲料添加剂的；

（三）拒不接受海关监督管理的。

第三十五条 隔离场使用人有下列违法行为之一的，由海关按照《进出境动植物检疫法实施条例》第六十二条规定处2万元以上5万元以下的罚款；构成犯罪的，依法追究刑事责任：

（一）引起重大动物疫情的；

（二）伪造、变造动物检疫单证、印章、标志、封识的。

第七章　附　则

第三十六条 我国与进口国家/地区政府主管部门签署的议定书中规定或者进口国家/地区官方要求对出境动物必须实施隔离检疫的，出境动物隔离检疫场使用监督工作按照进口国的要求并参照本办法执行。

第三十七条 本办法由海关总署负责解释。

第三十八条 本办法所列各类表格及证书式样另行发布。

第三十九条 本办法自2009年12月10日起施行。

进境水生动物检验检疫监督管理办法

（2016 年 7 月 26 日国家质量监督检验检疫总局令第 183 号公布，根据 2018 年 11 月 23 日海关总署令第 243 号《海关总署关于修改部分规章的决定》修正）

第一章　总　则

第一条　为了防止水生动物疫病传入国境，保护渔业生产、人体健康和生态环境，根据《中华人民共和国进出境动植物检疫法》及其实施条例、《中华人民共和国进出口商品检验法》及其实施条例、《中华人民共和国农产品质量安全法》《国务院关于加强食品等产品安全监督管理的特别规定》等法律法规的规定，制定本办法。

第二条　本办法适用于进境水生动物的检验检疫监督管理。

第三条　海关总署主管全国进境水生动物检验检疫和监督管理工作。

主管海关负责所辖地区进境水生动物的检验检疫和监督管理工作。

第四条　海关对进境水生动物在风险分析基础上实施检验检疫风险管理，对进境有关企业实施分类管理和信用管理。

第五条　进境水生动物企业应当按照法律法规和有关标准从事生产经营活动，对社会和公众负责，保证进境水生动物的质量安全，接受社会监督，承担社会责任。

第二章　检疫准入

第六条　海关总署对进境水生动物实施检疫准入制度，包括产品风险分析、安全卫生控制体系评估与审查、检验检疫要求确定、境外养殖和包装企业注册登记。

第七条　海关总署分类制定、公布进境水生动物的检验检疫要求。根据检验检疫要求，对首次向中国输出水生动物的国家或者地区进行产品风险分析和安全卫生控制体系评估，对曾经或者正在向中国输出水生动物的国家或者地区水生动物安全卫生控制体系进行回顾性审查。

海关总署可以派出专家组到输出国家或者地区对其水生动物安全卫生控制体系进行现场审核评估。

第八条　海关总署根据风险分析、评估审查结果和检验检疫要求，与向中国输出水生动物的国家或者地区官方主管部门协商签订有关议定书或者确定检验检疫证书。

海关总署制定、调整并公布允许进境水生动物种类及输出国家或者地区名单。

第九条　海关总署对向中国输出水生动物的养殖和包装企业实施注册登记管理。

向中国输出水生动物的境外养殖和包装企业（以下简称注册登记企业）应当符合输出国家或者地区有关法律法规，输出国家或者地区官方主管部门批准后向海关总署推荐。推荐材料应当包括：

（一）企业信息：企业名称、地址、官方主管部门批准编号、养殖、包装能力等；

（二）水生动物信息：养殖和包装的水生动物品种学名、用途等；

（三）监控信息：企业最近一次疫病、有毒有害物质的官方监控结果。

第十条 海关总署应当对推荐材料进行审查。审查不合格的，通知输出国家或者地区官方主管部门补正；审查合格的，海关总署可以派出专家组对申请注册登记企业进行抽查。对抽查不符合要求的企业不予注册登记；对抽查符合要求的及未被抽查的其他推荐企业，结合水生动物安全卫生控制体系评估结果，决定是否给予注册登记。

海关总署定期公布、调整注册登记企业名单。

第十一条 境外养殖和包装企业注册登记有效期为3年。

需要延期注册登记的企业，应当在有效期届满前至少6个月，由输出国家或者地区主管部门向海关总署提出延期申请。海关总署可以派出专家组到输出国家或者地区对其安全卫生控制体系进行回顾性审查，并对申请延期的境外养殖和包装企业进行抽查。

对回顾性审查符合要求的国家或者地区，抽查符合要求的及未被抽查的其他申请延期的注册登记企业，注册登记有效期延长3年。

第十二条 逾期未提出注册登记延期申请的，海关总署注销其注册登记。

第十三条 注册登记企业向中国输出的水生动物检验检疫不合格，情节严重的，海关总署可以撤销其注册登记。

第三章 境外检验检疫

第十四条 注册登记企业和相关捕捞区域应当符合输出国家有关法律法规，并处于输出国家或者地区官方主管部门的有效监管之下。

种用、养殖和观赏水生动物的注册登记企业，应当由输出国家或者地区官方主管部门按照世界动物卫生组织推荐的方法和标准，按照输出国家或者地区的规定和双边检验检疫协定规定连续监测两年以上，未发现有关疫病。

食用水生动物的注册登记企业，应当经过输出国家或者地区官方主管部门有关水生动物疫病、有毒有害物质和致病微生物监测，结果符合双边检验检疫协定规定、中国强制性标准或者海关总署指定标准的要求。

第十五条 向中国输出水生动物的国家或者地区发生重大水生动物疫病，或者向中国输出水生动物的注册登记企业、捕捞区域发生水生动物不明原因的大规模死亡时，输出国家或者地区官方主管部门应当主动停止向中国出口并向海关总署通报相关信息。

第十六条 向中国输出的水生动物精液和受精卵，必须来自健康的亲代种群。种用、养殖和观赏水生动物输出前，应当在输出国家或者地区官方主管部门认可的场所实施隔离检疫。隔离检疫期间，不得与其他水生动物接触。海关总署可以派遣检疫官员赴输出国家或者地区协助开展出口前隔离检疫。

第十七条 向中国输出水生动物的注册登记企业和隔离检疫场所应当具备适当的生物安全防护设施和防疫管理制度，能有效防止其他水域的水生动物入侵，确保输出水生动物的安全卫生。

第十八条 不同养殖场或者捕捞区域的水生动物应当分开包装，不同种类的水生动物应当独立包装，能够满足动物生存和福利需要。包装容器应当是全新的或者经消毒处理，能够防止渗漏，内包装应当透明，便于检查。

第十九条 向中国输出水生动物的包装用水或者冰及铺垫材料应当符合安全卫生要求，不能含有危害动植物和人体健康的病原微生物、有毒有害物质以及可能破坏水体生态环境的水生生物。

第二十条 向中国输出的水生动物在运输前48小时内，不得有动物传染病和寄生虫病的临床症状。必要时，应当使用输出国家或者地区官方主管部门批准的有效药物进行消毒和驱虫。

第二十一条 输出国家或者地区官方主管部门应当按照与海关总署确认的检验检疫证书格式和内容对向中国输出的水生动物出具检验检疫证书。

第四章 进境检验检疫

第二十二条 进境水生动物应当符合下列要求：

（一）中国法律法规规定和强制性标准要求；

（二）海关总署分类制定的检验检疫要求；

（三）双边检验检疫协定确定的相关要求；

（四）双方确认的检验检疫证书规定的相关要求；

（五）进境动植物检疫许可证（以下简称检疫许可证）列明的要求；

（六）海关总署规定的其他检验检疫要求。

第二十三条 食用水生动物应当从海关总署公布的指定口岸进境。海关总署定期考核指定口岸，公布指定口岸名单。

进境食用水生动物指定口岸相关要求由海关总署另行制定。

第二十四条 进境水生动物收货人或者其代理人应当按照相关规定办理检疫许可证。

进境水生动物自输出国家或者地区出境后中转第三方国家或者地区进境的，收货人或者其代理人办理检疫许可证时应当详细填写运输路线及在第三方国家或者地区中转处理情况，包括是否离开海关监管区、更换运输工具、拆换包装以及进入第三方国家或者地区水体环境等。

进境种用、养殖和观赏水生动物收货人或者其代理人，应当在指定隔离场所在地海关办理检疫许可证，办理前应当按照《进境动物隔离检疫场使用监督管理办法》的规定取得隔离场使用证；进境食用水生动物的，应当在进境口岸海关办理检疫许可证。

第二十五条 水生动物进境前或者进境时，收货人或者其代理人应当凭检疫许可证、输出国家或者地区官方主管部门出具的检验检疫证书正本、贸易合同、提单、装箱单、发票等单证向进境口岸海关报检。

检疫许可证上的申请单位、国外官方主管部门出具的检验检疫证书上的收货人和货运提单上的收货人应当一致。

第二十六条 海关对收货人或者其代理人提交的相关单证进行审核，符合要求的受理报检，并按照有关规定对检疫许可证批准的数量进行核销。

第二十七条 进境口岸海关按照下列规定对进境水生动物实施现场查验：

（一）开箱查验比例：进境种用、养殖和观赏水生动物，低于10件的全部开箱，10件以上的每增加10件，开箱数增加2件，最高不超过20件；进境食用水生动物，开箱比例不高于10%，最低不少于3件。发现问题的，适当增加开箱查验比例。海关总署有分类管理规定的，按照有关规定开箱查验。

（二）核对货证：品名、数（重）量、包装、输出日期、运输工具信息、输出国家或者地区、中转国家或者地区等是否相符。

（三）包装和标签检查：包装容器是否完好；包装容器上是否有牢固、清晰易辨的中文或者英文标识，标明水生动物的品名、学名、产地、养殖或者包装企业批准编号等内容。活鱼运输船、活鱼集装箱等难以加贴标签的除外。

（四）临床检查：水生动物的健康状况，主要包括游动是否异常，体表有无溃疡、出血、囊肿及寄生虫感染，体色是否异常，鱼类腹部有无肿胀、肛门有无红肿，贝类闭壳肌收缩有无异常，甲壳类体表和头胸甲是否有黑斑或者白斑、鳃部发黑等。

（五）包装用水或者冰、铺垫材料：是否带有土壤及危害动植物和人体健康的有害生物等法律法规规定的禁止进境物。

第二十八条 海关应当按照有关规定对装载进境水生动物的外包装、运输工具和装卸场地进行防疫消毒处理。

第二十九条 现场查验发现有下列情形的，海关按照有关规定进行处理：

（一）发现内包装容器损坏并有装载水洒漏的，要求货主或者其代理人对包装容器进行整理、更换包装或者对破损包装内的水生动物作销毁处理，并对现场及包装容器等进行消毒；

（二）现场需要开拆包装加水或者换水的，所用水必须达到中国规定的渔业水质标准，并经消毒处理，对废弃的原包装、包装用水或者冰及铺垫材料，按照有关规定实施消毒处理；

（三）对发现的禁止进境物进行销毁处理；

（四）临床检查发现异常时可以抽样送实验室进行检测；

（五）对已经死亡的水生动物，监督货主或者其代理人作无害化处理。

第三十条 受理报检或者现场查验发现有下列情形之一的，海关签发《检验检疫处理通知书》，由收货人或其代理人在海关的监督下，作退回或者销毁处理：

（一）未被列入允许进境水生动物种类及输出国家或者地区名单的；

（二）无有效检疫许可证的；

（三）无输出国家或者地区官方主管部门出具的有效检验检疫证书的；

（四）检疫许可证上的申请单位、检验检疫证书上的收货人和货运提单上的收货人不一致的；实际运输路线与检疫许可证不一致的；

（五）来自未经注册登记企业的；

（六）货证不符的，包括品种不符、进境水生动物数（重）量超过检验检疫证书载明数（重）量、谎报用途、无标签、标签内容不全或者与检验检疫证书载明内容不符的；

（七）临床检查发现异常死亡且出现水生动物疫病临床症状的；

（八）临床检查发现死亡率超过50%的。

第三十一条 进境食用水生动物的，进境口岸海关按照有关标准、监控计划和警示通报等要求对其实施采样，对下列项目进行检验或者监测：

（一）水生动物疫病病原、食源性致病微生物、寄生虫；

（二）贝类毒素等生物毒素；

（三）重金属、农兽药残留；

（四）其他要求的项目。

第三十二条 进境食用水生动物，经海关现场查验合格后予以放行；查验不合格的，作退回或者销毁处理。监控计划和警示通报有要求的，按照要求实施抽样检测。

第三十三条 实验室检测不合格的，进境食用水生动物收货人或其代理人应当主动召回不合格食用水生动物并采取有效措施进行处理。

第三十四条 根据风险监控不合格发生频次和危害程度，经风险评估，对海关总署采取扣留检测措施的进境食用水生动物，收货人或者其代理人应当将进境食用水生动物调运至海关指定扣检暂存场所，实验室检测合格后方可放行。实验室检测不合格的，作退回或者销毁处理。

第三十五条 进境种用、养殖和观赏水生动物应当在指定隔离场进行至少14天的隔离检疫。现场查验合格后，由进境口岸海关出具《入境货物调离通知单》，运抵指定隔离场所在地后，收货人或其代理人应当向海关申报。指定隔离场所在地海关应当核对货证，并实施以下检验检疫措施：

（一）对已经死亡的水生动物作无害化处理；

（二）对原包装、装载用水或者冰和铺垫材料作消毒处理；

（三）隔离检疫期间，海关按照年度水生动物疫病监测计划、检疫许可证要求和其他有关规定抽样，实施水生动物疫病检测。

隔离检疫合格的，签发《入境货物检验检疫证明》，予以放行；不合格的，签发《检验检疫处理通知书》，对同一隔离设施内全部水生动物实行扑杀或者销毁处理，并对隔离场所进行消毒。

第五章　过境和中转检验检疫

第三十六条　运输水生动物过境的，承运人或者押运人应当按照规定办理检疫审批手续，并凭货运单、检疫许可证和输出国家或者地区官方主管部门出具的证书，向进境口岸海关报检。

第三十七条　装载过境水生动物的包装容器应当完好，无散漏。经进境口岸海关检查，发现包装容器在运输过程中可能存在散漏的，承运人或者押运人应当按照海关的要求进行整改。无法有效整改的，不准过境。

第三十八条　经香港或者澳门中转运输到内地的，发货人或者其代理人应当向海关总署指定的检验机构申请中转检验。未经中转检验或者中转检验不合格的，不得转运内地。

经第三方国家或者地区中转的，须由第三方国家或者地区官方主管部门按照海关总署有关要求出具中转证明文件，无有效中转证明文件的，不得进境。

第六章　监督管理

第三十九条　海关总署对进境水生动物实施安全风险监控和疫病监测，制定进境水生动物年度安全风险监控计划和水生动物疫病监测计划，编制年度工作报告。

直属海关结合本地实际情况制定实施方案并组织实施。

第四十条　直属海关应当按照有关规定将进境水生动物检验检疫不合格信息上报海关总署，海关总署应当向输出国家或者地区官方主管部门通报不合格信息。

第四十一条　海关总署根据进境水生动物检验检疫不合格情况、国内外相关官方主管部门或者组织通报的风险信息以及国内外市场发现的问题等，在风险分析的基础上按照有关规定发布警示通报，采取提高监控比例、扣留检测直至暂停进口等风险控制措施。

第四十二条　海关对进境水生动物收货人实施信用管理。

第四十三条　海关对进境食用水生动物收货人实施备案管理。

第四十四条　进境食用水生动物收货人应当建立进境水生动物经营档案，记录进境水生动物的报检号、品名、数/重量、输出国家或者地区、境外注册养殖和包装企业及注册号、进境水生动物流向等信息，经营档案保存期限不得少于2年。

第四十五条　海关对进境食用水生动物收货人的经营档案进行定期审核，审核不合格的，责令整改。

第四十六条　进境种用、养殖和观赏水生动物收货人应当按照《进境动物隔离检疫场使用监督管理办法》的规定做好进境水生动物隔离期间的养殖和防疫工作，并保存相关记录。海关按照有关规定对指定隔离场进行监督管理。

第四十七条　进境水生动物存在安全卫生问题的，收货人应当主动采取召回、销毁等控制措施并立即向海关报告，同时报告地方政府主管部门。收货人拒不履行召回义务的，海关可以责令收货人召回。

第七章 法律责任

第四十八条 有下列情形之一的，由海关按照《中华人民共和国进出境动植物检疫法实施条例》的规定处5000元以下的罚款：

（一）未报检或者未依法办理检疫审批手续或者未按检疫审批的规定执行的；

（二）报检的进境水生动物与实际不符的。

有前款第（二）项所列行为，已取得检疫单证的，予以吊销。

第四十九条 有下列情形之一的，由海关按照《中华人民共和国进出境动植物检疫法实施条例》的规定处3000元以上3万元以下罚款：

（一）未经海关许可擅自将进境、过境水生动物卸离运输工具或者运递的；

（二）擅自调离或者处理在海关指定的隔离场所中隔离检疫的进境水生动物的；

（三）擅自开拆过境水生动物的包装，或者擅自开拆、损毁检验检疫封识或者标志的；

（四）擅自抛弃过境水生动物的尸体、铺垫材料或者其他废弃物，或者未按规定处理包装用水的。

第五十条 有下列情形之一的，依法追究刑事责任；尚不构成犯罪或者犯罪情节显著轻微依法不需要判处刑罚的，由海关按照《中华人民共和国进出境动植物检疫法实施条例》的规定处2万元以上5万元以下的罚款：

（一）引起重大动物疫情的；

（二）伪造、变造检疫单证、印章、标志、封识的。

第五十一条 有下列情形之一的，由海关按照《国务院关于加强食品等产品安全监督管理的特别规定》予以处罚：

（一）明知有安全隐患，隐瞒不报，拒不履行事故报告义务继续进口的；

（二）拒不履行产品召回义务的。

第五十二条 有下列情形之一的，由海关处3万元以下罚款：

（一）使用伪造、变造的检疫单证、印章、标志、封识的；

（二）使用伪造、变造的输出国家或者地区官方主管部门检疫证明文件的；

（三）使用伪造、变造的其他相关证明文件的；

（四）未建立经营档案或者未按照规定记录、保存经营档案的；

（五）擅自调离或者处理在海关指定场所中扣留的进境食用水生动物的；

（六）拒不接受海关监督管理的。

第五十三条 进境水生动物收货人或者其代理人、海关及其工作人员有其他违法行为的，按照相关法律法规的规定处理。

第八章 附 则

第五十四条 本办法中下列用语的含义是：

水生动物：指人工养殖或者天然水域捕捞的活的鱼类、软体类、甲壳类、水母类、棘皮类、头索类、两栖类动物，包括其繁殖用的精液、受精卵。

养殖场：指水生动物的孵化、育苗、养殖场所。

包装场：指水生动物出境前短期集中、存放、分类、加工整理、包装的场所。

输出国家或者地区：指对进境水生动物出具官方检验检疫证书的官方主管部门所属的国家或者地区。

中转：指因运输原因，水生动物自输出国家或者地区出境后须途经第三方国家或者地区，在第三方国家或者地区期间货物离开海关监管区等特殊监管区域并变换运输工具后运输到中国内地的运输方式。

包装用水：指与水生动物直接接触的水，不包括密封的、用于调节温度的冰块或者水袋。

扣留检测：指进境食用水生动物因存在安全卫生隐患，进境口岸查验合格后调运至海关指定暂存场所，待抽样检测合格后允许放行的检验检疫措施。

第五十五条 进境龟、鳖、蛇、鳄鱼等爬行类动物的检验检疫和监督管理参照本办法执行。

第五十六条 边境贸易进境水生动物检验检疫和监督管理参照本办法执行。

第五十七条 本办法由海关总署负责解释。

第五十八条 本办法自 2016 年 9 月 1 日起施行。国家质检总局 2003 年 11 月 1 日实施的《进境水生动物检验检疫管理办法》（国家质检总局令第 44 号）同时废止。

进出境非食用动物产品检验检疫监督管理办法

（2014年11月13日国家质量监督检验检疫总局令第159号公布，根据2016年10月18日国家质量监督检验检疫总局令第184号《国家质量监督检验检疫总局关于修改和废止部分规章的决定》第一次修正，根据2018年4月28日海关总署令第238号《海关总署关于修改部分规章的决定》第二次修正，根据2018年5月29日海关总署令第240号《海关总署关于修改部分规章的决定》第三次修正）

第一章　总　则

第一条　为了规范进出境非食用动物产品的检验检疫和监督管理工作，防止动物传染病、寄生虫病及其他有害生物传入传出国境，保护农、林、牧、渔业生产和人体健康，根据《中华人民共和国进出境动植物检疫法》及其实施条例、《中华人民共和国进出口商品检验法》及其实施条例等法律法规规定，制定本办法。

第二条　本办法适用于进境、出境及过境非食用动物产品的检验检疫监督管理。

动物源性饲料和饲料添加剂、动物遗传物质、动物源性生物材料及制品不适用本办法。

第三条　海关总署主管全国进出境非食用动物产品的检验检疫和监督管理工作。

主管海关负责所辖地区进出境非食用动物产品的检验检疫和监督管理工作。

第四条　进出境非食用动物产品生产、加工、存放和贸易企业应当依照法律法规和有关标准从事生产经营活动，对社会和公众负责，保证进出境非食用动物产品的质量安全，接受社会监督，承担社会责任。

第二章　风险管理

第五条　海关总署对进出境非食用动物产品实施风险管理，在风险分析的基础上，实施产品风险分级、企业分类、检疫准入、风险警示及其他风险管理措施。

第六条　海关总署根据进出境非食用动物产品动物卫生和公共卫生风险，确定产品风险级别。产品风险级别及检疫监督模式在海关总署网站公布。

第七条　海关根据企业诚信程度、质量安全控制能力等，对进出境非食用动物产品生产、加工、存放企业实施分类管理，采取相应检验检疫监管措施。

第八条　海关总署根据进出境非食用动物产品质量安全形势、检验检疫中发现的问题、国内外相关组织机构的通报以及国内外发生的动物卫生和公共卫生问题，在风险分析的基础上发布风险警示信息并决定采取启动应急处置预案、限制进出境和暂停进出境等风险管理措施。

第三章　进境检验检疫

第一节　检疫准入

第九条　海关总署对进境非食用动物产品实施检疫准入制度，包括产品风险分析、监管体系评估与审查、确定检验检疫要求、境外生产企业注册登记等。

第十条　海关总署对首次向中国输出非食用动物产品的国家或者地区进行产品风险分析、监管体系评估，对曾经或者正在向中国输出非食用动物产品的国家或者地区的监管体系进行回顾性审查。

根据风险分析、评估审查结果，海关总署与输出国家或者地区主管部门协商确定向中国输出非食用动物产品的检验检疫要求，并商签有关双边协定或者确定检验检疫证书。

海关总署负责制定、调整并在海关总署网站公布允许进境非食用动物产品的国家或者地区名单以及产品种类。

第十一条　海关总署对向中国输出非食用动物产品的境外生产、加工、存放企业（以下简称境外生产加工企业）实施注册登记制度。

需要实施境外生产加工企业注册登记的非食用动物产品名录由海关总署制定、调整并公布。

第二节　境外生产加工企业注册登记

第十二条　向中国输出非食用动物产品的境外生产加工企业应当符合输出国家或者地区法律法规和标准的相关要求，并达到中国有关法律法规和强制性标准的要求。

第十三条　实施注册登记管理的非食用动物产品境外生产加工企业，经输出国家或者地区主管部门审查合格后向海关总署推荐。

海关总署收到推荐材料并经书面审查合格后，必要时经与输出国家或者地区主管部门协商，派出专家到输出国家或者地区对其监管体系进行评估或者回顾性审查，对申请注册登记的境外生产加工企业进行检查。

符合要求的国家或者地区的境外生产加工企业，经检查合格的予以注册登记。

第十四条　境外生产加工企业注册登记有效期为 5 年。

需要延期的境外生产加工企业，由输出国家或者地区主管部门在有效期届满 6 个月前向海关总署提出延期申请。海关总署可以派出专家到输出国家或者地区对其监管体系进行回顾性审查，并对申请延期的境外生产加工企业进行抽查。

对回顾性审查符合要求的国家或者地区，抽查符合要求的及未被抽查的其他申请延期的境外生产加工企业，注册登记有效期延长 5 年。

第十五条　注册登记的境外生产加工企业不再向中国输出非食用动物产品的，输出国家或者地区主管部门应当通报海关总署，海关总署注销其注册登记。

第十六条　注册登记的境外生产加工企业向中国输出的非食用动物产品经检验检疫不合格，情节严重的，海关总署可以撤销其注册登记。

第三节　检验检疫

第十七条　进境非食用动物产品应当符合下列要求：

（一）双边协议、议定书、备忘录以及其他双边协定确定的相关要求；

（二）双方确认的检验检疫证书规定的相关要求；

（三）中国法律法规规定和强制性标准要求；

（四）进境动植物检疫许可证（以下简称检疫许可证）列明的要求；

（五）海关总署规定的其他检验检疫要求。

第十八条 进境非食用动物产品需要办理检疫许可证的，货主或者其代理人应当按照相关规定办理。

产品风险级别较高的非食用动物产品，因口岸条件限制等原因，进境后应当运往指定的存放、加工场所（以下简称指定企业）检疫的，办理检疫许可证时，货主或者其代理人应当明确指定企业并提供相应证明文件。

第十九条 货主或者其代理人应当在非食用动物产品进境前或者进境时向进境口岸海关报检，报检时应当提供原产地证书、贸易合同、发票、提单、输出国家或者地区主管部门出具的检验检疫证书等单证，须办理检疫审批的应当取得检疫许可证。

第二十条 进境口岸海关对货主或者其代理人报检时所提供的单证进行审核，并对检疫许可证的批准数（重）量进行核销。

对有证书要求的产品，如无有效检疫许可证或者输出国家或者地区主管部门出具的有效检验检疫证书的，作退回或者销毁处理。

第二十一条 进境非食用动物产品，由进境口岸海关实施检验检疫。

因口岸条件限制等原因，进境后应当运往指定企业检疫的非食用动物产品，由进境口岸海关实施现场查验和相应防疫消毒处理后，通知指定企业所在地海关。货主或者其代理人将非食用动物产品运往检疫许可证列明的指定企业后，应当向指定企业所在地海关申报，由指定企业所在地海关实施检验检疫，并对存放、加工过程实施检疫监督。

第二十二条 海关按照以下要求对进境非食用动物产品实施现场查验：

（一）查询启运时间、港口、途经国家或者地区、装载清单等，核对单证是否真实有效，单证与货物的名称、数（重）量、输出国家或者地区、包装、唛头、标记等是否相符；

（二）包装、容器是否完好，是否带有动植物性包装、铺垫材料并符合我国相关规定；

（三）有无腐败变质现象，有无携带有害生物、动物排泄物或者其他动物组织等；

（四）有无携带动物尸体、土壤及其他禁止进境物。

第二十三条 现场查验时，海关应当对运输工具有关部位、装载非食用动物产品的容器、包装外表、铺垫材料、污染场地等进行防疫消毒处理。

第二十四条 现场查验有下列情形之一的，海关签发《检验检疫处理通知书》，并作相应检疫处理：

（一）属于法律法规禁止进境的、带有禁止进境物的、货证不符的、发现严重腐败变质的作退回或者销毁处理。

（二）对散包、容器破裂的，由货主或者其代理人负责整理完好，方可卸离运输工具。海关对受污染的场地、物品、器具进行消毒处理。

（三）带有检疫性有害生物、动物排泄物或者其他动物组织等的，按照有关规定进行检疫处理。不能有效处理的，作退回或者销毁处理。

（四）对疑似受病原体和其他有毒有害物质污染的，封存有关货物并采样进行实验室检测，对有关污染现场进行消毒处理。

第二十五条 转关的非食用动物产品，应当在进境前或者进境时由货主或者其代理人向进境口岸海关申报，根据产品的不同要求提供输出国家或者地区主管部门出具的检验检疫证书等单证。

进境口岸海关对提供的单证进行书面审核。审核不合格的，作退回或者销毁处理。审核合格的，依据有关规定对装载非食用动物产品的集装箱体表、运输工具实施防疫消毒处理。货物到达结关地后，货主或者其代理人应当向结关地海关报检。结关地海关对货物实施检验检疫和检疫监督。

第二十六条 海关按照对非食用动物产品的检验检疫要求抽取样品，出具《抽/采样凭证》，送实验室进行有关项目的检测。

第二十七条 进境非食用动物产品经检验检疫合格，海关签发《进境货物检验检疫证明》后，方可销售、使用或者在指定企业加工。

经检验检疫不合格的，海关签发《检验检疫处理通知书》，由货主或者其代理人在海关的监督下，作除害、退回或者销毁处理，经除害处理合格的准予进境。需要对外索赔的，由海关出具相关证书。

进境非食用动物产品检验检疫不合格信息应当上报海关总署。

第二十八条 未经海关同意，不得将进境非食用动物产品卸离运输工具或者运递。

第二十九条 进境非食用动物产品在从进境运输工具上卸离及运递过程中，货主或者其代理人应当采取措施，防止货物的容器、包装破损而造成渗漏、散落。

第三十条 运往指定企业检疫的非食用动物产品，应当在检疫许可证列明的指定企业存放、加工。因特殊原因，需要变更指定企业的，货主或者其代理人应当办理检疫许可证变更，并向变更后的指定企业所在地海关申报，接受检验检疫和检疫监督。

第三十一条 经香港或者澳门转运的目的地为内地的进境非食用动物产品，在香港或者澳门卸离原运输工具并经港澳陆路、水路运输到内地的，发货人应当向海关总署指定的检验机构申请中转检验。未经检验或者检验不合格的，不得转运内地。

指定的检验机构应当按照海关总署的要求开展中转检验，合格后加施封识并出具中转检验证书，进境口岸海关受理报检时应当同时核查中转检验证书和其他有关检验检疫单证。

第四节 监督管理

第三十二条 海关对进境非食用动物产品存放、加工过程，实施检疫监督制度。

第三十三条 拟从事产品风险级别较高的进境非食用动物产品存放、加工业务的企业可以向所在地直属海关提出指定申请。

直属海关按照海关总署制定的有关要求，对申请企业的申请材料、工艺流程、兽医卫生防疫制度等进行检查评审，核定存放、加工非食用动物产品种类、能力。

第三十四条 指定企业应当符合动物检疫和兽医防疫的规定，遵守下列要求：

（一）按照规定的兽医卫生防疫制度开展防疫工作；

（二）按照规定的工艺加工、使用进境非食用动物产品；

（三）按照规定的方法对废弃物进行处理；

（四）建立并维护企业档案，包括出入库、生产加工、防疫消毒、废弃物处理等记录，档案至少保留 2 年；

（五）如实填写《进境非食用动物产品生产、加工、存放指定企业监管手册》；

（六）涉及安全卫生的其他规定。

第三十五条 海关按照本办法第三十四条的规定对指定企业实施日常监督管理。

指定企业应当按照要求向所在地直属海关提交年度报告，确保其符合海关总署制定的有关要求。

第三十六条 海关应当建立指定企业、收货人及其代理人诚信档案，建立良好记录企业名单和不良记录企业名单。

第三十七条 指定企业、收货人及其代理人发现重大动物疫情或者公共卫生问题时，应当立即向所在地海关报告，海关应当按照有关规定处理并上报。

第三十八条 指定企业名称、地址、法定代表人、进境非食用动物产品种类、存放、生产加工能力、加工工艺以及其他兽医卫生、防疫条件发生变化的，应当及时向所在地直属海关报告并办理变更手续。

第三十九条 海关发现指定企业出现以下情况的，取消指定：

（一）企业依法终止的；

（二）不符合本办法第三十四条规定，拒绝整改或者未整改合格的；

（三）未提交年度报告的；

（四）连续两年未从事进境非食用动物产品存放、加工业务的；

（五）未按照本办法第三十八条规定办理变更手续的；

（六）法律法规规定的应当取消指定的其他情形。

第四十条 直属海关应当在完成存放、加工企业指定、变更后30日内，将相关信息上报海关总署备案。

第四章 出境检验检疫

第一节 出境生产加工企业注册登记

第四十一条 输入国家或者地区要求中国对向其输出非食用动物产品生产、加工、存放企业（以下简称出境生产加工企业）注册登记的，海关总署对出境生产加工企业实行注册登记。

第四十二条 申请注册登记的出境生产加工企业应当符合进境国家或者地区的法律法规有关规定，并遵守下列要求：

（一）建立并维持进境国家或者地区有关法律法规规定的注册登记要求；

（二）按照建立的兽医卫生防疫制度组织生产；

（三）按照建立的合格原料供应商评价制度组织生产；

（四）建立并维护企业档案，确保原料、产品可追溯；

（五）如实填写《出境非食用动物产品生产、加工、存放注册登记企业监管手册》；

（六）符合中国其他法律法规规定的要求。

第四十三条 出境生产加工企业应当向所在地直属海关申请注册登记。申请注册登记时，应当提交下列材料：

（一）《出境非食用动物产品生产、加工、存放企业检验检疫注册登记申请表》；

（二）厂区平面图，并提供重点区域的照片或者视频资料；

（三）工艺流程图，包括生产、加工的温度、使用化学试剂的种类、浓度和pH值、处理的时间和使用的有关设备等情况。

第四十四条 直属海关对申请人提出的申请，应当根据下列情况分别作出处理：

（一）申请事项依法不需要取得行政许可的，应当即时告知申请人；

（二）申请事项依法不属于本行政机关职权范围的，应当即时作出不予受理的决定，并告知申请人向有关行政机关申请；

（三）申请材料存在可以当场更正的错误的，应当允许申请人当场更正；

（四）申请材料不齐全或者不符合法定形式的，应当当场或者在5个工作日内一次告知申请人需要补正的全部内容，逾期不告知的，自收到申请材料之日起即为受理；

（五）申请材料齐全、符合法定形式或者申请人按照要求提交全部补正申请材料的，应当受理申请。

直属海关受理或者不予受理申请，应当出具加盖本行政机关专用印章和注明日期的书面凭证。

第四十五条 直属海关应当在受理申请后组成评审组，对申请注册登记的出境生产加工企业进行现场评审。评审组应当在现场评审结束后及时向直属海关提交评审报告。

第四十六条 直属海关应当自受理申请之日起20日内对申请人的申请事项作出是否准予注册登记的决定；准予注册登记的，颁发《出境非食用动物产品生产、加工、存放企业检验检疫注册登记证》（以下简称《注册登记证》）。

直属海关自受理申请之日起20日内不能作出决定的，经直属海关负责人批准，可以延长10日，并应当将延长期限的理由告知申请人。

第四十七条 直属海关应当将准予注册登记企业名单上报海关总署。海关总署组织进行抽查评估，统一向进境国家或者地区主管部门推荐并办理有关手续。

第四十八条 《注册登记证》自颁发之日起生效，有效期5年。

第四十九条 注册登记的出境生产加工企业变更企业名称、法定代表人、产品种类、存放、生产加工能力等的，应当在变更后30日内向准予注册登记的直属海关提出书面申请，填写《出境非食用动物产品生产、加工、存放企业检验检疫注册登记申请表》，并提交与变更内容相关的资料。

变更企业名称、法定代表人的，由直属海关审核有关资料后，直接办理变更手续。

变更产品种类或者生产能力的，由直属海关审核有关资料并组织现场评审，评审合格后，办理变更手续。

企业迁址的，应当重新向直属海关申请办理注册登记手续。

第五十条 获得注册登记的出境生产加工企业需要延续注册登记有效期的，应当在有效期届满3个月前按照本办法规定提出申请。

第五十一条 海关对注册登记的出境生产加工企业实施年审，年审合格的在《注册登记证》（副本）上加注年审合格记录。

第五十二条 注册登记的出境生产加工企业发生下列情况之一，准予注册登记所依据的客观情况发生重大变化，达不到注册登记条件要求的，由直属海关撤回其注册登记：

（一）注册登记内容发生变更，未办理变更手续的；

（二）年审不合格的；

（三）所依据的客观情况发生其他重大变化的。

第五十三条 有下列情形之一的，直属海关根据利害关系人的请求或者依据职权，可以撤销其注册登记：

（一）直属海关工作人员滥用职权、玩忽职守作出准予注册登记的；

（二）超越法定职权作出准予注册登记的；

（三）违反法定程序作出准予注册登记的；

（四）对不具备申请资格或者不符合法定条件的出境生产加工企业准予注册登记的；

（五）依法可以撤销注册登记的其他情形。

出境生产加工企业以欺骗、贿赂等不正当手段取得注册登记的，应当予以撤销。

第五十四条 出境生产加工企业有下列情形之一的，直属海关应当依法办理注册登记的注销手续：

（一）注册登记有效期届满未申请延续的；

（二）出境生产加工企业依法终止的；

（三）出境生产加工企业因停产、转产、倒闭等原因不再从事出境非食用动物产品生产、加工或者存放业务的；

（四）注册登记依法被撤销、撤回或者吊销的；

（五）因不可抗力导致注册登记事项无法实施的；

（六）法律、法规规定的应当注销注册登记的其他情形。

第二节　检验检疫

第五十五条　海关按照下列要求对出境非食用动物产品实施检验检疫：

（一）双边协议、议定书、备忘录和其他双边协定；

（二）输入国家或者地区检验检疫要求；

（三）中国法律法规、强制性标准和海关总署规定的检验检疫要求；

（四）贸易合同或者信用证注明的检疫要求。

第五十六条　非食用动物产品出境前，货主或者其代理人应当向产地海关报检，并提供贸易合同、自检自控合格证明等相关单证。海关对所提供的单证进行审核，符合要求的受理报检。

第五十七条　受理报检后，海关按照下列规定实施现场检验检疫：

（一）核对货证：核对单证与货物的名称、数（重）量、生产日期、批号、包装、唛头、出境生产企业名称或者注册登记号等是否相符；

（二）抽样：根据相应标准、输入国家或者地区的要求进行抽样，出具《抽/采样凭证》；

（三）感官检查：包装、容器是否完好，外观、色泽、组织状态、黏度、气味、异物、异色及其他相关项目。

第五十八条　海关对需要进行实验室检验检疫的产品，按照相关规定，抽样送实验室检测。

第五十九条　经检验检疫合格的，海关出具检验检疫证书。检验检疫不合格的，经有效方法处理并重新检验检疫合格的，可以按照规定出具相关单证，准予出境；无有效方法处理或者虽经处理重新检验检疫仍不合格的，不予出境，并出具《出境货物不合格通知单》。

第六十条　出境口岸海关按照相关规定查验，重点核查货证是否相符。查验不合格的，不予放行。

第六十一条　产地海关与出境口岸海关应当及时交流信息。

在检验检疫过程中发现重大安全卫生问题，应当采取相应措施，并及时上报海关总署。

第三节　监督管理

第六十二条　取得注册登记的出境生产加工企业应当遵守下列规定：

（一）有效运行自检自控体系；

（二）按照输入国家或者地区的标准或者合同要求生产出境产品；

（三）按照海关认可的兽医卫生防疫制度开展卫生防疫工作；

（四）企业档案维护，包括出入库、生产加工、防疫消毒、废弃物检疫处理等记录，记录档案至少保留2年；

（五）如实填写《出境非食用动物产品生产、加工、存放注册登记企业监管手册》。

第六十三条　海关对辖区内注册登记的出境生产加工企业实施日常监督管理，内容包括：

（一）兽医卫生防疫制度的执行情况；

（二）自检自控体系运行，包括原辅料、成品自检自控情况、生产加工过程控制、原料及成品出入库及生产、加工的记录等；

（三）涉及安全卫生的其他有关内容；

（四）《出境非食用动物产品生产、加工、存放注册登记企业监管手册》填写情况。

第六十四条 海关应当建立注册登记的出境生产加工企业诚信档案，建立良好记录企业名单和不良记录企业名单。

第六十五条 出境非食用动物产品被检出疫病、有毒有害物质超标或者其他安全卫生问题的，海关核实有关情况后，实施加严检验检疫监管措施。

第六十六条 注册登记的出境生产加工企业发现相关产品可能受到污染并影响非食用动物产品安全，或者其出境产品在国外涉嫌引发非食用动物产品安全事件时，应当在24小时内报告所在地海关，同时采取控制措施，防止不合格产品继续出厂。所在地海关接到报告后，应当于24小时内逐级上报至海关总署。

第五章 过境检验检疫

第六十七条 运输非食用动物产品过境的，承运人或者押运人应当持货运单和输出国家或者地区主管部门出具的证书，并书面提交过境运输路线，向进境口岸海关报检。

第六十八条 装载过境非食用动物产品的运输工具和包装物、装载容器应当完好。经进境口岸海关检查，发现过境非食用动物产品存在途中散漏隐患的，承运人或者押运人应当按照口岸海关的要求，采取密封措施；无法采取密封措施的，不准过境。

第六十九条 过境非食用动物产品的输出国家或者地区未被列入本办法第十条规定的名单的，应当获得海关总署的批准方可过境。

第七十条 过境的非食用动物产品，由进境口岸海关查验单证，加施封识后放行，同时通知出境口岸海关。到达出境口岸后，由出境口岸海关确认原货柜、原包装、原封识完好后，允许出境。

第六章 法律责任

第七十一条 违反本办法规定，擅自销售、使用未报检或者未经检验的属于法定检验的进境非食用动物产品的，由海关按照《中华人民共和国进出口商品检验法实施条例》第四十三条的规定没收违法所得，并处非食用动物产品货值金额5%以上20%以下罚款；构成犯罪的，依法追究刑事责任。

第七十二条 违反本办法规定，擅自出口未报检或者未经检验的属于法定检验的出境非食用动物产品的，由海关按照《中华人民共和国进出口商品检验法实施条例》第四十四条的规定没收违法所得，并处非食用动物产品货值金额5%以上20%以下罚款；构成犯罪的，依法追究刑事责任。

第七十三条 销售、使用经法定检验、抽查检验不合格的进境非食用动物产品，或者出口经法定检验、抽查检验不合格的非食用动物产品的，由海关按照《中华人民共和国进出口商品检验法实施条例》第四十五条的规定责令停止销售、使用或者出口，没收违法所得和违法销售、使用或者出口的非食用动物产品，并处没收销售、使用或者出口的非食用动物产品货值金额等值以上3倍以下罚款；构成犯罪的，依法追究刑事责任。

第七十四条 进出境非食用动物产品的收货人、发货人、代理报检企业或者报检人员不如实提供属于法定检验的进出境非食用动物产品的真实情况，取得海关的有关证单，或者对法定检验的进出境非食用动物产品不予报检，逃避进出口商品检验的，由海关按照《中华人民共和国进出口商品检验法实施条例》第四十六条第一款的规定没收违法所得，并处非食用动物产品货值金额5%以上20%以下罚款。

进出境非食用动物产品的收货人或者发货人委托代理报检企业办理报检手续，未按照规定向代理报检企业提供所委托报检事项的真实情况，取得海关的有关证单的，对委托人依照前款规定予以处罚。

第七十五条 伪造、变造、买卖或者盗窃检验证单、印章、标志、封识或者使用伪造、变造的检验证单、印章、标志、封识，构成犯罪的，依法追究刑事责任；尚不够刑事处罚的，由海关按照《中华人民共和国进出口商品检验法实施条例》第四十七条的规定责令改正，没收违法所得，并处非食用动物产品货值金额等值以下罚款。

第七十六条 擅自调换海关抽取的样品或者海关检验合格的进出境非食用动物产品的，由海关按照《中华人民共和国进出口商品检验法实施条例》第四十八条的规定责令改正，给予警告；情节严重的，并处非食用动物产品货值金额10%以上50%以下罚款。

第七十七条 有下列违法行为之一的，由海关按照《中华人民共和国进出境动植物检疫法实施条例》第五十九条的规定处5000元以下的罚款：

（一）未报检或者未依法办理检疫审批手续或者未按检疫审批的规定执行的；

（二）报检的非食用动物产品与实际不符的。

有前款第（二）项所列行为，已取得检疫单证的，予以吊销。

第七十八条 有下列情形之一的，由海关按照《中华人民共和国进出境动植物检疫法实施条例》第六十条的规定处3000元以上3万元以下罚款：

（一）未经海关批准，擅自将进境、出境、过境非食用动物产品卸离运输工具或者运递的；

（二）擅自开拆过境非食用动物产品的包装，或者擅自开拆、损毁动植物检疫封识或者标志的。

第七十九条 有下列情形之一的，依法追究刑事责任；尚不构成犯罪或者犯罪情节显著轻微依法不需要判处刑罚的，由海关按照《中华人民共和国进出境动植物检疫法实施条例》第六十二条的规定处2万元以上5万元以下的罚款：

（一）引起重大动植物疫情的；

（二）伪造、变造动植物检疫单证、印章、标志、封识的。

第八十条 有下列情形之一，有违法所得的，由海关处以违法所得3倍以下罚款，最高不超过3万元；没有违法所得的，处以1万元以下罚款：

（一）未经注册登记或者指定擅自生产、加工、存放需要实施企业注册登记或者指定管理的非食用动物产品的；

（二）擅自销售、使用或者出口应当经抽查检验而未经抽查检验的进出境非食用动物产品的；

（三）买卖或者使用伪造、变造的动植物检疫单证、印章、标志、封识的；

（四）买卖或者使用伪造、变造的输出国家或者地区主管部门检验检疫证明文件的；

（五）买卖或者使用伪造、变造的其他相关证明文件的；

（六）拒不接受海关监督管理的；

（七）未按照有关规定向指定企业所在地海关申报的；

（八）实施企业注册登记或者指定管理的进境非食用动物产品，未经批准，货主或者其代理人擅自变更生产、加工、存放企业的；

（九）擅自处置未经检疫处理的进境非食用动物产品使用、加工过程中产生的废弃物的。

第八十一条 申请注册登记的生产、加工、存放企业隐瞒有关情况或者提供虚假材料申请注册登记的，海关不予受理申请或者不予注册登记，并可以给予警告。

经注册登记的生产、加工、存放企业以欺骗、贿赂等不正当手段取得注册登记的，有违法所得的，由海关处以违法所得3倍以下罚款，最高不超过3万元；没有违法所得的，处以1万元以下罚款。

第八十二条 海关工作人员滥用职权，故意刁难当事人的，徇私舞弊，伪造检验检疫结果的，或者玩忽职守，延误检验检疫出证的，依法给予行政处分；构成犯罪的，依法追究刑事责任。

第七章 附 则

第八十三条 本办法中非食用动物产品是指非直接供人类或者动物食用的动物副产品及其衍生物、加工品，如非直接供人类或者动物食用的动物皮张、毛类、纤维、骨、蹄、角、油脂、明胶、标本、工艺品、内脏、动物源性肥料、蚕产品、蜂产品、水产品、奶产品等。

第八十四条 进出境非食用动物产品应当实施卫生检疫的，按照国境卫生检疫法律法规的规定执行。

第八十五条 本办法由海关总署负责解释。

第八十六条 本办法自2015年2月1日起施行。自施行之日起，进出境非食用动物产品检验检疫管理规定与本办法不一致的，以本办法为准。

进出境集装箱检验检疫管理办法

（2000 年 1 月 11 日国家出入境检验检疫局令〔2000〕第 17 号公布，根据 2018 年 4 月 28 日海关总署令第 238 号《海关总署关于修改部分规章的决定》第一次修正）

第一章　总　则

第一条　为加强进出境集装箱检验检疫管理工作，根据《中华人民共和国进出口商品检验法》《中华人民共和国进出境动植物检疫法》《中华人民共和国国境卫生检疫法》《中华人民共和国食品安全法》及有关法律法规的规定，制定本办法。

第二条　本办法所称进出境集装箱是指国际标准化组织所规定的集装箱，包括出境、进境和过境的实箱及空箱。

第三条　海关总署主管全国进出境集装箱的检验检疫管理工作。主管海关负责所辖地区进出境集装箱的检验检疫和监督管理工作。

第四条　集装箱进出境前、进出境时或过境时，承运人、货主或其代理人（以下简称报检人），必须向海关报检。海关按照有关规定对报检集装箱实施检验检疫。

第五条　过境应检集装箱，由进境口岸海关实施查验，离境口岸海关不再检验检疫。

第二章　进境集装箱的检验检疫

第六条　进境集装箱应按有关规定实施下列检验检疫：

（一）所有进境集装箱应实施卫生检疫；

（二）来自动植物疫区的，装载动植物、动植物产品和其他检验检疫物的，以及箱内带有植物性包装物或辅垫材料的集装箱，应实施动植物检疫；

（三）法律、行政法规、国际条约规定或者贸易合同约定的其他应当实施检验检疫的集装箱，按有关规定、约定实施检验检疫。

第七条　进境集装箱报检人应当向进境口岸海关报检，未经海关许可，不得提运或拆箱。

第八条　进境集装箱报检时，应提供集装箱数量、规格、号码、到达或离开口岸的时间、装箱地点和目的地、货物的种类、数量和包装材料等单证或情况。

第九条　海关受理进境集装箱报检后，对报检人提供的相关材料进行审核，并将审核结果通知报检人。

第十条　在进境口岸结关的以及国家有关法律法规规定必须在进境口岸查验的集装箱，在进境口岸实施检验检疫或作卫生除害处理。

指运地结关的集装箱，进境口岸海关受理报检后，检查集装箱外表（必要时进行卫生除害处理），办理调离和签封手续，并通知指运地海关，到指运地进行检验检疫。

第十一条　装运经国家批准进口的废物原料的集装箱，应当由进境口岸海关实施检验检疫。经检验检疫符合国家环保标准的，签发检验检疫情况通知单；不符合国家环保标准的，出具检验检疫证书，并移交环保部门处理。

第十二条 进境集装箱及其装载的应检货物经检验检疫合格的，准予放行；经检验检疫不合格的，按有关规定处理。

第十三条 过境集装箱经查验发现有可能中途撒漏造成污染的，报检人应按进境口岸海关的要求，采取密封措施；无法采取密封措施的，不准过境。发现被污染或危险性病虫害的，应作卫生除害处理或不准过境。

第三章　出境集装箱的检验检疫

第十四条 出境集装箱应按有关规定实施下列检验检疫：

（一）所有出境集装箱应实施卫生检疫；

（二）装载动植物、动植物产品和其他检验检疫物的集装箱应实施动植物检疫；

（三）装运出口易腐烂变质食品、冷冻品的集装箱应实施适载检验；

（四）输入国要求实施检验检疫的集装箱，按要求实施检验检疫；

（五）法律、行政法规、国际条约规定或贸易合同约定的其他应当实施检验检疫的集装箱按有关规定、约定实施检验检疫。

第十五条 出境集装箱应在装货前向所在地海关报检，未经海关许可，不准装运。

第十六条 装载出境货物的集装箱，出境口岸海关凭启运地海关出具的检验检疫证单验证放行。法律、法规另有规定的除外。

第十七条 在出境口岸装载拼装货物的集装箱，由出境口岸海关实施检验检疫。

第四章　进出境集装箱的卫生除害处理

第十八条 进出境集装箱有下列情况之一的，应当作卫生除害处理：

（一）来自检疫传染病或监测传染病疫区的；

（二）被传染病污染的或可能传播检疫传染病的；

（三）携带有与人类健康有关的病媒昆虫或啮齿动物的；

（四）检疫发现有国家公布的一、二类动物传染病、寄生虫病名录及植物危险性病、虫、杂草名录中所列病虫害和对农、林、牧、渔业有严重危险的其他病虫害的；发现超过规定标准的一般性病虫害的；

（五）装载废旧物品或腐败变质有碍公共卫生物品的；

（六）装载尸体、棺柩、骨灰等特殊物品的；

（七）输入国家或地区要求作卫生除害处理的；

（八）国家法律、行政法规或国际条约规定必须作卫生除害处理的。

第十九条 对集装箱及其所载货物实施卫生除害处理时应当避免造成不必要的损害。

第二十条 用于集装箱卫生除害处理的方法、药物须经海关总署认可。

第五章　监督管理

第二十一条 从事进出境集装箱清洗、卫生除害处理的单位须经海关考核认可，接受海关的指导和监督。

第二十二条 海关对装载法检商品的进出境集装箱实施监督管理。监督管理的具体内容包括查验集装箱封识、标志是否完好，箱体是否有损伤、变形、破口等。

第六章 附 则

第二十三条 进出境集装箱装载的应检货物按有关规定实施检验检疫。

第二十四条 海关在对进出境集装箱实施检验检疫工作时，有关单位和个人应当提供必要的工作条件及辅助人力、用具等。

第二十五条 违反本办法规定的，依照国家有关法律法规予以处罚。

第二十六条 本办法由海关总署负责解释。

第二十七条 本办法自 2000 年 2 月 1 日起施行。原国家商检局发布的《集装箱检验办法》、原国家动植物检疫局发布的《进出境集装箱动植物检疫管理的若干规定》、原国家卫生检疫局发布的《关于实施〈进境、出境集装箱卫生管理规定〉的要求》同时废止。

中华人民共和国海关实施人身扣留规定

（2006 年 1 月 13 日海关总署令第 144 号公布，自 2006 年 3 月 1 日起施行）

第一章　总　则

第一条　为了规范海关实施人身扣留措施，保证海关依法履行职责，保护公民的合法权益，根据《中华人民共和国海关法》（以下简称海关法）、《中华人民共和国海关行政处罚实施条例》（以下简称实施条例）及其他有关法律、行政法规的规定，制定本规定。

第二条　本规定所称人身扣留（以下简称扣留），是指海关根据海关法第六条第（四）项的规定，对违反海关法以及其他有关法律、行政法规的走私犯罪嫌疑人，依法采取的限制人身自由的行政强制措施。

第三条　海关依法对走私犯罪嫌疑人实施扣留，适用本规定。

第四条　海关实施扣留，应当遵循依法、公正、文明、及时和确保安全的原则，做到适用对象准确、程序合法、处置适当。

第五条　海关实施扣留应当由持有海关查缉证的海关工作人员（以下简称海关工作人员）执行。

第二章　适用对象和时限

第六条　海关工作人员在海关监管区和海关附近沿海沿边规定地区，发现有下列行为涉嫌走私犯罪的，经当场查问、检查，可以对走私犯罪嫌疑人实施扣留：

（一）有实施条例第七条第（一）项至第（五）项所列行为，且数额较大，情节严重的；

（二）直接向走私人非法收购国家禁止进口物品的，或者直接向走私人非法收购走私进口的其他货物、物品，数额较大的；

（三）在内海、领海、界河、界湖运输、收购、贩卖国家禁止进出口物品的，或者运输、收购、贩卖国家限制进出口货物、物品，数额较大，没有合法证明的；

（四）与走私犯罪嫌疑人通谋，为其提供贷款、资金、账号、发票、证明，或者为其提供运输、保管、邮寄或者其他方便的；

（五）有逃避海关监管，涉嫌走私犯罪的其他行为的。

第七条　对有下列情形之一的人员，不适用扣留：

（一）经过当场查问、检查，已经排除走私犯罪嫌疑的；

（二）所涉案件已经作为刑事案件立案的；

（三）有证据证明患有精神病、急性传染病或者其他严重疾病的；

（四）其他不符合本规定第六条　条件的。

第八条　对符合本规定第六条所列条件，同时具有下列情形之一的人员，可以实施扣留，但在实施扣留时应当自被扣留人签字或者捺指印之时起 4 小时以内查问完毕，且不得送入扣留室：

（一）怀孕或者正在哺乳自己不满1周岁婴儿的妇女；

（二）已满70周岁的老年人。

第九条 对走私犯罪嫌疑人，扣留时间不超过24小时；对符合本规定第十条规定情形的，可以延长至48小时。

前款规定的时限应当自走私犯罪嫌疑人在《中华人民共和国海关扣留走私犯罪嫌疑人决定书》（见附件1，以下简称《扣留决定书》）上签字或者捺指印之时起，至被海关解除扣留之时止。海关工作人员将走私犯罪嫌疑人带至海关所用路途时间不计入扣留时间。

第十条 海关在实施扣留的24小时内发现具有下列情形之一的，可以对走私犯罪嫌疑人延长扣留时间：

（一）拒不配合海关调查，陈述的事实与海关掌握的走私违法犯罪事实明显不一致的；

（二）经调查发现走私行为具有连续性或者有团伙走私犯罪嫌疑的；

（三）经多名证人指证，仍拒不陈述走私犯罪行为的；

（四）有隐匿、转移、伪造、毁灭其走私犯罪证据或者串供可能的；

（五）未提供真实姓名、住址、单位，身份不明的。

第十一条 对已经排除走私犯罪嫌疑，或者扣留期限、延长扣留期限届满的，海关应当及时解除扣留。

对按照《中华人民共和国刑事诉讼法》（以下简称刑事诉讼法）的有关规定需要采取刑事强制措施的，应当及时解除扣留并按照刑事诉讼法的规定作出处理。

第十二条 海关应当严格按照本规定中的适用范围、期限和程序实施扣留，禁止下列行为：

（一）超出适用范围实施扣留；

（二）超过时限扣留；

（三）未经当场查问、检查实施扣留；

（四）以扣留代替行政处罚；

（五）将扣留作为执行行政处罚、追补征税款的执行手段；

（六）扣留享有外交特权和豁免权的人员。

第三章　审批和执行

第十三条 对符合本规定第六条所列情形，确有必要实施扣留的走私犯罪嫌疑人，经直属海关关长或者其授权的隶属海关关长批准，海关制发《扣留决定书》实施扣留。《扣留决定书》应当注明扣留起始时间，并由被扣留人签字或者捺指印。被扣留人拒不签字或者捺指印的，应当予以注明。

在紧急情况下需要当场对走私犯罪嫌疑人实施扣留的，应当经直属海关关长或者其授权的隶属海关关长口头批准，并在返回海关后4个小时内补办手续。扣留起始时间自走私犯罪嫌疑人被带至海关时起算。

第十四条 海关实施扣留时，应当由2名以上海关工作人员执行，出示查缉证并且告知被扣留人享有的救济权利。

第十五条 海关对走私犯罪嫌疑人采取扣留的，应当立即通知其家属或者其所在单位并做好记录。对被扣留人身份不明或者无法通知家属、单位的，应当经其确认后记录在案。

第十六条 有下列情形之一的，海关可以不通知被扣留人的家属或者其所在单位：

（一）同案的走私犯罪嫌疑人可能逃跑、串供或者隐匿、转移、伪造、毁灭其犯罪证据的；

（二）未提供真实姓名、住址、单位，身份不明的；

（三）其他有碍调查或者无法通知的。

上述情形消除后，海关应当立即通知被扣留人的家属或者其所在单位。

第十七条 对本规定第八条规定的人员在晚上9点至次日早上7点之间解除扣留的，海关应当通知其家属领回；或者由当事人提供其认为可以依赖的亲属、朋友或者同事等人将其领回；对身份不明、没有家属或者无人领回的，应当护送至其住地，并由见证人签字确认；在本地无住地的，可以交由当地社会救助机构帮助其返家，并由相关人员签字确认。

第十八条 被扣留人的家属为老年人、残疾人、精神病人、不满16周岁的未成年人或者其他没有独立生活能力的人，因海关实施扣留而使被扣留人的家属无人照顾的，海关应当通知其亲友予以照顾或者采取其他适当办法妥善安排，并且将安排情况及时告知被扣留人。

第十九条 对符合本规定第十条所列条件，确有必要将扣留时间从24小时延长至48小时的，在实施扣留的24小时届满之前，经直属海关关长或者其授权的隶属海关关长批准，海关制发《中华人民共和国海关延长扣留走私犯罪嫌疑人期限决定书》（见附件2，以下简称《延长扣留决定书》）。由被扣留人在《延长扣留决定书》上签名或者捺指印，被扣留人拒绝签名或者捺指印的，应当予以注明。

第二十条 对于被扣留人，海关应当在实施扣留后8小时内进行查问。

第二十一条 对被扣留人解除扣留的，海关制发《中华人民共和国海关解除扣留走私犯罪嫌疑人决定书》（见附件3，以下简称《解除扣留决定书》），并注明解除扣留时间，由被扣留人在《解除扣留决定书》上签名或者捺指印，被扣留人拒绝签名或者捺指印的，应当予以注明。

第四章 扣留室设置和管理

第二十二条 除本规定第八条所列的情形外，在扣留期间，海关应当将被扣留人送入扣留室。

第二十三条 扣留室的设置应当达到以下标准：

（一）扣留室房屋牢固、安全、通风、透光，单间使用面积不得少于6平方米，层高不低于2.55米；

（二）扣留室内配备固定的坐具、卧具，并保持清洁、卫生；

（三）扣留室内不得有可能被直接用于行凶、自杀、自伤的等物品；

（四）看管被扣留人的值班室与扣留室相通的，应当采用栏杆分隔，以便于观察室内情况；

（五）扣留室应当标明名称，并在明显位置公布有关扣留的规定、被扣留人依法享有的权利和扣留室管理规定。

第二十四条 海关应当建立以下扣留室日常管理制度，依法严格、文明管理：

（一）建立《被扣留人员进出登记表》。载明被扣留人的姓名、性别、年龄、户籍地，以及办案部门、承办人、扣留起止时间、进出扣留室时间及处理结果等情况。

（二）建立值班、看管和巡查制度。扣留室有被扣留人时，应当由海关工作人员如实记录有关情况，并做好交接班工作。

（三）建立档案管理制度。对有关法律文书按照档案管理的要求归档保存。

（四）建立双人看管制度。扣留室应当由2名以上与被扣留人同性别的海关工作人员负责看管，不得将不同性别的被扣留人送入同一个扣留室。

第二十五条 海关工作人员对被扣留人的人身及携带的物品应当进行严格检查，防止带入可疑物品或者可能被用于行凶、自杀、自伤、自残、脱逃的等物品。

在进行人身检查时，发现被扣留人有外伤、严重疾病发作的明显症状的，应当立即报告上级主管部门及监察部门，并做好详细记录。

对被扣留人的人身检查，应当由2名以上与被扣留人同性别的海关工作人员执行。

第二十六条 将被扣留人送入扣留室时，对其随身携带的物品，海关应当制作《中华人民共和国海关暂存物品、文件清单》（见附件4，以下简称《暂存物品、文件清单》）经被扣留人签名或者捺指印确认后妥善保管，被扣留人拒绝签名或者捺指印的，应当予以注明。

扣留结束后，被扣留人的物品中属于违法犯罪证据或者违禁品的，应当依法随案移交或者依法作出处理，并在《暂存物品、文件清单》上注明；与案件无关的，应当立即返还被扣留人，并在《暂存物品、文件清单》上注明，由被扣留人签名或者捺指印，被扣留人拒绝签名或者捺指印的，应当予以注明。

第二十七条 扣留期间，实施扣留的海关应当为被扣留人提供基本的生活条件。

对在扣留期间突患疾病或者受伤的被扣留人，海关工作人员应当立即采取措施救治，并通知被扣留人家属或者单位。无法通知的，应当记录在案，上述治疗费用由被扣留人或者其家属承担。但由于海关工作人员的过错导致被扣留人患病或者受伤的，治疗费用由实施扣留的海关承担。

第五章 执法监督

第二十八条 在扣留期间，海关应当依法保障被扣留人的合法权益，不得有下列行为：

（一）刑讯逼供或者以威胁、引诱、欺骗等非法手段收集证据；

（二）殴打、体罚、虐待、侮辱被扣留人；

（三）敲诈勒索或者索取、收受贿赂；

（四）侵吞、挪用、损毁被扣留人的财物；

（五）违反规定收费或者实施处罚；

（六）其他侵犯被扣留人合法权益的行为。

第二十九条 对海关工作人员在实施扣留中有违反本规定行为的，应当按照相关规定追究有关责任人员的执法过错责任，并按照《中华人民共和国海关法》及有关法律、行政法规的有关规定给予处分。构成犯罪的，依法追究直接负责的主管人员和其他直接责任人员的刑事责任。

第六章 附 则

第三十条 本规定所称“以上”、“以内”，均包含本数。

第三十一条 本规定由海关总署负责解释。

第三十二条 本规定自2006年3月1日起施行。

附件：1. 中华人民共和国　海关扣留走私犯罪嫌疑人决定书

2. 中华人民共和国　海关延长扣留走私犯罪嫌疑人期限决定书

3. 中华人民共和国　海关解除扣留走私犯罪嫌疑人决定书

4. 中华人民共和国　海关暂存物品、文件清单

附件 1

中华人民共和国　　海关扣留走私犯罪嫌疑人决定书

（正本）

关字〔　　〕号

根据《中华人民共和国海关法》第六条第（四）项、《中华人民共和国海关行政处罚实施条例》第三十七条的有关规定，现决定对走私犯罪嫌疑人__________予以扣留。

如不服本决定，依照《中华人民共和国行政复议法》第九条、第十二条，《中华人民共和国行政诉讼法》第三十九条之规定，可自本决定书送达之日起 60 日内向__________海关（海关总署）申请行政复议，或自本决定书送达之日起 3 个月内，向__________人民法院起诉。

关长：

（关印）

年　月　日

中华人民共和国　　海关扣留走私犯罪嫌疑人决定书

（副本）

关字〔　　〕号

根据《中华人民共和国海关法》第六条第（四）项、《中华人民共和国海关行政处罚实施条例》第三十七条的有关规定，现决定对走私犯罪嫌疑人__________予以扣留。

如不服本决定，依照《中华人民共和国行政复议法》第九条、第十二条，《中华人民共和国行政诉讼法》第三十九条之规定，可自本决定书送达之日起 60 日内向__________海关（海关总署）申请行政复议，或自本决定书送达之日起 3 个月内，向__________人民法院起诉。

关长：

（关印）

年　月　日

本决定已于　年　月　日时分向我宣布。

被扣留人签字：

中华人民共和国　　海关扣留走私犯罪嫌疑人决定书

（存根）

关字〔　　〕号

被扣留人姓名____________________

性别__________年龄__________籍贯/国籍__________

证件名称及号码____________________

职业____________________

住址____________________

扣留原因____________________

关长批准：____________________

执行关员：____________________

填表人：____________________

填表时间：____________________

附件 2

中华人民共和国　　海关延长扣留走私犯罪嫌疑人期限决定书

（正本）

关字〔　　〕号

根据《中华人民共和国海关法》第六条第（四）项、《中华人民共和国海关行政处罚实施条例》第三十七条的有关规定，决定延长对走私犯罪嫌疑人__________予以扣留时间。

如不服本决定，依照《中华人民共和国行政复议法》第九条、第十二条，《中华人民共和国行政诉讼法》第三十九条之规定，可自本决定书送达之日起 60 日内向__________海关（海关总署）申请行政复议，或自本决定书送达之日起 3 个月内，向__________________________人民法院起诉。

关长：

（关印）

年　月　日

中华人民共和国　　海关延长扣留走私犯罪嫌疑人期限决定书

（副本）

关字〔　　〕号

根据《中华人民共和国海关法》第六条第（四）项、《中华人民共和国海关行政处罚实施条例》第三十七条的有关规定，决定延长对走私犯罪嫌疑人__________予以扣留时间。

如不服本决定，依照《中华人民共和国行政复议法》第九条、第十二条，《中华人民共和国行政诉讼法》第三十九条之规定，可自本决定书送达之日起 60 日内向__________海关（海关总署）申请行政复议，或自本决定书送达之日起 3 个月内，向__________人民法院起诉。

关长：

（关印）

年　月　日

本决定已于　年　月　日时分向我宣布。

被扣留人签字：

中华人民共和国　　海关延长扣留走私犯罪嫌疑人期限决定书

（存根）

关字〔　　〕号

被扣留人姓名____

性别__________年龄__________籍贯/国籍__________

证件名称及号码____

职业____

住址____

延长扣留期限原因____

关长批准：____

执行关员：____

填表人：____

填表时间：____

附件 3

中华人民共和国　　海关解除扣留走私犯罪嫌疑人决定书

（正本）

关字〔　　〕号

根据《中华人民共和国海关法》第六条第（四）项、《中华人民共和国海关行政处罚实施条例》第三十七条第二款的规定，决定对__________予以解除扣留。

关长：

（关印）

年　　月　　日

中华人民共和国　　海关解除扣留走私犯罪嫌疑人决定书

（副本）

关字〔　　〕号

根据《中华人民共和国海关法》第六条第（四）项、《中华人民共和国海关行政处罚实施条例》第三十七条第二款的规定，决定对__________予以解除扣留。

关长：

（关印）

年　　月　　日

本决定已于　年　月　日　时　分向我宣布。

被扣留人签字：

中华人民共和国　　海关解除扣留走私犯罪嫌疑人决定书

（存根）

关字〔　　〕号

被扣留人姓名______________________________

性别__________年龄__________　籍贯/国籍__________

证件名称及号码______________________________

职业______________________________

住址______________________________

解除扣留原因______________________________

关长批准：______________________________

执行关员：______________________________

填表人：______________________________

填表时间：______________________________

附件 4

中华人民共和国　　海关暂存物品、文件清单

编号：

序号	名称	数量	特征	备注
物品、文件持有人： 见证人： 年　月　日		暂存单位： 经办人： 年　月　日		

本清单一式三份，一份附卷，一份交物品、文件持有人，一份存档。

供港澳活牛检验检疫管理办法

（1999年11月24日国家出入境检验检疫局令第4号发布，根据2018年4月28日海关总署令第238号《海关总署关于修改部分规章的决定》第一次修正，根据2018年5月29日海关总署令第240号《海关总署关于修改部分规章的决定》第二次修正）

第一章　总　则

第一条　为做好供应港澳活牛检验检疫工作，确保供港澳活牛的健康与港澳市民食用安全，防止动物传染病、寄生虫病的传播，促进畜牧业生产发展和对港澳贸易，根据《中华人民共和国进出境动植物检疫法》及其实施条例等法律法规和香港特别行政区政府对供港活牛的检疫要求，制定本办法。

第二条　凡在我国内地从事供港澳活牛育肥、中转、运输、贸易的企业均应遵守本办法。

第三条　供港澳活牛应检疫病是指：狂犬病、口蹄疫、炭疽、结核病、布氏杆菌病及其他动物传染病和寄生虫病。

第四条　海关总署统一管理供港澳活牛的检验检疫工作。

直属海关负责各自辖区内供港澳活牛育肥场和中转仓的注册、监督管理和疫情监测，负责供港澳活牛的启运地检验检疫和出证管理。

出境口岸海关负责供港澳活牛出境前的监督检查和临床检疫；负责供港澳活牛在出境口岸滞留站或转入中转仓的检疫和监督管理。

第二章　育肥场、中转仓的注册管理

第五条　供港澳活牛育肥场、中转仓须向所在地直属海关申请注册。注册以育肥场、中转仓为单位，实行一场（仓）一证制度。只有经注册的育肥场饲养的活牛方可供应港澳地区；只有经注册的中转仓方可用于供港澳活牛的中转存放。

第六条　申请注册的育肥场须符合下列条件：

（一）具有独立企业法人资格；

（二）在过去6个月内育肥场及其周围10公里范围内未发生过口蹄疫，场内未发生过炭疽、结核病和布氏杆菌病；

（三）育肥场设计存栏数量及实际存栏量均不得少于200头；

（四）建立动物卫生防疫制度、饲养管理制度，并符合《供港澳活牛育肥场动物卫生防疫要求》。

第七条　申请注册的中转仓须符合下列条件：

（一）具有独立企业法人资格。不具备独立企业法人资格者，由其具有独立法人资格的主管部门提出申请；

（二）中转仓过去21天内未发生过一类传染病；

（三）中转仓设计存栏数量不得少于20头；

（四）建立动物卫生防疫制度、饲养管理制度，并符合《供港澳活牛中转仓动物卫生防疫要求》。

第八条 申请注册的育肥场、中转仓应当填写《供港澳活牛育肥场、中转仓检验检疫注册申请表》，并提供育肥场、中转仓平面图，同时提供重点区域的照片或者视频资料。

第九条 直属海关按照本办法第六条、第七条的条件对申请注册的育肥场、中转仓进行考核。合格者，予以注册，并颁发《供港澳活牛育肥场、中转仓检验检疫注册证》。

注册证自颁发之日起生效，有效期为5年。

第十条 直属海关对供港澳活牛注册育肥场、中转仓实施年审制度。

对逾期不申请年审或年审不合格且在限期内不整改或整改不合格的吊销其注册证。

第十一条 注册育肥场、中转仓连续2年未供应港澳活牛的，海关应注销其注册资格，吊销其注册证。

第十二条 供港澳活牛育肥场、中转仓如迁址或发生企业名称、企业所有权、企业法人变更时应及时向直属海关申请重新注册或变更手续。

第三章 动物疫病控制与预防

第十三条 进入注册育肥场的活牛须来自非疫区的健康群，并附有产地县级以上动物防疫检疫机构出具的有效检疫证书。进场前，认可兽医须逐头实施临床检查，合格后方可进入进场隔离检疫区。

违反前款规定的，应注销其注册资格。

第十四条 进入隔离检疫区的牛，由认可兽医隔离观察7至10天。对无动物传染病临床症状并经驱除体内外寄生虫、加施耳牌后，方可转入育肥区饲养。认可兽医对进入育肥区的牛要逐头填写供港澳活牛健康卡，逐头建立牛只档案。

第十五条 耳牌应加施在每头牛的左耳上。海关总署统一负责耳牌的监制；注册育肥场所在地海关负责耳牌发放与使用监督管理；注册育肥场认可兽医负责耳牌的保管与加施，并把耳牌使用情况填入《供港澳活牛检疫耳牌使用情况登记表》。

耳牌规格为3cm×6cm，上面印有耳牌流水号（均为全国统一号）。耳牌上空白部分由海关在发放耳牌时用专用笔标上注册育肥场注册编号。育肥场注册编号加耳牌流水号即为每头牛的编号。

第十六条 育肥牛在育肥场中至少饲养60天（从进场隔离检疫合格之日至进入出场隔离检疫区之日），出场前隔离检疫7天，经隔离检疫合格方可供应港澳。

第十七条 注册育肥场、中转仓须保持良好的环境卫生，做好日常防疫消毒工作。要定期清扫、消毒栏舍、饲槽、运动场，开展灭鼠、灭蝇蚊和灭吸血昆虫工作，做好废弃物和废水的无害化处理。不得在生产区内宰杀病残死牛。进出育肥场、中转仓的人员和车辆须严格消毒。

第十八条 注册育肥场须按规定做好动物传染病的免疫接种，并做好记录，包括免疫接种日期、疫苗种类、免疫方式、剂量、负责接种人姓名等。

第十九条 注册育肥场、中转仓应建立疫情申报制度。发现一般传染病应及时报告所在地海关；发现可疑一类传染病或发病率、死亡率较高的动物疾病，应采取紧急防范措施并于24小时内报告所在地海关和地方政府兽医防疫机构。

注册育肥场发生一类传染病的，应停止向港澳供应活牛，在最后一头病牛扑杀6个月后，经严格消毒处理，方可重新恢复其向港澳供应活牛。注册中转仓发生一类传染病的，在中转仓内的所有牛只禁止供应港澳，在清除所有牛只、彻底消毒21天后，经再次严格消毒，方可重新用于中转活牛。

第二十条 注册育肥场、中转仓须严格遵守国务院农业行政主管部门的有关规定，不得饲喂或存放任何明文规定禁用的抗菌素、催眠镇静药、驱虫药、兴奋剂、激素类等药物。对国家允许使用的药物，要遵守国家有关药物停用期的规定。

注册育肥场、中转仓须将使用的药物名称、种类、使用时间、剂量、给药方式等填入监管手册。

第二十一条 经海关培训、考核、认可的兽医负责注册育肥场、中转仓的日常动物卫生防疫工作，协助海关做好注册育肥场、中转仓的检验检疫管理工作。

第二十二条 注册育肥场、中转仓使用的饲料应符合有关出口食用动物饲用饲料的规定。对使用的饲料要详细记录来源、产地和主要成分。

第二十三条 供港澳活牛必须使用专用车辆（船舶）进行运输，海关或其认可兽医对供港澳活牛批批进行监装，装运前由启运地海关或其授权的认可兽医监督车辆消毒工作。

第二十四条 供港澳活牛应以注册育肥场为单位装车（船），不同育肥场的牛不得用同一车辆（船舶）运输。运输途中不得与其他动物接触，不得卸离运输工具，并须使用来自本场的饲料饲草。

第二十五条 供港澳活牛由启运地到出境口岸运输途中，需由押运员押运。

押运员须做好供港澳活牛运输途中的饲养管理和防疫消毒工作，不得串车，不得沿途出售或随意抛弃病、残、死牛及饲料、粪便、垫料等物，并做好押运记录。

供港澳活牛抵达出境口岸后，押运员须向出境口岸海关提交押运记录，押运途中所带物品和用具须在海关监督下进行熏蒸消毒处理。

第二十六条 进入中转仓的牛必须来自供港澳活牛注册育肥场，保持原注册育肥场的检疫耳牌，并须附有启运地海关签发的《动物卫生证书》。

第二十七条 装运供港澳活牛的回空火车、汽车、船舶在入境时由货主或承运人负责清理粪便、杂物，洗刷干净，进境口岸海关实施消毒处理并加施消毒合格标志。

第二十八条 出口企业不得从非注册育肥场收购供港澳活牛，不得使用非注册中转仓转运供港澳活牛。

违反前款规定的，各海关均不得再接受其报检，并依法对其予以处罚。

第二十九条 出口企业应将供港澳活牛的计划、配额与供港澳活牛出口运输途中发现异常情况及时报告启运地和出境口岸海关。

第四章　检验检疫

第三十条 出口企业在供港澳活牛出场前7~10天向启运地海关报检，并提供供港澳活牛的耳牌号和活牛所处育肥场隔离检疫栏舍号。

受理报检后，启运地海关应到注册育肥场逐头核对牛的数量、耳牌号等，对供港澳活牛实施临床检查，必要时实施实验室检验。

第三十一条 经检验检疫合格的供港澳活牛由启运地海关签发《动物卫生证书》。证书有效期，广东省内为3天，长江以南其他地区为6天，长江以北地区为7~15天。

第三十二条 供港澳活牛运抵出境口岸时，出口企业或其代理人须于当日持启运地海关签发的《动物卫生证书》正本向出境口岸海关报检。

如需卸入出境口岸中转仓的，须向海关申报，经现场检疫合格方可卸入中转仓。来自不同的注册育肥场的活牛须分群拴养。来自不同省、市、区的活牛不得同仓饲养。

第三十三条 受理报检后，出境口岸海关根据下列情况分别处理：

在《动物卫生证书》有效期内抵达出境口岸、不变更运输工具出境的，经审核证单、核对耳牌号并实施临床检查合格后，在《动物卫生证书》上加签实际出口数量，准予出境。

在《动物卫生证书》有效期内抵达出境口岸、变更运输工具出境的，经审核证单、核对耳牌号并实施临床检查合格后，重新签发《动物卫生证书》，并附原证书复印件，准予出境。

经检验检疫不合格的，或无启运地海关签发的《动物卫生证书》或超过《动物卫生证书》有效期的、无检疫耳牌的，或伪造、变造检疫证单、耳牌的，不准出境。

第三十四条 出境口岸海关如发现供港澳活牛有重大疫情，应立即上报海关总署，并向当地地方政府兽医防疫机构通报，同时通知相关海关。

第三十五条 出境口岸海关每月 5 日前应将上月各省、市、自治区供港澳活牛检验检疫数据和检疫中发现的有关疾病、证单、装载、运输等存在的问题书面通知启运地海关。

第五章 监督管理

第三十六条 海关对供港澳活牛注册育肥场、中转仓实施检验检疫监督，定期检查供港澳活牛的收购、用药、免疫、消毒、饲料使用和疾病发生情况。监督检查结果分别填入《供港澳活牛育肥场监管手册》和《供港澳活牛中转仓监管手册》。注册育肥场、中转仓应按要求如实填写监管手册，并接受海关的监督管理。

第三十七条 海关对供港澳活牛注册育肥场、中转仓实施疫情监测，并指导免疫接种和传染病防治。

第三十八条 海关根据情况可定期或不定期对注册育肥场、中转仓动物药物使用和管理情况进行检查，采集所需样品作药物残留检测。

第三十九条 海关对注册育肥场、中转仓的饲料、饲料添加剂使用情况进行监督，必要时可取样检测饲料中病原微生物、农药、兽药或其他有毒有害物质的残留量。

第六章 附 则

第四十条 “供港澳活牛育肥场”是指将架子牛育肥成符合港澳市场质量要求的活牛的饲养场。

“供港澳活牛中转仓”是指专门用于将供港澳活牛从注册育肥场输往港澳途中暂时存放的场所，包括在启运地的中转仓和在出境口岸的中转仓。

第四十一条 每一注册育肥场、中转仓使用一个注册编号，编号格式为 XXFYYY 或 XXTYYY。其中 XX 为汉语拼音字母，代表注册育肥场、中转仓所在地的省、直辖市、自治区汉语拼音缩写；F 表示育肥场，T 表示中转仓，YYY 是流水号。

按照上述规定，深圳、拱北、宁波、厦门海关辖区的注册育肥场、中转仓的编号格式分别特别规定为 GDFSYY、GDTSYY；GDFZYY、GDTZYY；ZJFNYY、ZJTNYY；FJFXYY、FJTXYY，YY 为流水号。

第四十二条 违反本办法规定，依照《中华人民共和国进出境动植物检疫法》及其实施条例予以处罚。

第四十三条 本办法所规定的文书由海关总署另行制定并且发布。

第四十四条 本管理办法由海关总署负责解释。

第四十五条 本办法自 2000 年 1 月 1 日起施行。

供港澳活禽检验检疫管理办法

（2000 年 11 月 14 日国家出入境检验检疫局令第 26 号发布，根据 2018 年 4 月 28 日海关总署令第 238 号《海关总署关于修改部分规章的决定》第一次修正，根据 2018 年 5 月 29 日海关总署令第 240 号《海关总署关于修改部分规章的决定》第二次修正）

第一章　总　则

第一条　为做好供港澳活禽检验检疫工作，防止动物传染病、寄生虫病传播，确保供港澳活禽卫生和食用安全，根据《中华人民共和国进出境动植物检疫法》及其实施条例以及相关法律法规的规定，制定本办法。

第二条　本办法所称的供港澳活禽是指由内地供应香港、澳门特别行政区用于屠宰食用的鸡、鸭、鹅、鸽、鹌鹑、鹧鸪和其他饲养的禽类。

第三条　海关总署统一管理全国供港澳活禽的检验检疫工作和监督管理工作。

海关总署设在各地的直属海关负责各自辖区内的供港澳活禽饲养场的注册、疫情监测、启运地检验检疫和出证及监督管理工作。

出境口岸海关负责供港澳活禽出境前的临床检查或复检和回空车辆及笼具的卫生状况监督工作。

第四条　海关对供港澳活禽实行注册登记和监督管理制度。

第五条　我国内地从事供港澳活禽生产、运输、存放的企业，应当遵守本办法。

第二章　注册登记

第六条　供港澳活禽饲养场须向所在地直属海关申请检验检疫注册。注册以饲养场为单位，实行一场一证制度。每一注册饲养场使用一个注册编号。

未经注册的饲养场饲养的活禽不得供港澳。

第七条　申请注册的活禽饲养场必须符合下列条件：

（一）存栏 3 万只以上；

（二）建立饲养场动物防疫制度、饲养管理制度或者全面质量保证（管理）体系，并符合供港澳活禽饲养场动物卫生基本要求。

第八条　申请注册的活禽饲养场应当填写《供港澳活禽检验检疫注册申请表》，同时提供饲养场平面图，并提供重点区域的照片或者视频资料。

第九条　直属海关按照本办法第七条、第八条的规定对饲养场提供的材料进行审核和实地考核、采样检测。合格的，予以注册，并颁发《中华人民共和国出入境检验检疫出境动物养殖企业注册证》（以下简称《注册证》）；不合格的，不予注册。

第十条　注册证自颁发之日起生效，有效期 5 年。有效期满后继续生产供港澳活禽的饲养场，须在期满前 6 个月按照本办法规定，重新提出申请。

第十一条 直属海关对供港澳活禽注册饲养场实行年审制度。

对逾期不申请年审，或年审不合格且在限期内整改不合格的，海关注销其注册登记，吊销其《注册证》。

第十二条 供港澳活禽注册饲养场因场址、企业所有权、企业法人变更时，应及时向直属海关申请重新注册或办理变更手续。

第三章 监督管理

第十三条 注册饲养场应有海关备案的兽医负责饲养场活禽的防疫和疾病控制的管理，负责填写《供港澳活禽注册饲养场管理手册》（以下简称《管理手册》），配合海关做好检验检疫工作，并接受海关的监督管理。

第十四条 水禽、其他禽类、猪不得在同一注册饲养场内饲养。

第十五条 实行自繁自养的注册饲养场，其种禽的卫生管理水平不能低于本场其他禽群的卫生管理水平。

非自繁自养的注册饲养场引进的幼雏必须来自非疫区并经隔离检疫合格后，方可转入育雏舍饲养。

第十六条 注册饲养场须保持良好的环境卫生，切实做好日常防疫消毒工作，定期消毒饲养场地、笼具和其他饲养用具，定期灭鼠、灭蚊蝇。进出注册场的人员和车辆必须严格消毒。

第十七条 注册饲养场的免疫程序必须报海关备案，并须严格按规定的程序进行免疫，免疫接种情况填入《管理手册》。

严禁使用国家禁止使用的疫苗。

第十八条 注册饲养场应建立疫情报告制度。发生疫情或疑似疫情时，必须及时采取紧急防疫措施，并于12小时内向所在地海关报告。

第十九条 主管海关定期对供港澳活禽饲养场实施疫情监测。发现重大疫情时，须立即采取紧急防疫措施，于12小时内向海关总署报告。

第二十条 海关对注册饲养场实行监督管理制度，定期或不定期检查供港澳活禽注册场动物卫生防疫制度的落实、动物卫生状况、饲料和药物的使用、兽医的工作等情况。

第二十一条 注册饲养场不得饲喂或存放国家禁止使用的药物和动物促生长剂。

对国家允许使用的药物和动物促生长剂，要遵守国家有关药物使用规定，特别是停药期的规定，并须将使用药物和动物促生长剂的名称、种类、使用时间、剂量、给药方式等填入《管理手册》。

违反本条规定的，海关注销其注册登记，吊销其注册证。

第二十二条 供港澳活禽所用的饲料和饲料添加剂须符合海关总署关于出口食用动物饲用饲料的有关管理规定。

第二十三条 海关根据需要可采集动物、动物组织、饲料、药物等样品，进行动物病原、有毒有害物质检测和品质、规格鉴定。

第二十四条 供港澳活禽须用专用运输工具和笼具载运，专用运输工具须适于装载活禽，护栏牢固，便于清洗消毒，并能满足加施检验检疫封识的需要。

第二十五条 注册饲养场在供港澳活禽装运前，应对运输工具、笼具进行清洗消毒。

第二十六条 同一运输工具不得同时装运来自不同注册场的活禽。运输途中不得与其他动物接触，不得擅自卸离运输工具。

第二十七条 出口企业应遵守检验检疫的规定，配合海关做好供港澳活禽的检验检疫工作，接受海关的监督指导。

第二十八条 供港澳活禽由来自香港、澳门车辆在出境口岸接驳出境的，须在出境口岸海关指定的场地进行。接驳车辆和笼具须清洗干净，并在出境口岸海关监督下作消毒处理。

第二十九条 装运供港澳活禽的回空车辆、船舶和笼具入境时应在指定的地点清洗干净，并在口岸海关的监督下实施防疫消毒处理。

第四章　检验检疫

第三十条 每批活禽供港澳前须隔离检疫5天。出口企业须在活禽供港澳5天前向启运地海关报检。

第三十一条 海关受理报检后，对供港澳活禽实施临床检查，按照供港澳活禽数量的0.5%抽取样品进行禽流感（H5）实验室检验（血凝抑制试验），每批最低采样量不得少于13只，不足13只全部采样。经检验检疫合格的，准予供应港澳。不合格的，不得供应港澳。

第三十二条 出口企业须在供港澳活禽装运前24小时，将装运活禽的具体时间和地点通知启运地海关。

第三十三条 海关对供港澳活禽实行监装制度。

发运监装时，须确认供港澳活禽来自注册饲养场并经隔离检疫和实验室检验合格的禽群，临床检查无任何传染病、寄生虫病症状和其他伤残情况，运输工具及笼具经消毒处理，符合动物卫生要求，同时核定供港澳活禽数量，对运输工具加施检验检疫封识。

检验检疫封识编号应在《动物卫生证书》中注明。

第三十四条 经启运地海关检验检疫合格的供港澳活禽由海关总署备案的授权签证兽医官签发《动物卫生证书》。

《动物卫生证书》的有效期为3天。

第三十五条 供港澳活禽运抵出境口岸时，出口企业或其代理人须持启运地海关出具的《动物卫生证书》向出境口岸海关申报。

第三十六条 出境口岸海关受理申报后，根据下列情况分别进行处理：

（一）在《动物卫生证书》有效期内抵达出境口岸的，出境口岸海关审核确认单证和封识并实施临床检查合格后，在《动物卫生证书》上加签实际出境数量，必要时重新加施封识，准予出境；

（二）经检验检疫不合格的、无启运地海关签发的有效《动物卫生证书》的、无检验检疫封识或封识损毁的，不得出境。

第五章　附　则

第三十七条 对违反本办法规定的，海关依照有关法律法规予以处罚。

第三十八条 本办法所规定的文书由海关总署另行制定并且发布。

第三十九条 本办法由海关总署负责解释。

第四十条 本办法自2000年1月1日起施行。

供港澳活羊检验检疫管理办法

（1999年11月24日国家出入境检验检疫局令第3号发布，根据2018年4月28日海关总署令第238号《海关总署关于修改部分规章的决定》第一次修正，根据2018年5月29日海关总署令第240号《海关总署关于修改部分规章的决定》第二次修正）

第一章　总　则

第一条　为做好供应港澳活羊检验检疫工作，确保供港澳活羊的健康与港澳市民食用安全，防止动物传染病、寄生虫病的传播，促进畜牧业生产发展和对港澳贸易，根据《中华人民共和国进出境动植物检疫法》及其实施条例等法律法规和香港特别行政区政府对供港活羊的检疫要求，制定本办法。

第二条　凡在我国内地从事供港澳活羊中转、运输、贸易的企业均应遵守本办法。

第三条　海关总署统一管理全国供港澳活羊的检验检疫工作。

直属海关负责各自辖区内供港澳活羊中转场的注册、监督管理和产地疫情监测，负责供港澳活羊的启运地检验检疫和出证管理。

出境口岸海关负责供港澳活羊出境前的监督检查和临床检疫；负责供港澳活羊在出境口岸滞留站或转入中转场的检疫和监督管理。

第二章　中转场的注册管理

第四条　从事供港澳活羊中转业务的企业须向所在地直属海关申请注册。只有经注册的中转场方可用于供港澳活羊的中转存放。

第五条　申请注册的中转场须符合下列条件：

（一）具有独立企业法人资格。不具备独立企业法人资格者，由其具有独立企业法人资格的上级主管部门提出申请。

（二）具有稳定的货源供应，与活羊养殖单位或供应单位签订有长期供货合同或协议。

（三）中转场设计存栏数量不得少于200只。

（四）中转场内具有正常照明设施和稳定电源供应。

（五）建立动物卫生防疫制度、饲养管理制度，并符合《供港澳活羊中转场动物卫生防疫要求》。

第六条　申请注册的中转场应当填写《供港澳活羊中转场检验检疫注册申请表》，并提供中转场平面图，同时提供重点区域的照片或者视频资料。

第七条　直属海关按照本办法第五条的规定对申请注册的中转场进行考核。合格者，予以注册，并颁发《供港澳活羊中转场检验检疫注册证》。

注册证自颁发之日起生效，有效期为5年。

第八条　直属海关对供港澳活羊注册中转场实施年审制度。

对逾期不申请年审或年审不合格且在限期内不整改或整改不合格的吊销其注册证。

第九条 注册中转场连续2年未用于供应港澳活羊的，海关应注销其注册资格，吊销其注册证。

第十条 供港澳活羊中转场如迁址或发生企业名称、企业所有权、企业法人变更时应及时向直属海关申请重新注册或变更手续。

第三章 动物疫病控制与预防

第十一条 注册中转场认可兽医负责中转场的动物卫生防疫和传染病防治工作，协助海关做好注册中转场的检验检疫管理工作。

第十二条 进入注册中转场的活羊须来自非疫区的健康群，并附有产地县级以上动物防疫检疫机构出具的有效检疫证明。

违反前款规定者，海关应注销注册中转场的注册资格。

第十三条 每只进场活羊，须经认可兽医查验证单并实施进场前临床检查，无动物传染病、寄生虫病临床症状，并作体内外寄生虫驱虫处理，加施耳牌后，方可转入中转场饲养。活羊须在中转场至少饲养2天。

第十四条 耳牌应加施在每只羊的左耳上。海关总署负责耳牌的监制；注册中转场所在地海关负责耳牌发放与使用监督管理；注册中转场认可兽医负责耳牌的保管与加施，并把耳牌使用情况填入《供港澳活羊检疫耳牌使用情况登记表》。

耳牌规格为3cm×6cm，上面印有耳牌流水号（均为全国统一号）。耳牌上空白部分由海关在发放耳牌时用专用笔标上注册中转场注册编号。注册编号加耳牌流水号即为每只羊的编号。

第十五条 注册中转场须保持良好的环境卫生，做好日常防疫消毒工作，开展灭鼠、灭蚊蝇和灭吸血昆虫工作。活羊出场后须及时清扫、消毒栏舍、饲槽、运动场。不得在中转场内宰杀病残死羊。进出中转场的人员和车辆须严格消毒。

第十六条 注册中转场应建立传染病申报制度，发现一般传染病应及时报告所在地海关；发现可疑一类传染病或发病率、死亡率较高的动物疾病，应采取紧急防范措施并于24小时内报告所在地海关和地方政府兽医防疫机构。

发生一类传染病或炭疽的注册中转场，应停止向港澳供应活羊。在清除所有羊只、进行彻底消毒21天后，经再次严格消毒，方可重新用于中转活羊。

第十七条 注册中转场须严格遵守国务院农业行政主管部门的有关规定，不得饲喂或存放任何明文规定禁用的抗菌素、催眠镇静药、驱虫药、兴奋剂、激素类等药物。对国家允许使用的药物，要遵守国家有关药物停用期的规定。

注册中转场须将使用的药物名称、种类、使用时间、剂量、给药方式等填入监管手册。

第十八条 注册中转场使用的饲料应符合有关出口食用动物饲用饲料的规定。对使用的饲料饲草要详细记录来源、产地和主要成分。

第十九条 供港澳活羊必须使用专用车辆（船舶）进行运输，海关或其认可兽医对供港澳活羊批批进行监装。装运前由启运地海关或其授权的认可兽医监督车辆（船舶）消毒工作。

第二十条 供港澳活羊应以中转场为单位装车（船），不同中转场的羊不得用同一车辆（船舶）运输。运输途中不得与其他动物接触，不得卸离运输工具，并须使用来自本场的饲料饲草。

第二十一条 进入出境口岸中转场的羊必须来自供港澳活羊注册中转场，保持原注册中转场的检疫耳牌，并须附有启运地海关签发的《动物卫生证书》。

第二十二条 装运供港澳活羊的回空火车、汽车、船舶在入境时由货主或承运人负责清理粪便、杂物，洗刷干净，进境口岸海关实施消毒处理并加施消毒合格标志。

第二十三条 出口企业不得从非注册中转场收购供港澳活羊，不得使用非注册中转场转运供港澳活羊。

违反前款规定者，各海关均不得再接受其报检，并依法对其予以处罚。

第四章 检验检疫

第二十四条 出口企业或其代理人应在活羊出场前2~5天向当地海关报检。

海关受理报检后，应到注册中转场逐头核对供港澳活羊的数量、耳牌号等，对供港澳活羊实施临床检查，必要时实施实验室检验和药残检测。

第二十五条 经检验检疫合格的供港澳活羊由启运地海关签发《动物卫生证书》。证书有效期，广东省内为3天，长江以南其他地区为6天，长江以北地区为7~15天。

第二十六条 供港澳活羊运抵出境口岸时，货主或代理人须于当日持启运地海关签发的《动物卫生证书》正本向出境口岸海关报检。

如需卸入出境口岸中转场的，须向海关申报，经现场检疫合格方可卸入中转场。来自不同的注册中转场的供港澳活羊须分群饲养。

第二十七条 受理报检后，出境口岸海关根据下列情况，分别处理：

在《动物卫生证书》有效期内抵达出境口岸、不变更运输工具出境的，经审核证单、核对耳牌号并实施临床检查合格后，在《动物卫生证书》上加签实际出口数量，准予出境。

在《动物卫生证书》有效期内抵达出境口岸、变更运输工具出境的，经审核证单、核对耳牌号并实施临床检查合格后，重新签发《动物卫生证书》，并附原证书复印件，准予出境。

经检验检疫不合格的，或无启运地海关签发的《动物卫生证书》或超过《动物卫生证书》有效期、无检疫耳牌的，或伪造、变造检疫证单、耳牌的，不准出境。

第二十八条 出境口岸海关如发现供港澳活羊有重大疫情，应立即上报海关总署，并向当地地方政府兽医防疫机构通报，同时通知相关海关。

第二十九条 出境口岸海关应定期将各省、市、自治区供港澳活羊检验检疫数据和检疫中发现的有关疾病、证单、装载、运输等存在的问题书面通知启运地直属海关。

第五章 监督管理

第三十条 海关对供港澳活羊注册中转场实施检验检疫监督，定期检查供港澳活羊的收购、用药、免疫、消毒、饲料使用和疾病发生情况。监督检查结果分别填入《供港澳活羊中转场监管手册》。注册中转场应按要求如实填写监管手册，并接受海关的监督管理。

第三十一条 海关根据情况可定期或不定期对注册中转场动物药物使用和管理情况进行检查，采集所需样品作药物残留检测。

第三十二条 海关对注册中转场的饲料、饲料添加剂使用情况进行监督，必要时可取样检测病原微生物、农药、兽药或其他有毒有害物质的残留量。

第六章 附 则

第三十三条 “供港澳活羊中转场”是指专门用于将供港澳活羊从饲养单位输往港澳途中暂时

存放的场所，包括在启运地的中转场和在出境口岸的中转场。

第三十四条 每一注册中转场使用一个注册编号，编号格式为 XXGYYY。其中 XX 为汉语拼音字母，代表注册中转场所在地的省、直辖市、自治区汉语拼音缩写；G 表示活羊中转场，YYY 是流水号。

按照上述规定，深圳、拱北、宁波、厦门海关辖区的注册中转场的编号格式分别特别规定为 GDGSYY，GDGZYY，ZJGNYY，FJGXYY，YY 为流水号。

第三十五条 违反本办法的规定，依照《中华人民共和国进出境动植物检疫法》及其实施条例予以处罚。

第三十六条 本办法所规定的文书由海关总署另行制定并且发布。

第三十七条 本办法由海关总署负责解释。

第三十八条 本办法自 2000 年 1 月 1 日起施行。

供港澳活猪检验检疫管理办法

（2000年11月14日国家出入境检验检疫局令第27号发布，根据2018年4月28日海关总署令第238号《海关总署关于修改部分规章的决定》第一次修正，根据2018年5月29日海关总署令第240号《海关总署关于修改部分规章的决定》第二次修正）

第一章　总　则

第一条　为做好供港澳活猪检验检疫工作，防止动物传染病、寄生虫病传播，确保供港澳活猪卫生和食用安全，根据《中华人民共和国进出境动植物检疫法》及其实施条例以及相关法律法规的规定，制定本办法。

第二条　本办法所称供港澳活猪是指内地供应香港、澳门特别行政区用于屠宰食用的大猪、中猪和乳猪。

第三条　海关总署统一管理全国供港澳活猪的检验检疫和监督管理工作。

直属海关负责各自辖区内供港澳活猪饲养场的注册、启运地检验检疫和出证及检验检疫监督管理。

出境口岸海关负责供港澳活猪抵达出境口岸的监督管理、临床检查或复检工作。

第四条　海关对供港澳活猪实行注册登记和监督管理制度。

第五条　供港澳活猪的检疫项目包括猪瘟、猪丹毒、猪肺疫、猪水泡病、口蹄疫、狂犬病、日本脑炎和其他动物传染病、寄生虫病，以及乙类促效剂。

第六条　我国内地从事供港澳活猪生产、运输、存放的企业，应当遵守本办法。

第二章　注册登记

第七条　供港澳活猪的饲养场须向所在地直属海关申请检验检疫注册。注册以饲养场为单位，实行一场一证制度，每一个注册场使用一个注册编号。

未经注册的饲养场饲养的活猪不得供港澳。

第八条　申请注册的饲养场应当填写《供港澳活猪饲养场检验检疫注册申请表》，同时提供饲养场平面图，并提供重点区域的照片或者视频资料。

第九条　申请注册的饲养场应当建立饲养场饲养管理制度以及动物卫生防疫制度，并符合《供港澳活猪注册饲养场的条件和动物卫生基本要求》。

第十条　直属海关按照本办法第八条、第九条的规定对申请注册的饲养场提供的资料进行审核，实地考核，采样检验。合格的，予以注册，并颁发《中华人民共和国出入境检验检疫出境动物养殖企业注册证》（以下简称注册证）；不合格的，不予注册。

注册证自颁发之日起生效，有效期5年。有效期满后继续生产供港澳活猪的饲养场，须在期满前6个月按照本办法规定，重新提出申请。

第十一条　直属海关对供港澳活猪注册饲养场（以下简称注册饲养场）实行年审制度。

对逾期不申请年审，或年审不合格且在限期内整改不合格的，取消其注册资格，吊销其注册证。

第十二条 注册饲养场场址、企业所有权、名称、法定代表人变更时，应向直属海关申请办理变更手续；需要改扩建的，应事先征得直属海关的同意。

第三章 监督管理

第十三条 海关对注册饲养场实行监督管理制度，定期或不定期检查注册饲养场的动物卫生防疫制度的落实情况、动物卫生状况、饲料及药物的使用等。

海关对注册饲养场实行分类管理。

第十四条 注册饲养场应有经海关备案的兽医负责注册饲养场的日常动物卫生和防疫管理，并填写《供港澳活猪注册饲养场管理手册》，配合海关做好注册饲养场的检验检疫工作，并接受海关的监督管理。

第十五条 注册饲养场工作人员应身体健康并定期体检。严禁患有人畜共患病的人员在注册饲养场工作。

第十六条 注册饲养场必须严格执行自繁自养的规定。引进的种猪，须来自非疫区的健康群；种猪入场前，经注册饲养场兽医逐头临床检查，并经隔离检疫合格后，方可转入生产区种猪舍。

第十七条 注册饲养场须保持良好的环境卫生，做好日常防疫消毒工作，定期灭鼠、灭蚊蝇，消毒圈舍、场地、饲槽及其他用具；进出注册饲养场的人员和车辆必须严格消毒。

第十八条 注册饲养场的免疫程序须报海关备案，并按照规定的程序免疫。免疫接种情况填入《供港澳活猪注册饲养场管理手册》。

第十九条 注册饲养场不得使用或存放国家禁止使用的药物和动物促生长剂。对国家允许使用的药物和动物促生长剂，要按照国家有关使用规定，特别是停药期的规定使用，并须将使用情况填入《供港澳活猪注册饲养场管理手册》。

违反本条规定的，取消其注册资格，吊销注册证。

第二十条 供港澳活猪的饲料和饲料添加剂须符合《出口食用动物饲用饲料检验检疫管理办法》的规定。

第二十一条 注册饲养场应建立疫情报告制度。发生疫情或疑似疫情时，必须采取紧急防疫措施，并于12小时之内向所在地海关报告。

第二十二条 海关对注册饲养场实施疫情监测和残留监测制度。

第二十三条 海关根据需要可采集动物组织、饲料、药物或其他样品，进行动物病原体、药物或有毒有害物质的检测和品质鉴定。

第二十四条 注册饲养场发生严重动物传染病的，立即停止其活猪供应港澳。

海关检测发现采集样品中含有国家严禁使用药物残留的，应暂停注册饲养场的活猪供应港澳，并查明原因。

第二十五条 出口企业应遵守检验检疫规定，配合海关做好供港澳活猪的检验检疫工作，并接受海关的监督管理。

严禁非注册饲养场活猪供港澳。对违反规定的出口企业，海关停止接受其报检；对违反规定的注册饲养场，海关取消其注册资格，吊销其注册证。

第二十六条 进入发运站的供港澳活猪必须来自注册饲养场，并有清晰可辨的检验检疫标志——针印，针印加施在活猪两侧臀部。针印和印油的使用管理遵照海关总署的有关规定。

不同注册场的活猪须分舍停放。

供港澳活猪发运站应符合检验检疫要求，动物发运前后，须对站台、场地、圈舍、运输工具、用具等进行有效消毒。发运站发生重大动物疫情时，暂停使用，经彻底消毒处理后，方可恢复使用。

第二十七条 供港澳活猪的运输必须由海关培训考核合格的押运员负责押运。

押运员须做好运输途中的饲养管理和防疫消毒工作，不得串车，不准沿途抛弃或出售病、残、死猪及饲料、粪便、垫料等物，并做好押运记录。运输途中发现重大疫情时应立即向启运地海关报告，同时采取必要的防疫措施。

供港澳活猪抵达出境口岸时，押运员须向出境口岸海关提交押运记录，途中所带物品和用具须在海关监督下进行有效消毒处理。

第二十八条 来自不同注册饲养场的活猪不得混装，运输途中不得与其他动物接触，不得卸离运输工具。

第二十九条 装运供港澳活猪的回空车辆（船舶）等入境时应在指定的地点清洗干净，并在口岸海关的监督下作防疫消毒处理。

第四章 检验检疫

第三十条 出口企业应在供港澳活猪出场7天前向启运地海关申报出口计划。

第三十一条 启运地海关根据出口企业的申报计划，按规定和要求对供港澳活猪实施隔离检疫，并采集样品进行规定项目的检测。检测合格的，监督加施检验检疫标志，准予供港澳；不合格的，不予出运。

第三十二条 出口企业应在活猪启运48小时前向启运地海关报检。

第三十三条 海关对供港澳活猪实行监装制度。监装时，须确认供港澳活猪来自海关注册的饲养场并经隔离检疫合格的猪群；临床检查无任何传染病、寄生虫病症状和伤残情况；运输工具及装载器具经消毒处理，符合动物卫生要求；核定供港澳活猪数量，检查检验检疫标志加施情况等。

第三十四条 经启运地海关检验检疫合格的供港澳活猪，由海关总署授权的兽医官签发《动物卫生证书》，证书有效期为14天。

第三十五条 供港澳活猪运抵出境口岸时，出口企业或其代理人须持启运地海关出具的《动物卫生证书》等单证向出境口岸海关申报。

第三十六条 出境口岸海关接受申报后，根据下列情况分别处理：

（一）在《动物卫生证书》有效期内抵达出境口岸、不变更运输工具或汽车接驳运输出境的，经审核单证和检验检疫标志并实施临床检查合格后，在《动物卫生证书》上加签出境实际数量、运输工具牌号、日期和兽医官姓名，加盖检验检疫专用章，准予出境。

（二）在《动物卫生证书》有效期内抵达出境口岸、更换运输工具出境的，经审核单证和检验检疫标志并实施临床检查合格后，重新签发《动物卫生证书》，并附原证书复印件，准予出境。

（三）经检验检疫不合格的，无启运地海关出具的有效《动物卫生证书》，无有效检验检疫标志的供港澳活猪，不得出境。

第三十七条 供港澳活猪由香港、澳门的车辆在出境口岸接驳出境的，须在出境口岸海关指定的场地进行。接驳车辆须清洗干净，并在出境口岸海关监督下作防疫消毒处理。

第三十八条 需在出境口岸留站、留仓的供港澳活猪，出口企业或其代理人须向出境口岸海关申报，经海关现场检疫合格的方可停留或卸入专用仓。

出境口岸海关负责留站、留仓期间供港澳活猪的检验检疫和监督管理。

第五章　附　则

第三十九条　海关对违反本办法规定的企业或个人，依照有关法律法规予以处罚。

第四十条　本办法所规定的文书由海关总署另行制定并且发布。

第四十一条　本办法由海关总署负责解释。

第四十二条　本办法自 2000 年 1 月 1 日起施行。

海南出入境游艇检疫管理办法

（2013 年 6 月 5 日国家质量监督检验检疫总局令第 153 号公布，根据 2018 年 4 月 28 日海关总署令第 238 号《海关总署关于修改部分规章的决定》第一次修正，根据 2018 年 5 月 29 日海关总署令第 240 号《海关总署关于修改部分规章的决定》第二次修正）

第一章　总　则

第一条　为防止疫病疫情传入传出，规范海南出入境游艇检疫，根据《中华人民共和国国境卫生检疫法》及其实施细则、《中华人民共和国进出境动植物检疫法》及其实施条例、《国际卫生条例》等法律法规和国务院有关规定，制定本办法。

第二条　本办法适用于从海南出境、入境游艇的检疫和监督管理工作。

第三条　海关总署主管全国出入境游艇检疫监督管理工作。

海口海关负责海南出入境游艇检疫和监督管理工作。

第四条　海南出入境游艇检疫监督管理遵循先行先试、监管有效、简化手续、方便快捷的原则。

第二章　入境检疫

第五条　入境游艇必须在最先抵达的口岸接受检疫。

海关可以对入境游艇实施电讯检疫、锚地检疫、靠泊检疫或者随船检疫。

第六条　艇方或者其代理人应当在游艇抵达口岸前，向入境口岸海关申报下列事项：

（一）游艇名称、国籍、预定抵达检疫地点的日期和时间；

（二）发航港、最后寄港；

（三）游艇操作人员和其他艇上人员数量及健康状况；

（四）依法应当向海关申报并接受检疫的动植物、动植物产品和其他检疫物。

第七条　艇方或者其代理人应当在游艇到达检疫地点前 12 小时将确定到达的日期和时间通知海关。

第八条　无重大疫病疫情时，已取得《交通工具卫生证书》《船舶免予卫生控制措施证书/船舶卫生控制措施证书》的，艇方或者其代理人可以向海关申请电讯检疫。

未持有上述证书的，海关可以先予实施电讯检疫，艇方或者其代理人在游艇抵达检疫地点后应当申请补办。

第九条　有下列情形之一的游艇，艇方或者其代理人应当主动向海关报告，由海关在检疫锚地或者海关指定的地点实施检疫：

（一）来自受染地区的；

（二）来自动植物疫区，国家有明确要求的；

（三）有受染病人、疑似受染病人，或者有人非因意外伤害而死亡并死因不明的；

（四）发现有啮齿动物异常死亡的。

第十条 除实施电讯检疫的以及本办法第九条规定的检疫以外的其他游艇，由海关在口岸开放码头或者经海关同意的游艇停泊水域或者码头实施靠泊检疫。

需要办理口岸临时开放手续的，按照相关规定执行。

第十一条 受入境检疫的游艇应当按照规定悬挂检疫信号等候查验，在检疫完毕并签发《船舶入境检疫证书》后，方可解除检疫信号、上下人员、装卸行李等物品。

不具备悬挂检疫信号条件的，入境时应当在检疫地点等候查验，并尽早通知海关实施检疫。

第十二条 办理入境检疫手续时，艇方或者其代理人应当向海关提交《出/入境游艇检疫总申报单》《船舶免予卫生控制措施证书/船舶卫生控制措施证书》、游艇操作人员及随艇人员名单等相关资料，必要时提供游艇航行等相关记录。来自黄热病疫区的，还应当提供艇上人员《预防接种证书》。

不能提供《船舶免予卫生控制措施证书/船舶卫生控制措施证书》的，艇方或者其代理人在游艇入境后应当向海关申请补办。

第十三条 海关依法对入境游艇上的受染病人实施隔离，对疑似受染病人实施不超过受染传染病潜伏期的留验或者就地诊验。

第十四条 入境游艇有下列情形之一的，应当实施检疫处理：

（一）来自受染地区的；

（二）被受染病人、疑似受染病人污染的；

（三）发现有与人类健康有关的医学媒介生物，超过国家卫生标准的；

（四）发现有动物一类、二类传染病、寄生虫病或者进境植物检疫性有害生物的。

第十五条 入境游艇在中国境内停留期间，艇上人员不得将所装载的动植物、动植物产品和其他检疫物带离游艇；需要带离时，应当向海关报检，相关程序及要求按照《出入境人员携带物检疫管理办法》及其他法律法规的相关规定执行。

游艇上装载有禁止进境的动植物、动植物产品和其他检疫物的，海关应当做封存或者销毁处理。

第十六条 携带犬、猫（以下简称宠物）入境的，每人每次限带 1 只，携带人应当向海关提供输出国家或者地区官方动物检疫机构出具的有效检疫证书和疫苗接种证书。宠物应当具有芯片或者其他有效身份证明。

第十七条 来自非狂犬病发生国家或者地区的宠物，经查验证书符合要求且现场检疫合格的，可以办理宠物入境随行手续。

来自狂犬病发生国家或者地区的宠物，应当在海关指定的隔离场所隔离 30 天。

工作犬，如导盲犬、搜救犬等，携带人提供相应证明且现场检疫合格的，可以免于隔离检疫。

海关对隔离检疫的宠物实行监督检查。

第十八条 入境宠物有下列情形之一的，禁止带离游艇：

（一）入境宠物无输出国家或者地区官方动物检疫机构出具的有效检疫证书和疫苗接种证书的；

（二）数量超过限额的；

（三）现场检疫不合格的。

第十九条 入境游艇经检疫查验合格的，由海关签发《船舶入境检疫证书》等证单。

第三章　出境检疫

第二十条 游艇出境时，应当在出境 3 小时前向出境口岸海关申报并办理出境检疫手续。办理出境检疫手续后出现人员变动或者其他特殊情况24小时内不能出境的，须重新办理。

游艇在入境口岸停留不足24小时出境的，经海关同意，在办理入境手续时，可以同时办理出境手续。

第二十一条 办理出境检疫手续时，艇方或者其代理人应当向海关提交《出/入境游艇检疫总申报单》、游艇操作人员及随艇人员名单等有关资料。入境时已提交且无变动的，经艇方或者其代理人书面声明，可以免予提供。

第二十二条 出境游艇经检疫查验合格的，由海关签发《交通工具出境卫生检疫证书》等证单。

第四章 监督管理

第二十三条 游艇入境后，发现受染病人或者突发公共卫生事件，或者有人非因意外伤害而死亡并死因不明的，艇方或者其代理人应当及时向到达的口岸海关报告，接受临时检疫。

第二十四条 游艇在境内航行、停留期间，不得擅自启封、动用海关在艇上封存的物品。

游艇上的生活垃圾、泔水、动植物性废弃物等，艇方应当放置于密封的容器中，在离艇前应当实施必要的检疫处理。

第二十五条 海关对游艇实施卫生监督，对卫生状况不良和可能导致传染病传播或者检疫性有害生物传播扩散的因素提出改进意见，并监督指导采取必要的检疫处理措施。

第二十六条 海关对游艇专用停泊水域或者码头、游艇俱乐部实施卫生监督，游艇俱乐部和艇方或者其代理人应当予以配合。

第二十七条 游艇停泊水域或者码头，满足下列条件的，经海关同意，可以在该水域或者码头实施检疫：

（一）具备管理和回收游艇废弃物、垃圾等的能力；

（二）具备对废弃物、垃圾等进行无害化处理的能力；

（三）具备相关的口岸检验检疫设施，满足海关查验和检疫处理的需求。

第二十八条 游艇在境内停留期间发生传染病疫情或者突发公共卫生事件等，海关应当及时启动应急预案，科学应对，妥善处置，防止疫病疫情扩散传播。

第二十九条 海关根据需要可以在游艇码头等场所设立工作点，实行驻点服务。

第五章 法律责任

第三十条 有下列违法行为之一的，由海关处以警告或者100元以上5000元以下的罚款：

（一）入境、出境的游艇，在入境检疫之前或者在出境检疫之后，擅自上下人员，装卸行李、货物等物品的；

（二）入境、出境的游艇拒绝接受检疫或者抵制卫生监督，拒不接受检疫处理的；

（三）伪造或者涂改卫生检疫证单的；

（四）瞒报携带禁止进境的微生物、人体组织、生物制品、血液及其制品或者其他可能引起传染病传播的动物和物品的；

（五）携带动植物、动植物产品和其他检疫物入境，未依法办理检疫审批手续或者未按照检疫审批的规定执行的。

第三十一条 有下列违法行为之一的，由海关处以1000元以上1万元以下的罚款：

（一）未经检疫或者未经检疫合格的入境、出境游艇，擅自离开检疫地点，逃避查验的；

（二）隐瞒疫情或者伪造情节的；

（三）未实施检疫处理，擅自排放压舱水，移下垃圾、污物等物品的；

（四）未实施检疫处理，擅自移运尸体、骸骨的。

第三十二条 未经检疫查验，从游艇上移下传染病病人造成传染病传播危险的，由海关处以5000元以上3万元以下的罚款。

第三十三条 有下列违法行为之一的，由海关处以3000元以上3万元以下的罚款：

（一）未经海关许可擅自将随艇进境、过境动植物、动植物产品和其他检疫物卸离游艇或者运递的；

（二）擅自调离或者处理在海关指定的隔离场所中隔离检疫的动植物的；

（三）擅自开拆、损毁检验检疫封识或者标志的；

（四）擅自抛弃随艇过境的动物尸体、排泄物、铺垫材料或者其他废弃物，或者未按规定处理游艇上的泔水、动植物性废弃物的；

（五）艇上人员违反本办法规定，携带无官方动物检疫证书，或者检疫发现有疫病疫情的宠物上岸的。

第三十四条 艇上人员有其他应当申报而未申报，或者申报的内容与实际不符的，由海关处以警告或者5000元以下的罚款。

第三十五条 出入境人员拒绝、阻碍海关及其工作人员依法执行职务的，依法移送有关部门处理。

第三十六条 受行政处罚的当事人应当在出境前履行海关作出的行政处罚决定。当事人向指定的银行缴纳罚款确有困难，经当事人提出，海关及其执法人员可以当场收缴罚款。当场收缴罚款的，必须向当事人出具罚款收据。

执法人员当场收缴的罚款，应当自收缴罚款之日起2日内，交至行政机关；在水上当场收缴的罚款，应当自抵岸之日起2日内交至行政机关；行政机关应当在2日内将罚款缴付指定的银行。

第三十七条 海关工作人员应当秉公执法、忠于职守，不得滥用职权、玩忽职守、徇私舞弊；违法失职的，依法追究责任。

第六章 附 则

第三十八条 本办法所称：

“游艇”仅限于用于游览观光、休闲娱乐等活动的具备机械推进动力装置的船舶。

“艇方”是指游艇所有人或者其使用人。

“艇上人员”包括游艇上的操作人员以及乘坐游艇的所有人员。

“游艇俱乐部”包括为出入境游艇提供游艇靠泊、保管及使用服务的依法成立的游艇俱乐部、游艇会以及其他组织。

“受染”是指受到感染或者污染（包括核放射、生物、化学因子），或者携带感染源或者污染源，包括携带医学媒介生物和宿主，可能引起国际关注的传染病或者构成其他严重公共卫生危害的。

“受染嫌疑”是指海关认为已经暴露于或者可能暴露于严重公共卫生危害，并且有可能成为传染源或者污染源。

“受染人（物）”是指受到感染或者污染或者携带感染源或者污染源以至于构成公共卫生风险

的人员、宠物、行李、物品、游艇等。

“受染地区”是指需采取卫生措施的特定地理区域。

第三十九条 经海关总署批准，其他地区出入境游艇检疫监督管理工作可以参照本办法执行。

第四十条 本办法由海关总署负责解释。

第四十一条 本办法自 2013 年 8 月 1 日起施行。

沙头角边境特别管理区进出物品检验检疫管理规定

（2003 年 11 月 4 日国家质量监督检验检疫总局令第 55 号公布，根据 2018 年 4 月 28 日海关总署令第 238 号《海关总署关于修改部分规章的决定》第一次修正，根据 2018 年 5 月 29 日海关总署令第 240 号《海关总署关于修改部分规章的决定》第二次修正）

第一章　总　则

第一条　为加强对沙头角边境特别管理区（以下简称管理区）进出物品的检验检疫和监督管理，根据《中华人民共和国进出口商品检验法》及其实施条例、《中华人民共和国进出境动植物检疫法》及其实施条例、《中华人民共和国国境卫生检疫法》及其实施细则和《中华人民共和国食品安全法》等法律法规规定，制定本规定。

第二条　本规定适用于下列进出管理区物品的检验检疫和监督管理：

（一）进出管理区的货物。包括：

1. 由地方经贸管理部门核发配额的输入管理区的货物；

2. 经批准，管理区居民带入管理区销售的鲜活商品；

3. 从管理区输出的来自非疫区的水果、配餐料及食用性水生动物。

（二）管理区居民、旅客及工作人员进出管理区的携带物。

（三）从管理区输出的废旧物品、生活垃圾。

（四）其他依法需经检验检疫的进出管理区的应检物品。

第三条　管理区是海关监督管理的特殊区域。管理区海关对进出管理区的物品按照风险评估、分类管理的原则，比照出入境货物、出入境人员携带物及进境废旧物品实施检验检疫和监督管理。

第四条　未经许可，任何单位和个人不准运输、携带国家禁止进出境的物品以及微生物、人体组织、生物制品、血液及其制品、动物、动物产品、植物种子、种苗及其他繁殖材料进出管理区。

前款规定的物品依法经审批，允许进出管理区的，其所有人或者其代理人、承运人或者携带人应当向管理区海关申报，检验检疫合格后放行。

第二章　货物检验检疫

第五条　须经海关实施检验检疫的货物进出管理区的，其所有人、承运人或者代理人应当向管理区海关申报，接受检验检疫和监督管理。

第六条　地方经贸管理部门核发配额的货物输入管理区的，其所有人、承运人或者代理人应当向管理区海关备案。输入管理区时，凭《应检商品检验检疫登记手册》报检，由管理区海关按照出境货物实施检验检疫和监督管理。

第七条　经有关部门批准，管理区居民运输鲜活商品进入管理区销售的，应当向管理区海关备案。进入管理区时，应当逐批向海关报检，海关查验合格后予以放行。

第八条　来自非疫区的水果、配餐料（包括配餐用食品及调味品）及食用性水生动物输出管理区的，其所有人、承运人或者代理人应当向管理区海关备案。输出管理区时，凭《应检商品检验检疫登记手册》逐批报检，经检验检疫合格后放行。

前款规定以外的其他货物不准输出管理区。

第九条 进出管理区的货物属于实行检疫许可制度或者卫生注册登记制度管理的，应当取得检疫许可证明或者卫生注册登记证明。

第三章 携带物、废旧物品及生活垃圾检验检疫

第十条 管理区居民、旅客及工作人员携带合理数量的自用应检物品进出管理区时，应由携带人向海关申报，接受海关的查验和监督管理。

第十一条 管理区内生产经营活动、居民生活产生的废旧物品需运出管理区的，所有人、承运人或者代理人凭环保部门证明申报，并由管理区海关实施装运前检验检疫及卫生处理，运出管理区时经查验合格后放行。

第十二条 管理区内生产经营活动、居民生活产生的生活垃圾需运出管理区的，承运人或者代理人应当提供有效的卫生处理证明，管理区海关查验放行。

第十三条 不属于管理区内产生的废旧物品和生活垃圾，不得运出管理区。

第四章 法律责任

第十四条 未经许可，运输、携带国家禁止进出境的动植物、动植物产品进出管理区的，管理区海关依法作退回或者销毁处理，并处以 3000 元以上 3 万元以下的罚款。

第十五条 未经许可，运输、携带国家禁止进境的微生物、人体组织、生物制品、血液及其制品或者其他可能引起传染病传播的动物和物品进出管理区的，管理区海关依法作退回或者销毁处理，并处以警告或者 100 元以上 5000 元以下的罚款。

第十六条 未经许可，运输、携带动物、动物产品、植物种子、种苗及其他繁殖材料进出管理区的，管理区海关依法作退回或者销毁处理，并处以 5000 元以下的罚款。

第十七条 运输、携带应检物品进出管理区而不报检或者瞒报、少报的，管理区海关依法作退货处理，并处以 5000 元以下的罚款。

第十八条 未经许可，将非疫区水果、配餐料及食用性水生动物以外的其他货物输出管理区的，管理区海关依法作退货处理，并处以 5000 元以下的罚款。

第十九条 管理区居民、旅客及工作人员携带超出合理数量范围的应检物品进出管理区的，管理区海关依法作退回或者销毁处理。情节严重的，处以 5000 元以下的罚款。

第二十条 未经检验检疫，将管理区内产生的废旧物品、生活垃圾运出管理区的，或者将非管理区内产生的废旧物品、生活垃圾运出管理区的，由管理区海关依法作退回或者销毁处理，并处以 5000 元以上 3 万元以下的罚款。

第二十一条 管理区海关的工作人员违反本规定，玩忽职守、滥用职权或者徇私舞弊的，依照有关规定追究责任。

第五章 附 则

第二十二条 本规定第十条规定的带出管理区的携带物的合理数量，以海关认定的数量为准。

第二十三条 进出管理区的货物的检验检疫，使用海关总署统一的检验检疫单证。管理区居民带入管理区销售的鲜活商品以及居民、旅客及工作人员携带物适用的检验检疫单证，由深圳海关制定并报海关总署备案。

第二十四条 进出管理区货物的检验检疫，按照国家统一的收费标准收费。本办法第七条、第十条、第十一条、第十二条规定的检验检疫免收检验检疫费，按照国家统一标准收取查验费或者换证费。

第二十五条 本规定由海关总署负责解释。

深圳海关可以根据管理区检验检疫工作实际制定本规定的实施细则，报海关总署批准后实施。

第二十六条 本规定自 2004 年 1 月 1 日起施行。

尸体出入境和尸体处理的管理规定

（2006年5月12日经卫生部部务会议讨论通过，并经科技部、公安部、民政部、司法部、商务部、海关总署、国家工商总局、国家质检总局决定，联合规章第47号公布，自2006年8月1日起施行）

第一条 为保护社会公共利益，维护社会公共道德，防止传染病由境外传入或者由境内传出，根据《中华人民共和国国境卫生检疫法》、《中华人民共和国海关法》和《殡葬管理条例》等有关法律法规的规定，制定本规定。

第二条 本规定所称尸体，是指人去世后的遗体及其标本（含人体器官组织、人体骨骼及其标本）。

第三条 需要入境或者出境对遗体进行殡葬的，应当按照民政部、公安部、外交部、铁道部、交通部、卫生部、海关总署、民用航空局《关于尸体运输管理的若干规定》（民事发〔1993〕2号）和民政部、海关总署、国家出入境检验检疫局《关于遗体运输入出境事宜有关问题的通知》（民事发〔1998〕11号）以及国家其他有关规定，向民政部门、海关、出入境检验检疫机构办理有关殡葬和出入境手续。

第四条 因医学科研需要，由境内运出或者由境外运进尸体，应当按照国务院办公厅转发的《人类遗传资源管理暂行办法》和卫生部、质检总局《关于加强医用特殊物品出入境卫生检疫管理的通知》（卫科教发〔2003〕230号）的规定，办理相关审批手续。

第五条 除第三条、第四条规定情形外，尸体不得由境内运出或者由境外运进。

第六条 对属于殡葬遗体出入境的，出入境检验检疫机构应当对申报资料进行认真核查，并对承运物进行卫生监管，合格者签发《尸体/棺柩/骸骨/骨灰入/出境许可证》。对因医学科研原因出入境的尸体，出入境检验检疫机构凭中国人类遗传资源管理办公室核发的《人类遗传资源材料出口、出境证明》或者卫生部和省、自治区、直辖市卫生行政部门出具的《医用特殊物品准出入境证明》，按照规定实施卫生检疫审批，并依法实施卫生检疫查验和卫生处理；对符合条件的，签发《出入境货物通关单》。

第七条 申请办理尸体出入境的单位和个人应主动、如实地向海关申报进出口尸体的相关情况，包括尸体来源等，并提交有关进出口证件。对属于殡葬遗体出入境的，海关凭出入境检验检疫机构签发的《尸体/棺柩/骸骨/骨灰入/出境许可证》办理验放手续。对属医学科研原因出入境的，海关凭出入境检验检疫机构签发的《出入境货物通关单》办理验放手续；对涉及我国人类遗传资源的出境尸体，海关加验中国人类遗传资源管理办公室核发的《人类遗传资源材料出口、出境证明》。对经海关查验可能为尸体的，无论是否列入《出入境检验检疫机构实施检验检疫的进出境商品目录》，海关一律验凭出入境检验检疫机构签发的《出入境货物通关单》或者《尸体/棺柩/骸骨/骨灰入/出境许可证》放行。

第八条 严禁进行尸体买卖，严禁利用尸体进行商业性活动。

第九条 除医疗机构、医学院校、医学科研机构以及法医鉴定科研机构因临床、医学教学和科研需要外，任何单位和个人不得接受尸体捐赠。前款规定情况下使用完毕的尸体，由接受尸体的单位负责对尸体进行殡葬意义上的最终处理。

第十条 违反上述规定的，由有关主管部门按照相关规定查处；构成犯罪的，依法追究刑事责任。

第十一条 本规定由各部门按照各自职责进行解释。

第十二条 本规定自 2006 年 8 月 1 日起施行。

中国海关疫情防控法规汇编

规范性文件

GUIFANXING WENJIAN

海关总署关于对“6307900010”等海关商品编号项下的医疗物资实施出口商品检验的公告

（海关总署公告2020年第53号）

为加强医疗物资出口质量监管，按照《中华人民共和国进出口商品检验法》及其实施条例，海关总署决定自本公告发布之日起，对“6307900010”等海关商品编号项下的医疗物资（详见附件）实施出口商品检验。

特此公告。

海关总署

2020年4月10日

附件

序号	类别	商品编号
1	医用口罩	6307900010
2	医用防护服	6210103010
		3926209000
3	红外测温仪	9025199010
4	呼吸机	9019200010
		9019200090
5	医用手术帽	6505009900
6	医用护目镜	9004909000
7	医用手套	3926201100
		3926201900
		4015110000
		4015190000
8	医用鞋套	6307900090
		3926909090
		4016999090
9	病员监护仪	9018193010
10	医用消毒巾	3005901000
		3005909000
11	医用消毒剂	3808940010

海关总署关于公布《特殊物品海关商品编号和检验检疫名称对应表》的公告

（海关总署公告2020年第46号）

为筑牢口岸检疫防线，保障我国生物安全，根据《中华人民共和国国境卫生检疫法》及其实施细则规定和《中华人民共和国进出口税则（2020）》，海关总署制定了《特殊物品海关商品编号和检验检疫名称对应表》（见附件），现予以公布。

未列入对应表的出入境特殊物品根据归类相关原则进行归类申报。

本公告自2020年4月1日起实施。

特此公告。

附件：特殊物品海关商品编号和检验检疫名称对应表

海关总署

2020年3月28日

附件

特殊物品海关商品编号和检验检疫名称对应表

序号	HS 商品编号	HS 商品名称	检验检疫名称
1	2934993010	人类核酸及其盐	人类核酸及其盐
2	2934993090	其他核酸及其盐	其他核酸及其盐［《人间传染的病原微生物名录》内一类病原微生物的核酸（两用物项管制遗传物质除外）］
3			其他核酸及其盐［《人间传染的病原微生物名录》内二类病原微生物的核酸（两用物项管制遗传物质除外）］
4			其他核酸及其盐［《人间传染的病原微生物名录》内三类病原微生物的核酸（两用物项管制遗传物质除外）］
5			其他核酸及其盐［《人间传染的病原微生物名录》内四类病原微生物的核酸）
6			其他核酸及其盐（新发传染病或名录外再现传染病病原微生物的核酸）
7			其他核酸及其盐（医学或生命科学用途）

续表1

序号	HS 商品编号	HS 商品名称	检验检疫名称
8	2937190099	其他多肽激素及衍生物和结构类似物（包括蛋白激素、糖蛋白激素及其衍生物和结构类似物）（因拆分抗癌药品原料药产生的兜底税号）	其他多肽激素及衍生物和结构类似物（包括蛋白激素、糖蛋白激素及其衍生物和结构类似物）（因拆分抗癌药品原料药产生的兜底税号）
9	3001200021	含人类遗传资源的人类腺体、器官及其分泌物的提取物	含人类遗传资源的人类腺体、器官及其分泌物的提取物
10	3001200029	其他人类的腺体、器官及其分泌物的提取物	其他人类的腺体、器官及其分泌物的提取物
11	3001909010	蛇毒制品（供治疗或预防疾病用）	蛇毒制品（供治疗或预防疾病用）
12	3001909020	含人类遗传资源的人体制品	含人类遗传资源的人体制品
13	3001909092	人类腺体、器官、组织	人类腺体、器官、组织（含《人间传染的病原微生物名录》内一类病原微生物）
14			人类腺体、器官、组织（含《人间传染的病原微生物名录》内二类病原微生物）
15			人类腺体、器官、组织（含《人间传染的病原微生物名录》内三类病原微生物）
16			人类腺体、器官、组织（含《人间传染的病原微生物名录》内四类病原微生物）
17			人类腺体、器官、组织（含《人间传染的病原微生物名录》内含新发传染病或名录外再现传染病病原微生物）
18			人类腺体、器官、组织（含寄生虫）
19			人类腺体、器官、组织（经灭活处理的组织切片）
20			人类腺体、器官、组织（其他）
21	3001909099	其他未列名的人体或动物制品（供治疗或预防疾病用）	其他未列名的人体或动物制品（供治疗或预防疾病用人体制品）
22	3002110000	疟疾诊断试剂盒	疟疾诊断试剂盒
23	3002120011	唾液酸促红素、促红素衍生肽、氨甲酰促红素、达促红素、促红素（EPO）类等促红素	唾液酸促红素、促红素衍生肽、氨甲酰促红素、达促红素、促红素（EPO）类等促红素
24	3002120012	胰岛素样生长因子 1（IGF-1）及其类似物	胰岛素样生长因子 1（IGF-1）及其类似物
25	3002120013	机械生长因子类	机械生长因子类

续表2

序号	HS 商品编号	HS 商品名称	检验检疫名称
26	3002120014	成纤维细胞生长因子类（FGFs）	成纤维细胞生长因子类（FGFs）
27	3002120015	肝细胞生长因子（HGF）	肝细胞生长因子（HGF）
28	3002120016	血小板衍生生长因子（PDGF）	血小板衍生生长因子（PDGF）
29	3002120017	血管内皮生长因子（VEGF）	血管内皮生长因子（VEGF）
30	3002120018	转化生长因子-β（TGF-β）抑制剂类	转化生长因子-β（TGF-β）抑制剂类
31	3002120019	培尼沙肽、罗特西普	培尼沙肽、罗特西普
32	3002120021	缺氧诱导因子（HIF）激活剂类、缺氧诱导因子（HIF）稳定剂类	缺氧诱导因子（HIF）激活剂类、缺氧诱导因子（HIF）稳定剂类
33	3002120022	EPO-Fc（IgG4）融合蛋白、EPO-Fc融合蛋白	EPO-Fc（IgG4）融合蛋白、EPO-Fc融合蛋白
34	3002120023	含人类遗传资源的抗血清及其他血份	含人类遗传资源的抗血清及其他血份（含《人间传染的病原微生物名录》内一类病原微生物）
35			含人类遗传资源的抗血清及其他血份（含《人间传染的病原微生物名录》内二类病原微生物）
36			含人类遗传资源的抗血清及其他血份（含《人间传染的病原微生物名录》内三类病原微生物）
37			含人类遗传资源的抗血清及其他血份（含《人间传染的病原微生物名录》内四类病原微生物）
38			含人类遗传资源的抗血清及其他血份（含《人间传染的病原微生物名录》内新发传染病或名录外再现传染病病原微生物）
39			含人类遗传资源的抗血清及其他血份（含寄生虫）
40			含人类遗传资源的抗血清及其他血份（其他抗血清）
41			含人类遗传资源的抗血清及其他血份（其他血份）
42	3002120092	人凝血因子Ⅷ、注射用重组人凝血因子Ⅷ、注射用重组人凝血因子Ⅸ、注射用重组人凝血因子Ⅶa、人凝血酶原复合物	人凝血因子Ⅷ、注射用重组人凝血因子Ⅷ、注射用重组人凝血因子Ⅸ、注射用重组人凝血因子Ⅶa、人凝血酶原复合物

续表3

序号	HS 商品编号	HS 商品名称	检验检疫名称
43	3002120099	其他抗血清及其他血份	其他抗血清及其他血份（临床采集，含《人间传染的病原微生物名录》内一类病原微生物）
44			其他抗血清及其他血份（临床采集，含《人间传染的病原微生物名录》内二类病原微生物）
45			其他抗血清及其他血份（临床采集，含《人间传染的病原微生物名录》内三类病原微生物）
46			其他抗血清及其他血份（临床采集，含《人间传染的病原微生物名录》内四类病原微生物）
47			其他抗血清及其他血份（临床采集，含新发传染病或名录外再现传染病病原微生物）
48			其他抗血清及其他血份（临床采集，含寄生虫）
49			临床其他抗血清及其他血份（临床采集，经过血液传播病原体筛查为阴性）
50			其他抗血清及其他血份（商品化含《人间传染的病原微生物名录》内一类病原微生物）
51			其他抗血清及其他血份（商品化含《人间传染的病原微生物名录》内二类病原微生物）
52	3002120099	其他抗血清及其他血份	其他抗血清及其他血份（商品化含《人间传染的病原微生物名录》内三类病原微生物）
53			其他抗血清及其他血份（商品化含《人间传染的病原微生物名录》内四类病原微生物）
54			其他抗血清及其他血份（商品化经过血液传播病原体筛查为阴性）
55			其他抗血清及其他血份（临床用捐献配型的特殊血型血液的血份）
56			其他抗血清及其他血份（按药品管理的人抗血清）
57			其他抗血清及其他血份（其他人抗血清）
58			其他抗血清及其他血份（其他人血份）
59			其他抗血清及其他血份（因拆分抗癌药产生的兜底税号）（用于人类医学、生命科学相关领域的多克隆抗体）
60	3002130000	非混合的免疫制品，未配定剂量或制成零售包装	非混合的免疫制品，未配定剂量或制成零售包装（纯化抗体）
61			非混合的免疫制品，未配定剂量或制成零售包装（细胞因子）
62			非混合的免疫制品，未配定剂量或制成零售包装（其他医学免疫实验用试剂）
63	3002140000	混合的免疫制品，未配定剂量或制成零售包装	混合的免疫制品，未配定剂量或制成零售包装（纯化抗体）
64			混合的免疫制品，未配定剂量或制成零售包装（细胞因子）
65			混合的免疫制品，未配定剂量或制成零售包装（其他医学免疫实验用试剂）

续表4

序号	HS 商品编号	HS 商品名称	检验检疫名称
66	3002150010	抗（防）癌药品制剂（不含癌症辅助治疗药品）	抗（防）癌药品制剂（不含癌症辅助治疗药品）（生物制品）
67	3002150020	重组人干扰素 β1a 注射液	重组人干扰素 β1a 注射液（治疗人类疾病用）
68			重组人干扰素 β1a 注射液（医学科研用）
69	3002150090	其他免疫制品，已配定剂量或制成零售包装	其他免疫制品，已配定剂量或制成零售包装（诊断人类疾病用）
70			其他免疫制品，已配定剂量或制成零售包装（治疗人类疾病用）
71			其他免疫制品，已配定剂量或制成零售包装（医学免疫实验用试剂或试剂盒）
72	3002200000	人用疫苗	人用疫苗（预防疾病用）
73			人用疫苗（医学科研用）
74	3002901000	石房蛤毒素	石房蛤毒素
75	3002902000	蓖麻毒素	蓖麻毒素（医学用途）
76	3002903010	两用物项管制细菌及病毒	两用物项管制细菌及病毒（两用物项管制目录内人及人兽共患病病原体）
77	3002903030	枯草芽孢杆菌	枯草芽孢杆菌（环保及医学相关用途）
78	3002903090	其他细菌及病毒	其他细菌及病毒（两用物项管制外的《人间传染的病原微生物名录》内第一类病毒）
79			其他细菌及病毒（两用物项管制外的《人间传染的病原微生物名录》内第二类细菌）
80			其他细菌及病毒［两用物项管制外的《人间传染的病原微生物名录》内第二类病毒（含 Prion）］
81			其他细菌及病毒（两用物项管制外的《人间传染的病原微生物名录》内第三类细菌）
82			其他细菌及病毒［两用物项管制外的《人间传染的病原微生物名录》内第三类病毒（含 Prion）］
83			其他细菌及病毒（《人间传染的病原微生物名录》内第四类病毒）
84			其他细菌及病毒（新发传染病或名录外再现传染病细菌）
85			其他细菌及病毒（新发传染病或名录外再现传染病病毒）
86			其他细菌及病毒（非菌剂类环保微生物）
87			其他细菌及病毒［经基因编辑的医学相关细菌及病毒（环保微生物除外）］
88			其他细菌及病毒（其他医学相关细菌及病毒）
89			其他细菌及病毒（环保用微生物菌剂）
90	3002904010	两用物项管制遗传物质和基因修饰生物体	两用物项管制遗传物质和基因修饰生物体（两用物项管制目录内人及人兽共患病病原体的遗传物质和基因修饰生物体）

续表5

序号	HS 商品编号	HS 商品名称	检验检疫名称
91	3002909019	其他人血制品、动物血制品	其他人血制品、动物血制品［按药品管理人血浆蛋白制品（白蛋白、球蛋白、纤维蛋白原）］
92			其他人血制品、动物血制品（其他人血制品）
93	3002909091	两用物项管制毒素	两用物项管制毒素（医学科研用）
94	3002909092	人血	人血（临床采集，含《人间传染的病原微生物名录》内一类病原微生物的的人全血）
95			人血（临床采集，含《人间传染的病原微生物名录》内二类病原微生物的人全血）
96			人血（临床采集，含《人间传染的病原微生物名录》内三类病原微生物的人全血）
97			人血（临床采集，含《人间传染的病原微生物名录》内四类病原微生物的人全血）
98			人血（临床采集，含新发传染病或名录外再现传染病病原微生物的人全血）
99			人血（临床采集，含寄生虫的人全血）
100			人血（临床采集，经过血液传播病原体筛查为阴性的人全血）
101			人血（商品化含《人间传染的病原微生物名录》内一类病原微生物的的人全血）
102	3002909092	人血	人血（商品化含《人间传染的病原微生物名录》内二类病原微生物的人全血）
103			人血（商品化含《人间传染的病原微生物名录》内三类病原微生物的人全血）
104			人血（商品化含《人间传染的病原微生物名录》内四类病原微生物的人全血）
105			人血（商品化经过血液传播病原体筛查为阴性的人全血）
106			人血（临床用捐献配型的特殊血型血液）
107			人血（其他）

续表6

序号	HS 商品编号	HS 商品名称	检验检疫名称
108	3002909099	其他毒素等［包括培养微生物（不包括酵母）及类似产品］	其他毒素等［包括培养微生物（不包括酵母）及类似产品］（医学科研用其他毒素）
109			其他毒素等［包括培养微生物（不包括酵母）及类似产品］（医学科研用其他类毒素）
110			其他毒素等［包括培养微生物（不包括酵母）及类似产品］（人源血细胞）
111			其他毒素等［包括培养微生物（不包括酵母）及类似产品］（临床用捐献配型的骨髓造血干细胞）
112			其他毒素等［包括培养微生物（不包括酵母）及类似产品］（临床用捐献配型的外周血造血干细胞）
113			其他毒素等［包括培养微生物（不包括酵母）及类似产品］（临床用捐献配型的脐带血造血干细胞）
114			其他毒素等［包括培养微生物（不包括酵母）及类似产品］（其他人源干细胞）
115			其他毒素等［包括培养微生物（不包括酵母）及类似产品］［国际知名保藏机构的人源细胞株（系）］
116			其他毒素等［包括培养微生物（不包括酵母）及类似产品］［经基因编辑的人源细胞（细胞株）］
117			其他毒素等［包括培养微生物（不包括酵母）及类似产品］（其他培养的人源细胞）
118			其他毒素等［包括培养微生物（不包括酵母）及类似产品］（《人间传染的病原微生物名录》内第二类真菌）
119			其他毒素等［包括培养微生物（不包括酵母）及类似产品］（《人间传染的病原微生物名录》内第三类真菌）
120			其他毒素等［包括培养微生物（不包括酵母）及类似产品］（《人间传染的病原微生物名录》内的放线菌）
121			其他毒素等［包括培养微生物（不包括酵母）及类似产品］（《人间传染的病原微生物名录》内的衣原体）
122			其他毒素等［包括培养微生物（不包括酵母）及类似产品］（《人间传染的病原微生物名录》内的支原体）
123	3002909099	其他毒素等［包括培养微生物（不包括酵母）及类似产品］	两用物项外的《人间传染的病原微生物名录》内的立克次体
124			其他毒素等［包括培养微生物（不包括酵母）及类似产品］（《人间传染的病原微生物名录》内的螺旋体）
125			其他毒素等［包括培养微生物（不包括酵母）及类似产品］（新发传染病或名录外再现传染病真菌、放线菌、衣原体、支原体、立克次体、螺旋体）
126			其他毒素等［包括培养微生物（不包括酵母）及类似产品］（医用科研用其他真菌、放线菌、衣原体、支原体、立克次体、螺旋体）

续表7

序号	HS 商品编号	HS 商品名称	检验检疫名称
127	3006200000	血型试剂	血型试剂（医学诊断用）
128			血型试剂（医学科研用）
129	3006300000	X光检查造影剂、诊断试剂	X光检查造影剂、诊断试剂（医学诊断用）
130	3502900000	其他白蛋白及白蛋白盐（包括白蛋白衍生物）	白蛋白及白蛋白盐（包括白蛋白衍生物）（用于人类医学、生命科学相关领域，非用于治疗或预防疾病用）
131	3504009000	其他编号未列名蛋白质及其衍生物［包括蛋白胨的衍生物及皮粉（不论是否加入铬矾）］	其他编号未列名蛋白质及其衍生物［包括蛋白胨的衍生物及皮粉（不论是否加入铬矾）］（用于人类医学、生命科学相关领域，非用于治疗或预防疾病用）
132	3507901000	碱性蛋白酶	碱性蛋白酶（用于人类医学、生命科学相关领域）
133	3507902000	碱性脂肪酶	碱性脂肪酶（用于人类医学、生命科学相关领域）
134	3507909010	门冬酰胺酶	门冬酰胺酶（用于人类医学、生命科学相关领域，非用于治疗或预防疾病用）
135	3507909090	其他酶及酶制品	其他酶及酶制品（用于人类医学、生命科学相关领域，非用于治疗或预防疾病用）
136			其他酶及酶制品（用于人类医学、生命科学相关领域，用于治疗或预防疾病用）
137	3821000000	制成的供微生物（包括病毒及类似品）生长或维持用培养基（及制成的供植物、人体或动物细胞生长或维持用的培养基）	制成的供微生物（包括病毒及类似品）生长或维持用培养基（及制成的供植物、人体或动物细胞生长或维持用的培养基）（含人血及其成分、人体组织、细胞、体液、分泌物、排泄物）
138			制成的供微生物（包括病毒及类似品）生长或维持用培养基（及制成的供植物、人体或动物细胞生长或维持用的培养基）（含除人血及其成分、人体组织、细胞、体液、分泌物、排泄物外其他特殊物品成分）
139	3822001000	附于衬背上的诊断或实验用试剂（包括不论是否附于衬背上的诊断或实验用配制试剂）	附于衬背上的诊断或实验用试剂（包括不论是否附于衬背上的诊断或实验用配制试剂）（须取得医疗器械注册证）
140			附于衬背上的的诊断或实验用试剂（包括不论是否附于衬背上的诊断或实验用配制试剂）（含人血及其成分，取得医疗器械注册证的除外）
141			附于衬背上的诊断或实验用试剂（包括不论是否附于衬背上的诊断或实验用配制试剂）（含人体组织、细胞、体液、分泌物、排泄物的，取得医疗器械注册证的除外）
142	3822001000	附于衬背上的诊断或实验用试剂（包括不论是否附于衬背上的诊断或实验用配制试剂）	附于衬背上的的诊断或实验用试剂（包括不论是否附于衬背上的诊断或实验用配制试剂）（含人间传染的病原微生物成分，取得医疗器械注册证的除外）
143			附于衬背上的诊断或实验用试剂（包括不论是否附于衬背上的诊断或实验用配制试剂）（含除人血及其成分、人体组织、细胞、体液、分泌物、排泄物外、病原微生物外其他特殊物品成分的，取得医疗器械注册证的除外）

续表8

序号	HS 商品编号	HS 商品名称	检验检疫名称
144	3822009000	其他诊断或实验用配制试剂	其他诊断或实验用配制试剂（须取得医疗器械注册证）
145			其他诊断或实验用配制试剂（含人血及其成分，取得医疗器械注册证的除外）
146			其他诊断或实验用配制试剂（含人体组织、细胞、体液、分泌物、排泄物的，取得医疗器械注册证的除外）
147			其他诊断或实验用配制试剂（含人间传染的病原微生物成分，取得医疗器械注册证的除外）
148			其他诊断或实验用配制试剂（含除人血及其成分、人体组织、细胞、体液、分泌物、排泄物外、病原微生物外其他特殊物品成分，取得医疗器械注册证的除外）
149	9705000040	含人类遗传资源的组织标本、手术样本	含人类遗传资源的组织标本、手术样本
150	9801009000	其他未分类商品	其他未分类商品［含《人间传染的病原微生物名录》内一类病原微生物的人体体液、分泌物、排泄物（粪肥除外）］
151			其他未分类商品［含《人间传染的病原微生物名录》内二类病原微生物的人体体液、分泌物、排泄物（粪肥除外）］
152			其他未分类商品［含《人间传染的病原微生物名录》内三类病原微生物的人体体液、分泌物、排泄物（粪肥除外）］
153			其他未分类商品［含《人间传染的病原微生物名录》内四类病原微生物的人体体液、分泌物、排泄物（粪肥除外）］
154			其他未分类商品［含《人间传染的病原微生物名录》内含新发传染病或名录外再现传染病病原微生物的人体体液、分泌物、排泄物（粪肥除外）］
155			含寄生虫的人体体液、分泌物、排泄物（粪肥除外）
156			其他未分类商品（活体人体寄生虫）
157			其他未分类商品（非活体寄生虫标本）

海关总署关于延长受疫情影响的暂时进出境货物期限的公告

（海关总署公告2020年第40号）

为支持帮助企业应对新冠肺炎疫情影响，对已办理过3次延期、受疫情影响无法按期复运进出境的暂时进出境货物，主管地海关可凭暂时进出境货物收发货人、ATA单证册持证人的延期办理材料，办理不超过6个月的延期手续。暂时进出境货物收发货人、ATA单证册持证人可通过“互联网+海关”一体化网上办事平台办理延期。

特此公告。

海关总署
2020年3月13日

海关总署关于新型冠状病毒肺炎疫情期间海关查验货物时收发货人可免于到场的公告

（海关总署公告2020年第24号）

为保障新型冠状病毒肺炎疫情防控期间（以下简称疫情期间）进出境货物的快速验放，减少人员聚集，有效防止疫情传播，现就疫情期间海关货物查验时收发货人可免于到场事宜公告如下：

一、收发货人在收到海关货物查验通知后，可选择以下方式，不到场协助海关实施查验：

（一）委托存放货物的海关监管作业场所经营人、运输工具负责人等到场。

（二）通过电子邮件、电子平台等方式告知海关无法到场，海关在收发货人不到场的情况下实施查验。

二、因进出境货物具有特殊属性，需海关查验人员予以特别注意的，收发货人或其代理人应当在海关实施查验前声明。需要收发货人提供相关材料配合海关查验的，收发货人可通过电子邮件等方式向海关发送相关材料的扫描件（盖章）。

三、海关对相关货物完成查验后，由存放货物的海关监管作业场所经营人、运输工具负责人在查验记录上签名确认。

特此公告。

海关总署

2020年2月11日

海关总署关于临时延长汇总征税缴款期限和有关滞纳金、滞报金事宜的公告

（海关总署公告2020年第18号）

为深化落实新型冠状病毒感染的肺炎疫情口岸防控工作，进一步做好报关和纳税服务，现将有关事项公告如下：

一、2020年1月申报的汇总征税报关单，企业可在2月24日前完成应纳税款的汇总电子支付。其他事项仍按照海关总署公告2017年第45号的要求办理。

二、对于缴款期限届满日在2020年2月3日至各省、自治区、直辖市人民政府按照党中央、国务院疫情防控工作部署确定并公布的复工日期期间内的税款缴款书，可顺延至复工之日后15日内缴纳税款。

三、各省、自治区、直辖市人民政府按照党中央、国务院疫情防控工作部署，确定并公布复工日期的，对有关进口货物的滞报金，参照《中华人民共和国海关征收进口货物滞报金办法》第十七条规定，起征日顺延至上述复工日期。

特此公告。

海关总署

2020年2月3日

海关总署关于用于新型冠状病毒感染的肺炎疫情进口捐赠物资办理通关手续的公告

（海关总署公告 2020 年第 17 号）

为确保用于新型冠状病毒感染的肺炎疫情的捐赠物资快速通关，根据《海关法》等法律法规的相关规定，现就进口捐赠物资办理通关手续事宜公告如下：

一、全力保障进口药品、消毒物品、防护用品、救治器械等防控物资快速通关，各直属海关相关通关现场设立进口捐赠物资快速通关专门受理窗口和绿色通道，实施快速验放。

紧急情况下可先登记放行，再按规定补办相关手续。用于防控疫情的涉及国家进口药品管理准许证的医用物资，海关可凭医药主管部门的证明先予放行，后补办相关手续。

二、《慈善捐赠物资免征进口税收暂行办法》（财政部 海关总署 国家税务总局公告 2015 年第 102 号）所列有关物资，紧急情况下海关先登记放行，再按规定补办减免税相关手续。

三、如有相关问题，可拨打海关咨询热线电话 12360 进行咨询。

特此公告。

海关总署

2020 年 1 月 25 日

海关总署关于重新启动出入境人员填写健康申明卡制度的公告

（海关总署公告2020年第16号）

根据国家卫生健康委通报，截至2020年1月24日24时，全国共有29个省（区、市）报告新型冠状病毒感染的肺炎确诊病例1287例，其中死亡41例。泰国等8个国家和中国香港、中国澳门、中国台湾也相继报告了新型冠状病毒感染的肺炎确诊病例，疫情形势日益严峻。

为进一步做好口岸新型冠状病毒感染的肺炎疫情防控工作，防止疫情经口岸传播，根据《中华人民共和国国境卫生检疫法》及其实施细则等法律法规的规定，海关总署经研究决定在全国口岸重新启动出入境人员填写《中华人民共和国出/入境健康申明卡》进行健康申报的制度。出入境人员必须向海关卫生检疫部门进行健康申报，并配合做好体温监测、医学巡查、医学排查等卫生检疫工作。

本公告自发布之日起实施。

特此公告。

海关总署

2020年1月25日

海关总署关于提醒广大出入境人员关注国际旅行健康的公告

（海关总署公告2019年第233号）

近期，埃博拉病毒病、中东呼吸综合征等烈性传染病，黄热病、疟疾、登革热、寨卡病毒病、基孔肯雅热等蚊媒传染病，流感、麻疹、白喉等呼吸道传染病，以及霍乱、诺如病毒感染等消化道传染病在不同国家持续流行，对国际旅行健康带来风险。2020年元旦、春节临近，人员出入境进入高峰，为切实保障出入境人员健康安全，根据《中华人民共和国国境卫生检疫法》及其实施细则等规定，海关总署提醒广大出入境人员关注国际旅行健康。

一、出境前，可登录海关总署网站（http：//www. customs. gov. cn）卫生检疫专栏，查询世界各地疫情动态及疾病预防信息，也可向所在地海关或国际旅行卫生保健中心进行健康咨询。如有需要，可进行相应的预防接种，提前准备药物和防护用品。

二、境外旅行中，要增强防病意识，保持良好的卫生习惯；尽量避免与有传染病症状人员接触；切实做好个人防护，避免被鼠、蚊、蜱等病媒生物叮咬；远离猪、羊、骆驼、蝙蝠等家畜和野生动物；不吃未煮熟的食物、未削皮的水果，不喝未消毒的奶和生水等；如出现传染病症状要及时就医，也可向我国驻当地使领馆寻求帮助。

三、归国途中，如出现传染病症状，要及时、如实告知交通工具上的乘务人员，并配合做好自我隔离和个人防护。

四、入境时，如出现发热、头痛、咳嗽、恶心、呕吐、腹痛、腹泻、皮疹、黄疸、肌肉痛、关节痛、呼吸困难等传染病症状，要主动向海关工作人员进行申报，配合做好医学排查工作。

五、入境后，密切关注身体状况，做好个人健康监测，自我观察2周至3周，期间如出现相关症状，应当立即就医或向当地国际旅行卫生保健中心咨询，并向医生说明近期旅行史，以便得到及时诊断和治疗。

特此公告。

海关总署

2019年12月31日

海关总署关于发布《海关监管作业场所（场地）监控摄像头设置规范》的公告

（海关总署公告2019年第69号）

根据《中华人民共和国海关监管区管理暂行办法》（海关总署令第232号）有关规定，海关总署制定了《海关监管作业场所（场地）监控摄像头设置规范》，现予以发布。

本公告自发布之日起施行。

特此公告。

海关总署

2019年4月22日

海关监管作业场所（场地）监控摄像头设置规范

第一章 总 则

一、根据《中华人民共和国海关监管区管理暂行办法》《海关监管作业场所（场地）设置规范》的相关规定，制定本规范。

二、本规范要求安装监控摄像头的海关监管作业场所（场地）包括：

（一）海关监管作业场所，如水路运输类海关监管作业场所、公路运输类海关监管作业场所、航空运输类海关监管作业场所、铁路运输类海关监管作业场所、快递类海关监管作业场所以及从事边民互市业务的监管作业场所等。

（二）海关集中作业场地，如旅客通关作业场地、邮检作业场地、进境动物隔离检疫场等。

（三）海关监管作业场所（场地）内的功能区，如通用查验场地、口岸前置拦截作业区、进口汽车查验区、动植物产品（含食品）查验区、进口废物原料查验区、供港澳鲜活产品查验区、卫生检疫查验区、公路口岸客车查验区、进境原木检疫处理区、进境大型苗木检疫处理场等，具体设置要求详见《海关监管作业场所（场地）功能区监控摄像头设置规范》（附件1）。

（四）海关作业现场，如免税品商店（含销售场所和监管仓库）、海关对外办理业务大厅、陆路口岸边境通道、停机坪等，具体设置要求详见《海关作业现场监控摄像头设置规范》（附件2）。

三、海关监管作业场所（场地）内的功能区，应在满足对应海关监管作业场所（场地）监控摄像头设置规范要求的基础上，同时满足对应功能区的监控摄像头设置规范要求。

四、海关根据法律、规章的规定和海关实际监管的要求确定监控摄像头的重点监控范围或区域。主要包括：车辆进出通道及卡口、海关查验场地、检疫处理场地（不含第三方检疫场地）、泊位、施解封区、查验地磅、运输工具登临区、航空箱拆板和组板区、旅检大厅等。

重点监控区域应保证监控摄像头点位具有一定的冗余度，确保个别摄像头出现故障时不影响海关对重点监控范围或区域的连续监控。

五、海关监管作业场所（场地）监控摄像头和视频监控系统的其他设备、部件、材料应当符合现行国家行业标准，设备选型、平台系统、集成软件应当与海关现有系统相兼容，相关工程设计及施工应当符合国家有关标准，接入设备及系统符合国家相关安全标准，并应符合相关安全管理部门要求。

海关监管作业场所（场地）监控摄像头、视频监控系统设备选型应当符合《海关视频监控系统技术规范》（HS/T 58），并应根据海关监管需要，在符合上述规范或标准要求的基础上，提高设备选型、建设标准。

六、海关监管作业场所（场地）应当建立满足海关监管要求的视频监控系统，通过视频监控安全设备与海关联网，视频存储时间不少于3个月。

七、海关监管作业场所（场地）应根据海关监管需要，合理设置摄像头安装点、监控范围，并应当采用照明、红外等方式，保证监控摄像头夜间监控的清晰度。

八、海关监管作业场所（场地）应建立符合海关网络安全要求的机房或机柜，用于安置监控摄像头的存储、联网、集成等相关设备。

九、监控摄像头的控制权，是指对摄像头的镜头焦距和监控视角（范围）的调动控制权，分为海关专控和海关主控。海关专控是指监控摄像头只能由海关控制，海关主控是指海关在执行对监控摄像头的调动时，不允许其他控制方调动。

十、海关对与海关联网的监控摄像头实行编码管理，海关监管作业场所（场地）经营单位应当按《海关视频监控摄像头编码规则和图像标识规范》（附件3），对联网的监控摄像头进行统一编码及标识。

十一、海关监管作业场所（场地）监控摄像头应按照《海关监管作业场所（场地）监控摄像头管理要求》（附件4）进行日常管理和运维保障。

十二、本规范适用于对海关监管作业场所（场地）、海关特殊监管区域监控摄像头及相应视频监控系统软硬件的管理。

十三、国家相关管理部门对有关场所、场地或区域的监控摄像头选型和安装、使用有相应规定的，从其规定。海关实施本规范的规定不妨碍其他部门依法履行其职责。

第二章　海关监管作业场所监控摄像头设置规范

第一节　水路运输类海关监管作业场所

一、泊位

（一）应对泊位、装卸区域等设置摄像头监控点。监控范围确保能够清晰监控船舶靠泊、检疫信号悬挂、人员上下、货物装卸和物料添卸、废弃物移下过程。监控摄像头海关主控。

（二）应设置广角或云台摄像头，满足对区域全景式监控要求。监控摄像头海关主控。

二、堆场

（一）应对货物堆存区、货物出入口、场内区间通道、围网（墙）等设置摄像头监控点。监控范围确保能够清晰监控人员进出、货物堆存情况、货物装卸和作业过程。监控摄像头海关主控。

（二）应设置广角或云台摄像头，满足对区域全景式监控要求。监控摄像头海关主控。

三、仓库

（一）应对货物堆存区、装卸区、理货区、货物出入口（卡口）、人员进出通道以及库内区间通道等设置摄像头监控点。监控范围确保能够清晰监控人员进出、货物储存情况、货物装卸和作业过程。监控摄像头海关主控。

（二）应设置广角或云台摄像头，满足对区域全景式监控要求。监控摄像头海关主控。

四、筒仓（贮存散装物料的仓库）

（一）应对货物出入口、装卸区设置摄像头监控点。监控范围确保能够清晰监控货物装卸过程。监控摄像头海关主控。

（二）应设置广角或云台摄像头，满足对区域全景式监控要求。监控摄像头海关主控。

五、暂不予放行货物仓库/场地

（一）应对货物堆存区、出入口、围网（墙）等设置摄像头监控点。监控范围确保能够清晰监控货物进出、人员进出、货物储存情况、货物装卸和作业过程。监控摄像头海关专控。

（二）应设置广角或云台摄像头，满足对区域全景式监控要求。监控摄像头海关专控。

六、卡口

（一）应对卡口的车头前方、车尾位置设置摄像头监控点，监控范围确保能够清晰监控车牌、司机、车辆尾部等情况。监控摄像头海关主控。

（二）应对卡口区域前后各设置广角或云台摄像头，满足对卡口整体区域的全景式监控要求。监控摄像头海关主控。

七、船员专用通道

（一）应对监管运输工具人员进出场所专用通道出入口设置摄像头监控点。监控范围确保能够清晰监控有关人员进出、随身携带物品和办理相关程序的过程。监控摄像头海关主控。

（二）根据海关监管需要设置广角或云台摄像头，满足对该区域全景式监控要求。监控摄像头海关主控。

八、施解封区域

（一）应对运输工具、集装箱施/解封位置设置摄像头监控点，能完整监控车体施/解封过程。监控摄像头海关专控。

（二）在通道进行施封作业的，应满足上述设置要求。

九、围网（墙）

（一）根据海关的监管要求以及摄像头的监控范围，以满足整个围网监控的连续性为原则设置摄像头监控点。监控范围确保能够清晰监控翻墙、抛物等情况。监控摄像头海关主控。

（二）由于机械吊装、履带运输、水岸泊位、铁路轨道等因素无法实现完全封闭的海关监管作业场所，应在相关区域设置摄像头监控点，监控摄像头海关专控。

十、检疫处理区

应对运输工具、集装箱、货物及木质包装等检疫处理作业位置设置摄像头监控点。能够完整监控检疫处理作业过程。监控摄像头海关专控。

十一、内贸区

参照上述区域设置要求执行。

第二节 公路运输类海关监管作业场所

一、卡口

（一）应对卡口的车头前方、车尾位置设置摄像头监控点，监控范围确保能够清晰监控车牌、司机、车辆尾部等情况。监控摄像头海关专控。

（二）应对卡口区域前后各设置广角或云台摄像头，满足对卡口整体区域的全景式监控要求。监控摄像头海关专控。

二、暂不予放行货物仓库/场地

（一）应对货物堆存区、出入口、围网（墙）等设置摄像头监控点。监控范围确保能够清晰监控人员进出、货物储存情况、货物装卸和作业过程。监控摄像头海关专控。

（二）应设置广角或云台摄像头，满足对区域全景式监控要求。监控摄像头海关专控。

三、超期货物存放区

（一）应对货物堆存区、出入口、围网（墙）等设置摄像头监控点。监控范围确保能够清晰监控人员进出、货物储存情况、货物装卸和作业过程。监控摄像头海关主控。

（二）应设置广角或云台摄像头，满足对区域全景式监控要求。监控摄像头海关专控。

四、装卸场地

（一）应对车辆停放装卸区、出入口等设置摄像头监控点。监控范围确保能够清晰监控车牌号、人员进出、货物装卸和作业过程。监控摄像头海关主控。

（二）应设置广角或云台摄像头，满足对区域全景式监控要求。监控摄像头海关专控。

五、运输工具登临检查区

（一）应在对运输工具停靠检查位置设置摄像头监控点。监控范围确保能够清晰监控车牌号、登临作业过程。根据海关监管需要，安装具备车牌识别功能的摄像头。监控摄像头海关专控。

（二）在卡口、查验场地进行运输工具登临检查的，应同时满足上述要求。

六、施/解封区

（一）应对运输工具、集装箱施/解封位置设置摄像头监控点，能完整监控车体施/解封过程。监控摄像头海关专控。

（二）在通道完成施封作业的，应同时满足上述设置要求。

七、围网（墙）

（一）根据海关的监管要求以及摄像头的监控范围，以满足整个围网监控的连续性为原则设置摄像头监控点。监控范围确保能够清晰监控翻墙、抛物等情况。监控摄像头海关主控。

（二）由于机械吊装、履带运输、水岸泊位、铁路轨道等因素无法实现完全封闭的海关监管作业场所，应在相关区域设置摄像头监控点，监控摄像头海关专控。

八、检疫处理区

应对运输工具、集装箱、货物及木质包装等检疫处理作业位置设置摄像头监控点。能够完整监控检疫处理作业过程。监控摄像头海关专控。

九、内贸区

参照上述区域设置要求执行。

第三节　航空运输类海关监管作业场所

一、仓库

（一）应对货物堆存区、装卸区、拆板和组板区、集拼区、理货区、仓库货物出入口、提货和交货通道（区域）、人员进出通道以及库内区间通道等设置摄像头监控点。监控范围确保能够清晰监控人员进出、货物储存、装卸和作业过程。监控摄像头海关主控。

（二）应设置广角或云台摄像头，满足对区域全景式监控要求。监控摄像头海关主控。

二、暂不予放行货物仓库/场地

（一）应对货物堆存区、出入口、围网（墙）等设置摄像头监控点。监控范围确保能够清晰监控人员进出、货物储存、装卸和作业过程。监控摄像头海关主控。

（二）应设置广角或云台摄像头，满足对区域全景式监控要求。监控摄像头海关主控。

三、超期货物存放区

（一）应对货物堆存区、出入口、围网（墙）等设置摄像头监控点。监控范围确保能够清晰监控人员进出、货物储存、装卸和作业过程。监控摄像头海关主控。

（二）应设置广角或云台摄像头，满足对区域全景式监控要求。监控摄像头海关主控。

四、装卸场地

（一）应对车辆停放装卸区、出入口、围网（墙）等设置摄像头监控点。监控范围确保能够清晰监控车牌号、人员进出、货物装卸和作业过程。监控摄像头海关主控。

（二）应设置广角或云台摄像头，满足对区域全景式监控要求。监控摄像头海关主控。

五、卡口

（一）应对卡口的车头前方、车尾位置设置摄像头监控点，监控范围确保能够清晰监控车牌、司机、车辆尾部等情况。监控摄像头海关主控。

（二）应对卡口区域前后各设置广角或云台摄像头，满足对卡口整体区域的全景式监控要求。监控摄像头海关主控。

（三）应对空侧进出口设置摄像头监控点。监控范围确保能够清晰监控人员进出、货物储存、装卸和作业过程，并应设置广角或云台摄像头，满足对区域全景式监控要求。监控摄像头海关主控。

六、围网（墙）

（一）根据海关的监管要求以及摄像头的监控范围，以满足整个围网监控的连续性为原则设置摄像头监控点。监控范围确保能够清晰监控翻墙、抛物等情况。监控摄像头海关主控。

（二）由于机械吊装、履带运输、水岸泊位、铁路轨道等因素无法实现完全封闭的海关监管作业场所，应在相关区域设置摄像头监控点，监控摄像头海关专控。

七、检疫处理区

应对运输工具、集装箱、货物及木质包装等检疫处理作业位置设置摄像头监控点。能够完整监控检疫处理作业过程。监控摄像头海关专控。

八、内贸区

参照上述区域设置要求执行。

第四节　铁路运输类海关监管作业场所

一、铁路到发线

应在列车抵达、驶离到发线的固定轨道线路两侧设置摄像头监控点，对铁路线进行交叉式监控。监控范围确保能够监控车辆抵达、驶离情况，监控画面应覆盖列车整体情况，并确保车辆处于连续监控。监控摄像头海关主控。

二、运输工具登临检查区

（一）在列车停靠位置高点设置摄像头监控点。监控范围确保能够清晰监控列车车头整体情况、人员实时动态。监控摄像头海关主控。

（二）根据海关监管需要，安装具备对现场作业人员的清晰辨识（或智能识别）功能的摄像头。监控摄像头海关主控。

三、固定式（列车）H986 作业区

（一）每台非侵入式检查设备检入、检出口各对应设置摄像头监控点，监控范围确保能够清晰监控列车出入的全过程。监控摄像头海关主控。

（二）在机检通道内高位设置广角或云台摄像头，监控范围确保能够清晰监控货物机检检查的整个过程。

四、卡口

（一）应对卡口的车头前方、车尾位置设置摄像头监控点，监控范围确保能够清晰监控车牌、司机、车辆尾部等情况。监控摄像头海关主控。

（二）应对卡口区域前后各设置广角或云台摄像头，满足对卡口整体区域的全景式监控要求。监控摄像头海关主控。

五、室内/外作业区

（一）应对运输工具停靠、装卸作业等区域设置摄像头监控点。监控范围覆盖海关作业现场整体区域，确保能够清晰监控作业现场的货物装卸情况。监控摄像头海关主控。

（二）在高点位置设置广角或云台摄像头，满足对作业区域的全景式监控要求。监控摄像头海关主控。

（三）根据海关监管需要，安装具备对现场作业人员的清晰辨识（或智能识别）功能的摄像头。监控摄像头海关主控。

六、暂不予放行货物仓库/场地

（一）应对货物堆存区、出入口、围网（墙）等设置摄像头监控点。监控范围确保能够清晰监控货物进出、人员进出、货物储存情况、货物装卸和作业过程。监控摄像头海关主控。

（二）应设置广角或云台摄像头，满足对区域全景式监控要求。监控摄像头海关主控。

七、超期货物存放区

（一）应在货物堆存区、出入口、围网（墙）等设置摄像头监控点。监控范围确保能够清晰监控货物进出、人员进出、货物储存情况、货物装卸和作业过程。监控摄像头海关主控。

（二）应设置广角或云台摄像头，满足对区域全景式监控要求。监控摄像头海关主控。

八、施/解封区

（一）应对运输工具、集装箱施/解封位置设置摄像头监控点，能完整监控车体施/解封过程。监控摄像头海关专控。

（二）在通道进行施封作业的，应满足上述设置要求。

九、围网（墙）

（一）根据海关的监管要求以及摄像头的监控范围，以满足整个围网监控的连续性为原则设置摄像头监控点。监控范围确保能够清晰监控翻墙、抛物等情况。监控摄像头海关主控。

（二）由于机械吊装、履带运输、水岸泊位、铁路轨道等因素无法实现完全封闭的海关监管作业场所，应在相关区域设置摄像头监控点，监控摄像头海关专控。

十、检疫处理区

应对运输工具、集装箱、货物及木质包装等检疫处理作业位置设置摄像头监控点。能够完整监控检疫处理作业过程。监控摄像头海关专控。

十一、内贸区

参照上述区域设置要求执行。

第五节　快递类海关监管作业场所

一、理货区

（一）应对货物堆存区、装卸区、货物出入口（卡口）、人员进出通道、库内区间通道、围网

（墙）等设置摄像头监控点。监控范围确保能够清晰监控货物进出、人员进出、货物储存情况、货物装卸和作业过程。监控摄像头海关主控。

（二）应设置广角或云台摄像头，满足对区域全景式监控要求。监控摄像头海关主控。

二、待查验区和待放行区

（一）应对货物堆存区、装卸区、货物出入口（卡口）、人员进出通道、库内区间通道、围网（墙）等设置摄像头监控点。监控范围确保能够清晰监控货物进出、人员进出、货物储存情况、货物装卸和作业过程。监控摄像头海关主控。

（二）应设置广角或云台摄像头，满足对区域全景式监控要求。监控摄像头海关主控。

三、自动传输和分拣设备

（一）应对自动传输和分拣设备的上线口、下线口、线体以及设备与查验室连接通道等设置摄像头监控点。监控范围确保能够清晰监控货物进出自动传输和分拣设备、货物进出查验室和作业过程。监控摄像头海关主控。

（二）应设置广角或云台摄像头，满足对区域全景式监控要求。监控摄像头海关主控。

四、放行区

（一）应对货物堆存区、装卸区、货物出入口（卡口）、人员进出通道、库内区间通道、围网（墙）等设置摄像头监控点。监控范围确保能够清晰监控货物进出、人员进出、货物储存情况、货物装卸和作业过程。监控摄像头海关主控。

（二）应设置广角或云台摄像头，满足对区域全景式监控要求。监控摄像头海关主控。

五、查验区（室）

（一）应对机检查验室、人工查验室、货物出入口、机检屏幕、人工查验台等设置摄像头监控点。监控范围确保能够清晰监控货物进出、机检过程、人工查验等作业过程。监控摄像头海关主控。

（二）应设置广角或云台摄像头，满足对区域全景式监控要求。摄像头海关专控。

六、暂不予放行货物仓库/场地

（一）应对货物堆存区、出入口、围网（墙）等设置摄像头监控点。监控范围确保能够清晰监控货物进出、人员进出、货物储存情况、货物装卸和作业过程。监控摄像头海关主控。

（二）应设置广角或云台摄像头，满足对区域全景式监控要求。监控摄像头海关主控。

七、超期货物存放区

（一）应在货物堆存区、出入口、围网（墙）等设置摄像头监控点。监控范围确保能够清晰监控货物进出、人员进出、货物储存情况、货物装卸和作业过程。监控摄像头海关主控。

（二）应设置广角或云台摄像头，满足对区域全景式监控要求。监控摄像头海关主控。

八、卡口

（一）应对卡口的车头前方、车尾位置设置摄像头监控点，监控范围确保能够清晰监控车牌、司机、车辆尾部等情况。监控摄像头海关主控。

（二）应对卡口区域前后各设置广角或云台摄像头，满足对卡口整体区域的全景式监控要求。监控摄像头海关主控。

九、围网（墙）

（一）根据海关的监管要求以及摄像头的监控范围，以满足整个围网监控的连续性为原则设置摄像头监控点。监控范围确保能够清晰监控翻墙、抛物等情况。监控摄像头海关主控。

（二）由于机械吊装、履带运输、水岸泊位、铁路轨道等因素无法实现完全封闭的海关监管作业场所，应在相关区域设置摄像头监控点，监控摄像头海关专控。

十、检疫处理区

应对运输工具、集装箱、货物及木质包装等检疫处理作业位置设置摄像头监控点。能够完整监控检疫处理作业过程。监控摄像头海关专控。

第六节　从事边民互市业务的海关监管作业场所

一、卡口

（一）应对卡口的车头前方、车尾位置设置摄像头监控点，监控范围确保能够清晰监控车牌、司机、车辆尾部等情况。监控摄像头海关主控。

（二）应对卡口区域前后各设置广角或云台摄像头，满足对卡口整体区域的全景式监控要求。监控摄像头海关主控。

二、一线安全准入检查区

应对运输工具停靠检查位置、登临作业设置摄像头监控点。监控范围确保能够清晰监控车牌号、登临作业过程。根据海关监管需要实现车牌识别功能。监控摄像头海关专控。

三、交易区

（一）应对交易商铺、柜台等交易区设置摄像头监控点。监控范围确保能够清晰监控边民交易行为过程。监控摄像头海关主控。

（二）应设置广角或云台摄像头，满足对区域全景式监控要求。监控摄像头海关主控。

四、结算区

（一）应对收银台、业务办理窗口等位置设置摄像头监控点，监控范围确保能够清晰监控边民结算的全过程。监控摄像头海关主控。

（二）应设置广角或云台摄像头，满足对区域全景式监控要求。监控摄像头海关主控。

五、申报区

（一）应对申报台、申报窗口设置摄像头监控点，监控范围确保能够清晰监控边民申报全过程。监控摄像头海关主控。

（二）根据海关监管需要，申报台摄像头、申报机实现人脸识别功能。监控摄像头海关专控。

六、待检区

（一）应对停靠检查位置、出入口设置摄像头监控点。监控范围确保能够清晰监控车辆车牌号、停靠位置、车辆和人员进出过程。监控摄像头海关主控。

（二）应设置广角或云台摄像头，满足对区域全景式监控要求。监控摄像头海关专控。

七、待放行区

（一）应对运输工具停靠检查位置、出入口设置摄像头监控点。监控范围确保能够清晰监控车辆车牌号、停靠位置、车辆和人员进出过程。监控摄像头海关主控。

（二）应设置广角或云台摄像头，满足对区域全景式监控要求。监控摄像头海关专控。

八、物流通道

应对进入卡口至离开卡口的主要物流通道设置相应的摄像头监控点，监控范围确保能够清晰监控车辆动态、车辆特征，沿途对完整物流链进行监控。监控摄像头海关主控。

九、暂不予放行货物仓库/场地

（一）应对货物堆存区、出入口、围网（墙）等设置摄像头监控点。监控范围确保能够清晰监控人员进出、货物储存情况、货物装卸和作业过程。监控摄像头海关主控。

（二）应设置云台摄像头，满足对区域全景式监控要求。监控摄像头海关主控。

十、围网（墙）

（一）根据海关的监管要求以及摄像头的监控范围，以满足整个围网监控的连续性为原则设置摄像头监控点。监控范围确保能够清晰监控翻墙、抛物等情况。监控摄像头海关主控。

（二）闸口式边民互市类场所相关区域的监控摄像头应比照上述要求设置。

第三章　海关集中作业场地监控摄像头设置规范

第一节　旅客通关作业场地

一、旅检大厅

（一）卫生检疫区

1. 现场监测作业区。

应对卫生检疫等候区域、医学巡查专用区域、体温监测区域、核生化有害因子监测区域、健康申报及咨询台、卫生检疫查验台设置摄像头监控点。监控范围确保能够清晰监控人员等候、通过秩序以及医学巡查、体温监测、申报咨询等海关作业过程。摄像头应具备音频采集功能，满足对卫生检疫作业过程进行清晰录音的要求。并应设置广角或云台摄像头，满足对区域全景式监控要求。监控摄像头海关专控。

2. 现场排查处置作业区。

（1）应对医学排查室、（负压）临时留验室、隔离室、传染病病原体快速检测实验室、旅行健康室、核生化排查处置室、核生化应急处置室、突发卫生事件应急处置室、洗消室、应急物资储备室、独立转诊通道等各类功能用房设置摄像头监控点。监控范围确保能够清晰监控各区域海关作业过程。根据海关监管需要，安装具备对作业人员的清晰辨识（或智能识别）功能的摄像头。摄像头应具备音频采集功能，满足对申报作业过程进行清晰录音的要求。并应设置广角或云台摄像头，满足对区域全景式监控要求。监控摄像头海关专控。

（2）根据海关管理要求，对现场排查处置作业区各类技术用房出入口及内部作业区域设置摄像头监控点。摄像头应具备音频采集功能，满足对申报作业过程进行清晰录音的要求。监控摄像头海关专控。

3. 临时隔离处置区域。

应在临时隔离处置区域上端设置摄像头监控点。监控范围确保能够清晰监控人员通过秩序、海关作业过程。根据海关监管需要，安装具备对现场通过人员及作业人员的清晰辨识（或智能识别）功能的摄像头。监控摄像头海关专控。

4. 应以固定摄像头和云台摄像头组合的方式，实现对该区域的交叉覆盖，满足对该区域全景式监控要求。现场排查处置作业区还应具备音频采集功能，满足对排查、处置的全过程进行清晰录音的要求。监控摄像头海关主控。

（二）申报区

应对申报台及申报等候区设置摄像头监控点，监控范围确保能够清晰监控申报作业过程。摄像头应具备音频采集功能，满足对申报作业过程进行清晰录音的要求。监控摄像头海关专控。

（三）识别和拦截区

1. 应对通道的旅客行走范围、通道机检设备区设置摄像头监控点，监控范围确保能清晰监控旅客行进过程及海关作业过程。应以固定摄像头和云台摄像头组合的方式，实现对该区域的交叉覆盖，满足对区域全景式监控要求。监控摄像头海关主控。

2. 应对工作人员通道的人员行走范围设置摄像头监控点，监控范围确保能清晰监控工作人员进出情况。应以固定摄像头和云台摄像头组合的方式，实现对该区域的交叉覆盖的监控要求。监控摄像头海关主控。

（四）查验区

1. 应对人工查验台等作业区域设置摄像头监控点，监控范围确保能够清晰监控查验作业过程。摄像头应具备音频采集功能，满足对查验作业过程进行清晰录音的要求。并应在查验台正上方设置至少1个云台摄像头，满足在查验作业过程中对查验物品的清晰监控要求。监控摄像头海关专控。

2. 应对机检显示屏位置设置摄像头监控点，监控范围确保能够清晰监控关员作业情况及机检显示屏图像。监控摄像头海关专控。

（五）集中处置区

1. 应对问讯室出入口、海关执法作业区域设置摄像头监控点，监控范围确保能够清晰监控问讯过程。摄像头应具备音频采集功能，满足对问讯过程进行清晰录音的要求。监控摄像头海关专控。

2. 应对海关处置区人员进出、海关执法作业区域设置摄像头监控点，监控范围确保能够清晰监控处置作业过程。摄像头应具备音频采集功能，满足对处置作业过程进行清晰录音的要求。监控摄像头海关专控。

3. 应对暂不予放行物品仓库货物堆存区域、出入口设置摄像头监控点，监控范围确保能清晰监控人员进出及物品储存情况。应以固定摄像头和云台摄像头组合的方式，实现对该区域的交叉覆盖的监控要求。监控摄像头海关专控。

二、水路运输旅检类现场

（一）泊位（邮轮、游艇、客轮泊位）

1. 应对人员船舶停靠、登离船口、行李物品装卸口区域设置摄像头监控点，监控范围确保能清晰监控船舶、人员登离船过程及行李物品装卸过程。监控摄像头海关主控。

2. 应设置广角或云台摄像头，满足对区域全景式监控要求。监控摄像头海关主控。

（二）缓冲区

1. 缓冲区是指出境人员办理海关手续前及完成通关手续后离开边境线、进境人员离开运输工具至海关申报区域的范围（边检作业区除外）。

2. 应对缓冲区人员行走通道或行走范围设置摄像头监控点，监控范围确保能清晰监控人员行进过程，并应设置广角或云台摄像头，满足对区域全景式监控要求。监控摄像头海关主控。

（三）行李装卸区

应对行李装卸区设置摄像头监控点，监控范围确保能清晰监控行李装卸全过程。监控摄像头海关主控。

（四）先期机检区

设置有先期机检区的，应对机检上线、下线等作业区域设置摄像头监控点，监控范围确保能清晰监控托运行李机检过程。应以固定摄像头和云台摄像头组合的方式，实现对该区域的交叉覆盖的监控要求。监控摄像头海关专控。

（五）托运行李物品集中/提取区

应对行李物品集中/提取、提取行李物品人员设置摄像头监控点，监控范围确保能全方位监控该区域监管秩序。应以固定摄像头和云台摄像头组合的方式，实现对该区域的交叉覆盖的监控要求，并应设置广角或云台摄像头，满足对区域全景式监控要求。监控摄像头海关主控。

（六）行政车辆卡口

应对卡口的车头前方、车尾位置设置摄像头监控点，监控范围确保能够清晰监控车牌、司机、车辆尾部等情况。并应设置广角或云台摄像头，满足对区域全景式监控要求。监控摄像头海关主控。

（七）工作人员通道

应对通道的工作人员行走范围设置摄像头监控点，监控范围确保能清晰监控工作人员通道人员进出情况。应以固定摄像头和云台摄像头组合的方式，实现对该区域的交叉覆盖的监控要求。监控摄像头海关主控。

三、公路口岸旅检类现场

（一）上、下客区域

现场设有上、下客区域的，应对车辆停靠位置、人员上下区域设置摄像头监控点，监控范围确保能清晰监控车辆车牌、旅客上下车及行李装卸过程。监控摄像头海关主控。

（二）缓冲区

1. 缓冲区是指出境人员办理海关手续前及完成通关手续后离开边境线、进境人员离开运输工具至海关申报区域的范围（边检作业区除外）。

2. 应对缓冲区人员行走通道或行走范围设置摄像头监控点，监控范围确保能清晰监控人员行进过程。并应设置广角或云台摄像头，满足对区域全景式监控要求。监控摄像头海关主控。

（三）旅检车道卡口

应对车道卡口的车头前方、车尾位置设置摄像头监控点，监控范围确保能够清晰监控进出卡口车辆的车牌、司机及车辆尾部情况。并应设置广角或云台摄像头，满足对区域全景式监控要求。监控摄像头海关主控。

（四）工作人员通道

应对通道的工作人员行走范围设置摄像头监控点，监控范围确保能清晰监控工作人员进出情况。应以固定摄像头和云台摄像头组合的方式，实现对该区域的交叉覆盖的监控要求。监控摄像头海关主控。

（五）旅检车辆查验区

应对实施查验作业的区域设置摄像头监控点，监控范围确保能清晰监控查验作业全过程。并应在查验区内高处设置广角或云台摄像头，满足对区域全景及场地内监管秩序的全方位监控要求。查验区内设有旅检车辆机检设备的，监控范围应满足对客运车辆机检查验全过程的监控。监控摄像头海关主控。

（六）围网（墙）

根据海关的监管要求以及摄像头的监控范围，以满足整个围网监控的连续性为原则设置摄像头监控点。监控范围确保能够清晰监控翻墙、抛物等情况。监控摄像头海关主控。

四、航空口岸旅检类现场

（一）缓冲区

1. 缓冲区是指出境人员办理海关手续前及完成通关手续后离开边境线、进境人员离开运输工具至海关申报区域的范围（边检作业区除外）。

2. 应对缓冲区人员行走通道或行走范围设置摄像头监控点，监控范围确保能清晰监控人员行进过程。并应设置广角或云台摄像头，满足对区域全景式监控要求。监控摄像头海关主控。

（二）行李装卸区

应对行李物品的装卸区域、作业人员设置摄像头监控点，监控范围确保能清晰监控行李装卸全过程。监控摄像头海关主控。

（三）先期机检区

应对机检上线、下线等作业区域设置摄像头监控点，监控范围确保能清晰监控托运行李机检过程。应以固定摄像头和云台摄像头组合的方式，实现对该区域的交叉覆盖的监控要求。监控摄像头海关主控。

（四）托运行李提取区

应对每个行李转盘设置摄像头监控点，满足对所有转盘托运行李提取的监控需求。并应设置广角或云台摄像头，满足对区域全景式监控要求。监控摄像头海关主控。

（五）工作人员通道

应对通道的工作人员行走范围设置摄像头监控点，监控范围确保能清晰监控工作人员进出情况。应以固定摄像头和云台摄像头组合的方式，实现对该区域的交叉覆盖的监控要求。监控摄像头海关主控。

（六）国际中转、过境区域

航空口岸设置有国际中转、过境区域的，国际中转区域和过境区域参照旅检大厅摄像头设置规范进行设置。监控摄像头海关主控。

五、铁路口岸旅检类现场

（一）月台

应在月台两端分别设置摄像头监控点，监控范围确保能清晰监控旅客上下车情况。

（二）缓冲区

1. 缓冲区是指出境人员办理海关手续前及完成通关手续后离开边境线、进境人员离开运输工具至海关申报区域的范围（边检作业区除外）。

2. 应对缓冲区人员行走通道或行走范围设置摄像头监控点，监控范围确保能清晰监控人员行进过程。并应设置广角或云台摄像头，满足对区域全景式监控要求。监控摄像头海关主控。

（三）行政车辆卡口

应对卡口的车头前方、车尾位置设置摄像头监控点，监控范围确保能够清晰监控车牌、司机、车辆尾部等情况。并应设置广角或云台摄像头，满足对区域全景式监控要求。监控摄像头海关主控。

（四）工作人员通道

应对通道的工作人员行走范围设置摄像头监控点，监控范围确保能清晰监控工作人员通道人员进出情况。应以固定摄像头和云台摄像头组合的方式，实现对该区域的交叉覆盖的监控要求。监控摄像头海关主控。

（五）围网（墙）

1. 根据海关的监管要求以及摄像头的监控范围，以满足整个围网监控的连续性为原则设置摄像头监控点。监控范围确保能够清晰监控翻墙、抛物等情况。监控摄像头海关主控。

第二节　邮检作业场地

一、邮件装卸区

（一）应对车辆停放装卸区、出入口、围网（墙）等设置摄像头监控点。监控范围确保能够清晰监控车牌号、人员进出、邮件装卸和作业过程。监控摄像头海关主控。

（二）应设置广角或云台摄像头，满足对区域全景式监控要求。监控摄像头海关主控。

二、分拨（处理）区

应对邮件分拨（处理）作业的区域设置摄像头监控点，监控范围确保能够清晰监控邮件分拨

（处理）全过程。

三、自动传输和分拣设备

（一）应对自动传输和分拣设备的上线口、下线口、线体以及设备与查验室连接通道等设置摄像头监控点。监控范围确保能够清晰监控邮件进出自动传输和分拣设备、邮件进出查验室和作业过程。监控摄像头海关主控。

（二）应设置广角或云台摄像头，满足对区域全景式监控要求。监控摄像头海关主控。

四、查验区（室）

（一）应对机检查验室、人工查验室、邮件出入口、机检屏幕、人工查验台以及毒品快速检测室、检疫隔离仓库、检疫鉴定初筛室等设置摄像头监控点。监控范围确保能够清晰监控货物进出、机检过程、人工查验等作业过程。监控摄像头海关专控。

（二）应设置广角或云台摄像头，满足对区域全景式监控要求。摄像头海关专控。

五、海关处置区

（一）留存邮件仓库等海关处置区设置摄像头监控点，监控范围确保能够清晰监控鉴定、隔离、检疫处理等作业过程。监控摄像头海关专控。

（二）应设置广角或云台摄像头，满足对区域全景式监控要求。摄像头海关专控。

六、印刷品及音像制品审查室

应对室内、出入口设置摄像头监控点，监控范围确保能清晰监控人员进出及作业过程。摄像头海关专控。

七、未办结海关手续的邮件存放区（存放待申报、待查验、待处置等各类未办结海关手续邮件的仓库）

应对邮件存放区域、出入口设置摄像头监控点，监控范围确保能清晰监控人员进出及邮件存放情况。摄像头海关专控。

第三节　进境动物隔离检疫场

、围网（墙）和场所出入卡口

应安装摄像头，满足对人员和货物出入场所情况进行监控的要求。监控摄像头海关专控。

二、装卸区域

应安装云台摄像头，摄像头视角应能监控货物外观状态，满足对货物的装卸、装车等情况进行监控的要求。摄像头海关专控。

三、隔离作业区

四角及居中的高点位置安装云台摄像头，满足对区域全景及场地内监管秩序的全方位监控、监控查验动物生长、生活情况以及隔离作业全过程。摄像头海关专控。

四、隔离检疫区

出入口应安装摄像头，满足对货物和人员进出场情况进行监控的要求。摄像头海关专控。

五、技术用房出入口

应安装摄像头，满足对人员出入情况进行监控的要求。摄像头海关专控。

附件：1. 海关监管作业场所（场地）功能区监控摄像头设置规范
　　　2. 海关作业现场监控摄像头设置规范
　　　3. 海关视频监控摄像头编码规则和图像标识规范
　　　4. 海关监管作业场所（场地）监控摄像头管理要求

附件 1

海关监管作业场所（场地）功能区监控摄像头设置规范

第一章　通用查验场地

监管作业场所（场地）设置有集装箱/箱式货车承载货物查验场地、H986 机检查验场地的，监控摄像头应按照下述规范要求设置。

一、集装箱/箱式货车承载货物查验场地

（一）应对查验作业区、查验货物堆存区、货物出入口、围网（墙）等区域设置摄像头，监控范围确保能够清晰监控查验货物堆存情况、查验作业过程。

（二）在查验场地四角及场地居中的高点位置安装云台摄像头，满足对区域全景及场地内监管秩序的全方位监控需求。

（三）实施查验作业的区域应安装摄像头，摄像头视角应能监控已掏出货物的堆放情况、对应停靠点停放集装箱/箱式货车的箱/车底情况以及查验作业全过程。

（四）查验场地配置 CT 机、X 光机等非侵入式机检设备的，应针对非侵入式机检设备设置摄像头监控点，确保能够清晰监控货物上线口和机检检查全过程。

（五）集装箱/箱式货车承载货物查验场地的监控摄像头均由海关专控。

（六）海关集约化封闭式集装箱查验场地应按照《海关集约化封闭式集装箱查验场地设置规范》有关视频监控系统要求设置摄像头。

二、H986 机检查验场地

（一）机检区。

1. 按照 H986 机检设备的建设要求对设备内部、检入口、检出口等设置摄像头监控点，监控范围确保能够清晰监控机检查验作业过程。

2. 对 H986 机检设备房（棚）外围车辆通道设置摄像头监控点，监控范围确保能够清晰监控车辆进出过程。并应设置广角或云台摄像头，满足对区域全景式监控要求。

3. 为 H986 机检设备专门单独设立场所的，除满足上述设置要求，还应对场所的卡口通道、场内车辆通道、围网（墙）等设置摄像头监控点。监控范围确保能够清晰监控车辆进出过程。并应设置广角或云台摄像头，满足对区域全景式监控要求。

（二）审像区（包括检验检疫判图区）。

按照海关管理要求设置摄像头监控点，实现对机检显示屏图像和机检查验人员作业情况的监控。

（三）H986 机检查验场地的监控摄像头均由海关专控。

第二章　口岸前置拦截作业区

一、水运口岸海关前置拦截作业区

（一）登轮检疫处理及检查区

应按照本规范中水路运输类监管作业场所泊位的监控摄像头设置要求进行设置。

（二）核生化处置区

1. 应在运输工具停靠、区间通道等位置设置摄像头监控点。监控范围确保能够清晰监控人员进出和核生化处置作业过程。监控摄像头海关主控。

2. 应设置广角或云台摄像头，满足对区域全景式监控要求。监控摄像头海关主控。

3. 安装核辐射探测门的，应在运输工具核辐射探测的检入口、检出口位置设置摄像头监控点，监控范围确保能够清晰监控和辐射探测作业过程。

（三）先期机检作业区

应按照本规范中查验场地的H986机检查验场地的监控摄像头设置要求进行设置。

（四）人工检查作业区

1. 应在对运输工具停靠检查位置设置摄像头监控点。监控范围确保能够清晰监控车牌号、人工检查作业过程。监控摄像头海关主控。

2. 根据海关监管需要，安装具备车牌识别功能以及对现场作业人员的清晰辨识（或智能识别）功能的摄像头。监控摄像头海关专控。

3. 设有集装箱/箱式货车承载货物查验场地的，还应同时满足本规范中查验场地的集装箱/箱式货车承载货物查验场地监控摄像头的设置要求。

（五）检疫处理区

1. 应对运输工具、集装箱、货物出入口、区间通道等设置摄像头监控点。监控范围确保能够清晰监控运输工具、集装箱、货物及人员进出，清晰监控检疫处理作业过程。监控摄像头海关主控。

2. 应设置广角或云台摄像头，满足对区域全景式监控要求。监控摄像头海关主控。

（六）技术用房

根据海关管理要求，对技术用房出入口及内部作业区域设置摄像头监控点。监控摄像头海关专控。

（七）暂存区（库）

1. 应对货物堆存区、装卸区、暂存区（库）出入口（卡口）、人员进出通道以及库内区间通道等设置摄像头监控点。监控范围确保能够清晰监控人员进出、货物储存、装卸和作业过程。监控摄像头海关主控。

2. 应设置广角或云台摄像头，满足对区域全景式监控要求。监控摄像头海关主控。

（八）卡口

应按照本规范中水路运输类监管作业场所卡口的监控摄像头设置要求进行设置。

（九）其他

设置在水路运输类监管作业场所内的口岸前置拦截作业场地或口岸前置拦截作业场地不同功能区的监控摄像头设置，还需同时满足水路运输类监管作业场所的监控摄像头设置要求。

二、公路口岸海关前置拦截作业区

（一）运输工具登临检疫处理及检查区

1. 应在对运输工具停靠检查位置设置摄像头监控点。监控范围确保能够清晰监控车牌号、登临检疫处理及检查作业过程。监控摄像头海关专控。

2. 根据海关监管需要，安装具备车牌识别功能以及对现场作业人员的清晰辨识（或智能识别）功能的摄像头。监控摄像头海关专控。

（二）运输工具消毒通道/轮胎消毒池

1. 应在对运输工具消毒停靠位置设置摄像头监控点。监控范围确保能够清晰监控车牌号、消毒作业过程。监控摄像头海关专控。

2. 根据海关监管需要，安装具备车牌识别功能以及对现场作业人员的清晰辨识（或智能识别）功能的摄像头。监控摄像头海关专控。

（三）核生化处置区

1. 应在运输工具停靠、区间通道等位置设置摄像头监控点。监控范围确保能够清晰监控人员进出和核生化处置作业过程。监控摄像头海关专控。

2. 应设置广角或云台摄像头，满足对区域全景式监控要求。监控摄像头海关主控。

3. 安装核辐射探测门的，应在运输工具核辐射探测的检入口、检出口位置设置摄像头监控点，监控范围确保能够清晰监控和辐射探测作业过程。

（四）先期机检作业区

应按照本规范中查验场地的 H986 机检查验场地的监控摄像头设置要求进行设置。

（五）人工查验作业区

1. 应在运输工具停靠检查位置设置摄像头监控点。监控范围确保能够清晰监控车牌号、人工检查作业过程。监控摄像头海关专控。

2. 根据海关监管需要，安装具备车牌识别功能以及对现场作业人员的清晰辨识（或智能识别）功能的摄像头。监控摄像头海关专控。

3. 设有集装箱/箱式货车承载货物查验场地的，还应同时满足本规范中查验场地的集装箱/箱式货车承载货物查验场地监控摄像头的设置要求。

4. 配备非侵入式检查设备的，应针对非侵入式机检设备设置摄像头监控点，确保能够清晰监控货物上线口和机检检查全过程。监控摄像头海关专控。

（六）检疫处理区

1. 应在运输工具、集装箱、货物出入口、区间通道等位置设置摄像头监控点。监控范围确保能够清晰监控运输工具、集装箱、货物及人员进出，清晰监控检疫处理作业过程。监控摄像头海关主控。

2. 应设置广角或云台摄像头，满足对区域全景式监控要求。监控摄像头海关专控。

（七）技术用房

根据海关管理要求，对技术用房出入口及内部作业区域设置摄像头监控点。监控摄像头海关专控。

（八）暂存区（库）

1. 应对货物堆存区、装卸区、暂存区（库）出入口（卡口）、人员进出通道以及库内区间通道等设置摄像头监控点。监控范围确保能够清晰监控人员进出、货物储存、装卸和作业过程。监控摄像头海关主控。

2. 应设置广角或云台摄像头，满足对区域全景式监控要求。监控摄像头海关主控。

（九）卡口

应按照本规范中公路运输类监管作业场所卡口的监控摄像头设置要求进行设置。

（十）其他

设置在公路运输类监管作业场所内的口岸前置拦截作业场地或口岸前置拦截作业场地不同功能区的监控摄像头设置，还需同时满足公路运输类监管作业场所的监控摄像头设置要求。

三、航空口岸海关前置拦截作业区

（一）指定检疫廊桥/指定检疫机位

1. 应对航空器停机位、廊桥、机位编号、航空器编号、人员上下及物料添卸区域设置摄像头监控点，确保能够清晰监控航空器抵、离停机位，廊桥接驳、货物装卸、混载货物航空器的货物装卸、人员上下及物料添卸情况。

2. 应设置广角或云台摄像头，满足对区域全景式监控要求。

（二）消毒区

能够覆盖整个作业区域，实现对消毒作业全过程的监控。

（三）检疫处理区

1. 应对运输工具、航空集装箱、货物、物品出入口、区间通道等设置摄像头监控点。监控范围确保能够清晰监控运输工具、航空集装箱、货物、物品及人员进出，清晰监控检疫处理作业过程。监控摄像头海关主控。

2. 应设置广角或云台摄像头，满足对区域全景式监控要求。监控摄像头海关主控。

（四）核辐射探测及隔离处置区

1. 应对运输工具、航空集装箱、货物、物品出入口、区间通道等设置摄像头监控点。监控范围确保能够清晰监控运输工具、航空集装箱、货物、物品及人员进出，清晰监控核辐射探测及隔离处置作业过程。监控摄像头海关主控。

2. 应设置广角或云台摄像头，满足对区域全景式监控要求。监控摄像头海关主控。

（五）人工检查作业区

1. 设置广角及云台摄像头。监控范围确保能够清晰监控人工检查作业过程。根据海关监管需要，安装对现场作业人员的清晰辨识（或智能识别）功能的摄像头。监控摄像头海关专控。

2. 应设置广角或云台摄像头，满足对区域全景式监控要求。监控摄像头海关专控。

3. 配备非侵入式检查设备的，应针对非侵入式机检设备设置摄像头监控点，确保能够清晰监控货物上线口和机检检查全过程。监控摄像头海关专控。

4. 配备自动传输分拣设备的，应按照本规范中快递类场所自动传输和分拣设备的监控摄像头设置要求进行设置。

（六）技术用房

根据海关管理要求，对技术用房出入口及内部作业区域设置摄像头监控点。监控摄像头海关专控。

（七）暂存区（库）

1. 应对货物堆存区、装卸区、暂存区（库）出入口（卡口）、人员进出通道以及库内区间通道等设置摄像头监控点。监控范围确保能够清晰监控人员进出、货物储存、装卸和作业过程。监控摄像头海关专控。

2. 应设置广角或云台摄像头，满足对区域全景式监控要求。监控摄像头海关专控。

（八）卡口

应按照本规范中航空运输类监管作业场所卡口的监控摄像头设置要求进行设置。

（九）其他

设置在航空运输类监管作业场所内的口岸前置拦截作业场地或口岸前置拦截作业场地不同功能区的监控摄像头设置，还需同时满足航空运输类监管作业场所的监控摄像头设置要求。

四、铁路口岸海关前置拦截作业区

（一）喷洒消毒区

应在对运输工具喷洒消毒位置设置摄像头监控点。监控范围确保能够清晰监控列车号、消毒作业过程。根据海关监管需要，监控摄像头海关专控。

（二）运输工具登临检疫检查区

1. 在列车停靠位置高点设置摄像头监控点。监控范围确保能够清晰监控列车车头整体情况、人员实时动态。监控摄像头海关专控。

2. 根据海关监管需要，安装具备对现场作业人员的清晰辨识（或智能识别）功能的摄像头。

监控摄像头海关主控。

（三）大型集装箱检查设备作业区

1. 每台非侵入式检查设备检入、检出口各对应设置摄像头监控点，监控范围确保能够清晰监控列车出入的全过程。监控摄像头海关专控。

2. 应在机检通道内高位设置广角或云台摄像头，监控范围确保能够清晰监控货物机检检查的整个过程。监控摄像头海关专控。

（四）核生化隔离处置区

1. 应在运输工具、货物出入口及区间通道等位置设置摄像头监控点。监控范围确保能够清晰监控运输工具、货物及人员进出，清晰监控隔离处置作业过程。监控摄像头海关专控。

2. 应设置广角或云台摄像头，满足对区域全景式监控要求。监控摄像头海关专控。

（五）检疫处理区

1. 应在运输工具、货物出入口及区间通道等位置设置摄像头监控点。监控范围确保能够清晰监控运输工具、货物及人员进出，清晰监控检疫处理作业过程。监控摄像头海关专控。

2. 应设置广角或云台摄像头，满足对区域全景式监控要求。监控摄像头海关专控。

（六）人工检查作业区

1. 应在运输工具停靠检查位置设置摄像头监控点。监控范围确保能够清晰监控车牌号、人工检查作业过程。根据海关监管需要，安装具备车牌识别功能以及对现场作业人员的清晰辨识（或智能识别）功能的摄像头。监控摄像头海关专控。

2. 设有集装箱/箱式货车承载货物查验场地的，还应同时满足本规范中查验场地的集装箱/箱式货车承载货物查验场地监控摄像头的设置要求。

3. 配备非侵入式检查设备的，应针对非侵入式机检设备设置摄像头监控点，确保能够清晰监控货物上线口和机检检查全过程。监控摄像头海关专控。

（七）技术用房

根据海关管理要求，对技术用房出入口及内部作业区域设置摄像头监控点。监控摄像头海关专控。

（八）暂存区（库）

1. 应对货物堆存区、装卸区、暂存区（库）出入口（卡口）、人员进出通道以及库内区间通道等设置摄像头监控点。监控范围确保能够清晰监控人员进出、货物储存、装卸和作业过程，并应设置广角或云台摄像头，满足对区域全景式监控要求。监控摄像头海关主控。

2. 设置在铁路运输类监管作业场所内的铁路口岸前置拦截作业场地或铁路口岸前置拦截作业场地功能区的监控摄像头设置，还需同时满足铁路运输类监管作业场所的监控摄像头设置要求。

第三章　进口汽车查验区

一、检测车间

（一）应对检测车间设置摄像头监控点。监控范围确保能够清晰监控车辆检测车间情况。监控摄像头海关专控。

（二）应设置广角或云台摄像头，满足对区域全景式监控要求。监控摄像头海关专控。

二、检测线

（一）应对各条检测线设置摄像头监控点。监控范围确保能够清晰监控车辆在各条检测线工作情况。监控摄像头海关专控。

（二）应设置广角或云台摄像头，满足对区域全景式监控要求。监控摄像头海关专控。

三、地沟

（一）应对地沟位置设置摄像头监控点，监控范围确保能够清晰监控查验全过程。监控摄像头海关专控。

（二）应设置广角或云台摄像头，满足对区域全景式监控要求。监控摄像头海关主控。

四、试车道路

（一）应对试车道路设置摄像头监控点。监控范围确保能够清晰监控试车道路车辆检测情况。监控摄像头海关专控。

（二）应设置广角或云台摄像头，满足对区域全景式监控要求。监控摄像头海关专控。

五、驻车坡道

（一）应对驻车坡道设置摄像头监控点。监控范围确保能够清晰监控驻车坡道车辆检测情况。监控摄像头海关专控。

（二）应设置广角或云台摄像头，满足对区域全景式监控要求。监控摄像头海关专控。

六、暂存区

（一）应对车辆暂存区设置摄像头监控点。监控范围确保能够清晰监控人员进出、车辆移动情况。监控摄像头海关专控。

（二）应设置云台摄像头，满足对区域全景式监控要求。监控摄像头海关主控。

第四章　动植物产品（含食品）查验区

动植物产品（含食品）查验区，包含普通食品查验区、进口冷链食品查验区、进境食用水生动物查验区、进境水果查验区、进境木材查验区、进境粮食查验区、进境种苗查验区。

一、查验平台

（一）两端或居中的高点位置安装云台摄像头，满足对区域全景及场地内监管秩序的全方位监控需求。监控摄像头海关专控。

（二）实施查验作业的区域和查验位应安装摄像头，摄像头视角应能监控查验货物的堆存情况、产品外观情况、对应停靠点停放集装箱/箱式货车的箱/车底情况以及查验作业全过程。监控摄像头海关专控。

二、暂不予放行货物储存库

出入口应安装摄像头，满足对货物和人员进出库情况进行监控的要求，暂不予放行货物储存库内四角应安装云台摄像头，满足对库存货物堆存情况的监控要求。监控摄像头海关专控。

三、技术用房

出入口应安装摄像头，满足对人员出入情况进行监控的要求。监控摄像头海关专控。

四、围网（墙）和场所出入卡口

（一）应安装摄像头，满足对人员和货物出入场所情况进行监控的要求。监控摄像头海关专控。

（二）查验场所配置 CT 机、X 光机等非侵入式机检设备的，应针对非侵入式机检设备设置摄像头监控点，确保能够清晰监控货物上线口和机检检查全过程。监控摄像头海关专控。

第五章　进口废物原料查验区

一、查验区

（一）应对查验区设置摄像头监控点，监控范围确保能够清晰监控查验全过程。监控摄像头海关主控。

（二）应设置广角或云台摄像头，满足对区域全景式监控要求。监控摄像头海关主控。

二、货物分拣区（库）

（一）应对货物分拣区域、出入口等设置摄像头监控点。监控范围确保能够清晰监控人员进出、货物分拣情况、货物分拣作业过程。监控摄像头海关主控。

（二）应设置广角或云台摄像头，满足对区域全景式监控要求。监控摄像头海关主控。

三、检疫处理区

（一）应对检疫处理区设置摄像头监控点。监控范围确保能够清晰监控人员进出、货物装卸和检疫处理作业过程。监控摄像头海关主控。

（二）应设置广角或云台摄像头，满足对区域全景式监控要求。监控摄像头海关主控。

四、隔离区（库）

（一）应对隔离区（库）、出入口等设置摄像头监控点。监控范围确保能够清晰监控人员进出、货物储存情况、货物装卸和作业过程。监控摄像头海关专控。

（二）应设置广角或云台摄像头，满足对区域全景式监控要求。监控摄像头海关专控。

五、查验地磅

（一）应对电子地磅、电子地磅操作室、出入口等设置摄像头监控点。监控范围确保能够清晰监控人员进出、车辆进出、货物称重情况和作业过程。监控摄像头海关主控。

（二）应设置广角或云台摄像头，满足对区域全景式监控要求。监控摄像头海关主控。

六、货检辐射探测设备

查验场地配置门户式货检辐射探测设备的，门户式货检辐射探测设备应设置摄像头监控点，确保能够清晰监控车辆进出和探测检查全过程。监控摄像头海关专控。

七、大型集装箱检查设备（H986 机检查验场地）

按照通用查验场地的 H986 机检查验场地设置要求执行。

第六章　供港澳鲜活产品查验区

一、整体要求

（一）供港澳鲜活品查验区的整体空间应通过设置广角或云台摄像头，满足对查验区的全景监控要求。摄像头海关专控。

（二）应对供港澳鲜活品查验区的边界、卡口、行政通道，对装卸、储存、查验、处理等功能区域设置摄像头，监控范围确保能够清晰监控人员与货物出入情况、查验作业过程、暂存货物储存情况。监控摄像头海关专控。

二、查验场出入口

应安装摄像头，满足对人员和货物出入场所情况进行监控的要求。监控摄像头海关专控。

三、装卸区域

应安装云台摄像头，摄像头视角应能监控供港澳鲜活品外观状态，满足对供港澳鲜活品的接卸、装车等情况进行监控的要求。监控摄像头海关专控。

四、查验区域

两端或居中的高点位置安装云台摄像头，满足对区域全景及场地内监管秩序的全方位监控需求。实施查验作业的区域和查验位应安装摄像头，摄像头视角应能监控供港澳鲜活品外观状态以及查验作业全过程。监控摄像头海关专控。

五、暂存区域

出入口应安装摄像头，满足对货物和人员进出区域情况进行监控的要求。暂存区域内四角应安装云台摄像头，满足对供港澳鲜活品暂存全过程进行监控的要求。监控摄像头海关专控。

第七章　卫生检疫查验区

一、特殊物品查验区

（一）整体要求

查验场所整体空间应设置广角或云台摄像头，数量不少于 2 个，满足对区域全景监控要求。视频监控系统应具备人脸识别、移动侦测、入侵报警等功能。摄像头海关专控。

（二）普通查验区

1. 查验区每个查验位应以对角安装的方式，安装至少 2 个固定摄像头，同时安装至少 1 个云台摄像头。摄像头视角应能监控已掏出特殊物品的堆放情况、查验作业全过程，并满足对查验位全景监控的需要。摄像头海关专控。

2. 载货车辆停靠装卸点（对接库门）附近应安装至少 1 个固定摄像头，同时安装至少 1 个云台摄像头。摄像头视角应能清晰监控车牌号、装卸作业过程，以及能清晰监控被查验集装箱的底部或箱式货车的车厢底部情况。监控摄像头海关专控。

（三）冷链查验区

1. 应以对角安装的方式分别安装至少 2 个固定摄像头，同时分别安装至少 1 个云台摄像头。摄像头海关专控。

2. 对于因货架等设施导致遮挡的，应适当增加安装固定摄像头；每个出入口应安装至少 1 个固定摄像头。监控摄像头海关专控。

（四）技术用房

每个房间应以对角安装的方式，分别安装至少 2 个固定摄像头，同时分别安装至少 1 个云台摄像头；摄像头视角应能清晰监控特殊物品检查、存储等作业的全过程。监控摄像头海关专控。

（五）人员进出通道

每一条人员进出通道应安装至少 1 个固定摄像头，摄像头视角应能清晰监控进出人员的人脸；同时人员通道区域应安装至少 1 个云台摄像头，满足对通道区域全景监控的需要。监控摄像头海关专控。

二、进出境境尸体骸骨检疫查验区

（一）检疫区设置要求

检疫区每个检疫查验位应以对角安装的方式，安装至少 2 个固定摄像头，同时安装至少 1 个云台摄像头。摄像头视角应能监控查验作业全过程，能清晰监控车牌号，和对应停靠点停放车辆的箱/车底情况，并满足对查验位全景监控的需要。监控摄像头海关专控。

（二）卫生处理区设置要求

摄像头监控范围确保能够清晰监控人员进出情况，能清晰监控配药室、药品存放室、卫生处理作业准备室、卫生处理设备存放室的情况，能清晰监控卫生处理作业过程。并应设置广角或云台摄像头，满足对区域全景式监控要求。监控摄像头海关主控。

（三）隔离区设置要求

应以固定摄像头和云台摄像头组合的方式，实现对该区域的交叉覆盖，满足对该区域全景式监控要求。监控摄像头海关主控。

第八章　公路口岸客车查验区

一、卡口

（一）应在卡口的车头前方、车尾等位置设置摄像头监控点，监控范围确保能够清晰监控车牌号、司机、车辆整体情况等。监控摄像头海关专控。

（二）在卡口区域前后各设置广角或云台摄像头，满足对卡口整体区域的全景式监控要求。监控摄像头海关专控。

二、检查区

（一）应在对运输工具停靠检查位置设置摄像头监控点。监控范围确保能够清晰监控车牌号、登临、查验作业过程。根据海关监管需要，安装具备车牌识别功能的摄像头。监控摄像头海关专控。

（二）应在大型车辆检查设备前、后设置摄像头监控点。监控范围确保能够清晰监控车牌号及机检的整个流程。监控摄像头海关专控。

三、暂不予放行区

（一）应在存放海关暂不予放行车辆、暂不予放行物品的仓库或者场地设置摄像头监控点。监控范围确保能够清晰监控人员、车辆进出及物品储存情况。监控摄像头海关专控。

（二）应设置广角或云台摄像头，满足对区域全景式监控要求。监控摄像头海关专控。

三、围网（墙）

根据海关监管需要以及摄像头的监控范围，以满足整个围网（墙）监控的连续性为原则设置摄像头监控点。监控摄像头海关主控。

四、检疫处理区

在运输工具检疫处理作业位置设置摄像头监控点。能够完整监控检疫处理作业过程。监控摄像头海关专控。

第九章　进境原木检疫处理区

一、装卸场地

（一）出入口应安装摄像头，满足对货物和人员进出场情况进行监控的要求。监控摄像头海关专控。

（二）应设置广角或云台摄像头，满足对区域全景式监控要求。监控摄像头海关专控。

二、除害处理/加工作业区

四角及居中的高点位置安装云台摄像头，满足对区域全景及场地内监管秩序的全方位监控、监控进出境货物的除害处理作业全过程以及人员安全防护情况。监控摄像头海关专控。

三、合格堆场

四角及居中的高点位置安装摄像头，满足对堆场区域全景的全方位监控、满足对进出境合格木材的进出场情况进行监控的要求。监控摄像头海关专控。

四、技术用房

出入口应安装摄像头，满足对人员出入情况进行监控。监控摄像头海关专控。

五、围网（墙）和场所出入卡口

应安装摄像头，满足对人员和货物出入场所情况进行监控的要求。监控摄像头海关专控。

第十章　进境大型苗木检疫处理场

一、查验和检疫处理作业区

四角及居中的高点位置安装云台摄像头，满足对区域全景及场地内监管秩序的全方位监控、监控查验种苗外观情况以及查验作业全过程。监控摄像头海关专控。

二、技术用房

出入口应安装摄像头，满足对人员出入情况进行监控的要求。监控摄像头海关专控。

三、围网（墙）和场所出入卡口

应安装摄像头，满足对人员和货物出入场所情况进行监控的要求。监控摄像头海关专控。

四、隔离苗圃

出入口应安装摄像头，满足对货物和人员进出场情况进行监控的要求。监控摄像头海关专控。

附件2

海关作业现场监控摄像头设置规范

第一章　免税品商店（含销售场所和监管仓库）

一、监管仓库（含店前仓或周转库）

（一）出入口

应对出入口设置摄像头监控点，监控范围确保能够清晰监控免税品出、入库的动态情况。根据海关监管需要，增加设置具备智能视频监控功能的摄像头，能实现对进出人员的人脸识别。

（二）装卸区

仓库有装卸区的，监控范围应满足对免税品装、卸动态情况的监控要求。

（三）调拨区

仓库有调拨区的，监控范围应满足对免税品调拨出、入库动态情况的监控要求。

（四）存储区

应对货物堆存货架或区域设置摄像头监控点，监控范围确保能清晰监控整个存储区。应以固定摄像头和云台摄像头组合的方式，实现对该区域的交叉覆盖的监控要求。

二、销售场所

（一）出入口

应对销售场所出入口设置摄像头监控点，监控范围确保能够清晰监控人员进出免税店的动态情况。根据海关监管需要，增加设置具备智能视频监控功能的摄像头，能实现对进出人员的人脸识别。

（二）展销区

根据店面实际场景，对销售柜台等位置设置摄像头监控点，监控范围确保能清晰监控展销区内免税品的实时销售动态。应以固定摄像头和云台摄像头组合的方式，实现对该区域的交叉覆盖的监控要求。

（三）提货点

经批准设立有提货点的，监控范围应满足对免税品提取动态情况的监控要求。

（四）收银台

应对收银台设置摄像头监控点，监控范围确保能清晰监控所有收银台交易的动态情况。

第二章　海关对外办理业务大厅

海关对外办理业务大厅是指海关设立的集中办理本级海关权限范围内的行政许可、货物和物品进出境海关手续、海关对外业务等综合性管理服务场所，包括海关独立使用或与相关单位联合办公的场所。

一、等候区

应对行政相对人等候区域设置摄像头监控点。监控范围确保能够清晰监控人员等候、走动及进出大厅的情况。并应设置广角或云台摄像头，满足对区域全景式监控要求。监控摄像头海关主控。

海关与其它相关单位联合办公的业务大厅，应按照上述要求执行。

二、业务办理窗口/业务办理台

（一）应对业务办理窗口、业务办理台设置摄像头监控点。监控范围确保能够清晰监控每个办理窗口、办理台的业务办理过程。摄像头海关主控。

（二）应设置广角或云台摄像头，满足对区域全景式监控要求。监控摄像头海关主控。

三、海关办公区

根据海关管理要求对海关内部办公区的部分区域设置摄像头监控点。监控摄像头海关专控。

第三章　陆路口岸边境通道

一、口岸卡口通道至边境线区域

根据海关监管需要，在非军事管理区高点位置设置云台摄像头实现对全过程的鸟瞰需求、沿途设置固定摄像头的方式，并根据实际情况配备广角、远距离、超高清监控镜头，实现对车辆行驶情况、中途异常情况等的监控。监控摄像头海关专控。

二、口岸检疫处理区

应对运输工具、箱体外表、轮胎等检疫处理作业位置设置摄像头监控点。能够完整监控检疫处理作业过程。监控摄像头海关主控。

三、卡口通道

应对卡口的车头前方、车尾位置设置摄像头监控点，监控范围确保能够清晰监控车牌、司机、车辆尾部等情况。并应对卡口区域前后各设置广角或云台摄像头，满足对卡口整体区域的全景式监控要求。监控摄像头海关主控。

四、运输工具登临检查区

应在对运输工具停靠检查位置设置摄像头监控点。监控范围确保能够清晰监控车牌号、登临作业过程。根据海关监管需要，安装具备车牌识别功能的摄像头。监控摄像头海关专控。

在卡口、查验场地进行运输工具登临检查的，应按照上述相应要求设置监控摄像头。

五、施/解封区

应对运输工具、集装箱施/解封位置设置摄像头监控点。能完整监控车体施/解封过程。监控摄像头海关专控。

在通道完成施封作业的，应按照上述设置要求设置监控摄像头。

六、口岸卡口通道至后置监管作业场所区间

（一）根据海关监管需要，以高点位置设置云台摄像头实现对全过程的鸟瞰需求、沿途设置固定摄像头的方式，并根据实际情况配备远距离、超高清监控镜头，实现对车辆行驶情况、中途异常情况等的监控。摄像头海关专控。

（二）因客观因素无法沿途安装摄像头的，应按照海关监管要求，采取其他措施实施途中监管。

（三）后置监管作业场所的卡口监控摄像头，应按照上述陆路口岸边境通道的监控摄像头要求设置，并根据实际监管需要，实现与陆路口岸边境通道的视频监控信息比对。

第四章　停机坪

停机坪包括停机位、停机坪道口和空侧通道。停机位是指进出境航空器或装载进出境海关监管货物的航空器的停靠区域，包括廊桥、临时装卸作业停机位、公务机、包机专用停机位等。停机坪道口是指进出停机坪人员及车辆的通道。空侧通道是指航空器停靠区域与仓库之间的连接通道。

一、停机位

应对进出境航空器停机位，廊桥、机位编号、航空器编号、货物装卸、人员上下及物料添卸区域设置摄像头监控点，确保能够清晰监控航空器抵、离停机位，廊桥接驳、货物装卸、人员上下及物料添卸情况，并应设置广角或云台摄像头，满足对区域全景式监控要求。

二、停机坪道口

应在通道区域前后位置至少各设置摄像头1个，确保能够清晰监控进出卡口车辆车牌号、进出卡口人员情况，并应设置广角或云台摄像头，满足对区域全景式监控要求。

三、空侧通道

应通过高点位置设置摄像头或在运输工具上安装摄像头实现对运输工具在航空器和仓库间的移动情况全过程的监控需求，在沿途弯道、岔道口等位置设置一定数量的监控镜头，满足对关键位置的监控需求。

附件3

海关视频监控摄像头编码规则和图像标识规范

一、视频监控摄像头编码规则

（一）编码摄像头范围

本规范要求安装监控摄像头的海关监管作业场所（场地）。

（二）摄像头编码规则

1. 摄像头编码（ID号）是海关视频监控摄像头的唯一标示，统一编码为20位数字。

2. 第1至4位为所在海关四位关区代码。

3. 第5至7位为场所三位流水号。属于经海关注册的海关监管作业场所，第5至7位为海关监管作业场所代码后三位流水号；海关监管作业场所以外的，第5至7位各关自行设定流水号，但第

1至7位应保证场所唯一编码，不得重复。

4. 第8位主控部门代码，具体如下：

1—该摄像头由海关主控；

2—该摄像头由公安部门主控；

3—该摄像头由边防部门主控；

5—该摄像头由企业主控；

6—该摄像头由其他部门或单位主控。

5. 第9至10位为国标行业编码。具体数值为10，代表海关（不可更改）。

6. 第11至13位为国标设备编码。具体数值为131，代表摄像机；具体数值为132，代表网络摄像机（IPC）。

7. 第14至15位为海关监控摄像头场所分类代码，详见下表：

海关监管作业场所	其他监管业务场所	海关特殊监管区域和保税监管场所
01—水路运输类 02—航空运输类 03—铁路运输类 04—公路运输类 05—快件类/快递类 08—码头类 09—公路转关 10—陆路边境口岸 11—货栈类 12—堆场类 13—仓库类 14—边民互市类 15—台轮停泊点类	16—旅客通关类 17—国际邮件类 18—其他 19—水运码头泊位 20—免税品商店（包括经营场所和监管仓库） 21—报关大厅（海关对外办理业务大厅） 22—停机坪 23—检疫处理场所 24—隔离检疫场所 51—卫生处理场所	31—保税区 32—出口加工区 33-保税物流园区 34—保税港区 35—综合保税区 36—跨境工业区 41—其他

（1）陆路边境口岸的摄像头，无论是否在口岸限定区域设置有海关监管作业场所，摄像头编码的第14至15位均应为“10-陆路边境口岸”。

（2）未包含在海关监管作业场所内的水运口岸泊位等作业区域的摄像头，相应摄像头编码的第14至15位为“19--水运码头泊位”。

（3）边民互市类监管作业场摄像头，相应摄像头编码的第14至15位为“14--边民互市类”。

（4）摄像头编码的第14-15位应严格谨慎使用“其他”（代码为18、41）。

8. 第16至17位为摄像头位置代码（摄像头监控的范围），具体如下：

01—监控范围为办公场所出入口

02—监控范围为地磅或磅秤

03—监控范围为查验场地、查验平台或快件、邮件、旅检查验区

04—监控范围为货物、快件、邮件分拣线（机检线）或旅检先期机检线

05—储罐

06—监控范围为大型集装箱检查设备H986，快件、邮件、旅检X光机或CT机等机检设备

07—监控范围为执法办案场所

08—监控范围为卡口

09—监控范围为码头泊位

10—监控范围为辐射探测设备

11—监控范围为仓库

12—监控范围为围网

13—监控范围为旅检通道

14—监控范围为旅检申报区

15—监控范围为搜身房、人体 X 光机检查房等旅检人身检查区

16—监控范围为旅检暂不予放行物品存放区域

17—监控范围为口岸免税店

18—监控范围为旅检作业区前的缓冲区、航空旅客行李提取区

19—监控范围为办理 ATA 单证册、客带货、离境退税等业务的区域

20—监控范围为上述所列的位置以外的地方。

21—监控范围为卫生处理场所。

22—监控范围为堆场。

9. 第 18 至 20 位为该摄像头具体位置序号。例如：分别用“001”、“002”表示该位置的两个摄像头。

（三）摄像头完整编码样例

完整编码“42010011101320803002”：“4201”表示的是青岛海关隶属烟台海关，“001”表示监管场所/海关监管作业场所编码后三位流水号，“1”表示该摄像头由海关主控，“10”表示海关（国标代码），“132”表示网络摄像机，“08”表示码头类监管场所，“03”表示安装在查验平台，“002”表示安装在查验平台的第二个摄像头。

二、视频监控摄像头图像标识规范（OSD）

（一）图像画面的显示要求、要素和位置

1. 显示要求：每一个图像画面都必须有规范的中文标识。

2. 显示内容：中文标识应包括摄像日期、时间和摄像头位置两部分。摄像头日期、时间需与北京时间保持同步；摄像头位置应反映直属、隶属关别、具体业务类别、场所，文字要简洁，最多不超过两行，并须与视频监控平台树形目录中的摄像头点位名称保持一致。

3. 字体要求：字体大小、颜色按设备标准定义，屏幕标识显示（OSD）属性为不透明、不闪烁。

4. 显示位置：日期、时间顺序显示在图像画面的上方；摄像头名称显示标记在图像画面的下方，字号清晰可见。

（二）图像画面的显示格式规范及样例

1. 时间信息为北京时间（即 GMT+8：00），符合 GB/T7408-2005 日期和时间表示法规定。

2. 摄像头位置应按照以下格式编写：直属海关名称+隶属海关名称+业务种类项下的场所名称（监管作业场所名称等）+业务类别（码头、泊位、查验平台、仓库等）+流水号+云台。

摄像头可以调整水平、俯仰角度的，其图像标识应在“摄像头位置”之后标注“云台”，固定摄像头无需标注；标注隶属海关的摄像头名称时，直属海关名称不需重复，例如上海海关隶属洋山海关，简略为“上海洋山海关”。

对于使用前述规则，因字符超过设备限制无法录入的，可使用简称，如呼和浩特海关驻白塔机场办事处，可简略为“呼和关机场办”；如甘其毛都口岸嘉友国际物流有限公司海关监管场所，可简略为“嘉友国际物流”，但应保持简称唯一，且建立全称与简称的对应表单。

例如：上海洋山海关洋山申港石油码头查验平台 01 云台、呼关乌拉特海关嘉友国际物流查验平台 01 云台。

附件 4

海关监管作业场所（场地）监控摄像头管理要求

一、海关监管作业场所（场地）运营单位应保证监控摄像头及相关设备的正常运行、联网监控视频信号传输稳定和画面流畅，并应满足海关实施 24 小时视频监控需要。

二、海关监管作业场所（场地）运营单位应确定监控摄像头的运维管理部门或单位，负责监控摄像头以及相关设施设备、系统的运维保障；指定运维管理负责人，并向海关备案。

三、根据海关监管需要，海关监管作业场所（场地）监控摄像头应预先设定日常的监控焦距和监控视角（范围），在运行、管理过程中出现监控焦距和监控视角（范围）调动的，应通过技术或手动方式及时恢复；出现无法恢复情况的，运维管理部门或单位应及时修复。

四、海关监管作业场所（场地）监控摄像头运维管理部门或单位应对监控摄像头和相关设施设备、系统的日常运行情况进行检查，发现设备出现故障或异常情况的，应及时向主管海关报告，做好相关记录，并及时修理或处置。

对于未能在 48 小时内恢复摄像头监控的区域，海关监管作业场所（场地）运营单位应加强值守管理，并根据海关的监管要求，定期报送整改进度以及未恢复摄像头监控的区域海关监管货物作业情况。

五、除法律、法规规定的情形以外，涉及海关监管作业的视频监控资料，未经海关同意，任何部门和个人不准擅自复制、使用和公开。

六、海关监管作业场所（场地）监控摄像头及相关设备使用的机房或机柜，应建立机房或机柜管理制度并向海关备案；海关根据监管需要，对机房或机柜采取施加封条、加锁或其他管控措施。

七、海关采取视频监控、联网核查以及实地巡查等方式，对海关监管作业场所（场地）的监控摄像头实施检查。

八、海关对海关监管作业场所（场地）的监控摄像头实行联网集中监控，按照“直属海关—隶属海关—现场”的层级接入海关监控指挥中心，并通过联网集中监控的方式对海关监管作业场所（场地）开展海关业务情况进行监管。

九、海关监管作业场所（场地）应在监控摄像头安装地点附近的明显位置设置提示标识，标识尺寸可根据场地空间大小选择不同型号，表明该区域属于海关监控范围。

标识式样如下：

海关音视频采集区域提示标识式样

（一）图像采集区域标识

（二）声音采集区域标识

相关说明：大号标识尺寸，高为40cm，宽为30cm；中号标识尺寸，高为30cm，宽为20cm；小号标识尺寸，高为20cm，宽为15cm。标识底色为金黄色，图像为红色，边框和文字为黑体字；图案部分约占整个标识的三分之二，文字部分约占整个标识的三分之一。

海关总署关于发布《海关监管作业场所（场地）设置规范》的公告

（海关总署公告2019年第68号）

根据《中华人民共和国海关监管区管理暂行办法》（海关总署令第232号）有关规定，海关总署制定了《海关监管作业场所（场地）设置规范》，现予以发布。

本公告自发布之日起施行，《海关监管作业场所设置规范》（海关总署公告2017年第52号）同时废止。

特此公告。

海关总署
2019年4月19日

海关监管作业场所（场地）设置规范

第一章　总　则

一、根据《中华人民共和国海关监管区管理暂行办法》的相关规定，制定本规范。

二、本规范的海关监管作业场所（场地）划分为：

（一）监管作业场所，包括水路运输类海关监管作业场所、公路运输类海关监管作业场所、航空运输类海关监管作业场所、铁路运输类海关监管作业场所、快递类海关监管作业场所等。

（二）集中作业场地，包括旅客通关作业场地、邮检作业场地、进境动物隔离检疫场等。

三、海关监管作业场所（场地）内的功能区划分为：

（一）口岸前置拦截作业区，包括车体及轮胎消毒场所、核生化监测处置场所、指定检疫车位、指定检疫廊桥或指定检疫机位、检疫锚地或泊位、指定检疫轨道等。具体设置要求详见《海关口岸前置拦截作业区设置规范》（附件1）。

（二）查验作业区，该功能区以查验为主，配套设置必要的储存区、暂时存放区、扣检区、技术整改区等。海关监管作业场所（场地）涉及运营进口汽车、普通食品、进口冷链食品、进境食用水生动物、进境水果、进境木材、进境粮食、进境种苗、进口废物原料、供港澳鲜活产品、血液等特殊物品、集装箱/箱式货车承载货物等业务，以及有公路口岸客车进出境的，相应的查验作业区具体设置要求详见《海关监管作业场所（场地）查验作业区设置规范》（附件2）。

（三）检疫处理区，该功能区以检疫处理和卫生处理为主，配套设置必要的查验区、存放区等。包括进境原木检疫处理区、进境大型苗木检疫处理场等，具体设置要求详见《海关监管作业场所（场地）检疫处理区设置规范》（附件3）。

四、海关监管作业场所（场地）设置规范的适用原则：

（一）以水路、航空、铁路、公路运输方式办理货物进出境的海关监管作业场所，应当适用本规范中对应的运输方式海关监管作业场所设置规范。

（二）以快递方式办理货物进出境业务的海关监管作业场所，应当优先适用本规范中快递类海关监管作业场所设置规范。

（三）旅客通关作业场地、邮检作业场地、进境动物隔离检疫场等集中作业场地，应当适用本规范中对应的海关集中作业场地设置规范。

（四）海关监管作业场所（场地）内的功能区，应在满足上述对应海关监管作业场所（场地）设置规范要求的基础上，同时满足对应功能区的设置规范的要求。

（五）开展跨境电子商务直购进口或跨境电子商务一般出口业务的监管作业场所应按照快递类海关监管作业场所或者邮检作业场地规范设置。

五、2个及以上海关监管作业场所（场地）设置在同一区域内的，在满足海关监管要求的前提下，可以设置统一的隔离围网（墙）和通道出入卡口；同一区域内各海关监管作业场所（场地）之间应当建立隔离设施以及设置区分标识。

六、设置在同一口岸监管区内的海关监管作业场所（场地），在满足开展海关监管作业要求的条件下，可根据实际情况共同使用有关的技术用房。

七、海关监管作业场所（场地）应建立满足海关监管要求的监控摄像头及相应系统，符合《海关监管作业场所（场地）监控摄像头设置规范》。

八、从事保税货物进出、装卸、储存、集拼、暂时存放等有关活动的作业场所，不适用本规范。

九、法律法规对有关场所、场地或区域的设置另有规定的，从其规定。

十、海关实施本规范的规定不妨碍其他部门依法履行其职责。

第二章　海关监管作业场所设置规范

第一节　水路运输类海关监管作业场所

一、封闭及卡口设置

（一）应当具有独立的封闭区域，设立高度不低于2.5米的隔离围网（墙）。

（二）凡需以公路运输方式载运货物出入海关监管作业场所的，应当建立通道出入卡口，配置符合海关监管要求的卡口控制系统和设备，并且与海关联网。

二、场地设置

（一）具有储存或者装卸、集拼、暂时存放海关监管货物的仓库或场地，配备相应设施，并且设置明显区分标识。

（二）如需实施海关查验，应当设置满足海关查验作业要求的场地，配备海关实施查验、安全防护的设备以及相应的专业操作人员。

（三）根据海关监管需要，预留大型集装箱/车辆检查设备、辐射探测设备等所需的场地和设施，自行安装且供海关使用的集装箱/车辆检查设备及辐射探测设备等应当与海关联网。

（四）具备存放海关暂不予放行货物的仓库或者场地。

（五）地面平整、硬化，无病媒生物孳生地，场地及周围环境应具备有效的防控鼠类的设施，符合国家标准《病媒生物综合管理技术规范环境治理鼠类》（GB/T31712）的相关要求。

（六）具有必要的病媒生物控制措施，具备完善的卫生管理制度（包括卫生保洁制度、货物堆放制度、病媒生物防控制度）与有效的卫生控制措施。

（七）根据海关监管需要，设置检疫处理区，用于对进出境货物、集装箱进行检疫处理。

（八）根据海关监管需要，对食品、动植物及其产品、废旧物品储存等，应设置专门区域。

三、场所用房

（一）根据海关监管需要，提供采样室、样品室、病媒生物和有害生物初筛鉴定室等技术用房，以及更衣室、工具室等配套设施，满足开展感官检验、取制样品、初筛鉴定及标本存放、留样存放、药品与器械存储等作业要求。

（二）根据海关卫生检疫工作需要，提供检疫查验、卫生监督、卫生处理技术用房及配套设施，满足开展医学排查、隔离留验、传染病快速监测、卫生监督采样检测、病媒生物监测与控制等作业要求。（三）提供具备网络通讯、取暖降温、休息卫生等条件的海关备勤、办公场所。

四、信息化管理系统

（一）根据海关监管需要，配备与海关联网的信息化管理系统，能够接收海关相关指令信息，并按照海关要求实现货物进场、出场、存储状态等电子数据的传送、交换。

（二）根据海关监管需要，企业自用信息化管理系统应当向海关开放有关功能的授权。

（三）建立符合海关网络安全要求的机房或机柜，并且建立满足海关对运输工具登临检查、货物查验、场所（场地）巡查等工作要求的无线网络。

五、其他

（一）对因机械吊装、履带运输、水岸泊位、铁路轨道等因素无法实现完全封闭的海关监管作业场所，相应区域可以调整封闭设置。

（二）对不涉及货物储存及暂时存放的海关监管作业场所，在保证海关监管的条件下，可以对“二、场地设置”的要求进行相应调整。

第二节　公路运输类海关监管作业场所

一、封闭及卡口设置

（一）应当具有独立的封闭区域，设立高度不低于2.5米的隔离围网（墙）。

（二）建立通道出入卡口，配置符合海关监管要求的卡口控制系统和设备，并且与海关联网。

二、场地设置

（一）具有储存或者装卸、集拼、暂时存放海关监管货物的仓库或场地，配备相应设施，并且设置明显区分标识。

（二）设置符合海关要求的功能区域，设置区域标识牌，并且标识场内的通行、分流路线。

（三）如需实施海关查验，应当设置满足海关查验作业要求的场地，配备海关实施查验、安全防护的设备以及相应的专业操作人员。

（四）根据海关监管需要，预留大型集装箱/车辆检查设备、辐射探测设备等所需的场地和设施，自行安装且供海关使用的集装箱/车辆检查设备及辐射探测设备等应当与海关联网。

（五）提供存放海关暂不予放行货物的仓库或者场地。

（六）地面平整、硬化，无病媒生物孳生地，场地及周围环境应具备有效的防控鼠类的设施，符合国家标准《病媒生物综合管理技术规范环境治理鼠类》（GB/T31712）的相关要求。

（七）具有必要的病媒生物控制措施，具备完善的卫生管理制度（包括卫生保洁制度、货物堆放制度、病媒生物防控制度）与有效的卫生控制措施。

（八）根据海关监管需要，设置检疫处理区，用于对进出境货物、集装箱进行检疫处理。

（九）根据海关监管需要，对食品、废动植物及其产品、废旧物品储存等，应设置专门区域。

三、场所用房

（一）根据海关监管需要，提供采样室、样品室、病媒生物及有害生物初筛鉴定室等技术用房，以及更衣室、工具室等配套设施，满足开展感官检验、取制样品、初筛鉴定及标本存放、留样存放、药品与器械存储等作业要求。

（二）根据海关卫生检疫工作需要，提供检疫查验、卫生监督、卫生处理技术用房及配套设施，满足开展医学排查、隔离留验、传染病快速监测、卫生监督采样检测、病媒生物监测与控制等作业要求。

（三）提供具备网络通讯、取暖降温、休息卫生等条件的海关备勤、办公场所。

四、信息化管理系统

（一）根据海关监管需要，配备与海关联网的信息化管理系统，能够接收海关相关指令信息，并按照海关要求实现货物进场、出场、存储状态等电子数据的传送、交换。

（二）根据海关监管需要，企业自用信息化管理系统应当向海关开放有关功能的授权。

（三）建立符合海关网络安全要求的机房或机柜，并且建立满足海关对运输工具登临检查、货物查验、场所巡查等工作要求的无线网络。

第三节　航空运输类海关监管作业场所

一、封闭及卡口设置

（一）应当具有独立的封闭区域，设立高度不低于2.5米的隔离围网（墙）。

（二）凡需以公路运输方式载运货物出入海关监管作业场所的，应当建立通道出入卡口，配置符合海关监管要求的卡口控制系统和设备，并且与海关联网。

二、场地设置

（一）具有储存或者装卸、集拼、暂时存放海关监管货物的仓库或场地配备相应设施；监管货物按照进口、出口、暂不予放行等进行分类存放并隔离，设置明显区分标识。

（二）根据海关监管需要，配置非侵入式检查设备、自动传输分拣设备，并与海关联网。预留安装大型集装箱/车辆检查设备和辐射探测设备等所需的场地，自行安装且供海关使用的大型集装箱/车辆检查设备、辐射探测设备等应当与海关联网。

（三）如需实施海关查验，应当设置满足海关查验作业要求的场地，配备海关实施查验、安全防护的设备以及相应的专业操作人员。

（四）提供存放海关暂不予放行货物的仓库或者场地。

（五）地面平整、硬化，无病媒生物孳生地，场地及周围环境应具备有效的防控鼠类的设施，符合国家标准《病媒生物综合管理技术规范环境治理鼠类》（GB/T31712）的相关要求。

（六）具有必要的病媒生物控制措施，具备完善的卫生管理制度（包括卫生保洁制度、货物堆放制度、病媒生物防控制度）与有效的卫生控制措施。

（七）根据海关监管需要，设置检疫处理区，用于对进出境货物、集装箱进行检疫处理。

（八）根据海关监管需要，对食品、动植物及其产品、废旧物品储存等，应设置专门区域。

三、场所用房

（一）根据海关监管需要，提供采样室、样品室、病媒生物及有害生物初筛鉴定室等技术用房，以及更衣室、工具室等配套设施，满足开展感官检验、取制样品、初筛鉴定及标本存放、留样存放、药品与器械存储等作业要求。

（二）根据海关卫生检疫工作需要，提供检疫查验、卫生监督、卫生处理技术用房及配套设施，满足开展医学排查、隔离留验、传染病快速监测、卫生监督采样检测、病媒生物监测与控制等作业要求。

（三）提供具备网络通讯、取暖降温、休息卫生等条件的海关备勤、办公场所。

四、信息化管理系统

（一）根据海关监管需要，配备与海关联网的信息化管理系统，能够接收海关相关指令信息，并按照海关要求实现货物进场、出场、存储状态等电子数据的传送、交换。

（二）根据海关监管需要，企业自用信息化管理系统应当向海关开放有关功能的授权。

（三）建立符合海关网络安全要求的机房或机柜，并且建立满足海关对运输工具登临检查、货物查验、场所（场地）巡查等工作要求的无线网络。

第四节　铁路运输类海关监管作业场所

一、封闭及卡口设置

（一）应当具有独立的封闭区域，设立高度不低于2.5米的隔离围网（墙）。

对因铁路轨道因素导致隔离围网（墙）不能全封闭的，应当设置监控设施，满足海关监管要求。

（二）凡需以公路运输方式载运货物出入海关监管作业场所的，应当建立通道出入卡口，配置符合海关监管要求的卡口控制系统和设备，并且与海关联网。

二、场地设置

（一）具有储存或者装卸、集拼、暂时存放海关监管货物的仓库或场地，配备相应设施，并且设置明显区分标识。

（二）如需实施海关查验，应当设置满足海关查验作业要求的场地，配备海关实施查验、安全防护的设备以及相应的专业操作人员。

（三）根据海关监管需要，预留大型集装箱/车辆检查设备、辐射探测设备等所需的场地和设施，自行安装且供海关使用的集装箱/车辆检查设备及辐射探测设备等应当与海关联网。

（四）提供存放海关暂不予放行货物的仓库或者场地。

（五）地面平整、硬化，无病媒生物孳生地，场地及周围环境应具备有效的防控鼠类的设施，符合国家标准《病媒生物综合管理技术规范环境治理鼠类》（GB/T31712）的相关要求。

（六）具有必要的病媒生物控制措施，具备完善的卫生管理制度（包括卫生保洁制度、货物堆放制度、病媒生物防控制度）与有效的卫生控制措施。

（七）根据海关监管需要，设置检疫处理区，用于对进出境货物、集装箱进行检疫处理。

（八）根据海关监管需要，对食品、动植物及其产品、废旧物品储存等，应设置专门区域。

三、场所用房

（一）根据海关监管需要，提供采样室、样品室、病媒生物及有害生物初筛鉴定室等技术用房，以及更衣室、工具室等配套设施，满足开展感官检验、取制样品、初筛鉴定及标本存放、留样存放、药品与器械存储等作业要求。

（二）根据海关卫生检疫工作需要，提供检疫查验、卫生监督、卫生处理技术用房及配套设施，满足开展医学排查、隔离留验、传染病快速监测、卫生监督采样检测、病媒生物监测与控制等作业要求。

（三）提供具备网络通讯、取暖降温、休息卫生等条件的海关备勤、办公场所。

四、信息化管理系统

（一）根据海关监管需要，配备与海关联网的信息化管理系统，能够接收海关相关指令信息，并按照海关要求实现货物进场、出场、存储状态等电子数据的传送、交换。

（二）根据海关监管需要，企业自用信息化管理系统应当向海关开放有关功能的授权。

（三）建立符合海关网络安全要求的机房或机柜，并且建立满足海关对运输工具登临检查、货物查验、场所（场地）巡查等工作要求的无线网络。

第五节　快递类海关监管作业场所

一、封闭及卡口设置

（一）应当具有独立的封闭区域，设立高度不低于2.5米的隔离围网（墙）。

（二）凡需以公路运输方式载运货物出入海关监管作业场所的，应当建立通道出入卡口，配置符合海关监管要求的卡口控制系统和设备，并且与海关联网。

二、场地设置

（一）具有储存或者装卸、集拼、暂时存放海关监管货物的仓库，配备相应设施；海关监管货物按照进口、出口等进行分类存放并隔离，设置明显区分标识；放行区和未放行区应进行物理隔离。

（二）具备自动传输和分拣设备，配置可实现图像采集分析功能的检查设备，并且实现快件报关单与机检图像同屏对比功能。预留安装辐射探测等海关监管设备所需的场地，自行安装且供海关使用的设备等应当与海关联网。

（三）如需实施海关查验，应当设置满足海关查验作业要求的场地，配备海关实施查验、安全防护的设备以及相应的专业操作人员。

（四）提供存放海关暂不予放行货物的仓库或者场地。

（五）地面平整、硬化，无病媒生物孳生地，场地及周围环境应具备有效的防控鼠类的设施，符合国家标准《病媒生物综合管理技术规范环境治理鼠类》（GB/T31712）的相关要求。

（六）具有必要的病媒生物控制措施，具备完善的卫生管理制度（包括卫生保洁制度、货物堆放制度、病媒生物防控制度）与有效的卫生控制措施。

（七）根据海关监管需要，设置检疫处理区，用于对进出境货物、集装箱进行检疫处理。

（八）根据海关监管需要，对食品、动植物及其产品、废旧物品储存等，应设置专门区域。

三、场所用房

（一）根据海关监管需要，提供采样室、样品室、病媒生物及有害生物初筛鉴定室等技术用房，以及更衣室、工具室等配套设施，满足开展感官检验、取制样品、初筛鉴定及标本存放、留样存放、药品与器械存储等作业要求。

（二）提供具备网络通讯、取暖降温、休息卫生等条件的海关备勤、办公场所。

四、信息化管理系统

（一）根据海关监管需要，配备与海关联网的信息化管理系统，能够接收海关相关指令信息，并按照海关要求实现货物进场、出场、存储状态等电子数据的传送、交换。

（二）根据海关监管需要，企业自用信息化管理系统应当向海关开放有关功能的授权。

（三）建立符合海关网络安全要求的机房或机柜，并且建立满足海关对运输工具登临检查、货物查验、场所（场地）巡查等工作要求的无线网络。

第三章　海关集中作业场地设置规范

第一节　旅客通关作业场地

根据海关监管需要，旅客通关作业场地一般划分为现场作业区和现场办公区两个主要区域；航空口岸等旅客通关作业场地还应当根据海关监管需要设置行李先期机检区、旅客中转区和过境区。

一、现场作业区设置要求

（一）基本要求

1. 办理旅客和行李物品监管通关手续的区域，应当相对封闭、独立，包括卫生检疫区（现场监测作业区、现场排查处置作业区）和行李物品监管区（申报区、旅客通道、查验区、处置区）。

2. 现场作业区各区域应当设置明显的标识。

3. 建立符合海关网络安全要求的机房或机柜，并且建立满足海关工作要求的无线网络。

（二）卫生检疫区设置要求

卫生检疫区作为对进出境旅客和行李物品实施卫生检疫、核生化有害因子监测并进行相应处置的区域，应设置在口岸范围内旅客进境、出境区域的最前部。包括现场监测作业区、现场排查处置作业区和现场办公区。

1. 现场监测作业区。

（1）应当位于卫生检疫区前部，相对封闭、独立，设置划分为人员卫生检疫等候区和查验区。

（2）查验区分为红外测温区和医学巡查区，两个区域可以交叉或重叠。

（3）区内设置卫生检疫查验台、健康申报台、咨询台、进出境人员查验通道，配备体温监测设备、核生化有害因子监测设备等。

（4）各区域应当悬挂海关标识，设置明显标识。

现场监测作业区场地及业务用台、进出境人员查验通道设置具体要求详见《卫生检疫现场监测作业区场地及业务用台、人员查验通道设置规范》（附件 4）。

2. 现场排查处置作业区。

（1）一般应当设置于卫生检疫区后部，设置医学排查室、（负压）隔离室、传染病病原体快速检测实验室、旅行健康室、突发卫生事件应急处置室、洗消室、应急物资储备室、独立转诊通道、流行病学调查室等专业用房。

（2）应当在口岸内预留用于发生突发公共卫生事件时，大量受染人群的临时隔离处置区域。

现场排查处置作业区专业用房设置具体要求详见《卫生检疫现场排查处置作业区专业用房设置规范》（附件 5）。

（三）行李物品监管区

1. 申报区设置要求。

申报区为旅客向海关办理行李物品申报手续的区域。申报区设置申报台，配备主动放弃箱、音视频采集及办理监管业务必需的设施、设备。

2. 识别和拦截区设置要求。

（1）根据国际通用的“红绿通道”通关模式，识别和拦截区的旅客通道应当分别设置“申报通道”、“无申报通道”及“工作人员通道”。

（2）根据海关监管需要，可以单独设置“外交、礼遇通道”。

（3）各通道应当相对封闭、相互之间隔离，便于海关监管，设置总体要求应当保持狭长，通道内配备满足海关智能识别要求的设施、设备等。

3. 查验区设置要求。

（1）查验区为海关对旅客行李物品实施查验的区域。查验区划分为旅客候检区、人体机检区、行李机检区、人工开箱查验区等，并根据海关监管需要设置工作犬查检区。

（2）查验区应当设置查验台，配备满足海关查验工作需要的设施、设备等。

4. 处置区设置要求。

（1）处置区为对查验后的行李物品进行后续处置的区域，应当配备办理监管业务必需的设施、设备等。

（2）根据实际监管需要，现场作业区内应当配置执法调查室、毒品检测室、人身检查室、印刷品音像制品审查室、征税办理室、检疫初筛鉴定室、检疫处理室、宠物检疫室、宠物留观室、工作犬休息室、易腐败截留物的暂存库（冷库）、暂不予放行物品存放仓库、禁止进境物截留存放仓库、贵重物品保管仓库等业务用房。

5. 有旅客行李托运业务的口岸，核生化有害因子监测并进行相应处置的区域应设置在行李物品监管区，并预留相关辐射探测设备的安装场地。

二、现场办公区设置要求

（一）应当根据海关监管工作需要，设置办公室、会议室、更衣室、监控指挥室、设备间、备勤室、机房等。

（二）现场办公用房的面积和位置应当考虑监管业务的需求，满足通风、照明、卫生、网络通讯、取暖降温等需要，并具备防辐射、隔音等条件。

三、其他要求

（一）场地设置应当布局科学、大小适宜，便于旅客和行李物品通关，便于海关安装和使用监管设施、设备。因场地面积客观条件限制、卫生检疫区与行李物品监管区毗邻等情况，可根据海关监管要求适当进行区域整合。

（二）海关旅客通道与口岸边检通道之间应当预留纵深缓冲区，在缓冲区内悬挂统一设计的海关标识，设置法规公告栏或电子公告屏。

（三）航空口岸等旅客通关作业场地根据海关监管需要应当设置先期机检区，具备满足安装、使用先期机检设备的场地、电源、网络以及配套设施等条件，并设置集中审图室等先期机检业务用房。

（四）在出境实行开放式布局的航空口岸等旅客通关作业场地，根据海关监管需要，应配备具有远程审图和操控的行李系统和五级安检系统，并配备相应的网络、设备，实时、准确提供出境旅客托运行李电子信息。

（五）航空口岸等旅客通关作业场地根据海关监管需要应当设置旅客中转区、过境区的，应当参照本设置要求配置海关现场作业区和现场办公区。配备相应的网络、设备，实时、准确提供中转旅客航程信息及托运行李电子信息电子信息。

第二节　邮检作业场地

根据海关对邮递物品监管业务和作业流程的需要，邮检作业场地划分为海关现场作业区和海关现场办公区两个主要区域。邮政企业应当按照本规范建设满足海关监管需要的作业场地，并承担相应的安全管理职责。邮检作业场地的设置应当布局合理，流程顺畅，便于海关安装和使用监管设施、设备，并按口岸存储场地卫生监督相关要求设置。

一、现场作业区设置要求

（一）基本设置要求

1. 现场作业区为海关对进出境邮递物品实施监管和办理相关手续的区域，包括邮件申报区、海关查验作业区、海关处置区等。

2. 现场作业区应当相对独立、封闭，设置明显的标识。如以围网（墙）隔离，高度一般不低于 2.5 米。各作业功能区应当设置明显的标识。

3. 凡需以公路运输方式载运货物出入邮检作业场地的，应当建立通道出入卡口，配置符合海关监管要求的卡口控制系统和设备，并且与海关联网。

（二）申报区设置要求

邮件申报区的设置应当便于海关监管，方便收寄件人办理手续。

（三）机检设备

1. 具备自动传输和分拣设备配置可实现图像采集分析功能的检查设备。根据海关监管需要，具备申报信息与机检图像同屏对比功能。

2. 根据海关监管需要，预留安装辐射探测等海关监管设备所需的场地，自行安装且供海关使用的设备等应当与海关联网。

（四）查验作业区设置要求

海关查验作业区为海关对邮递物品实施查验的区域。根据实际工作需要，查验区应当按配置满足海关查验工作需要的设施、设备等，并能够实现海关对邮件的分流检查。

（五）处置区设置要求

海关处置区用于对查验后的邮件进行后续处置。设置各类留存邮件仓库及需要进行鉴定、隔离、检疫处理等后续处理的场地及设施、设备等。

（六）其他设置要求

1. 邮检作业场地内不得存放非进出境邮件。国际邮件的进口处理区、出口处理区应当单独设立。未办结海关手续的国际邮件应当按待申报、待查验、待处置、已放行等分区存放，各区域之间应当进行物理隔离，并设置明显标识。

2. 根据海关监管需要，海关现场作业区内配套设置集中审图室、智能审图室、人工开拆查验室、毒品快速检测室、核生化爆防护监测设备存放室、海关工作犬舍、暂存邮件仓库、收件人待办仓库、侵权邮件仓库、隔离检疫仓库、检疫鉴定初筛室、印刷品音像制品审查室、核生化爆隔离室、药剂器械室、设备间等业务用房及符合消毒除害要求的检疫处理区。

3. 根据海关监管需要，现场作业区出入口应当配置门禁系统或保安人员。非工作人员不得进入海关现场作业区。邮政企业等人员因公进出海关现场作业区应当凭有效证件，并接受海关对其携带物品的监管查验。

二、现场办公区设置要求

应当提供具备网络通讯、取暖降温、休息卫生等条件的海关备勤、办公场所。

三、其他要求

（一）应当配备与海关联网的信息化作业系统，按照海关邮件信息化管理系统的要求实现邮件电子信息的传送、交换，确保满足海关对进出境邮递物品进行有效监管的实际需要。

（二）建立符合海关网络安全要求的机房或机柜，并且建立满足海关对货物查验、场所（场地）巡查等工作要求的无线网络。

第三节　进境动物隔离检疫场

一、一般建设要求

（一）需远离相应的动物养殖场、（屠宰）加工厂、居民生活区、兽医院及交通主干道、动物交易市场等场所。

（二）具有独立的封闭区域，设立隔离围网（墙），并有醒目的警示标识；根据海关监管需要，建立通道出入卡口，配置符合海关监管要求的卡口控制系统和设备，并且与海关联网。

（三）场内具备与申请进境动物种类和数量相适应的饲养条件和隔离检疫设施，具有安全的防逃逸装置。

（四）隔离检疫场内布局合理，分设隔离检疫区和生活办公区。隔离检疫区与生活办公区严格分开。与外界及各区间的通道应设有消毒池（垫），用于进出人员脚底和车辆等的消毒设施，通道应避免交叉污染；水生动物隔离场还需在通道口设置洗手消毒设备。

（五）应当配备供存放和运输样品、死亡动物的设备；场内设有死亡动物及废弃物无害化处理设施；设有污水、粪便集中消毒处理的场所。

（六）场内应有必要的供水、电、保温及通风等设施，水质符合国家相关标准。

（七）具有完善的动物饲养、卫生防疫等管理制度。配备兽医专业技术人员。

（八）根据海关监管需要，配备与海关联网的信息化管理系统，能够按照海关要求实现货物相关电子数据的传送、交换。

（九）根据海关监管需要，企业自用信息化管理系统应当向海关开放有关功能的授权。

（十）根据海关监管需要，建立符合海关网络安全要求的机房或机柜，并且建立满足海关对运输工具登临检查、货物查验、场所（场地）巡查等工作要求的无线网络。

（十一）应当提供具备网络通讯、取暖降温、休息卫生等条件的海关备勤、办公场所。

二、专用建设要求

以下类型的隔离检疫场除满足一般建设要求外，还应当满足专用建设要求。

（一）进境观赏/种用水生动物的指定隔离检疫场

1. 隔离场周边没有世界动物卫生组织（OIE）规定应当通报和国家主管部门规定须通报的水生动物疾病发生和流行；周围1公里范围内无水产品加工厂和水产品批发交易市场。

2. 具有独立水源，水质符合我国渔业水质标准。

3. 隔离检疫场内应当设有装卸区、包装处理区、隔离养殖区、患病动物观察区、死亡动物处理区、饲料（饵料）储存区、药物储存区和污水处理区。

4. 包装处理区应当设置对进境动物包装物料进行消毒处理的设施。

5. 隔离养殖区应当配备隔离养殖池，进排水应分设；配备有足量的工器具，已消毒工器具和未消毒工器具应分开摆放；建立养殖池（缸）隔离养殖动物记录。

6. 患病动物观察区应当配备患病水生动物专用隔离池（缸）。

7. 死亡动物处理区应当设置为无害化处理区域，能进行有效无害化处理。

8. 饲料（饵料）储存区应当建有饲料（饵料）储存库，应具备防鼠、防虫、防潮等设施；使用鲜活饵料的，配备相应的冷藏设备；储存库应建立购买和使用记录。

9. 药物储存区应当建有药物（含消毒剂）储存室，储存室由专人管理，药物应按其说明书要求的储存条件分类存放，集中发放，并有购买、使用、存放记录。

（二）进境日本锦鲤隔离检疫场

除满足进境动物隔离检疫场一般建设要求以及进境观赏/种用水生动物的指定隔离检疫场专用建设要求外，还应设置配套养殖场，或在隔离检疫场内设置进出水独立的专用养殖区域，用于对锦鲤疱疹病毒、鲤春病毒进行至少一个水温监测周期的监测。

（三）进境大中动物指定隔离检疫场

1. 猪指定隔离场应当符合《进境种猪临时隔离场建设规范》（SN/T 2032）。

2. 牛、羊指定隔离场应当符合《进境牛羊指定隔离场建设要求》（SN/T 4233）；马、驴等其他大中动物指定隔离场参照该标准执行。

（四）进境实验动物隔离检疫场

进境实验猴指定隔离检疫场应当符合《进出境实验猴隔离场建设规范》（SN/T 4805）；其他进境实验动物的指定隔离检疫场，应当符合《实验动物环境及设施》（GB 14925）。

（五）进境陆生野生动物、宠物（犬、猫）及进境演艺、竞技、展览动物指定隔离检疫场

1. 具有专用捕捉、固定动物所需场地和设施。

2. 进境宠物（犬、猫）的指定隔离检疫场，应当符合《进出境宠物犬、猫隔离场建设规范》（SN/T 4883）。

附件：1. 海关口岸前置拦截作业区设置规范

2. 海关监管作业场所（场地）查验作业区设置规范

3. 海关监管作业场所（场地）检疫处理区设置规范

4. 卫生检疫现场监测作业区场地及业务用台、人员查验通道设置规范

5. 卫生检疫现场排查处置作业区专业用房设置规范

附件1

海关口岸前置拦截作业区设置规范

第一章　总体要求

一、口岸前置拦截作业区应当设置在口岸国门一线的监管作业场所（场地）内，配备相应设施设备，设置明显区分标识。

二、海关在口岸前置拦截作业区对涉及安全准入等需进行拦截处置的进境货物、物品、运输工具、人员，实施前置预防性检疫处理（含检疫处理监管）、前置辐射探测、先期机检等顺势及非侵入的探测和处置作业。

三、根据口岸实际情况和前置拦截作业要求，水运、航空、铁路、公路口岸前置拦截作业区应当设置运输工具登临检疫/检查区、核生化处置区、人工检查作业区、检疫处理区、暂存区（库）及技术用房等功能区域，并根据海关监管需要建设先期机检作业区。

对于因口岸客观条件限制，无法独立设置功能区的，可结合口岸实际情况统筹建设功能区域，满足海关前置拦截作业需求。

四、口岸前置拦截作业区应当集中设置，对于因口岸监管区的面积、口岸原有设置布局等客观因素限制无法集中设置的，可结合口岸或监管区的实际情况，合理设置功能区，组合形成口岸前置拦截作业区。

五、具备口岸功能的海关特殊监管区应当根据其口岸类型，按照本规范的要求设置口岸前置拦截作业区。

第二章　水运口岸前置拦截作业区

一、场地建设

（一）地面平整、硬化，无病媒生物孳生地，场地及周围环境应当具备有效的防控鼠类设施。

（二）应当设置功能区域标识牌，并且标识场内的通行、分流路线。

（三）根据海关监管需要，设置运输工具、集装箱、货物的消毒通道。

二、功能区域设置

（一）登轮检疫/检查区。基于指定泊位或检疫锚地，配备海关实施登临检疫/检查、防爆、核

生化监测、卫生监督、病媒监测、反恐的设施及安全防护设备，配套相应技术用房。

（二）核生化处置区。设置用于发现有核辐射超标、有害生化因子的运输工具、集装箱、货物及发现危化品包装破损的隔离处置区，配备满足相应作业要求设施及人员防护设备，配套相关技术用房。

（三）先期机检作业区。根据海关监管需要，预留大型集装箱/车辆检查设备、辐射探测设备所需的场地，自行安装且供海关使用的集装箱/车辆检查设备、辐射探测设备应当与海关联网。

（四）人工检查作业区。如需实施海关查验，应当设置满足海关查验作业要求的场地，配备海关实施查验、安全防护的设备以及相应的专业操作人员。用于集装箱查验的场地，还应当满足集装箱/箱式货车承载货物查验区设置规范的要求。

（五）检疫处理区。用于对发现染疫嫌疑或检疫性有害生物的运输工具、集装箱、货物等进行检疫处理。配备消毒、除虫、除污和废弃物处理设施，配套相关技术用房。

（六）暂存区（库）。提供存放海关暂不予放行、待进一步检验检查货物的仓库或场地。

三、网络及卡口建设

（一）根据海关监管需要，铺设网络，满足海关作业和管理系统的接入需求；建立满足海关作业需求的无线网络，带宽不低于100M。

（二）根据海关监管需要，配备与海关联网的信息化管理系统，能够按照海关要求实现电子数据的传送、交换，企业自用信息化管理系统应当向海关开放有关功能的授权。

（三）根据海关监管需要，建立通道出入卡口，配置符合海关监管要求的卡口控制系统和设备，并且与海关联网。

四、其他

（一）配备供电及应急供电设施，满足查验作业照明、视频监控、大型集装箱车辆检查设备、辐射探测设备等的供电要求。

（二）安装照明设备，保障查验人员能对货物的铭牌、标识及状态进行清晰识辨别，并满足对查验过程实施全程视频监控和清晰录证的照明要求。

（三）提供具备网络通讯、取暖降温、休息卫生等条件的海关备勤、办公场所。

第三章　公路口岸前置拦截作业区

一、场地建设

（一）地面平整、硬化，无病媒生物孳生地，场地及周围环境应具备有效的防控鼠类设施。

（二）应当设置功能区域标识牌，并且标识场内的通行、分流路线。

（三）应当设置公路消毒通道/轮胎消毒池，配备相应设施设备，配套相关技术用房。

二、功能区域设置

（一）登临检疫/检查区。基于指定车位，配备海关实施登临检疫/检查、防爆、核生化监测、卫生监督、病媒监测、反恐的设施及安全防护设备，配套相应技术用房。

（二）核生化处置区。应当设置用于发现有核辐射超标、有害生化因子的运输工具、集装箱、货物及发现危化品包装破损的隔离处置区/车位，配备满足相应作业要求设施及人员防护设备，配套相关技术用房。

（三）先期作业机检区。根据海关监管需要，预留大型集装箱/车辆检查设备、辐射探测设备所需的场地，自行安装且供海关使用的大型集装箱/车辆检查设备、辐射探测设备应当与海关联网。

（四）人工检查作业区。如需实施海关查验，应当设置满足海关查验作业要求的场地，配备海关实施查验、安全防护的设备以及相应的专业操作人员。用于集装箱查验的场地，还应当满足《海关监管作业场所（场地）设置规范》中集装箱/箱式货车承载货物查验区设置规范的要求。

（五）检疫处理区/车位。用于对发现染疫嫌疑或检疫性有害生物的运输工具、集装箱、货物等进行检疫处理，配备消毒、除虫、除污和废弃物处理设施，配套相关技术用房。

（六）暂存区（库）。提供存放海关暂不予放行、待进一步检验检查货物的仓库或场地。

三、网络及卡口建设

（一）根据海关监管需要，铺设网络，满足海关作业和管理系统的接入需求；建立满足海关作业需求的无线网络，带宽不低于100M。

（二）根据海关监管需要，配备与海关联网的信息化管理系统，能够按照海关要求实现电子数据的传送、交换，企业自用信息化管理系统应当向海关开放有关功能的授权。

（三）根据海关监管需要，建立通道出入卡口，配置符合海关监管要求的卡口控制系统和设备，并且与海关联网。

四、其他

（一）配备供电及应急供电设施，满足查验作业照明、视频监控、大型集装箱车辆检查设备、辐射探测设备等的供电要求。

（二）安装照明设备，保障查验人员能对货物的铭牌、标识及状态进行清晰识辨别，并满足对查验过程实施全程视频监控和清晰录证的照明要求。

（三）提供海关备勤、办公用房，具备网络通讯、取暖降温、休息卫生等条件。

第四章　航空口岸前置拦截作业区

一、场地建设

（一）地面平整、硬化，无病媒生物孳生地，场地及周围环境应具备有效的防控鼠类设施。

（二）应当设置功能区域标识牌，并且标识场内的通行、分流路线。

（三）根据海关监管需要，设置运输工具、航空专用集装箱、货物、物品的消毒通道。

二、功能区域设置

（一）登机检疫/检查区。基于指定机位，配备海关实施登临检疫/检查、防爆、核生化监测、卫生监督、病媒监测、反恐的设施及安全防护设备，配套相应技术用房。

（二）核生化处置区。应当设置用于发现有核辐射超标、有害生化因子的运输工具、航空专用集装箱、货物、物品及发现危化品包装破损的隔离处置区，配备满足相应作业要求设施及人员防护设备，配套相关技术用房。

（三）先期机检作业区。根据海关监管需要，配置非侵入式检查设备、自动传输分拣设备，预留辐射探测设备等所需的场地，自行安装且供海关使用的辐射探测设备等应当与海关联网。

（四）人工检查作业区。如需实施海关查验，应当设置满足海关查验作业要求的场地，配备海关实施查验、安全防护的设备以及相应的专业操作人员。

（五）检疫处理区。用于对发现染疫嫌疑或检疫性有害生物的运输工具、航空专用集装箱、货物等进行检疫处理，配备消毒、除虫、除污和废弃物处理设施，配套相关技术用房。

（六）暂存区（库）。提供存放海关暂不予放行、待进一步检验检查货物的仓库或场地。

三、网络及卡口建设

（一）根据海关监管需要，铺设网络，满足海关作业和管理系统的接入需求；建立满足海关作业需求的无线网络，带宽不低于100M。

（二）根据海关监管需要，配备与海关联网的信息化管理系统，能够按照海关要求实现电子数据的传送、交换，企业自用信息化管理系统应当向海关开放有关功能的授权。

（三）根据海关监管需要，建立通道出入卡口，配置符合海关监管要求的卡口控制系统和设备，并且与海关联网。

四、其他

（一）配备供电及应急供电设施，满足查验作业照明、视频监控、非侵入式检查设备、辐射探测设备等的供电要求。

（二）安装照明设备，保障查验人员能对货物的铭牌、标识及状态进行清晰识辨别，并满足对查验过程实施全程视频监控和清晰录证的照明要求。

（三）提供具备网络通讯、取暖降温、休息卫生等条件的海关备勤、办公场所。

第五章　铁路口岸前置拦截作业区

一、功能区域设置

（一）登临检疫/检查区。基于指定轨道，或在进境轨道前端、查车场和到发线位置指定相应场地，设置喷洒消毒设施，配备海关实施登临检疫/检查、防爆、核生化监测、卫生监督、病媒监测、反恐的设施及安全防护设备，配套相应技术用房。

（二）核生化处置区。应当设置用于发现有核辐射超标或有害生化因子的运输工具、集装箱、货物等实施隔离处置的区域，配备满足相应作业要求设施及人员防护设备，配套相关技术用房。

（三）先期作业机检区。根据海关监管需要，预留大型集装箱检查设备、门户式辐射探测设备等所需的场地，自行安装且供海关使用的大型集装箱检查设备、门户式辐射探测设备等应当与海关联网。

（四）人工检查作业区。如需实施海关查验，应当设置满足海关查验作业要求的场地，配备海关实施查验、安全防护的设备以及相应的专业操作人员。

（五）检疫处理区。用于对发现染疫嫌疑或检疫性有害生物的运输工具、集装箱、货物等进行检疫处理。配备消毒、除虫、除污和废弃物处理设施，配套相关技术用房。

（六）暂存区（库）。提供存放海关暂不予放行、待进一步检验检查货物的仓库或场地。

二、网络及卡口建设

（一）根据海关监管需要，铺设网络，满足海关作业和管理系统的接入需求；建立满足海关作业需求的无线网络，带宽不低于100M。

（二）根据海关监管需要，配备与海关联网的信息化管理系统，能够按照海关要求实现电子数据的传送、交换，企业自用信息化管理系统应当向海关开放有关功能的授权。

（三）根据海关监管需要，建立通道出入卡口，配置符合海关监管要求的卡口控制系统和设备，并且与海关联网。

三、其他

（一）配备供电及应急供电设施，满足查验作业照明、视频监控、大型集装箱车辆检查设备、辐射探测设备等的供电要求。

（二）安装照明设备，保障查验人员能对货物的铭牌、标识及状态进行清晰识辨别，并满足对查验过程实施全程视频监控和清晰录证的照明要求。

（三）提供具备网络通讯、取暖降温、休息卫生等条件的海关备勤、办公场所。

附件 2

海关监管作业场所（场地）查验作业区设置规范

第一章　进口汽车查验区

一、查验区设置

（一）查验区为海关对进口汽车进行检验的工作区域，应分为候检区、检测区、合格停放区、不合格停放区等区域，不同的区域应设立相应的标识，各区域规划布局应适应汽车整车进口检验工作流程及技术条件，并配套监管仓库等设施。

（二）查验区应当具有实施检验检测一体化的电子检验软硬件条件；提供满足现场查验业务用房、办公设备、交通工具和必要的附属设施。

（三）应当设置候检区，不少于 10 个车位；合格停放区不少于 10 个车位；不合格停放区不少于 30 个车位，且不合格停放区域应当相对独立。

（四）应当设置用于存放需实施退运、销毁、扣押以及待进一步检验的汽车整车监管仓库，并应当相对独立，符合相关监管要求。

（五）应当设置检测区，满足汽车检测相应技术条件。

（六）检测区应当设置检测车间、检测线、地沟、试车道路、驻车坡道等设施。

1. 检测车间的长度、宽度和高度应适应承检车型检测的需要，并方便承检车辆进入和驶出；应通风、防雨，并设置排（换）气装置和排水装置，并有温度、湿度、大气压力测量装置；路面的承载能力应适应承检车型的轴荷要求，行车路面纵向和横向坡度应不大于 0. 1%，平整度应不大于 2. 0‰。在滚筒反力式制动检验台工位或平板制动检验台前、后，对于 10 吨（含）以上级检测线 6 米内和 3 吨级检测线 3 米内的行车地面，其附着系数应不小于 0. 7，平板式制动检验台工位除外。

2. 检测线应当布置在检测车间内，并按检验流程合理分布。出入口应设引车道和必要的交通标识以及安全防护装置等。

3. 地沟的长度应当与承检车型相适应，并设置通行通道及照明装置。地沟边缘应设置防止车辆跌入地沟的安全防护装置。

4. 试车道路的承载能力需适应承检车型的轴荷要求，试验车道应铺设平坦、清洁、干燥、硬实的水泥或沥青路面并设有规范的交通标识标线，路面附着系数应不小于 0. 7。

5. 用于驻车制动性能检验的驻车坡道，坡度分别为 15% 和 20%，轮胎与路面间的附着系数不小于 0. 7，坡道的长度应当比承检车型的最大轴距长 1 米，宽度应当比承检车型的最大宽度宽 1 米。参照相关标准采用符合规定的驻车制动检测设备检验时，可不构建驻车坡道。

二、暂存区设置

（一）暂存区是进口汽车在口岸临时存放的区域。暂存区的面积应与检测业务量相适应，不得与试车道路和行车道路等设施共用。

（二）暂存区应当具有封闭管理的硬件条件；地面平整且经过硬化处理，地面抗压强度应满足存储车辆空载承压要求；设置消防、安全、照明设备；符合口岸进出境货物存储场地卫生监督管理要求。

第二章　普通食品查验区

一、查验区设置

（一）查验区查验场周边3公里范围内不得有畜禽等动物养殖场、屠宰加工厂、兽医院、动物交易市场等动物疫病传播高风险场所，周围50米内不得有有害气体、烟尘、粉尘、放射性物质及其他扩散性污染源，查验场区所在沿边口岸毗邻的境外地区不得为《中华人民共和国进境动物检疫疫病名录》的一类动物疫病的疫区。

（二）查验区内应当建有查验平台、暂不予放行货物存放仓库以及从事食品检验检疫的技术用房。在查验区的下风位置，建有废弃物暂存设施，应相对封闭且不易泄露，同时应便于清洗和消毒。

（三）查验平台应当相对封闭，配备遮盖封闭设施，墙体材料及建造应满足安全、保温要求。顶部结构应采用防水性能好、有利排水的材料或者构件建设，一般应设置不小于2%的采光带。地面应平整、坚固、耐磨、防滑，用耐腐蚀的无毒材料修建，不渗水、不积水、无裂缝、易于清洗消毒并保持清洁，地面排水的坡度应为1%~2%。查验平台应设立固定的货物包装、标签、标识整改区域，并与其他区域相对隔离。

（四）配置移动查验工作台及查验工具，满足对食品查验作业需求。

（五）场地内无病媒生物孳生地，查验场地应具备有效的防鼠、防虫设施。查验区域上方的照明设施应装有防护罩。

二、查验区技术用房

（一）技术用房应配备满足无菌采样要求的采样室，采样室应设置取制样工作台，配置采样用切割机、分样器等采样工具。

（二）采样室内单独设置无菌取样间，配备无菌取样设施、设备；配备空气消毒、产品外包装消毒等设备；配置样品分区存放设施；设置工作台。

（三）配置空调，室内温度保持夏季22℃~26℃，冬季16℃~24℃，室内相对湿度保持夏季40%~80%，冬季30%~60%。

第三章　进口冷链食品查验区

进口冷链食品查验区适用于进口肉类产品、冰鲜水产品、进口冷冻水产品、肠衣等动物产品的查验，原则上应设置在进境口岸监管区内。该类查验区应首先满足普通食品查验区要求，同时满足以下要求：

一、查验区设置

（一）查验平台配备有制冷设备及自动温控设施，温度应控制在12℃以下，应当设有温度自动记录装置，平台靠近门洞处应当配备非水银温度计，并应经过校准。紧邻查验平台应建有储存冷库。

（二）查验平台和技术用房建新风系统，能有效净化有害异味气体，满足整体作业环境需求。新风系统应由送风系统和排风系统组成，可实现室内正压或负压状态并可调节，防止外界污染物与查验产品交叉污染，疫情应急处置时保持负压状态。

（三）冰鲜水产品查验区域还应设置便于去冰水和加冰的设施。冰鲜产品查验区域和技术用房可设于冷藏库内。

（四）肠衣产品查验区域应当与其他产品查验区域隔离，区域内应设置便于冷冻肠衣解冻且便于清洗消毒的水槽，同时应配备盛放肠衣产品的耐高盐腐蚀的容器以及对容器防疫消毒的设施设备。

二、查验区技术用房

（一）技术用房原则上应紧邻查验平台，应按照工作流程合理设置，能保障人流和物流完全分开，地面和墙面应便于清洗消毒。

（二）技术用房至少包括样品预处理室、感官检验室、采样室、样品存储室、防疫应急处置室、应急设备存放室、药械存放室、设施设备清洗消毒室、信息设备机房或具有集合以上功能的房间。设有与技术用房相连接的更衣室、卫生间，设施和布局不得对产品造成污染。用于肠衣等高盐食品检验检疫的设施设备必须能够耐受盐的腐蚀。

（三）配备供水装置，设置带有水槽的工作台，配备药剂存储柜、工具柜及防护设备存放柜，配备消毒喷洒设施，满足查验过程对作业场地防疫消毒和紧急防疫处置的需求。

（四）冷链食品采样室还应设置带有水槽的取制样工作台，配备锯骨机等设备。应配备样品暂存、留样存放用房。

（五）根据产品性质分区存放，配置冷冻冰柜、冷藏冰箱等样品存放设施。

（六）用于对查验废弃物品的无害化处理，设置带有水槽的工作台，配置大型高压灭菌锅等无害化处理设备。

三、冷链食品储存库

（一）冷链食品储存库原则上应当设置在进境口岸监管区范围内，交通运输便利，并具备方便搬运的运作空间，库容量具备一定规模。

（二）冷库区域周围无污染，符合环保要求，路面平整、不积水且无裸露的地面。

（三）冷库内地面用防滑、坚固、不透水、耐腐蚀的无毒材料修建，地面平坦、无积水并保持清洁；墙壁、天花板使用无毒、浅色、防水、防霉、不脱落、易于清洗的材料修建；库房密封，有防虫、防鼠、防霉设施。

（四）冷链食品储存库按存储温度分为冷藏库和冷冻库，冷冻库库房温度应当达到-18℃以下；冷藏库库房温度应当达到4℃以下，有特殊温度要求的还应设立特殊的存储场所。

（五）冷库内保持无污垢、无异味，环境卫生整洁，布局合理，不得存放有碍卫生的物品，保持过道整洁，不准放置障碍物品；不同种类产品应分库存放，防止串味和交叉污染；库房应定期消毒，定期除霜。

（六）冷库应当设有温度自动记录装置，库内应当配备非水银温度计，并经过校准。

四、其他要求

（一）应当至少配备2名熟悉海关法规和标准要求的食品安全员，负责查验区内的食品安全管理工作。

（二）应当建立满足海关监管要求的管理制度，包括出入库管理、防疫消毒管理、温度监测、视频档案管理、废弃物管理、食品安全防护、异常报告等管理制度。

（三）应当建立重大动物疫病、重大食品安全事件等突发事件的应急处理方案。

第四章　进境食用水生动物查验区

进境食用水生动物查验区应当设立在口岸监管区范围内，具备防风防雨的查验场地、采样场所及检疫处理等配套设施设备，并满足以下要求：

一、场地设置

（一）查验场地面积应当与进境食用水生动物数量、批次相适应。

（二）温度、光照、通风应当满足进境食用水生动物现场查验的要求。

（三）采样场所应当配置采样工作台、消毒池以及必要的临床检查和采样工器具，如：解剖工具、不锈钢盘、手套、照相机、充氧设备、消毒设施设备、冷藏冰箱、保温送样箱、冰袋等。

（四）应当配置必要的查验设备，如：铲车、操作台、通风设备、防疫消毒设施、木包装拆卸和取样工具等。

（五）应当配置必要的防疫消毒药剂、器械及存放设施，具有经检验检疫机构认可的防疫消毒人员。

（六）供排水、供电、照明、安全防护、防虫防鼠设施齐全。

（七）具备死亡水生动物的暂存场所和相配套的设施设备。

二、扣检场

（一）扣检场应当设在查验区所在地海关管辖区域内。

（二）扣检场周边卫生环境良好，与周围物理隔离，无污染源；具备供水、供电条件，满足海关扣检查验要求。

（三）扣检场存放池数量、容量应满足扣检需求。存放池独立供排水、标识清楚，具有供氧、调温、调节盐度等水生动物生存条件，并采取有效的防逃逸措施。

（四）具备对食用水生动物应分区、分池存放的条件；各区、池内使用的工具器具应清晰标识并区分。

（五）配备专业技术人员，对扣检食用水生动物进行管理，记录扣检情况，包括食用水生动物存活、死亡和处理情况等，有关记录应至少保存6个月。

（六）制定相关管理制度，包括日常管理制度、卫生防疫制度、异常死亡报告制度、进/出场及流向登记制度、检疫处理制度等。

第五章　进境水果查验区

进境水果查验区应当设立在口岸监管区范围内，并满足以下要求：

一、场地设置

（一）布局、面积、物流运输满足进境水果查验需求。

（二）供排水、供电、照明、安全防护、消防设施齐全，周边5公里范围内没有果园。

（三）建立进境水果相关安全卫生管理制度，如：水果查验场地和冷库管理制度、水果查验、存放等环节的防疫制度、水果溯源管理制度、重大疫情报告及应急处置制度、破果烂果和不合格木质包装处理制度、外来有害生物监测和防控制度等。

（四）配备熟悉水果检验检疫要求和海关相关法律法规的业务管理人员。

（五）进境水果查验区应当开展外来有害生物监测。

二、查验区设置

（一）应当设立查验区、扣箱区等查验功能区，各区域布局、面积、环境、光线满足进境水果需求。

（二）水果由集装箱、箱式货车装运的，应当建设满足水果现场查验的专用平台。

（三）开箱查验现场配备防止有害生物逃逸的设施，以确保开箱查验环境相对封闭。

（四）配置满足水果检验检疫需要的掏箱装卸设备，如叉车、掏箱工具、木包装拆卸取样工具、衡器等设备。

（五）配置集中收集破果、烂果的密闭设施设备。

（六）配置必要的水果检疫工具及器材、有害生物鉴定仪器设备、必要的检疫处理药剂及器械，具有远离生活、办公区域的检疫处理药械存放库房，并能确保其安全。

三、查验区技术用房

查验现场应当设有查验室、初筛鉴定室、样品存放室等配套设施。初筛鉴定室应明确划分养虫观察或生物安全饲养的功能区域。

四、检疫处理设施

具备满足水果除害处理需求的熏蒸库或冷处理库，或其他经海关认可的检疫处理设施。

（一）熏蒸处理设施

1. 容积不小于70立方米（空港根据业务量可适当调整库容），具有良好的密封效果。。

2. 配置温度控制、监测系统，可实时记录库内温度。

3. 配置适合水果熏蒸的气体循环系统，保证投药后熏蒸剂气体在较短时间内均匀分布。

4. 配置熏蒸剂浓度检测系统，可实时记录库内熏蒸剂浓度。

5. 配置必要的检疫处理药剂及器械，具有远离生活、办公区域的检疫处理药械存放库房，并能确保其安全。

6. 配置自动投药系统。

7. 配置熏蒸药剂安全浓度监测报警装置，测量精度不低于0.004g/m^3（1ppm）。

（二）冷处理设施

1. 冷处理设施符合相关标准且具有能使果实中心温度最低达到和维持在-1℃的制冷设备。

2. 应当配备足够数量的果温探针，探针应在-3.0℃到+3.0℃之间，精确到±0.15℃，至少每小时记录一次温度。

3. 具有集成的温度记录设备，能够打印输出识别每个探针、时间和温度并注明记录仪的结果。

（三）销毁设施

口岸所在地海关辖区内应当具有经海关认可的、具有资质的销毁处理单位，或者在查验场地范围内配套建有水果销毁设施，如独立焚烧炉、粉碎机等，符合环保、消防等部门的建设要求，其处理能力应满足日常的进境水果检验检疫业务需要。

四、监管冷库

（一）有独立的满足进境水果检验检疫业务需要的监管冷库。

（二）冷库的调温能力应当满足不同水果储存温度要求。

（三）冷库内安装温湿度传感器，库外设有温湿度监控系统，能实现温湿度数据计算机自动记录、储存，可随时打印历史记录，同时具备温湿度异常状况报警装置。

第六章　进境木材查验区

进境木材（主要包括已经境外检疫处理的原木、板材等）查验区应当设立在口岸监管区范围内，并满足以下要求：

一、场地设置

（一）区域布局合理，实施封闭管理，与居民区保持安全距离，至少500米以上。

（二）周围1000米以内无成片树林，尤其是无适宜林木有害生物定殖的寄主植物。

（三）木材堆存及查验场地地面平整；木材处理场地硬化，无可见缝隙。供电供水、排水、消防设施齐全。

（四）配套建设进境木材检疫查验区的检疫办公、实验用房，保障日常办公和初筛鉴定工作。

二、查验区设置

（一）具备木材堆存、装卸、查验、检疫处理等功能，并能够防止查验过程中有害生物逃逸。

（二）按照功能设置配备木材检疫堆存及查验场地、木材检疫处理场地、下脚料存放场地等，场地区域划分清晰，并有醒目的区域标识及堆场管理、防疫制度标识。

三、查验及检疫处理设施

（一）配备进境木材检疫查验设施，包括木材现场查验设施和取样设备。通过集装箱或者汽车、火车装运的还应配备开箱、掏箱和落地查验必需的机械设备。

（二）配备进境木材防疫设施，包括防疫处理药品、药械和疫情监测设备等。

（三）配备与木材进口量相适应的熏蒸处理、热处理或者其他检疫处理方式的设施设备。

四、防疫要求

（一）建立完善的防疫管理体系。

（二）配备与进境木材检疫工作量相适应的专业技术人员。

（三）配套建设进境木材检疫查验区的检疫办公、实验用房，保障日常办公和初筛鉴定工作。

（四）具备残渣、土壤、树皮等无害化处理能力

（五）配备用于有害生物监测的设施和器具，以开展外来有害生物监测和诱捕。

第七章　进境粮食查验区

进境粮食查验区应当设立在口岸监管区范围内，并满足以下要求：

一、场地设置

（一）区域布局合理，与外界及生活区相对隔离，周边1公里范围内没有种植与进境粮食种类相同的粮食作物。

（二）地面平整、硬化，无裸露土壤，整洁卫生。供电供水、排水设施齐全，具备防火等消防安全条件。

（三）建立进境粮食接卸、运输、储存等环节防疫管理制度，建立防疫安全领导机构，配备经海关认可的防疫安全人员。

二、查验区设置

（一）应当具备进境粮食固定的靠泊接卸区域，海运口岸散装粮食日接卸能力不低于8000吨（木薯干不低于2000吨），海运集装箱或陆运口岸接卸能力与粮食进境量相适应。

（二）应当具备与粮食进境量相适应的口岸专用粮食仓库或换装堆放场所（限木薯干和集装箱装运的粮食），并符合国家相关粮食储藏标准等技术规范要求。

（三）集装箱、汽车、火车装运的还应当配备开箱、掏箱和落地查验必需的防疫隔离场所及机械设备。

（四）应当具备装卸粮食的密闭、防撒漏运输工具和撒漏物收集清理存放的设施及设备，如挡防漏布、吸尘车等。如使用车辆运输的，装卸场所出入口应配备对车体进行清洁的专用设施。

三、防疫要求

（一）应当具备进境粮食撒漏物及下脚料专门存储场所及焚烧炉等必要的除害处理设施。每批粮食接卸、运输、储存后，应对运输工具及相关场所进行彻底清扫或消毒，并对收集的撒漏物等进行无害化处理。

（二）应当配备疫情监测、防除等必要的设施设备，配备常用的杀虫、除草、消毒药剂及处理器械，并专库保存。应对周边地区开展定期疫情监测。

第八章　进境种苗查验区

一、查验区设置

（一）查验场地固定，布局、面积、环境、光线满足进境种苗现场查验需求。

（二）种苗由集装箱、箱式货车装运的，应建有满足种苗现场查验的专用平台。

（三）开箱查验现场配备防止有害生物逃逸的设施，以确保开箱查验环境相对封闭。

（四）配置满足种苗检验检疫需要的查验设施和取样设备。

（五）具备固定的除害处理场地、处理设施，配有常用的药剂、器械及其贮藏场所。

二、隔离检疫场

进境种苗查验区应当设立在具有通过资质认可的国家、专业或地方隔离检疫场 1.5 小时车程范围内，具备对进境种苗进行隔离检疫的条件。

第九章　进口废物原料查验区

进口废物原料查验区应当符合《进口废物原料检验检疫场所建设规范》（SN/T 2753）的相关要求，并满足以下要求：

一、选址要求

进口废物原料查验区选址应当便于进口废物原料运输与通关，远离城市居民区、商业区及其他生态环境敏感区。

二、封闭设置

（一）查验区的四周应当设置不间断全封闭式围墙（或围网），离地面的总净高度不低于 2.5 米，离地面净高度 0.5 米范围内应为实心墙体。

由于消防安全、生产安全等因素无法建设实心墙体的进口废物原料查验区，在满足海关监管需要的前提下，可根据实际情况予以调整。

（二）查验区应当分别设置人员和车辆进出的专用通道，进出场地道路状况良好，交通顺畅。

三、查验区设置

（一）地面应当平整、硬化、无积水，无病媒生物孳生地，场地及周围环境应具备有效的防鼠设施与防鼠带。

（二）应当设有污水处理及排放设施，设有垃圾存储与处理以及其他防污染设施。排水系统应当良好，并保持其畅通。下雨时下水井盖无水外溢，雨后能迅速将场地积水排尽。

（三）应当设置专用查验区、货物分拣区（库）、检疫处理区、隔离区（库）等。场地内各区域之间应设有隔离设施，设置明显区分标识。

（四）查验场地的面积应当与进口货物和/或集装箱吞吐量相适应，满足待查验的货物或集装箱全数查验的需要。采用集装箱随车查验方式的查验场地应当设置专用查验平台，查验平台宽度应大于 5 米、与集装箱拖车架等高，长度应同时满足不少于 5 辆集装箱卡车同时查验。

（五）摆放集装箱的作业区域，地面上应标有箱位位置标识；堆放散装货物的作业区域，应根据每批货物的实际情况，合理设置分隔货物的隔离设施，并设置标识牌。

（六）货物分拣区（库）的面积应当与进口货物、集装箱吞吐量相适应。需进行废纸等轻质废物原料分拣的查验场地应采用封闭式库房将分拣作业区域与其他区域进行隔离。库房内应适合叉车等机械作业，有足够面积堆放掏箱后货物及分拣、拆包，有排风、排水设施。

四、其他

（一）检疫处理区应当通风良好，配套设置检疫处理药械仓库，设有明显警戒标识，与查验作业区和办公区的距离应当不少于 50 米，其面积应与口岸货物、集装箱吞吐量相适应，满足待处理的货物或集装箱全数落地摆放的需要。

（二）隔离区（库）应当设有明显警戒标识。隔离库应配备双锁。

第十章　供港澳鲜活产品查验区

一、查验区设置

（一）查验场应当为相对独立的专用区域，与外界隔离。根据海关监管需要建立通道出入卡口，配置符合海关监管要求的卡口系统并与海关联网。

（二）查验场布局、面积、环境、光线、物流等应满足相关产品的查验需求。

（三）场所设置接卸、储存、查验、处理等功能区域，配备满足货物装卸、场内运输、暂时存放、除害处理等相关设施设备。

（四）场地平整、硬化，无病媒生物孳生地，场地及周围环境应具备有效的防鼠设施。

二、信息化管理系统

（一）根据海关监管需要，配备与海关联网的信息化管理系统，能够按照海关要求实现货物相关电子数据的传送、交换。

（二）企业自用信息化管理系统应当向海关开放有关功能的授权。

（三）根据海关监管需要，建立符合海关网络安全要求的机房或机柜，建立满足海关对运输工具登临检查、货物查验、场所（场地）巡查等工作要求的无线网络。

三、其他

查验场应当建立供港澳鲜活品安全、卫生、防疫、应急处置等相关管理制度。

第十一章　卫生检疫查验区

一、特殊物品查验区

特殊物品类查验区适用于微生物、人体组织、生物制品、血液及其制品等特殊物品的检疫监督管理，应当设置在口岸监管区范围内，并满足以下要求：

（一）整体要求

1. 布局合理，具备符合低温、生物安全控制要求的查验场地、采样场所、检疫处理配套设施设备及办公场所。

2. 规划设计与特殊物品品种、数量、体积、风险等级相适应，符合生物安全的防护要求，满足特殊物品查验中可能发生的破损、渗漏、外泄导致的生物安全应急处置设施设备要求。

（二）作业区设置

配置独立查验区域，查验区包括普通查验区、冷链查验区。

1. 普通查验区（无特殊环境要求的低风险特殊物品查验作业）。

应当独立设置，并满足整箱特殊物品掏箱摆放的要求；设置防止病媒生物逃逸、防止核生化有害因子扩散及防止其他检疫风险扩散的检疫缓冲地带，用于发现病媒生物以及其他检疫风险时做紧急处理。

2. 冷链查验区（需低温环境的低风险特殊物品的查验和高风险特殊物品包装的表观查验作业）。

（1）与其他区域物理隔离，独立封闭，有遮光设备。

（2）保持无污垢、无异味，环境卫生整洁，满足防止病媒生物、有害生物逃逸和其他检疫风险扩散要求，在对接库门上安装风帘。

（3）配备制冷设备，应保证查验区域温度控制在2℃~8℃内。应当设有温度自动记录装置，并应经过符合资质的计量部门予以校准并在有效期内。

（4）查验特殊物品有特殊温控要求，可单独设置与其他查验位物理隔离、封闭的查验位。

3. 具备必要的检疫处置场地。配备独立的清洗、消毒设施，废弃物集中收集装置。

（三）设施设备

1. 查验场地配备红外低温检测设备，对含有病原微生物、毒素的特殊物品应当提供独立存放区域，粘贴生物安全警示标识，与人流量大的区域保持相对隔离，并设置相应物理屏障，限制人员进出，避免意外泄漏后造成的污染和人员伤害。满足特殊物品运输工具的临时停放要求。

2. 进境口岸查验现场不具备查验特殊物品所需安全防护条件的，特殊物品运送到符合生物安全等级条件的指定场所由海关实施查验。

3. 具备检疫处理场地、设备、设施，满足检疫处理药物、器械、设备的保存条件。

（四）场所用房

根据海关监管需要，可提供生物安全等级相匹配的采样室。配置生物安全柜、生物安全运输箱等，满足开展采样、制样、包装送样等作业要求。

二、进出境尸体骸骨检疫查验区

（一）整体要求

1. 应当设置在口岸监管区范围内，布局合理，具备符合低温要求的查验场地、检疫处理配套设施设备及办公场所。

2. 应当设置进出境尸体骸骨运输工具指定停放区域，配备足够的防蝇、污水收集、消毒药品投放等设施设备，供海关实施卫生控制措施，防止疫情、疫病传播。

（二）作业区设置

1. 作业区包括检疫区、卫生处理区、隔离区和办公区。

2. 检疫区应当具备适合停放尸体骸骨的场地和设施，根据作业要求预留车辆检查设备、运输车辆或棺柩辐射探测设备等所需的场地和设施。

3. 卫生处理区应当设置在检疫区附近，具备实施卫生处理、包装更换等卫生控制措施的场地和设施设备；满足卫生处理药物、器械、设备的存放和保存条件；满足尸体、骸骨卫生处理的操作要求；并设置配药室、药品存放室、卫生处理作业准备室、卫生处理设备存放室、卫生处理作业区和污水处理设施。

4. 隔离区应当具有独立的封闭区域，并有醒目的隔离警示标识。

（三）配备专业人员

应当配备专业操作人员配合海关实施尸体、骸骨现场查验、卫生处理及卫生检疫不合格情况下的检疫处置，应当为海关取样、检疫防疫和安全防护工作提供必要协助。

第十二章　公路口岸客车查验区

一、封闭及卡口设置

（一）应当具有独立的封闭区域，设立高度不低于2.5米的隔离围网（墙）。

（二）建立通道出入卡口，配置符合海关监管要求的卡口控制系统和设备，并且与海关联网。

二、场地设置

（一）设置符合海关要求的功能区域，设置区域标识牌，并且标识场内的通行、分流路线。

（二）设置功能完备的场内车辆退车（回程）通道。

（三）设置满足海关对车辆及车载物品检查作业要求的场地，配备海关实施查验、安全防护的设备以及相应的专业操作人员。

（四）根据海关监管需要，预留大型车辆检查设备、辐射探测设备等所需的场地和设施，自行安装且供海关使用的集装箱/车辆检查设备及辐射探测设备等应当与海关联网。

（五）提供存放海关暂不予放行车辆、暂不予放行物品的仓库或者场地。

（六）地面平整、硬化，无病媒生物孳生地，场地及周围环境应具备有效的防控鼠类的设施。

（七）根据海关监管需要，设置必要的检疫处理区。

三、信息化管理系统

（一）根据海关监管需要，配备与海关联网的信息化管理系统，能够接收海关相关指令信息，并按照海关要求实现车辆进场、出场、查验状态等电子数据的传送、交换。

（二）根据海关监管需要，企业自用信息化管理系统应当向海关开放有关功能的授权。

（三）建立符合海关网络安全要求的机房或机柜，并且建立满足海关对运输工具登临检查、货物查验、场所（场地）巡查等工作要求的无线网络。

第十三章　集装箱/箱式货车承载货物查验区

一、场地设置

（一）查验场地应是相对独立封闭的平台或者有顶棚覆盖的平整场地，配备防控鼠类设施。

（二）查验场地应当便于集装箱/厢式货车停靠，每个停靠点对应一个实施查验作业的区域，宽度应保证集装箱/箱式货车靠泊后开箱及掏箱，划线区分并按顺序编号，相邻作业区域间隔不少于1米。

（三）查验场地面积应当满足海关查验作业需求，实施查验作业的区域应满足整箱货物掏箱摆放的要求，并预留货检X光机、磅秤、查验工具柜等设备的放置区域。

（四）配备供电及应急供电设施，满足查验作业照明、视频监控、大型集装箱车辆检查设备、查验用X光机、移动式查验指挥车、查验电瓶车等设备的供电要求。

（五）安装照明设备，保障查验人员能对货物的铭牌、标识及状态进行清晰识辨别，并满足对查验过程实施全程视频监控和清晰录证的照明要求。

（六）用于集装箱/箱式货车承载的固体废物、大宗散货查验的场地，其作业平台或者顶棚可根据实际查验作业特点予以调整。

二、网络建设

（一）能够接入海关作业和管理系统。

（二）在查验场地建立全覆盖的无线网络，带宽不低于100Mb。

三、图示

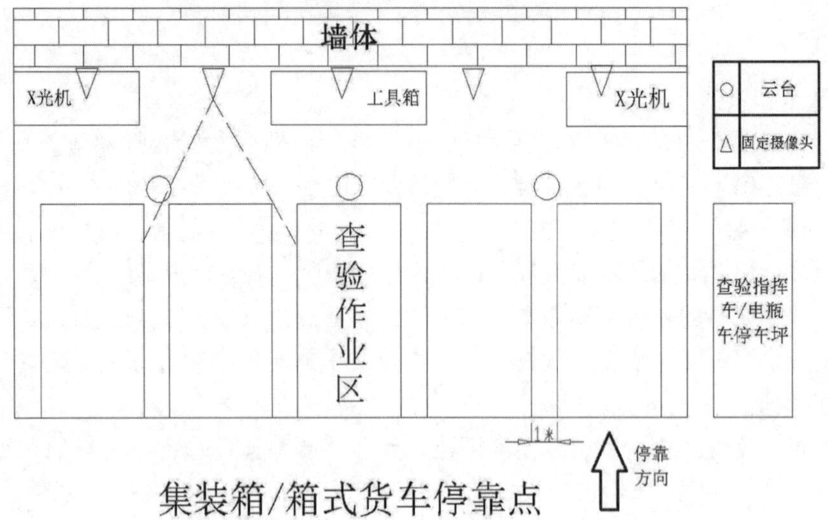

单侧查验平台/场地设置示意图（平面图）

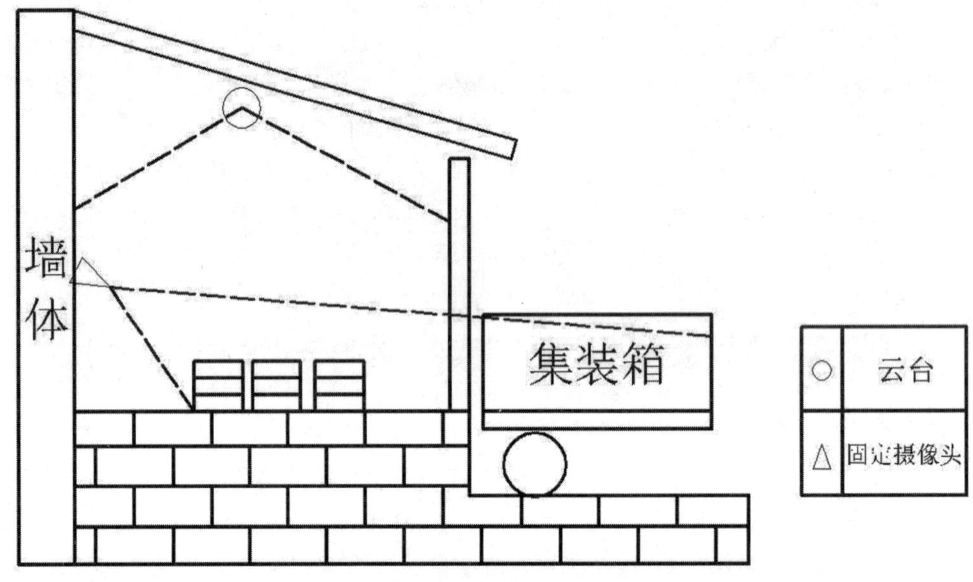

单侧查验平台/场地设置示意图（立面图）

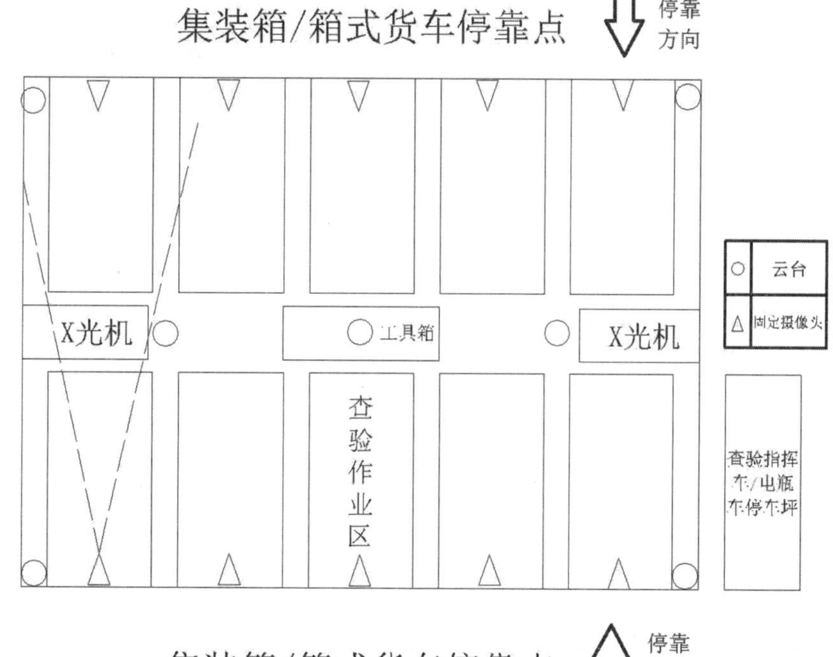

双侧查验平台/场地设置示意图（平面图）

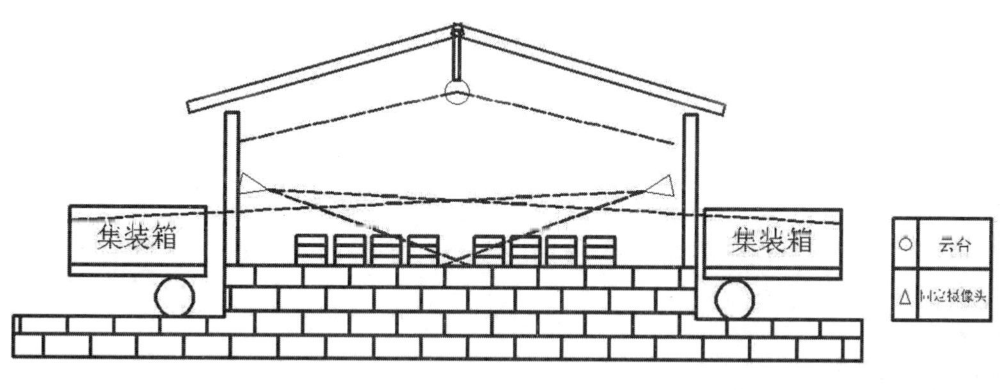

双侧查验平台/场地设置示意图（立面图）

附件 3

海关监管作业场所（场地）检疫处理区设置规范

第一章　进境原木检疫处理区

一、进境原木除害处理区

（一）基本要求

1. 区域布局合理，实施封闭管理，与居民区保持安全距离，至少 1000 米以上。

2. 应当配套建有紧临场所处理区的专用原木装卸区域，处理区周边 1000 米没有成片林地，无适宜林木有害生物定殖的寄主植物。

3. 木材处理场地场地平整，硬化，雨后无积水。

4. 应当配备通过消防部门验收的消防安全设施，配备带自动报警、排气等装置的检疫除害处理专用药品和药械仓库，并符合危险化学品和消防管理规定。供电供水、排水设施齐全。

（二）功能要求

进境原木检疫处理区分为核心处理区、检疫合格堆场。

1. 核心处理区应当满足年处理200万立方米木材的处理能力。检疫合格堆场面积应与年处理能力相适应。

2. 核心处理区应当为水泥地面，检疫合格堆场应为硬质地面，满足重载机械全天候作业要求。

3. 核心处理区实施封闭管理，周围应建有隔离围墙（栏），与木材专用码头之间建有专用通道。

4. 核心处理区内配套符合海关要求的处理控制室。

5. 处理设施建设应当达到进境木材处理技术指标要求，符合环保和安全生产等相关规定。

（三）处理设施技术要求

1. 熏蒸处理。

（1）处理设施要求。采用固定设计，单个熏蒸密闭空间不大于1500立方米，并至少设置2个熏蒸药剂浓度检测点。各熏蒸密闭设施间，应布局合理，便于原木装卸和熏蒸安全操作。必要时，配备加温设备，保证整个处理过程原木表皮下5cm内温度不低于5℃。

（2）处理设备要求。具备投药、汽化、循环、检测、回收、排放等功能。各项功能应实现自动操作与控制。汽化投药出口温度不低于20℃。气体检测设备灵敏度达到0.1g/m^3。

（3）熏蒸空间气体循环和气密性要求。密闭条件下，投药后30分钟内熏蒸气体应能实现均匀分布，各检测点之间浓度差小于等于5g/m^3。投药后2小时药剂浓度不低于起始浓度的75%，24小时不低于起始浓度的50%。

（4）熏蒸药剂重复利用和排放要求。处理设施设计应能实现熏蒸药剂重复利用，再利用率不低于50%。尾气应适当回收，保证排放安全。通风散毒达到0.02g/m^3以下不超过2小时。

（5）报警装置要求。处理区及控制室配置熏蒸药剂安全浓度监测报警装置。报警装置测量精度不低于0.004g/m^3（1ppm）。

2. 水浸处理。

水浸处理过程原木应完全浸泡于水中90天以上。

3. 辐照处理。

原木最低吸收剂量150Gy。

4. 热处理。

中心温度至少要达到71.1℃并保持75分钟以上。

（四）其他

1. 建立完善的防疫管理体系。

2. 配备与进境木材检疫工作量相适应的专业技术人员。

3. 配套建设进境木材检疫处理区的检疫办公、实验用房，保障日常办公和初筛鉴定工作。

4. 配有用于有害生物监测的设施和器具，以开展外来有害生物监测和诱捕。

二、进境原木检疫加工区

（一）基本要求

1. 仅限设置在北方陆路边境口岸内。

2. 区域布局合理，与居民区保持安全距离，至少500米以上。

3. 周围1000米以内无成片树林，尤其是无适宜林木有害生物定殖的寄主植物。

4. 木材堆存场地地面平整，木材处理场地硬化；供电供水、排水、消防设施齐全。

（二）功能要求

进境原木检疫加工区分为加工区、合格堆场。

1. 加工区实施封闭管理，周围应建有隔离围墙（栏）。

2. 加工区内配备实施加工处理的木材加工、烘干设施，并确保能够达到除害处理效果。

3. 合格堆场应为硬质地面，满足重载机械作业要求。

4. 针对加工过程中产生的下脚料配备符合要求的存放场地及处理设施。

（三）防疫要求

1. 建立完善的防疫管理体系。

2. 配备与进境木材检疫工作量相适应的专业技术人员。

3. 配套建设进境原木检疫加工区的检疫办公、实验用房，保障日常办公和初筛鉴定工作。

4. 配备用于有害生物监测的设施和器具，以开展外来有害生物监测和诱捕。

第二章　进境大型苗木检疫处理场

一、基本要求

（一）应当设立在大型苗木隔离苗圃附近。

（二）具有完善的管理制度和防疫措施。

二、场所设置

（一）地面水泥硬化，场所周边1公里内无相关种苗及同科植物，以物理隔离措施封闭，入口设置车辆消毒设施。

（二）场所应当设有专用的现场查验区域，具有符合要求的查验设施。

（三）具备符合要求的检疫处理场地，设立根部处理区、熏蒸处理区，配备土壤处理设施、熏蒸处理设施等满足除害处理要求的相关设施。

（四）设立药剂器械存放库，同时应配备除害处理所需以下药剂及器械。

三、检疫处理设施

（一）根部处理设施。根据实际情况及需要，可选择符合进境大型苗木除害处理的设施，如药剂浸泡设施或自动滴灌设施。

（二）熏蒸处理设施。该设施能方便集装箱的快速进出和熏蒸剂气体的迅速均匀分布。需具备自动投药、循环、气密性检测、熏蒸气体浓度定时检测、尾气排放和实时监控等自动控制功能。

四、其他

进境大型苗木检疫处理场的半径1公里范围内，应设立外来植物疫情监测防控区域。

附件4

卫生检疫现场监测作业区场地及业务用台、人员查验通道设置规范

一、人员卫生检疫等候区是进出境人员等候体温监测、接受医学巡查、进行健康申报的区域。应当保证通风透气、光照充足。最低配置要求：从查验区最远端向外延伸计算，其面积以人员最长等候时间15分钟为前提，依照每15分钟内最大客流量乘以每名人员1平方米 等候面积计算。

二、红外测温区是使用红外测温设备对进出境人员实施体温监测的区域。应覆盖进出境人员查

验通道，避免阳光直射，且距离门口应有适当的缓冲距离，避免室内外温差较大引起误报警。最低配置要求：面积（㎡）= 通道数×通道宽度（1.5m）×通道长度（18m）。

三、医学巡查区是通过医学专业人员开展巡查方式发现传染病可疑病例的区域。

四、人员卫生检疫等候区配套设施和标识标牌。

（一）引导牌：中文“前方请接受卫生检疫”，英文“Health Quarantine Ahead”；推荐规格100cm×30cm；金属或塑料材质制作；立式摆放或醒目位置贴墙、悬挂安装。

（二）公告/宣传栏：用于张贴有关公告和传染病防控政策或知识的宣传；推荐规格300cm×100cm；金属或塑料材质制作，可设置电子触摸屏；立式摆放或醒目位置贴墙、悬挂安装。

（三）告示牌：用于向旅客告知进出境卫生检疫有关事项；推荐规格为100cm×30cm；中文“如您有发热、咳嗽、腹泻等身体不适，请向海关申报”，英文“If you have any symptoms such as fever, cough, diarrhea etc., please declare to China Customs.”；中文“请脱帽缓行配合测温”，英文“Temperature monitoring, please take off your hat and walk slowly.”；金属或塑料材质制作，可设置电子触摸屏；立式摆放或醒目位置贴墙、悬挂安装。

（四）填卡台：用于张贴健康申明卡填写式样、进出境人员填写健康申明卡；Ⅰ、Ⅱ、Ⅲ级口岸必配；进出境至少各配置一个，靠墙摆放在人员卫生检疫等候区（健康申明卡填写式样可张贴在墙面）；推荐规格为长150厘米、宽80厘米、高110厘米；要求选取符合卫生、安全、环保等的材质，台面、框架与底座推荐不锈钢材质。标识放置于填卡台桌面；中文“进出境健康申明卡填写处”，英文“Health Declaration”；推荐规格为30cm×8cm；金属或塑料材质制作；横截面应是三角形柱体。

（五）等候线：用于提示进出境人员在此等候卫生检疫的指示线。Ⅰ、Ⅱ、Ⅲ级口岸必配。粘贴在进出境人员卫生检疫等候区与查验区交界处的地面上，与进出境人员查验通道方向垂直，距离红外测温仪镜头10米以上；黄色，宽度10厘米，长度覆盖所有查验通道。

五、红外测温区和医学巡查区配套设施和标识标牌。

（一）健康咨询台：用于进出境人员健康咨询，可选择设置电子触摸屏。Ⅰ、Ⅱ、Ⅲ级口岸必配。进出境至少各配置一个，放置在红外测温区。推荐规格为长150厘米、宽80厘米、高110厘米。要求选取符合卫生、安全、环保等要求的材质，台面、框架与底座均推荐不锈钢材质。标识放置于健康咨询台台面；中文“国际旅行医学咨询”、英文“International Travel Medical Consultation”；推荐规格为30cm×8cm；金属或塑料材质制作；横截面应是三角形柱体。

（二）卫生检疫查验台：用于测温设备、单兵系统、证件读卡器、一键呼叫及语音对讲等设施设备的设置及摆放，同时满足开展医学检查、健康申报、健康咨询等工作。Ⅰ、Ⅱ、Ⅲ级口岸必配。推荐规格：查验台长与宽比例为22∶23.5，正面高度为135厘米，面积按口岸分级合理设置。地面与口岸现场大厅地面距离为35厘米，在查验台内部设置两级台阶，单个台阶高度为17厘米，深度为20厘米。便于工作人员在查验台内形成俯视角度，从进出境人群中快速辨识人员，及时开展医学巡查工作。查验台上台面宽30厘米（向桌外延伸10厘米），下台面宽30厘米，上、下台面高度差为30厘米，下台面与查验台地面高度为70厘米。查验台设置在红外测温区，位于查验通道末端的正中央。

$$\text{查验台最低配置数量}=\frac{\text{15 分钟出境或入境人员最大客流量值}}{60\times 2}$$

查验台标识位于查验台正前方，内容为中文“卫生检疫”、英文“Health Quarantine”，字样前加海关关徽，关徽位于左边，汉字位于右上，英文位于右下。查验台标识背景大小为200cm×110cm。

（三）标识牌：位于进出境人员查验通道正上方。Ⅰ、Ⅱ、Ⅲ级口岸必配。中文“卫生检疫”、英文“Health Quarantine”，字样前加海关关徽。推荐规格为150cm×50cm。金属或塑料材质制作；也可以采用电子式或灯箱式。

（四）警示标识：在醒目位置贴墙或悬挂安装；中文“监测区域请勿停留”、英文“No stopping”；推荐规格为35cm×25cm；金属或塑料材质制作。

六、人员查验通道位于人员卫生检疫等候区正后方处，是开展进出境人员体温监测，接受健康申报，核查预防接种证书、健康证明或其它相关国际旅行卫生证件的场所。Ⅰ、Ⅱ、Ⅲ级口岸均必配。进出境人员查验通道分闸口通道和非闸口通道，通道数量的设立均以进出境人员最长等候时间15分钟、每名进出境人员查验时间15秒为前提，按照15分钟内出境或进出境人员最大流量值，除以常数60计算（一条通道15分钟内查验的出境或进境人员数量为60名）。通道标识包括方向指示和黄色一米等候线，金黄色，位于通道地面，各口岸根据需要配置。进出境人员查验通道（闸口通道）宽度80~150厘米，长度不低于18米；通道护栏高度为110厘米；通道护栏的材质要求哑光，光滑，防撞，坚硬，如不锈钢等；通道护栏设置在查验通道的前方及两侧，确保进出境人员查验通道在有效红外测温区内。进出境人员查验通道（非闸口通道）经过通道的步行时间不少于3秒，以确保红外测温仪有效测温距离足够长；在通道的外围须设置能将查验区与其他区隔开的物理屏障（或相关指示标识），确保进出境人员查验通道在有效红外测温区内。

七、工作人员通道最低配置数量为1条，宽度为80~150厘米，通道护栏的材质要求哑光，光滑，防撞，坚硬的材质，如不锈钢等。Ⅰ、Ⅱ、Ⅲ级口岸均必配。通道标识位于“中国海关”标识后方、工作人员进入通道前的醒目位置；中文“工作人员通道”，英文“Staff Only”；关徽和中英文横向排列，从左至右为海关关徽和“工作人员通道”中英文字样；推荐规格为60cm×40cm；金属或塑料材质制作。

八、病例转运专用通道用于病例转运、并与其他人员通道不存在交叉污染的专用通道。Ⅰ、Ⅱ、Ⅲ级口岸均必配。最低配置数量为1条，宽度为150厘米。通道标识位于转运通道的地面或者墙面；中文“转运专用通道”，英文“Passage for Transport”；推荐规格为60cm×40cm；如安装在墙面，金属或塑料材质制作。

九、集装箱车/客车驾驶人员查验通道即为安装了红外测温仪的集装箱车/客车通道。Ⅰ、Ⅱ、Ⅲ级陆路口岸选配。数量的设立以集装箱车/客车最长候检时间10分钟，每辆集装箱车/客车查验时间10秒为前提，按照10分钟内出境或进出境集装箱车/客车最大流量值，除以常数60计算（一条通道10分钟内查验的集装箱车/客车数量为60辆）。通道宽度为500厘米、高度550厘米，护栏高110厘米。通道要求路面平整、硬化。通道护栏位于集装箱车/客车查验通道前方两侧，用于全部车辆有序进入、通过查验通道。如无集装箱车/客车驾驶人员查验通道，驾驶人员须在指定场所接受卫生检疫。

十、小汽车驾驶人员查验通道即为安装了红外测温仪的小汽车通道。Ⅰ、Ⅱ、Ⅲ级陆路口岸选配。数量的设立以小汽车最长候检时间10分钟，每辆小汽车查验时间10秒为前提，按照10分钟内出境或进出境小汽车最大流量值，除以常数60计算（一条通道10分钟内查验的小汽车数量为60辆）。通道宽度为500厘米、高度550厘米，护栏高110厘米。通道要求路面平整、硬化。通道护栏位于小汽车查验通道前方两侧，用于全部车辆有序进入、通过查验通道。如无小汽车驾驶人员查验通道，驾驶人员须在指定场所接受卫生检疫。

十一、其他车辆驾驶人员查验通道即为安装了红外测温仪的其他车辆通道。Ⅰ、Ⅱ、Ⅲ级陆路口岸选配。数量的设立以其他车辆最长候检时间10分钟，每辆车查验时间10秒为前提，按照10分钟内出境或进出境其他车辆最大流量值，除以常数60计算（一条通道10分钟内查验的其他车辆数量为60辆)。通道宽度为500厘米、高度550厘米，护栏高110厘米。通道要求路面平整、硬化。通道护栏位于其他车辆查验通道前方两侧，用于全部车辆有序进入、通过查验通道。如无其他车辆驾驶人员查验通道，驾驶人员须在指定场所接受卫生检疫。

附件5

卫生检疫现场排查处置作业区专业用房设置规范

一、口岸进出境旅检现场卫生检疫环节专业用房/区域的设置应与办公区域分开，临近旅检卫生检疫环节现场，根据不同用途而相对独立，满足传染病防控的需要，区域界限明确，且应符合我国生物安全相关要求。

二、口岸进出境旅检现场卫生检疫环节专业用房/区域的名称标识粘贴在房门或悬挂在房门边外墙。推荐规格为30cm×15cm。可采用长方形印制，金属、塑料材质制作。

三、口岸进出境旅检现场卫生检疫环节专业用房/区域的警示标识在入口等醒目位置贴墙或悬挂安装。Ⅰ、Ⅱ、Ⅲ级口岸必配。标识中文“工作区域非请勿入”，英文“Staff Only”。推荐规格为35cm×25cm。金属或塑料材质制作。

四、医学排查室（含体温复测室）用于开展体温复测、流行病学调查、医学检查、样本采集等的专业用房/区域。Ⅰ、Ⅱ、Ⅲ级口岸均必配。面积要求不低于50平方米。布局及流程应符合我国生物安全相关要求。标识中文“医学排查室”、英文“Quarantine Screening”。

五、(负压）临时留验室是用于传染病病例/疑似病例的流行病学调查、医学检查、采集样本、快速检测、转运前临时隔离以及重大疫情防控期间采取临时性卫生检疫措施的专业用房/区域。Ⅰ级口岸必配，Ⅱ级、Ⅲ级口岸选配。面积按口岸分级合理设置。位置应邻近进出境人员查验通道，便于转移传染病病例和疑似病例。应根据功能进行适当的分区，设置独立的工作人员通道和转运通道，且病人转运通道应直接连通急救车辆停车位；至少能够同时临时隔离两名病例；具备形成负压梯度的条件，布局及流程应符合我国生物安全相关要求。标识中文“（负压）临时留验室”、英文“Temporary Quarantine”。

六、传染病病原体快速检测实验室是用于传染病病原体快速检测的专业用房/区域。Ⅰ、Ⅱ、Ⅲ级口岸均必配。按口岸分级合理规划面积。Ⅰ级、Ⅱ级口岸按照生物安全二级要求进行实验室布局安排，Ⅲ级口岸至少按照生物安全一级要求进行实验室布局安排；布局及流程应符合我国生物安全相关要求。可作为功能区内设在（负压）临时留验室。标识中文“传染病病原体快速检测实验室”、英文“Rapid Test”。

七、旅行健康室是用于为进出境人员进行旅行健康咨询的专业用房/区域。Ⅰ、Ⅱ、Ⅲ级口岸均为选配。面积要求不低于30平方米。标识中文“旅行健康室”、英文“Travel Medical Consultation”。

八、突发卫生事件应急处置室是用于口岸现场发生突发卫生事件时对进出境人员及其携带物进行应急处置的专业用房/区域。Ⅰ、Ⅱ、Ⅲ级口岸均必配。按口岸分级合理规划面积。布局及流程应符合我国生物安全相关要求。标识中文“突发卫生事件应急处置室”、英文“Health Emergency”。

九、洗消室是用于对体温检测、流行病学调查、医学检查、样本采集、实验室快速检测、临时隔离留验等检疫过程中所需物品和器械等的清洗、消毒、灭菌及各类感染性废弃物的消毒、灭菌处理的专业用房/区域。Ⅰ、Ⅱ、Ⅲ级口岸均必配。面积要求不低于20平方米。应根据清洗、消毒、灭菌及相应物品和器械存放等功能进行适当的分区；布局及流程应符合我国生物安全相关要求；可作为功能区内设在（负压）临时留验室或传染病病原体快速检测实验室。标识中文“洗消室”、英文“Disinfection & Sterilization”。

十、应急物资储备室是用于储备各类生物/核与辐射/化学有害因子安全防护物资及装备、样本采集及运送器材、卫生处理药械等的专业用房/区域。Ⅰ、Ⅱ、Ⅲ级口岸均必配。面积要求不低于50平方米。需安置多个储物架，具有排风、除湿、防鼠等设备。标识中文“应急物资储备室”、英文“Emergency Supplies Storage”。

海关总署关于实施《慈善捐赠物资免征进口税收暂行办法》有关事宜的公告

（海关总署公告2016年第17号）

经国务院批准，对境外捐赠人无偿向受赠人捐赠的直接用于慈善事业的物资，免征进口关税和进口环节增值税。财政部、海关总署和国家税务总局2015年第102号公告公布了《慈善捐赠物资免征进口税收暂行办法》（以下简称《暂行办法》）。根据《暂行办法》的有关规定，现将海关实施《暂行办法》的有关事宜公告如下：

一、《暂行办法》所称的受赠人负责接受捐赠物资，并出具《受赠人接受境外慈善捐赠物资进口证明》及《捐赠物资分配使用清单》（样式详见附件）。

二、受赠人在申报进口捐赠物资前，应向其所在地海关办理减免税手续。受赠人也可委托使用人，由使用人向使用人所在地海关办理减免税手续。

国务院有关部门、中国红十字会总会、中华全国妇女联合会、中国残疾人联合会、中华慈善总会、中国初级卫生保健基金会、中国宋庆龄基金会、中国癌症基金会作为受赠人接受捐赠物资的，由受赠人统一向北京海关办理进口捐赠物资的减免税手续。

三、本公告所称的使用人，是指捐赠物资的直接使用者，或者负责分配该捐赠物资的单位。

四、受赠人或使用人向其所在地海关办理进口捐赠物资减免税手续时，应当提交以下材料：

（一）境外捐赠函（正本）；

（二）由受赠人出具的《受赠人接受境外慈善捐赠物资进口证明》及《捐赠物资分配使用清单》（均为正本）；

（三）受赠人属于经民政部或省级民政部门登记注册且被评定为5A级的以人道救助和发展慈善事业为宗旨的社会团体或基金会的，还应当提交由民政部或省级民政部门出具的证明该社会团体或基金会符合《暂行办法》规定的受赠人条件的文件（正本），以及5A级社会团体或基金会证书（正本及复印件）；

（四）由使用人向使用人所在地海关办理减免税手续的，使用人应当提交受赠人委托其办理进口捐赠物资减免税手续的委托书（正本）；

（五）海关认为需要提供的其他材料。

五、受赠人或使用人所在地海关凭受赠人或使用人提交的上述有关材料，对照《暂行办法》有关规定进行审核，办理有关进口捐赠物资的减免税手续。

进口地海关按照有关规定，办理进口捐赠物资的验放手续。

六、进口捐赠物资的减免税手续纳入海关减免税管理系统管理。进口捐赠物资的征免性质为：慈善捐赠（代码：802）；对应的监管方式为：捐赠物资（代码：3612）。

七、进口捐赠物资按国家规定属于配额、特定登记和进口许可证管理的商品的，受赠人应当向有关部门申请配额、登记证明和进口许可证，进口地海关凭证验放。

八、免税进口的上述捐赠物资属于海关监管货物，在海关监管年限内，未经海关审核同意，不得擅自转让、抵押、质押、移作他用或者进行其他处置。

九、本公告由海关总署负责解释。

十、本公告自 2016 年 4 月 1 日起施行。

特此公告。

附件：《受赠人接受境外慈善捐赠物资进口证明》及《捐赠物资分配使用清单》样式

海关总署

2016 年 3 月 21 日

附件

受赠人接受境外慈善捐赠物资进口证明

所在地海关		物资进口地海关	
境外捐赠人名称			
受赠人名称			
接受捐赠物资品名（详见随附物资清单）			
物资数量		物资金额	
兹申明以上内容属实。 受赠人审核盖章 年　月　日 经办人姓名：　　　　电话：			

捐赠物资分配使用清单

序号	使用人名称	捐赠物资品名	数量	金额	使用人地址
兹申明以上内容属实。 受赠人审核盖章 年　月　日 经办人姓名：　　　　电话：					

备注：

1.《受赠人接受境外慈善捐赠物资进口证明》（以下简称《证明》，随附盖有受赠人公章的物资清单）及《捐赠物资分配使用清单》（以下简称《清单》）由受赠人按样式自行印制，一次性使用，自受赠人审核盖章之日起半年内有效，允许跨年度使用。

2.《证明》中“所在地海关”应按照公告第二条规定，填写受赠人或使用人办理进口捐赠物资减免税手续的海关。

3. 捐赠物资申报进口前，受赠人或使用人应持《证明》及《清单》正本向其所在地海关办理减免税手续。《证明》及《清单》内容不得更改，复印件无效。

4.《证明》及《清单》一式两联，第一联由海关留存，第二联由受赠人留存。

5. 受赠人为国务院有关部门和各省、自治区、直辖市人民政府的，由各有关部门和政府办公厅出具《证明》及《清单》；对受赠人为《暂行办法》所称的社会团体或基金会的，由该社会团体或基金会出具《证明》及《清单》。

商务部、海关总署、国家市场监督管理总局关于进一步加强防疫物资出口质量监管的公告

（商务部、海关总署、国家市场监督管理总局公告2020年第12号）

在全球疫情持续蔓延的特殊时期，为更有效支持国际社会共同应对全球公共卫生危机，现就进一步加强防疫物资质量监管、规范出口秩序有关措施公告如下：

一、加强非医用口罩出口质量监管。自4月26日起，出口的非医用口罩应当符合中国质量标准或国外质量标准。

商务部确认取得国外标准认证或注册的非医用口罩生产企业清单（中国医药保健品进出口商会网站 www. cccmhpie. org. cn 动态更新），市场监管总局提供国内市场查处的非医用口罩质量不合格产品和企业清单（市场监管总局网站 www. samr. gov. cn 动态更新），非医用口罩出口企业报关时须提交电子或书面的出口方和进口方共同声明（参考附件1），确认产品符合中国质量标准或国外质量标准，进口方接受所购产品质量标准且不用于医用用途，海关凭商务部提供的企业清单验放，对不在市场监管总局提供的企业清单内的，海关接受申报，予以验放。

对4月26日之前已签订的采购合同，出口报关时须提交电子或书面的出口方和进口方共同声明（参考附件1）。

二、进一步规范医疗物资出口秩序。自4月26日起，产品取得国外标准认证或注册的新型冠状病毒检测试剂、医用口罩、医用防护服、呼吸机、红外体温计的出口企业，报关时须提交书面声明（参考附件2），承诺产品符合进口国（地区）质量标准和安全要求，海关凭商务部提供的取得国外标准认证或注册的生产企业清单（中国医药保健品进出口商会网站 www. cccmhpie. org. cn/动态更新）验放。

以上防疫物资出口质量监管措施将视疫情发展情况动态调整。

附件：1. 出口方和进口方共同声明（中英文）

2. 出口医疗物资声明（中英文）

商务部

海关总署

国家市场监督管理总局

2020年4月25日

附件 1

出口方和进口方共同声明
Joint Declaration of the Exporter and the Importer

产品名称（含规格、型号）Product Name (including specifications and model)	产品数量 Product Quantity	中国质量标准名称或国外质量标准名称 The Name of Quality Standards of China or the Foreign Country	进口国（地区）Importing Country/Region	生产厂商 Producer

出口方和进口方确认上述产品符合□中国质量标准/ □国外质量标准（请勾选），且符合双方协议确定的产品质量标准。进口方保证协议确定的产品质量标准符合进口国（地区）对该产品的质量标准要求，并确认接受上述产品的质量标准。

The exporter and the importer hereby confirm that the above products are compliant with the □quality standards of China/ □quality standards of foreign country (please tick the box) and the quality standards stipulated in the agreement between the parties. The importer shall guarantee the product quality standards stipulated by the agreement are compliant with the quality requirements of the importing country/region, and shall confirm it has accepted the quality standards of the above products.

进口方承诺严格依照协议不将所购口罩用于医用用途，并提示第三方不可用于医用用途，如因进口方或第三方使用、维护、保管不当造成损失的，出口方、生产厂商不承担责任。

The importer shall commit to strictly abide by the agreement and not use the face masks it purchases for medical purposes and to warn any third party against using the face masks for medical purposes. The exporteror the producer is not liable for any losses caused by the inappropriate use, maintenance or keeping of the face masks by the importer or any third party.

本声明一式两份，双方各执一份。

This declaration is made in duplicate, one original for each party.

特此声明。

出口方（盖章） Exporter (Seal) 年　月　日 Day/Month/Year	进口方（签字） Importer (Signature) 年　　月　　日 Day/Month/Year

附件 2

出口医疗物资声明
Export Declaration of Medical Supplies

兹声明，本次报关出口医疗物资信息如下：

We hereby declare as follows the export information of medical supplies for this customs declaration:

产品名称（含规格、型号）Product Name (including specifications and model)	产品数量 Product Quantity	国外质量标准名称 The Name of Quality Standards of the Foreign Country	国外质量标准要求 Quality Requirements of the Foreign Country	进口国（地区）Importing Country/Region	生产厂商 Producer

上述产品取得＊＊＊质量标准认证（注册），符合＊＊国（地区）相关质量标准和安全要求。我公司对以上内容承担如实申报之责任。

The above products are certified or registered by ＊＊＊quality standards and compliant with relevant quality standards and safety requirements of ＊＊＊ country/region. Our company is responsible for the truthful declaration of the above information.

特此声明。

公司名称（盖章）
Company Name (Seal)
年　月　日
Day/Month/Year

商务部、海关总署、国家药品监督管理局关于有序开展医疗物资出口的公告

（商务部、海关总署、国家药品监督管理局公告2020年第5号）

当前，全球疫情呈加速扩散蔓延态势。在做好自身疫情防控的基础上，有序开展医疗物资出口是深化疫情防控国际合作、共同应对全球公共卫生危机的重要举措。在疫情防控特殊时期，为有效支持全球抗击疫情，保证产品质量安全、规范出口秩序，自4月1日起，出口新型冠状病毒检测试剂、医用口罩、医用防护服、呼吸机、红外体温计的企业向海关报关时，须提供书面或电子声明（模版见附件1），承诺出口产品已取得我国医疗器械产品注册证书（相关注册信息见附件2），符合进口国（地区）的质量标准要求。海关凭药品监督管理部门批准的医疗器械产品注册证书验放。上述医疗物资出口质量监管措施将视疫情发展情况动态调整。

有关医疗物资出口企业要确保产品质量安全、符合相关标准要求，积极支持国际社会共同抗击疫情。

附件：1. 出口医疗物资声明模版

2. 我国相关医疗器械产品注册信息（国家药监局网站 www.nmpa.gov.cn/WS04/CL25812/动态更新）

商务部

海关总署

国家药品监督管理局

2020年3月31日

附件1

出口医疗物资声明模板

兹声明，本次报关出口医疗物资信息如下：

产品名称	产品数量	注册证号	进口国（地区）质量标准要求	产品批号	进口国（地区）

上述产品均已取得我国医疗器械产品注册证书，符合＊＊国（地区）相关质量标准要求。我公司对以上内容承担如实申报之责任。

特此声明。

＊＊公司（盖章）

＊＊年＊＊月＊＊日

中国民用航空局、海关总署关于中国籍旅客乘坐航班回国前填报防疫健康信息的公告

（中国民用航空局、海关总署公告2020年第6号）

为减少疫情跨境传播，从附件所列国家已购买回国机票的中国籍旅客需要提前填报防疫健康信息。具体要求如下：

一、自2020年4月8日起，已购票旅客在登机前需要提前通过防疫健康码国际版微信小程序，逐日填报个人资料、健康状况、近期出行情况等信息。特殊情况可由他人代为填报。

二、2020年4月8日至4月22日为过渡期。过渡期内乘坐航班的中国籍旅客，应于4月8日起连续逐日填报。过渡期后乘坐航班的，应于登机前第14天起连续逐日填报。

三、未按上述要求填报的，将无法登机。旅客填报虚假信息，将导致行程受阻，并须承担相应法律责任。

特此公告。

中国民用航空局
海关总署
2020年4月7日

附件

意大利、美国、西班牙、德国、伊朗、法国、韩国、瑞士、英国、荷兰、奥地利、比利时、挪威、葡萄牙、瑞典、澳大利亚、巴西、土耳其、马来西亚、丹麦、加拿大、以色列、捷克、爱尔兰、菲律宾、泰国

外交部、国家移民管理局关于暂时停止持有效中国签证、居留许可的外国人入境的公告

鉴于新冠肺炎疫情在全球范围快速蔓延，中方决定自2020年3月28日0时起，暂时停止外国人持目前有效来华签证和居留许可入境。暂停外国人持APEC商务旅行卡入境。暂停口岸签证、24/72/144小时过境免签、海南入境免签、上海邮轮免签、港澳地区外国人组团入境广东144小时免签、东盟旅游团入境广西免签等政策。持外交、公务、礼遇、C字签证入境不受影响。外国人如来华从事必要的经贸、科技等活动，以及出于紧急人道主义需要，可向中国驻外使领馆申办签证。外国人持公告后签发的签证入境不受影响。

这是中方为应对当前疫情，参考多国做法，不得已采取的临时性措施。中方愿与各方保持密切沟通，做好当前形势下中外人员往来工作。中方将根据疫情形势调整上述措施并另行公告。

特此公告。

外交部
国家移民管理局
2020年3月26日

财政部、海关总署、税务总局关于防控新型冠状病毒感染的肺炎疫情进口物资免税政策的公告

（财政部、海关总署、税务总局公告2020年第6号）

根据财政部、海关总署和税务总局联合发布的《慈善捐赠物资免征进口税收暂行办法》（公告2015年第102号）等有关规定，境外捐赠人无偿向受赠人捐赠的用于防控新型冠状病毒感染的肺炎疫情（以下简称疫情）进口物资可免征进口税收。

为进一步支持疫情防控工作，自2020年1月1日至3月31日，实行更优惠的进口税收政策，现公告如下：

一、适度扩大《慈善捐赠物资免征进口税收暂行办法》规定的免税进口范围，对捐赠用于疫情防控的进口物资，免征进口关税和进口环节增值税、消费税。

（1）进口物资增加试剂，消毒物品，防护用品，救护车、防疫车、消毒用车、应急指挥车。

（2）免税范围增加国内有关政府部门、企事业单位、社会团体、个人以及来华或在华的外国公民从境外或海关特殊监管区域进口并直接捐赠；境内加工贸易企业捐赠。捐赠物资应直接用于防控疫情且符合前述第（1）项或《慈善捐赠物资免征进口税收暂行办法》规定。

（3）受赠人增加省级民政部门或其指定的单位。省级民政部门将指定的单位名单函告所在地直属海关及省级税务部门。

无明确受赠人的捐赠进口物资，由中国红十字会总会、中华全国妇女联合会、中国残疾人联合会、中华慈善总会、中国初级卫生保健基金会、中国宋庆龄基金会或中国癌症基金会作为受赠人接收。

二、对卫生健康主管部门组织进口的直接用于防控疫情物资免征关税。进口物资应符合前述第一条第（1）项或《慈善捐赠物资免征进口税收暂行办法》规定。省级财政厅（局）会同省级卫生健康主管部门确定进口单位名单、进口物资清单，函告所在地直属海关及省级税务部门。

三、本公告项下免税进口物资，已征收的应免税款予以退还。其中，已征税进口且尚未申报增值税进项税额抵扣的，可凭主管税务机关出具的《防控新型冠状病毒感染的肺炎疫情进口物资增值税进项税额未抵扣证明》（见附件），向海关申请办理退还已征进口关税和进口环节增值税、消费税手续；已申报增值税进项税额抵扣的，仅向海关申请办理退还已征进口关税和进口环节消费税手续。有关进口单位应在2020年9月30日前向海关办理退税手续。

四、本公告项下免税进口物资，可按照或比照海关总署公告2020年第17号，先登记放行，再按规定补办相关手续。

附件：防控新型冠状病毒感染的肺炎疫情进口物资增值税进项税额未抵扣证明

财政部

海关总署

税务总局

2020年2月1日

附件

防控新型冠状病毒感染的肺炎疫情进口物资增值税进项税额未抵扣证明

编号：主管税务机关代码+四位流水号

<table>
<tr><td rowspan="2">纳税人名称</td><td rowspan="2"></td><td>纳税人识别号或
统一社会信用代码</td><td></td></tr>
<tr><td>企业海关代码</td><td></td></tr>
<tr><td>进口时间</td><td colspan="3">年 月 日</td></tr>
<tr><td>海关进口增值税
专用缴款书</td><td colspan="3">海关报关单（编号：______________）、海关进口增值税专用缴款书（凭证号：______________），进口环节增值税税款金额为（大写）____________，￥__________元。</td></tr>
<tr><td>进项税额抵扣情况</td><td colspan="3">经审核，该纳税人上述海关进口增值税专用缴款书税额尚未申报抵扣。</td></tr>
<tr><td>其他需要说
明的事项</td><td colspan="3"></td></tr>
<tr><td colspan="2">审核意见：
审核人：
年 月 日</td><td>复核意见：
复核人：
年 月 日</td><td>局长意见：
局领导： （局章）
年 月 日</td></tr>
</table>

注：1. 本表由申请企业所在地主管税务机关填写并盖章确认；

2. 表中增值税进项税额是指企业进口符合本公告规定的用于防控新型冠状病毒感染的肺炎疫情物资向海关缴纳的进口环节增值税税款金额。

中国民用航空局、外交部、国家卫生健康委员会、海关总署、国家移民管理局关于目的地为北京的国际航班从指定第一入境点入境的公告（第3号）

依据《中华人民共和国国境卫生检疫法》《中华人民共和国突发事件应对法》和《中华人民共和国民用航空法》有关规定，根据疫情变化情况，决定调整目的地为北京的国际客运航班指定第一入境点。现公告如下：

一、自6月8日零时（北京时间）开始，上海暂停作为第一入境点，增加成都、长沙、合肥、兰州为第一入境点，增加武汉为备用第一入境点。

调整后，目的地为北京的国际客运航班指定第一入境点为：成都、长沙、合肥、兰州、天津、石家庄、太原、呼和浩特、济南、青岛、南京、沈阳、大连、郑州、西安、武汉共16个，其中武汉为备用入境点。

二、各航空公司航班指定第一入境点可以在民航局、航空公司官网上查询。

三、乘坐上述国际航班的旅客在第一入境点实施检疫并办理入境手续，行李清关。检疫符合登机条件的旅客可搭乘原航班入京。腹舱所带货物在北京清关。

四、目的地为北京的国际航班指定第一入境点的安排及相关措施将根据疫情变化情况适时调整。

特此公告。

中国民用航空局
外交部
国家卫生健康委员会
海关总署
国家移民管理局
2020年6月5日

中国民用航空局、外交部、国家卫生健康委员会、海关总署、国家移民管理局关于目的地为北京的国际航班从指定第一入境点入境的公告（第2号）

依据《中华人民共和国国境卫生检疫法》和《中华人民共和国民用航空法》有关规定，决定所有目的地为北京的国际客运航班均从指定的第一入境点入境。现公告如下：

一、自3月23日零时（北京时间）开始，所有目的地为北京的国际始发客运航班均须从天津、石家庄、太原、呼和浩特、上海浦东、济南、青岛、南京、沈阳、大连、郑州、西安12个指定的第一入境点入境。各航空公司航班指定的第一入境点可以在民航局、航空公司官网上查询。

二、乘坐上述国际航班的旅客在第一入境点实施检疫并办理入境手续，行李清关。检疫符合登机条件的旅客可搭乘原航班入京。腹舱所带货物在北京清关。

三、目的地为北京的国际航班指定第一入境点的安排及相关措施将根据疫情变化情况适时调整。

特此公告。

中国民用航空局
外交部
国家卫生健康委员会
海关总署
国家移民管理局
2020年3月22日

中国民用航空局、外交部、国家卫生健康委员会、海关总署、国家移民管理局关于目的地为北京的国际航班从指定第一入境点入境的公告（第1号）

经国务院批准，依据《中华人民共和国国境卫生检疫法》和《中华人民共和国民用航空法》有关规定，决定自3月20日零时开始，下列目的地为北京的国际航班从指定第一入境点入境。现公告如下：

（一）调整部分国际始发客运航班从指定第一入境点入境：3月20日莫斯科至北京CA910航班，3月22日巴黎至北京CA934航班第一入境点为天津；3月20至22日东京至北京CA926航班第一入境点为呼和浩特；3月21至22日多伦多至北京HU7976航班第一入境点为太原（以上日期为北京时间）。

（二）乘坐上述国际航班的旅客在第一入境点实施检疫并办理入境手续，行李清关。检疫符合登机条件的旅客可搭乘原航班入京。腹舱所带货物在北京清关。

（三）目的地为北京的国际航班指定第一入境点的安排及相关措施将根据疫情变化情况适时调整。

特此公告。

中国民用航空局
外交部
国家卫生健康委员会
海关总署
国家移民管理局
2020年3月19日

中国民用航空局关于疫情防控期间继续调减国际客运航班量的通知

（民航发〔2020〕12 号）

各运输航空公司：

为坚决遏制境外新冠肺炎疫情输入风险高发态势，根据国务院疫情联防联控工作要求，现决定进一步调减国际客运航班运行数量。具体要求如下：

一、以民航局 3 月 12 日官网发布的“国际航班信息发布（第 5 期）”为基准，国内每家航空公司经营至任一国家的航线只能保留 1 条，且每条航线每周运营班次不得超过 1 班；外国每家航空公司经营至我国的航线只能保留 1 条，且每周运营班次不得超过 1 班。

二、请各航空公司根据上述要求，提前向民航局运行监控中心申请预先飞行计划。

三、各航空公司按照本通知的要求调减航班涉及的航线经营许可和起降时刻等予以保留。

四、各航空公司要严格执行民航防控工作领导小组办公室印发的最新版《运输航空公司疫情防控技术指南》。在抵离中国的航班上采取严格的防控措施，确保客座率不高于 75%。

五、根据疫情防控需要，我局可能出台进一步收紧国际客运航班总量的政策，请各航空公司密切关注、提前研判，做好已售机票的延期、退票等处置工作。

六、各航空公司可利用客机执行全货运航班，不计入客运航班总量。

七、各航空公司根据本通知第一条调整的航班计划自 2020 年 3 月 29 日起执行。

八、本通知自发布之日起生效，截止日期另行通知。自本通知生效之日起，民航发〔2020〕11 号通知失效。

中国民用航空局

2020 年 3 月 26 日

最高人民法院、最高人民检察院、公安部、司法部、海关总署印发《关于进一步加强国境卫生检疫工作依法惩治妨害国境卫生检疫违法犯罪的意见》的通知

（署法发〔2020〕50号）

各省、自治区、直辖市高级人民法院、人民检察院、公安厅（局）、司法厅（局），解放军军事法院、军事检察院，新疆维吾尔自治区高级人民法院生产建设兵团分院、新疆生产建设兵团人民检察院、公安局、司法局，海关总署广东分署，海关总署驻天津、上海特派办，各直属海关：

为贯彻落实《中央全面依法治国委员会关于依法防控新型冠状病毒感染肺炎疫情、切实保障人民群众生命健康安全的意见》，保证国境卫生检疫所涉行政执法和刑事司法的有效衔接、相关法律法规的准确适用，为防控疫病疫情跨境传播、维护公共卫生安全和社会安定有序提供有力的法治保障，最高人民法院、最高人民检察院、公安部、司法部、海关总署联合制定了《关于进一步加强国境卫生检疫工作 依法惩治妨害国境卫生检疫违法犯罪的意见》。现予以印发，请结合实际认真贯彻执行。在执行中遇到有关情况和问题，请分别及时报告最高人民法院、最高人民检察院、公安部、司法部、海关总署。

特此通知。

附件：最高人民法院、最高人民检察院、公安部、司法部、海关总署关于进一步加强国境卫生检疫工作 依法惩治妨害国境卫生检疫违法犯罪的意见

最高人民法院
最高人民检察院
公安部
司法部
海关总署
2020年3月13日

最高人民法院、最高人民检察院、公安部、司法部、海关总署关于进一步加强国境卫生检疫工作 依法惩治妨害国境卫生检疫违法犯罪的意见

为进一步加强国境卫生检疫工作，依法惩治妨害国境卫生检疫违法犯罪行为，维护公共卫生安全，保障人民群众生命安全和身体健康，根据有关法律、司法解释的规定，制定本意见。

一、充分认识国境卫生检疫对于维护公共卫生安全的重要意义

国境卫生检疫对防止传染病传入传出国境，保障人民群众生命安全和身体健康，维护公共卫生

安全和社会安定有序发挥着重要作用。党中央、国务院高度重视国境卫生检疫工作，特别是新冠肺炎疫情发生以来，习近平总书记对强化公共卫生法治保障、改革完善疾病预防控制体系、健全防治结合、联防联控、群防群治工作机制作出一系列重要指示批示。各级人民法院、人民检察院、公安机关、司法行政机关、海关要切实提高政治站位，把思想和行动统一到习近平总书记重要指示批示精神上来，坚决贯彻落实党中央决策部署，增强“四个意识”、坚定“四个自信”、做到“两个维护”；从贯彻落实总体国家安全观、推动构建人类命运共同体的高度，始终将人民群众的生命安全和身体健康放在第一位，切实提升国境卫生检疫行政执法和司法办案水平。特别是面对当前新冠肺炎疫情在境外呈现扩散态势、通过口岸向境内蔓延扩散风险加剧的严峻形势，要依法及时、从严惩治妨害国境卫生检疫的各类违法犯罪行为，切实筑牢国境卫生检疫防线，坚决遏制疫情通过口岸传播扩散，为维护公共卫生安全提供有力的法治保障。

二、依法惩治妨害国境卫生检疫的违法犯罪行为

为加强国境卫生检疫工作，防止传染病传入传出国境，保护人民群众健康安全，刑法、国境卫生检疫法对妨害国境卫生检疫违法犯罪行为及其处罚作出规定。人民法院、人民检察院、公安机关、海关在办理妨害国境卫生检疫案件时，应当准确理解和严格适用刑法、国境卫生检疫法等有关规定，依法惩治相关违法犯罪行为。

（一）进一步加强国境卫生检疫行政执法。海关要在各口岸加强国境卫生检疫工作宣传，引导出入境人员以及接受检疫监管的单位和人员严格遵守国境卫生检疫法等法律法规的规定，配合和接受海关国境卫生检疫。同时，要加大国境卫生检疫行政执法力度，对于违反国境卫生检疫法及其实施细则，尚不构成犯罪的行为，依法给予行政处罚。

（二）依法惩治妨害国境卫生检疫犯罪。根据刑法第三百三十二条规定，违反国境卫生检疫规定，实施下列行为之一的，属于妨害国境卫生检疫行为：

1. 检疫传染病染疫人或者染疫嫌疑人拒绝执行海关依照国境卫生检疫法等法律法规提出的健康申报、体温监测、医学巡查、流行病学调查、医学排查、采样等卫生检疫措施，或者隔离、留验、就地诊验、转诊等卫生处理措施的；

2. 检疫传染病染疫人或者染疫嫌疑人采取不如实填报健康申明卡等方式隐瞒疫情，或者伪造、涂改检疫单、证等方式伪造情节的；

3. 知道或者应当知道实施审批管理的微生物、人体组织、生物制品、血液及其制品等特殊物品可能造成检疫传染病传播，未经审批仍逃避检疫，携运、寄递出入境的；

4. 出入境交通工具上发现有检疫传染病染疫人或者染疫嫌疑人，交通工具负责人拒绝接受卫生检疫或者拒不接受卫生处理的；

5. 来自检疫传染病流行国家、地区的出入境交通工具上出现非意外伤害死亡且死因不明的人员，交通工具负责人故意隐瞒情况的；

6. 其他拒绝执行海关依照国境卫生检疫法等法律法规提出的检疫措施的。

实施上述行为，引起鼠疫、霍乱、黄热病以及新冠肺炎等国务院确定和公布的其他检疫传染病传播或者有传播严重危险的，依照刑法第三百三十二条的规定，以妨害国境卫生检疫罪定罪处罚。

对于单位实施妨害国境卫生检疫行为，引起鼠疫、霍乱、黄热病以及新冠肺炎等国务院确定和公布的其他检疫传染病传播或者有传播严重危险的，应当对单位判处罚金，并对其直接负责的主管人员和其他直接责任人员定罪处罚。

三、健全完善工作机制，保障依法科学有序防控

（一）做好行刑衔接。海关要严把口岸疫情防控第一关，严厉追究违反国境卫生检疫规定的行政法律责任，完善执法办案流程，坚持严格执法和依法办案。做好行政执法和刑事司法的衔接，对符合国境卫生检疫监管领域刑事案件立案追诉标准的案件，要依照有关规定，及时办理移送公安机关的相关手续，不得以行政处罚代替刑事处罚。

（二）加快案件侦办。公安机关对于妨害国境卫生检疫犯罪案件，要依法及时立案查处，全面收集固定证据。对新冠肺炎疫情防控期间发生的妨害国境卫生检疫犯罪，要快侦快破，并及时予以曝光，形成强大震慑。

（三）强化检察职能。人民检察院要加强对妨害国境卫生检疫犯罪案件的立案监督，发现应当立案而不立案的，应当要求公安机关说明理由，认为理由不成立的，应当依法通知公安机关立案。对于妨害国境卫生检疫犯罪案件，人民检察院可以对案件性质、收集证据和适用法律等向公安机关提出意见建议。对于符合逮捕、起诉条件的涉嫌妨害国境卫生检疫罪的犯罪嫌疑人，应当及时批准逮捕、提起公诉。发挥检察建议的作用，促进疫情防控体系化治理。

（四）加强沟通协调。人民法院、人民检察院、公安机关、司法行政机关、海关要加强沟通协调，畅通联系渠道，建立常态化合作机制。既要严格履行法定职责，各司其职，各负其责，又要相互配合，相互协作，实现资源共享和优势互补，形成依法惩治妨害国境卫生检疫违法犯罪的合力。对社会影响大、舆论关注度高的重大案件，要按照依法处置、舆论引导、社会面管控“三同步”要求，及时澄清事实真相，做好舆论引导和舆情应对工作。

（五）坚持过罚相当。进一步规范国境卫生检疫执法活动，切实做到严格规范公正文明执法。注重把握宽严相济政策：对于行政违法行为，要根据违法行为的危害程度和悔过态度，综合确定处罚种类和幅度。对于涉嫌犯罪的，要重点打击情节恶劣、后果严重的犯罪行为；对于情节轻微且真诚悔改的，依法予以从宽处理。

（六）维护公平正义。人民法院、人民检察院、公安机关要依法保障犯罪嫌疑人、被告人的各项诉讼权利特别是辩护权，切实维护当事人合法权益，维护法律正确实施。司法行政机关要加强对律师辩护代理工作的指导监督，促进律师依法依规执业。人民法院、人民检察院、公安机关、司法行政机关、海关要认真落实“谁执法谁普法”责任制，选取典型案例，开展以案释法，加大警示教育，震慑不法分子，释放正能量，为疫情防控营造良好的法治和社会环境。

最高人民法院、最高人民检察院、公安部、司法部印发《关于依法惩治妨害新型冠状病毒感染肺炎疫情防控违法犯罪的意见》的通知

（法发〔2020〕7号）

各省、自治区、直辖市高级人民法院、人民检察院、公安厅（局）、司法厅（局），解放军军事法院、军事检察院，新疆维吾尔自治区高级人民法院生产建设兵团分院、新疆生产建设兵团人民检察院、公安局、司法局：

为贯彻落实2020年2月5日中央全面依法治国委员会第三次会议审议通过的《中央全面依法治国委员会关于依法防控新型冠状病毒感染肺炎疫情、切实保障人民群众生命健康安全的意见》，最高人民法院、最高人民检察院、公安部、司法部联合制定了《关于依法惩治妨害新型冠状病毒感染肺炎疫情防控违法犯罪的意见》。现予以印发，请结合实际认真贯彻执行。在执行中遇到的新情况、新问题，请及时分别报告最高人民法院、最高人民检察院、公安部、司法部。

最高人民法院
最高人民检察院
公安部
司法部
2020年2月6日

最高人民法院、最高人民检察院、公安部、司法部关于依法惩治妨害新型冠状病毒感染肺炎疫情防控违法犯罪的意见

为依法惩治妨害新型冠状病毒感染肺炎疫情防控违法犯罪行为，保障人民群众生命安全和身体健康，保障社会安定有序，保障疫情防控工作顺利开展，根据有关法律、司法解释的规定，制定本意见。

一、提高政治站位，充分认识疫情防控时期维护社会大局稳定的重大意义

各级人民法院、人民检察院、公安机关、司法行政机关要切实把思想和行动统一到习近平总书记关于新型冠状病毒感染肺炎疫情防控工作的系列重要指示精神上来，坚决贯彻落实党中央决策部署、中央应对新型冠状病毒感染肺炎疫情工作领导小组工作安排，按照中央政法委要求，增强“四个意识”、坚定“四个自信”、做到“两个维护”，始终将人民群众的生命安全和身体健康放在第一位，坚决把疫情防控作为当前压倒一切的头等大事来抓，用足用好法律规定，依法及时、从严惩治妨害疫情防控的各类违法犯罪，为坚决打赢疫情防控阻击战提供有力法治保障。

二、准确适用法律，依法严惩妨害疫情防控的各类违法犯罪

（一）依法严惩抗拒疫情防控措施犯罪。故意传播新型冠状病毒感染肺炎病原体，具有下列情形之一，危害公共安全的，依照刑法第一百一十四条、第一百一十五条第一款的规定，以以危险方法危害公共安全罪定罪处罚：

1. 已经确诊的新型冠状病毒感染肺炎病人、病原携带者，拒绝隔离治疗或者隔离期未满擅自脱离隔离治疗，并进入公共场所或者公共交通工具的；

2. 新型冠状病毒感染肺炎疑似病人拒绝隔离治疗或者隔离期未满擅自脱离隔离治疗，并进入公共场所或者公共交通工具，造成新型冠状病毒传播的。

其他拒绝执行卫生防疫机构依照传染病防治法提出的防控措施，引起新型冠状病毒传播或者有传播严重危险的，依照刑法第三百三十条的规定，以妨害传染病防治罪定罪处罚。

以暴力、威胁方法阻碍国家机关工作人员（含在依照法律、法规规定行使国家有关疫情防控行政管理职权的组织中从事公务的人员，在受国家机关委托代表国家机关行使疫情防控职权的组织中从事公务的人员，虽未列入国家机关人员编制但在国家机关中从事疫情防控公务的人员）依法履行为防控疫情而采取的防疫、检疫、强制隔离、隔离治疗等措施的，依照刑法第二百七十七条第一款、第三款的规定，以妨害公务罪定罪处罚。暴力袭击正在依法执行职务的人民警察的，以妨害公务罪定罪，从重处罚。

（二）依法严惩暴力伤医犯罪。在疫情防控期间，故意伤害医务人员造成轻伤以上的严重后果，或者对医务人员实施撕扯防护装备、吐口水等行为，致使医务人员感染新型冠状病毒的，依照刑法第二百三十四条的规定，以故意伤害罪定罪处罚。

随意殴打医务人员，情节恶劣的，依照刑法第二百九十三条的规定，以寻衅滋事罪定罪处罚。

采取暴力或者其他方法公然侮辱、恐吓医务人员，符合刑法第二百四十六条、第二百九十三条规定的，以侮辱罪或者寻衅滋事罪定罪处罚。

以不准离开工作场所等方式非法限制医务人员人身自由，符合刑法第二百三十八条规定的，以非法拘禁罪定罪处罚。

（三）依法严惩制假售假犯罪。在疫情防控期间，生产、销售伪劣的防治、防护产品、物资，或者生产、销售用于防治新型冠状病毒感染肺炎的假药、劣药，符合刑法第一百四十条、第一百四十一条、第一百四十二条规定的，以生产、销售伪劣产品罪，生产、销售假药罪或者生产、销售劣药罪定罪处罚。

在疫情防控期间，生产不符合保障人体健康的国家标准、行业标准的医用口罩、护目镜、防护服等医用器材，或者销售明知是不符合标准的医用器材，足以严重危害人体健康的，依照刑法第一百四十五条的规定，以生产、销售不符合标准的医用器材罪定罪处罚。

（四）依法严惩哄抬物价犯罪。在疫情防控期间，违反国家有关市场经营、价格管理等规定，囤积居奇，哄抬疫情防控急需的口罩、护目镜、防护服、消毒液等防护用品、药品或者其他涉及民生的物品价格，牟取暴利，违法所得数额较大或者有其他严重情节，严重扰乱市场秩序的，依照刑法第二百二十五条第四项的规定，以非法经营罪定罪处罚。

（五）依法严惩诈骗、聚众哄抢犯罪。在疫情防控期间，假借研制、生产或者销售用于疫情防控的物品的名义骗取公私财物，或者捏造事实骗取公众捐赠款物，数额较大的，依照刑法第二百六十六条的规定，以诈骗罪定罪处罚。

在疫情防控期间，违反国家规定，假借疫情防控的名义，利用广告对所推销的商品或者服务作虚假宣传，致使多人上当受骗，违法所得数额较大或者有其他严重情节的，依照刑法第二百二十二条的规定，以虚假广告罪定罪处罚。

在疫情防控期间，聚众哄抢公私财物特别是疫情防控和保障物资，数额较大或者有其他严重情节的，对首要分子和积极参加者，依照刑法第二百六十八条的规定，以聚众哄抢罪定罪处罚。

（六）依法严惩造谣传谣犯罪。编造虚假的疫情信息，在信息网络或者其他媒体上传播，或者明知是虚假疫情信息，故意在信息网络或者其他媒体上传播，严重扰乱社会秩序的，依照刑法第二百九十一条之一第二款的规定，以编造、故意传播虚假信息罪定罪处罚。

编造虚假信息，或者明知是编造的虚假信息，在信息网络上散布，或者组织、指使人员在信息网络上散布，起哄闹事，造成公共秩序严重混乱的，依照刑法第二百九十三条第一款第四项的规定，以寻衅滋事罪定罪处罚。

利用新型冠状病毒感染肺炎疫情，制造、传播谣言，煽动分裂国家、破坏国家统一，或者煽动颠覆国家政权、推翻社会主义制度的，依照刑法第一百零三条第二款、第一百零五条第二款的规定，以煽动分裂国家罪或者煽动颠覆国家政权罪定罪处罚。

网络服务提供者不履行法律、行政法规规定的信息网络安全管理义务，经监管部门责令采取改正措施而拒不改正，致使虚假疫情信息或者其他违法信息大量传播的，依照刑法第二百八十六条之一的规定，以拒不履行信息网络安全管理义务罪定罪处罚。

对虚假疫情信息案件，要依法、精准、恰当处置。对恶意编造虚假疫情信息，制造社会恐慌，挑动社会情绪，扰乱公共秩序，特别是恶意攻击党和政府，借机煽动颠覆国家政权、推翻社会主义制度的，要依法严惩。对于因轻信而传播虚假信息，危害不大的，不以犯罪论处。

（七）依法严惩疫情防控失职渎职、贪污挪用犯罪。在疫情防控工作中，负有组织、协调、指挥、灾害调查、控制、医疗救治、信息传递、交通运输、物资保障等职责的国家机关工作人员，滥用职权或者玩忽职守，致使公共财产、国家和人民利益遭受重大损失的，依照刑法第三百九十七条的规定，以滥用职权罪或者玩忽职守罪定罪处罚。

卫生行政部门的工作人员严重不负责任，不履行或者不认真履行防治监管职责，导致新型冠状病毒感染肺炎传播或者流行，情节严重的，依照刑法第四百零九条的规定，以传染病防治失职罪定罪处罚。

从事实验、保藏、携带、运输传染病菌种、毒种的人员，违反国务院卫生行政部门的有关规定，造成新型冠状病毒毒种扩散，后果严重的，依照刑法第三百三十一条的规定，以传染病毒种扩散罪定罪处罚。

国家工作人员，受委托管理国有财产的人员，公司、企业或者其他单位的人员，利用职务便利，侵吞、截留或者以其他手段非法占有用于防控新型冠状病毒感染肺炎的款物，或者挪用上述款物归个人使用，符合刑法第三百八十二条、第三百八十三条、第二百七十一条、第三百八十四条、第二百七十二条规定的，以贪污罪、职务侵占罪、挪用公款罪、挪用资金罪定罪处罚。挪用用于防控新型冠状病毒感染肺炎的救灾、优抚、救济等款物，符合刑法第二百七十三条规定的，对直接责任人员，以挪用特定款物罪定罪处罚。

（八）依法严惩破坏交通设施犯罪。在疫情防控期间，破坏轨道、桥梁、隧道、公路、机场、航道、灯塔、标志或者进行其他破坏活动，足以使火车、汽车、电车、船只、航空器发生倾覆、毁坏危险的，依照刑法第一百一十七条、第一百一十九条第一款的规定，以破坏交通设施罪定罪处罚。

办理破坏交通设施案件，要区分具体情况，依法审慎处理。对于为了防止疫情蔓延，未经批准擅自封路阻碍交通，未造成严重后果的，一般不以犯罪论处，由主管部门予以纠正。

（九）依法严惩破坏野生动物资源犯罪。非法猎捕、杀害国家重点保护的珍贵、濒危野生动物的，或者非法收购、运输、出售国家重点保护的珍贵、濒危野生动物及其制品的，依照刑法第三百四十一条第一款的规定，以非法猎捕、杀害珍贵、濒危野生动物罪或者非法收购、运输、出售珍贵、濒危野生动物、珍贵、濒危野生动物制品罪定罪处罚。

违反狩猎法规，在禁猎区、禁猎期或者使用禁用的工具、方法进行狩猎，破坏野生动物资源，情节严重的，依照刑法第三百四十一条第二款的规定，以非法狩猎罪定罪处罚。

违反国家规定，非法经营非国家重点保护野生动物及其制品（包括开办交易场所、进行网络销售、加工食品出售等），扰乱市场秩序，情节严重的，依照刑法第二百二十五条第四项的规定，以非法经营罪定罪处罚。

知道或者应当知道是国家重点保护的珍贵、濒危野生动物及其制品，为食用或者其他目的而非法购买，符合刑法第三百四十一条第一款规定的，以非法收购珍贵、濒危野生动物、珍贵、濒危野生动物制品罪定罪处罚。

知道或者应当知道是非法狩猎的野生动物而购买，符合刑法第三百一十二条规定的，以掩饰、隐瞒犯罪所得罪定罪处罚。

（十）依法严惩妨害疫情防控的违法行为。实施上述（一）至（九）规定的行为，不构成犯罪的，由公安机关根据治安管理处罚法有关虚构事实扰乱公共秩序，扰乱单位秩序、公共场所秩序、寻衅滋事，拒不执行紧急状态下的决定、命令，阻碍执行职务，冲闯警戒带、警戒区，殴打他人，故意伤害，侮辱他人，诈骗，在铁路沿线非法挖掘坑穴、采石取沙，盗窃、损毁路面公共设施，损毁铁路设施设备，故意损毁财物、哄抢公私财物等规定，予以治安管理处罚，或者由有关部门予以其他行政处罚。

对于在疫情防控期间实施有关违法犯罪的，要作为从重情节予以考量，依法体现从严的政策要求，有力惩治震慑违法犯罪，维护法律权威，维护社会秩序，维护人民群众生命安全和身体健康。

三、健全完善工作机制，保障办案效果和安全

（一）及时查处案件。公安机关对于妨害新型冠状病毒感染肺炎疫情防控的案件，要依法及时立案查处，全面收集固定证据。对于拒绝隔离治疗或者隔离期未满擅自脱离隔离治疗的人员，公安机关要依法协助医疗机构和有关部门采取强制隔离治疗措施。要严格规范公正文明执法。

（二）强化沟通协调。人民法院、人民检察院、公安机关、司法行政机关要加强沟通协调，确保案件顺利侦查、起诉、审判、交付执行。对重大、敏感、复杂案件，公安机关要及时听取人民检察院的意见建议。对社会影响大、舆论关注度高的重大案件，要加强组织领导，按照依法处置、舆论引导、社会面管控“三同步”要求，及时向社会通报案件进展情况，澄清事实真相，做好舆论引导工作。

（三）保障诉讼权利。要依法保障犯罪嫌疑人、被告人的各项诉讼权利特别是辩护权。要按照刑事案件律师辩护全覆盖的要求，积极组织律师为没有委托辩护人的被告人依法提供辩护或者法律帮助。各级司法行政机关要加强对律师辩护代理工作的指导监督，引导广大律师依法依规履行辩护代理职责，切实维护犯罪嫌疑人、被告人的合法权益，保障法律正确实施。

（四）加强宣传教育。人民法院、人民检察院、公安机关、司法行政机关要认真落实“谁执法谁普法”责任制，结合案件办理深入细致开展法治宣传教育工作。要选取典型案例，以案释法，加大警示教育，震慑违法犯罪分子，充分展示坚决依法严惩此类违法犯罪、维护人民群众生命安全和身体健康的决心。要引导广大群众遵纪守法，不信谣、不传谣，依法支持和配合疫情防控工作，为疫情防控工作的顺利开展营造良好的法治和社会环境。

（五）注重办案安全。在疫情防控期间，办理妨害新型冠状病毒感染肺炎疫情防控案件，办案人员要注重自身安全，提升防范意识，增强在履行接处警、抓捕、羁押、讯问、审判、执行等职能时的自我保护能力和防范能力。除依法必须当面接触的情形外，可以尽量采取书面审查方式，必要时，可以采取视频等方式讯问犯罪嫌疑人、询问被害人、证人、听取辩护律师意见。人民法院在疫情防控期间审理相关案件的，在坚持依法公开审理的同时，要最大限度减少人员聚集，切实维护诉讼参与人、旁听群众、法院干警的安全和健康。